Reprint Publishing

Für Menschen, Die Auf Originale Stehen.

www.reprintpublishing.com

ST. GALLEN'S

ALTTEUTSCHE

SPRACHSCHÄTZE.

DENKMAHLE
DES
MITTELALTERS.

GESAMMELT UND HERAUSGEGEBEN

VON

Heinrich Hattemer,

IN BIEL.

ZWEITER BAND.

ST. GALLEN.
VERLAG VON SCHEITLIN UND ZOLLIKOFER.
1844.

EINLEITUNG.

Ueber die verwechslung der verschiedenen Notkere, welche in dem kloster zu St. Gallen gelebt haben, lassen wir den Pius Kolb, den bibliothekar des stiftes vom jahre 1748 bis zum jahre 1762 sprechen. derselbe schreibt in seinem verzeichnisse der sanktgallischen handschriften, b. 1, s. 377:

»Quæ inter plures Eckehardos nostros, hæc pariter inter Notkeros nonnumquam nata est confusio, et error etiam inter eruditos, rerum tamen nostrarum minus gnaros. De illis egimus paulo superius; de his obiter tantum innuisse hic sufficiat, quinque apud S. Gallum olim floruisse Notkeros. Balbulum; Physicum; Abbatem; Leodiensem Episcopum; et hunc Labeonem: qui licet ordine ætatis quartus fuerit, tertius tamen post Balbulum, et Physicum, seu Piperis granum in ordine doctrinæ ab ipso Eckehardo Chronographo nostro collocatur. A latioribus autem labiis Labeo dicitur, multorum discipulorum doctissimus Magister. Scripsit non pauca barbarice, seu antiquo theodisce, et primus psalterium Davidicum transtulit in linguam antiquam Germanicam. Cumque non minus sanctitate, quam scientia polleret, præscius mortis sanctissime obiit circa annum, ut Hepidannus scribit 1022 sub Burchardo II. Abbate.«

Ueber Notker den stammler oder den heiligen, den verfasser der »Media vita«, den auch wir noch b. 1, s. 278, z. 18 mit Notker dem grosslefzigen oder teutschen verwechselt haben, sehe man die »Geschichten des Kantons St. Gallen durch Ildefons von Arx«, b. 1, s. 91 ff. auch von Notker dem arzte (physicus) und Notker dem bischofe von Lüttich und unserm Notker handelt Arx daselbst, s. 275 ff.

Ueber das geburtsjahr unseres Notker haben wir nichts gefunden. Er war ein neffe und schüler Ekkehard's des ersten, des verfassers des Walter von Aquitanien. Ueber seine gelehrtheit und seinen charakter äussern sich die jahrbücher des Hepidan (Pertz, b. 1, s. 82) bei der anzeige seines todes folgendermassen: »Notker nostræ memoriæ hominum doctissimus et benignissimus obiit.« ähnlich das todtenregister in handschrift 915: »Obitus Notkeri doctissimi atque benignissimi magistri.« er war, wie aus seinen werken und anderen nachrichten hervorgeht, der teutschen, lateinischen, griechischen und hebräischen sprache kundig und in den alten schriftstellern wohl bewandert. er besass ferner nicht geringe kenntnisse in der theologie, philosophie, rechenkunst, sternkunde und in der musik, und versuchte sich auch als dichter. lange zeit stand er als gefeierter lehrer den schulen des sanktgallischen stiftes vor: daher sein name »magister«. unter die zahl seiner schüler gehört Ekkehard IV, wie wir schon anderen ortes gemeldet haben. Wir müssen hier den ausdruck »dictamen diei debitum«, der öfters bei dem genannten Ekkehard IV, auch in der übersetzung der gesänge David's begegnet, erklären, und thun dies mit den worten des von Arx bei Pertz, b. II, s. 54: »Notker Labeo seu Teutonicus dictus, cum discipulos in arte metrica excercere proponeret, pensa, quæ eis elaboranda dictabat, ex bibliis, vitis sanctorum, et exemplis domesticis desumebat. Ex eorum numero sunt versus Leonini — —, quos a Notkero dictatos Ekkehardus IV adhuc puer composuerat, et post obitum huius sui magistri a se correctos atque notis interlinearibus explicatos suæ collectioni carminum Leoninorum inseruit, manu sua codici N. 393 inscriptos«. übrigens war der dichterische geschmack sowohl des lehrers als des schülers nicht gross. auf das verweisend, was wir hierüber und über die noth des dichters, der sich selbst erklären muss, schon auf s. 339 des ersten bandes gesagt haben, dürfen wir ein beispiel des schülers anführen, da dasselbe zugleich geeignet ist, uns über die teutschen übersetzungen des lehrers zu belehren.

Teutonice propter caritatem discipulorum plures libros exponens.
»Primus barbaricam   scribens faciensque saporam.

confessionem palam faciens . cucullatus . non multum dolens in corpore.
Facta palam fassus .   residens . neque grandia passus.

Ipsa die qua obiit librum Job finiuit . opus mirandum.
Notker mox obiit .   ubi Job calamo superauit.

librum Job in quartam linguam exponens.   *nimis.*
Quem uas in quartum transfundens fecit apertum.

moralia teutonice.   *ab illo.*
Gregorii pondus dorso leuat ille secundus

psalterium. In quo omnes. qui barbaricam legere sciunt. multum delectantur.
Post Dauidis dicta simili iam robore uicta«. etc.

Also in handschrift 393, auf seite 155. abgedruckt finden sich diese verse bei Pertz, b. 2, s. 57, doch in verkehrter ordnung.

Die teutschen werke, welche Notkern zugeschrieben werden sind:

1. Die gesänge David's und anderer; das gebet des herrn; das apostolische und athanasische glaubensbekenntniss (handschrift 21).
2. Die sittenlehren Gregor's (verloren).
3. Das buch Job (verloren).
4. Ein aufsatz über die tonkunst (handschrift 242).
5. Die »κατηγορίαι« und »περὶ ἑρμηνείας« des Aristoteles (handschrift 818 und 825).
6. Von dem troste der philosophie, von Boëthius (handschrift 825).
7. Des Martianus Capella hochzeit des Merkur und der philologie (handschrift 872).

Wegen der einzelnen stücke sehe man die besondern einleitungen.

Sein tod war in folge der pest, welche das heer Heinrich's II. aus Italien mitbrachte. er starb nach dem sterberegister in handschrift 915 am 29sten Brachmonat des jahres 1022, in einem alter von wenigstens siebenzig jahren. Vor seinem tode legte er noch eine öffentliche beichte ab. »Grauissimum autem erat in confessione eius. quod lupum iuuenis in monachico habitu occiderit. et quod pudet in somnis. bis passus est septuagenarius«, sagt Ekkehard IV auf seite 156 der handschrift 393. nach demselben schriftsteller liess er auf seinem todesbette die armen, die man fand, vor seinen augen speisen, und ergötzte sich an ihrer lust. um seine lenden hatte er nach dem beispiele des heiligen Gallus eine kette getragen, wesshalb er sich das nach dem tode übliche waschen verbeten wollte. Mit ihm starben zugleich noch drei seiner amtsgenossen an der seuche: Ruodpert, Anno, Erimpert. sie wurden in ein grab gelegt. Die handschrift 393 enthält auf seite 262 ihre grabschrift.

»Epitaphium quatuor scolarum magistris æque tumulatis.«

»Area ter gratos . quater et uirtute beatos .
Doctores miros tres tenet ista uiros .
Hic est Ruodpertus facilis . Hic Notker apertus .
Doctrinæ fomes . His pater Anno comes .
Torrentes piceos deuitans Anno sacerdos .
In paradysiacis sabbata sume locis .
Notker amor christo . sacra libans corpore casto .
Symphona uirgineis gaudia lude choris .
Expers sis atri . Ruodperte geronta baratri .
Tres deus in trinum . trine repone sinum .
Quartus Erimpertus tribus his post addidit artus .
Discipulum clamor . fratribus altus amor .
Plurimus inde chorus . iacet hic dum uixit honorus .
Triste sed examen . haud patiantur amen.«

DIE GESÄNGE DAVID'S
UND ANDERER.

DAS GEBET DES HERRN.

DAS
APOSTOLISCHE GLAUBENSBEKENNTNISS.

DAS
ATHANASISCHE GLAUBENSBEKENNTNISS.

Handschrift 21. Jahrhundert XII.

EINLEITUNG.

Da wir glauben, einerseits den freunden unseres werkes möglichst vollständige nachrichten mittheilen zu müssen, anderseits den schein nicht auf uns laden möchten, als hätten wir fremdes verdienst durch umgiessung in eine andere form zu dem unsrigen machen wollen, lassen wir lieber den Pius Kolb sprechen, der wieder auf den untersuchungen fusst, welche Bernhard Frank in der schilterischen ausgabe geführt hat. derselbe schreibt in seinem verzeichnisse der handschriften, b. 1, s. 377 ff.:

»Psalterium Dauidicum paraphrastice in linguam Theodiscam translatum, additis ut plurimum glossulis non contemnendis siue ipsius sacri textus moralibus, siue mysticis: et succinctis interpretationibus.«

»In fine addita sunt cantica consuetudinaria, ut loquitur S. Benedictus. i. e. Magnificat, Benedictus etc. nec non Symbolum S. Athanasii, aut quisquis illius auctor fuerit: Quicumque vult salvus esse. etc. et Oratio Dominica. Omnia ab eodem Notkero nostro Labeone in veterem Theodiscam conuersa.«

»Hoc opus magni iam ab ipsa sua origine semper habitum fuisse; nec minorem succedentibus temporibus aestimationem apud omnes, ad quos postea peruenit, promeruit, etiam Heterodoxos: ut Vadianus, Schobingerus, Hottingerus, Goldastus, aliique laudarint pridem, eiusque editionem promiserint, ad præstiterint unnquam; donec Schilterus J. Ctus. clarissimus, ac eruditissimus id non quidem ex nostra bibliotheca desumptum, sed a Simone de la Loubere acceptum cum doctissimis notis publici iuris fecerit Tomo I. thesaur. antiq. teuton.«

»At tres hic oriri possunt difficultates, et controversiæ necessario, sed ut poterimus brevissime cum P. Bernardo Frank de Frankenberg, nunc Illmo Principe Disertinensi dilucidandæ. Harum duæ concernunt verum huius psalterii authorem, et parentem; tertia ipsum hunc codicem nostrum.«

»1. Enimvero Petrus Lambecius Leopoldi Cæsaris historiographus, et Bibliothecarius, vir cæteroquin omnigena eruditione præclarus, cum in bibliotheca Arcis Ambrosianæ prope Oenipontum, codicem quendam manuscriptum qui hoc psalterium continebat, vidisset, legissetque, illico iudicauit, opus hoc esse Otfridi, et in bibliothecam Vindobonensem, velut prætiosum cymelion transtulit. Erat autem Otfridus Vissen- seu Weissenburgensis monachus Benedictinus in inferiori Alsatia: quod monasterium his temporibus in Præposituram conversum paret episcopo Spirensi; floruitque Otfridus sæculo 9no et ad Carolum M. nonnulla in veteri theodisco scripsit; minime vero hauc paraphrasticam psalterii translationem, quam Notkeri nostri verum, ac genuinum partum esse profitentur Goldastus Tomo I. rerum Alaman. Zwingerus in Theat. Vitæ human. Volum XVI. Lib. 1. Bucelinus Weingartensis in Menol'. Benedict. ad diem 28. junii. Elias du Pin in Hist. Controv. Tract. ad Sæculum 10m ut Pantoleonem, Freherum, et novissime P. Ziegelbauer, aliosque quam plurimos, et omnes, si bene novi, usque ad Lambecium præteream. Unus autem Eckehardus noster omnium vices supplere potest, testis a visu, et Notkeri Labeonis discipulus in libro suo Benedictionum. Solus Trithemius, quemque unus Lambecius, Notkeri vel penitus oblitus, vel potius nescius secutus est, Otfrido hoc opus perperam adscripsisse videtur. Videtur, inquam, verbis enim Trithemii bene ponderatis apparet, eum de longe alia translatione psalterii loqui (de metrica scilicet, quam Otfridus scripsit) non de Prosaica, quæ Notkeri solius opus est; ut proin Lambecius ficulneo nitatur fundamento, dum Trithemii se putat firmari authoritate.«

»Rationes præterea fortissimæ, quæ idipsum docent, aferuntur in eruditissima dissertatione altefati Illmi principis Bernardi, quam Schilterus editioni psalterii præfixit; convincuntur Otfridum translationis huius paraphrasticæ parentem non fuisse, nec alium quam Notkerum nostrum esse potuisse.«

»2. Ast quem Notkerum? altera hæc controversia est, inter paucos tamen, et rerum San-gallensium ignaros. Labeonem autem hunc esse vel ipse codicis titulus apud nos probat, ubi in fronte inter duas has voces primi psalmi: Beatus vir, quæ veteri artificio, et minio depictæ sunt, legitur: Incipit translatio Barbarica psalterii Notkeri tertii. Non ergo Balbuli esse potest, qui fuerat Notkerus primus; non Physici, seu

Medici, qui secundum locum apud nostrates semper obtinuit; nec etiam Notkerus Abbas: licet enim hic inter præsules nostros magnam sui nominis laudem et memoriam apud posteros reliquerit; non tamen inter viros scientia, et eruditione conspicuos. Ita quidem Rupertum subdecanum ad Ottonem M. dixisse testatur Eckehardus in Casibus Monasterii cap. 16. Inde factum est, ut quamvis Notkerus Labeo in ordine ætatis quartus nominandus foret (ut supra notavimus) ob meritum doctrinæ autem semper Tertius dictus fuerit.«

»Accedunt chronica nostra, quæ Labeonem pluribus in locis authorem huius operis faciunt. Præcipue cum de Gisela Imperatrice, Conradi II. coniuge, et matre Henrici tertii imperat. loquuntur. Hæc enim illico post mortem Labeonis ad S. Gallum, una cum filio Henrico causa Orationis veniens ipsum autographum psalterii Labeonis, et commentarii in Job, quem ipse quoque fecerat, aportavit, inuitis licet quam maxime Patribus. Certum autem est, Henricum III. et Giselam eodem cum Notkero Labeone, et non cum cæteris Notkeris nostris ævo, Sæculo scilicet 11mo vixisse. Confirmat etiam assertum nostrum continuata hucusque, et indubitata traditio.«

»Hinc merito Joachimus Vadianus, Elias du Pin, Basnagius, et pauci alii erroris argui debent, qui omni destituti firmiori rationis fundamento, hoc opus vel Notkero Balbulo, vel Physico, vel etiam, quod magis mireris, Abbati attribuunt, nominis affinitate seducti.«

»3. Codicem ipsum quod spectat, sciendum: tria apud nos succedentibus temporibus asseruata fuisse exemplaria. Primo ipsum autographum Labeonis; quod tamen, uti mox diximus, Gisela Imperatrix secum tulit. Alterum consimilem codicem Labeonis nomine insignitum adhuc sub Francisco Abbate ad initium sæculi XVI in Monasterio et bibliotheca nostra asservatum; sed tempore mutatæ religionis in civitatem San-Gallensem delatum fuisse testatur Chronicon nostrum; quem codicem non raro citant Vadianus et Goldastus utpote in cuius manum illum devenisse ipsus testatur Rer. allaman. f. 1. Tertium reperio apud Mezlerum, qui id suo adhuc tempore, i. e. sub annum circiter 1620 armarium nostrum ornasse scribit: Dum ad annum Christi 1027 hoc psalterium a monacho quodam intra 14 dierum spatium mira celeritate integrum descriptum fuisse asscrit; sicut in eius medio ad marginem legere erat. Sed hi omnes codices, et exemplaria monasterio nostro subtracta sunt. Aliud exemplar, et sane pulcherrimum nunc possidemus, ex alio loco, quem consulto silentio involvo, et ubi præfatus Mezlerus suo illud tempore viderat, ad nos translatum.«

»Ex paraphrasi autem unicam Labeonis animadversionem in medium producere necessarium esse duco, in quo quosdam e nostris religiosis schismaticos vocat; ne subito illam legentibus, et minus intelligentibus scandalo fortasse esse posset.«

»Ac versiculum 10m psalmi 55 (nicht »65ti«). Jubilate Deo omnis terra etc. scribit in margine ea quidem manu, minore tamen charactere: Popponiscos Schismaticos monachos, maxime inter San-Gallenses etc. Item ad versiculum 14m eiusdem psalmi: mille aliis, quibus Schismatici nostri irritaverunt Deum in adinventionibus suis; maxime autem in duobus, in quibus etc. Nam et crapula Gallis ingenita etc. Ex quibus verbis, quid author, Labeo, intenderit, quosue monachos signare uoluerit, vix intelliges, nisi Chronicon nostrum desuper consulueris. Ex hoc enim palam fit: Sermonem hic esse de Sandrato monacho illo Stabulensi, vel ut alii, sed minus recte ajunt, Coloniensi; qui cum Abbatiæ S. Galli dignitatem ambiisset, nonnullos e nostris adhærentes sibi habuit. Sed spe sua turpiter delusus id tandem continuis calumniis, ac fraudibus apud Ottonem I. Imperatorem hypocrisi sua inductum effecit, ut sibi visitatio, et reformatio monasterii S. Galli committeretur. Quomodo autem lupo detracta fuerit ovina pellis, et vafrities eius, simulatio, et præcipue crapula, de qua etiam Labeo in supra allatis verbis mentionem facit, detecta, narrat Eckehardus de casibus monasterii. Hæc autem contigere sub Notkero Abbate, sub quo iam floruit Notkerus hic noster Labeo.« »Scriptus est hic codex sæculo 12mo circiter, maxima cum diligentia et decore: Textus psalmorum minio, paraphrasis attramento in fol. minore membr.«

Die angezogenen stellen haben die beweisende kraft nicht, welche ihnen Frank und Kolb zuerkennen; denn sie sind randglossen, und lassen es schon um dieses umstandes willen zweifelhaft, ob sie dem urheber der übersetzung angehören. ferner ereignet sich der vorfall, welchen die erste stelle berührt, zwölf jahre nach dem tode Notkers, nemlich in dem jahre 1034. wir haben desshalb eine dritte stelle, auf seite 67 der handschrift, welche mit den worten »Ane die (n. minna) uuaren heretici und sint hiuto richarth popo« etc. beginnt und sich im texte findet, weil sie denselben spätern vorfall berührt, aus dem texte geworfen und unter die randglossen verwiesen. Wir können uns dieser entdeckung für den charakter unseres schriftstellers, den die geschichtsschreiber den »gütigsten« nennen, nur freuen. Wir werden gleich auf diese sache zurückkommen, wenn wir einige berichte des von Arx, welche derselbe in der handschrift selbst gibt, vernommen haben.

»Codex iste studiose et correcte scriptus est quoad textum, in notis interlinearibus autem errores occurrunt v. g. Endilmere pro Wendilmere, mare. Berbist pro herbist, autumnus. Houue pro Heuue, fœnum, Heu. Niogila pro uogila, volucres, Vögel etc. et sæculo duodecimo vetustior non est, centum circiter annis post mortem authoris scriptus; jam editus in Schilteri Thesauro.«

»Notæ marginales, titulus, ac finis libri, ubi Notkero nomen Tertii et teutonici tribuitur, non sunt authoris, sed exemplaribus, post eius obitum confectis, abs Ekkehardo IV ejus discipulo adjecta sunt. Is enim in libro Benedictionum, in quo pag. 155 magistri sui obitum describit, eum tertium numerat, ejus opera teutonica producit, S. Popponis reformationem in cod. man. N. 176 pag. 298 eodem modo suggillat, et compositionibus ligatis abs magistro Notkero dictatis eundem titulum præfigit ac ille, qui hic pag. 559 in margine visitur, nempe dictamen diei debitum.«

Der angezogene schluss der handschrift lautet:

»NOTKER . TEVTONICVS . DOMINO . FINITVR . AMICVS . GAVDEAT . ILLE . LOCIS . IN . PARADYSIACIS . «

Worauf jedoch von Arx seine behauptungen, die übrigens alle wahrscheinlichkeit für sich haben, stützt, wissen wir nicht anzugeben. die angedeutete stelle aus dem »Liber Benedictionum« spricht bloss von drei werken (übersetzungen) unseres schriftstellers. die stelle aus handschrift 176 heisst: »Et in aliis rebus perturbatio grassatur, sicut nouitas popponis S. Galli cellam in plerisque notabiliter sanam uulnerabat scismatis sui uulnere sæuo et dolendo«, und ist wirklich von Ekkehard's hand.

Woran wir schon früher nicht zweifelten, da es ganz in der art und weise Ekkehard's lag, die werke, welche er gebrauchte, mit erklärungen und anmerkungen auszurüsten (s. s. 255), das scheint uns jetzt zur gewissheit erhoben, dass er nemlich der urheber jener glossen ist, aus welchen Frank und Kolb schlüsse für Notkern zogen. — Was sie beweisen wollten, leidet darunter nicht.

Wir fahren nun mit den worten des von Arx fort.

»Pictura operi præfixa, quam lineæ magis quam colores efformant, exhibet B. Virginem, vel divinam sapientiam, ornatu byzantino throno residentem, coronatam, nimbo circumdatam, sinistra florem elevantem, dextra filium in sinu tenentem, extremis autem digitis unionem præ se ferentem. A sinistra adstat Cherubim utraque manu pavas (?) velo obtectum afferens.¹) In dextra quidam librum sustollens offert infanti, quem offerentem tonsura, et vestis monstrant monachum, et liber apertus, cui primus psalterii versus, beatus vir, qui non abiit in consilio impiorum et in uia inscriptus est, Notkerum Labeonem produnt.«

»In altera pagina rex dauid throno insidens in instrumento septem fidium Guitarræ affini ludit circumdatus quatuor Musicis, quorum primus arcu consueto in cheli unichordi, alter in Guitarra regiæ haud absimili, tertius in Nablio triangulari octo chordarum, quartus in quodam genere Sambuccæ sonos producit.«

»Monasterium Einsidlen multis sæculis codicem hunc possidebat. Ei, cum sæculo 14 mutuo esset datus, in extrema ora ultimæ paginæ inseruit quidam hæc: »restitui debet fratri Henrico de ligeriz thesaurario ejusdem monasterii«. Idipsum post centum annos in simili casu his verbis fuit admonitum: »Iste liber monasterii Eremitarum est concessus domino Judoco de Mos militi commoranti in luceria.« Einsidlam restitutum Jodocus noster Mezler inibi viderat. Quando et quo juris titulo illinc ad S. Gallum migraverit, non prodit d. Pius Kolb in Catalogo Manuscriptorum. Aliud Exemplar hujus operis inde ab authoris ævo in Monasterio S. Galli asservabatur quod in catalogo Bibliothecæ, 1461 conscripto, invenitur, quod Vadianus vidit, ex eo teutonicum Pater noster et Credo excerpens, lib. II de Colleg. p. 47 quod tempore reformationis abstractum Bartholomæus Schobinger bibliothecæ suæ intulit, notæ ejusdem in lib. II vadiani de Colleg. apud Goldast, et quod anno 1606 Goldastus sese in manibus habere scripsit in tom. I rer. alleman. part. I, p. 4, et quod Mezlerus in Bibliotheca monasterii S. Galli asservari testatur; et Ekkehardus V. in vita S. Notkeri, sæculo 13 itidem asseverat, ex eo haud dubie descripti sunt duo versus, qui hic in fine p. 575, et in cod. 393 p. 246 manu 14 sæculi scripti leguntur.²) Disparuit inde, a nemine ab eo tempore visum, nisi illud sit, quod in tiroli inventum Wiennam delatum ibidem asservatur.«

»Quis pag. 550 ille author Noricus, qui voces »in æternum et ultra« germanice per »jemer unt elor« reddidit?«

»Quis pag. 176 sæculo 13 illa verba »von den w̄chir buchis din seze ich uf stuol din« inscripsit?«

---

¹) »Das berühmte Venusbild im Kapitol zu Rom hat auch neben sich ein Gefäss mit überschlagenem Gewand. Winkelmann's Kunst 6. B. 141. S.« Spätere randbemerkung des von Arx.

²) Das schon angeführte: »Notker Teutonicus« etc.

»Adest copia illius Psalterii Labeonis, quod olim in S. Gallo asservabatur in papyro. certum id faciunt litteræ in codice N. 21 et a psalterio in Schiltero variantes, quarum quædam in singulis psalmis occurrunt.«

Diesem lassen wir noch folgen, was Arx über einige alte musikalische instrumente, meist aus unserm schriftsteller selbst schöpfend, hinter der handschrift angemerkt hat.

»Notkerus labeo de Psalterio, Rotta et Cithara.«

»Pag. ultima. »»Sciendum est, quod antiquum psalterium instrumentum dechachordum utique erat in hac videlicet Deltæ litteræ figura multipliciter mistica. Sed postquam illud Symphoniaci quidam et ludicratores, ut quidam ait, ad suum opus traxerunt, formam ejus et figuram comoditati habilem fecerant, et plures chordas annectentes, et nomine barbarico Rottam appellantes misticam illam trinitatis formam transmutando.»»

»Pag. 250. »»Psalterium (rotta) habet obenan nidir buch; cyttara die habet niderligenten Buch.««

»Pag. 296. »»Psalterium (Saltare) habet obenan buch, dannan gant nider die seiten, aber cyttara habet nidenan buch. daz saltirsanch heizet nu in dutiscun rotta a sono vocis, quod grammatici facticium uocant ut tintinabulum et clocca.««

»Pag. 342. »»Psalterium (rotta) ist genus organi (ein slaht orginsangis so also seitspil ist), daz ruoret man mit handen.««

»Pag. 225. »»In psalmo est sonoritas. In rottun lutun ist scal. Psalmus seitscal.««

»In psalterio aureo pp. 2 et 6. Rex dauid manu sinistra lignum oblongum tribus chordis sonorum et dextra stilum tenet.«

Die angeführten zeugnisse lassen keinen zweifel übrig, dass Notker, der s. g. dritte, mit dem beinamen des grosslefzigen und des teutschen, der urheber ist der übersetzung und auslegung der lobgesänge David's, und was sonst die handschrift 21 noch hat. Schwieriger ist die untersuchung über die handschriften und ihre schicksale. die kaiserin Gisela erhielt, wie gemeldet, im jahre 1027 ein stück. »Kisila imperatrix«, sagt Ekkehard IV. in seinem »Liber benedictionum«, s. 155, »operum eius (d. i. Notkeri III.) auidissima Psalterium ipsum et Job. sibi exemplari sollicite fecit«. darnach müsste man an eine abschrift denken: aber obgleich wir die stelle, worauf fussend Kolb meldet, dass Gisela die urschrift mitgenommen, nicht haben auffinden können, muss seine behauptung doch ihre richtigkeit haben, wenn anders die zweite nachricht wahr ist:

»ad annum Christi 1027 hoc psalterium a monacho quodam intra 14 dierum spatium mira celeritate integrum descriptum fuisse asserit (Mezlerus); sicut in eius medio ad marginem legere erat«. es ist kein grund vorhanden, diese nachricht in zweifel zu ziehen. Halten wir die gegebenen berichte zusammen, so lassen sich aber daraus zwei sichere schlüsse ziehen: erstens, dass im jahre 1027 nur ein stück, die urschrift, vorhanden war, indem Gisela vierzehn tage auf die abschrift warten musste; zweitens, dass Gisela die urschrift mitgenommen, indem sich jene in vierzehn tagen gefertigte abschrift, mit der erwähnten randbemerkung in ihrer mitte, noch um das jahr 1620, wo Metzler dieses berichtet, im kloster St. Gallen vorfand.

Die ferneren schicksale der urschrift sind unbekannt. Das bruchstück, welches Docen fand und Massmann in seinen »Denkmälern deutscher Sprache und Litteratur« heft I, s. 120 mittheilt, ist es ein blatt der urschrift? hören wir den bericht Massmann's. »Docen fand es am 7. November 1825 als Einband eines Buches vom Jahre 1626 verbraucht, welches aus Seon nach München kam. Im Jahr 1626 war also wahrscheinlich die ganze handschrift noch vorhanden. Es ist ein Pergamentblatt in gr. 4., mit breiten Rändern, sehr gut geschrieben, ohne Absätze, ohne rothe Buchstaben, mit Accenten. Es ist der Psalm 10 (nach dem Hebr. 18 Verse), v. 4—18,« u. s. w. Was Massmann von der beschaffenheit des blattes berichtet, passt zu der sanktgallischen schreibweise jener zeit, und die lesarten sind sehr gut. befremden kann der mangel einiger worte wenig, indem sie alle mehr oder minder der art sind, dass sie Ekkehard IV. nach seiner gewohnheit hinzugefügt haben könnte. wie, wenn unter anderen alle zwischenzeiligen übersetzungen von lateinischen wörtern von Ekkeharden herrührten? dass mehrere randbemerkungen sein werk sind, haben wir oben bemerkt. von fünf zwischenzeiligen glossen hat das bruchstück nur eine. Wir bezeichnen dieses bruchstück mit dem buchstaben »A« und werden seine lesarten an ort und stelle mittheilen, wie wir sie dem erwähnten werke enthoben, mit ausnahme der unwichtigen des lateinischen textes.

Verfolgen wir nun das schicksal der in St. Gallen zurückgebliebenen abschrift! Das handschriftenverzeichniss des jahres 1461 kennt unter P. 20 eine »Translatio barbarica psalterii«. im anfange des sechszehnten jahrhunderts, unter dem abte Franz, der von 1504 bis 1529 herrschte, befindet sich, wie Kolb berichtet (s. s. 11), eine solche übersetzung noch immer in der bibliothek des stiftes: ohne zweifel immer das gleiche stück. Im folgenden jahre, bei gelegenheit der glaubensänderung, als die Zürcher und Glarner den bücherschatz des klosters raubten, kam derselbe durch kauf in die hände der bürger der stadt St. Gallen. darunter wohl fragliche handschrift, denn von Watt berichtet: »Extat apud nos Sangalli Psalterion a Notkero monacho«. s. Goldast, 3te abtheil. s. 47 der frankfurter ausgabe. Zwar waren die St. Galler durch den vertrag des folgenden jahres gebunden, den gekauften schatz zurückzugeben, aber, wie wir schon b. 1. s. 19 bei den werken Kero's berichtet haben, manches blieb zurück, manches kam in andere hände. daher konnte, gegen das ende jenes jahrhunderts, Schobinger, ein sanktgallischer bürger, schreiben: »Est nunc penes me in mea bibliotheca, quod vulgare et publicum in vsum dare recepit noster Goldastus cum amplissima priscorum verborum expositione«. ebend. s. 144. Goldast aber (1570 — 1635) muss sie nothwendig zwischen den jahren 1598, wo er zuerst in das haus Schobinger's kam, und dem jahre 1606, wo seine »Alamannicarum rerum scriptores« erschienen, in händen gehabt haben: »quod opus nunc in nostra manu est«. ebend. abtheil. 1, s. 4.

»Tertium reperio apud Mezlerum, qui id suo adhuc tempore i. e. sub annum circiter 1620 armarium nostrum ornasse scribit«, sagt Kolb (s. oben s. 11) und bemerkt, dass dieses stück die bei der anwesenheit der Gisela in St. Gallen genommene abschrift sei. der zeit nach wäre dieses das zweite stück, und das von Watt, Schobinger und Goldast besessene das dritte; doch kömmt es auf diese bezeichnung nicht an, besonders da wir der ganzen meinung Kolb's entgegentreten müssen. nach derselben müssten sich nemlich in früherer zeit zwei stücke in der bibliothek des klosters befunden haben: wäre aber das der fall gewesen, so würde das bücherverzeichniss vom jahre 1461 nicht ermangelt haben, dies wie bei andern werken anzuzeigen. unserer ansicht ist auch Arx, welcher schreibt: »Quod anno 1606 Goldastus sese in manibus habere scripsit et quod Mezlerus in bibliotheca monasterii St. Galli asservari testatur«. hätten wir die werke Metzler's haben und die stelle selbst in betracht ziehen können; vielleicht dass wir, wie es uns bei andern nacherzählten berichten auch ergangen ist, in den worten des schriftstellers selbst entscheidung gefunden hätten. noch eine probe wäre möglich, wenn nicht auch diese handschrift verloren gegangen wäre, da Goldast aus derselben das gebet des herrn und das apostolische glaubensbekenntniss mitgetheilt hat.

Nun unsere vermuthung! Metzler war vom jahre 1604 bis 1624 bibliothekar des stiftes. er stand mit Goldast in freundschaftlichen verhältnissen, wie dies in der lebensbeschreibung des letztern in der dritten ausgabe der »Rerum Alam. script.«, s. 5, gemeldet wird: »Hæ ædes

(Schobingeri) per quosdam menses suffragium Goldasto præbuerunt, jamjam Antiquitatum patriarum illecebras et commoda sentienti, antiquosve eo facientes Codices S. Galli et in vicinis Monasteriis insigni diligentia versanti, qua in re facem ei prætulit Metzlerus Monachus S. Galli«. leicht konnte Metzler denselben bewogen haben, ihm das theure buch zurückzugeben, wie er ihm die handschrift 393 (»Liber benedictiorum«) im jahr 1604 zurück gab. s. Goldast, abtheil. 1, s. 3.

»Disparuit inde (iste codex) a nemine ab eo tempore visum, nisi illud sit, quo in tyroli inventum Wiennam delatum ibidem asservatur«. Arx, oben. das ist nicht der fall; denn die Wiener handschrift, aus der Hoffmann von Fallersleben und Graff stücke mitgetheilt haben, ist eine art überarbeitung, und überdies finden sich in deren mitte und anderen ortes predigtstücke, welche aufzunehmen der mönch, welcher die abschrift in vierzehn tagen verfertigte, nicht die musse hatte. Beide besprochene handschriften sind somit für uns verloren. auch das docenische blatt, da es schon im jahr 1626 zu einem bücherdeckel verwendet worden ist, kann nicht ein bruchstück dieser abschrift sein, eher der urschrift, wie wir oben bemerkt haben.

Goldast hat, wie schon angedeutet, aus seiner handschrift das gebet des herrn und das apostolische glaubensbekenntniss, ferner die einleitung zu dem letzteren stücke, jedoch ohne das Latein und die erklärungen, auf seite 47 der dritten abtheilung seines werkes mitgetheilt. Wir haben die lesarten an ort und stelle aufgenommen und mit dem buchstaben »B« bezeichnet.

Ein drittes stück ist die in St. Gallen befindliche handschrift mit der nummer 21. sie fällt in das zwölfte jahrhundert, ist aber schwerlich eine sanktgallische arbeit. auch ihr einband in braunem leder ist nicht sanktgallisch. sie ist ferner keine abschrift aus der urschrift, indem man darin die bemerkungen Ekkehard's IV. und einige »dictamina diei debita« antrifft. s. oben s. 13. Im vierzehnten, fünfzehnten und wenigstens auch im anfange des siebzehnten jahrhunderts, wo sie Metzler gesehen, befand sich dieselbe in dem kloster Einsiedeln. s. oben s. 11. nach der art, wie sich Kolb darüber äussert, scheint sie nicht auf ganz rechtlichem wege nach St. Gallen gekommen zu sein.

Eine vierte handschrift ist die, wonach Schilter seine ausgabe besorgt hat. er hatte dieselbe von einem herrn von Loubere erhalten. ihre frühern wie ihre spätern schicksale sind unbekannt. da somit der schilterische abdruck an die stelle der handschrift tritt, glaubten wir der gelehrten welt einen gefallen zu erzeigen, wenn wir seine lesarten aufnähmen. dies geschah mit dem buchstaben »Sch«. Ueber die verwandtschaft mit unserer handschrift bemerkt Füglistaller in der handschrift selbst folgendes:

»Was pag. 301 unten auf den 2 letzten Linien durch den Fleck ausgelöscht ist, ist so zu ergänzen: Also daz ist, daz ir imo fore sint; nieman negetár in sláhen, unz ir ne vvellent. Das verschwundene ir fehlt auch bei Schilter: ein Beweis dass sein Exemplar eine Abschrift von diesem war. S. Schilter Ps. 81. 3.«

»Ebenso ist p. 359, Ps. 97. 1. das auf canticum stehende niuu in niuue zu ergänzen. Bei Schilter fehlt ebenfalls das e: ein 2ter Beweis des Gesagten.«

»Ueberhaupt finden sich alle Unrichtigkeiten, die im cod. vorkommen, auch in Schilters Abdruck.« »Füglistaller.«

Es mögen hier einige beispiele folgen, wie sehr die beiden texte in ihren fehlern übereinstimmen.

Handschrift 21.	Schilter.
S. 12. „glesliphent" statt „gesliphent".	„glesliphent".
„ 13. „ersteriben" statt „ersterben".	„ersteriben".
„ 13. 14. „ih ne irsterben muge". Diese worte sind durch punkte getilgt. Schilter hat sie.	
„ 21. „gemini" statt „Jemini".	„gemini".
„spiritaliter" statt „spiritualiter".	„spiritaliter".
„ 23. „uuorhta — — uuorchta".	„uuorhta — — uuorchta."
„ 27. „perient" statt „peribunt".	„perient".
„ 32. „uuanda" statt „uuartent".	„uuanda".
„ 38. „rertendo" statt „rehtendo".	„rertendo".
„ 68. „unicornuorum" statt „unicornorum" (!).	„unicornuorum".
„ 74. „daz", durch feine punkte getilgt, hat Schilter gleichfalls. u. s. w.	

Noch auffallender ist ein anderes beispiel. unsere handschrift hat auf seite 75:

plucheit*
„diu diffidentia heizzet* unde uirchunst"

d. i. „diu diffidentia heizzet plucheit unde uirchunst". Schilter liest dafür:
„diu diffidentia (plucheit) heizzet unde uirchunst".

Nun einige beispiele von stärkeren abweichungen:

Handschrift 21.	Schilter.
S. 13. „stal".	„stat".
„getuost".	„ne getuost".
„ 15. „uunderlichen".	„uuuenderlichen".
„ 16. „dia", verbessert aus „diu".	„diu".
„ 17. „dara — — tara".	„Dura — — dura".
„ 18. „timorem".	„odorem".
„ 22. „lichen".	„lieben".
„ 24. „senuuum".	„sennun".
„JVDONO".	„ludono". [1]
„ 31. „einer".	„einen".
„ 33. „der".	„den".
„ 44. „armherzich" (zweimahl).	„armherzlich".
„ 46. „chuninc".	„chunine".
„ 57. „tiz."	„Tih". [2]
„ 58. „scalhlih".	„sedlalih".
„halto".	„baldo".
„echert".	„nechert".
„ 59. „uuizzen".	„uuisshen".
„ 63. „suln".	„sele".
„ 73. „lere".	„leite".
„ 74. „inguhte".	„inhugte". u. s. w.

Um ein urtheil zu gewinnen, dürften vielleicht mehr beispiele nöthig erscheinen. wer sie wünscht, kann sie leicht finden, da wir die Schilterischen lesarten angegeben haben. Uns hat sich — abgerechnet dass vielleicht manche abweichung auf die rechnung Schilter's gesetzt werden muss — die überzeugung ergeben, dass seine handschrift keine abschrift der unsrigen ist, sondern dass vielmehr beide einer quelle entflossen sind. wir bringen dabei weder den mangel der tonzeichen und randglossen bei Schilter, noch die häufige auslassung von wörtern und sätzen, noch die verbindungen und trennungen, welche derselbe richtiger hat, noch die öftere abweichung in der schreibung einzelner laute, z. b. „s" und „sch", „h" und „ch", noch den wechsel des „o" und „e" in den endungen, noch

---

[1] Ein fehler, der nur gut aus einer schrift entspringen konnte, wo dieses wort mit langem »i« geschrieben war.

[2] Das »z« unserer handschrift kann nicht leicht für »h« gelesen werden.

fast regelmässige verdoppelungen von mitlauten, wie z. b. „schaff", u. s. w. in anschlag. grosses gewicht dagegen legen wir auf die verbesserungen in unserer handschrift, welche, wenn auch oft sehr fein ausgeführt, in der Schilterischen abschrift regelmässig übersehen sind; auf die verwechslungen des „c" und „e" (z. b. „stecchent" und „steechent" auf seite 29), die sich nicht gut aus der schrift unserer handschrift erklären lassen; ferner auf die nicht selten bessern lesarten Schilter's.

Bei der angabe der Schilterischen lesarten haben wir gänzlich unwichtiges ausgeschlossen, wie wenn z. b. unsere handschrift bei grosserschrift im Latein „V", und bei kleiner „u", und umgekehrt Schilter „U" und „v" schreibt; oder wenn Schilter das wort „got" immer gross, und unsere handschrift zuerst öfters klein schreibt; oder „proicit" statt „projicit", und „intellege" statt „intellige". auch was die verbindungen und trennungen betrifft, haben wir nur anfangs einiges angezeigt.

Das sind die vier handschriften, über die wir mehr oder minder nachricht ertheilen gekonnt. über die papierne handschrift, wovon Arx oben (s. 15) spricht, vermögen wir keine auskunft zu geben. Uebrigens muss dieses werk Notker's ziemliche verbreitung gehabt haben, was uns einige jüngere überarbeitungen zu beweisen scheinen, die noch vorhanden sind. eine solche findet sich in der kaiserlichen hofbibliothek in Wien und in der königlichen bibliothek in München. Es wird nicht getadelt werden, wenn wir die belehrungen mittheilen, welche Graff und Docen darüber geben.

„Deutsche Uebersetzung und Erklärung der Psalmen, dasselbe Werk, welches im S. Galler Codex 21 enthalten und, als eine Arbeit Notkers, in Schilters thes. abgedruckt ist. Nur ist es nicht als ein zweites Exemplar des S. Galler Codex, sondern vielmehr als eine Art von Ueberarbeitung anzusehen, die theils andere, dem Dialekt des Schreibers angehörige, Formen und einzelne abweichende Ausdrücke gebraucht, theils die lateinischen Wörter, die der Exposition im S. Galler Werke beigemischt sind, aufgibt und sie durch deutsche ersetzt. Gleich der Anfang: Der man ist salig . der in dero argon rat ne gieng . so adam teta . do er dero chenun rates uolgeta uuider gote . Noh an dero suntigen uuege ne stuont . so er teta . Er chom dar ana . er chom an den breiten uueg der ze dero hella ket . unde stuont dar ana . uuanda er gehancta sinero kelusta . hengento stuont er etc., zeigt die Identität dieser und der dem Notker beigelegten Arbeit; vollständigere Vergleichung werden die unter Nr. 4 hier abgedruckten Stücke gewähren, die auch der S. Galler Psalmenübersetzung beigefügt sind und gleichfalls nach der Tradition und der im S. Galler Codex befindlichen (im Wiener Codex aber fehlenden) Unterschrift: notker teutonicus etc. für Notkers Arbeit gelten". u. s. w.

S. Diutisca, b. 3, s. 122 und 123. Weitere belehrung über diese handschrift findet man in Hoffmann's „Verzeichniss der altdeutschen Handschriften der Hofbibliothek zu Wien", s. 281, nach dem die handschrift aus dem elften jahrhundert stammt. Eccard, Graff, Hoffmann, Massmann haben stücke derselben mitgetheilt.

Ueber die Münchener handschrift gibt Docen in dem ersten bande seiner „Miscellaneen", s. 32 und 33, auskunft.

„Die königliche Bibliothek in München besitzt noch eine andere alte Uebersetzung der Psalmen aus dem vierzehnten Jahrhundert, mit einer jedem Vers beigefügten Auslegung, ehedem dem Stift St. Nikola bei Passau zugehörig. Ich hatte es nicht erwartet, in dieser Handschrift ein blos verjüngtes Exemplar der Notkerischen Bearbeitung der Psalmen zu finden, da bekanntlich die Denkmäler der älteren teutschen Sprache, vom IX. bis XII. Jahrhunderte, in den folgenden späteren Zeiten ganz ausser Gebrauch kamen, und darum auch nicht ferner abgeschrieben wurden. Man darf aber nur wenige Seiten des vorliegenden Manuscripts mit dem Werke des Notker vergleichen, um überall die auffallendste Aehnlichkeit zwischen beiden zu bemerken, und selbst in den mannigfaltigen Veränderungen der Sprache, die das jüngere Denkmal in einer Folge von vierhundert Jahren nothwendig erfahren musste, noch die nämliche Quelle zu erblicken, die in dem Notkerischen Original noch unvermischt und lauter fliesst. Um auch den Leser in den Stand zu setzen, sich von der Wahrheit unsrer Behauptung zu überzeugen, wollen wir den ersten Psalm aus der Handschrift hersetzen, und, um die Vergleichung zu erleichtern, Notkers Original selbst ihm zur Begleitung geben."

Eine mittheilung der lesarten ist also nach der beschaffenheit dieser arbeiten an und für sich unmöglich. wir müssen daher den leser auf die probe bei den genannten männern verweisen. ausser dem ersten psalme theilt Docen später, s. 42 ff., auch noch den 103ten mit. Am schlusse (s. 36) des ersten psalmes macht derselbe eine bemerkung, welche wir noch mittheilen zu müssen glauben.

„Diese verjüngte Ueberarbeitung des Notkerischen Originals würde, wenn man in einzelne Untersuchungen eingehen wollte, für die Geschichte der teutschen Sprachkultur manche interessante Beyträge liefern, für jetzt genügt es uns, auf dieses Denkmal (welches ohne Zweifel nicht zunächst aus dem noch unveränderten Original des 11ten Jahrhunderts genommen wurde), den Literator aufmerksam gemacht zu haben.« u. s. w.

Es bleibt uns noch übrig, einiges über die eigenschaften und eigenheiten unserer handschrift, und über die art und weise, wie wir den abdruck behandelt haben, zu melden. Dieselbe ist schön und sorgfältig geschrieben. die schrift gleicht unserer teutschen druckschrift und wechselt mannigfaltig ab. der lateinische text ist roth, die erste zeile jedes gesanges mit rothen, einzelnes andere mit schwarzen lateinischen anfangsbuchstaben geschrieben. die übergeschriebenen wörter haben kleinere schrift. diese haben wir in klammern in den text aufgenommen, und haben die rothe schrift durch absätze ersetzt. Die ersten blätter sind frei gelassen, und erst auf seite 8 steht das »Incipit« bis »vir«, meist mit grossen verzierten buchstaben. s. das facsimile. Die anwendung grosser anfangsbuchstaben erfolgt ziemlich gleichmässig, z. b. im anfange eines satzes. doch schwankt die schreibung der eigennamen und anfangs die des wortes »got«. auch einzelne andere unregelmässigkeiten begegnen, wie z. b. »Goldes« auf seite 103. In der grossen schrift, d. i. in der schrift mit anfangsbuchstaben, vertritt das »V« die stelle des »U«, das jedoch in der teutschen in seinem entstehen ist; und umgekehrt in der kleinen schrift das »u« das »v«. ausnahmen sind selten, zunächst noch das »v« in der kleineren schrift der übergeschriebenen wörter, z. b. seite 23 »evangelii«, seite 71 »Uuaz«. Als unterscheidungszeichen begegnen der punkt und das fragezeichen. merkwürdig sind die punkte, die zuweilen in mitten von wörtern vorkommen, z. b. seite 61 »L.AETA-BITVR«, oder über einem buchstaben, wie seite 71 »qui habitant«. Eine besondere sorgfalt zur erhaltung der schönheit der schrift zeigt sich bei verbesserungen. dieselben sind ausserordentlich zart ausgeführt, wie z. b. auf seite 67, wo »lichumin« mit einem feinen strichelchen durch das »u« in »lichamin« verbessert ist. öfters werden sogar schreibfehler gar nicht verbessert, sondern durch übergeschriebene punkte angezeigt, wie z. b. auf seite 91 »momo« statt »homo«. dahin gehört auch die tilgung eines buchstaben durch punkte, z. b. »foneṅ« auf seite 29.

Aehnlich verhält es sich mit den trennungen und verbindungen zusammengesetzter wörter. des fehlerhaften ist vieles. da geschieht es, dass verbindungen angezeigt werden, durch punkte, welche etwas in die höhe zwischen zwei wörtern gesetzt sind, wie z. b. auf s. 86 »zu·spilunga«, oder trennungen durch beistriche, wie auf seite 65 »fersah'er«. durch trennungen zu ende einer zeile ist öfters ein buchstabe verdoppelt worden, wie auf seite 28 in »arb-beite«.

Wie es scheint, hat die handschrift nach ihrer vollendung eine durchsicht erfahren. wir schliessen das aus der betrachtung der vorgenommenen verbesserungen und aus andern erscheinungen. so hat z. b. auf seite 25 das fragezeichen nach den worten »Aut filius hominis quoniam uisitas eum?« eine tiefere rothe farbe als die vorangehenden worte. zweierlei rothe tinte findet sich zwar auch sonst, aber ein solcher wechsel, wie der beschriebene, scheint uns nur auf die versuchte weise erklärbar. man sehe noch den folgenden absatz über die tonzeichen.

Die tonzeichen sind aufwärts gefahren. dadurch geschieht es, dass der obere theil oft zu weit links geht, so dass das zeichen mit einem theile, nicht selten mit dem grössten, auf den folgenden buchstab zu stehen kömmt. durch die angegebene weise, wie dasselbe gezogen ist, ist für schwierige fälle, wenn es z. b. auf doppellauten steht, eine sichere entscheidung gefunden. Heisst nun auch das gefundene gesetz mit andern worten nichts anderes, als »das tonzeichen rückt jedesmahl auf den ersten selbstlaut«, so gründet sich dasselbe doch auf einen objektiven grund. Hinlänglich erklärt aber auch diese entdeckung nicht die stellung jedes tonzeichens, denn öfters rückt sowohl die spitze als das dach völlig auf den buchstaben rechts, z. b. auf seite 24 »uuúnderont«, auf seite 73 »uuérdenne«, auf seite 74 »faṅt«, manchmahl auf den buchstaben links, z. b. auf seite 15 »gescríben«, ja sogar auf das folgende wort, z. b. auf seite 126 »chumet sánitas«. vielleicht dass die tonzeichen erst bei der durchsicht gemacht wurden, denn gleich nach der vollendung des buchstabens ist sein tonzeichen nicht gesetzt, das ist sicher. Durch die angedeutete annahme, scheint es uns, liesse sich die fehlerhafte verrückung und anwendung (z. b. seite 10 »Pediû«, seite 11 »Pediu«) am leichtesten erklären. jedenfalls darf man unstatthaftes nicht auf rechnung des herausgebers setzen. Andere notkerische werke sind in dieser hinsicht besser geschrieben als die handschrift 21.

*) INCIPIT . TRANSLATIO . BARBARICA . PSALTERII .
NOTKERI . TERTII .

PSALMUS I.

BEATVS VIR **) QVI NON ABIIT IN CONSILIO IMPIORVM . DER . MA'N . IST . SÁLIG . der in dero argon rât ne gegieng . So ADÁM téta . dô er déro chénun râtes fólgeta uuider Góte .

Et in uia peccatorum non stetit . Noh an déro súndigon uuége ne stuónt . So er téta . Er chám dar ána . er chám an dén bréiten uueg ter ze héllo gât . unde stuónt târ¹) ána . uuanda er hangta sínero geluste . Héngendo stuónt er .

Et in cathedra pestilentiæ non sedit .²) Noh án demo súhtstuóle ne saz . ih méino daz er rícheson ne uuólta . uuánda diû suht stúret sie náh alle . So si adámen teta . do er got uuólta uuerden . Pestis chit latine pecora sternens (fiéo nider slahinde³) . Sô⁴) pestis sih kebréitet . so ist iz pestilentia . id est late peruagata pestis (uuito uuállonde stérbo) .

†) Sed in lege domini uoluntas eius . et in lege eius meditabitur die ac nocte . Nube der ist sâlig . tes uuillo an gótes éo ist . unde der dára ána denchet . tag unde naht .

Et erit tanquam lignum quod plantatum est secus decursus aquarum . Vnde der gedíehet also uuóla . so der bóum . der bidemo⁵) rinnenten uuazzere gesezzet ist .

Quod fructum suum dabit in tempore suo . Der zítigo sinen uuúocher gibet . Daz rinnenta uuazzer ist gratia sancti spiritus . gnâda des héiligen géistes . Den si nezzet . ter ist pirig póum guótero uuercho .

Et folium eius non ††) defluet . Noh sin lóub ne riset . Taz chit . noh sin uuórt ne uuirt uuéndig .

Et omnia quæcumque faciet prosperabúntur . Vnde frám díehent állíû . diu der boum bíret unde bringet . ioh fructus (uuuócher) . ioh folia (pléter) . ih méino facta (uuerch) et dicta (uuort) .

---

¹) dar. Sch.
²) stetit. Sch.
³) niderslahinde. Sch.
⁴) so. Sch.
⁵) bi demo. Sch.

*) S. I.   **) S. 9.   †) S. II.   ††) S. 10.

Non sic impii . non sic. So nuóla ne gediêhent áber diê argen . So ne gediêhent sie .

Sed tamquam puluis quem proicit uentus a facie terræ . Nube sie zefárent also daz stuppe dero erdo . daz ter uuint feruuáhet . fóne¹) demo gótes riche uuérdent sie feruuáhet .

Ideo non resurgunt impii in iudicio . Pediû ne erstánt árge zedero urtêildo²) . Doh sie erstanden . sie ne bîtent dánne urtêildo . uuanda in iû irtêilet³) ist . JAM ENIM IVDICATI SVNT.

Neque peccatores in consilio iustorum . Noh súndige ne sizzent dánne in demo ráte dero recton . Êne ne irstánt . daz sie irtêilet uuérden . noh tíse ne irstánt daz sie irtêilen . Éne sint tie uuirsesten⁴) . dise ne sint tie bézzesten . uuanda sie béide sundig sint . Tie aber die bezzesten sint . tie irtêilent tiên métemen .

Quoniam nouit dominus uiam iustorum . Vuanda got uuêiz ten uueg téro⁵) réhton . Er geuuérdet sie uuizzen . unde iro uuerch .

Et iter impiorum peribit . Vnde déro argon fart uuirt ferlóren . Vuanda sie selben ferlóren uuerdent . pediû uuirt iro fart ferlóren . daz sint iro uuerch .

PSALMVS DAVID II.

QVARE FREMVERVNT GENTES . Ziu griscramoton an christum ebraicæ gentes (iúdon diét)?

Et populi meditati sunt inania . id est frustra? Vnde ziu dâhton sine liûte ardingun . în ze irloschenne? Sie dâhton des in úbelo spuên solta .

Astiterunt reges terræ . et principes conuenerunt in unum aduersus dominum et aduersus christum eius . *) Tie lánt-chuninga⁶) uuáren gágenuuerte in passione domini (in gotes martyro) . als⁷) ána sehendo . nube iro uuillen ôugendo . unde principes sacerdotum gesamenoton sih uuider trúhtene . unde uuider sinemo geuuiêchten . Ein herodes uuolta in sláhen . anderer hangta iz . Pediu gát in ter uuillo . samoso diu uuérch .

**) Disrumpamus uincula eorum . et proiciamus a nobis iugum ipsorum . id est christi et apostolorum . Sús einoton sie sic . Prechen cháden sie iro gebénde . unde uuerfen ába uns iro ioch . Ne lázen unsich

---

¹) Fane. Sch.
²) ze dero urtheildo. Sch.
³) urteilet. Sch.
⁴) uuirsisten. Sch.

⁵) dero. Sch.
⁶) Lant chuninga. Sch.
⁷) »als« liest auch Sch. Ursprünglich stand »nals«.

*) S. 11.   **) S. III.

nieht¹) ána christianam religionem (christis uolunga²).

Qui habitat in cælis irridebit eos. et dominus subsannabit eos. Ter in himele buet. ter spóttot iro. unde násesnúdet ansio³). Nals⁴) taz got mit munde unde mit násun dehêinen huoh tûe. nube daz iz huohlich uuas. daz sie sina prædistinationem⁵) (penêmida) dáhton ze iruuéndenne. Dár ána uuáren sie meditantes inania (i. e. ténchende in-uppe⁶).

Tunc loquetur ad eos in ira sua. et in furore suo conturbabit eos. Tanne sprichet er in zû mit zórne unde mit héizmûote getrûobet er sie. In iudicio (in ubertêilido) tuót er iz. so retributio peccatorum (lon sundon) ist.

Vox christi. Ego autem constitutus sum rex ab eo super syon montem sanctum eius prædicans præceptum eius. Ih pin aber fóne minemo fáter iro úndanches⁷) ze chúninge gesezzet uber sinen héiligen berg. daz ist ecclesia sin gebot ságende. daz chit euangelium lèrende. Syon stât in ierusalem. unde uuanda man ferro dar aba séhen mag. pediu hêizzet⁸) er syon daz chit latine specula. in únsera uuîs uuarta. Der bezeichenet ecclesiam. uuanda iro gedingi ist. daz si ir-hòhet⁹) uuerde zegótes sélbes ána-sihte¹⁰).

Dominus dixit ad me. filius meus estu¹¹). ego hodie genui te. id est sine tempore (ána zit¹²). Min fáter chád ze mir *) min sun bist tu. hiúto gebár ih tih. Góte neist¹³) nehêin zit præteritum (irgángen) noh futurum (chúnftig¹³). I'mo ist hiúto. al daz io geschah. alde noh geschéhen¹⁵) sol. Pediú ist sin sún hiúto gebórn.

Postula a me et dabo tibi gentes hereditatem tuam. Pite mih. uuanda du ménnischo bist. unde andiú¹⁶) min minnero¹⁷) bist. sô gibo ih tir¹⁸) din érbe. VVélez ist daz? Gentes (alle liúte).

Et possessionem tuam terminos terræ. Vnde gibo ih tir zebesizzen-

---

¹) nicht. Sch.
²) uuolunga. Sch.
³) nase snudet an sio. Sch.
⁴) Nalz. Sch.
⁵) prædestinationem. Sch.
⁶) inuppe. Sch.
⁷) Schilter hat beide wörter eingeschlossen.
⁸) heizet. Sch.
⁹) sie irhohet. Sch.
¹⁰) ze gotes selbes anasihte. Sch.
¹¹) es tu. Sch.
¹²) ana zit. Sch.
¹³) ne ist. Sch.
¹⁴) chumftig. Sch.
¹⁵) geschehen. Sch.
¹⁶) an diu. Sch.
¹⁷) minero. Sch.
¹⁸) dir. Sch.

*) S. 12.

ne¹) . énde déro erdo . déro dû bítest.
Daz ist fóne diû gespróchen . uuanda
christus pat íro gnóto . dò er sih sél-
ben umbe sie PATRI ópferota²).

Reges eos in uirga ferrea . id est
inflexibili iustitia . Tiê rihtest tu mit
íseninro gérto . daz chît mit ûn-uuen-
dìgemo rehte . Dih ne mag tar ába
nîeman genémen.

Tanquam uas figuli confringes
eos . Sámoso háfenáres faz ferbrí-
chest tû³) sie . Terrenas concupis-
centias (uuerlt lúste) férbríchest tu
an in.

*)VOX PROPHETÆ . Et nunc reges in-
tellegite⁴) . Vnde nû fernémet chú-
ninga déro erdo . chuninga des flèi-
sches . chuninga fóne diû . uuánda
ir dôubont ten lichamen . Gehôrrent
mînen rat.

Erudimini qui iudicatis terram.
Lázent iûch lèren lantrechtara.
Mèistera des lichamen fernémet.

Seruite domino in timore . Diê-
nont góte mit fórhtun . Daz nehéue⁵)
iûuh . daz er reges kenámot pirnt.

Et exultate ei cum tremore . Vnde
ridondo sint imo frô . I'mo dan-
chont sóliches námen . ioh mit fré-
uui . ioh mit fórchtun.

Apprehendite disciplinam ne quan-
do irascatur dominus . et pereatis de
uia iusta . Lirnent zúcht . unde uué-
sent in égi . daz sih gót éteuuenne
ne bélge . unde ir neglesliphent ába
rehtemo uuége . christus ist ter uueg.
an démo mánnolich kán sol.

Cum exarserit in breui ira eius.
beati omnes qui confidunt **) in eo.
So sîn zorn irheizzet in spûote . unde
uindicta (kerich) chúmet in ictu
oculi (in slago dero bráuuo) . so
sint sàlig . diè sih zeîmo⁶) fer-
séhent.

PSALMVS DAVID III.

DOMINE QUID MULTIPLICATI sunt qui
tribulant me? Dauid chad ex per-
sona christi (in christis stal⁷) . dòér⁸)
sînen sun flôh . Ziù sint trûhten déro
so mánege⁹) , diè mih arbèitent.
daz ioh èiner mínero discipulorum
(iungeron . i . iudas) min âhtet?

Multi insurgunt aduersum me.
Mánige ir-richtent¹⁰) sih uuider mir.

Multi dicunt animæ meæ non est
salus illi in deo eius . Mánige fer-
ságent¹¹) mínero sélo heili an íro
góte . Sie ne trûnuent . daz ih irstân
súle.

---

¹) ze besizzenne. Sch.
²) opherota. Sch.
³) du. Sch.
⁴) rsch. Dvm discernit cælestis reges.
⁵) he heue. Sch.
⁶) ze imo. Sch.

⁷) stat. Sch.
⁸) do er. Sch.
⁹) manegen. Sch.
¹⁰) ihrrichtent. Sch.
¹¹) versagent. Sch.

*) S. IIII.   **) S. 13.

Tu autem domine susceptor meus es. Aber dû got pist mîn infángare. mih infiênge dù. Mih hominem (ménniscen) náme dù an dih deum (got). bediû getuôst¹) tu mih oúch resurgere (irstân) uuíder iro uuâne.

Gloria mea et exaltans caput meum. Dù bist mîn guôllichi. fóne dir babo ih siâ. unde dù bist irhôhende mîn hoûbet in resurrectione (in ôstirtáge).

Voce mea ad dominum clámaui. et exaudiuit me de monte sancto suo. Mit mínero stimmo. daz chît. mit des herzen stimmo hâreta²) ih ze dir. unde gehôrtost tu³) mih. fóne dînemo hêiligan berge. daz chit fóne déro únsagelichun hôhi dínero gótheîte.

Ego dormiui et soporatus sum. Ih sliêf⁴). mînes tánches âne nôth. Ih sliêf⁴) den slâf⁵) des tôdes. unde slâf⁵) ráuuota mir dár ána. daz diê súndigen ne tuônt. uuanda iro tót slâf leîtet siê zeúnrâuuon⁶).

Et exurrexi. quoniam dominus suscepit me. Vnde irstuônt ih. uuanda tróhten infiêng mih. Ér nám mih an sih. mit déro chréfte irstuônt ih.

*) Non timebo milia populi circumdantis me. Ih ne fúrchto diê mánigi. des mih úmbestánden liûtes. sámo sô ér mih erstêriben múge. ih ne irstérben **) múge⁷) ih ne irstérbe gérno.

Exurge domine. Stant ûf trúhten.

Saluum me fac deus meus. Duô mih geháltenen mîn got. Gehalt ecclesiam meam (mîna prût-sáminunga) diû mîn corpus (lîchamo) ist.

Quoniam tu percussisti omnes aduersantes mihi sine causa. Vuanda dú hábest irslágen⁸). daz chît tu habest kesuueiget alle. diê mir béunrehte⁹) uuídere uuáren. So chúnt uuárd in mîn resurrectio (urstendida). daz siê iro neheînen loûgen getórston háben.

Dentes peccatorum contriuisti. Déro súndigon zéne fermúletost tú. daz chît. iro híndero spráchon ferzáre dû. Siê gesuêigendo¹⁰) férzáre du iz.

Domini est salus. Tár schînet daz cótes diû heîli ist. Tû gót kibet sia.

Et super populum tuum benedictio tua. Vnde dîn ségen ist uber dînen liût.

---

¹) ne getuost. Sch.
²) harreta. Sch.
³) du. Sch.
⁴) schlief. Sch.
⁵) schlaf. Sch.
⁶) zeun rauuon. Sch.

⁷) Diese vier wörter sind durch punkte getilgt. Sch. hat sie.
⁸) irschlagen. Sch.
⁹) Ueber dem »e« ist ein punkt.
¹⁰) geschueigendo. Sch.

*) S. V.   **) S. 14.

CANTICVM DAVID IV.

Cvm invocarem exavdivit me Deus. iustitiæ meæ. Aecclesia chit. Gót fóne démo min reht ist kehórta mih. sò ih zéimo háreta.

In tribulatione dilatasti mihi¹). Ze démo selben chit si²). du gebrêittost³) mih in binon. Vuanda in persecutione (in áhtungo) manigfaltoton sih coronæ martyrum.

Miserere mei. et exaudi orationem meam. Gnâde⁴) mir. unde gehôre min gebét. Tuô. sô dû tâtist. kehóre mih iô.

Filii hominum usque quo graui corde? Ménniscon chint. uuiê lango uuéllent ir sîn insuâremo. daz chit in ungelôubigemo herzen? fôre aduentu (chúnfte) christi uuârent ir ungeloûbig. uuéllent ir oûch nóh sô sîn?

Vt quid diligitis uanitatem et quæritis mendacium? Ziû minnónt ir idola (ábkota). unde ziû suôchent ir lugge gota?

Diapsalma. Vuaz ist daz? Daz ist silentium. unde interuallum. psallendi. unde uuéchsel dês sinnes.

Also sîn psalma⁵) heizzet coniunctio uocum (fuôgi stimmon) in *) cantando (singendo). so heizzet diapsalma disiunctio uocum (schedunga stimmon).

**) Et scitote quoniam mirificauit dominus sanctum suum. Vuizzint daz cót⁶) christum uúnderlichen⁷) getân hábet. uuanda er chíchta in fône tóde. unde sazta in ze sînero zésuuun in himele. in sult ir béton.

Dominus exaudiet me cum clamauero ad eum. Truhten gehóret mih danne ih ze imo hárên. Daz chit æcclesia fóne iro selbun. sámosô si châde ze iro chínden. Trúhten kehôret iúh sô ir ze imo hárênt. hárênt ze imo mit kuóten uuérchen⁸).

Irascimini et nolite peccare. Pélgent iûuih⁹) déro súndon zeiu selben. unde fermîdent sie. Riûuont sie sô daz ir sie fúrder ne tuóient. Alde ánderesuuio¹⁰). Pelgent iûuih¹¹) unde ne réchent iûuih. unde iûuer zorn. Vbe diz keschêe énez fermîdent.

Quæ dicitis. in cordibus uestris. s. dicite. Diû ir spréchent diû spre-

---

¹) rsch. Prophetiæ mos est repente personas mutare. exaudiuit dilatasti.
²) sic. Sch.
³) gebreitest. Sch.
⁴) Genade. Sch.
⁵) sinpsalma. Sch.
⁶) Got. Sch.
⁷) uuuenderlichen. Sch.

⁸) In der letzten hälfte dieses absatzes ist fast zwischen jedem worte eine spitze.
⁹) Aus »iuhih« verbessert.
¹⁰) Bei Schilter fehlt alles teutsche bis hierher, vermuthlich wegen des wiederkehrenden »Pelgent«.
¹¹) iuh. Sch.

*) S. 15.   **) S. VI.

chen fóne herzen . daz ir dién gelîch ne sìnt fóne dien gescriben¹) ist . POPVLVS HIC LABIIS ME HONORAT . COR AVTEM EORVM LONGE EST A ME (DI´SER LIV´T ÊRET MICH MIT LÊFSÉN . I´RO HÉRZA I´ST A´BER VÉRRO VO´NE MIR).

*) Et in cubilibus uestris conpungimini . Vnde in iůueren herzon uuérdént ir gestúnget . fúrder nechóme iůuer zórn . Dàr irlósche iz²) . êr iz an dién uuérchen schîne .

Sacrificate sacrificium iustitiæ³) et sperate in domino . Pringent góte daz ópfer des réchtes . daz chît . lébent rechto . unde gedingent daz er iů hiér gébe donum (géba) spiritus sancti . unde hára náh uitam æternam (lîb êuuigen).

Multi dicunt quis ostendit nobis bona? Mánige ne uuízzen déro dingo nìêht⁴) . unde chédent . Vuér uuéiz daz . uuer chán úns iêht keságen fone uita æterna?

Signatum est super nos lumen uultus tui domine . Dû trúhten dú hábest iz úns keoúget . Vns ist ánagezêichenet . daz liêht dines analiûtes . Tû hábest unsih getán ad imaginem **) et similitudinem tuam (ze dînemo pilde) . Daz liêcht⁵) ne múgen uuir oculis uidere (mit oûgon késèhen) nube mente (muôte).

Dedisti lætitiam in corde meo . In mînemo hérzen hábest du mir dia frêuui gegében . Sî ne ist anderes uuar ze suôchenne .

A tempore frumenti et uini et olei sui multiplicati sunt . Vuannan ist daz siê sò chédent . i . OVIS OSTENDIT NOBIS BONA? Daz ist tánnan . uuanda siê hábent kenuôg . unde siê sint keláden fóne démo zîte íro chórnes . unde iro uuînes . unde iro ólees . I´ro fuôra hábent siê . dia⁶) siê suôchent . mit déro sie den lîchamen nérent .

In pace in id ipsum . dormiam et requiescam . Vués gedingo áber ih? Daz ih slâfe⁷) unde ráuuee in frîde . unde in góte der id ipsum (selb selbo) heizzet . Anderiů dinch sint uuéhselich . er ist io ein . er⁸) ist ièo daz selba . An imo hábo ih êuuiga ráuua .

Quoniam tu domine singulariter in spe constituisti me . Vuanda dú

---

¹) geschrieben. Sch.
²) Sch. »in«. Es stand ursprünglich »ih«, dann hat man dem »h« oben einen strich gegeben, wodurch es einer art »z« ähnlich wird, die aber sonst nicht in unserer handschrift üblich ist.

³) iustitia. Sch.
⁴) nicht. Sch.
⁵) liehт. Sch.
⁶) Aus »diu« verbessert, wie auch Sch. liest.
⁷) schlafe. Sch.
⁸) »einer« statt »ein . er«. Sch.

---

*) S. VII.   **) S. 16.

trúhten hábest mih súnderchlicho [1]
getròstet ze déro ràuuo . ze déro
populus babiloniæ (liût scandun [2])
der sih hiê frêuuet frumenti uini
et olei . nîeht ne gedinget.

---

*) PSALMUS V.

PRO EA QVÆ HEREDITATEM ACCEPE-
RAT. VERBA MEA AVRIBVS PERCIPE
DOMINE. Ferním mit òron mînu
uuórt truhten . chît dîu dia des érbes
langêt . Daz ist æcclesia (kótes prût).

Intellege clamorem meum. Fer-
nim min háren . Daz fóne hérzen
chóme daz férnim . Ménnischo ge-
hòret den múnt . dû fernim daz
herza.

Intende uoci orationis meæ. Dén-
che ze mínero bétestimmo [3] . diê ih
ze dir frúmmo . sò in-grundo.

Rex meus et deus meus. Chu-
uinch mín . unde gót min.

Quoniam ad te orabo domine .
mane exaudies uocem meam. Vuan-
da ih ze-dir béton . sò der morgen
chúmet . sò gehòrest [4] dù mih.
**) Sò diû naht mînero súndon hína
uuírt . sò gehòrest [4] dù mih.

Mane astabo tibi . et uidebo . In
mórgen fóre stàn ih dir . unde ge-
siêho dih . Sò disu uuérlt hína uuirt .
unde daz êuuiga táges liêcht [5] pegin-
net chómen . dánne geseého ih dih.

Quoniam non deus uolens iniqui-
tatem tu es . Vuánda dù ne bist der
únrecht [6] uuéllento gót . fóne diû
ne-gesêhent dih unréchte [7].

Non habitabit iuxta te malignus .
Sáment dir ne bûet der úbeluuilligo .
doh er ad iudicium chóme.

Neque permanebunt iniusti ante
oculos tuos . Noh unrehte ne fólle
uuérènt fóre dînen ougon. Doh siê
dih kesêhen in carne (fleische) also
iz chît. VIDEBVNT IN QVEM COMPVN-
XERVNT (SI GESÊHENT IN UUÉN SIÊ
STÉCHOTON) . siê ne gesêhont dih
áber in gloria (in guòtlichi [8]). Also
diû scrift chît. TOLLATVR IMPIVS NE
VIDEAT GLORIAM DEI (ferstòzzen
uuérde der úbelo ne ir negesêhe
kótes guotlichi) [9].

Odisti omnes qui operantur ini-
quitatem. Du házzest alle . diê daz
únreht uúrchent . nals diê iz uuorh-
ton . núbe diê iz únz zénde iro libes
uúrchent.

---

[1] sunderlicho. Sch.

[2] rsch. Nota. duas ciuitates in scrip-
turis . BABILONIAM et HIERVSALEM . AL-
TERAM diaboli . alteram dei.

[3] bétes timmo. Sch.

[4] gehoret. Sch.

[5] lieht. Sch.

[6] unreht. Sch.

[7] Das »e« hat einen punkt über sich.
Schilter liest auch »unrehte«.

[8] guothlichi. Sch.

[9] Fehlt von »Also« an bis hierher
bei Schilter.

---

*) S. VIII. **) S. 17.

Perdes omnes qui loquuntur mendacium. Ferliûsest diê. diê lúgi ságent. Also heretici (unrechte in íro geloúbo) tuónt. diê mit lúginen ilent diê ménniscen besuíchen.

Virum sanguinum et dolosum abhominabitur dominus. Mánneslekken[1]) unde uuizzesare[2]). daz chit trúgenare. leídezet únser trúhten. Pediû ne lâzet er siê sáment imo.

Ego autem in multitudine misericordiæ tuæ introibo in domum tuam. A'ber in déro mánigi déro guôton. diê multitudo misericordiæ tuæ mit rechte heîzzent. kan[3]) oúh ih in dîn hûs. Vuélez ist daz. âne diû futúra ierusalem (chúnftiga ánasieht[4]) frídis).

Adorabo ad templum sanctum tuum in timore tuo. Ze démo dînemo heíligen hûs. péton ih hinnan dára[5]). in dînero fórhtun. Sô ih tára[6]) chúmo. dar uuirdo ih âne fórhtun. uuanda dar *) ist perfecta caritas. quæ foras mittit timorem[7]) (durnochta minna diû ûz stôzzet forchtun).

**) Domine deduc me in iustitia tua propter inimicos meos. Leite mih trúhten in dînemo rehte umbe mîna fienda. diê mih ilent dar ába chéren. Leite mih in dînemo rehte[8]) nals in ménnischon. diên ioh reht tunchet. malum pro malo reddere (úbelis mit ubele lonon).

Dirige in conspectu tuo uíam meam. Kerihte mînen uueg in dînero gesihte. Daz herza gerihte daz ist in dînero gesihte. nals in ménnischon.

Quoniam non est in ore eorum ueritas. Vuârhéit neist in íro munde. In déro ménnischon munde. mînero fiendo. neist si.

Cor eorum uanum est. Í'ro herza ist uppig[9]). Vuié mag ténne uuár in íro múnde sin?

Sepulchrum patens est guttur eorum. Í'ro chéla[10]) ist óffen gráb. Vuâre daz gráb betân. sô ne stúnche iz. Noh íro chéla. úbe siê suigetin.

Linguis suis dolose agebant. Mit diên zúngon fárent siê trúgelicho. uuanda ein chôsont siê ánder uuéllen siê. Daz ist dolus (pisuuich).

Judica illos deus. Rihte got úber siê. Daz ist gehéiz nals fluôh.

Decidant a cogitationibus suis. Siê stúrzên ábe íro gedánchen. daz chit in gebréste. an íro gedingi.

---

[1]) Maneslekken. Sch.
[2]) uuizzes are. Sch.
[3]) kam. Sch.
[4]) anasieht. Sch.
[5]) Dura. Sch.
[6]) dura. Sch.
[7]) odorem. Sch.
[8]) rehte. Sch.
[9]) uppihg. Sch.
[10]) chila. Sch.

*) S. 18. **) S. IX.

Secundum multitudinem impietatum eorum expelle eos. After iro michelun ûbeli . stoz sié uz. Nim in daz érbe . des sancta æcclesia bitet.

Quoniam irritauerunt te domine. Vuanda sié dih crámdon¹) trúhten . fóne diû tuó sié érbelôs.

Et lætentur omnes qui sperant in te . Vnde fréuuent²) sih alle . dié sih ze dir fersehent.

In æternum exultabunt et habitabis in eis. Jêmer fréuuent sié sih . unde du bûest in in. Des sint sié iêmer frô . daz sié dín hûs sint.

Et gloriabuntur in te omnes qui diligunt nomen tuum . Vnde an dir guóllichont sih *) alle . dié dínen námen minnont. An dir hábent sié daz érbe.

Quoniam tu benedicis iusto. Vuanda dû gíbest ségen démo rehten . fóne ségene hábet er daz érbe . nals fóne réhte.

Domine ut scuto bone uoluntatis tuæ coronasti nos . Sámo so mit skilte guótes uuillen hábest dû únsih trúhten gecorônot. Dín guót uuillo . ist uns skérm unde êra.

**) PSALMVS PRO OCTAVA VI.

Náh síben tágen déro uuéchun . chúmet der áhtodo. Daz ist dies iudicii . dér náh disen³) gesibenóten uuérltzíten chúmet. Dén fúrhtendo . unde daz iudicium . chit dér propheta.

DOMINE NE IN FVRORE tuo arguas me. Trúhten in dínero hêizmoti ne inchúnnist dû mih fánne.

Neque in ira tua corripias me. Noh in dínemo zórne ne irréfsest du mih an démo suôno táge . uuanda dié ne uuerdent kehálten . dié dánne gót irrefset.

Miserere mei domine quoniam infirmus sum . Hábe mín gnáda uuanda ih únmahtig pin . dín reht⁴) zerfóllonne.

Sana me domine quoniam conturbata sunt⁵) ossa mea. Hêile mih . uuanda miniû bein úngerech sint . daz chît . míne chréfte sint mir infállen.

Et anima mea turbata est ualde. Vnde mín sêla ist harto inúngerechen. Si⁶) uuárd in paradyso (in zíer-gárten) fóne súndon⁷) siéch.

Et tu domine usque quo? Vnde

----

¹) crameton. Sch.

²) Das »t« scheint durch einen punkt über und unter sich getilgt. Sch. liest »freuuent«.

³) diesen. Sch.

⁴) Fehlt bei Sch.

⁵) Sch. hat noch »(omnia)«. Wohl eigener zusatz? Aehnliches öfters.

⁶) Sie. Sch.

⁷) sundo. Sch.

----

*) S. 19.   **) S. X.

uuie¹) lángo tunélest du nú . dínero hélfo truhten?

Conuertere domine . et eripe animam meam. Háre chére dih ze mir trúhten . unde lóse mína séla . fóne temptatione (ursóche) unde fóne supplicio (uuizze).

Saluum me fac propter misericordiam tuam. Halt mih umbe dína gnâda . uuanda ih iz ferschúldet hábo.

Quoniam non est in morte qui memor sit tui. Vuanda din ne geuuánet *) ne-heiner in tóde . In uuélemo tode? Ane sô diú séla fóne súndon irbléndet uuirt . Diú blindi irgezzet in gótes.

In inferno autem quis confitebitur tibi? Vuer ist áber in-hello dir íihtig? Vuen uerfáhet dá sín iéhen?

**) Laboraui in gemitu meo. Ih arbéita mih suftóndo . Do ih riúuon gestuónt dié sunda.

Lauabo per singulas noctes lectum meum. LECTVS ANIMÆ CORPVS EST. Vbe des negnuôget . sô nézzo ih mín bétte nahteliches²) . i. QVOTIESCVNQVE OFFENDO . QVI IN NOCTEM AMBVLAT OFFENDIT. Daz ih unréinda . daz súbero ih.

Lacrimis meis stratum meum rigabo. Mit mínen trânen nezzo ih mín bétte . Mit diên begiûzzo ih iz . mit diên uuascho ih iz.

Turbatus est præ ira oculus meus. Mín oùga ist truôbe . fóre dínemo zórne. Dín zorn fúrhtendo . hábo ih keuueînot sô fílo . daz iz truôbe ist.

Inueteraui inter omnes inimicos meos . Ih máhta báldo uueinon . daz ih iráltet pin . únder állen mínen fiènden . die mih tágeliches kerno dínes rechtes irrent.

Discedite a me omnes qui operamini iniquitatem. Skéident iúuih fóne mir alle úbeltátige . Lázzent iúuer irren mih sin.

Quoniam exaudiuit dominus uocem fletus mei. Vuanda gót hábet fernómen mínen uuôft.

Exaudiuit dominus deprecationem meam. Er hábet kehóret mína dígi.

Dominus orationem meam suscepit. Er hábet infángen mín gebét . Ih ne hábo nieth ingeméitun sô uílo geuueînot.

Erubescant et conturbentur uehementer omnes inimici mei. Schámen sih sáment mir . unde sin leîdig íro sundon . alle mína fienda . daz oúh siê got kehóre.

Conuertantur et erubescant ***) ualde uelociter. Pechéren sih ad

---

¹) uuieo. Sch.
²) Inahteliches. Sch. Das »I« im anlaute hatte auch unsere handschrift ursprünglich.

---

*) S. 20. **) S. XI. ***) S. 21.

penitentiam . unde scámeen¹) síh sàr
filo sliemo . èr sîn-zórn chóme.

PSALMUS VII.

PRO VERBIS CHVSI FILII GEMINI.

Dô ABSOLON uuider sinemo fáter
unas . dô hiez der fáter stillo sinen
friûnt chusi . sáment demo súne sîn .
in dién uuórten . daz er îmo zeuuizzenne
táte so uuélen frêisigen ràt er
dàr fernàme. Ze déro similitudine
(kelîhnisso ²) sang DAVID disen psalmum .
fóne démo súne . den sîn fáter
tòugeno under mitte iudeos sánta .
daz er ménnischòn frèisa eruuànti.

*) VOX PROPHETE. DOMINE DEVS
MEVS IN TE speraui. Saluum me fac
ex omnibus persequentibus me . et
libera me. An díh trúhten gedingta
ih ièo . halt mih . daz chit . nére
mih fóne mînen fienden . unde lóse
mih . Lóse mih fóne ABSOLONE . álde
spiritaliter (kêistlicho) fóne diabolo
(nidir-rise).

Ne quando rapiat ut leo animam
meam . dum non est qui redimat .
neque qui saluum faciat. Nîeo er
mina séla ne erzucche also leo . sò
der neist der mih lóse . alde halte

daz chit . so dû mir ne hélfèst. V'be
dû ne hílfest . sò gemág er mir.

Domine deus meus si feci istud .
si est iniquitas in manibus meis . si
reddidi retribuentibus mihi mala .
decidam merito ab inimicis meis
inanis. Trúhten got mîn . ube ih diz
téta . úbe diz unreht ist in minen
hánden . daz ih mir leid umbe lièb
tuônten sauli unde absaloni . dára
áfter lònota . sò uállo ih mit ³) rehte .
daz chit . sò uuirdo ih mit rehte
eruéllet fóne minen fienden . làre déro
guòti.

Persequatur inimicus animam meam .
et comprehendat eam. Sò iágeie
diabolus mîna séla . unde gefàhe
sia.

Et conculcet in terra uitam meam.
**) Vnde tréttoe er in erdo minen
lib . daz chit . pesmêizze er míh mit
irdischen sundon.

Et gloriam meam in puluerem
deducat. Vnde mîna guòllichi bringe
er ze stuppe. Mîna conscientiam
diù góte lichet . ketùe er échert
ménnischon lichen ⁴).

Exurge domine in ira tua. Stant
ûf trúhten mit zórne. Là dír zórn
sin ze démo tièfele.

Et exaltare in finibus inimicorum
tuorum. Vnde uuird hóh . uuird

---

¹) scamen. Sch.
²) kelichnisso. Sch.
³) mih. Sch.
⁴) lieben. Sch.

*) S. XII.   **) S. 22.

guóllich . in dinero fiendo gemérchen . Nim in iro márcha . Nim diabolo . diè ér besézzen hábe .

Et exurge domine deus meus in præcepto quod mandasti . Vnde rihte dih úf in dínemo gebóte . Dú gebúte humilitatem (die-muóti) . Mit déro chúm . unde uuére sélbo din gebót .

Et synagoga populorum circumdabit te . Vnde úbe dú daz tuóst . só úmbe-hálbot dih mánigi déro liúto . ioh credentium (clobígera) ioh persequentium (áhtaro) .

Et propter hanc in altum regredere . Vmbe diè mánigi iruuint ze hímele . daz dú credentibus (cloúbigen) séndest spiritum sanctum . unde incredulis (ungloúbigen [1]) úrovge [2]) sist .

Dominus iudicat populos . Náh téro ascensione (úfferte) chúmet trúhten . iudicare uiuos et mortuos (irteilen lébende ioh tóte) .

Judica me domine secundum iustitiam meam . et secundum innocentiam meam super me . Dánne irtéille [3]) mir náh mínemo réhte . unde mínen únschulden . Vuanda ih únschuldig pin . unider saulem unde absalonem . unde ih réhto mit ingeuáren hábo .

*) Consummetur nequitia peccatorum et diriges iustum . scrutans [4]) corda et renes deus . Déro súndigon úbeli uuirt in énde bráht . also iz chit . SORDIDVS SORDESCAT ADHVC (der unreino horgéie sich noch) . unde gerihtest dú dén réhten . hérzen unde láncha scródonde gót . An déro stéte geríhtest **) dú in . dàr du in scródóst . Dú eino scródóst in dàr . dú eino gerihtest in dàr . Só gerihtest dú in dàr . so ambitio sæculi (uuerlt-kirida [5]) ne ist in corde . noh delectatio carnis in renibus (kehíginnis lust in lanchon) .

Justum adiutorium meum a domino . qui saluos facit rectos corde . Min hélfa ist rehtiú fóne góte . daz chit . mit rehte hilfet er mir sid ih reht uuas . der rehte in iro hérzon [6]) háltet .

Deus index iustus . fortis et longanimis . numquid irascetur per singulos dies? Gót der réhte richtáre ist . uuanda er mánnelichemo náh sinen uuérchen lónot . stárgmúotig . uuanda er filo fertréget . langmuótig . uuanda er ne gáhot sih zerréchenne . pílget er sih tágoliches [7])? Vuaz spáreti er dánne . ze démo iúngesten dinge?

---

[1]) uncloubigen. Sch.
[2]) »v«, wie es scheint, spätere verbesserung. »urouge«. Sch.
[3]) irteile. Sch.
[4]) scruta. Sch.
[5]) kiuda. Sch.
[6]) herzen. Sch.
[7]) tageliches. Sch.

---

*) S. XIII.   **) S. 23.

Nisi conuersi fueritis gladium suum uibrabit. Ir ne bechêrent iûuich. ér geuuénet sîn suért. daz chît. er geoûget sînen ánden. Vuenne? In die iudicii (in suôno tâge).

Arcum suum tetendit et parauit illum. Er hábet álegáro gespánnenen sînen bógen. uuanda er diê herti ueteris testamenti (dero altûn eo) mit téro¹) sénuuum²) noui testamenti (des evangelii³) geduûngen hábet. unde uuélcherun getân hábet.

Et in eo parauit uasa mortis. Vnde dàr ána hábet er gemáchot faz des tôdes. uuanda unréhto fernómeniû scrîft máchot hereticos. diê sint uasa mortis (faz tôdis).

Sagittas suas ardentibus effecit. Sîne strâla uuórhta er brinnenten. Dien er sie uuórchta. diên scôz er sie. Desiderantibus ueritatem (diên gerónten uuarheite) sánta er apostolos. Diê sint sîne strâla.

Ecce parturiuit iniustitiam et concepit dolorem. et peperit iniquitatem. Sîh tîr. uuaz synagoga iudeorum téta. Si begónda únreht péren. dô si christum érist ánariêt. Vnde dô iu hábeta si leid in=fángen in iro hérzen. uuánda*) er chád. patrem deum habeo uos autem de deorsum estis et uultis facere uoluntatem patris uestri diaboli (fáter got haben ih ir birint⁴) aber fóne nîdenan unde ir uuellint tuôn uuillin iûueris fater nider=rîsis). Dára nah gebár si daz unreht. daz si chad crucifige crucifige eum (hâe in hâe in).

**) Lacum aperuit et effodit eum. et incidit in foueam quam fecit. Si in=déta diê gruôba. dar si christum befellen uuólta. unde si gruôb sia. unde in diâ selbûn stúrzta si. Sîn fárendo. irslûog si sih sélbun.

Conuertetur dolor eius. s. SYNAGOGÆ VEL PECCATRICIS ANIMÆ (IVDONO sáminungo⁵) alde súndigero sêlo). in caput eius. et in uerticem ipsius iniquitas eius descendet. I'ro leid iruuindet an îro hoûbet. unde îro únreht pléstet an îro schêitelun. Anima (sêla) ist daz hoûbet. ratio (uuizzeréda) ist iro schêitéla⁶). Sô si inrationabiliter (unredilicho⁷) uuérchot. unde libidini (keluste) diênot. sô slâhet sia daz únreht. unde bléndet sia. Ze déro uuîs gâd iz an sia. unde ána iro schêitelun.

Confitebor domino secundum iustitiam eius. et psallam nomini do-

---

¹) dero. Sch.
²) senuum. Sch.
³) euangelii. Sch.
⁴) birent. Sch.

⁵) ludono samenunga. Sch.
⁶) scheidela. Sch.
⁷) unredelicho. Sch.

*) S. 24.   **) S. XIV.

mini altissimi. Gót lóbon áber ih náh sinemo réhte. uuanda er ist REDDENS VNICVIQVE SECVNDVM OPERA SVA keltende iégelichemo náh sinen uuerchen) unde sálmo sángon ih démo námen des hóhesten.

PSALMVS VIII.

IN FINEM PRO TORCVLARIBVS.

Christus ist finis (undir-march). an ín uuirt kenêimet diser sálmo. umbe diè torcula. Vuaz sint diè? A'ne diè æcclesiæ. in diên sih ílent kuòte fóne úbelen scheiden in íro muòte. also in torculæ [1]) uuérdent keschéiden. uuín unde tréster.

DOMINE DOMINVS NOSTER. QVAM ADMIRABILE est nomen tuum in uniuersa terra. Trúhten unser hèrro chit æcclesia (cristenheit). uuìelich du bist. Vuiè uuúnderlich din námo ist in állero uuerlte. Vuiè siè sih alle din uuúnderont.

Quoniam eleuata est magnificentia tua super *) cælos. Sò siè baldo múgen uuanda din uuerch-máhtigi erbáuen ist. uber hímela. Also dàr ána scbînet. daz dù dàr gesézzen bist. ad dexteram patris (ze zésuun dinis fáter).

Ex ore infantium et lactentium perfecisti laudem. V'zer déro chindo munde. unde déro súgenton hábest dú getàn lob. **) Daz chit. diè uuéiche an déro geloubo uuáren diè hábest dù fóllebràht ze dinemo dúrnohten lóbe.

Propter inimicos tuos. Ze schándon dinen fienden. diè fóne iro sélbero uuistome sò uérro chòmen ne máhton. Vuéle sint daz? Ane iudei unde heretici. Also dò schèin dó iudei déro chindo lob sucigton. unde siè christus máneta dirro scrifte.

Vt destruas inimicum et defensorem. Daz du mit tiù stòrest den fient. unde den férspréchare. Judei unde heretici péitent sih gót férspréchen. doh se sina fienda sin.

Quoniam uidebo cælos. opera digitorum tuorum. Vuanda ih gesiého diè hímela. uuerg dinero fíngero. Ih fernímo diè scripturas diè du mèistrotóst. an diên du funden uuírdist. samo sò in hímele.

Lunam et stellas quæ tu fundasti. Kesiého dar ána mànen unde sternen. diè dù fásto gesáztost. Daz chit. siého oùh mih sélbùn dar ána. unde minu chint. Pechénno dih sponsum (priùte-gómen) unde mih sponsam (prùd) unde filios sponsi (chint siniù).

Quid est homo quod memor es eius? Vuaz ist der mennischo. daz dù sin gehúgtig pist? Vuannan mag

---

[1]) torcula. Sch.

*) S. 25.   **) S. XV.

adâmes kelicho dîna huldi gefrêhton?

Aut filius hominis quoniam uisitas eum? Alde mennischen sun . daz dû sîn unisost? Also dû dô tâte . dô dû christum hárasántost.

Minuisti eum . i. hominem christum . paulominus ab angelis. Dû tâte in éteuuaz mínneren dînen angelis . uuanda er irstérben mahta . doh er âne sunda . uuâre.

Gloria et honore *) coronasti eum . et constituisti eum super opera manuum tuarum. Mit kuôllichi unde mit éron gecorônotost dû in . unde gesaztost in uber diû uuerch dînero hando. Vber alliû diû in himele unde in érdo sint.

Omnia subiecisti sub pedibus eius. Alliû diû iéner sint . diû uúrfe du îmo under fuôzze . Ioh angelos.

Oues et boues. Scâf¹) unde rínder . innocentes unde prædicatores.

Vniuersa insuper et pecora campi. Dara zuô alliû diû fého des féldes. Vuéle sint daz? Ane diê dir gânt per latam uiam (préiten uuech²) . unde uoluptuose (uúnnesámo) lébent.

Volucres cæli et pisces maris qui perambulant semitas maris. Kefûgele³) unde mérefischa . diê álle méreuuéga durstríchent. Daz sint úbermuôte . unde fúruuizkérne . uuanda úbele unde guôte die in démo tórcule sint . lígent ál únder sînen fuôzzen.

Domine dominus noster . quam admirabile est nomen tuum in uniuersa terra.

**) PSALMUS IX.

PRO OCCVLTIS FILII.

Judicia christi . daz sint occulta filii (toùgenîna súnis). Er tuôt nû occulta . fóne diên ist der salmo gescriben . in fine seculi (an ende uuerlte) tuot er manifesta (óffena). Sô er hiêr in uuérlte eine blendet ad damnationem (ze suendi . ut iudam . herodem . Antiochum⁴) unde ándere fillet ad emendationem (ze buozzo ut PAVLVM) alde ad exercitationem (ze hártungo ut iob) daz chúmet fóne sînemo tougenen iudicio (urtèilde).

QVINQVE MODOS MORBI DEVS ARBITER
INTVLIT ORBI.
JOB MARIÆ LAZARI PAVLI . FIT QVINTVS
HERODI.
INSONS JOB SORDET . MARIAM LEPRA
DEBITA MORDET.

---

¹) Scaff. Sch.
²) uueg. Sch.
³) Gefugele. Sch.

⁴) Sch. hat seine schlussklammern schon nach »suendi«.

*) S. 26.   **) S. XVI.

LAVS LAZARVS DOMINO STIMVLVS CVSTO-
DIA PAVLO.
QVINTI SEVA MODI MORS ANTIOCHO VEL
HERODI.

Confitebor tibi domine in toto corde meo. Ih ieho dir trúhten chit der propheta. in állemo *) mínemo herzen. Ih scéide mih fóne dién. dié in állen uuerlt gescihten dina prouidentiam (fóresiht) ne bechennent. unde sie uuánent alliú dinch témere geschéhen. unde fortuito. daz chit. stúzzelingun unde ardingun.

Narrabo omnia mirabilia tua. Ih zéllo alliú diniú uuúnder. kenuóge zellent diú óffenen. also daz offen ist. daz dú lazarum a morte corporis (fone tode lichamin) táte resurgere (irstán). ih zéllo áber gérnor. daz du tougeno táte PAVLVM a morte animæ reuocari (tode sélo iruuéndit uuerden).

Letabor et exultabo in te. An dír uuirdo ih fró. unde sprúngel. nals an uuérlt sáldon.

Et psallam nomini tuo altissime. Vnde dínemo námen dú hóhesto sálmo sángon ih.

In conuertendo inimicum meum retrorsum. infirmabuntur. et perient a facie tua. Minen fíent eruuendendo. daz chit. só dú minen fíent eruuéndest. so uuerdent keuuéichet álle sine satellites (folgen-kin). unde fúre dih né choment sié. Sólche ne choment fúre dih so sául ist. unde sine sequaces (folgérra).

Quoniam fecisti iudicium meum. Vuanda dú getáte daz ting. min uuésen.

Et causam meam (causa rethoricum uerbum est) unde den dingstrit. minen uuésen. Vuanda ih réht hábeta. bediú gestréit ih.

Sedes super tronum qui iudicas æquitatem. Dú recht kérno sizzest an démo stuóle. Ad dexteram patris sizzest dú.

Increpasti gentes et periit impius. Dánnan sáutost du spiritum sanctum. unde irrafstóst dié diéte. Also iz fóne imo chit. CVM VENERIT ARGVET MVNDVM (so er chumét so irrefset er dié uuerlt). Vnde dó uuard flóren der úbelo. Sid ne uuas er úbel. uuanda er do guót uuárt.

Nomen eorum delesti in æternum et in sæculum sæculi. Do fertiligotóst dú déro úbelon námen iémer in éuua.

) Inimici defecerunt frameæ in finem. *) et ciuitates destruxisti. Des tiéueles suért fersuinen in énde. unde sine búrge zerstórtost du. Vuele sint dié burge? âne ungelóuba unde úbeli.

Periit memoria eorum cum sonitu. Do zegiéng dero úbelon geuuaht. mit

---

*) S. 27.   **) S. XVII.   ***) S. 28.

demo scálle contradictionis (uuider-sprácho). Siê uuúrden guót unde stille.

Et dominus in æternum permanet. Vnde ziú chrádemdon gentes (tiête) uuider trúhtene. ià ist er iêmer.

Parauit in iudicio tronum suum. Ér rihta sînen stuól iô dô ána. únz man hiêr úber in dingota. Vuaz mag toúgenora¹) sîn? Ne sint daz occulta filii (tougena súnes)?

Et ipse iudicabit orbem terræ in æquitate. Vnde der daz sô toúgeno máchot. ter selbo irtéilet úber diê uuerlt in ébini. In déro ébini. daz er ne-heinen mêr ne híndert sínero frêhte dánne ánderen.

Judicabit populos in iustitia. Ér irtéilet úber diê liúte áfter rehte. Daz er scúldige ne máchot ze ún-scúldigen. no únscúldige ze schúl-digen. so diê mennischen tuónt. diê diú herzen ne séhent. Manno-lichen léidot dàr. alde fersprichet dàr sîn conscientia.

Et factus est dominus refugium pauperum. Vnde trúhten ist zù-flúht déro ármon. diê gerno hiêr arm sint. daz siê hina sîn riche.

Adiutor in oportunitatibus in tri-bulatione. Hélfare inuálgo an déro nòte. unde an dero arbbéite²).

Et sperent in te omnes qui noue-runt nomen tuum. Vnde an dih ke-dingent alle. diê dînen námen uuiz-zen. Din namo ist. est. ana uuist. Ter est. i. ana uuist pechénnet. der bechennet dih. unde gedínget an dih. unde ist imo unuuerd daz uuéh-sallicha.

Quoniam non derelinquis que-rentes te domine. Mit rehte uuanda dù ne ferlàzest trúhten diê dih suóchent.

Psallite domino qui habitat *) in syon. Salmo sangont³) démo. der in syon búet. Tàr speculatio (uuarta) ist. dàr búet er. Vuar ist si⁴)? Ane dar sine héiligen sint. diê fóne spe-culatione (uuarto) uuellen chómen ze uisione (ze anasihte). daz chit fóne uuarto ze anásihte, Er gelònot in dero uuarto. i. e. spei (kedingi) mit tero⁵) anasihte.

Adnuntiate inter gentes mirabilia eius. Chundent predicatores (predi-gara⁶) siniú uunder gentibus (tiêtin). sô sálmo sangont ir uuóla.

**) Quoniam requirens sangui-nem eorum memoratus est. Vnde

---

¹) magttu genora. Sch.
²) arbeite. Sch. Das doppelte »b« ist wohl durch die abtheilung am ende der zeile entstanden.
³) sangent. Sch.
⁴) sie. Sch.
⁵) dero. Sch.
⁶) predicara. Sch.

*) S. 29.   **) S. XVIII.

en furhtent ten dôd . uuanda er forderot kehúhtigo . sìnero martyrum sláhta .

Non est oblitus orationem pauperum . Er ne fergizet déro armòn gebêtes . sô sûme-liche uuânent . uuanda er ne gâhot .

Miserere mei domine . uide humilitatem meam . de inimicis meis . Gnâde mir trúhten . chiús fóne minen fienden mina dièmuôti . Siê hábent mih kediêmuôtet gagen des siê úbermuôte sint . Daz sprichet der propheta in persona martyrum (in déro marterero stal) .

Qui exaltas me de portis mortis . ut adnuntiem omnes laudationes tuas in portis filiæ syon . Du mih hóho irhéuest fóne diên porton des tòdes . so alle seductores sint (firleitara . s . portæ mortis¹) . du gnâde mir . daz ih chúnde din lob . in diên porton déro æcclesiæ (kotis priúte) . so diê alle sint . diê ze góte lèitent . unde siê dih sáment mir lóboen .

Exultabo in salutari tuo . Nah téro uoce pauperis (stimmo des armin) chit der propheta ad deum (uuizzego ze góte) . An dìnemo haltare freuuo ih mih . An christo trôste ih mih minero arbèito .

Infixæ sunt gentes in interitu quem fecerunt . Gentes tàten dod tìnen martyribus . in demo stecchent²) siê selben . Martyres irliten horscho³) mortem corporis . persecutores (ahtara) ligent in morte animæ (tode selo) .

In laqueo isto quem absconderunt comprehensus est pes eorum . In disemo stricche den siê búrgen . geháfteta in iro fuôz . Sie uuolton andere besuichen . *) unde sint siê besuichen .

Cognoscetur dominus iudicia faciens . in operibus manuum suarum comprehensus est peccator . Dàr uuirt cót irchennet . sólchiù gerihte tuònder . daz der súndigo geháftet an sîn selbes hánt uuérche . Laqueum (strich) rihta er . an-demo háftet er .

DIAPSALMA.

Conuertantur peccatores in infernum . Súndige uuérden in hella⁴) bechéret . I'n frêisige gelúste stúrzen sie . diè ze héllo leitent .

Omnes gentes quæ obliuiscuntur deum . Sô tuòien álle diéte . diê gót ne bechénnen . Sid siê áne got uuellen sin . sô uuérfe⁵) siê got in

---

¹) Sch. hat die klammer schon hinter »firleitara« und hat das »s« nicht.
²) steechent. Sch.
³) horsiho. Sch.

⁴) Verbessert aus »helle«.
⁵) uuerfen. Sch. Das »n« ist in unserer handschrift durch ein feines strichelchen getilgt.

*) S. 30.

reprobum sensum (in auuerfigen sin).

Quoniam non in finem obliuio erit ¹) pauperum. Vuanda so fúrnomes ne uuirt fergezen dero ármon. sô man nû nû uuânet cót fergézen haben. unz siê fone súndigen sus kedrúcchet uuerdent.

*) Patientia pauperum non peribit in finem. Téro armon gedúlt ne sol niô êuuiglicho ferlóren sîn. unde in unfergólten ²) sîn.

Exurge domine non præualeat homo. Diz chît der propheta ánasehendo diê iúngesten zîte. unde aba in irbrútter. Stant ûf trúhten. niô ménnisco negeriche. niô der uuírsesto ne gamagee. Eruélle ³) daz ríche antichristi. erfelle sinen geuuált. der so michel uuirt. daz échert dû éino in úberuuinden ⁴) maht.

Judicentur gentes in conspectu tuo. Vnde spûotigo uuerden irtêilet fóre dir sine gehelfen. heidine diête. Daz chît. kehúrsche dîna aduentum (chumft). so diê frêisa sih erhéuen. diê fóne imo. unde fone diên sinen chúmftig sint. uuanda siê unuertrágenlich sint.

Constitue domine legislatorem super eos. Sezze uber siê den êoskefel der in gerise. Sîd siê dih ne uuóltin den uuâren legis latorem (êo bringen). kîb in dén dés siê uuerd sîn. gib in antichristum.

Sciant gentes quoniam homines sunt. Ze déro uuis ke-éschoen gentes uuer siê sîn. Christus máchoti sie deos (kota). **) ube siê imo hangtin. nu geêiscoen daz siê mennischen sint.

———

DIAPSALMA.

Ut quid domine recessisti longe? Ziû so trúhten chedent tiê. diê dánne in nôten sint. ziû uúrte du iêo sô uerro fone uns? ziû habest du dih unser sô gelóubet? Vuanda guôten ist dánne. also got iro ne ruôche.

Despicis in oportunitatibus in tribulatione. Ziû in dúrften unde ándero nôte lâzest ⁵) du unsih? unde fersiêst unsih.

Dum superbit impius incenditur pauper. Daz chédent siê. áber fóne góte uuirt inzúndet der armo ad uirtutem. unz der árgo so ubermuôtesot. Des éinen ual. ist des ánderes kuist. Fóne des éinen ubermuôti. diemuôtet der ander.

Comprehenduntur in cogitationi-

---

¹) erit obliuio. Sch.
²) unvergolten. Sch.
³) Eruuelle. Sch.
⁴) uberuuunden. Sch.
⁵) lazzest. Sch.

*) S. XIX.   **) S. 31.

bus suis quas cogitant. Sie uuerdent keuangen in iro gedanchen. diê sines únrehtes fólchete sint. Sie uuerdent mit in gedunsum ad interitum (ze ferlórinisse).

Quoniam laudatur peccator in desideriis animæ sue. et iniquus benedicetur. Vuanda fone sólchen uuirt dánne súndig mán gelóbet in sinen gelústen. unde únrehter gesegenot. Vuer ist so sundig sô antichristus den guóllichont siê. démo bítent siê guòtes. Der sezzet sih ána daz er gót sî. des iêhent imo diê fertànen.

Irritabit dominum peccator. idē antichristus. Danne gremet der sundigo gót.

Secundum multitudinem iræ suæ non quæret. Fóre sinero michelun irbólgeni. ne suòchet tiâ frist kót iz imo zù¹). Er làzet in ána tuòn²) daz er uuile a).

Non est deus in conspectu eius. Vuára ne tuòt³) er gótes.

*) Inquinatæ sunt uiæ illius in omni tempore. Vnrêine sint⁴) sine uuéga alle⁵) tága.

Auferuntur iudicia tua a facie eius. Diniû⁶) gerihte trúhten sint ferro fone⁷) imo.

Omnium inimicorum suorum dominabitur. Allero⁸) sinero fiendo uuáltet er. uuanda⁹) er álle chúninga sláhet¹⁰). unde einer¹¹) richesot.

Dixit enim in corde suo **) non mouebor. a generatione in generationem sine malo. Er dâhta¹²) sus. áne argliste ne uuirdo¹³) ih máre. fóne chúnne ze chúnne¹⁴). Alde ze êuuighêite¹⁵) ne mag ih chómen. magicæ artes (zoubir=liste¹⁶) ne tuên iz¹⁷). also symon ze hímele fliêgen uuolta¹⁸). mit diên¹⁹) sélben listen.

Cuius maledictione os plenum est. et amaritudine. et dolo²⁰). Des

---

¹) Mit »zù« beginnt A. S. s. 16.
²) Erlàzet inána tùon. A.
a) uuille. Sch.
³) tùot. A.
⁴) Unreine sint. A.
⁵) álle. A.
⁶) Tinu. A.
⁷) sint férro fóne. A.
⁸) A'llero. A.
⁹) uuánda. A.
¹⁰) sláhet. A.
¹¹) únde einer. A.   einen. Sch.
¹²) Erdâhta. A.
¹³) árgliste neuuirdo. A.
¹⁴) fone chunne zechúnne. A.
¹⁵) êuuighêite. A.
¹⁶) Fehlt in A.
¹⁷) tûen iᶜh. A.
¹⁸) Also simon zehímele fliegen uuólta. A.
¹⁹) tîen. A.
²⁰) »et dolo« fehlt in A.

*) S. XX.   **) S. 32.

munt [1]) foller ist ubelo spréchennis [2]) uuanda [3]) er blasphemus (kot-scélto [4]) ist . unde eineri [5]) . uuanda [6]) er crudelia (crimbeit [7]) gebiûtet [8]) . in seruos dei (in gotis scalcha [9]).

Sub lingua eius labor et dolor. Vnder sinero zungun [10]) . liget lêid unde arbêit [11]). Andero zungun oùget [12]) er guôt . sô er [13]) sih ságet cót sîn [14]) . dâr [15]) úndere birget [16]) er diû ubeli [17]) . diû labor unde [18]) dolor ist.

Sedet a) in insidiis cum diuitibus in ocultis. Diê [19]) er rîche getân hábet [20]) . mit tiên sizzet [21]) er tóugeno inuâron.

Vt interficiat innocentem. Daz er [22]) únscàdelen erslàhe [23]) . Er slàhet unscadelen [24]) . so er [25]) inscadelen b) getuòt [26]).

Oculi eius in pauperem respiciunt. Sîniu oúgen uuanda án den ármen [27]). Démo fàret er . der pauper ist [82]) spiritu (arm in muòte. i. toûmote c).

Insidiatur in oculto . sicut leo in cubili suo. Also tougeno fàret er . sò der leuuo in sinero luôgo [29]). Er ist péidiu iòh starch [30]) . iòh listig [31]) ze besuichenne.

Insidiatur ut rapiat pauperem. rapere pauperem dum d) attrahit eum . Er uâret dáz er den [32]) ármen er-zúcche [33]) . er ilet in góte zúcchen [34]) . sò er in zé imo [35]) zihet . unde in an sih hêizet uuénden gótes éra [36]).

---

[1]) Tés múnt. A.
[2]) spréhennis. A.
[3]) uuánda. A.
[4]) Fehlt in A.
[5]) eineri. A.
[6]) uuánda. A.
[7]) Fehlt in A.
[8]) gebiutet. A.
[9]) Fehlt in A.
[10]) sínero zúngun. A.
[11]) leit unde árbeit. A.
[12]) A'ndero zúngun liget. A.
[13]) so ér. A.
[14]) sin. A.
[15]) târ. A.
[16]) bírget. A.
[17]) díu úbeli. A.
[18]) diu labor et. A.
a) Sed &. Sch.
[19]) Tie. A.
[20]) habet. A.
[21]) tíen sizzet. A.
[22]) Dázer. A.
[23]) irslàhe. A.
[24]) únscadelen. A.
[25]) sôer. A.
b) unscadelen. Sch.
[26]) getuòt. A.
[27]) Sînu oAugen uuártent ánden armen. A.
[28]) dér pauper íst. A.
c) arm im muote i. toumuote. Sch. In A. fehlen diese worte.
[29]) A'lso toúgeno faret er so der léuuo insinero lu'ogo. A.
[30]) Ėr ist péidiu ioh stárhe. A.
[31]) ioh listig. A.
d) cum. Sch.
[32]) táz erden. A.
[33]) erzúcche. A.
[34]) ingóte zucchen. A.
[35]) in ze imo. A.
[36]) únde ínan sih héizet uuenden gótes éra. A.

*) In laqueo suo humiliabit eum [1]). An sinemo stricche geníderet er in [2]). Vuanda mit [3]) sinen zèichenen [4]). machot er in uersihtigen [5]).

Inclinabitur et cadet cum dominatus fuerit pauperum. Sô er daz [6]) allez ketûot . unde er àrmero [7]) sô uérro geuuáltet . dára nâh [8]) . sîget er unde stúrzet [9]).

Dixit enim in corde suo oblitus est deus auertet faciem suam ne uideat in finem. Er sol dánne geéscon [10]) . daz er dáhta . got [11]) hábet **) ergézen déro guòten [12]) . er chèret sih fóne ín . daz er siè fúrdur ána ne sehe [13]).

Exurge domine deus exaltetur manus tua . ne obliuiscaris pauperum. Sô ne tùest dû [14]) trúhten so er dáhta núbe stant [15]) ûf. skeine [16]) dínen geuualt . ne irgíz déro ármon [17]) . nah sinen uuórten.

Propter quid a) irritauit [18]) impius dominum? dixit enim in corde suo non requiret. Ziù lénues cràmda got der úbelo [19])? Ziù dàhta er fóne imo [20]) . er ne fórderot [21]) daz ih tuôn [22])?

Vides quoniam tu laborem et dolorem consideras. Dû got sihest [23]) uués er dáhta [24]) . uuanda dû oûh sihest [25]) laborem et dolorem . diú er bárg [26]) under sinero zúngun.

Vt tradas eum in manus tuas. Dár umbe siêhest du iz [27]) . daz du in stòzest in dîna hánt [28]) . daz chît in dinen geríh [29]) . unde er in geniùz ne hábe sô getân.

Tibi enim derelictus est pauper. Dir ist kespáret der [30]) armo . echert

---

[1]) humiliauit se. A.
[2]) in. A.
[3]) uuánda mít. A.
[4]) zeichenen. A.
[5]) infersihtigen. A.
[6]) dáz. A.
[7]) (er ar)mero. A.
[8]) táranah. A.
[9]) sturzet. A.
[10]) geéiscon. A.
[11]) gót. A.
[12]) er gézen dero gûoton. A.
[13]) sie fúrder ána nesêhe. A.
[14]) Sône tûest tu. A.
[15]) nube stán(t). A.
[16]) skeine. A.

[17]) irgiz tero ármôn. A.
a) quod. Sch.
[18]) irritabit. A.
[19]) Tíu léuues cramda gót ter ubelo? A.
[20]) Ziu dahta er fone ímo. A.
[21]) neforderot. A.
[22]) tuon. A.
[23]) Tú gót sihest. A.
[24]) dahta. A.
[25]) uuánda dù ôuh sihest. A.
[26]) díu er barg. A.
[27]) Tar umbe sihest tu iz. A.
[28]) táz tu instôzest indîna hánt. A.
[29]) taz chît indinen gerih. A.
[30]) kesparet ter. A.

---

*) S. XXI. **) S. 33.

an dir ist sin drôst [1]). Mêr ne bedarf er [2]) . an dir ist ér riche [3]).

Pupillo tu *a*) eris adiutor [4]). Démo uuêisen hílfest dû [5]). Démo muóter disiû uuerlt tôd ist [6]).

Contere brachium peccatoris et maligni. Dára [7]) gágene fermûle der [8]) árm des sundigen . unde des arguuilligen [9]). Daz chit [10]) zestôre des keuualt [11]) . fóne démo [12]) dar fóre stât. OMNIVM INIMICORVM SVORVM DOMINABITVR.

Queretur peccatum illius et non inuenietur. Daz féret oùh so [13]). Sin [14]) sunda [15]) uuirt sâr hálto gesuóchet [16]) . nals [17]) fúnden . uuanda er selbo [18]) ferlóren ist . mit diên [19]) sundon.

Dominus regnabit in æternum . et in sæculum sæculi . A'ber unser trúhten [20]) ríchesot *b*) iêmer in êuua [21]).

Peribitis gentes de terra illius . Ir únrehten diête [22]) uuérdent fertiligot . fóne sínemo riche [23]) . dar terra uiuentium ist [24]).

Desiderium pauperum exaudiuit dominus. Déro armon *c*) uuillen gehorta [25]) trúhten . Diem domini uuolton siê [26]) . dô siê [27]) in angustia uuâren . den [28]) gíbet er nâh interitu antichristi.

Preparationem cordis eorum audiuit auris tua . *) I'ro hérze gáreuui hábest [29]) gehóret dîn óra [30]). Iz ist káro gágen dir [31]) . so [32]) dû chúmest. Vuára zuô [33]) chúmest?

Judicare pupillo et humili. Zeríh-

---

[1]) écchert andir ist sin drôst. A.
[2]) bedarfer. A.
[3]) andir ist er riche. A.
a) tuo. Sch.
[4]) Die lateinischen worte fehlen in A.
[5]) Temo uuêisen hílfest tû. A.
[6]) Demo múoter disiu uuérlt tôt ist. A.
[7]) Tára. A.
[8]) den. A. und Sch.
[9]) dés arguuilligen. A. arguuiligen. Sch.
[10]) chit. A.
[11]) keuuált. A.
[12]) demo. A.
[13]) Dáz feret uóh sô. A.
[14]) Fehlt in A.
[15]) Súnda. A.
[16]) halto gesiúchet. A.

[17]) náls. A.
[18]) sélbo. A.
[19]) tinen. A.
[20]) únser trhuten. A.
b) richesot. Sch.
[21]) iômer inéuua. A.
[22]) Ir unrehten diete. A.
[23]) fone sinemo riche. A.
[24]) ist. A.
c) armen. Sch.
[25]) Tero ármon uuillen gehôrta. A.
[26]) uuólton sie. A.
[27]) sie. A.
[28]) dén. A.
[29]) Iro hérze gareuui habet. A.
[30]) tîn ora. A.
[31]) Iz ist karo gágendír. A.
[32]) sô. A.
[33]) Uuára zûo. A.

*) S. 34.

tenne démo uuéisen [1]) unde démo diêmuôtin [2]). Nals échert uuéisen. nube diêmuôtemo uuéisen [3]).

Vt non apponat ultra magnificare se homo super terram. Daz sih fúrder nioman ána ne sézze zemichellichonne óbe érdo. so antichristus téta. uuanda danne uuirt énde alles úngereches.

---

*) PSALMUS X.

IN FINEM PSALMVS DAVID.

An daz énde siêhet DAVIDIS salmo. daz ist christus. uuanda an christo irréfset er hereticos. Diên sprichet er nu zuô. ex persona fidelium (in dén stál déro gelobigon).

IN DOMINO CONFIDO. QVOMODO DICITI sanimæ mee transmigra in montem sicut passer? Ih ketrúen an gót. der mîn bérg ist. ze démo ih flúht hábo. uuio chédent ir heretici ze mir. fliúg hára úf inberg also fúgeli? Passeres hêizent alliú fugeliû. dero uuonent súmelichiû in gebirge. fóne diû sprechent heretici samoso déro einemo zuô. daz pérg fúgeli ist. Christus ist der berg. den uuânent siê mit in uuésen. bediû lúchent siê catholicos dára. unde bediû uuirt insus fóne in geántuúrtet. [4])

Quoniam ecce peccatores intenderunt arcum. parauerunt sagittas suas in pharetra. ut sagittent in obscuris rectos corde. Vuio chédent ir mir zuô. TRANSMIGRA IN MONTEM? unde daz sólt du tuôn, uuanda súndige hábent iro bógen [5]) gespánnen. unde hábent ále gáro iro strála in iro chóchere. daz sie toûgeno [6]) mite skiêzen. diê réhte sint in iro hérzen. Ziû dréuuent er mir? Sid ih an gót ketrûon. uuer mag mih ferlêiten?

Quoniam quæ perfecisti destruxerunt. Disiû uox sihet ad dominum. Sûs tréuuent siê trúhten. uuanda sie hábent zestôret diû dû táte. Sie hábent **) dîne scripturas falsis interpretationibus (scrifte mit lukken antfristungon) ferméret. Siê selben sint scúldig. des siê ándere ziêhent. Siê sciêzent uerba noxia (scádal uuort). mit démo bógen déro scrifte. daz siê ferlêitent rectos corde (diê reht hérzen).

Justus autem quid fecit? Vuáz hábet iû aber der rehto getan? Vuélee scúlde hábet christus. dén ir lasterônt?

---

[1]) d(emo) uuéisen. A.
[2]) demo diemûoten. A.
[3]) Mit »Náls écchert« bricht A ab.
[4]) geantuuurtet. Sch.
[5]) bogon. Sch.
[6]) trugeno. Sch.

*) S. XXII.   **) S. 35.

Dominus in templo sancto suo. dominus in cælo sedes eius. Er ist selbo in sînemo hûs . sîn stuôl ist in himele. Anima fidelis (kelôubîc sêla) diû ist templum dei (kotis hus). diû ist cælum (himil). Sô er dia¹) lâsteront. So lasteront ir in.

Oculi eius in pauperem respiciunt palpebræ eius interrogant filios hominum. Siniû oûgen sêhent an den armen . sîne slégebrâuua frâgent der ménniscon chint. Daz chit . er hábet iêo indaniû oûgen ándie sîne . danne er oûh tuôt also er slâffe . so besûochet er diê ménnischen²) uuiêo siê in éreen án diên sînen.

Dominus interrogat iustum et impium. Trúhten besuôchet peide. guôten ioh úbelen.

Qui autem diligit iniquitatem . odit animam suam. Der áber unreht minnot . der házzet sîna sêla . unde scádot îmo sélbemo . nals áudermo.

Pluet super peccatores laqueos. Er régenot úber súndige striccha. Er régenot úber siê daz siê chélot. Also er séndet den régen sinero prædicatorum saligen zelibe, so séndet er in únsaligen ze tôde. Also PAVLVS chit. QVIBVSDAM SVMVS ODOR VITÆ IN VITAM. QVIBVSDAM ODOR MORTIS IN MORTEM (SV'MEN BI'RIN VVIR stanch libis ze libe . súmen stanch tôdis ze tode).

Ignis et sulphur et spiritus procellarum pars³) calicis eorum. Fiûr unde suébel unde dúnistig uuint. daz ist der têil iro mézis. Vuánda zêrist prénnet siê iro niêt . so siê den fólle tuônt . so ziêhet dér ze úbelmo stanche . der sie schêidet fóne diên guôten . dâra náh uuérdent sie feruuâhet ad interitum (ze uerlornisse) . der têil uuirt ingemézen . daz chit pedémo meze infâhent siê iro têil . kalix (stoûph) ist gespróchen fóne calido liquore (uuarmemo lîde) . unde stât hiê pro mensura.

Quoniam iustus dominus iustitias *) dilexit. Vuanda got rehter . minnot déro menniscon reht.

Aequitatem uidit uultus eius. Dar er æquitatem uuêiz dara siêhet ir.

**) PSALMUS XI.

IN FINEM PRO OCTAVO.

An daz ende daz christus ist . siêhet diser salmo . also ouh dâr fóre . fóne ánderen gescriben ist. Vuar úmbe ist er gescriben? Vués pitet er? Daz mit êuuigemo tâge der octauus hêizet . disiû leida⁴) uuérlt finstri

---

¹) die. Sch.
²) mennischon. Sch.
³) para. Sch.
⁴) leita. Sch.

*) S. 36.   **) S. XXIII.

déro mánnilichen [1]) irdríëzen mag. zestóret uuerde.

SALVVM ME FAC DOMINE. QVONIAM DEFECIT SANCTVS. Duô mih trúhten gehâltenen in énero uuérlte. uuanda hiêr sanctus zegángen ist. ziû ist danne daz?

Quoniam diminutæ sunt ueritates a filiis hominum. Vuanda menniscon uuárhèite gesuinen sint. Vuio múgen diè uuésen sancti. sáment diên luzzel uuárhèite ist? [2])

Vana locuti sunt unusquisque ad proximum suum. Lóter chòsont siè alle ze einánderen.

Labia dolosa in corde et corde locuti sunt. Trúgelefsa unde binderscréncbige chòsont in zuifaltemo hérzen. so iudei sáment christo tàten. I'n uuas ánder in mùote. danne in múnde.

Disperdat dominus uniuersa labia dolosa. Solche lefsa fertiligoe got.

Linquam magniloquam. Vnde so úber=sprácha zúngun.

Qui dixerunt linquam nostram magnificabimus. Sò déro selbon iudeorum zúnga uuas. diè dir cháden uuir getuômen únsera zúngun. uuir getúen siá antsàzig.

Labia nostra a nobis sunt. Durch uuén súln uuir iz lâzen? fóne úns selben háben uuir diè lefsa.

Quis noster dominus est? Vuer ist únser herro. demo uuir íro dánchoen?

Propter miseriam inopum et gemitum pauperum nunc exurgam dicit dominus. Daz ist persona patris. Umbe diè uuénegheit déro ármon chit kót fáter. unde dén *) súftod déro gòregon stàn ih úf. Daz chit. in ze tròste oùgo ih mih. in filio.

Ponam super salutari meo. I'ro tròst sezzo ih an mînen haltàre. Mînen. uuanda ih in gibo. unde ih in ùz séndo.

Fiducialiter agam in eo. An imo uuérchon ih páldo. Also iz chit in euuangelio. ERAT AVTEM DOCENS EOS. TANQVAM POTESTATEM HABENS. NON TANQVAM SCRIBE EORVM.

Eloquia domini eloquia casta. Sùberiu chóse sint trúhtenes kechòse. Er geuuéret álso er gehéizet. unde sendet sinen sún.

Argentum igne examinatum terræ. **) Also irsóten silber déro erdo. dar nehéin ólter inne neist. also lúter sint siù.

Purgatum septuplum. Sibenstunt irliùtertiz. Vuanda septiformis gratia ist spiritus sancti. unde uuanda er úngelich ist diên. QVORVM DIMINVTÆ SVNT VERITATES.

Tu domine seruabis nos. et custo-

---

[1]) mannelichen. Sch.   [2]) Fehlt bei Schilter.

*) S. 37.   **) S. XXIV.

dies nos a generatione hac in æter-
rum. Du trubten haltest unsich.
hinnan unz in êuua. Hiêr árme.
unde dár riche.

In circuitu impii ambulant. Diê
árgen gânt umbe. uuanda siê niômer
dára ne-gerihtent ad requiem octaui
diei (ze dero râuuo des ahtodin tâ-
ges). Siê uuellen temporalia (zit
fristigiù dinch). nals æterna (euui-
giù).

Secundum altitudinem tuam mul-
tiplicasti filios hominum. Réhte
ménnischen hábest du gemanigfaltôt.
náh dinero hôhi. In cælo bist du.
filios abrahe hábest du getan manige
sicut stellas cæli.

PSALMUS XII.

IN FINEM PSALMVS DAVID.

Ter finis legis est. der uuirt kelá-
dot hára in uuérlt fóne démo pro-
pheta. USQUE QVO DOMINE OBLIVISCE-
RIS ME IN FINEM? Vuîo lango trûhten
irgízest dû daz chit. ne lázest du
mih kesèhen an daz ende? Ziu ne
uuirdest dû christe¹) geborn?

Quo usque auertis faciem tuam a
me? Vuiê lángo chêrest dû fône
mir. nals zû mír dîn âna=sùne? Ih
cháfen dîn. dû *) ne chûmest.

Quam diu ponam consilia in ani-
ma mea? dolorem in corde meo per
diem. Vuiê lango sol ih ahton. uuiê
lángo sol ih sêreg kân in dáge. daz
chit in dísemo libe. daz dû ne chú-
mest. alde mih hina ne-nimest?

Vsque quo exaltabitur inimicus
meus super me? Vuiê lango uuirt
mîn fiend irhôhet úber mih? Daz
chit uuiê lango sol mir daz unê tuôn.
daz infidelitas (ungelouba) richesot?
alde oub mih trucchet carnalis con-
cupiscentia (des lichamen glust²)?

Respice et exaudi me domine deus
meus. Sih hára trúhten. daz inchit
demo. VSQVE QVO AVERTIS FACIEM
TVAM A ME? Vnde gehôre mih. daz
inchit demo. VSQVE QVO OBLIVISCERIS
ME IN FINEM.

Illumina oculos meos. ne unquam
obdormiam in morte. Irliêhte mi-
niu oûgen. ih nêimo oûgen des her-
zen. niê ih in tòde ne insláffe. Den
sláf³) minnot der fient. der zetôde
lêitet. der ist incarnali delectatione
(in des lichamen lust).

Ne quando dicat inimicus meus
præualui aduersus eum. Niê der
tièfel hûhondo ne chéde. ih pin imo
oberóro⁴) uuórten.

Qui tribulant me exultabunt si
motus fuero. Demones diê mih

---

¹) Christi. Sch.
²) gelust. Sch.
³) slaff. Sch.
⁴) oberroro. Sch.

*) S. 38.

pinont . sprúngezent ube ih ába stéte chúmo . unde ube ih fállo in dia sunda .

Ego autem in tua misericordia sperabo . Ih hábo áber gedingi an dih . daz dù mih hábeiest .

Exultauit cor meum in salutari tuo . An dinemo haltâre fréuuo ih mih . an christo filio tuo (súne dîmo) .

Cantabo domino . Singo góte den lichamen rértendo náh rédo . uuanda daz ist kèistlich sáng déro sèlo .

Qui bona tribuit mihi . Der mir spiritalia bona gegében hábet .

Et psallam nomini domini altissimi . Vnde des hóhesten námen . salmo [1]) sangon ih .

---

*) PSALMUS XIII.

IN FINEM IPSI DAVID.

Den uuir gesèhen so uuir folle chómen . der ist daz finis . Démo singet DAVID irrefsendo . diè iuden .

**) DIXIT INSIPIENS IN CORDE SVO NON est deus . Der únuuizzigo dáhta . daz cót ne si . So dáhta oùh iudaicus populus . daz christus kót ne si .

Corrupti sunt et abominabiles facti sunt in affectionibus suis . Dísa uuerlt minnondo . uuúrden siè iro sinnes kennértet . unde lèidsame getâne . Dánnàn irblindeton siè so . daz siè ne nuisson . úbe gót uuáre .

Non est qui faciat bonum . non est usque ad unum . Nehêin néist der uuóla tûe . Nehêin . âne ein . Vuer ist der ? Homo deus christus (man got) . An imo stánt allero mennischon uuólatàte .

Dominus de cælo prospexit super filios hominum . Trúhten uuárteta férrenan ába himele . úber mennischon chint . V́ber iudeos uuárteta er . diên santa er sínen sún .

Vt uideat si est intellegens aut requirens dominum . Daz er irsáhe . úbe de-heiner uuáre fernúmestig . alde got fórderonde [2]) .

Omnes declinauerunt simul . Do uuángtòn sie alle . V́be de≈heine ne uuangton . déro uuas sámo só nehein uuíder diên ánderen .

Inutiles facti sunt . Siè uuúrden unnúzze . Vuémo áber ? an înselben .

Non est qui faciat bonum . non est usque ad unum . Daz stát dár fóre .

Sepulchrum patens est guttur eorum . I'ro chéla stínchet also óffen gráb . uuanda tiè sprécchent daz . mit diù siè ándere árgerónt .

Linguis suis dolose agebant . Mit iro gechòse múzton siè .

---

[1]) salmon. Sch.   [2]) forderonte. Sch.

---

*) S. XXV.   **) S. 39.

Venenum aspidum sub labiis eorum. Eiter déro aspidum ist under iro léfsen. uuánda sië præcepta legis ne uuellen gehóren. also aspides ne uuellen incantationem (kerminot) gehóren. Ter áspis trucchit ein òra an diè erda. in daz ánder stôzet ir dén zagel.

Quorum os maledictione et amaritudine plenum est. Déro munt fluôches unde bítteri fol ist. Daz ist uenenum aspidum.

*) Veloces pedes eorum ad effundendum sanguinem. Siè sint snél zemánslachte. sid siè **) ioh filium dei slúgon.

Contritio et infelicitas in uiis eorum. Christi unde unsálda ist in iro unégen. Sië uuérbent mit arbéiten. so-uuâr siè uuerbent.

Et uiam pacis non cognouerunt. Vnde doh ne bechennent sië uiam pacis (nueg fridis) christum. der ába-némare ist déro arbéite. Also er selbo chád. VENITE AD ME OMNES QVI LABORATIS. ET EGO REFICIAM VOS (choment ze mir alle ir dir inárbéiten birint. unde ih lábon iuùch).

Non est timor dei ante oculos eorum. Gótes fórhta nist in fóre ougen. Doh siè in uuizzen. siè ne fúrhtent in.

Nonne cognoscent omnes qui operantur iniquitatem? So iudicium (suôno tach) chúmet. ne bechénnent denne iro únreht. alle diè iz nu uuúrchent?

Qui deuorant plebem meam sicut escam panis. Diè mìnen liùt frézzent also brôt. diè sih flent kesáton iro ferlórnissedo ¹).

Dominum ²) non inuocauerunt. Got ne háreton siè ána. Nob uuàrhàfto diè ne tuònt. diè uuider imo sint.

Illic trepidauerunt timore ubi non erat timor. Sië forhton. daz ze fúrhtenne ³) ne uuas. Siè fórhton terrenum regnum (erde riche) ze ferliésenne. unde ferlúren cæleste (himilriche). Bediù cháden sië. SI DIMITTIMVS EVM SIC OMNES CREDENT IN EVM. ET VENIENT ROMANI. ET TOLLENT NOSTRVM LOCVM. ET GENTEM (lázen uuir in so hína. so gloubint se alle án in. Vnde so chomint romara. unde némint uns stat unde liúte). Alle diè in fúrhten ferliésen temporalia (zitfristigiù dinch). diè ne múgen bediù chómen ad æterna (ze dien euuigen).

Quoniam deus in generatione iusta est. Vuanda got in réhtero slahto ist. nals in dien. diè dísa uuerlt minnont.

---

¹) ferlornissido. Sch.
²) Deum. Sch.

³) forchton; furchtenne. Sch.

*) S. XXVI.   **) S. 40.

Consilium inopis confudistis. Des ármen ràt kemisktônt ir. daz chît. den ràt filii dei ferchúrent ir. der umbe daz uuolta chómen arm. daz er iuůh riche getàte. Vuanda ir an imo pompam sæculi (ziêri déro uuerlte) ne sàhent. bediů besmàheta er iů.

Quoniam dominus spes eius est. Vuanda échert kot sîn drôst ist. Daz chît. uuanda er iuůh lêrta echert an góte trôst hàben.

Quis dabit ex syon salutare israhel? Sîd ir în ferchóren hàbent. uuer gibet danne fóne *) syon. daz hêilhafte sî israheli? Ne ist er. den esaias kehiez do er chád. VENIET EX SYON. QVI AVERTAT IMPIETATEM EX IACOB (Der chúmit fóne uuarto. der iacob iruuendit úbeli)?

Cum auerterit dominus captinitatem plebis suæ. exultabit iacob. et letabitur israhel. So án démo ende déro uuerlte. trúhten uuéndet dia éllendi sînes liûtes. so frèuuet sih iacob unde israhel. So sî fólle chóment. dàra siê fólle chómen sulu. dà frèuuent siê sih.

**) PSALMUS XIV.

PSALMUS IPSI DAVID.

DAVID chit manu fortis. Daz ist christus. er ist der hant=starcho.

imo uuirt diser psalmus kesúngen. uuanda er uuirt hiér kefràget. unde er gibet hiér ántuúrte.

DOMINE QVIS HABITABIT IN TABERNACVLO TVO? Vuer trúhten bůet in dînemo gezelte? Aecclesia ist dîn gezelt. uuiélich miles (tégen) kezimet dàr inne?

Aut quis requiescet in monte sancto tuo? Alde uuer ràuuet nàh déro héreschéfte in cælo (in himele). dînemo heiligen berge?

Qui ingreditur sine macula et operatur iustitiam. Nů ántuúrtet christus. Der ána flécchen [1]) dàr in gàt. unde reht uuúrchet. Daz chît. der nàh sînero toûfi ubel fermîdet. unde uuóla tûot. in mînero æcclesia.

Qui loquitur ueritatem. in corde suo. Der in sînemo herzen uuàr spríchet. also der tuôt. der sînes tánches ne liûget.

Qui non egit dolum in lingua sua. Der nehéinen tûm chôsondo neuôbet.

Nec fecit proximo suo malum. Vnde mánnolichen árges fermîdet.

Et opprobrium non accepit aduersus proximos suos. Vnde er ze gàhes arg ne geloûbta fóne ánderen.

Ad nihilum deductus est in conspectu eius malignus. Vnde der tièfel fóre imo ze niéhte bràht uuard.

---

[1]) flacchen. Sch.

*) S. 41. **) S. XXVII.

Ih chído. daz er ímo nîeht ne gemahta. in neheinero temptatione. uuanda ér imo nîeht ne uuéih [1]).

Timentes autem dominum glorificat. Vnde got fúrhtente. durh in éret.

Qui iurat proximo suo et non decipit. Der ándermo man suéret. unde in ne besuichet. *) uuanda er imo in dién uuórten ne suéret. daz er in besúiche.

Qui pecuniam suam non dedit ad usuram. Der sínen scaz ne gáb ze uuócheronne.

Et munera super innocentes non accepit. Vnde er miéta ne infiêng umbe unschuldige. Ih chído. daz er umbe miéta niómanne ne scádeta.

Qui facit hæc non mouebitur in æternum. Der diz tuót. der ráuuet in monte sancto eius (in himele). noh tánnan [2]) ne uuirt er fúrder férstózen.

PSALMUS XV.

TITVLI INSCRIPTIO IPSI DAVID.

Daz chit selbemo christo uuirt zéichenscrift ketán in cruce. Démo der titulus ketan uuard. der sprichet hier ad patrem fóne sinero passione.

**) CONSERVA ME DOMINE QVONIAM in te speraui. Kehalt mih trúhten. chit christus ad patrem. uuanda ih kedingo an dih. Sár dára náh sprichet er (i. titulus) úns zuó.

Dixi domino deus meus es tu. quoniam bonorum meorum non eges. Ih chád ze trúhtene. daz ir ímo zuó chéden súlnt [3]). dú bist mín got. uuanda mínes 'cuòtes ne bíst dú durftig. Mínero guóti ne uuírdest dú sálig.

Sanctis qui sunt in terra eius. mirificauit omnes [4]) uoluntates meas in eis. Dién héiligon dié in sínero lántscefte [5]) sint. daz chit. déro gedingi in terra uiuentium (in erdo dero lebendon) ist. dién hábet er uúnderlich [6]) ketán. alle míne uuíllen an ín. Vuélich ist dér mín uuíllo an ín? A͞ne daz ih sie hábo getán fóne mortalibus æternos (tódigen euuige) unde fóne terrenis cælestes (erdinen himelisce). Daz hábet er sié geléret fúre uúnder [7]) zeáhtonne.

Multiplicatæ sunt infirmitates eorum. I'ro siéhhéite uuáren fóre dés mánige. ér sié cælestes unde æterni uúrdin.

Postea accelerauerunt. Dára náh kespuóton sié sih. daz sié genásin.

---

[1]) uueicht. Sch.
[2]) dannan. Sch.
[3]) sulint. Sch.
[4]) Fehlt bei Schilter.
[5]) lantscefite. Sch.
[6]) uuunderlich. Sch.
[7]) uuunder. Sch.

*) S. 42.   **) S. XXVIII.

Non congregabo conuenticula eorum de sanguinibus. Sid daz sò ist. nù ne hèizo ih siè ána uuert zesamine chómen ¹). daz siè dehèin ópfer fóne dièn frischingin *) mir bringen. nube min selbes corpus (lichamin) unde sanguinem (pluòt) uuile ih daz siè mir opferóen.

Nec memor ero nominum eorum per labia mea. Noh ne irhúgo iro álton námòn daz ih siè ²) heize filios iræ (sune abolgi). filios diaboli (sune des tièuels). nube fratres meos (mìne bruòdra ³). unde filios dei (kotis chint).

Dominus pars hereditatis meæ et calicis mei. Trúhten got fater ist tèil mìnes erbes. daz chit. mìnero æcclesiæ. diù in selben sáment mir besizzet. Vnde ist er tèil mìnes calicis (stòufes). Er ist sament mir in passione (martero). fóne déro ih chúmo sámo sò fóne getrúnchemo calice (stoufe). ad lætitiam resurrectionis (ze dero fróuuido dero irstandini ⁴).

Tu es qui restitues hereditatem meam mihi. Dú er=sezzest mir daz érbe. Nals daz ih flúre. núbe die. an dièn ih pin. diè ih flórenne lòsen uuile.

**) Funes ceciderunt mihi in præclaris. In zórften tèilen sint mir geuallen diù lantmez sèil. Zórfter tèil des érbes gefállet mir an dir. sid dù bist ⁵) pars hereditatis meæ (tèil mines erbes).

Et enim hereditas mea præclara est mihi. Mir ist créhto uuorden zorftez ⁶) erbe. Justi (rehte) sint mìn erbe unde mìne geérben. JVSTI FVLGEBVNT QVASI SOL IN REGNO MEO (rehte schinént also sunna in mìnimo riche).

Benedicam domino qui tribuit mihi intellectum. Lòb tuòn ih còte. der mir fernúmist cáb. sólih erbe zebechénnenne. unde zeminnonne ⁷).

Insuper et usque ad noctem increpuerunt me renes mei. Dára zuó inchóndon mih mìne lancha. únz an ⁸) dìa naht. Daz chit mìn hindero tèil. dés halb ih homo (man) bin. lèrta mih pechénnen dìa finstri des tódes. diù án demo intellectu (fernúmest) des érbes funden ne uuirt.

Prouidebam dominum in conspectu meo semper. Aber in carne (fleîsce) uuésendo. fóre sah ih. daz ih ze góte fólle tànero uérte iruuinden sólta.

---

¹) chommen. Sch.
²) sih. Sch.
³) brudra. Sch.
⁴) freuuidi dero irstantini. Sch.

⁵) pist. Sch.
⁶) zorftest. Sch.
⁷) ze minonne. Sch.
⁸) Fehlt bei Schilter.

*) S. 43.   **) S. XXIX.

Quoniam a dextris est mihi ne commouear. Vuanda er ist mir ze zesuuun . daz chit . er ist mir des ze helfo . daz ih mit imo fólle sì .

Propter hoc delectatum est cor meum . *) et exultauit lingua mea . Pediù hábet min herza lústsami . unde fréuuet sih min zunga. Miniù uuort sint frólih .

Insuper et caro mea requiescet in spe. Dára zuò ràuuet min passibilis caro (martyrlch fleisk¹) . in déro gedinge resurrectionis (urstendido). Ih intslàfo ad uitam (ze libe) . nalso ad interitum (ze tode).

Quoniam non derelinques animam meam in inferno . Vuanda dù mih ûfhéuest . unde in hello ne làzest .

Nec dabis sanctum tuum uidere corruptionem. Noh mih dinen hêiligen ne tuôst dù liden iruuérteda. Min lichamo ne fûlet . noh ne ròzzet . so anderro tuôt .

Notas mihi fecisti uias uitæ. Mír tàte du chunt an diên²) minen . diê uuéga des libes. **) Daz sint uiæ humilitatis (uuéga tiemuôti) . uuanda³) siê in adam fiélen per superbiam (durh ubermuôti) .

Adimplebis me lætitia cum uultu tuo. Mih an dien minen geniétost dù fréuui . mit dinemo analiûte . So siê dih muôzen ána sêhen . só hábent siê fóllun⁴) méndi . Daz ist diù sáligheit . unde der lòn dero hêiligon.

Delectationes in dextera tua usque in finem. An dinero zesuun . daz chit . in dinero guôllichi⁵) ist iêmer lússami . unde nehêin ur‑dr.úzzi

---

PSALMUS XVI.

ORATIO IPSI DAVID.

Waz chît daz? Ane selbemo DAVID. selbemo christo . ist tiz⁵) kébèt zegebenne. So daz uuir in dar ana fernémen bétonten . unde sáment imo sina ÆCCLESIAM.

EXAVDI DOMINE IVSTITIAM MEAM. Gehôre trùhten min reht. Sid elemosina bêtot . also iz chit . ABSCONDITE ELEMOSYNAM IN SINV PAVPERIS ET IPSA ORAT PRO VOBIS (Pergint arm‑herzich⁷) keba in des turftigen puósame . tu⁸) selba petot fúre iuûh) . so bétot oûh iustitia (reht) uuanda elemosina (arm‑herzich keba⁹) ist iustitia (reht) .

---

¹) martyrlich &. Sch.
²) dìnen. Sch.
³) uuande. Sch.
⁴) sollun. Sch.
⁵) guotlichi. Sch.

⁶) diz. Sch.
⁷) armherzlich. Sch.
⁸) du. Sch.
⁹) armherzlich &. Sch.

*) S. 44.   **) S. XXX.

Intende deprecationem meam. Sih ána mina digi.

Auribus percipe orationem meam. Mit òron infàhe mîn gebét.

Non in labiis dolosis. Nals in ûngetriûuuen lefsen gesprochenez. *) so daz ist. daz fóne hérzen ne chúmet.

De uultu tuo iudicium meum prodeat. Fóne dinemo ánaliûte chóme mîn urtéilda. So dúrh-sihtig si dîr sî. uuanda si dih ne triûget. so muôzze si mir sîn.

Oculi mei uideant æquitatem. Réht muôzin irchénnen miniû oûgen. daz ih ne misse fàhe. noh ûnreht ne finde fûre reht.

Probasti cor meum. et uisitasti nocte. Du besuòchtost¹) mîn herza. unde uuisotost sin in déro naht. In árbéiten uuisotost dû sin. zebesuòchenne mîna patientiam (kedult).

Igne me examinasti. et non est inuenta in me iniquitas. In démo éite irsuòhtost dû mih. unde ûnreht ne fúnde dû in mir. Daz chit, knòto chóretost dû mîn. in déro passione (martro). ûzer déro ih lûter cham ze resurrectione (urstendido).

Vt non loquatur os meum. Sò gnòto chóretost dû mîn. unde sò lûter uuárd ih fúnden. daz ih iz sône ságe. dû uuêist iz. Du uuêist mir suígentemo. uuaz²) ih lêid.

Opera hominum. Mennischon uuérch lêid ih. Daz siè mir tuón uuólton. daz truóg ih.

Propter uerba labiorum tuorum ego custodiui uias duras. Vmbe diû uuort dinero lefso. uuanda du iz per prophetas (durh uuizzegiu³) fóne mir gehiêzze. so giêng ih hérta unéga. Hérta unéga mortis (todis) unde passionis (màrtero). kiêng ih.

Perfice gressus meos in semitis tuis ut non moueantur uestigia mea. Folle tuò mîne genge in dînen uuégen. daz mîniu spór. daz chit mîne fuòzze dar ába ne uuénchen. Folle halt mih in dînen præceptis. daz oùh mîne apostoli (póten) dar ána gestanden⁴).

**) Ego clamaui quoniam exaudisti me deus. Nah démo állemo. háreta ih paldo ze dir. uuanda dû mih kehòrtost durch sólche frêhte.

Inclina aurem tuam mihi. et exaudi uerba mea. Hélde ze mir dîn òra. uuanda mîn humanitas (mennesckeheit) hina ûf zedir geréichen ne mág. unde sò gehòre mih.

Mirifica misericordias tuas. Príng ze uúndere⁵) fóre iudeis ***) dîne gnáda. Gib infirmis (siéchen)

---

¹) besuohtost. Sch.
²) uunz. Sch.
³) durch &. Sch.
⁴) gestauten. Sch.
⁵) uuundere. Sch.

*) S. 45. **) S. XXXI. ***) S. 46.

fóne minero hénde sanitatem (den gesúnt).

Qui salvos facis sperantes in te. a resistentibus dexteræ tuæ. Dû dir geháltest. in uita æterna (libe euuigemo). diê sih zedir fersêhent. fóre uuiderstántem dînero zesuuun. daz chit filio tuo (dînemo súne).

Custodi me ut pupillam oculi. Pehuòte mih also dia sêhun des[1] oùgen. Si eina bechénnet[2] in corpore (líchamen). uuélèz lux (liêht) unde tenebræ (finstri) sint. so bechénno ih eino înter homines (liùtin) uuélèz iusti (rehte) unde peccatores (súndige) sint. unde uuièo ih irtêilen sol.

Sub umbra alarum tuarum protege me. a facie impiorum qui me afflixerunt. Skirme mih under dînero féttacho schátue. also fógel tuòt sîne iúngen. Caritas tua (dîn minna) unde misericordia tua (dîn irbármeda) ferstánden mih diên úbelen. diê mir chéli tuònt.

Inimici mei animam meam circumdederunt. Mîne fienda iudei behalboton mih.

Adipem suum concluserunt. Vnde beslûzen iro spint. Daz chit fóllemáston sih iro únrehtes. mih irtôtendo[3].

Os eorum locutum est superbiam. I'ro munt sprah mit úbermuôti. aue rex iudeorum (heil chúninc iudon[4]) unde ander sámolich.

Proicientes me. nunc circumdederunt me. Vnde beuóre mih feruuérfende. ioh mîna léra. umbe. stuònden siê mih nû. daz chit. únz ih hángeta in cruce.

Oculos suos statuerunt declinare in terram. Vnde benêimdon íro oùgen ze stécchenne an dia erda. Also die tuônt. diê úbeles ténchent. diê dánne ne bélent.

Susceperunt me sicut leo paratus ad prædam. Infiêngen mih fóne pilato. do er chád. tollite eum uos. et crucifigite (nemint ir in unde chriùcigont in). also de uàrigo léuuo. der in uuêido gád.

Et sicut catulus leonis habitans in abditis. Vnde also sîn iúngo. der ferbórgen liget. unde lágot.

Exurge domine præueni eos. et subplanta eos. Stánd uf trúhten. fúre fáh siê mit uindicta (keríche). unde beskrénche siê.

Eripe animam meam ab impio. Lóse mih resuscitando (irchícchendo) fóne úbelen.

Frameam tuam *) ab inimicis manus tuæ. Lóse fóne fiendo hánden

---

[1] sehandes. Sch.
[2] becchennet. Sch.
[3] irtodendo. Sch.
[4] chumine &. Sch.

*) S. 47.

mih dîn suért¹) . mit démo du diabolum sláhest.

Domine a paucis de terra diuide eos. Scéid siê trúhten fóne paucis electis (unmanigen iruueliten). scêid siê de terra uiuentium (fone erdo dero lébenton).

Inuita eorum . s. diuide eos. Hiér in disemo libe zeuuírf siê . héiz siê titum unde uespasianum zefuóren after állero uuérlte²).

De absconditis tuis adimpletus est uenter eorum et saturati sunt porcina *) (i. immunditia). Íro bûch uuárd irfúllet dínero toúgeni . diá sie³) lírneton ex libris (fóne dièn buóchen) prophetarum . dàr ába fáhendo . sâ sáteton siê sih únsúbri. Diû séti uuas in liébra.

Et dimiserunt reliquias suas paruulis suis. Vnde liêzen iro chinden⁴) . daz siê léibton. Vuaz ist daz? A͞ne der fluóh unde der uúnsch. SANGVIS EIVS SVPER NOS ET SVPER FILIOS NOSTROS (pluòt siniz úber únsich . unde úber chint únsriû⁵).

Ego autem cum iustitia apparebo in conspectu tuo. Ih chúmo áber mit démo rehte fúre dih . daz ih ne uuolta offen uuerden . únsúbren unde finsteren herzon.

Satiabor dum manifestabitur gloria tua. Ih hábo genuòge an dièn . só dîn guóllichi óffen uuirt . diên ih irskéin . die mit porcina (unsúbri) beuuóllen ne uuáren.

PSALMUS XVII.

IN FINEM PVERO DOMINI DAVID⁶) VERBA CANTICI HVIVS IN DIE QVA ERIPVIT EVM DOMINVS . DE MANV OMNIVM INIMICORVM EIVS . ET DE MANV SAVL ET DIXIT. DAVID tánchot démo . der ín lòsta . in persona christi unde æcclesiæ . dára náh ságet er dia toúgeni sínero incarnationis (lichamhafti).

DILIGAM TE DOMINE VIRTVS MEA. Trúhten mîn chraft . dih mínnon ih.

Dominus firmamentum meum . et refugium meum . et liberator meus. Trúhten ist der mih féstenot . unde ze démo ih flúht hábo . unde der mih lòset.

Deus meus adiutor meus . et sperabo in eum. **) Er ist mîn got . unde der mir hilfet . unde an ín gedingo ih.

Protector meus . et cornu salutis meæ . et redemptor meus. Er ist mîn schirmáre . unde hórn mínero

---

¹) suuert. Sch.
²) rg. Nota. dissimilitudinem in t̔ p̔ t̔ v̔ (interpretatur.).
³) Verbessert aus »siu«, wie auch Schilter liest.
⁴) chind en. Sch.
⁵) siniz pluot &, Sch.
⁶) Schilter hat noch : »[qui (quæ) locutus est Domino]«. Ist wohl eigner zusatz.

*) S. XXXII. **) S. 48.

héili . also tiéren iro hórn sint schirm . unde min lòsare .

Laudans inuocabo dominum . et ab inimicis meis saluus ero . Mit lóbe háren ih ze imo . unde so tuóndo uuírdo ih kehalten .

Circumdederunt me gemitus mortis . Mih hábent umbe fángen súftoda des tòdes . Daz sint diè gestúngeda des fleiskis . alde diù mánigi déro ungelóubigon [1]) .

Et torrentes iniquitatis conturbauerunt me . Vnde diè dráten áhá dés únrehtes . hábent mih ketrùobet . Daz chít . diè dráto fárent mit iro únrehte . diè léidegont mih .

Dolores inferi circumdederunt me. *) Héllo sèr behálboton mih . Daz sint pagani (héidene)[2]) . diè ze héllo súln . alde inuidia (níd) diù ze héllo léitet . Fóne déro iohannes chít . EST PECCATVM AD MORTEM . PRO EO VT QVIS ROGET NON DICO (ein sûnda uuirt ze tòde . umba diá ne héizo ih niemannen béton) .

Preuenerunt me laquei mortis . Diè stríccha des tòdes fúre fiéngen mih . Originale peccatum (adámis sunda) låg mir ána . ér ih keborn uuùrde .

Et in tribulatione mea inuocaui dominum et ad deum meum clamaui . Vnde in minero nòte bat ih helfo trùhtenen . unde ze minemo góte háreta ih .

Et exaudiuit de templo sancto suo . uocem meam . Vnde gehòrta er fóne minemo herzen sinemo héiligen hùs . mina stimma .

Et clamor meus in conspectu eius . introiuit in aures eius . Vnde min ruòft . der in sinero gesihte ist nals ménnischon . der giéng in sin óra . Ih pát sinero aduentus (chumfte) . déro béto gehòrta er mih .

Commota est et contremuit terra . Fóne sinero aduentu geschac [3]) . daz diù erda daz chít peccatores (súndige) . iruuágeton . unde irbibenotòn .

Et fundamenta montium conturbata sunt . et commota sunt . quoniam iratus est eis . Vnde uúrden geírret zuò=uersihte superborum (ubermuòton) **) unde iruuéget . uuanda er sih ispálg [4]) . unde er uuolta daz iro zuò=uersiht an imo uuáre . nals in uuerlt sáchon .

Ascendit fumus in ira eus . i . propter iram . An sinero irbólgeni roùh der rùch penitentiæ (riùuuo) . der tráne máchot . Iram dei (Gótes abolgi) fúrhtendo nuéinoton siè .

Et ignis a facie eius exardescet .

---

[1]) ungeloubigen. Sch.
[2]) rg. NOTA. Inuidos pro quibus nec orandum esse iohannes dicit.
[3]) geschac. Sch.
[4]) irpalg. Sch.

*) S. XXXIII.   **) S. 49.

Vnde fiûr inbrinnet fóne sínemo ána‍siúne. Caritas (minna) inzúndet diê. diê in bechennent.

Carbones succensi sunt ab eo. Irlósschene zánderen. uuurden inzúndet fóne ímo. Diê in guòt-táten tót uuáren. diê chíchta¹) ér.

Inclinauit celum et descendit. Er boùgta den himel. unde irbéizta hára nider. uuanda er chunta terrenis cælestia (írdischen himili‍schiû²).

Et caligo sub pedibus eius. Vnde tímberi uuás únder sinen fuôzzen. Diabolus (niderris) uuard fóne ímo getréttot. also iz chit. SVPER ASPIDEM ET BASILISCVM AMBVLABIS ET CONCVLCABIS LEONEM ET DRACONEM (úber — unde unch câs dû unde trellost —).

Et ascendit super cherubim. Vnde úber-stêig er plenitudinem scientiæ (folli chúnste). *) Daz chit oùgta sih incomprehensibilem (un-irrátenen).

Et volauit. Vnde flôug fóne érdo ze himele.

Et uolauit super pennas uentorum. Vnde úber flôug diê uéttacha déro uuindo. uuánda noh sanctæ animæ (séla) déro uirtus (chráft) hôh ist kestígen. ne irrécchent in. uuanda er allen creaturis (keschéf‍fidon) incomprehensibilis (unirrá‍tin) ist.

Et posuit tenebras latibulum suum. Vnde toùgena gedíngi sázta er in corde credentium (herzin glôubigero). dár er lóschet. Alde er cham toùgeno deus in homine (Got in ménnischin).

In circuitu eius tabernaculum eius. Sín gezélt ist umbe ín. uuanda dár diê síne sint. dár ist er in medio eorum (under in mítten).

Tenebrosa aqua in nubibus aeris. Finstir uuázer ist in diên uuólchenen des hímeles. daz ist obscuritas in prophetis (toùgeni in uuízegon). alde in prædicatorum doctrinis (prædigare leron).

Pre fulgure in conspectu eius nubes transierunt. Diû selben uuólchen fuóren fóne iudea ad gentes (iudon ze diêten). **) sínen oùgon glánziu. doh siû úns sin tímberriû.

Grando et carbones ignis. Hágel unde gluòt fuór dár ínne. uuanda siê irráfston gentes (tiéte³). unde zúnton siê ad fidei caritatem (ze glóubo mínno).

Et intonuit de cælo dominus. Vnde do ir-dónerota⁴) trúhten fóne himele. Siê sint sín hímel. uuanda er án ín sizzet. fóne ín déta er chúnt gentibus euangelium.

---

¹) chicha. Sch.
²) himilischin. Sch.
³) tiete. Sch.
⁴) irdunnerota. Sch.

*) S. XXXIV.   **) S. 50.

Et altissimus dedit uocem suam.
Vnde der hôhesto spráh sprah. in ¹)
úz. uuanda sié archana dei (Gotes
toŭgeni) ságeton.

Misit sagittas suas et dissipauit
eos. Predicatores (Predigara²) santa
er. unde zeuuarf sié. Ze diên er sié
santa. diê zeuuarf er sò. daz sié
súmelichen uuáren odor uitæ in ui-
tam (stanch libis³) ze libe). súme-
lichen odor mortis in mortem (stanch
todis ze tode).

Fulgura multiplicauit et contur-
bauit eos. Manigiû zêichentéta er.
unde irbrútta sié.

Et apparuerunt fontes aquarum.
Dò irschínen diê úrspringa déro
uuázzero. Daz chit. dò uuárd ke-
éischot diû uuârhêit déro prædica-
torum.

Et reuelata sunt fundamenta orbis
terrarum. Vnde uuúrden geóffenot
prophetæ (fóreságin). úfen diên di-
siû uuérlt keloûbendo. gote gezim-
berot uuúrde.

Ab increpatione tua domine. Daz
állez keschách. fóne dínero irráf-
sungo trúhten. also daz ist. Appro-
pinqvabit regnvm cælorvm (nù náhet
himel-riche).

Ab increpatione spiritus iræ tuæ.
Vnde fóne déro zórnlichun irráf-
sungo ⁴) dînes keístes. Sò diû ist.
Nisi pænitentiam egeritis, omnes
similiter moriemini (ir ne tuóient
riûuua só irstérbent ir alle geli-
cho).

Misit de summo et accepit me.
V̄nz hára liûtet diû prophetia incar-
nationis domini (forésaga Gotes ke-
burte). nù sprichit æcclésia (Gotes
prùt) fóne iro selbun. Er santa si-
nen sún fóne himele. unde infiêng
mih. unde uuólta mih uuésen sîna
sponsam (gemálun).

*) Et assumpsit me de aquis mul-
tis. V̄zer mánigen uuázzeren nam
er mih ze sih. V̄zer mánigen ge-
toûften sámenôta er mih.

Eripuit me de inimicis **) meis
fortissimis. Fóne hárto stárchen
fienden lòsta er mih. uuanda fóne
déro persecutione (áhtungo) uuuóchs
ih. mit déro sié mih suénden uuólt-
ton.

Et ab his qui oderunt me. quo-
niam confortati sunt super me.
Vnde fóne diên. die mih házzent
lòsta ér mih. uuanda sié mir óbe-
róren uuáren. unde ih mih in ir-
uuérren ne máhta.

Preuenerunt me in die afflictionis
meæ. Sié fúre fiêngen mih in diên
zîten déro persecutionis (áhtungo).

---

¹) sprachin. Sch.
²) Fehlt bei Schilter.
³) libes. Sch.

⁴) Der querstrich des »f« ist zu weit durchgezogen, so dass eigentlich »ir-raffungo« steht.

*) S. XXXV.   **) S. 51.

daz siè mih suántin . èr ih fólle uuuòchse .

Et factus est dominus protector meus . Vnde uuard Gót mîn schérm . uuanda mîn ménnischo fàreta .

Et produxit me in latitudine . Vnde brâhta er mih . in diâ uuîti caritatis et fidei (minno unde Glòubo).

Saluum me fecit . Téta mih keháltenen . Ziù chit sî fóne íro selbun saluum (keháltenin) . nals saluam (kehaltena)? A'ne daz sî siéhet [1]) ad populum (ze demo liûte) . fóne démo sî uuórden ist .

Quoniam uoluit me . Vuanda er uuolta mih ér ih in uuólti .

Et retribuet mihi dominus secundum iustitiam meam . et secundum puritatem operum meorum retribuet mihi . Vnde lònot ér mir nâh minemo rehte . unde nâh déro lûtteri mînero uuércho . dóh er mih êr uuólti . èr ih in .

Quia custodiui uias domini . nec impie gessi a deo meo . Vuanda ih Gótes uuéga behùota . unde ih úbelo ne téta fóne imo zihendo . Fúre daz er eînest mih suò imo zóh . sìd ne zóh ih uuidere .

Quoniam omnia iudicia eius in conspectu meo . et iustitias eius non repuli a me . Vuanda ih álle sîne urtéilda ána sícho . úber guóte unde úber úbele . unde siniû reht ne tréib fóne mír . so diè tuónt . diè réhtes irdrùzet .

Et ero inmaculatus cum eo . et obseruabo me ab iniquitate mea . Vnde ánauuert uuiso ih úngeflecchot mit imo . unde behuòto mih fóre állemo únrehte .

Et retribuet mihi dominus secundum iustitiam meam . et secundum innocentiam manuum mearum in conspectu oculorum eius . Vnde des lònot er mir . nàh mînemo rehte . *) unde nàh dero únsundigi mînero hándo . diù fóre imo ist . nàls fore ménnischon . Lònot mir nièht ein latitudinis fidei quæ per dilectionem operatur (der brèiti glòubo diù mit minnon uuerchot) . nub ouh perseuerantiæ (statigi) .

Cum sancto sanctus eris . Mit hèiligemo bist dû hèilig . uuanda du gehèiligost in .

Et cum uiro innocente innocens eris . Vnde mit únscadelemo únscadeler . uuanda dù ne tárost niémanne . sîn selbes únreht pegàt iégelichen .

Et cum electo electus eris . **) Vnde mit eruuéltemo uuírdest dù iruuélet . Dih iruuelet den dù iruuéletost .

Et cum peruerso peruersus eris . Vnde mit démo lézzen . uuírdest dù

---

[1]) sichet. Sch.

*) S. 52.   **) S. XXXVI.

gezigen lézzi . daz chît únrehtes . uuanda súndige chédent . Non est æqva via domini (kotis uuéch nist réht¹) .

Quoniam tu populum humilem saluum facies . Vuanda diêmuôten liút háltest dû . Daz misselîchet peruersis (leîzzen) . daz dû die haltest . diê íro súndon diêmuòtigo ièchent .

Et oculos superborum humiliabis . Vnde déro úbermuoton oûgen gediêmuotest dû . diên íro sélbero réht lichet . unde gótes reht ne uuízzen . Also iz chît . Ignorantes dei ivstitiam svam volvnt statvere (unuuîzzende kotis reht . uuéllin siê íro réht stellin) .

Quoniam tu illuminas lucernam meam domine . Vuanda mîn liêhtfaz zúndest dû trúhten . uuir ne hèigen ne hèin liêht fone úns sélben .

Deus meus illumina tenebras meas . Vuir birn fóne sundon finstre . áber dû irliéhte diâ finstrî .

Quoniam in te eripiar a temptatione . Vuanda ih án dir nals an mir irlôset uuirdo . fóne des tiêueles chórungo .

Et in deo meo transgrediar murum . Vnde an góte mínemo . nals an mir selbemo . úber stépho²) ih diâ múra déro súndon diû úns den hímel férstât . also gladius uersatilis (suert uuerbendaz) ioh paradisum súndigen ferstât .

Deus meus in polluta uia eius . Der mîn gót ist . des uuég ist únbeuuóllen . er ne gât uiam peccatorum (uuek sunderro³) .

Eloquia domini igne examinata . *) Sîniu gechôse sint in fiûre irsuôchet . Dar ist nehêin lóter ána . Also er fóre chád . Eloqvia domini . eloqvia casta (Chóse truhtenis sint sûber) .

Protector est omnium sperantium in se . Er ist állero schirm . diê sih ze ímo fersêhent nals ze ín sélben .

Quoniam quis deus præter dominum . aut quis deus præter deum nostrum . Vuanda er ist Gót . Vuer ist Gót . âne in? Alde uuer ist Got . âne únseren Got? Dii paganorvm (kota déro heidenon) sint demonia (tursa) .

Deus qui precingit me uirtute . Gót ist . der mih cúrtet mit túgede . niê mìniu uuérch unde mîne genge geirret ne uuérden . fóne ántlâzigen gelústen .

Et posuit inmaculatam uiam meam . Vnde machota er ungeflécchoten minen uuég .

Qui perfecit pedes meos . tanquam cerui . Der mîne fuôze getân

---

¹) —uuegh—. Sch.
²) uberstegho. Sch.

³) sundero. Sch.

*) S. 53.

hábet snélle sámo so hírzes. ze úber scríchenne des tíeueles striccha.

Et super excelsa statuit me. Vnde an dero hòhi sazta er mih. In himele sazta er mìna gedíngi.

Qui docet manus meas in prælio. Der mìne hénde lèret in uuìge. ze úberuuindenne mìne geistlichen fienda.

Et posuisti ut arcum æreum brachia mea. Vnde mìne [1]) àrma tàte dù sámo starche. sò érinen bógen. alliû guòtiû uuerch unmuòdendo ze fólletuònne.

Et dedisti mihi protectionem salutis tuæ. Vnde tàte dù mir schirm dìnero hèili. diù mir fóne dir chám.

Et dextera tua suscepit me. Vnde dìn gnàda infièng mih.

Et disciplina tua correxit me in finem. *) Vnde dìn geduuìng rihta mih an dáz énde. dàra ih sol. Ze dír rihta er mih [2]).

Et disciplina tua ipsa me docebit. Vnde er lèret mih oùh tára folle chómen.

Dilatasti gressus meos subtus me. Du tàte uuìte mìne génge under mir. Du tàte mìne lide fólgen déro uuìti des muòtes. Diu uuìti ist caritas.

Et non sunt infirmata uestigia mea? Vnde únirlégen sint pediù mìne fuòze?

Persequar inimicos meos et comprehendam **) illos et non conuertar donec deficiant. Confringam illos nec poterunt stare. cadent subtus pedes meos. Ih iágon mìne fienda. unde gefàho sié. unde ne iruuìndo er sié irlégen sint. Ih kebricho sié. noh kestàn [3]) ne múgen sié. sié uállent under mìne fuòze. Daz chit allez sáment. ih irfíchtò carnales deléctationes (fleischliche luste [4]) unde uuìrdo in oberòro. unde daz ist uox fidelium (stimma kelòubigero). A'ber uox christi diù dàr mite [5]) liùtet. diù uuirt sús fernómen. Diè mir uuìdere sint. diè iágon ih. unde gefàho sié. unde gebricho sié nâh mir. unde únder tuòn sié mit hárnschàron mìnen legibus (éon). Sàlig sint dièn sò geschièhet.

Et præcinxisti me uirtute ad bellum. Vnde mit déro uirtute temperantiæ begúrtost dù mih zeuuìderstànne. Alde in christi persona (stàl) chit iz. MIT PATIENTIÆ FORTITVDINE (kedulte starchi). tàte du mih déro súndigon àhtunga fertrágen.

---

[1]) Verbessert aus »mìna«, wie auch Schilter liest.

[2]) mir. Sch.

[3]) gestan. Sch.

[4]) Das erste »e« hat ein senkrechtes strichelchen über sich. wohl lesezeichen, zur silbenabtheilung? Schilter liest »fleiseliche«.

[5]) mitte. Sch.

*) S. XXXVII.   **) S. 54.

Subplantasti insurgentes in me subtus me. Diê mih ána unéllen ten iruáltost du sô. daz siê únder mir lâgen.

Et inimicos meos dedisti mihi dorsum. Vnde mine fienda tâte dû mir uuésen rúkke. daz chit ze rukke. uuanda siê mir folgent. also PAVLVS tuòt. unde mánige ándere déro iudeorum.

Et odio habentes me disperdidisti. Diê áber fólle stuônden in íro úbeli. unde mih házeton. diê ferlúre dû.

Clamauerunt nec erat qui saluos faceret. Diê háreton in nòte. dò ne uuas der siê hiêlte. Vuer sólti. dò Gót ne uuolta?

Ad dominum nec exaudiuit eos. Ze góte háreton siê. der ne gehòrta siê.

Et comminuam eos ut puluerem ante faciem uenti. Vnde ih fèrmúlo siê. also daz stúppe. daz fóre démo uuínde féret.

Ut lutum platearum delebo eos. Also daz hóro an déro strâzo fèrtiligon ih siê. Diê den brêiten unég kánt déro huòrluste. diê *) sint daz hóro déro strâzo. daz Gót tiligot.

Eripies me de contradictionibus populi. Du lòsest mih fóne diên uuidersprâchon déro liûto. diê der châden. Si DIMISERIMVS EVM VIVVM. SECVLVM POST ILLVM IBIT (Lazen uuir in hina lebenten. so uólget imo alliû de uuérlt).

Constitues me in caput gentium. Sézzest mih ze hóubete déro gentium¹) (tiêto). ze hóubete déro æcclesiæ.

Populus quem non²) cognoui seruiuit mihi. Der liût déro gentium. démo ih corporaliter (in lichamiu) ze òugon ne chám. so ih iudeis téta. der diènota mir.

In obauditu auris obaudiuit mihi. Échert. mit òren gehòrendo gehòrta er mir. áne òugen gesiht.

Filii alieni mentiti sunt mihi. **) Frémediû chint. uuíhselinga iudei. irlúgen mir diâ triûua.

Filii alieni inueterati sunt. Frémediû chint sint irfirnet. diê ih mit noua gratia (niuuuen genâdon) niûuon uuólta. Siê chlébent³) in ueteri testamento noui (in déro altun éo déro niúuua) ne ruôchent siê.

Et claudicauerunt. Vnde sô hinchent siê. uuanda siê in éinemo fuôze gânt ueteris testamenti.

A semitis suis. Daz ist in geschêhen fóne iro unégeu. fóne iro adinuentionibus (urdâhtin). so diê sint DE NON LOTIS MANIBVS DE CALCIBVS⁴) (fóne hânt tuâlon fone fàz uuéscon).

Viuit dominus et benedictus deus meus. et exaltetur deus salutis meæ.

---

¹) Das Teutsche fehlt bei Schilter.
²) Fehlt bei Schilter.
³) glebent. Sch.
⁴) calicibus. Sch.

*) S. 55.   **) S. XXXVIII.

Áber mir lébet trúhten fáter míner. unde der ze guòte genámdo min got. unde dánnan uuerde irhòhet Got mínero hëili. An mir uuerde er irhòhet.

Deus qui das uindictas mihi. et subdis populos sub me. Du bist Got. du mih richest. unde populos gentium (liúte diéto) mir únder tuòst.

Liberator meus de inimicis meis iracundis. Min irlósare fóne irbolgenen fienden. scrienten. CRVCIFIGE. CRVCIFIGE EVM (hâin. hâin).

Ab insurgentibus in me exaltabis me. Fóne mih ána uúerdenten in passione (martro) irhòhest tu mih in resurrectione (urstendido).

A uiro iniquo eripies me. Fóne un=rehtemo *) man. der min áhtet. lòsest tu ¹) mih.

Propterea confitebor tibi in populis domine. et psalmum dicam tibi in gentibus. Fóne diû trúhten iiho ih tir in populis christianis (undir christanen liû'ten²). unde singo dir psalmum in gentibus (salmin under diéten). Daz chit. ih ketuòn. daz siê dir iéhent. unde dir psalmum singent.

Magnificans salutes regis eius. Got ist kemichellichonde diê hêilina sines chúniges. sines súnes. diê er gentibus kibet.

Et faciens misericordiam christo suo dauid. Vnde got ist gnáda schêinende sinemo geuuiëhten DAVID (hantstarche).

Et semini eius usque in sæculum. Vnde sinemo chinde saluatori domino (háltintimo góte). iêmer in êuua.

PSALMUS XVIII.

IN FINEM PSALMVS DAVID.

Diser psalmus ist kechêret an selben christum. uuanda er primum aduentum eius chúndet.

Celi enarrant gloriam dei. Himela zellent kótes guòllichi. Prophetæ (fórasàgin) unde apostoli (potin) an diên Got pûet. diê chúndent allen ménniscon daz kótes riche.

**) Et opera manuum eius adnuntiant firmamentum. Vnde sine hántàte chúndent diê festi. Diê selben himela. sint sine hantàte³). Die chúndent uns. QVONIAM CONFIRMATA EST SVPER NOS MISERICORDIA EIVS (daz úber unsich keuéstinot ist sin ir=barmida).

Dies diei eructat uerbum. Tag irrópfrot sin uuórt démo táge. Christus kibet sina lèra apostolis.

Et nox nocti indicat scientiam. Vnde náht chúndet náhte. daz

---

¹) du. Sch.
²) under christianen liuten. Sch.
³) Fehlt bei Schilter Von »chundent« an.

*) S. 56.   **) XXXIX.

sié uuéiz. Judas meldet Christum iudeis.

Non sunt loquelæ neque sermones. quorum . id est per quos . non audiantur uoces eorum . Ne=héine zúnga noh sprácha ne sint . dár iro prædicationes úngehóret sín.

In omnem terram exiuit sonus eorum . et in fines orbis terræ uerba eorum . In álliû lant fuòr iro scál . unde in énde déro uuérlte chámen iro uuórt.

In sole posuit tabernaculum suum. V̄ze an dero sunnun . sazta er sîne gezélt. Daz chit . er oŭgta sîh *) in dero uuerlte . unde sîna æcclesiam (brût) téta er schîu=bára.

Et ipse tanquam sponsus præcedens de thalamo suo . Vnde er selbo giéng ùz . also briûtegomo¹) ùzer sînero briûte chámero. V̄zer sínero muoter uuombo . cham er hára ze sínero briûte. Diû brût ist sancta æcclesia.

Exultauit ut gygas ad currendam uiam suam . Also ríso húgeta er ze sínero ferte. Vuéliu diù sì . daz fernim.

A summo cælo egressio eius . et occursus eius usque ad summum eius. Et uuállota fóne obenáhtigemo himele . unde erunánt áber dára ze óbenahtigemo. Dar ingágenda er démo . der in sánta.

Nec est qui se abscondat a calore eius. Noh der nist . der sih ferbérge fóre sînero uuérmi. Daz ist spiritus sanctus . der alliû herzen uuéiz . unde réhtiû uuármet . ioh zúndet.

Lex domini inmaculata . conuertens animas. Trúhtenis êa ist ungeflecchot . ménnischen fóne únrehte bechérende. Daz ist lex moysi. fóne déro er chát²). Non veni leges solvere sed adimplere (ih ne cham êa zintuuérinne³) nube ze uuérinne). Vuanda si ex duritia (fóne harti) bechéret uuárd in gratiam (in gnáda) bediû téta si cónuersionem animarum (bechérida sèlon).

Testimonium domini fidele. Trúhtenes úrchunde ist ketriûue.

Sapientiam præstans paruulis. V̄uîstuóm gebende dièmuoten. Des christus urchundo ist . des ist nehèin zuifel. Also er dirro sélbun rédo ist . dár er chit ad patrem. Abscondisti hæc a sapientibvs et prvdentibvs et revelasti ea parvvlis (tiz púrgedo fóre uuisen unde frvoten. unde oŭgetost iz lúzzelen⁴).

Justitiæ domini recte. **) Trúhtenes réht . diû sint réht . uuanda er ánder ne téta . áue daz er lérta.

---

¹) briutegemo. Sch.
²) chad. Sch.
³) zinuuerinne. Sch.

⁴) Tih —fronten—. Sch. — Das »v« in »frvoten« ist jünger (?) und übergeschrieben.

*) S. 57.   **) S. XL.

Aber falsa iustitia (lúge reht). diú ist úngereht. also iustitia phariseorum (daz reht déro scêit=iudon). fóne. dien er chad. DICVNT ENIM ET NON FACIVNT (sie gechôsont iz uuóla. sie ne tuônt is aber nieht). Vnde áber. OMNIA ENIM FACIVNT. VT VIDEANTVR AB HOMINIBVS (si tuônt al daz sie tuônt. daz sie dien liûten uuert sîn).

Lætificantes corda. Fréuuende diú hérzen. diú úngebêitet uuóla tuônt. nals seruili timore (mit scálch=fórhtun).

Preceptum domini *) lucidum. Trúhtenes kebot ist liéhsenez. uuanda iz chúmet a patre luminum (fóne fáter liéhto).

Illuminans oculos. Oûgon lieht tuônde. uuanda iz liéhtet dien oûgon des hérzen.

Timor domini sanctus permanens in sæculum sæculi. Trúhtenes forhta ist hêilig. unde iêmer ze stéte stande. Si ist hêilig. nuanda si uuille-uuáltig ist. áber scálhlih [1]) fórhta ist kebêitet forhta. Diú scálhlicha uuirt úz ferstôzen fóne perfecta caritate (dúrnohtero minno). disiu stât ze stéte. uuanda si ungescêiden ist fóne caritate. Andero scálhlichun ist pœna (uuîzze). an dírro ist delectatio (uuúnna). Éniu sórget uuânne der hêrro chóme. disa lánget uuiéo halto [2]) er chóme.

Judicia domini uera. Trúhtenes urtêilda. sint uuâre urtêilda. sie ne mag nieman gefélscen.

Justificata in semetipsa. Kerébt-háftote an in sélben. Sie hábent an in sélben die chraft. des rehtes.

Desiderabilia super aurum et lapidem præciosum multum. et dulciora super mel et fauum. Hárto lústsameren danne gólt unde tiûre stêin. unde suôzeren. danne hónang. unde selbiú diú uuába. Also an dien schinet die sine iudicia (urteilda) mer minnont danne ioh sih selben. uuanda sie échert [3]) imo uuíllont. nals in selben.

Et enim seruus tuus custodit ea. Nú behuôtet iro dîn scálch. Vuê démo. der sie ne îlet pehuóten.

In custodiendis illis retributio multa. Vuírdet iro behuôtet só ist iro michel lon. Der sie fóre oûgon hábet. der behuôtet iro. unde uuérchot [4]) dára nah. Vnde so er bona (kuôt) infáhet fóne sînen iudiciis (urtêildon). so sint selben die iudicia sîn lòn. An démo lòne ráuuet er.

Delicta quis intellegit? Vuer uuêiz áber diê missetâte. alde uuér bechénnet sie alle? Vuer mag iro

---

[1]) sedlhlih. Sch.
[2]) baldo. Sch.
[3]) nechert. Sch.
[4]) uuerchet. Sch.

*) S. 58.

gebórgen . fóre toûgeni . unde fóre mánigi . doh er díne iudicia minnôe?

Ab ocultis meis *) munda me domine. Déro toûgenon reine mih truhten. Delicta (missetâte) sint toûgen. déro rêine mih . Sie sint toûgen . unde machont toûgeni . uuanda siè den ménniscen . so er-bléndent . daz er ander ne sihet . noh siè ne sihet. Also an diên uuorten schínet. PATER IGNOSCE ILLIS NON ENIM SCIVNT QVID FACIVNT (fater belâz in uuanda si ne uuizzen uuas si tuônt¹).

Et ab alienis parce seruo tuo. Vnde libe dinemo scálche . fóre ánderro schúldin . Nim mir mîne occulta (toûgen sunda) . unde ne lâz mih âna aliena (frómeda sunda) niô ih zuô diên mînen sundon . fóne ánderen ferlêitet ne uuérde.

Si mei non fuerint dominata²) . tunc inmaculatus ero. V'be min ne uuáltent occulta unde aliena . so bin ih úngeflecchot.

Et emundabor a delicto maximo. Vnde so uuirdo ih kereinet . dero meistun sculde. Daz ist superbia (ubermuot). Fóne iro chóment alle sculde. Si uuárf angelum de cælo (engil fóne himele) . **) unde getéta in ex angelo diabolum (fóne éngile ze rukkesturze). Si getéta hominem³) ex inmortali mortalem (menniscen fóne unstirbigemo ze stirbigemo).

Et erunt ut complaceant eloquia oris mei . et meditatio cordis mei in conspectu tuo semper . Vnde dannan uuerdent sólih miniu gechôse . unde mine gedáncha . daz siè dinen oûgon lichent. Superba anima (úberuuâne sêla) uuile ménniscon oûgon lichen . humilis uuile kóte lichen.

Domine adiutor meus et redemptor meus . Dû bist adiutor in bonis (belfâre ze guôte⁴) . unde redemptor a malis (losâre fone úbele).

PSALMVS XIX.

IN FINEM PSALMVS DAVID.

Finis ist christus ze démo sprichet der propheta . unde sáment imo ze sinero æcclesia . uuúnschendo déro chúmftigon dingo . diù er fóre sah.

EXAVDIAT TE DOMINVS IN DIE TRIBVLATIONIS. Gót kehóre dih christe in démo tâge dinero nôte . dô dû châde. PATER CLARIFICA FILIVM TVVM (fáter óffeno dinen sún).

Protegat te nomen dei iacob. Der iacob schirmda fóre sinemo

---

¹) —uuisshen—. Sch.
²) dominati. Sch.
³) Fehlt von »ex angelo« bis hierher bei Schilter.
⁴) goute. Sch.

*) S. 59.   **) S. XLI.

bruòder¹) *) esau. des namo schirme dih. daz chit. er schirme dina ecclesiam fòre iro ahtâren.

Mittat tibi auxilium de sancto. Er sende dir an iro tròst fóne spiritu sancto.

Et de syon tueatur te. Vnde fóne déro hóhi sinero deitatis (koteheite). diù iz alles úber uuartet. schirme er dih an dinero ecclesia.

Memor sit omnis sacrificii tui. Gehuhtig tùe er únsih állero iniuriarum (uuider=muòto). diè dû umbe unsih lite.

Et holocaustum tuum pingue fiat. Vnde dina crucifixionem (chrûcigûnga) dar dù áller góte brâht uuûrte²). diù bechére er an dià urénui resurrectionis (ursténdida).

Tribuat tibi secundum cor tuum. V'nne er dir nah tinemo uuillen. únsih ze irlòsenne nals so iudei uuolton. daz tin námo fertiligot uuerde.

Et omne consilium tuum confirmet. Vnde geféstenòe er allez. daz du gedenchet hábest ze tuónne. ANIMAM PRO AMICIS PONERE. ECCLESIAM TIBI SPONSAM SVMERE (sela umbe friûnt ze lâzzene. — dir brût ze némenne).

Lætabimur in salutari tuo. Démo getanemo freuuen uuir uusih an dinero heilhafti daz du unsih mit dinemo tòde gehéiltost.

Et in nomine dei nostri magnificabimur. Vnde in únseres kótes námen. uuérden uuir gemíchellichot.

Impleat dominus omnes petitiones tuas. Gót iruólleie alle dina béta. Also diù ist. PATER QVOS DEDISTI MIHI SERVA EOS IN NOMINE TVO (fater die du mir gábe. diè gehalt umbe dinin namin). Vnde aber. NON ROGO VT TOLLAS EOS DE MVNDO. SED VT SERVES EOS A MALO (ih ne bitto. daz du siè némest ábe déro uuerlte. nube daz du siè beháltest fóne úbele).

Nunc cognoui quoniam saluum fecit dominus christum suum. Nù bechénno ih. daz got sinen geuuiéhten tuót resurgere a mortuis (irstàn fóne táde). Per prophetiam (durch uuizzictuôm) uuéiz ih iz chúmftig.

**) Exaudiet illum de cælo sancto suo. Er gehòret in sinero béto. nîeht cin fóne érdo hérenten. núbe ouh fóne himele. dàr er sizzet ad dexteram patris interpellans pro nobis (ze zésuun fáteres fléhonde umbe unsih).

In potentatibus salus dextere eius. Sinero zésuuun heili ***) chúmet in máhten. Diè máhte sint dánne. so

---

¹) brudder. Sch. | ²) uuurde. Sch.

*) S. 60.   **) S. XLII.   ***) S. 61.

corruptio (uuartsali) ába ist . unde
mortalitas (tódigi) unde passibilitas
(tólunga) . Aber diû salus (hêili)
diû sinistræ (dero uuinstrun) ist .
diû chúmet . unde bringet super-
biam (uber=uuânida) diên . diê siê
minnont. Also er sâr nû fóne in
chat .

Hi in curribus et hi in equis . nos
autem in nomine domini dei nostri
magnificabimur. Dise daz chit sæ-
culares (uuerlt=liûte) . sprangont nû
ûfen iro réiton . unde ûfen iro rós-
sen . uuir uuérden áber dánne ge-
michellichot in démo námen trúh-
tenis Gótes únseres . uuanda uuir
unsih zuô imo uir=séhen . nals ze uns
selben .

Ipsi obligati sunt et ceciderunt .
nos autem surreximus . et erecti su-
mus . Siê uuerden behéftet mit
uuérltkiridon . unde bediû sturzton
siê in foueam mortis (in gruoba to-
dis) . uuir birn áber irstánden fóne
sundon . unde ûf irrichte .

Domine saluum fac regem et ex-
audi nos in die qua inuocauerimus
te . Trúhten halt den chúninch . tuo
christum resurgere a mortuis (irstán
fóne tôde) unde gehóre unsih . so
uuirdo ih ána=háreen .

PSALMUS XX.

IN FINEM PSALMVS DAVID.

Der titulus (diz fóre=zeichin) ist
chunt . fone christo uuirt kesungen
der psalmus .

Domine in uirtute tua lætabitur
rex . Truhten fáter . an dínero chref-
te fréuuet sih der chúninch . dîn sún.
Er chît . OMNIA PATRIS MEA¹) SVNT
ET OMNIA MEA PATRIS SVNT (al daz
des fater ist daz ist min . álliu miniu
sint des fáter).

Et super salutare tuum exultabit
uehementer. Vnde freuuet er sih
harto an dínero héilhafti . diâ dû
mennischon be imo sendest .

Desiderium animæ eius tribuisti
ei . Du gâbe imo daz . des er géreta.
Vuaz daz uuâre . daz ságeta er sel-
bo . do er chad . DESIDERIO DESIDE-
RAVI MANDVCARE VOBISCVM PASCHA
(ih kéreta harto mit iû ézzen osteir-
friskinch).

Et uoluntate labiorum eius non
fraudasti eum . Vnde hábest imo un-
benómen *) den uuillen sînero léfso.
Vuanda daz ist irgángen after sîne-
mo uuillen . daz er chád . PACEM
MEAM DO VOBIS . PACEM RELINQVO VO-
BIS (minin urído gibich iû frído laz
ih iû ²).

Quoniam præuenisti eum in bene-

---

¹) mei. Sch. | ²) —gib ih—. Sch.

*) S. 62.

dictionibus dulcedinis. Vuanda du fúre fîènge in . an démo ségene déro suòzi. Dû getranchtost in mit dinero gothéite . pediû ne mahta er trinchen die bitteri déro súndon . diè siè nàh ádàme alle getrunchun.

*) Posuisti in capite ¹) eius coronam de lapide præcioso. Saztost coronam an sin hòubet . uzer tiûremo stèine geuuorhta. I'n úmberington sine discipuli (iúngerin) . an dimo ánefange sinero prædicationis (prédigo). Diè uuàren diùre steina.

Vitam petiit a te et tribuisti ei. Resurrectionem (urstendida) eischota er mit diên uuórten . daz er ze dir chád. PATER CLARIFICA FILIVM TVVM (fater offino din sún) . diè gàbe dû imo.

Longitudinem dierum in sæculum et in sæculum sæculi. An sinero ecclesia gàbe dû imo léngi dirro tágo . daz si ²) uuéret unz diù uuerlt stat . unde dára nah.iêmer.

Magna est gloria eius in salutari tuo. Michel ist iro guòllichi an dinemo haltàre christo.

Gloriam et magnum decorem impones ³) super eum. I'mo selbemo gibest du noh mèrun guòllichi . unde mèrun zièreda . sò dû in gesezzest ad dexteram tuam (ze dinero zéseuuun).

Quoniam dabis eum in benedictionem in sæculum sæculi . lætificabis eum in gaudio cum uultu tuo. Vuanda du gefrúmest in . in èuuigen ségen. Der ségen ist . daz du in fréuuest in mèndi . an sinen fidelibus (holdon) . mit dinemo ána=liútte.

Quoniam rex sperat in domino. Vuanda er chúnineh uuésenter an Got kedinget . unde sih imo under tuòt . secundum hominem (menniscen halb).

In misericordia altissimi non commouebitur. An des hòhesten gnàdo stàt er úngeuuéget. An den er gedinget . an démo hábet er festi. Des gnàda ist imo un=infuòret.

Inueniatur manus tua omnibus inimicis **) tuis. Din geuuált christe ⁴) uuerde in iudicio (ze suònetage) keschèinet allen dinen fiènden . diè dih in humilitate (dièmuoti) ne bechándon.

Dextera tua inueniat omnes qui te oderunt. Vnde danne iruáre din chraft . alle diè dih hazzent.

Pones èos ut ⁵) clybanum ignis in tempore uultus tui. Also daz testisen liget in démo fiùre . sò man dar inne prot pacchet . so légest dû siè in tempore manifestationis tuæ (in demo zìte dinero schinun).

---

¹) caput. Sch.
²) sie. Sch.
³) imponet. Sch.
⁴) Christus. Sch.
⁵) in. Sch.

*) S. XLIII.   **) S. 63.

Dominus in ira sua conturbabit eos . et deuorabit eos ignis. Got keleidegot sie danne in sinero irbolgeni . unde fóne diu ferslindet sie daz êuuiga fiûr[1].

Fructum eorum de terra perdes. Iro uuuócher benimest du déro erdo. Du ne lâzest sie uuuócheren in terra uiuentium (in paradyso).

Et semen eorum a filiis hominum. Vnde iro fásel scheidest du fóne ménnischon chinden. Fóne diên sâligen . diê daz êuuiga erbe besizzen suln[2].

Quoniam declinauerunt in te mala. Daz keschiêt[3] in . uuanda siê úfen dih schiêlten diu leid déro sie selben in uuandon . ube siê an dih keloubtin . Sie beuuândon sih tôdes fóne romanis . den chêrton siê an dih.

Cogitauerunt consilia quæ non potuerunt stabilire . Siê dâhton déro dingo . diu sie bringen ne mahton . daz siê dih sluôgin fúre sich alle . danne sie doh irslágen uuurden.

*) Quoniam pones eos dorsum. Vuanda du scaltest siê ze rukke . unde chêrest dih fone in.

In reliquiis tuis præparabis uultum eorum. In dinen alêibon gehaltest du iro ougsiúne. Vnder ueruuórfenen spárest du iro scámelôsi ze dinero passione (mártiro). Ec-

chert danne bringet sie iro úneri fure dih.

Exaltare domine in uirtute tua. Vuird irhôhet truhten in dinero chrefte . sid sie sús kehûhot eigen dinero únchrefte.

Cantabimus et psallemus uirtutes tuas . So márren uuir dine tugede . cantando unde psallendo (mit singendo unde mit seitspile).

**) PSALMUS XXI.

PRO SVSCEPTIONE MATVTINA PSALMVS DAVID.

Hier singet der propheta passionem domini . umbe den ántfang déro uóhtun . daz chit umbe dia resurrectionem (urstendi) . ze déro diu passio (martero) rámet . an déro er anderest únsera naturam (anaburt) infieng . iu incorruptibilem (unuuartelicha) uuórtena.

DEVS DEVS MEVS RESPICE IN ME. QVARE ME DERELIQVISTI? Sús háret christus in cruce ze sinemo fáter. Gót . Gót miner . sih án mih. Ziu ferliêze du mih? Sámo so er cháde. Vuóltist du mir fóre sin . so ne lite ih ***) suslih. Diu chlága ist secundum hominem (ménniscen halb). Vuaz ist diz . ane daz er chat

---

[1]) fiure. Sch.
[2]) sele. Sch.
[3]) keschieht. Sch.

*) S. XLIV. **) S. 64. ***) S. XLV.

ebraice? HELI . HELI . LAMA . SABACTANI (deus meus deus meus utquid dereliquisti me)?

Longe a salute mea . uerba delictorum meorum. Ferro sint fóne mînero héili . missetâtigiû unórt. Ándero mînero uuorten . sint missetâte nals an mînen . au in bin ih súndig.

Deus meus clamabo per diem . nec exaudies. Got mîner . ih hâren dir be tâge . daz ne gehôrest du. So uuio¹) ih der tag si . du ne gehôrest mih . umbe calicem mortis (stoúf tôdis). Dû ne irlâzest mih . ih ne trinche in .

Et nocte . et non ad insipientiam. Noh an dien mînen gehôrest du mih nahtes . daz chit in iro nôten . unde daz ist in zehéili . nals ze únuuízzen. Paulus pitet dih insipienter (couhlicho²) umbe stimulum carnis (kelust lîchamin) . den ne gehôrest du . umbe sîna salutem (héilida).

Tu autem in sancto habitas laus israhel. Áber dû bûest in dînemo heiligen sûne . lob israhelis . doh du sîna béta ne gehôrest,

In te sperauerunt patres nostri . sperauerunt . et liberasti eos. Únsere fórderen dington an dih . unde du lôstost sié . also du tâte filios israhel de egypto . unde danihelem de lacu leonum (fone louuuon grubo) . unde *) tres pueros de camino ignis (triú chint uzer fiure oûene).

Ad te clamauerunt et salui facti sunt . in te sperauerunt et non sunt confusi. Sie hâreton ze dir . unde dannan uuorten sie gehalten . an dih kedington sie . unde bediû ne uuorden sie zescándon.

Ego autem sum uermis et non homo. Áber ih pin einhalb mádo . uuanda ih mortalis (stírbig) pin . unde geborn sine concubitu (áne miteslâf) unde ánder halb ne bin ih mennisco . nube uerbum dei patris . quod erat in principio (ein dinch Gótes fáter daz dinch noh ieo ána uuas daz ist sin sun).

Obprobrium hominum . et abiectio plebis. Pin uuorden iteuuiz menniscon . unde áuuerf des liûtes.

Omnes qui uidebant me aspernabantur me . locuti sunt labiis et mouerunt caput. So sie mih sahen hangen in cruce . so únuuirthon sie mih alle . mit lefsen sprachen sie . daz hoûbet uuégeton sie. ALIOS SALVOS FECIT . SE IPSVM NON POTEST SALVVM FACERE. SI FILIVS DEI EST . DESCENDAT DE CRVCE (ándere gehiélter sih selben ne mag er gehalten . úbe ér Gotes sun si . so stige er ábe démo gálgen).

Sperauit in domino . eripiat eum.

---

¹) uuieo. Sch.   ²) cuohlicho. Sch.

*) S. 65.

Ze góte fersáh er sih. der chóme unde lose in.

Saluum faciat eum quoniam uult eum. Er halte in. uuanda er uuile[1]) in. Daz sint uerba (diù uuort) euangelii. sperauit in domino liberet eum nunc si uult (er fersah sih ze Gote. er lòse in nù ube er uuélle).

Quoniam tu es qui extraxisti me de uentre. Sus tàten sie mir. uuanda du mih ûzer uuibes uuombo zúge. daz chit. uuanda ih nu bin ménnisco uuorden.

Spes mea ab uberibus matris meæ. Sid dánnan hara sid minero muoter brusten. uuàre du min gedingi. áber ante sæcula (er dero uuerlte) bist du pater meus (fáter min).

*) In te iactatus sum ex utero. An dih kedingendo. uuard ih keuuerfot. Sid ih fone dero uuombo cham. Ih habeta is trost an dir.

De uentre matris mee deus meus estu. Fone MARÍVN uuombo bist du min got. fone dir selbemo. bist du min fáter.

Ne discedas a me quoniam tribulatio proxima **) est et non est qui adiuuet. Ne gesuich[2]) mir nu. uuanda mih diù nòt ána gat. unde mir nièman anderro ne hilfet.

Circumdederunt me uituli multi. tauri pingues obsederunt me. Mih hábent umbe halbot manigiù chálber. feizte phárre hábent mih umbe sezzen. Mánigi des liùtes uituli multi (diè sint diu manigin chélbir). die hèrosten. tauri pingues (die sint feizte pharre).

Aperuerunt super me os suum. sicut leo rapiens et rugiens. Sie gineton gágen mir. also der léuuo so er zucchet. unde fóre gìtegi rúhet. I'ro rugitus (riùohit) uuas CRVCIFIGE. CRVCIFIGE EVM (ha iu ha ín) iro ginen uuas gagen imo. do pilatus chad. ACCIPITE EVM VOS. ET CRVCIFIGITE (nement ir in. unde hàhint in iù selbe).

Sicut aqua effusus sum. et dispersa sunt omnia ossa mea. Ih pin uz kegozzen also uuazzer. unde zeuuorfen sint alliu miniu bèin. Ih habo uz kefrumet mine apostolos (poten). die mine starchen sint. mit diên uuásco ih diea uuerlt íro únsúberi.

Factum est cor meum tanquam cera liquescens in medio uentris mei. Min herza ist uuorden also smélzendez uuahs in minemo bùche. Min sapientia (uuisheit) diù ér ferhóln uuas diu ist semfte. uuorden in æcclesia (christenheit). ioh infirmis (uueichen).

Aruit testa tanquam uirtus mea. Min chraft ist irhartet also der tégel. Fone demo fiùre irhartet der tégel

---

1) uuille. Sch.   2) gesuih. Sch.

*) S. XLVI.   **) S. 66.

fone dero nôte minero passionis (martero). ist min namo uuorden féste.

Et lingua mea adhesit faucibus meis. Vnde min zunga haftet ze minemo slunde. Mine prædicatores hábent sih iro lero zuo mir. daz siê fone mir inpháben uuîstuom.

Et in puluerem mortis deduxisti me. Vnde du habest mih prâht. ze démo stúppe des tôdes. so mine fienda uuânent. Siê uuellen uuízzen. daz du mih lâzest [1] nâh tôde irfûlen.

Quoniam circumdederunt me canes multi. Vuanda hunda manige umbe hálboton mih. *) Hunda fóne diu. uuanda sie nouitatem (seltsâni) hazzent. Nouum testamentum (niuuua êa). noua præcepta (nińuniů gebót) hazzent sie. also hunda házzent nouos (seltsâno) unde ignotos homines (unchundo ménniscen).

Concilium malignantium obsedit me. Kesémene dero argtáhtigon besáz mih.

Foderunt manus meas et pedes meos. Sie gruóben. daz chit. sie durstiêzzen mine hende unde mine fuózze.

**) Dinumerauerunt omnia ossa mea. Sie gezalton alliu miniu bêin. so harto dóneta [2] ih.

Ipsi uero considerauerunt et inspexerunt me. Sie selben stuonden unde uuárteton. unde chúren mih. Carnem (lichamin) mit dien ougon. nals uerbum (Gótcheit) mit dien herzon. Sie bechandon mih hominem (mennischen). nals deum (Got).

Diuiserunt sibi uestimenta mea. Mîniu genuâte teilton sie stucchen under in.

Et super uestem meam miserunt sortem. Vmbe mina tunicam (hémide) diê ih ze liche truôg. diů óbenan nider genuében uuas. uuůrfen sie lôz. uner diê ganza hábén solti. Vestimenta (kenuáte) christi. daz sint sîniu sacramenta. daz chit héiligméineda. also baptismum ist (toůffin ist). unde missarum solemnia (misson uôba). unde múnicho lib-regela [3]. Diu mahton zetéilet uuerden inter hereticos (irrârin). Aber ein uestimentum (hémide) uuas daz caritatem (minna) bezeichenet. daz niêman netéilta. uuanda caritas (minna) ist ungetéilet. Si ist. diů uzer manigen ein máchot [4]. Der diê hábet der ist kehálten.

---

1) lazzest. Sch.
2) doueta. Sch.
3) lib regula. Sch.
4) A'ne die (s. minna) uuâren heretici unde sint hiůto richarth popo. quorum uterque dicit se sanctum Benedictum quidem esse. et ideo regulam mutasse. et tunicam domini unam in duos rokkos.

*) S. 67.   **) S. XLVII.

Tu autem domine ne longe facias auxilium tuum a me. Aber diû ne tûest ferro fóne mir dina helfa. Tuê mih resurgere tertia die (irstân an demo dritten táge).

Ad defensionem meam adspice. Vuarte *) ze mînemo skerme. Sih uuio du mir geskirmêst.

Erue a framea animam meam. Lose mih fóne uuâffene. fóne lancea (spére) militis (longini).

**) Et de manu canis unicam meam. Vnde mîna æcclesiam (prût-sámenunga ¹) fone dero ²) geuualte des hundes. de quo supra. Fóne des keuualte der iéo pillet uuíder íro.

Salua me ex ore leonis. Halt mih unde nim mih fóne des tiûueles munde.

Et a cornibus unicornuorum humilitatem meam. Vnde lóse mîna diêmuoti fóne dien hornen dero ein-húrnon. Daz chit déro úbermuoton súnderiga herscaft sih ána zùcchén-tero. unde ánderro gnózscáft fer-chiesentero.

Narrabo nomen tuum fratribus meis. Ih hèizzo díuen námen chunt tuôn mînen bruóderen. daz chit dî-nen holdon. minnechlícho lébenten.

In medio æcclesiæ laudabo te. Fóre allero dero æcclesia. lóbon ih dih.

Qui timetis dominum laudate eum. Ir got fúrhtenten ³) lóbont ín. nals iûh selben.

Uniuersum semen iacob glorificate eum. Alliû iacòbis áfter-chumft. daz chit. alle fideles kuôllichont in.

Timeat eum omne semen israhel. Mánnolîh der got keséhen uuelle der furhte in.

Quoniam non spreuit neque despexit deprecationem pauperis. Vuanda er niéo ne ferchôs. noh ne fersáh die digi des armen. der uuerlt ráteſ sih nehéuet.

Nec auertit faciem suam a me. Noh fóne mir sînemo súne. ne uuánta er sin ána-siûne.

Dum clamarem ad eum exaudiuit me. Er gehorta mih iéo. danne ih ze imo hâreta. Ih irbát in. daz er mánigen lib cáb ⁴) fone mînemo tòde.

Apud te laus mea. Mit dir fáter ist min lob. dù bist mir lob.

In æcclesia magna uota mea reddam. coram timentibus eum. In minero unitun æcclesia. diu in allero uuérlte ist keuuéren ih mine inthêiza.

---

et cetera. Neque enim iam nunc mirum est quod diabolus se permisit similem deo esse. cum et membra eius similia sapiant. S. einleitung, s. 12.

¹) (prutha menunga). Sch.
²) dere. Sch.
³) furchtenten. Sch.
⁴) gab. Sch.

*) S. 68.   **) S. XLVIII.

daz chit spendon ih sacramenta corporis mei et sanguinis (diu heilichtuom mines lichamin unde bluotes). *) fóre dien. die in furhtent.

Edent pauperes et saturabuntur. Die ézzent arme. die sæculum (uuerlt) ne minnont. unde uuerdent iro sat. uuanda sie himelisca fuóra dar ána niêzent. diu in èuuiga séti gibet.

Et laudabunt dominum qui requirunt eum. Vnde diè got uuellen. diè lóbont in. Daz sint pauperes (diè ármen).

Viuent corda eorum in sæculum sæculi. Iro herzen lébent iêmer. uuanda sie diè fuóra hábent.

Reminiscentur et conuertentur ad dominum uniuersi fines terræ. Got uuas gentibus (tiétin) inphárn. er uuas in ûzer gehúhte. Siè behúgent sih aber sin dánne. unde iruuindent ze imo. fone allen enden déro erdo.

**) Et adorabunt in conspectu eius uniuersæ patriæ gentium. Vnde fóre imo pétont. daz chit ingrundo pétont in. alle diè stéte. dar gentes sizzent.

Quoniam domini est regnum. et ipse dominabitur gentium. Vuanda sin ist daz riche. er uualtet iro állero.

Manducauerunt et adorauerunt omnes diuites terræ. Ioh alle uuérlt-riche âzzen sine sacramenta (uuizzot). nals aber ze séti. uuanda sie einen anderen húnger hábent. unde áber doh pétont sie in.

In conspectu eius procident uniuersi qui descendunt in terram. Fore imo fallent alle diê iro muót uuendent an diea erda. Er êino sihet uuiêo siê uallent.

Et anima mea ipsi uiuet. A'ber diu min sela lébet imo. uuanda si in einen uuíle.

Et semen meum seruiet illi. Vnde min liút den ib irlosta. diénot imo.

Adnuntiabitur domino generatio uentura. Daz chumftiga chunne¹). generatio noui testamenti (chúnne déro niúuuun êo). daz uuirt imo chunt ketán. Sine angeli gechundont iz ze imo.

Et adnuntiabunt cæli iustitiam eius. Vnde euangelistæ chundent sin reht. Vuémo?

Populo qui nascetur quem fecit dominus. Demo liúte der noh uuerden sol. den Got scúof. den er fone toufi ***) christianum hiéz uuerden.

PSALMVS DAVID XXII.

DOMINVS REGIT M ET NIHIL MIHI DEERIT. Truhten selbo rihtet mih. chit æcclesia de christo. unde niêhtes ne bristet mir.

---

¹) chune. Sch.

*) S. 69. *) S. XLIX. ***) S. 70.

In loco pascue ibi me collocauit.
In déro stéte dar uuêida ist . hábet
er mih kesezzet. Er habet mir in
lege et prophetis (an eo unde an
nuízzegon) kêislicha fuòra kegében.

Super aquam refectionis educauit
me. Er hábet mih kezógen bi démo
uuázzere déro labo. Daz ist baptismum
(tòuffi) . mit démo diu séla gelábot
uuírdet.

Animam meam conuertit. Hábet
mîna séla fóne úbele ze guóte bechéret.

Deduxit me super semitas iustitiæ
propter nomen suum. *) Leita mih
after dién stigon des rehtes . umbe
sînen nàmen . nals umbe mîne
fréhte.

Nam etsi ambulauero in medio
umbrae mortis. Gange ih oùh hiêr
in míttemo scátue des tôdes . daz
chit inter hereticos et scismaticos
(under geloubo irren unde sîto uangiren [1]) . die bilde des tôdes sint.

Non timebo mala quoniam tu mecum
es. Noh danne ne fúrhte ih
mir des leides . daz sie mih keargeróen
. uuanda du sáment mir bist.
uuanda du in minemo herzen bist.

Virga tua et baculus tuus ipsa me
consolata sunt. Dîn ruòta unde dîn
stáb . daz chit . dîna fíllà unde dîna
chéstiga . die hábent mih ketrôstet.

nals keléidegot . uuanda ih fóne in
gebezzorot [2]) pin.

Parasti in conspectu meo mensam.
aduersus eos qui tribulant me. Nah
dién chéstigon . rihtost du mir tische.
daz ih keázzet uurde [3]) mit stárcherun
fuòro danne diù milch st . uuider
diên . die mih pînont. Du brahtost
mih fone inperfectione (undurmohte)
ze perfectione (durnohte).
diè chraft kábe du mir uuider in.

Inpinguasti in oleo caput meum.
Sálbotost mîn muot mit kêistlichero
fróuui.

Et poculum tuum inebrians . quam
præclarum est. **) Vnde uuiê
harto máre dîn trang ist . daz mennischen
irtrénchet . unde sie tùot
ergezzen iro érerun lùssami. Daz
poculum ist gratia (genâda) sancti
spiritus.

Et misericordia tua subsequetur
me omnibus diebus uitæ meæ. Vnde
dîn gnâda fóllegát mir alle tága mînes
libes. Si huôtet mîn unz ih
lèbo.

Ut inhabitem in domo domini . in
longitudine dierum. Daz ih dára nah
in cælesti (déro hímiliscun) ierusalem
bùe . inlengi déro tágo . die in
plurali numero (inmánigzalo) einen
dag èuuigen bezèichenet.

---

[1]) sitouangirren. Sch.
[2]) gebezzerot. Sch.
[3]) uuirde. Sch.

---

*) S. L. **) S. 71.

PSALMUS XXIII.

PSALMVS DAVID PRIMA SABBATI.

Uuaz chìd prima sabbati? ane der êristo uuéchetag. der dies dominicus (fróntag). unde dies resurrectionis (urstant-tach) heizet. Ze dèmo sihet diser psalmus.

Domini est terra. et plenitudo eius. Trúhtenis ist diù erda. unde iro fulli.

Orbis terrarum et uniuersi qui habitant in eo. Sin ist der erdering. unde alle diè dàr ánabûent. I'mo uuirt undertàn álliù uuerlt. unde sin æcclesia prèitet sih úber ál [1]).

Ipse super maria fundauit eam. * Er gestàta sìa óbe dien méreuuázzeren. diseuuèrlttúniste ne erféllent sie.

Et super flumina præparauit eum. Vnde obe dièn áhà máchota ér sìa. Vuára flièzent [2]) diè áhà. ane ín den mére? Vuára hábent oùh kitege [3]) sin àne ze déro uuerlte? Ioh diè úberuuindet sin æcclesia. uuanda si ne gerot anderes. ane inmortalitatis.

Quis ascendit in montem domini? Vuer gestèig ùf in gótes perg? Vuer erhuòb sih noh in diå hôhi Gótes rehtes?

Aut quis stabit in loco sancto eius? Alde uuer ist dar stàte in sìnero héiligun stete?

Innocens manibus et mundo corde. Daz ist der únsundigo in sìnen uuerchen. unde der rèino in sìnen gedanchen.

Qui non accepit in uano animam suam. Der sina sèla ne áhtot inbósheite. nube in eunighèite. Der sia bechennet inmortalem (unstirbiga). nals transeuntem (ferfárinta). unde sia gérot **) uuerden richa des únuuehsallichen kuòtes.

Nec iurauit in dolo proximo suo. Noh in undriùuuon ne suuòr sìnemo gelégenen. núbe so geuuàro. so uuàre guòth er geuuúnnen uuile.

Hic accipiet benedictionem a domino. et misericordiam a deo salutari suo. Der so getàno infàhet ségen fòne góte. unde irbarmida fòne sìnemo hàltàre.

Hæc est generatio quærentium deum. quærentium faciem dei iacob. Daz ist diù geburt dero Got suòchenton. dero suòchenton Gótes ánasiùne. der iacóbis Got ist. dèmo er dià fórderun éra gab. so uuio er ingebúrte. der sidero uuàre.

Tollite portas principes uestras. Némènt furder lànthèrren [4]) iùuuére

---

[1]) uberall. Sch.
[2]) fliezzent. Sch.
[3]) kirege. Sch.
[4]) lantheren. Sch.

*) S. LI.   **) S. 72.

portas. Ir uuerltrichen. nėment tána
iúuuére uitia (áchuste). diė iúh ze
tóde leitent.

Et eleuamini portæ eternales.
Vnde úfhéuent iúh éuuíge porte.
baptissmum (toufi). unde renun-
tiatio sæculi (fersachini uuerlte).

Et introibit rex gloriæ. Vnde
diėn gestaltėn. Kàt in ze iù der chú-
ning déro guóllichi.

Quis est iste rex gloriæ? Nu frėget
der propheta. Vuer ist diser guólli-
cho chúning? Vnde antuuurtet des.

Dominus fortis et potens. Trúh-
ten der starcho unde der máhtigo.
den du uuándost infirmum (posin).
o iudee. dô dù ín in cruce gesáhe.

Dominus potens in prælio. Truh-
ten. máhtiger in uuíge. Also dár
scėin. dàr er échert chad. quem
queritis (uuen suóchent ir). unde
sàr fone démo uuorte sine fienda
sturzton.

Tollite portas principis uestri.
Nėment tána liúte des tiėfeles por-
tas. iúuuéres *) fursten. Diė er
stálta uuider góte. daz siė imo ne
liėzen infart. diė tuónt tána.

Et eleuamini portæ æternales.
Vnde uuerdent ir úf irrihtet. éuui-
ges rehtes portæ. ze góte leitende.

Et introibit rex gloriæ. Vnde dàr
gat tánne in zù ze iù. der chúning¹)
déro guóllichi.

Quis est iste rex gloriæ? Vuer ist
diser **) guóllicho chúninch. des
oùh du dih uuúnderon maht prin-
ceps mundi (fursto dirro uuerlte)?

Dominus uirtutum ipse rex gloriæ.
Truhten déro chréfto. der ist chú-
ning déro guóllichi. Sine chréfte
tuónt in guóllichen. Imo nuichet
álliù maht.

PSALMUS XXIV.

IN EINEM PSALMVS IPSI DAVID.

Uox uniuscuiusque fidelis (stimma
iėuueles christánis).

AD TE DOMINE LEVAVI ANIMAM
MEAM. Ze dir truhten huòb ih úf
mina sėla. fone irdischen giredon ze
gėistlichen.

Deus meus in te confido non eru-
bescam. Got mín. an dih ketrúuuen
ih. unde ne scámo mih. uuanda ih
mir selbemo getrúendo ze scámon
uuárd. unde mih fóne diėn scúlden.
daz ih Got uuolta uuerden. ioh ein
uuúrmeli irsterben mag. dannan ist
mir dir ze getrúenne. unde únsca-
meg ze uuérdenne.

Neque irrideant me inimici mei.
Noh mine fienda ne huòen mín.

Et enim uniuersi qui sustinent te
non confundentur. Alle diė dín bí-
tent. die ne uuerdent keschendet.

---

¹) Die teutschen worte bis zum folgenden »chuninch« fehlen bei Schilter.

*) S. LII.   **) S. 73.

Confundantur iniqui facientes uana. Keschéndet muózzin uuérden unréhte. úmbederbe tuònte.

Vias tuas domine demonstra mihi. et semitas tuas doce me. Dine uuéga diè gréhten zeige mir. unde diniû smálen pfád. kelére mih kàn. nals den bréiten uueg. der ze hello leitet.

Dirige me in ueritate tua. et doce me. In dinero uuarhéite gerihte mih. unde lère [1]) mih. uuanda ih fone mir selbemo ecchert [2]) mendacium (lugin) uuéiz.

Quoniam tu es deus saluator meus. et te sustinui tota die. Vuanda du bist Got. min haltàre. unde din bêit ih. alla diè frist dirro uuerlte. unz du mih uzer paradyso ferstòzenen uuídere léittest.

Reminiscere miserationum tuarum domine. Irhúge dinero irbármidon. uuanda ménnischen uuànent daz iro irgézzen si.

Et misericordiarum tuarum*) quæ a sæculo sunt. Vnde irhúge dinero ármehérzinòn. diè fòne êrist uuérlte ièo uuàren. unde dû siè ièo schéindost.

Delicta inuentutis meæ. et ignorantiæ meæ ne memineris. **) Die missetate minero iugende unde minero unuuizzenhéite ne hábe dû ingúhte [3]).

Secundum misericordiam tuam memento mei tu. Irhuge du min nah dinero gnàdo. diû dir geriset. nals nah déro abolgi diè ih kesréhtot hábo.

Propter bonitatem tuam domine. Vmbe dina guóti truhten. uuanda ih kuòte fréhte ne hábo.

Dulcis et rectus dominus. Suòzer unde grehter ist unser truhten. Suòze. uuanda er fúre fàngot diè ménnischen mit gnàdon. aber gréht. uuanda er die fertiligot. die imo des ne dánchont.

Propter hoc legem statuit delinquentibus in uia. Vuanda er dulcis (suòzer [4]) unde rectus (grehter) ist. umbe daz fànt er êa. diû si rihti ze uuége.

Diriget mites in iudicio. [5]) Er gerihtet die màmenden in sinero urtéildo. Er gibet in dàr sólchen ordinem (stàt-rihti). daz sie fúrder firuuórren ne uuérdent.

Docebit mansuetos uias suas. Er lèret diè zàmen sine uuéga. diè sin ioh trägen uuéllen.

Uniuersæ uiæ domini misericor-

---

[1]) leite. Sch.

[2]) echert. Sch.

[3]) inhugte. Sch.

[4]) suozzer. Sch.

[5]) Das »Daz«, das hier Schilter hat, ist in der handschrift durch punkte getilgt.

*) S. 74.   **) S. LIII.

diæ et ueritas. Alle sîne uuéga. diê er siê lêret. sint gnâda unde uuarhêit. Déro sint zeuuêne. A'n demo einen cham er iu. an démo ánderen sól er noh chómen. Also indô téta gnâda ze fergébenne placabilem. daz chît holdlichen. so tuôt in nóh uuârheit ze irtêilenne incorruptum. daz chît únferméreten.

Requirentibus testamentum eius et testimonia eius. Er lêret sîne uuéga. unde tuôt siê óffen diên. diê sîna benêimeda suôchent unde sîniu úrchunde. Also mites (mámminte) tuônt unde mansueti (zâme). die nouum testamentum (niûuua êa) unde uerba prophetarum (uuort uuizigon) scródont. Ze Rômo uuas sito. daz die fórderen *) hiêzen in tabulis (uuahs-tablon) al gescriben. daz sie benêimdon iro áfterchómon. unde uuanda íro testes (urchundin) dar ána gescriben uuâren. bediû hiéz diû scrift testamentum (urchunde). Ze déro similitudine (glichnisso) heizet diû lex (êa). diêa Got diên alten benêimda uetus testamentum (alt êa). unde diâ er uns benêimda nouum testamentum (niûuue êa ¹).

Propter nomen tuum domine propitiaberis peccato meo. multum est enim. Vmbe dînen námen uuanda dû haltâre heizest. lîbest dû truhten mînen súndon. iro ist filo. Sie uuáhsent tágoliches bediû ist íro filo.

Quis est homo qui timeat dominum? Vuer menniscon ist der Got furhte?

Legem statuit ei in uia quam elegit. Démo hábet êr êa gesezzet. an démo uuége. daz chît an démo proposito sanctitatis (benêimido hêiligî). daz er durch sîna fórhtun eruuéleta.

Anima eius in bonis demorabitur. Sîn sêla uuónet in liêbe.

Et semen eius. id est opus eius (sîn uuerch). hereditabit terram. Vnde sîn uuerch érbet dén irstánden lîchamen in incorruptione (in unfermerido).

Firmamentum est dominus timentibus eum. Truhten ist festinunga diên. diê in fúrhtent. Mennischon forhta machot únbaldi. diu diffidentia heizzet plúchêit unde uirchûnst ²). aber Gotes forhta féstinot daz muòt.

Et testamentum ipsius ut manifestetur illis. Vnde er tuôt. daz in geóffenot uuérde sîn êa. diê er in benêimda.

Oculi mei semper ad dominum. quoniam ipse euellet de laqueo pedes meos. **) Mîniu ougen sêhent ieo ze Góte uuanda er lòset mîne

---

¹) Fehlt bei Schilter von »unde« an.   ²) (plucheit) heizzet unde uirchunst. Sch.

*) S. 75.   **) S. LIV.

fuôzze ûzer demo stricche. An den ih sîeho. der lôset mih.

Respice in me. et miserere mei. quoniam unicus et pauper sum ego. Sih an mih. an dînen christianum populum. unde habe min irbarmeda. uuanda ih dîn êinigo bin. rehta gelôuba behâltendo inter multas hereses (under manigen gelôub=irron). unde dîn armo. ne heina uuérlt kireda habendo.

*) Tribulationes cordis mei multiplicatæ sunt. Manigfalte bina sint mînes herzen. fone abundante iniquitate (úbersueifigemo unrehte) unde refrigescente caritate (châltentiro minno).

De necessitatibus meis eripe me. Vuanda ih diê nôte lido. fóne diên lôse mih.

Vide humilitatem meam et laborem meum. Sih ána mîna diemuôti uuiê unferrûomet ih pin. unde sih mîna árbeit. diu mir ána liget ándere¹) fertrágendo. die indisciplinati (únzuhtige) sáment mir sint.

Et dimitte omnia peccata mea. Vnde mit démo sacrificio (óphere) gehúlther. fergib mir mîne súnda alle.

Respice inimicos meos quoniam multiplicati sunt. Sih an mîne fienda. unde ne lâz siê ferlóren uuérden. uuanda íro mánige sint. unde ih iro déste uuírseren trôst hábeu mag.

Et odio iniquo oderunt me. Vnde sih. daz siê mih pe únrehto házzeton. uuanda ih siê mínnota. unde bediû gebóre mih.

Custodi animam meam et erue me. Behuôte mîna séla. daz si in gelih ne si. unde lôse mih. fone iro feruuúmdeni diû perplexitas (férulôhtini) hêizet. in déro oúh ih háften. uuanda ih sáment in uuirbo.

Ne confundar quoniam inuocabi te. Ne lâz mih scámeg unérden. uuanda ih dib ze helfo bat. unde ih dir getrúeta. nals mir sélbemo.

Innocentes et recti adheserunt mihi. Vnsúndige unde gréhte haftent ze mir. nals nîeht so iniqui (unrehte). diê oúh sáment mir uuerbent. núbe íro herzen sint sáment mir.

Quoniam sustinui te. Vuanda ih hîna ne fiéng. ze diên úbelen unde ih dîn bêit. unz dîn uentilatio (uuánnoth) chóme. diû diû sprùuuer hîna uuánnot.

Libera deus israhel ex omnibus tribulationibus suis. Lôse Got den liût. den dû dih lâzest kesêhen in futuro (noh uucuno). fóne allen sinen binon diê er lidet. nîeht êin úzuuert nube oúh inuuert.

---

¹) andero. Sch.

*) S. 76.

*) PSALMUS XXV.

IPSI DAVID.

Id est omni christiano perfecto conuenit hic psalmus (ièuuelichemo christanin turnochtimo keuallit dirro salmo [1]).

**) JVDICA ME DOMINE. Scèid mih trúhten fóne úbelen.

Quoniam ego in innocentia mea ambulaui . et in domino sperans non infirmabor. Vuanda ih under in uuàrb in únsundigi . unde an dih kedingende . ne uuirdo ih muòt sièh [2]) iro úbeli. Der an dih kedinget der ne eruallet sih sines muòtes. so er scandala (uuérrun) gesièhet noh der negloûbet sih sinero guòti umbe iro úbeli.

Proba me domine . et tempta me. Besuòche mih unde chóro min . nals freisigo nube gnádigo . unde so . daz du mih pézzereiest . unde du mih liûterest minero sundon. Vmbe záliga chórunga chéden uuir. NE NOS INDVCAS IN TEMPTATIONEM (nié ne leitest du unsich in niéth [3]) chorunga). Déro ist dísiu nuider uuártig . diù den man gerehthaftot . also si téta abrahàmen . do er temptatus (besuòchit) uuard . unde probatus (uuertsàmot).

Vre renes meos et cor meum. Prénne mine lancha . unde min herza . Daz chit . prénne mine gelúste unde mine gedáncha . daz siè únrehte ne sin . Prénne siè mit démo fiûre spiritus sancti.

Quoniam misericordia tua ante oculos meos est . Fóne diù tuò so ih dih pitte . uuanda din gnáda fóre minen oùgen ist . unde ih iro ungehuhtig ne bin . noh ingratus (undanchpàre).

Et complacui in ueritate tua. Vnde des pin ih dir gelíchet in dínero uuarhèite . unde ne ruòcho uuièo ih menniscon misselíchen . mit dièn uuárhèit nist . écchert ih dir lichee.

Non sedi in concilio uanitatis. Ih lichen [4]) dir des . daz ih ne saz in déro manigi déro úppighèite . so déro ist . diè in theatro (spilehus) sizzent . alde diè unreht ràtent.

Et cum gerentibus iniqua non introibo. Noh ze únrehto fárenten ne gàn ih . Ih ne uuile mih sàr héften zein.

Odiui congregationem malignorum. Ih házzeta ieo déro árgtahtigon mánigi . fóne diù scièd ih mih fóne in.

Et cum ***) impiis non sedebo.

---

[1]) (— Christianin turnochtuno —). Sch.
[2]) muot sich. Sch.
[3]) nieht. Sch.
[4]) liechen. Sch.

*) S. LV. **) S. 77. ***) S. 78.

Vnde bediû ne sizzo ih mit kuótelosen . so heretici (globirre) sint . sîd ih noh mit uanis (ûnuuihtarin) ne saz .

Lauabo inter innocentes manus meas. Ih tuáho mine hende mit ûnsundigen . daz chit . ih ilo háben réiniû uuerch . also innocentes (ûnscadele) habent .

Et circumdabo altare tuum domine . Vnde démo getánemo . umbefáho ih dinen altáre . Min herza daz din altare ist . in démo ih dir ópferon kuóten uuillen . unde lûttera dîgi . daz umbe háben ih danne . unde beuuáron iz so . daz iz folle hábe sina rêini .

Vt audiam uocem laudis tuæ. Daz ih kehóre . ih mêino . daz ih fernéme unde bechenne . die stimma dines lobes . Vuéliû[1]) ist diû stimma? Ane daz min herza iéhe . sih fóne dir háben sina guóti . unde fóne imo selbemo sina úbeli .

Et enarrem uniuersa mirabilia tua . Vnde ih zelle alliu diniû uuunder . dir ze lóbe . nals mir .

*) Domine dilexi decorem domus tuæ . Ih minnota iéo truhten diê zîerda dines húses . Ecclesia diû ist daz Gótes hus . In iro sint kuóte unde úbele . áber die guóten . diê sint iro ziêrda .

Et locum habitationis gloriæ tuæ . Vnde minnota ih diê stat . dár din guóllichi búet . Der sincero guóti dih kuóllichot . nals sih selben der ist locus habitationis gloriæ dei .

Ne perdas cum impiis animam meam et cum uiris sanguinum uitam meam . Sid daz só si . daz ih ze úbelen mih ne háfta . unde ih dina guóllichi fórderota nals mina . nû ne ferliûs mih mit úbelen . unde mit manslekkon .

In quorum manibus iniquitates sunt . In déro handen daz unreht ist . Vuîo ist iz in iro handen?

Dextera eorum repleta est muneribus . I'ro zeseuua ist fol miêton . Sie uôbent unreht umbe gold . unde umbe silber . unde umbe lob . Fóne diû heizzet er siê uiros sanguinum (manslekken[2]) .

**) Ego autem in innocentia mea ingressus sum . redime me et miserere mei . pes meus stetit in directo[3]) . Ih îlta áber uuésen unsundig . fone diû lóse mih . unde hábe min irbarmida . min fuóz folle stuónt in grehti .

In ecclesiis benedicam te domine . In allero christenheite lóbon ih dih . nals éin mittero zungon . nube mér mit uuerchen .

---

[1]) Uueilu. Sch.
[2]) manslekkon. Sch.
[3]) Schilter hat noch »(rectitudine)«.

*) S. LVI.   **) S. 79.

PSALMUS XXVI.

PSALMVS DAVID PRIVSQVAM LINIRETVR.

Sus sang dauid . ê er geuuîêht uuurde .

DOMINVS ILLVMINATIO MEA . ET SALVS MEA QVEM TIMEBO? Truhten ist der mih irliêhtet . ze sîn selbes bechénnedo [1] . unde er ist min heili . uuén fúrhto ih . der mir deuuéder néme?

Dominus protector uitæ meæ . a quo trepidabo? Er ist der mih schirmet . fóne uuémo furhto ih frêison?

Dum appropiant super me nocentes . ut edant carnes meas. Er schirmet mih . so mih ána uuellen scadele . daz sie mih ézzen . Diê íro grimmi an mir scêinen uuellen . diê ne lâzet er sia scêinen .

Qui tribulant me inimici mei . ipsi infirmati sunt et ceciderunt . Mîne fiênda die mir not tuônt . diê sint siêh unde iruállen .

Si consistant aduersum me castra . non timebit cor meum . *) Sin ioh héreberga gestellet uuider mir . die ne furhtet min herza .

Si exurgat aduersum me prœlium . in hoc ego sperabo. Héue sih oûh uuig gágen mir . noh danne gedingo ih an in . Inselben diên frêison . scirmet er mih .

Vnam petii a domino . hanc requiram . Écchert êines tinges kéreta ih ze góte . daz forderon ih . A´ndere sint diê in mánigero dingo bitent . êines pito ih [2]) . Vuaz ist daz?

Vt inhabitem in domo domini omnibus diebus uitæ meæ . Daz ih muôze búuuen in sînemo hus . alle tága mînes libes. Dâr alle tága êin dág **) sint . dâr géron ih séldon . Dâr tag âne naht ist . dâr lib âne tôd ist . dâr liêb âne lêid ist . tára lústet mih ze chómmenne . unde fúrder dâr zeuuésenne .

Vt contempler delectationem domini . Daz ih in selben sêhe . unde mih sin niêton muôzze . unde diê lússami únirdrózzeno hábe . dar umbe lânget mih tára .

Vt protegar a templo sancto eius. Vnde ih scérm bábe . fóne sînemo heîligun hus. Daz ih des scérm hábe . daz ih sîn hus pin .

Quoniam abscondit me in tabernaculo suo . in die malorum. Vuanda er mih ferbárg hiêr uuésenten in sînero æcclesia . in frêisigen tágen . fore temptationibus (bechórungon) unde persecutoribus (áhtarin). Sîd [3]) er mih hiêr scirmda . mêr aber dâr .

Protexit me in abscondito tabernaculi sui . Er scirmda mih ándemo

---

[1]) bechennendo. Sch.
[2]) Fehlt von »A´ndere« an beiSchilter.
[3]) Sied. Sch.

*) S. LVII. **) S. 80.

ferhólnen sines kezéltes. Daz ist christus. érbûet ferhólno in cordibus credentium. An imo hában uuir scérm.

In petra exaltauit me. An démo stéine erhóhta er mih. Daz ist áber er. Also iz chit. PETRA AVTEM ERAT CHRISTVS (stéin uuas áber —).

Et nunc exaltauit caput meum super inimicos meos. Vnde nu hábet er mîn houbet selben christum hógesézzet. óbe allen mínen fienden. Fóne diû mágen sié mîn áhten uuanda ih noh dára ne chám. dára mîn houbet chómen ist. Só ih áber démo houbeto dára gefólgen. sô ne ist mir des furder nehéin sorga. daz mir íeman sî tára.

Circuiui et immolaui in tabernaculo eius hostiam cubiculationis (scéronnis) i. gratulationis (chatilonnis). Ih hábo umbefaren. daz chit. ih hábo úber al geéiscot sîne ecclesiam. diû sîn gezelt ist. in démo gezelte opferon ih imo den friúscing déro fréuui. Ih pin des fro. daz ih sîa úber al uuéiz.

Cantabo et psalmum dicam domino. So ih ouh dára chúmo. dára er chómen ist. unde sîn lússami *) gesího. danne bin ih sichiúre. danne singo **) ih daz sang. déro mendi.

Exaudi domine uocem meam qua clamaui ad te. Kehóre truhten dié stimma. mit déro ih háreta ze dir. umbe daz eina des ih kéron.

Miserere mei et exaudi me. Hábe mîn gnáda. unde gehóre mih. Dû uuéist uuóla. uuaz daz ist. des mîn hérza gérot.

Tibi dixit cor meum. quesiui uultum tuum. uultum tuum domine requiram. Mîn herza chad ze dir. ih uuile dîn ána=liúte. dîn ána=liúte truhten uuile ih. Dár ist iz állez. daz ih uuile. Des kehóre mih. des keuuére mih.

Ne auertas faciem tuam a me. ne declines in ira¹) a seruo tuo. Ne uuénde fóne mir dîn ána=siûne. ne chére iz in zorne fóne dinemo scálche. Daz chit. ne scéine mir solcha irbolgeni. daz dû iz chérest fóne mir. Alde iz chit. in iudicio (suône=táge) ne chére iz fóne mir. Fóne mînen súndon chére iz. nals fóne mir.

Adiutor meus esto. Vuis mîn hélfáre. So uuiéo ih liberum arbitrium (selb=uuála) hábe. ih ne mag doh nio uuóla getuón áne dîna hélfa.

Ne derelinquas me. neque despicias me deus salutaris meus. Du ne ferlázest mih. du ne fersébest mih. Got mîn háltare.

Quoniam pater meus et mater mea dereliquerunt me. Vuanda mîn fáter unde mîn muóter die mih

---

¹) via. Sch.

*) S. LVIII.   **) S. 81.

zúgen . alde adam unde eua hábent mih ferlázzen .

Dominus autem assumpsit me . Vuaz ist umbe daz? Mih hábet áber¹) Got ze síh kenómen .

Legem pone mihi domine in uia tua et dirige me in semita recta propter inimicos meos . Vuanda daz sô ist . nu sezze mir êa in dînemo uuége . Sezze mir in christo legem (êa) . der unârer uneg ist . rihte mih an den rehten nueg . daz chit . Lére mih dîne scrifte²) . umbe mîna fienda . daz siê mih ába uuége ne leiten .

Ne tradideris me in animas tribulantium me . In déro uuillen nesélêst dù mih *) diê mih trébenont . daz chit . tréibent unde iágont . so saul tuót unde sîne holdon .

Quoniam insurrexerunt in me testes iniqui . Vuanda mir ána ligent unrehte iéhara .

Et mentita est iniquitas sibi . Vnde daz unreht hábet kelógon imo selbemo ze frêison nals mir . Diz mag fernómen uuerden fóne doêg idumeo der in unde abimelech sacerdotem zéh rátes uuider démo chúninge .

Credo uidere bona domini in terra uiuentium . Nu ist aber mîn dróst zegeschéinne³) Gótes kuót . in déro lébendon lande . Ih uuirdo irgézzet in terra uiuentium (lande lébendon) . des ih hiêr lido in terra morientium (lande tódenton) .

Expecta dominum uiriliter age . et confortetur cor tuum . et sustine dominum . Pit echert Gótes . kehábe dih cómelicho . hábe bald hérza . unde bit sîn . Er chúmet unde lôset dih . Daz ist consilium prophetæ (rât dauidis) . alde uox respondentis dei (stimma in-chédentis) .

**) PSALMUS XXVII.

IPSIVS DAVID.

Vox (stimma) christi in passione (martro⁴) .

AD TE DOMINE CLAMAVI DEVS MEVS NE SILEAS A ME . Zedír fáter háreta ih Got mîner . stille ne sîst dû fóne mir . daz chit kescéiden ne sîst dû fone mir .

Ne quando taceas a me . i . ne separes diuinitatem uerbi tui ab eo quod homo sum . Ne láz mih âne Gothêit ménnischen sîn .

Et ero similis descendentibus in lacum . Vuanda so bin ih kelîh tiên⁵) sih soùffenten in den sê . diê disa uuerlt minnont .

---

¹) Fehlt bei Schilter.
²) scriffte. Sch.
³) ze gescheine. Sch.
⁴) martiro. Sch.
⁵) dien. Sch.

*) S. 82.   **) S. LIX.

Exaudi domine uocem deprecationis meæ. dum oro ad te. Kehóre mih in cruce so ih chéde. PATER IGNOSCE ILLIS. NON ENIM SCIVNT QVID FACIVNT (fáter plaz in sié ne uuizzen uuaz sie tuônt¹).

Dum extollo manus meas ad templum sanctum tuum. Sô ih ûf héue mine hende. unde ih sié strécche in cruce. diên ze hêili. diê din hus uuerden suln.

Ne simul tradas cum peccatoribus *) animam meam. Sáment diên súndigen ne ferliêsest du mina sêla.

Et cum operantibus iniquitatem ne perdas me. Vnde sáment úbeltátigen ne ferliêrest du mih.

Qui loquuntur pacem cum proximo suo. mala autem in cordibus eorum. Diê mit mir iro gelégenen minnechlicho chôsont. alsús chédendo. MAGISTER SCIMVS QVIA VERAX ES ET VIAM DEI²) IN VERITATE DOCES (mêister uuir uuizzen daz dû genuáre bist unde Gotis uueg keuuáro lérest). unde iz áber úbelo méinent in iro hérzen.

Da illis secundum opera ipsorum. et secundum nequitiam studiorum ipsorum. Lôno in náh iro uuerchen. unde náh déro argtahtegi iro ilungo. daz sié démo unsúndigen ilton táron. der hára cham sié zelôsenne.

Secundum opera manuum eorum tribue illis. Lôno in náh iro uuerchen. daz sié mit lúginen chámen. dô man in uuárheit ságeta.

Redde retributionem eorum ipsis. Mit iro lône. lôno in. daz sie selben iro lúgehêit petriêge.

Quoniam non intellexerunt opera domini. Also iz oùh keuáren ist. uuanda siê Gótes uuerch an christo ne bechandon. noh umbe uuaz in sîn fáter hára sánti.

Et in opera manuum eius. Noh an sîniu zéichen ne dáhton. diê er in fóre téta.

Destrue illos. et non edificabis eos. Vmbe diê sculde stôre sié. unde furder ne zimbero sie. Iro riche uuerde fóne romanis so fertiligot. daz is furder ne-hêin genuaht ne si.

Benedictus dominus quoniam exaudiuit uocem deprecationis meæ. Kelóbot si Got. daz er mih fernómen hábet mînero digi. unde er iz al frúmet. nah mînero béto.

**) Dominus adiutor meus et protector meus. Er ist min helfáre. in déro nôte déro passionis (martro³). unde mîn schírmare in déro inmortalitate resurrectionis (untodigi urstendido).

Et in ipso sperauit cor meum et

---

¹) Schilter hat diesen satz nicht als zwischenzeilig bezeichnet.

²) domini. Sch.
³) martiro. Sch.

*) S. 83.   **) LX.

adiutus sum. Vnde an in fersáh ih mih. unde dannan ist mir gehólfen.

Et refloruit *) caro mea. i. resurrexit caro mea. Vnde dannan ist irstanden mîn flêisg.

Et ex uoluntate mea confitebor illi. Vnde also mih lustet. so ièho ih imo. Vuîllo uualtiga geiiht tuón ih imo an diên. an diên ih pin. diê mine fideles sint.

Dominus fortitudo plebis suæ. Truhten fáter miner. ist starchi sînes fólches. daz an in geloûbig uuirdet nah minero resurrectione (urstendida).

Et protector salutarium christi sui ist¹). Vnde er ist scirmáre déro hêilhafton sînes keuuîehten. Die sint hêilhafte. déro hêili christus ist.

Saluum fac populum tuum domine. et benedic hereditati tuæ. Kehált truhten dînen liút. unde tuô ségen dinemo erbe. fóne démo dû ze mir cháde. POSTVLA A ME. ET DABO TIBI GENTES HEREDITATEM TVAM (pite mih ih kîbo dir diéte in erbe).

Et rege eos et extolle illos usque in æternum. Rihte siê hiêr. unde hêue siê hinnan in uitam æternam (êuuigen lib).

PSALMUS XXVIII.

PSALMVS DAVID CONSVMATIONIS TABERNACVLI.

Diz ist daz sang déro fólletânun hérebergo. daz chit æcclesiæ²). in déro hiêr zeféhtenne ist contra diabolum (uuider niderrise). Uox (stimma) prophetæ ad fideles (ze gloûbigen) in æcclesia.

AFFERTE DOMINO FILII DEI. AFFERTE DOMINO FILIOS ARIETVM. Kótes chint pringent trúhtene. bringent imo diû chint déro uuídero. daz chit apostolorum. I'ro chint pint ir. iuûh selben bríngent imo. Duces gregis sint siê. daz chit. siê uuîsent den liût. pediû héizzent sie arietes.

Afferte domino gloriam et honorem. Pringent imo uuóla uuérchondo guóllichi unde êra.

Afferte domino gloriam nomini eius. Pringent guóllichi sînemo námen. Prêitent sînen námen úber al.

Adorate dominum in aula sancta eius. Pétont in sînemo palatio (fálanzo). daz sint ûuuériu herzin.

Vox domini super aquas. Sîn stimma schillet uber **) diû uuazzer. daz chit uber diê liûte. diên er chundet sîn ea.

Deus maiestatis intonuit. Got déro mágen crhéfte³) irdónerota.

---

¹) est. Sch.
²) Fehlt bei Schilter.

³) magenchrefte. Sch.

*) S. 84.   **) S. 85.

Der máhtigo christus . kebiutet prů-
telicho uzer démo uuólchene sines
lichamen daz nuir pœnitentiam (riù-
uua) tůen .

*) Dominus super aquas multas[1].
O'be mánigen uuázzeren sizzet er .
Manige sint sin sez . uuanda er án
in bůuuet . so er sié prædicando be-
cheret .

Vox domini in uirtute . Sin stim-
ma ist incrhéfte[2] . nuanda si gemág
filo . unde getůet máhtige diè . diè
iro gelós sint .

Vox domini in magnificentia . Sin
stimma ist in michel unérchungo .
Si becheret sié in micheliù uuerch .

Vox domini confringentis cedros .
Sin stimma . diu ist stimma des pré-
chenten diè cedros . i . superbos (diè
úberuuàn) .

Et confringet dominus cedros ly-
bani . V̂ffen lybano monte (berge)
uuerdent die hóhesten cedri . diè
brichet er . Diè hóhost kestigen sint
in uuérlte . diè gediemuòtet er .

Et comminuet eos tanquam uitu-
lum lybani . Vnde gediemuòtet sié .
nah ímo selbemo . Victima (fris-
cinch) uuas er patri . uictima uuer-
dent sié ímo . Vitulus (chalb) lybani
uuás er . uuánda er iruuelet chalb

uuas . sólih diů sint . diů ůfen lybano
geuueidot uuerdent .

Et dilectus sicut filius unicorni-
um . Vnde des fáter trůt uuirdet
ménnischo . unde irstirbet . also ei-
ner déro iudeorum .

Vox domini intercidentis . i . diui-
dentis flammam ignis . Sin stimma
ist des schéidenten daz fiůr . daz
chit diè uuuótigen . dièn filo héiz ze
imo uuas . uuanda hálbe nám er sié
ze sih . halbe feruuárf er sié .

Vox domini concucientis solitu-
dinem . Sin stimma ist des irscůt-
tenten[3] daz éinote . Daz chit . déro
herzen diè áne Got uuàren . tuôt si
sih erchómen .

Et commouebit dominus desertum
cades . Vnde ér eruueget dia uuuó-
sti cades . Also er in cades **) téta
rinnen uuazzer ùzer stéine . so tuót[4]
er fóne imo chómene scripturas
(scrifte) rinnen in desertum gen-
tum (in uuuósti tiéto[5]) . Er ist sel-
bo der stéin also iz chit . Petra
(stein) autem erat (uuas) christus.

Vox domini præparantis ceruos .
hoc est ueloces ad intellectum (ro-
sche ze fernúmiste) . Sin stimma ist
des . der sih dero hirzo geuuarnot .
diè dia uuêida nièzen suln .

---

[1]) multus. Sch.
[2]) in chrefte. Sch.
[3]) irscultenten. Sch.
[4]) tuet. Sch.
[5]) dieto. Sch.

---

*) S. LXI.   **) S. 86.

Et reuelabit condensa . i. siluas.
Dièn hirzen induôt er diê uualda.
Er làzet sie in diê tougeni dero
scripturarum (scrifto).

Et in templo eius omnes dicent
gloriam. Vnde in sînero æcclesia
(chilichun). ságent sie alle sîna guól-
lichi . iêgelih gágen sînemo mezze.

Dominus diluuium inhabitat.
Truhten hábet sîn gesáze in dero
fluôte [1]). Truhten uuas in dero ar-
ca . sáment dièn sînen . do si [2]) in
dero fluôte [3]) saz. So ist er noh ke-
sázen sáment dièn sînen in dero
æcclesia . diu in mitten fluctibus se-
culi (uuellon uuerlte) uuêibot . daz
ér sia nú behálte . also er do behiêlt
dia arcam mit dêro æcclesia (prût-
sámenunga) bezêichenet uuard.

Et sedebit dominus rex in æter-
num. Vnde dára náh sizzet er rí-
chesondo iêmer.

*) Dominus uirtutem populo suo
dabit. Truhten gíbet hérti sînemo
liûte . ze irlidenne diê uuella . unde
diê dûniste dirro uuérlte . uuanda er
in hier nehêinen frído ne habet ge-
hêizzen.

Dominus benedicet populo suo in
pace. Náh démo ende dirro uuerlte.
tuót er ségen sînemo liûte in fride.
den frído hábent siê an imo sélbemo.

Disen psalmum ziêrrent misseliche
zûspilunga . die allusiones heizzent.
Also diû ist ad arietes (ze uuíderen).
unde diû ad ceruos (ze hirzen). unde
ad unicornes (ze êinhurnon) . unde
ad uitulum lybani (ze chalbe uual-
dis). Allusiones sint . die dingolih
spilelicho dés crûozent . unde dára
zuo [4]) gezellent . daz sînero táte alde
sînemo site . alde sînemo námen ge-
uallet. So an uirgilio ist . daz 'er
chat . IGNEMQVE EXCVDIT ACHATES
(Daz fiûrschúrfta stêinunch). Vuó-
lá cháder den schúrfenden stêin.
der sînen námen habeta. Solche
sint in uita (in lib=puoche) sancti
GALLI diu metrice (ze mêtre) getán
ist . dâr dìu officia (ámbaht) gesez-
zet uuerdent. Nota septem uoces
psalmi piritus sancti.

PSALMVS XXIX.

PSALMVS CANTICI DEDICATIONIS DOMVS DAVID.

Diz ist frósang dêro uuiêhi dauidis
húses. Vnser dauid ist christus. sîn
hus ist der sîn líchamo. Daz hus
uuart kezimberot in incarnatione
(in Gotis keburte). unde geniûuuot
in resurrectione (in urstende). Diu

---

[1]) fluohte. Sch.
[2]) sie. Sch.
[3]) flute. Sch.
[4]) darazuo. Sch.

*) S. LXII.   **) S. 87.

innouatio (Der niûuuot) hêizet dedicatio (hûs=nuêi). Pediû ist daz dedicatio. daz man niûuez hus peginnet prùchen.

EXALTABO TE DOMINE QVONIAM SVSCEPISTI ME. Ih púrlichon dih truhten chit filius ad patrem (sun ze fatir). dih ketûon ih màre in álero uuerlte. uuanda du mih inphángen hábest unde gesezzet hábest ze dinero zésuuun. noh minen fienden ne uuillotost an mir. sid ih mines tanches irstárb nube fóne héllo unde fóne tóde mih táte irstán uuider iro uuillen.

Domine deus meus clamaui ad te. et sanasti me. Truhten Got miner ze dir háreta ih. do ih in monte (úffen berge) béteta fóre demo tóde. unde fóne diu gehêiltost du mih in resurrectione. daz chit án dero dedicatione (niû=ûungo).

Domine abstraxisti ab inferis animam meam. Du fuórtost mîna séla fóne hello. do ih ándere séla dannan fuórta.

Saluasti me a descendentibus in lacum. *) Du hiélte mih fóre diên sih soùffentem in den sè. daz chit fóre diên súndigen. diè mîn áhton. diè sih soúfton in diè tiéfi dero súndon.

Psallite domino sancti eius. Singent unde dánchont des trúhtene ir sine heiligen. uuanda ir sáment imo irstanden hint. unde ir nah imo fáren súlint. dára er geuáren ist.

Et confitemini memoriæ **) sanctitatis eius. Vnde iëhent knádon sinero heiligun gehúhte. daz er iûuuer ne irgáz doh ir sîn irgézen hábetint.

Quoniam ira in indignatione eius. Vuanda¹) irbolgeni ist in sinemo zorne. Tót cham iú fóne sinemo zórne. do primum peccatum (diû erista sunda) gescah.

Et uita in uoluntate eius. Vnde éuuig lib cham iú. échert fóne sinemo uuillen. áne iûuuere fréhte.

Ad uesperum demorabitur fletus. Ze ábende tuélet der uuóst. Post meridiem dó lumen sapientiæ (liecht uuîstomis²) zegiéng. s. quando tenebræ factæ sunt super omnem terram. i. luctus pœnitentiæ dó fiéng er ána. unde uuéreta sid. Beati qui lugent.

Et ad matutinum lætitia. A'ber zeúohtun chúmet diû fréuui. Sî chúmet in resurrectione in nouissimo die (in urstende an démo iungestin tage). An démo zurte so chri-

---

¹) Vnanda. Sch. ²) (liecht uuistonis). Sch.

*) S. LXIII.   **) S. 88.

sti resirectio gescáh ¹) . sô gescièht die iungesta resurrectio . Mit déro érerun uuard diu ánderiu gezeíchenet .

Ego autem dixi in abundantia mea . non mouebor in aeternum . Dò ih in paradyso uuas in mínero gnúhte . unde ih Got hábeta unde ih niéhtes ne irrota . do chad ih . fúrder ne uuirdo ih keuuéhselot . furder ne uuirdo ih mortalis (tódich) . Iz ist uuár daz serpens (der uuurm) chît . Nox morte moriemini (ir nersterbint tódis ²) .

Domine in uoluntate tua praestitisti . decori meo uirtutem . Truhten nu uuêiz ih daz ih fone mir selbemo guót ne hábeta . unde du dines tánches mina ziéri starhtost . Vnde daz scînet dâr ána .

Auertisti faciem tuam a me . et factus sum conturbatus . Daz dù dih fóne mir uuantost . unde ih sâr geleîdegot uuard . unde fóne inmortali mortalis (untódigemo tódig) uuard .

Ad te domine clamabo . et ad deum meum deprecabor . Vuanda nir sò gescéhen ist . pediù hâren ih ze dir . daz du mih nu humilem (mezmuótin) gehôrest . unde inphâhest . den dù do superbum (ubir-muótin) feruuúrfe . Alde iz uuirt fóne christo baz fernómen alsùs . Ih chad in mínero genúhte . diù in plenitudine deitatis (in uolli Gotheite) *) ist . niémer ne uuirdo ih iruuéget . nube stâte bin ih . Dù fáter gábe uuilligo diè chráft mínero ziéri . daz ih uuâre speciosus (sconero) prae filiis hominum (ménniscon chíndin). Du uuántost fone mir dìn ánasiùne . unde ne uuâre mir fore déro passionis (martro) . pediù uuard ih tristis usque ad mortem (unfro unz an din tôth ³) . Fóne diù hâren ih mit dirro digi ze Góte . **)

Quæ utilitas in sanguine meo . dum descendo in corruptionem? Vuára zuò toúg danne effusio sanguinis mei (ûzkuz minis pluotis ⁴) . úbe ih chómen sol in putrefactionem (in fúli) . also ándere ménnischen? Vuiéo sol ih ánderen gében drôst resurgendi (irstannis) . úbe ih sélbo sâr ne irstân . unde in dáz ne oúgo . só ih kehiéz ?

Nunquid confitebitur tibi puluis . aut annuntiabit ueritatem tuam? Lóbet dih daz stuppe . alde chundet daz dina uuarhêit? Vuirdo ih redactus in puluerem (praht ze stuppe) . uuár sint danne diè ih uz frúmme . prædicare euangelium omni crea-

---

¹) rg. Nota. tempus nouissimae resurrectionis.
²) (ir ne sterbint —). Sch.
³) (unsro — diu —). Sch.
⁴) (urchuz —). Sch.

*) S. 89.   **) S. LXIV.

turæ (prédigon pétinbrot allero geschéphido[1]).

Audiuit dominus et misertus est mei. et dominus factus est adiutor meus. Daz kebét kehórta truhten. unde half mir. Diá helfa fernémên.

Conuertisti planctum meum in gaudium mihi. Du bechértost minen uueinod in méndi. Minen tôd bechértost du in gaudium resurrectionis (in mendi irstándini).

Concidisti saccum meum. i. mortalitatem meam. et circumdedisti me lætitia. Du zebráche mina hárrun. unde uuátost mih mit fréuui. Du náme mir aba mortalem carnem (tódigen lichamen). unde gábe mir inmortalem (úntódigin).

Vt cantet tibi gloria mea. Daz dir nu singe min Gótelicha guóllichi nals mîn ménniscîna smáhi.

Et non conpungar. Vnde ih ánauuert kestéchot ne uuerde. so ih in cruce uuard. noh diè mîne gestéchot ne uuerden mit déro conscientia peccatorum (geunizzedo sundon). uuanda ín mîn passio (martra) ist peccatorum remissio (sundon ablaz).

Domine deus meus in æternum confitebor tibi. Truhten Got. dih lóbon ih iêmer. In futuro sæculo (in dero chunftigun uuerlte) lóbon ih dih *) iémer in membris meis (in mínen líden).

PSALMUS XXX.

IPSI DAVID EXTASIS.

Selbemo dauid uuirt nû gesúngen in excessu mentis. daz chit in hínauuórtini[2] des muótes. Diû hínauuortini gesciéhet fóne reuelatione (Gótes óffene[3]) alde fóne pauore (fórhto). Ze diû beiden mag excessus hiêr in dísemo psalmo fernómen uuerden. An démo christus sprichit totus (aller). daz chit. caput et membra (houbit unde lide). pauorem. ougendo. an sînen membris.

IN TE DOMINE SPERAVI. NON CONFVNDAR IN ÆTERNVM. An dih truhten gedíngta ih. scámeg ne uuerde ih éuuigo. so diê uuerdent. diê gehórren suln. ITE IN IGNEM ÆTERNVM (farint in daz éuniga fiûr).

In iustitia tua libera me. In dînemo rehte lóse mih. nals in mînemo.

Inclina ad me aurem tuam. Helde ze mir dîn óra. Chúm hára nider ze úns ménniscon.

---

[1]) (— potinbrot —). Sch.
[2]) hinauuorteni. Sch.
[3]) Offeno. Sch.

*) S. 90.

Accelera ut eruas me. Spuôtigo lòse mih. Schêid mih èr fóne súndigen. er finis sæculi (énde uuerlte) chóme. Alde tuô mih spuôtigo resurgere (irstân).

Esto mihi in deum protectorem. et in domum refugii ut saluum me facias. Vuis mir scêrm. unde hûs târa ih zuô=fluht habe. daz du mih kehâltest in démo hûs inmortalis corporis (untódigi des lîchamen).

*) Quia fortitudo mea et refugium meum es tu. Vuanda du bist min stárchi. ze irlîdenne persecutionem (âhta). unde min zuôflúht. uuanda ih fone sæculo (uuerlt) fârendo ze dir iruuindo.

Et propter nomen tuum dux mihi eris. Vnde du uuîsest mih umbe dînen námen. daz ih in uuîto chúnt ketuôe.

Et enutries me. Vnde du ziêhest mih. unz ih mîne heiligen einzen sámenondo. keuuâhso in magnum corpus æcclesiæ (in mihila sámenthafti prût=sáminungo).

Educes me de laqueo hoc quem asconderunt mihi. Du bringest mih uzer dien fâron. diè siè mir toûgeno tâten.

Quoniam tu es protector meus in manus tuas commendabo **) spiritum meum. Vuanda du min schirm[1] bist. dir beuílo ih min séla. unz ih siâ áber sâr spuòtigo ze mir néme.

Redemisti me domine deus ueritatis. So daz irgât. so hábest du mih irlôset Got déro uuarhêite. So hábest dû getân also dû gehiêzze. daz du mit mînemo bluôte mînen líut irlòstist.

Odisti obseruantes uanitates superuacue. Diê uppighêit fórderont in gemêitun. diè házzest dû. Vanitas (uppighêit) ist uuíderuuartig ueritati (uuârheit). unde uuanda dû bist deus ueritatis. fóne diû házzest du siâ. Die rihtuôm fórderont unde èra. die fórderont uppighêit.

Ego autem in domino speraui. Ih kedìngta[2] áber an Got. der uanitas ne ist nube ueritas.

Exultabo et lætabor in misericordia tua. quia respexisti humilitatem meam. saluam fecisti de necessitatibus animam meam. Ih sprúngezo. unde fréuuo mih in dînero[3] gnâdo. uuanda dû uuâra tâte[4] mînero diêmuôti. unde mih lôstost fóne nôte. daz chit fóne inpugnatione peccati (ána=uehtun déro sundon). Diè not sol mánnolih úber uninden mit diêmuôti. Fóne déro chat paulus. INFELIX EGO HOMO. QUIS ME LIBERA-

---

[1] Scirm. Sch.
[2] gedingta. Sch.
[3] dero. Sch.
[4] uuaratate. Sch.

*) S. LXV. **) S. 91.

bit de corpore mortis huius (ih unsalih mennischo . uuer lôsit mih fóne démo lîchamin dissis todis¹)?

Nec conclusisti me in manibus inimici. Noh in des tíueles handen ne betâte du mih . dàr diê inne betân uuerdent . diê sih ne uuérent déro nòte cupiditatis et peccati (keluste unde sundon).

Statuisti in loco spacioso pedes meos. Du tâte mih in uuîtero stéte stân . tâte mir facilem iustitiam (semfte uuesent dia rihti) . diu mir er difficilis (unsenfte) uuas.

Miserere mei domine quoniam tribulor. Gnáda mir truhten . uuanda ih nòthafte bin. Vuíeo ist der in loco spacioso (in uuîtero stéte) . der in tribúlatione (nothaft) ist? Âne daz christus sprichet ex persona membrorum (sinero lido halb) . diû sûmiu sint in pace (in fride) . sumiu in angustia (in angistîn) . unde einiu déro ánderro inphîndent . also *) iz chit. Si patitvr vnvm membrvm compativntvr omnia membra (ist êinimo lide uue des inphîndent alliû diû andrin). Fóne êtelichen membris chit er nu . misere mei domine qvoniam tribvlor. Vnde daz hára nah stat.

Conturbatus est in ira oculus meus. Min ouga ist truôbe uuórden in zórne. Vuannan ist daz zorn . ane fóne ánderró²) sundon? Vuer ist der sih kêinot hábe uuóla ze tuónne . imo ne uuége daz ándere úbele tuónt . diê dero sélbum professionis sint?

Et anima mea et uenter meus. Vnde mîn sêla ist truôbe uuórden . unde mîn bûch. Miu zorn ringet in mînemo hérzen . so ih daz unreht noh andon nemuòz?³) unde increpatio diê uuîrserot . diê si bézzeron solta.

Quoniam defecit in dolore uita mea . et anni mei in gemitibus . **) Vuanda min lib ist fersuúnden in leide . unde miniu iàr insûftòde. Fóne disemo leide chit iz ánderes uuár. Zelvs domvs tvæ comedit me (diû anda dines husis chôu mih innan⁴). Vnde aber. Tædivm detinvit me a peccatoribvs relinqventibvs legem tvam (ir uuiêgeda trozta mih aba súndigen sih kelôubinten dínero êo). Vnde ouh . vidi insensatos et tabescebam (ih sah feruuuôte unde suant).

Infirmata est in paupertate uirtus mea. Min chraft ist únchreftig uuorden in armhêite . uuanda ih fone mir selbemo kuót ne hábo . daz ih

---

¹) (— loset —). Sch.
²) andero. Sch.
³) ne muoz. Sch.
⁴) dinis. Sch.

*) S. 92.   **) S. LXVI.

hábo . daz ist fóne dínemo rih-
tuómme .

Et ossa mea conturbata sunt .
Vnde míniu bèin sint ketruóbet .
Daz chit fortes in ecclesia (in crís-
tanhêite) . die persecutio (ahtunga)
ne brútta . diê sint truóbes muótes .
fóne iro bruódero unrehte .

Super omnes inimicos meos factus
sum obprobrium . Ih pin ferror
zéitteuuizze [1]) uuórden . danne alle
mine fienda . filii ecclesie (mine
prut-súne) lébent uuirs in mînen
sacramentis (uuiêdon) . danne pa-
gani (hêidine) tùen . diê niêo dára
zuô ne chámen .

Et uicinis meis nimium . s. ob-
probrium factus sum . Vnde mînen
náhen *) bin ih harto uuórden zit-
teuuizze [2]) . Die gerno an mih keloúb-
tin . unde fone diu náhe sint . diê
uuendet mala uita falsorum christia-
norum (ubil lib lukkero christa-
non) .

Et timor notis meis . Vnde forhta
bin ih uuorden mînen chúndon .
Vuanda iro chunden . hábent diê
forhtun . daz siê alle sólih sin [3]) .

Qui uidebant me foras fugiebant
a me . Diê mine scripturas (scrifte)
kelírneton . diê geloúbton sih min .
unde fluóhen mih uzer déro æccle-

sia (sáminungo) . Daz uuésendo .
funden sie mánigiu héreses (klóub-
irra) uuíder iro .

Obliuioni datus sum tanquam
mortuus a corde . Dien bin ih
uuórden zeágeze . sámoso tóter
fone herzen . daz chit . also tóto
bestózener . unde ioh uzer hérzen
geuuórfener .

Factus sum tanquam uas perdi-
tum . Also ferlóren uaz . daz fer-
bróchen unde feruuórfen ist . fóre
unruóchen . also únuuerd pin ih
uuórden mînen fienden .

Quoniam audiui uituperationem
multorum commorantium . in circui-
tu . Vuanda mánigero schélten umbe
mih sizzentero hábo ih fernómen .
diê álle chédent . uuiêo christiani
tuónt . Siê ne chédent niêht . uuiêo
mali (ùbele) christiani tuont . Vmbe
dia æcclesiam sízzent diê uuanda siê
dara in ne uuéllen . In circuitu
(úmbetúrnun) sízzent siê . uuanda
si rota [4]) temporis (diê únstatigi zi-
tis) minnont . nals stabilitatem æter-
nitatis (státigi éuuichêite) .

In eo dum conuenirent simul .
aduersum me accipere animam me-
am consiliati sunt . So diê sih
kesámenoton . an démo dinge riê-
ten sie uuíder mir . Vuaz uuas der

---

[1]) zeitte uuizze. Sch.
[2]) zitte uuizze.
[3]) siu. Sch.
[4]) rotam. Sch.

*) S. 93.

rat?¹) Mina sêla ze némenne . daz chit . mih ze árgeronne . unde ûzer déro æcclesia ze inspánnenne²) . samoso ih mit in múge baz kehalten uuerden .

Ego autem in te speraui domine . Ih kedingta áber an dih truhten . Ih fersáh mih paz ze dir . danné ze in .

Dixi deus meus es tu . in manibus tuis sortes meæ . hoc est hereditas mea . Min*) Got pist dû chad ih . mîn lôz ist in dînen handen . Sid daz erbe mit lôze iû getêilet uuard . so sól man hiêr lôz fúre erbe fernémen .

Eripe me de manu inimicorum méorum . et a persequentibus me . Lôse mih fóne minero fiendo handen . unde fóne áhtaren .

Illustra faciem tuam super seruum tuum . i. fac me uidere . quia super me dignaris intendere . Ouge dîn ána-siûne óbe dînemo scálche . Lâz mih keuuár uuerden . daz du mih óbe sêhest³) . unde ih dir háfteie . unde ih kescêiden si fóne úbelen christianis **) .

Saluum me fac in tua misericordia⁴) . Kehalt mih an dînen gnâdon .

uuanda mir bristet an mînen frêhten .

Domine ne confundar quoniam inuocaui te . Scámeg ne uuérde ih . uuanda ih ána háreta⁵) dih . Alde so iz rehtor chit . ih inládeta dih . Vuára in? In domum cordis mei (in daz hus mines herzin) . Diê dih ána hárent⁶) umbe scaz alde umbe êra . diê ne uuéllen dih . noh ne ládont dih . nube scaz unde êra . A'ber ih ne uuile ánder . áne dih .

Erubescant impii et deducantur in infernum . Scámeg uuerden . unde in hélla fáren diê úbelen . diê ander uuellen danne Got .

Muta fiant labia dolosa . quæ loquuntur aduersus iustum iniquitatem . in superbia et in⁷) contemptu . Stum uuerden trúge lefsa . diê uuider réhtemo únreht sprechen in ubermuôti unde in únuuirdi . So iudei uuider christo táten . der in fóne diû beúnuuerdeta . daz siê in échert ménnischen bechándon . nals Got . Vuár uuerdent siê áber stum . áne in hello . dar ir unreht⁸) allez kestillet uuirt . unde geróchen?

Quam magna multitudo dulcedi-

---

¹) Rat. Sch.
²) in Spannenne. Sch.
³) obeschest. Sch.
⁴) misericordia tua. Sch.
⁵) Anahareta. Sch.

⁶) anaharent. Sch.
⁷) Fehlt bei Schilter.
⁸) Durch abbruch der zeile steht eigentlich «un unreht».

*) S. 94. **) S. LXVII.

nis tuæ domine . quam abscondisti ¹) timentibus te . Diz ist exclamatio (húge-scrèi) . diù uns liûbet unde uuirdet futura bona (daz chunftiga liub) . Vuio ²) chreftig manigi truhten dinero suôzi ist.

Quam abscondisti *) timentibus te . Die dù gehálten hábest dih fúrhtenten . unz hína ze énero uuerlte.

Et perfecisti eis qui sperant in te . in conspectu filiorum hominum . Vnde folleclicha ³) habes dù siâ getân dièn . diê an dih kedingent . in déro ménniscon gâgen-uuérti . Diê iro gedingi hièr skéinent unde siê din ne ferlòugenent in uuérchen . noh in uuórten . dièn hábest du gegâreuuet folla suòzzi.

Abscondes eos in abscondito uultus tui . Du gehirgest sie in déro toùgeni dines ánaliùtes . Vuar ist daz . âne in sinemo riche . dàr sin anasiûne toùgen ist dièn úbelen . unde öffen dièn guôten . fore uuémo uuerdent siê dar geborgen?

A conturbatione hominum . Fore menniscon getruóbédo . Siê hábent danne dar frido . fore dièn . diê sie nu hièr truobent.

Proteges eos in tabernaculo a contradictione linguarum . In démo gezelte scirmest du siê . fóre dero uuiderspracho dero zúngon . Hièr in æcclesia ist ze féhtenne . be diù ist si tabernaculum militum (kezelt tégeno) . dàr bedúrfen siê scirmes . Diê dàr uuóla keféhtent mit sinemo scirme . diê bringet er dànnan ze eigenen seldon . dàr sie fúrder frido hábent.

Benedictus dominus quoniam mirificauit misericordiam suam in ciuitate circumstantiæ . Got kelóbot . daz er sina gnâda geuuúnderlichota in déro burg . déro umbestándeni . Er ne uuólte sina gnâda nîeht petuón in einero ierusalem . dàr er selbo uuas . nube dannan santa er siâ ùz . in alle diète . diê umbe gesezzen sint . Diê sint sin æcclesia . unde ciuitas circumstantiæ (burch úmbestándini).

Ego autem dixi in pauore meo . proiectus sum a facie oculorum tuorum . Ih chad aber do ih inforhton uuas . feruuórfen bin ih fóne déro ánasihte dinero oùgon . Súslicha fórhtun ne **) hábete ih . úbe du diniu oùgon ze mir ne chèrtist . Daz chád ih in persecutione unde in angustia . unde in pauore mortis.

Ideo exaudisti uocem orationis meæ dum clamarem ad te . Fone déro diêmuoti . gehôrtost dù mih . do ih ze dír háreta.

***) Diligite dominum omnes

---

¹) abscondidisti. Sch.
²) Vuieo. Sch.
³) follechlicha. Sch.

*) S. 95.   **) S. 96.   ***) S. LXVIII.

sancti eius. Minnont Got alle sîne
hêiligen. Minnont in . ír diá uuerlt
ne mínneient.

Quoniam ueritatem requiret do-
minus. Vuanda trubten minnot diê
uuárheit. Er minnot daz an diên
sînen . daz er sélbo ist.

Et retribuet his qui abundanter
faciunt superbiam. Vnde er lônot
diên . diê fóllun úbermuôtechlícho
tuônt. Vuéle sint daz? ane diê sih
iro ne geloûbent . unde mite fólle
gânt. Daz ist kesprochen fone allen
sundon . uuanda iz chit. INITIVM
OMNIS PECCATI SVPERBIA (ánauanch
állero súndon úberuuán).

Viriliter agite et confortetur cor
uestrum omnes qui speratis in do-
mino. Kehábent iûh cómelicho .
unde hábent bald herza . alle in
Got kedíngete. Ne lâzent iûh pe-
lángen uuénne iûh Got réche an
diên súndigen. Vuésent diê uuila
patientes . er tuôt daz . so iz zît ist.

PSALMUS XXXI.

PSALMVS INTELLECTVS DAVID.

Hiêr uuérden uuir gemánot . daz
uuir fernémen . uues uuir poeniten-
tiam tuôn sûlin. Vuanda er ne tuôt
der mán pœnitentiam . ér erbechén-
net [1]) uuîeo er gefáren hábet. Déro
ist lúzzel diê iz bechennen chúnnin.
Be diû [2]) chît iz. DELICTA QVIS IN-
TELLEGIT (uuer uueiz alle mísse-
tâte)?

BEATI QVORVM REMISSÆ SVNT INI-
QVITATES . ET QVORVM TECTA SVNT
PECCATA. Sâlig sint diên iro únreht
pelázen sint ; unde déro sunda be-
déchet sint. Disiû úox (stimma)
ist pœnitentis (riuuuontis). Fóne
diên er sus chit . dien gerôt er gelîh
uuerden.

Beatus uir cui non imputabit do-
minus peccatum. Sâlig *) man ist .
démo Got sîne sunda ne uuîzet .
uuanda er imo siê fergében hábet.

Nec est in spiritu eius dolus. Noh
trúgehêit in sînemo sinne ne ist.
Daz er uuâne guôt sîn fóne imo sél-
bemo . alde ube er sundig ist . daz
er daz ne bechénne.

Quoniam tacui inueterauerunt ossa
mea dum clamarem tota die. Vuan-
da ih suîgeta . daz chît . uuanda ih
mínero sundon iêhen ne uuólta .
danne ih áber bráhti allen den tag .
daz ih mih íro intságeti . dannan ir-
firneton míniu bein . daz chît . dan-
nan uuurden unchréftig mîne chréf-
te. Vbe ih iéhen uuólti . dannan
uuurden sie geniûuuot.

Quoniam die ac nocte grauata est

---

[1]) er er bechennet. Sch.   [2]) bediu. Sch.

*) S. 97.

super me manus tua. Vuanda durh diê sculde¹). din hand ûfen mih kelegétiu mir suâreta táges unde náhtes.

Conuersus sum in erumna . i. miser factus sum . dum configitur spina. Vuard ih uuéneger démo dórne stéchontemo. So dû mih in nòt práhtost . so stûont ih pechénnen mîne scúlde . so stúncta²) mih diù uuizzenthêit.

*) Delictum meum cognitum tibi feci . et iniustitias meas non abscondi. Do téta ih dir chunt mîna missetât . unde ne hal dih lángôr mîn unreht.

Dixi confitebor aduersum me iniustitias meas domino . et tu remisisti impietatem peccati mei. Ih chád échert in minemo hérzen . ih iého Gótes mines únrehtes . unde sàr beliêzze du mir die úbêli minero súndon. E´r diù uuórt chámin . ér gedánchotost du mir des uuíllen mit áblâze.

Pro hac . s. impietate orabit ad te omnis sanctus in tempore oportuno. Vmbe diê ubeli bétot ze dir íegelih héiligo . in geuélligemo zîte. Daz ist danne . so plenitudo temporis (folli zitis) chûmet . unde Got sînen sun séndet . factum ex muliere . factum sub lege (man uuórtinen fone uuíbe . úndertânin éo).

Verum tamen in diluuio aquarum multarum ad eum non adproximabunt. A´ber in manigero **) uuázzero uuâge suúmmente . ne náhent zeimo³). Ein uuázzer ist daz siè begùzet . unde siè gehéiligot in tempore oportuno (in geuélligemo zîte). daz ist diù chómenta doctrina (lèra) fone spiritu sancto. Mánige doctrinæ (lèra) unde mánige sectæ heræticorum alde philosophorum (fólgunga kloûb‑irraro alde uuisilingo) ne bringent siè nièht ze Góte . nûbe sie scèident sie fóne imo.

Tu es refugium meum a pressura quæ circumdedit me. Du bist ze démo ih fluht hábo fore déro nôte . diù mih pefángen hábet. Daz ist diù mortalitas . unde diù corruptio déro sih ouh PAULUS chlágeta . do er chád. ETIAM NOS IPSI PRIMITIAS SPIRITVS HABENTES . IN NOBISMET IPSIS INGEMISCIMVS . ADOPTIONEM EXPECTANTES REDEMPTIONEM CORPORIS⁴) NOSTRI (ioh ûuir selben allerêrist kéist inphangin hábinte⁵) . siúftôgen tiêfo

---

¹) sculden. Sch.
²) stuneta. Sch.
³) ze imo. Sch.

⁴) Es steht «cororris».
⁵) habente. Sch.

---

*) S. LXIX.   **) S. 98.

in in halb¹) muôtis únseris uuúnscis péitonte . ih méino . irlòsedo des lichamen fone selo).

Exultatio mea erue me a circumdantibus me . Dú Gót min fréuui . lose mih fóne dièn nóten . diè mih umbe fàngen²) habent . Vuiêo ist der in fréuui . der sih pìtet lòsen? Ane daz in sin gedingi fréuuet . also iz chit . SPE ENIM SALVI FACTI SVMVS (mit kedingi birin uuir gehaltin) . doh in humana miseria (mannin uuénichet) muóhe³) . Fóne diù chúmet nu responsio (ántuúrte).

Intellectum tibi dabo . et instruam te in uia hac qua gradieris . Ih kibo dir fernúmest . diù dih kruôze ad pœnitentiam (ze riúuuo) unde lèro dih uuaz du tuònt solt . an dìsemo uuége . an démo dú gàst . Vuéler ist der uueg . ane diser gágenuuérto lib?

Firmabo super te oculos meos . Ih kestato óbe dir míniu oùgen . Ih làzo dih óbenan ána únirdrózzeno . daz lièht intelligentiæ meæ (mìnero uernúmiste).

Nolite fieri sicut equus et mulus quibus non est intellectus . Diz ist kespróchen ad peccatores (ze sundàrin) . Ne sint sólih . so das ros unde der mùl . diù áne fernúmest sint . Eigener unde frémeder hèrro rítet daz ros . unde lédet dén mùl . uuanda sie ne uuizzen uuémo sie dienon⁴) súlin . Dien ist *) der gelìh . der fúre Got démo tièfele diènot . unde imo úndertàn ist.

In chamo et freno maxillas eorum constringe . qui non approximant ad te . Mit chàmo unde mit frèno geduuing déro chinne . die ze dir ne siunen . Róssolih sol frenum (pritil) hàben . áber hèittendiù unde irstandini súln chàmum (chàm brittel) hàben . Chàmus ist fóne chrumbi gespróchen . uuanda chamur grece (in chriêchiscun) . curuum (chrump) chit latine (in uuálescun) . Des pedúrfen diè . die uuider Góte spórnont . unde ín ne uuéllen hàben assessorem (ze úf-sézzen).

**) Multa flagella peccatoris . Nièht éin chàmus (chàm brittil) nube ouh flagella (kêisila) sulu démo únzamen . daz er gedôubot uuérde.

Sperantes autem in domino misericordia circumdabit . Aber diê an Got gedingenten . umbe fahet⁵) sin gnàda . Er beuuárot sie állenthálbon⁶) sò . daz in nehèin tára gescéhen ne mág.

Letamini in domino et exultate iusti . An Gót fréuuent iùh rehte .

---

¹) iuinhalb. Sch.
²) umbefangen. Sch.
³) muoche. Sch.
⁴) dienen. Sch.
⁵) umbefahet. Sch.
⁶) allen halbon. Sch.

*) S. 99.   **) S. LXX.

unde an imo sprúngezent . nals an iu¹) selben .

Et gloriamini omnes recti corde . Vnde an imo guóllichont iúh álle grehte in herzen . Also diè grehte sint in iro herzen . diè ánder ne uuéllen . áne daz er uuíle .

PSALMUS XXXII.

PSALMUS IPSI DAVID.

Exvltate ivsti in domino . An Góte fréuuint iúh rehte . Lâzent iuùuera fréuui un imo sin . nals án derro ²) uuerlte .

Rectos decet conlaudatio . Lob kezimet ³) créhtén . Also diè sint diè iro uuillen gerértet hábent . náh Gótes uuillen . Diè ánder uuellen dánne Got uuélle . diè sint chrumb . unde únlóbesam .

Confitemini domino in cythara . Iéhent Góte án déro ziterun . diù actiuam uitam (kuót uuerch-lib) bezeichenet . uuanda si nídenan bùh hábet .

In psalterio decem chordarum psallite illi . An demo zèn-séitigen *) psalterio singent imo . daz contemplatiuam uitam (ùf scóuuo lib) bezèichenet . uuanda iz óbenan bùh hábet . An dièn zuèin ist alliù religio (èhalti) . Vnde daz mite uuizin ⁴) . daz decem chordæ decem uerba legis (èhalti ⁵) bezèichenent . Diù sint so gescèiden daz triù séhent ad amorem dei . sibeniù ad amorem proximi (ze mannis ébinchristanin minno ⁶).

Cantate ei canticum nouum . Singent imo niùuuez frósang . Also daz ist daz angeli súngen in sinero incarnatione (keburte) . Gloria in excelsis deo (kuóllichi in hóinon Góte) .

Bene psallite ei in iubilatione . Vuóla singent imo liùdondo . Daz chit uuizzint daz iz mit uuorten só ne mag keoúget uuerden . só fró ir sin uuésen sulnt . Vuanda daz ist keliùdot . daz man fréuui mit niùmon ⁷) oùget áne uuort .

Quia rectum est uerbum domini . Daz súlnt ir tuón . uuanda sin uuort crehtez ist . Ze uuélero uuís? áne daz iz créhte tuòt . fóne sínemo uuórte uuerdent ménniscen grihtet .

Et omnia opera eius in fide . Vnde alliù sine uuerch sint in driuuo ⁸) . A'n demo dínge scìnet sìn triùua .

---

1) iuh. Sch.
2) dero. Sch.
3) geziemet. Sch.
4) miteuuizin. Sch.
5) Fehlt bei Schilter.
6) (— ebin christanin —). Sch.
7) niuuuon. Sch.
8) indriuuo. Sch.

*) S. 100.

daz er únsih dàr ne úber suóchet[1] .
dàr er únsero triúuuon chórot. Also
Paulus chit. FIDELIS DEVS [2])QVI NON
PERMITTIT VOS TEMPTARI . SVPRA QVAM
POTESTIS FERRE (ketriúuue ist Got
der unsih ni làzzet ferror irsnôchit
uuerden . danne uuir uirtrâgin mu-
gin).

Diligit misericordiam et iudicium.
Er minnot ármhérzi unde gerihte .
daz ist knáda unde urtéilda. Hiêr
seéinet [3]) er gnâda . hina fúre spáret
er diù urtéilda.

*) Misericordia domini plena est
terra. Sínero gnâdon ist diû érda
fol. Vuanda euangelium (kuôtâ-
rende) chómen ist unde fides [4])
(kelóuba) unde baptismum (tóuffi)
in alla diê erda.

Verbo domini cæli firmati sunt.
Vuio [5]) áber diê himela? Die sint
keféstinot mit sínemo uuórte . Daz
ist uuâr an selben diên himelen .
sô ist iz oůh an apostolis . diê fóne
diů himela gehêizen sint . uuanda
fóne **) iro lêro diù erda berégenot
uuárd unde gebírigot uuard. Daz
diù erda fol sínero gnâdo ist . daz
ist fóne diù . uuanda sine hímela
geféstenot unde gebáldet uuurden

fóne Gótes uuorte . daz chit fóne
christo filio dei (Gotes sune). Er
getêta sie uuésen cælos.

Et spiritu oris eius omnis uirtus
eorum . Vnde iro chraft ist fóne
sînemo geîste . Den inpháhendo
uuůrden sie himela.

Congregans sicut in utre aquas
maris. Sámenonde diů mére uuáz-
zer . sámo so in ůderbalge . Daz
chit in úbelero ménniscon bůche
árgen uuillen bétuônde. Den si
gerno scêindin ube siê máhtin . Also
iz dô fuôr dò christiani principes
(fursten) châmen . unde sih malitia
(ubeli) stuont pérgen.

Ponens in thesauris abyssos . Vuaz-
zer tiéfi gehâltende in sinen tri-
seuuen . Daz ist diù mánigi déro
úbelon . déro er sih iódoh [6]) toûgeno
geuuárnot . daz er diê sine mit iro
áhtungo bézzeréie . Alde ánderes-
uuieo [7]) ist iz ze fernémenne . Er
gesámenot christianos in sínero æc-
clesia diâ er utrem (uderbalch) hêi-
zet . unde gebírgit tiéfe sínna in si-
nen scripturis.

Timeat dominum omnis terra.
Fóne diů fúrhte Got éin iégelich
erda . daz chit éin iégelich súndig

---

[1]) ubersuochet. Sch.
[2]) Dominus. Sch.
[3]) Das « e » scheint durch einen über-
gesetzten punkt getilgt.
[4]) fideles. Sch.
[5]) Uuieo. Sch.
[6]) Io doch. Sch.
[7]) anderes uuieo. Sch.

*) S. LXXI.   **) S. 101.

ménnisco . uuánda imo ne brístet déro nieht . diê in rechen . so uuiéo er daz hándega uuazzer betán hábe sicut in utrem (samo in ûderbalgh).

Ab eo autem commoueantur omnes qui inhabitant terram. Fone imo unérden eruuéget . alle diê in érdo sizzent. So siê fóne imo eruuéget uuerdent iêmenne ze táronne . daz siê oùh fóne imo gestillet uuerden . Ziû fone imo?

Quia ipse dixit et facta sunt . ipse mandauit et creata sunt. Vuanda allin díng imo chédentemo getán sint . unde imo gebietentemo gescáffen sint.

Dominus dissipat consilia gentium. Got zeuuirfet den rát dero diéto den si *) ofto táten uber christianos . sus chedendo. TOLLAMVS EOS DE TERRA ET DELEAMVS NOMEN EORVM (némen sie ába dir erdo unde tiligeien ¹) íro námen).

Reprobat autem cogitationes populorum . et reprobat consilia principum. Er uuider lóbot diê gedancha déro liûtot sô siê úbel sint . unde die ráta déro fúrston.

Consilium autem domini manet in æternum . cogitationes cordis eius in sæculum sæculi. Aber sîn rât uuéret iêmer sine gedáncha in éuua. Vuélee gedancha? Daz er diê gehalte . die ímo getriûuue sint.

Beata gens cuius dominus deus eius populus quem elegit in hereditatem sibi. Sâlig tiêt des Got unser trubten ist . sâlig liût den er imo in érbe éruuéleta. Ni dér sâlig . der umbe sâlighêit quúnnet diuitias honores potentiam . uoluptatem (rihtuòm keuualt éra uuúnna ²) . núbe der sâlig . der selbun die sâlighêit hábet . daz ist Got.

Decælo prospexit dominus. Truhten sah ferro hára nider fóne himele . uuanda prospicere chit porro positum (ferro gesaztin) conspicere. Daz gescáh do ³) er hára santa filium suum (sîn sun).

Vidit omnes filios hominum. Er sah álliu ménniscon chint. Diû fone ímo sint prædestinati ad hereditatem (penêimet ze erbe) . diû sah er . uuanda er íro uuára téta . unde er in gnâda sceînda.

De preparato habitaculo suo respexit super omnes qui habitant terram. Fone sînero séledo diâ er gáreta . sah er úber alle diê in érdo sizzent . **) fone angelis (chúndáren) unde apostolis (póton) . unde predicatoribus (predigáre) sah er siê.

---

¹) Aus «tîligoien» verbessert. Schilter hat «tiligoten.»

²) (Rihtuom —) Sch.

³) doh. Sch.

*) S. 102.   **) S. LXXII.

unde uuisota iro. Diê sint sin habitculum. unde sine himela.

Qui finxit singillatim¹) corda eorum. Der ein luzlicho²) iro herzen scuôf. uuanda er iêgelichemo daz súnderigo gab. dánnan sîn ein ánderer bedarf. Also oûh an diên liden súnderîg kéba ist íeo iêgeliches. unde siù alliù einero ánderro³) bedúrfen.

Qui intellegit omnia opera eorum. Der ál iro tuôn fernímet. Er sihet. daz mán ne sihet. *) Mán sihet dia gebéntun hant. er ne uuêiz uuéder umbe reht alde umbe liùment. Daz uuêiz aber Got.

Non saluatur rex per multam uirtutem. et gigans non saluabitur in multitudine fortitudinis suæ. Der chúninch ne uuirdet kéhalten in sínero michelun chrefte. noh der riso in déro mánigi sínero starchi. Fûrebúrtig man ist rex (chúning). uuanda er rihtet sînen lichamen. áber uuider allen tiéfelen tugedîgo fehtenter ist gigas (riso). Déro bêidero ding stât. an Góte nals an in sélben.

Fallax æquus ad salutem. in habundantia autem uirtutis suæ non erit saluus. Daz ros ist lúkke zé mánnes hêili. noh des ne gníset er. daz iz knuôg starch ist.

Ecce oculi domini super metuentes eum. Sih noh trúhtenes oûgen sint úber diê in fúrhtent. Er gehâltet siê. nals daz ros. noh iro selbero chraft.

Sperantes super misericordia eius. Ze sînero gnâdo sih ferséhente. nals ze insélben⁴).

Vt eruat a morte animas eorum. Vmbe daz sint siniù ougen óbe in. daz er iro séla lóse fóne tóde. in dero ánderun uuerlte.

Et alat eos in fame. Vnde er siê nére in hungere. hiêr in uuérlte. Daz sint diê qui esuriunt iustitiam (diê der hungert rehtes⁵). Diên gibet er spiritales alimonias (keislîcha fuôra).

Anima nostra sustinet dominum. V'nser séla bítet sîn. uuénne er chóme mit sinemo lône. den er uns kehiêz.

Quoniam adiutor et protector noster est. Sîn súln uuir bîten. uuanda er ist únser helfâre. unde⁶) únser scirmâre.

Quia in eo lætabitur cor nostrum. et in nomine sancto eius sperabimus. Vuanda an imo fréuuet sih unser herza. nals an dero uuerlte. unde an sînen heiligen námen gedingen uuir. bediù bîten uuir sîn.

---

¹) sigillatim. Sch.
²) einluzlicho. Sch.
³) andere. Sch.
⁴) in selben. Sch.
⁵) (— hungere —). Sch.
⁶) Fehlt bei Schilter.

*) S. 103.

Fiat misericordia tua domine super nos . quemadmodum sperauimus in te . Dîn gnâda truhten . chóme uber *) unsih . also uuir iêo gedingeton an dih.

PSALMUS XXXIII.

PSALMVS DAVID.

QVANDO MVTAVIT VVLTVM SVVM CORAM ABIMELECH . ET DIMISIT EVM ET ABIIT.

DAVID sang disen psalmum . do er sîn analiûte geuuêhselota fore abimelech . den diû buôh heizzent achîs . sámo so er uuuôtig uuâre . únde er in zedéro uuîs ferliêz . unde dánna sciêd . Vnser dauid christus keuuêhselôta sîn analiûte fore abimelech . daz chit fóre iudaico populo (iúdeno liûte) . do er sacerdos (éuuarto) uuas . unde er doh ne lêrta sacrificare uictimas (ópheron frinscinga) so aaron téta . nube panem et uinum (prót unde uuîn) . so melchisedech téta . Fone ¹) démo héiligen pane . unde sóne démo héiligen uino châd er . QVI MANDVCAT MEAM CARNEM ET BIBIT MEVM SANGVINEM . HABET VITAM ÆTERNAM (der mîn fleisc izzit unde mîn bluôt trinchit der habit êuuigen lîb) . Dánnan geduôhta er uuuôtig sumelichen . diê in dâr umbe ferliêzen . unde mit imo uuésen ne uuolton . diê ferliêz oûh er . unde ²) suôr fóne in ze ánderen . suôr fone iudeis ad gentes (iúdon ze diêten) . Ziû ist aber der námo geuuêhselot . fone achis ze abimelech? A'ne daz abimelech mit sinemo námen **) zêigot iudéos . nals achîs . Abimelech chit regnum patris mei . s. dauid (riche mines fáter DAVÍDIS ³) . Daz uuâren iudei . sie uuâren ⁴) regnum patris sui dauid (riche iro fater dauidis⁵) . Aber achîs uuirt fristot . quomodo est (uuieo ist daz so)? Daz râmet echert an diê diê sih des uuunderôton . uuio sie soltin ézzen sîn fleisch . unde trinchen sîn bluót.

BENEDICAM DOMINO IN OMNI TEMPORE. Ih lobon Got in zîtelih . Mir geréh alde ungeréh pegágene . imo danchon ih .

In domino laudabitur anima mea . An Góte uuirt kelóbot mîn sêla . Sîn bin ih lóbesam unde guóllih . nals mîn selbes .

Audiant ***) mansueti et lætentur . Daz kehôren manmende ⁶) . únde freuuen sih . Sie gehôren ⁷)

---

¹) fone. Sch.
²) uude. Sch.
³) (Riche —). Sch.
⁴) uaaren. Sch.
⁵) (Riche —). Sch.
⁶) mammende. Sch.
⁷) kehoren. Sch.

*) S. 104.   **) S. LXXIII.   ***) S. 105.

daz siè sólih suln sìn . unde des sìn frò . uuanda die mámmende ¹) ne sint . diê ne sint is frò .

Magnificate dominum mecum . Michellichont Got sáment mir . Ne lázent ²) mih iz einen tuòn . uuésent sáment mir dar ána .

Et exaltemus nomen eius in id ipsum . i. ininuicem . uel in unum . Vnde er hòhen sáment sinen námen . Vuésen ungescéiden . an sò heilsámemo uuerche .

Inquisiui dominum et exaudiuit me . Ih suòhta Got . unde bediù gehòrta er mih . Sin selbes lústa mih . nals Goldes unde ³) rihtuòmes . dánnán gehòrta er mih .

Et ex omnibus tribulationibus meis eripuit me . Vnde fóne diù . lòsta er mih fone allen minen arbéiten .

Accedite ad eum et illuminamini . Cánt ⁴) imo zuò mit pœnitentia (riúnuo) . unde demo getânemo . uuérdent ir erliéhtet . daz chit . uuérdent fernúmestig . déro uuarheite .

Et facies uestre non erubescent . Vnde sò ne sint scámeg . iúuueriù ⁵) anasiúne . Siù sint mit rehte des scámeg . daz er imo zuo ne giéngent . nù gànt imo áber zuò . unde ne sint scámeg .

Iste pauper clamauit et dominus exaudiuit eum . et ex omnibus tribulationibus liberauit eum . Diser arming . diser chido ih . der sih áne Got pechnàta ⁶) uuésin . unde sih fone diù zuo imo náhta der háreta . unde Got kehòrta in . unde lòsta in . ùzer allen sinen nòten . Daz téta er . in hina némendo . fóne dirro uuerlte . uuanda hiêr ne máhta iz sìn .

Inmittet angl's domini in circuitu timentium eum . Gótes sun der angelus magni consilii (chundare michilis rátis) hèizet . in getuòt ⁷) . al ûmbe diè . die in furhtent . Vuaz ist . daz er in getuot ⁸) . sih fúrhtenten ? ana sina toûgenun gnáda . Er ne uber héuet ⁹) ne-heinen . uuanda er siĥ mite umbe ringet .

*) Gustate et uidete quoniam suauis est dominus . Chóront . unde sêhent iù daz unser truhten suòze ist . Chóront sinero suòzi in corpore suo et in sanguine suo (an sinemo lichamen unde an sinemo bluòte) . nals uuió suòze er sî . démo munde . nube dero sélo . diù dannan

---

¹) mammende. Sch.
²) luzent. Sch.
³) alde. Sch.
⁴) Gant. Sch.
⁵) scamegiu uueriu. Sch.
⁶) pecnata. Sch.
⁷) ingetuot. Sch.
⁸) ingetuot. Sch.
⁹) uberheuet. Sch.

*) S. 106.

inphâhet also er gehîez uitam æternam (lib èuuigen). Sümeliche¹) châden . diê den gehêiz²) kehòrton . quomodo potest iste nobis dare . carnem suam manducare (uuieo mag uns diser sîn fleisg unde sîn bluòt kében zézzinne)? Die bezèichenda achis . des námo latine chît quomodo est (uuièo ist daz so)? Diên uuirt nû zuò gespróchen . chóront . unde besuòchent . daz er ne uuîzzint . Vbe siè daz ne tuònt . so uuéhselot er fóre in sîn anasiùne . unde geloùbet sih iro.

Beatus uir qui sperat in eo. Sâligo . der án in gedinget . Vnsâligo . der án ánderen gedinget.

Timete dominum omnes sancti eius . quoniam nihil deest timentibus eum. Fúrhtent Got álle sîne hêiligen . uuanda diên úngebrósten ist . diè in furhtent. Nièhtes ne bristet in . uuanda siè den hábent . der siè alle ríche tuòt.

Diuites eguerunt . et esurierunt. Ríche uuúrden dúrftige . unde húngerge . uuanda in ne dúnchet nièmer fóllun . des siè hábent.

Inquirentes autem dominum non deficient omni bono. Diê Gót fórderont . diên ne ménget . ne-heines kuótes. Vuélih kuót ne hábent .

diè Got hábent . der ál guòt kibet.

Venite filii audite me . timorem domini docebo vos. Chóment chint . unde hórent hára zuò mir . ih léro iùh Gótes fórhtun . ána diá nièmen gnésen ne mag . diù iùh frî getuòt nals téuue.

Quis est homo qui uult uitam . et diligit dies uidere bonos? Vuer ist den des libes lúste . unde oùh luste ze gesèhenne kuòta tága . unde guóte zîte?

Cohibe linguam tuam a malo . et labia tua ne loquantur dolum. Vbe dih iro luste . sò ne láz dîna zungun ze arge duuing iro . *) unde dîne lefsa . ne trúge chòsoen.

Diuerte a malo . et fac bonum . inquire pacem . et persequere eam. Fermit³) scáden . unde tuó uuóla . fórdero frido . unde fár imo náh . Suòche in in énero uuerlte . dár ist er . unde dár ist uita (lib) . unde dies boni (kuòte tága) . hièr ne dárft tu is kedénchen.

Oculi domini super iustos. Trúhtenes ougen sint óbe diên rehten. Er óbe sièhet siè . unde státet an in sîniu ougen.

Et aures eius in preces eorum. Vnde ze iro digi . sint sîniu òren.

---

¹) «sumeliche», ohne punkt zuvor. Sch.

²) gehiez. Sch.
³) Fermid. Sch.

---

*) S. 107.

Iro gebétes . spuôt . uuanda er in gágenuuerte ist.

Vultus autem domini super facientes mala . ut perdat de terra memoriam eorum . A'ber dára gágene . ist sin ánaliúte uber diê úbel tátigen[1] . daz er iro gehúht tíligeie unde dána genéme de terra uiuentium (fone erdo déro lébenton).

*) Clamauerunt iusti et dominus exaudiuit eos . et ex omnibus tribulationibus eorum liberauit eos. Réhte háreton ze imo unde er gehórta siê . unde lôsta siê . fóne állen iro binon . Daz téta er . siê hina némendo . hiêr ne máhta iz uuerden.

Iuxta est dominus . his qui tribulato sunt corde et humiles spiritu saluabit. Truhten ist diên náhe . diê mit kemúlitemo herzen sint . unde gehaltet er . diê nidere sint . in iro muôte . Der in hôhen uuelle zuô imo . der niderre sîn herza.

Multæ tribulationes iustorum . et de omnibus his liberabit eos dominus[2]. Mánige bina sint déro rehton . úzer diên allen lóset siê Got . uuanda siê compassionem (infindida) hábent iro bruôdero ane diâ temptationes (chórunga) unde passiones (mártyra) diê siê selbin lident . bediû sint iro bîna mánige . áber ne dúrfen siê in unégen . uuanda er in siê álle aba nímet.

Custodit dominus omnia ossa eorum . unum ex his non conteretur. Truhten behvötet[3] álliû iro bein . iro ne uuirt noh ein ferbróchen. Iro patientia (kedult) . unde iro mansuetudo (manmindi[4]) . unde ándere iro ** uirtutes (guòt=táte) uuerdent fóne imo so gestátet . daz in[5] iro nehéiniû benómen ne uuirt. Aber secundum literam (náh slehten uuortin[6]) mugen iro bein ferbrôchen uuerden . also latroni in cruce (démo scacháre in chrúce) geseah . der do fóne christo iustificatus (kerehthaftigot) uuás.

Mors peccatorum pessima. Déro súndigon tôd der ist tôdo uuirsesta . uuanda sie in êuuiga hella fárent.

Et qui oderunt iustum . delinquent . Vnde diê missetuônt . diê den rehten házent . Nehein ne uuas so reht . so christus . diê in házeton . diê missetáten allero hártost.

Redimet dominus animas seruorum suorum. Truhten lôsit diâ sela . sînero scálcho . fóne démo tôde . der so zálig ist.

---

[1] ubeltatigen. Sch.
[2] Dominus eos. Sch.
[3] Das «v» ist übergeschrieben. Schilter hat «u».
[4] mammindi. Sch.
[5] Von «iro» bis zu «iro» fehlt bei Schilter.
[6] (— slehtin —). Sch.

*) S. LXXIV.   **) S. 103.

Et non delinquent omnes qui sperant in eo. Vnde diê ne missetuont. diê an in gedíngent. Daz sie an in gedíngent. dâr ána ne missetuont siê.

PSALMVS XXXIV.

PSALMVS DAVID.

IVDICA DOMINE NOCENTES ME. Christus chît. unde sîn æcclesia. ertéile truhten. úber diê. diê mir táront. Vuis mîn phógat uuíder alle diê. diû iû êr âhton capitis (houbitis). unde noh âhtent corporis (lichamin).

Expugna inpugnantes me. Er fíht[1]. diê mih ána fehtent. den tiéfal unde sîne lide.

Apprehende arma et scutum. et exurge in adiutorium mihi. Nim uuâfen unde scilt. unde stant ûf hîl mir. Scéine dîna chraft. daz chît exurge (stant ûf). unde hábe in hénde únsere sêla. unde tuô siê uuésen suert unde scilt. tuô daz diê fiénda fóne in erfohten uuérden. unde íro iacula (scoz) nieht negemúgin.

Effunde. i. dilata. frameam. et conclude aduersus eos qui persequuntur me. Kebrêite dîn suert. unde beslíuz uuíder [2]) diên. die mîn âhtent. Ketuô mánege sêla nuesen dero rehton. unde so uuirt diû infart iruuéret diên fiénden.

Dic animæ meæ salus tua ego sum. Chid mínero sêlo zuô. diû dîn suert ist. mit déro *) dû fíhtist. dîn hêili bin ih. Kehêiz iro hélfa. unde gib iro baldi ze fehtenne uuíder so hándegen fiénden.

Confundantur et reuereantur querentes animam meam. Scámeg uuerden diê. unde irfúrhten sih. diê mínero sêlo fâre sint. Iudeis (iúdon) unde hereticis (gloúb-irron) unde ánderen persecutoribus (âhtarin) kébe Got scáma unde fórhtun. daz siê bechéret unde gebézerot uuerden.

Auertantur retrorsum et erubescant. qui cogitant mihi mala. Hintert uuenden nals fúre. unde scámeien sih. diê mir úbeles únnin. Folgen muózin sie ze guôte. nals fore gân ze úbele. Also petro christus chád. REDI RETRO SATANAS (iruuint uuídere satánas). Sámo so er châde. PRECEDENDO SATANAS ES. SEQVENDO DISCIPVLVS ERIS (fúre mih fáhindo pist dû satanas. mir nâh kándo uuírdisto mîn scuólare).

Fiant tanquam puluis ante faciem uenti. Siê uuérden. also daz stuppe uuirdet fore démo uuinde. Iro temptationibus (bechórungon) ne

---

[1]) Erfûht. Sch.   [2]) uuiden. Sch.

*) S. 109.

múgen siê uuider stân . also daz stuppe geligen ne mag . so der uuint uuat. Alde iz chit. Fóne irdisken gedanchen . uuerden siê ûf irháuen in hóling . also daz stuppe tuôt fóne uuinde.

Et angelus domini persequens eos. Vnde Gotes angelus âhte iro . unz siê sih pechêren.

*) Quoniam gratis absconderunt mihi interitum laquei sui. Vuanda siê beusculden mir geburgen . dia ferlornissida iro stricches ¹). Noh christus ne táreta iudeis . noh æcclesia paganis (diên hêidenen).

Vane exprobrauerunt animam meam. V'ppigen iteuuiz tâten siê mir. Sús lúgen sie mih ána. Hic dixit. Destrvam templvm dei et in tribvs diebvs reedificabo illvd (er chat ih stòro diz hus unde in drin tágin zimbron ih iz áber). Danne ²) áber ih chad. Destrvite templvm dei (stòrint ir diz hûs).

Veniat illis laqueus quem ignorat . et captio quem absconderunt apprehendat eos. I'n chome der strich ³) den siê ne uuízzen . unde diu falla gefáhe sie . die sie mir burgen.

Et in laquueum **) cadant in ipsum. Vnde in denselben strich sturzen sie. Daz chit. der selbo strich kehábe siê. Den dôd ⁴) káreton siê mir . an démo siê redemptionem mundi (urlosa uuerlte ⁵) ne bechándon . der gesuerbe siê unde ziêhe siê ze mir.

Anima autem mea exultabit in domino . et delectabitur super salutari suo. A'ber min sêla fréuuet sih an Góte . unde lússami hábet si an iro haltáre. Dàr ist ál daz ih fórderon . uuanda ih an imo hábo . ál daz ih pedarf.

Omnia ossa mea dicent . domine quis similis tibi? Alliù miniu bein chédent . uuer trúhten ist dir gelih? Die in corpore meo robusti sint (an minemo lichamin starch sint) . diê sprechent mir iz zuo. Vuanda siê uuizzin . daz iz sól (sunna) noh stellæ (stérnin) ne sint . noh angeli (chúndera) noh archangeli (furst=chúndera) noh nehêin creatura (giscáft).

Eripiens inopem de manu fortiorum eius. Den hábelôsen erzúcchendo ûzer sînero stárcheron hánden.

Egenum et pauperem a diripientibus eum. Túrftigen unde góregen fóne diên diê ín chrípfeụt ⁶). Dàr scínet daz dir niòman gelih ne ist.

---

¹) striches. Sch.
²) «danne», ohne punkt vorher. Sch.
³) stricch. Sch.
⁴) tod. Sch.
⁵) (irlosa —). Sch.
⁶) chripsent. Sch.

*) S. LXXV.   **) S. 110.

uuanda dû tuôst daz nîôman getuòn ne mág . dû lôsest . den uuénegen ménnischen . hábelôsen . déro túgede . fóne déro tièfalo hánden .

Exurgentes testes iniqui . quæ ignorabam interrogabant me . V́nrehte iéhara stuônden ûf in mínero passione (martyro) . unde fråågeton mih déro dingo diû ih ne uuissa . Blasphemiam (Got=scelta) ne uuissa ih . súnda[1]) ne uuissa ih . fóne diû ne[2]) uuissa . uuanda ih siè uòben ne chonda . déro zigen siè mih . déro frâgeton siè mih .

Retribuebant mihi mala pro bonis . sterilitatem animæ meæ . Siè gâben mir úbel umbe guòt . unde únberehafti . mínero 'sélo . Dâr ána oùgton siè mir iro únberehafti . daz siè mir guòtes mit úbele lónoton . Bediù fluôchota ih dero selbun *) sterilitati in arbore (únberehafti an demo fich=poùme) .

Ego autem cum mihi molesti essent . induebam me cilicio . A'ber mit hárrun dahta ih mih . do sie mir sô ána lágen unde mir sô inblándene uuâren . Ih parg mih in déro mortalitate (tôdigi) fone diû ne bechándon siè mih .

Humiliabam in ieiunio animam meam . In uástum dièmuòta ih mina sèla . Ih fâsteta chlágelicha fâstun . daz ih iúuuer dárbeta . unde ih an iú sterilitatem (unbirigi[3]) fant . nals fructum (uuuòchir) . Diû fasta níderta mih . unde diû uuag mir .

Et oratio mea in sinum meum conuertetur . Vnde min gebét uuirt peuuéndet in mínen buòsem . den ih péton . den hábo ih an mir selbemo . EGO IN PATRE . ET PATER IN ME (ih pin an demo fâter . unde der fáter an mír) . Fóne diû ne frúmo ih min gebét fóne mir . núbe ih uuendo iz in mir an mih .

Quasi proximum quasi fratrem nostrum . sic conplacebam . i. quasi de proximo quasi de fratre nostro . sic conplacebam . i. gaudebam . Also des der úns kelégen ist . under[4]) unser bruòder ist . sô manta ih iro . Ih minnota siè gelégenlìcho . sie áhton min fientlicho .

Quasi lugens et contristatus[5]) . sic humiliabar . Also uuuòfenter unde leideger so genideret uuard ih . uuanda ih an ín diè triúuua ne fant . dia ih suôhta .

Et aduersum me lætati sunt et conuenerunt . Vnde uuider mir fréuton[6]) siè sih . uuande ih trúreta .

---

[1]) hunda. Sch.
[2]) ih ne. Sch.
[3]) (unbirgi). Sch.
[4]) unde. Sch.
[5]) tristatus (contristatus). Sch.
[6]) freitton. Sch.

*) S. 111.

siê lácheton . unde huòton mîn . unde sámenoton sih ze déro tágalti .

Congregata sunt super me flagella . et ignorauerunt. Do uuúrden silla ûfen mih kesámenot . unde siê ne uuisson mih . Alde daz ne uuisson siê . uuiêo siê des ingélten solton .

Dissipati sunt nec compuncti. *) Ze uuórfen uuúrden sie . nàls kestuncte . Daz siê gesáhen solem obscuratum (sunun beuinstirta) unde terre motum (ert piboth¹) . unde mánege terrores (prútina) . daz ze stoúpta sie mèr . dánne iz siê riúuuege getàte .

Temptauerunt me . Sie chóreton min . si chàden . SI FILIVS DEI ES . DESCENDE DE CRVCE ET CREDIMVS TIBI (úbe dû Gótis sun sîst . sò stig ába démo chrúce . . . sò gloúben uuir dir) .

Subsannauerunt **) me subsannatione . Sie huòton min násesnúdendo . Sánna ist sonus naris pertinens ad derisionem (lúta dero naso tréffende ze huôe) dannan ist deriuatum (irrúnnin) subsanno (ih snúdo) . subsannas . unde dannan subsannatio . daz der chit huóh .

Frenduerunt super me dentibus suis . Sie griscramotôn²) mih ána mit iro zannen . Pediu ne dunche daz uns michel ze lidenne umbe christum . daz christus umbe unsih leid .

Domine quando respicies? Vuanne tuôs dû is uuára truhten ? Daz chit christus ex consuetudine humanæ infirmitatis (fone démo site mannis uueichi) . sámoso in belángee . uuánne in sîn fater réche .

Restitue animam meam a malignitate eorum . Pring uuidere fone íro árguuilligi mina séla . Irgib sia irslágena fóne in . ze libe . Duò sia irstàn .

A leonibus unicam meam . Mina einigun bring tu uuidere fone louuuon . Mina æcclesiam . alde mina animam singulariter natam (sela einichlicho geborna) . lòse dià fóne iro sárfen geuualten .

Confitebor tibi in æcclesia magna . in populo graui laudabo te . In dero uuitun æcclesia (liût chilchun) iibo ih dir . in suáremo liûte lóbon ih dih . In dero æcclesia (christanhêite) sint kenuôge die an Got iêhent . unde siê in dóh ne lóbont . Dàr sint inne sáment chórn unde héleuua . Héleuua fárent dàr hina . chórn uuirt ze léibo . Diê sint chorn . die uentus temptationis (uueât chorunga³) ne uuéget . An diên uuirt

¹) biboth. Sch.
²) griseramoton. Sch.

³) (uuent —). Sch.

*) S. LXXVI.   **) S. 112.

Gót kelóbet . an énen uuirt er gelásterot in gentibus . uuanda siê chédent . ECCE QVID FACIVNT CHRISTIANI (séhent dára uuiêo die christanin tuônt).

Non insultent in me qui aduersantur mihi inique . Nù ne hénge daz ist sô fâre . ne lâ mih hûon diê mir beúnrehte uuidere sint . Ne [1]) lâ uuerden paleam filios æcclesiæ paganis (ze héleuuon diû chint dinero brûten héidinen) unde hereticis (irrarin) ze huôe .

Qui oderunt me gratis et annuunt oculis. Diê mih áne sculde hazzent. unde mit oûgon uuinchent . uuanda sie dolosi (ficise) unde ypocrite (lichisare) sint .

Quoniam mihi quidem pacifice loquebantur . et insuper in ira dolose cogitabant . *) Also dâr ana scínet . daz siê mih friúntlicho gruôzton . do siê cháden . MAGISTER . LICET CENSVM DARE CESARI AN NON (mèister . sal man démo chéisere zins kébin alde nehein)? unde siê doh trúgelicho dâhton zuô déro ábolgi . daz chit scêindon íro zorn sáment déro trúgehêite. Fóne diû folget sár.

Et dilatauerunt super me os suum. Vnde uuíto indâten siê íro munt úber mih . Náls trúgelicho . núbe . baldo zuô scriendo . CRVCIFIGE . CRVCIFIGE EVM (hâin . hâin).

Dixerunt euge euge . i. bene . bene . uiderunt oculi nostri. Vnde an démo chríuce frèuton siê síh min . sus chédendo . Vuóla . uuóla . nû ist iz uns ze oûgen chómen . Nû ist uuorden daz uuir uuolton . daz uuir dih in cruce gesêhen.

Vidisti domine . ne sileas . s. a iudicio . keséuuen [2]) hábest dû iz fáter . nû ne fersuige iz . Ne laz iz úngerihtet sin.

Ne discedas a me . Ne geloûbe dih min sîd dû mih hiézzist . sus tiêmuôte sin.

Exurge domine et intende iudicium meum. Stand ûf trûhten . unde sih ze minero úberteildo [3]). dia úberteilda ih lido . sih uuaz siê mir hábent funden . Sih uuiêo úngelîh iz ist . anderro iudiciis (uberteilidon) . die iz pesculden lident.

Deus meus et dominus meus in causam meam. Got miner unde herro miner . sih ze minero méinungo . Sih uuiêo ih iz mêine . uuar umbe ih ez lide. Vuanda iz dâr ána stât . nals uuáz man lide . nube uuâr úmbe. Also iz chit. BEATI QVI PERSECVTIONEM PATIVNTVR PROPTER IVSTITIAM (sâlig sint diê umbe reht

---

[1]) Fehlt von «la» bis «la» bei Schilter.

[2]) Keseuuen. Sch.
[3]) Schilter hat den punkt nicht.

*) S. 113.

áhtunga lident). Sih daz ih iz lido . pro salute humani generis (umbe geháltnissa man-chunnis).

Iudica me secundum iustitiam meam domine deus meus. Irtêile dú mir after minemo rehte truhten Got miner . sid sie mir únrehto irtêiltin .

*) Et non insultent in me inimici mei . Vnde mih ze húhe ne heigin mine fienda . ketuò daz siè sih peruómen ne múgin . uuieo sie mih fertiligot héigin . Duo mih resurgere (irstan) . unde bechêre diâ uuerlt náh **) mir .

Nec dicant in cordibus suis euge euge . animæ nostre . Noh siè ne chéden . uuola . uuóla únserro sêlo . Vuóla uns . des uuir getàn heigin . Dia mendi ne gib in .

Nec dicant absorbuimus eum . Noh siè ne chéden . ferslúnden héigin uuir in . in únseren lichamen ist er gelégit . uuanda er unser einer nuorden ist . ketuò[1]) mer daz sie mine uuerden . daz ne[2]) minero deheiner náh in gefáhe .

Erubescant et reuereantur simul . qui gratulantur malis meis. Scámeg unde êrhafte uuerden diè sáment . diên min leid lieb ist . unde dannan uuerden siè gebezzerot .

Induantur pudore et reuerentia qui maligna loquuntur adversum me . Midunga unde êrhâfti si déro ánalégi . die mir arg chòsont . Die harrun trágen sie ana . in déro buòzzen sie iro audaciam (nendigi) . unde iro inpudentiam (únèri) . Audaciam (néndigi) mit pudore (scámo) . inpudentiam (únèri) mit reuerentia (êrâfti) .

Exultent et lætentur qui uolunt iustitiam meam . Sprúngezen unde fróuuen sih . diè min reht uuéllen . diè sih ze mir háben uuéllen .

Et dicant semper magnificetur dominus qui uolunt pacem serui eius . Vnde die sines scalches frido uuéllen . ih meino christi sines súnes . diè chéden ièo gemichellichot uuerde trúhten . nals so iudei cháden[3]) . euge euge animæ nostræ (uuola . uuola unserro selo) .

Et lingua mea meditabitur iustitiam tuam . tota die laudem tuam. Vnde min zunga áhtot din reht . si lèret sie alle nouum testamentum (niûuua éa) . unde állen den dag áhton sie din lòb .

---

[1]) Ketuo. Sch.
[2]) Verbessert aus «danne», wie auch Schilter hat.

[3]) chadun. Sch.

*) S. LXXVII.   **) S. 114.

PSALMUS XXXV.

IN FINEM SERVO DOMINI.

Vuer ist hiêr genámot seruus domini (kótis scalch)? A´ne der qui formam serui accipiens factus est obediens usque ad mortem (der dis scalchis pilide an sih néminde uuart kehórsam unzin án dén tôd). Fone démo esaias chit. SERVVS MEVS SVSCIPIAM EVM (er ist min scalch ih nimo in an mih).

*) Dixit iniustus ut delinquat in semet ipso. Der unrehto. chît der propheta. geêinóta sih sáment imo sélbemo. daz er missetuôe. Fóre anderen ménniscon birget er iz. Ziû ist daz?

Non est timor dei ante oculos eius. Vuanda imo Gótes forhta fóre oûgon ne ist. diû imo mêr mahti sîn.

Quoniam dolose egit in conspectu eius. ut inueniret iniquitatem et odisset. Vuanda er trúgelicho dâr ána téta fore imo. daz er funde sîn únreht. unde er iz házzeti. Er ne uuolta iz finden noh hazzen. Vbe er iz suôchen uuolti. sô funde er iz. Fóne diû ist diû trúgehêit án demo suôchenne. Vuirt ¹) imo iz kezêigot fóne ánderen. noh dánne ne uuile er iz pechénnen. núbe er chit. daz tuônt siê alle. daz ne tuôn ih eino niéht. Fone diû fernim.

Verba oris eius iniquitas. noluit intellegere ut bene ageret. Sines mundes uuórt sint únreht unde lóter. er ne uuolta in sîn némen. daz er uuola táte. Des uuíllen brast imo. er mahti. úbe er uuólti.

Iniquitatem meditatus est in cubili suo. In sînero ínnerun chámero áhtota er daz unreht. In sînemo herzen ahtota er iz. Also iz dar fóre chit. in semet ipso (sáment imo sélbemo).

Astitit omni uiæ non bone. Er gegagenuuerta sih uuégelichemo der guôt ne ist. Démo unrehten uuége uuás er úngebrósten.

Malitiam autem non odiuit. A´ber diê úbeli ne házzeta er. Fóne diû ne uuas er iro ána.

Domine in cælo misericordia tua. Trohten in himele ist dîn gnáda. diû fóre állen gnádon ist. diê dû echert dînen hêiligon gibest. Andere gnáda die in erdo sint. kíbest du ingemêinun úbelen unde guôten. Daz duost dû honores dinitias salutem corporis (éra ríhtuom dengesúnt des líchamen) unde daz démo gelîh ist. Alde celum heizzet er sanctos. an diên Gótes **) knáda meist scînent.

---

¹) «uuirt», mit beistrich vorher. Sch.

*) S. 115.   **) S. 116.

Et ueritas tua usque ad nubes. Vnde dîn uuarhêit chúmet unz ze diên uuólchenen. Vuolchen sint apostoli . pi diên chúndest dû diê uuârhêit.

Iustitia tua sicut montes domine. Din reht¹) truhten ist also bérga. Apostoli (póton) sint dîn reht . uuanda siê fullent iz . unde siê sint also berga. An diê berga scinet diû súnna ze êrist . *) ába in chúmet si nider an daz kefilde. Also cham ze êrist apostolis iustitia dei (póton daz Gótes reht) . dannan uuard si gebrêitet úber al.

Iudicia tua abyssus multa. Dine urtêilda michel áberunde . daz chit âne grunt . uuanda siê ne mag . niêman ergrunden . noh erfáren . Ziû dû einen sîst tráhens (nah dir ziêhende) . unde ánderen obdurans (ferhertinde) uuer mag daz uuizzen?

Homines et iumenta saluabis domine . quemadmodum multiplicasti misericordiam tuam deus. Ménniscen unde fého háltest dû trúhten . also dû dîna gnáda hábest kemanigfaltot. Dàr ána scînent iro mánigfalti . daz si so ferro reichet ioh ze ménniscon ioh ze féhe. A'ber diû heîli ist temporalis (zîtfristig) . diû in gemêine ist . Diê diâ minnont . diê heîzzent²) échert homines (ménniscen) also adam echert homo (ménnisco) uuas . nals filius hominis (ménniscen sun).

Filii autem hominum in tegmine alarum tuarum sperabunt. A'ber ménniscon chint diû nah filio hominis filii hominum (ménniscen súne menniscen chint) heîzzent . diê tróstent sih ze déro decchi . dînero féttacho. Diê ne fórderont niêht terrenam felicitatem (uuerlt=sâlida) . nube diâ misericordiam quæ in cælo est (kenáda diû in himele ist³).

Inebriabuntur ab ubertate domus tuæ. Diê uuerdent trúnchen fóne déro genúhte dînes húses. Spiritalis letitiæ (keislichemo fróuui) uuerdent siê so fol . daz siê uuertlichi⁴) ferliêsent . unde Gótelichi geuuinnent. Diâ genuht hábet sîn hûs sancta ecclesia . iro chinden gesciêhet diû trúncheni⁵).

Et torrente uoluptatis tuæ potabis eos. Vnde mit déro chlingun dînero **) lústsami getrénchest dû siê. Diû chlinga ist sapientia dei (Gotes uuîstuóm) . diû fóne himele chúmet . an déro siê állero⁶) lústsami gehóront. Diû chúmet mit impetu (trâtî)

---

¹) Reht. Sch.
²) heizent. Sch.
³) (Kenada —). Sch.
⁴) uuerltlichi. Sch.
⁵) trunchini. Sch.
⁶) Fehlt von «lustsami» bis «lustsami» bei Schilter.

*) S. LXXVIII.   **) S. 117.

also torrens (chlinga) . unde ist for-
titer pertingens a fine usque ad finem
(stárclicho folle tréffende fóne ende
ze ende¹).

Quoniam apud te est fons uitæ.
Vnanda sáment dir ist libes ur-
spring. Dannan rinnet si . dâr der
úrspring ist . unde den²) trenchet
si . der iro durstig ist.

Et in lumine tuo uidebimus lu-
men. Vnde an dînemo liêhte . ge-
sehen uuir liêht . An dînemo súne
christo gesêhen uuir dih patrem
(fáter) . uuanda er ist lux lucis (liêht
liêhtes) . unde lumen de lumine
(klánz=liêht fone gelánze-liêhte).

Pretende misericordiam tuam sci-
entibus te . et iustitiam tuam his qui
recto sunt corde. Fúre³) déne dîna
gnáda . daz chit scêine siâ . unde
spénde sia dîen . die dih uuízzen .
unde din reht spendo dîen . diê
gréhte sîn in iro herzen . Diê ánder
uuellen danne Got . diê sint chrúmb
in iro herzen . nals greht . Vuile⁴)
er dih uuésen gesúnden unde lichet
dir dâr ána sîn uuillo . so er dih
áber uuile uuésen siéchen . úbe dir
daz misselichet . so bist dû úngreht
an dînemo herzen.

Non ueniat mihi pes superbiæ.
Fuôz déro úbermuôti ne chóme mir .
uuanda ih an démo gestân ne mág .
V'bermuôti ist also êinfuôziû . uuan-
da si iéo sâr fallet . unde lango stân
ne mag.

Et manus peccatoris ne⁵) moueat
me. Vnde des sundigen hant ne
uuegke mih . Des úbelo tuônten
uuerh⁶) ne ferlêite mih . also démo
gesciêhet . démo pes superbiæ (fuôz
ubermuôti) chumet.

Ibi ceciderunt qui operantur ini-
quitatem. Dar stúrzton die unreht
uuurchent . A'n demo fuôzze ne
mahton sie gestân . An démo fiêl
adàm . An demo fiêl angelus malus
(der ubel éngel).

Expulsi sunt nec potuerunt stáre .
Vz uuúrden siê ferstôzzen . stân ne
mahton siê . Der êino uuard fer-
stôzzen de cælo (fóne himele) . der
ander de paradyso (fone paradyse).

PSALMUS XXXVI.

IPSI DAVID.

*) NOLI EMVLARI IN MALIGNANTI-
BVS . NEQVE emuleris facientes ini-
quitatem. Pilde ne nemêist dû .

---

¹) Auf dem ersten «c» ist ein punkt.
Schilter liest «starchlicho».

²) der. Sch.

³) Fore. Sch.

⁴) Schilter, klein und beistrich.

⁵) non. Sch.

⁶) uuerch. Sch.

*) S. 118.

fóne arg-uuilligen . noh únrehto fá-
rente ne bildeiest dù.

Quoniam tanquam foenum uelo-
citer arescent . et quemadmodum
olera herbarum cito decident. Vuan-
da sie erdórrent sámo spuótigo so
hóuue . unde sámo hórsco so chrù-
ter befállent sié.

Spera in domino et fac bonitatem.
Fersih dih ze góte . unde tuó uuóla.
keloúbe an in . unde scéine iz mit
dièn uuerchen.

Inhabita terram . et pasceris in
diuitiis eius. Pûe an déro erdo.
unde so uuirdest dù gefuóret in si-
nen ótuuálon. Vuis in sinero æccle-
sia . so fuórot er dih in hímele mit
sin selbes ánasihte.

Delectare in domino . et dabit tibi
petitiones cordis tui. Hábe an Góte
lústsami . unde er gibet dir des dîn
herza gérot. La dih sin lústen .
unde úbe dih sin lustet . sih selben
gibet er dir.

Reuela domino uiam tuam . *)
O'ffero imo dinen uueg. Vnaz dù
lidêst . des iih imo. Chit also pau-
lus. CARO CONCVPISCIT ADVERSVS
SPIRITVM . ET SPIRITVS ADVERSVS CAR-
NEM (der lichamo gerot uuider dero
sèla unde de sèla uuider demo li-
chamin) . er tuòt dir is lába.

Et spera in eum et ipse faciet.
Vnde gedinge an in . unde er tuòt
daz dù uuile.

Et educet quasi lumen iustitiam
tuam. Vnde er bringet ûz dîn reht.
daz chit er getuòt iz scinbàre also
lièht. Dîn reht daz ist dîn geloúba.
diù ist nû toùgen. Si ist ièo toù-
gen . quo adusque ueniat dominus.
qui et¹) illuminabit abscondita te-
nebrarum . et manifestabit consilia
cordium . et tunc laus erit unicuique
a deo. Tunc iusti fulgebunt sicut
sol . (unz Got chunt²) . der intliùht
toùgeni dero finstri . unde òffenot
rat herzon . unde danne chunt man-
nelichemo³) lob fone Góte. Danne
scinent die rehten also sunna).

Et iudicium tuum tanquam meri-
diem. Vnde dîn irtèilen getuòt er
scinbàre also mitten dag. Ertèile
daz ze rehte . daz du christo sist ke-
fólgig . daz gesciéhet dir **) ze óffe-
norun guòllichi danne mitter tág si.
Vuanda iz chit. CVM CHRISTVS AP-
PARVERIT VITA VESTRA . TVNC ET VOS
APPAREBITIS CVM IPSO IN GLORIA (so-
uuénne christ irscinit ùuuer lib .
dánne irscinint ouh ir mit imo in
guòllichi⁴).

Subditus esto domino et ora eum.
Vuis⁵) Góte úndertàn . unde béto⁶) in.

---

¹) Fehlt bei Schilter.
²) chum. Sch.
³) Aus «mennelichemo» verbessert.
⁴) (— Christ irscint —). Sch.
⁵) Uuuis. Sch.
⁶) bito. Sch.

*) S. LXXIX.   **) S. 119.

Noli emulari in eo qui prosperatur in uia sua . in homine faciente iniustitias . Nehêin bilde in nim bedémo . démo gelúngen sî an sînero férte . ih mêino . démo únrehto uárenten menniscen . Laz in gân den brêiten uueg . kang dû dén engen . Der brêito bringet in ze engi . der engo bringet dih ze uuîti .

Desine ab ira . et derelinque furorem . Lâ dîna âbolgi sîn . unde begib dîna beizmuôti . Ne bilg dih . daz ubel man gedîhe . unde dû sîst smâhe .

Noli emulari ut nequiter facias . Ne unîs imo gelîh . daz du arguuílligo tuôiest . sô er tuôt .

Quoniam qui nequiter agunt . exterminabuntur . Vuanda die gërnouuílligo úbelo tuônt . die uuerdent ûz ferstôzzen . V́zzer déro Gótes purg[1] uuerdent siê ferstôzzen . Nequitia daz tir[2] chît uoluntaria malitia (selbuuíllich úbeli) . ne lâzet sie sâr dara in .

Sustinentes autem dominum . ipsi hereditabunt terram . Diê áber Gótes pitent . unde uerlt sáldon sih fertrôstent . die besizzent terram uiuentium (erda dero lébenton) .

Et adhuc pusillum et non erit peccator . et queres locum eius . et non inuenies . Vnde úber unlang ne ist biêr der súndigo . so suôchest du uuár er sî . unde ne findest in . Dâr er néstota . unde dar er uuésen uuolta . dâr fermíssest dû sîn .

Mansueti autem possidebunt terram . A′ber die mammenden . diê ándere fertrágent . diê besizzent daz lant . siê besizzent dia himeliscun ierusalem (ánasiht fridis) .

Et delectabuntur in multitudine pacis . Vnde lústsamo niêtont sie sih . dâr frides . uuanda er ist in éuuig .

Obseruabit peccator iustum . et fremit super eum dentibus suis . Der súndigo *) huôtet des rehten . daz chît . fâret des rehten . unde gríscramot în ána . Sô er in imo ungelîchen sihet . so házzet er in . sô ist er imo des libes irbúnstig (vel únunstig) .

Dominus autem irridebit eum . quoniam prospicit quod ueniet dies eius . A′ber Got huôt sîn . daz er sînes táges so ergezzen hábet . uuanda er fóre uuêiz . daz sîn dag chúmet . án démo er imo giltet sîna úbeli .

Gladium euaginauerunt peccatores intenderunt arcum suum . ut deiciant pauperem et inopem . ut trucident rectos corde . Súndige zúgen iro suert . spiênen iro bógen daz siê ní-

---

[1] parg. Sch.   [2] dir. Sch.

*) S. 120.

der uuérfen armen unde hábelôsen.
daz sie oûh slâhen rehte in iro herzen.

Gladius eorum intret in corda ipsorum et arcus eorum confringatur. Iro suert kange ín dûrh íro herzen. unde iro bógo uuerde ferbrochen. I'n selbên uuerde daz ze frêison. mit diû siê diên unsculdigen scádon uuólton. V'ber siê gánge iz. nals úber ándere.

Melius est modicum iusto super diuitias peccatorum multas. Pézzera ist luzzel démo rehten. danne michel rihtuôm déro súndigon. Er ist sâlig mit démo lúzzelen. sie sint unsâlig mit démo michelen.

Quoniam brachia peccatorum conterentur. confirmat autem iustos dominus. Daz sceinet¹) dâr ána. uuanda die arma dero súndigon fermulet uuérdent. áber die rehten stérchet Got. Also er den starhta. der dir chad. EGO NON SOLVM ALLIGARI SED ET MORI PARATVS SVM PRO *)NOMINE DOMINI NOSTRI IESV CHRISTI. (Ih ne bin nîeht ein gáro daz man mih pinde. núbe ioh daz ih irsterbe umbe Gótes namen).

Nouit dominus dies inmaculatorum. Got uuêiz diê uuéga dero úngeflécchoton. diê ménniscen uuânent uuésen ubele. so siê in arbéiten sint. Sie chédent dánne fóne in. súslih²) ne liten siê. úbe siê rehto fuôrin.

Et hereditas eorum in æternum erit. Vnde iro erbe uuéret iêmer. Daz ist cælestis ierusalem (diu himelisca burch).

Non confundentur in tempore malo. Si ne **) uuerdent keskéndet in úbelemo zîte. Daz ist in die iudicii. sô peccatores kehôrent. ite in ignem æternum.

Et in diebus famis saturabuntur. Vnde in húngertagen uuerdent siê gesátòt. I'n ne-líget ána nehêin húnger dâr ér ánderen ána-líget. Die hiê lêara conscientiam hábent. diê hábent húnger. uuanda siê tròst ne hábent in ín sélben. Die aber reht uuizzin in ín sélben. diê fuôrot daz.

Quoniam peccatores peribunt. Vuanda súndige uuerdent ferlóren. In iudicio (in déro úbertêilido) gescíêhet³) daz.

Inimici uero domini mox honorificati fuerunt et exaltati deficientes quemadmodum fumus deficient. So Gótes fienda êrist keêret uuerdent unde irhôhet. sâr da mite zegándo zegánt siê. also rugh. Rugh kát

---

¹) sceinet. Sch.
²) suslich. Sch.

³) Ueber «i» steht ein punkt.

*) S. LXXX.   **) S. 121.

inhóling . dàr ist sîn ze-géngeda .
Súndige gestìgent¹) dar gant siè sàr
ába déro uuarhèite . daz iruéllet siè .

Mutuatur peccator et non soluet .
iustus autem miseretur et tribuet .
Sundig man intliéhet unde ne giltet .
uuanda er fóne Góte alle gnâda in-
phâhet unde imo ne dánchòt . áber
der rehto gnâdet unde gíbet fergé-
beno . also oûh ímo Got kab.

Quoniam benedicentes ei heredi-
tabunt terram . Vuanda diè ímo guo-
tes pítent . die besizzent sáment imo
terram uiuentium (diè erda dero lé-
bendon) . unde uuerdent sine cohe-
redes (can-hérben).

Maledicentes autem ei disperi-
bunt . Die imo aber úbeles pítent .
die uuerdent ferlóren . unde ûz fer-
stózzen . Alde . ube sie imo áber
beginnent kuòtes píten . in diè uuîs
uuerdent sie oûh ferloren . daz sie
daz ne sint . daz sie uuáren .

A domino gressus hominis diri-
gentur . et uiam eius uolet . Fóne
Góte uuerdent keríhtet mannes ken-
ge . unde fone diù uuíle er gerno
sînen uueg . So er ingáng héilen
getuòt . só uuirt er fóne maledicente
benedicens (fluòchóntemo ségi-
nonte).

Cum ceciderit non collidetur .
quia²) dominus firmat manum suam .
So er *) uallet . so ne uuirt er ge-
chnístet uuanda Got féstinot sîna³)
hant . daz chît . sîniu uuergh unde
sînen rat . Chûmet er infréisun . er
hilfet ímo dar ûz .

Iunior fui etenim senui . et non
uidi iustum derelictum . Ih uuas
iung chît sancta æcclesia . unde nû
bin ih alt . unde noh ne sah ih reh-
ten man ferlázzenen . noh hélfelò-
sen . Ih sah in hában spiritalia bona
(gèislicha genâda) . ube er ne há-
beta temporalia (uuerlt-zìtelicha) .

Nec semen eius egens pane . Noh
sînen sâmen brôtis dúrftigen . Vuan-
da er guóttâte sáhet . dannan hábet
er séti . Verbo dei (mit Gotes uuorte)
uuirt er gelábot . unde gesátot . Vuóla
tuóndo uuerdent sîniu oûgen indân .
unde dannan uuabs er ímo der in-
uuértigo uuístuòm .

Tota die fœneratur et commedat⁴) .
A'llen den tag uuuòcherot er . unde
intliéhet⁵) . uuanda er spendot tem-
poralia bona (uuerlt-zìtelichiu guòt) .
unde inphâhet euuiga . gìbet lúzzel .
unde inphâhet fílo .

Et semen illius in benedictione
erit . Vnde sîn sâmo nuéret in sé-

---

¹) gestiegent. Sch.
²) quoniam. Sch.
³) sino. Sch.

⁴) commodat. Sch.
⁵) Das erste «t» scheint durch einen punkt getilgt.

*) S. 122.   **) S. LXXXI.

gene . keîstlichiû ding sáhet er . ui-
tam æternam (euuigen lib) inphábet
er . daz ist sînes sámen benedictio
(ségen).

Declina a malo et fac bonum.
Fermid úbel unde tuô uuóla. V'be
du armen ne roûbost . dâr neist is
ána gnuôge . dû ne décchest den
náccheten . unde láboest den hún-
gergen.

Et inhabita in seculum seculi.
Vnde bûe in hímele iêmer unde éli-
chôr.

Quia dominus amat iudicium.
Vuanda truhten urtêilda minnot .
daz chit kerihte. Er ne lázzet nîeht
úngerihtes.

*) Et non derelinquet sanctos
suos. Vnde sîne hêiligen ne ferlâ-
zet er . uuîlon óffeno . uuîlon toû-
geno. Er uuas offeno mit tribus
pueris in camino¹) ignis (trîn chin-
den in démo óuene der fûris) unde
tougeno mit machabeis (einen uuîg-
mannin).

In æternum conseruabuntur. Sie
sint iêmer gehálten. Daz ána sci-
net . daz er sie neferlâzet²).

Iniusti punientur. V'nrehte uuer-
dent **) kechélet. Vuare? áne in
héllo.

Et semen impiorum peribit. Vnde
déro argon sámo uuirt ferlóren.

A'lliû iro uuergh uuerdent ferlo-
ren.

Iusti autem hereditabunt terram .
et inhabitabunt in sæculum sæculi
super eam. A'ber rehte inphábent
in érbe dia erda . unde sizzent iêmer
dar ána. Disiu erda ist morientium
(dero tôton) einiu ist uiuentium
(déro lébenton) . in déro sint siê
fúrder.

Os iusti meditabitur sapientiam.
Réhtes mannes munt . daz chit . sîn
muôt . áhtôt den uuistuôm. Er ist
imo suôzze pediû bábet er in gerno
in muôte . ioh in munde.

Et lingua eius loquetur iudicium.
Vnde sîn zúnga sprichet dia úrtêilda.
Si irtêilet náh démo uuistuóme des
herzen.

Lex dei eius in corde ipsius. Sî-
nes Gótes êa ist in sînemo herzen.

Et non supplantabuntur gressus
eius. Vnde dannan ne uuerdent .
pescrénchet sine genge. Er ist imo
fóre . des êa er baltet.

Considerat peccator iustum . et
queret mortificare eum. Der sún-
digo siêhet den rehten . unde îlet in
tóden. Er chit also in libro sapien-
tiæ (an démo buôche uuistuômis)
stat . GRAVIS EST NOBIS ETIAM AD VI-
DENDVM . QVONIAM DISSIMILIS EST NOBIS
VITA IPSIVS (er ist uns suâre ána ze

---

¹) chamino. Sch. | ²) ne ferlazzet. Sch.

*) S. LXXXI.   **) S. 123.

sêhenne . uuánda sin lib ist uns úngelich).

Dominus autem non derelinquet eum in manus[1]) eius . A'ber Got ne lázet in imo under hende . uuanda er ne gibet imo nehéinen geuualt . an sínero sêlo . Doh er demo lichamen scádoe . so diû sêla gníset . so erstat der lichamo .

Nec damnabit eum cum iudicabitur illi . Noh er ferbráset in . so imo irtéilet uuirdet fóne dien úbelen . Fóne Gote ist er únferscálten .

Expecta dominum et custodi uias eius . Pit mines trúhtenes . unde huóte sínero uuégo . Ne là dih pelángen sines tróstes . núbe hiêr bechenne uuesen tempus laboris (zit arbéite) . tempus seminis (zit sámin) . tempus frigoris (zit fróstis) . tempus lacrimarum (zit tráno) . hina fúre tempus consolationis (zit tróstis) .

Et exaltabit te ut hereditate capias terram . Vnde *) úbe dû sin bítest . dánne erhóhet er dih so . daz dû in érbe inphâhest terram uiuentium (erda dero lébenton).

Cum perierint peccatores uidebis . So diê súndigen ferlóren uuerdent . so gesichest dû iz . So du bist ad dexteram (ze zéseuuun [2]) . so siêhest dû sie ad sinistram (ze uuinstrun [3]) . dar sie ferlóren uuerdent .

Vidi impium superexaltatum et eleuatum sicut cedros lybani . Ih sah ubelen man erhóhten . unde erbúreten . also céderboûma úfen lybano monte (perge) . Vuieo do?

Et transiui . et ecce non erat . Vnde in in-des ruhta ih . daz ih carnalem cogitationem (lichhaften kedang [4]) hina uuarf . unde scièro uuás er fersuuunden . So ih den irdescen gedangh úber-steig . so ne sáh ih in .

Et quesiui eum . et non est inuentus locus eius . Vnde suóhta ih in . unde dára ne mahta ih chómen . dar ih in irfuóre . Ih uuissa befóre sina stat . unz ih únbedénchet uuas . so ih ze sinne cham . so fermissa ih íro .

Custodi innocentiam . et uide directionem . Huóte unde behált dina únsundigi . unde uuárte an dia gerehti . A'n disiu gagenuuerten ne sih dú . uuanda an dién ist diû chrumbi . sih an diû chúmftigin . dar ist diû grihti . Ziû solt du dára sehen?

Quoniam sunt reliquie homini pacifico . Vuanda frído-máchigen man . sint aléiba . Daz chit . imo uuirt ze léibo sin lib . mit éuuígemo lóne .

---

[1]) manibus. Sch.
[2]) zesuuun. Sch.
[3]) uinstrun. Sch.
[4]) lichaften. Sch.

*) S. 124.

Iniusti autem disperibunt simul. Aber únrehte uuerdent sáment ferlóren.

Reliquiæ impiorum interibunt. Déro úbelon alêiba zegant. Daz ist fóne diû. uuanda sie lib after¹) tôde ne hábent.

Salus autem iustorum a domino. Héili déro réhton ist fóne Góte. Fóne diû ne mag in siâ nièman genémen.

Et protector eorum est in tempore tribulationis. Vnde er ist íro scérm. sô in nôt uuirt.

*) Et adiuuabit eos dominus. Vnde hílfet in Got.

Et liberabit eos. Vnde lòset er siê.

Et eruet eos a peccatoribus. Vnde lôset siê fóne dièn **) súndigen.

Et saluabit eos quia sperauerunt in eo. Vnde haltet er siê. uuanda sie gedington an ín.

PSALMUS XXXVII.

IPSI DAVID IN RECORDATIONE²) SABBATI.

Sús cháreta sih dauid ráuuon erhúgendo. Er uuolta dia ráuua. diû in ánderro uuerlte ist. Dára lángeta in. disses libes irdrôz in. dannan ist disiû chlága.

DOMINE NE IN FVRORE TVO ARGVAS ME. neque in ira tua corripias me. Nio trúhten in dìnero hèizmuôti ne inchúnnist du mih. noh in dinero ábolgi ne iréssest dù mih. So dies uidicii (suòne tág) chóme. so ne ferlièsest dù mih.

Quoniam sagittæ tuæ infixæ sunt mihi. Knáde mir danne. uuanda nú dìne stràla in mir stecchent. Dìne chéstiga sint mir àna.

Et confirmasti super me manum tuam. Vnde nu hábest dû geféstenot an mir dìna hant. Ih pin nu in dìnemo geduuínge.

Non est sanitas in carne mea. Min lichamo ne ist héil. Vuaz ist imo? Corruptio (iruuártnissa) liget ímo ána. unde mortalitas (tòthèit). Vuannan ist daz?

A facie iræ tuæ. Fóne déro gágenuuerti dìnes zórnes. daz adam gefréhtota in paradyso. unanda daz ímo cham ex uindicta (fone geriche). daz ist an uns iu uuórden natura (aneburte).

Non est pax ossibus meis. Selben minen bêinen. ne ist ráuua nehêin. Vuannan cham diû únráuua?

A facie peccatorum meorum. Fóne déro gágenuuerti minero sundon. Diê irrahton dìn zorn. daz mih únhêilen getàn hábet. Alde iz

---

¹) libhafter. Sch.   ²) recordationem. Sch.

*) S. LXXXII.   **) S. 125.

chit . A FACIE IRÆ TVÆ . fóne dero irhúgedo dînes zornes . daz noh chómen sol in die iudicii (ze svone táge¹). unde a facie peccatorum meorum . fone déro irhúgedo minero sundon . dero ih conscius (keuuízzin ²) pin .

Quoniam iniquitates meæ super gresse sunt caput meum . Vnde fone diû . uuanda mîniu unreht úber stîgen mîn hoûbet . Ratio (uuizze) ist daz hoûbet . diâ uberuuant daz unreht in paradyso (in uuúnno gartin).

Sicut onus *) graue grauatæ sunt super me . Siû sint ûfen mir so suâre . also suâre burdi . Siû drucchent mih . fóne diû ne râuuen ih . Mit rehte irhúgo ib des sabbati (fîrtagen) . dar mir daz uuirt kebuózet . Vuanda dár gesciêhet daz uns keheîzzen ist . CORRVPTIBILE HOC INDVET INCORRVPTIONEM . ET MORTALE HOC . INDVET IMMORTALITATEM (diz uuártaséliga légit àna únuuartaséli . — diz tòdiga légit ána úndothêit).

Putruerunt et deteriorauerunt cicatrices meæ . a facie insipientiæ meæ . Mîniu uuúntmâle uuurden fûl . unde geérgeròt fóne dero gágenuuerti mînes úngeuuizzes . Ferhêiletiû uuúnda fûleta . unde uuard³) árgera . danne sie fóre uuâre . Daz chit . Fergébina⁴) sunda niûuuóta⁵) ih . unde uuart uuírsiro danna fóre . mir cham sêr uber sêr . fóne mînero uuízzelòsi . Si irráhta mir . al daz ih lido .

Miser factus sum et turbatus sum usque in finem . Vuenêg pin ih uuórden . unde leideger . unz an das ende mînes libes . Is ne uuirt⁶) mir êr lába . er ze sabbato (fîrtâge) .

Tota die constristatus ingrediebar . Allen mînen lib kiêng ih únfro . So ih paldo máhta . Ziû?⁷)

Quoniam anima mea completa est illusionibus . **) Vuanda min séla irfullet ist ketrúgedes . Vuélez ist daz ketrúgede ? âne so sî eînez uuîle . unde iro áber anderez chúmet in muôt . So troûg ménniscen der uuân . êr christus châme . daz er Got uuânda uuésen ligna unde lapides (holz unde steina) . So misse fiêng er iêo . an ételiîchero corporali figura (lichamin bilde) . alde incorporali (unlichamin) diû sih imo oûgta fûre Got . den ir-suóhta . So gesciêhet uns danne uuir uuellen bétondo an Got ténchen daz uuir an

---

¹) Das «v» ist übergeschrieben. Schilter hat «suone».
²) keuuiztîn. Sch.
³) uuart. Sch.
⁴) fergebina. Sch.
⁵) niu uuolta. Sch.
⁶) nuirt. Sch.
⁷) mahta ziu. Sch.

*) S. 126.   **) S. LXXXIII.

ánder únsih ferdénchen . unde unsih misseliche gedancha . chúmo lázzent pétòn. Des knésen uuir alles in sabbato (in uírritáge ¹).

Et non est sanitas in carne mea. Vnde an minemo fleisce ne ist bêili. So chumet sánitas carnis (kesunt des lichamin) . so animæ (sêlo) ába genómen uuirt *) illusio (trugeheit). Péidiu ²) châmen siù . fóne originali peccato (ánagennis sundo).

Incuruatus sum . et humiliátus sum nimis. Kenichet unde genideret pin ih harto. Der an dîa frámbari gedénchet sabbati . der bechénnet hièr sîna nideri. V'nuuerd mag er imo sélbemo sîn . uníder déro guóllichi . diù in getuót kelichen angelis dei.

Rugiebam a gemitu cordis mei. Ih irruôta fóre démo súftode mînes herzen. So uuíget mánne file hárto . daz imo gescéhen ist . so sîn siúftod rúode gelîh ist. Also ³) man liset fóne esau. IRRVGIT CLAMORE MAGNO (Er irruôta mit michelmo screige). Sólih diù lûta des lichamen ist . sólicha chit disèr uuésen dîa lûtun sînes hérzen. E'na lûtun gehòret ménnisco dîsa gehòret Got. Den hina langet . der súftot so. Recordatio sabbati (Irhúgida dèro uírro ⁴) machot den súftod.

Et ante te omne desiderium meum. Vnde fóre dir ist al . des ih kéron. Ih kéron sabbati (uírro) . daz uuéist dù . nals mennisco.

Et gemitus meus . a te non est absconditus. Vnde mîn súftod neist fóre dir geborgen. Vuanda er des herzen ist pediù ist er echert fore dir.

Cor meum conturbatum est in me. Mîn herza ist ketruòbet in mir . daz chit . ist irchómen . unde lèideg. Ziu ist daz?

Dereliquit me uirtus mea. Mîn chraft hábet mih ferlázzen. Fóne déro uueichi des herzen . chúmet irchómeni unde leídigi.

Et lumen oculorum meorum non est mecum. Vnde minero oùgon lièht neist sáment mir. Ménnisco hábeta oùgen lièht . unz er ⁵) Got hábeta. Do in Got ferliez . dò ingièng imo daz lièht . do begónda er uuésen in tenebris (in finstri). Vnz hára ist diù chlága des inuuértigen leides . hára nàh folget diù chlága des ûzuuértigen leides.

Amici mei et proximi mei . aduersum me appropinquauerunt. Mine

---

¹) uiritage. Sch.
²) Pudiu. Sch.
³) Alsa. Sch.
⁴) irhugida dero uuirro. Sch.
⁵) unzer. Sch.

*) 127.

friúnt . unde mine gelégenen . náhton sih uuider*) mir. Sô náhton sih iudei christo . daz si in criúzegotin . alde amici iob . daz si in lásterôtin . Fone sinero persona ih neimo IOB cháden ételiche uuésen gescríben allen dísen salmen.

Et steterunt. Vnde stuónden sie uuider mir.

Et qui iuxta me erant de longe steterunt. Vnde die bî mir uuáren . ferro stuónden. Pi an fuózzen . pi an léfsen . ferro an hérzen. Also iz chit. POPVLVS HIC LABIIS ME HONORAT . COR AVTEM IPSORVM LONGE EST A ME (dirro liût éret mih mit lefsin . áber iro herza ist férro fone mir [1]).

Et uim faciebant qui querebant animam meam. Vnde mih nôtegoton . diê mina sêla suôhton. Sie suôhton sie ze úbelero uuís . uuanda sie [2]) mín corpus (lichamo) ne uuolton sín [3]) . dar inne [4]) sie sia hábetin. Sie suôhton sié ze hazze . unde iro lichamen ze erslâhene.

Et qui inquirebant mala mihi locuti sunt uanitatem. Vnde diê mih ze úbele suôhton . die spráchen úppecheit.

Et dolos tota die meditabantur. Vnde áhtoton sie bisuíh állen den tag. Sié dâhton falsa testimonia (lukkiû urchunde) úber mih ze ságenne.

Ego autem tamquam surdus non audiebam. Aber ih ne horta iz . daz chit . ih neántuuurta is . sámo so ih toúb uuáre.

Et sicut mutus non aperiens os suum. Vnde suigeta ih . also der unsprechento stummo.

Et factus sum sicut homo non audiens. Vnde uuard ih also der ungehórendo man.

Et non habens in ore suo redargutiones. Vnde also irréfseda ne hábende in sinemo munde. Ih irráfsta ofto ér . in passione (martero) suigeta ih. Ih uuolta uuerden humilis iudicatus (diûmuóte úbertéilter) . **) daz ih áber chóme in potestate iudicaturus (in geuuálte irteilender).

Quoniam in te domine speraui. Daz teta ih . uuanda ih an dih trúhten gedingta . dû dir mina tristitiam (únfróuui) bechéren maht in gaudium (in mendi).

Tu exaudies domine deus meus. Du gehôrest mih . an den ih kedingta . truhten Got miner. Du fernímest mina ***) antseida . ube sia nioman ne uuile fernémen.

Quia dixi ne quando insultent in

---

[1]) (— lefsen —). Sch.
[2]) Fehlt bei Schilter.
[3]) sin. Sch.
[4]) darumbe. Sch.

---

*) S. 128.   **) S. LXXXIV.   ***) 129.

me inimici mei . Vuanda daz chad
ih ze dir . niê nehuôen min mîne
fîenda. Diê mir haftent . die nege-
tûoen so úbelo . daz sie in ze húhe
sin .

Et dum commouentur pedes mei
super me magna locuti sunt . Vnde
so mîne fuôzze sih uuégeton . daz
chit so siê slifton . so chôseton sie
fóne mir micheliu . Mícheles úbe-
les zîgen siê mih . so mîne lide die
noh in érdo sint missetaten . unde
mánton iro scúldo . diê ín uuégen
solton .

Quoniam ego in flagella paratus .
Vnde durh daz ne uuérde ih ze hûe .
daz ih káro bin chéstiga ze lídenne .
Diê ih scúldig ne bin ze lidenne . diê
lido ih kerno fúre diê scúldigen .

Et dolor meus ante me est sem-
per . Vnde ist mîn sêr iêo fóre mir .
Vuélez?

Quoniam iniquitatem meam ego
pronuntio . et curam gero pro pec-
cato meo . Daz ih min únreht oúgo .
unde ih sorgen umbe mina sunda .
Mir ist daz sêr . unde fóre oúgon .
daz ih ketán hábo . nals daz ih lído .

Inimici autem mei uiuent . i. li-
bere agunt . et confirmati sunt super
me . A'ber mine fîenda lébent selb-
uuáltigo . unde ist in nuóla . unde
sint kestárchet úber mih . Mir ge-
schéhent aduersa (uuidermuôte) .
in geschent prospera (fránspuôte) .

Et multiplicati sunt qui oderunt me
inique . Vnde ist déro filo . diê
mih peúnrehte hazzent . diê mir
unrehto lônont . uuóla uuilligemo
uuider siê .

Qui retribuunt mala pro bonis
detrahebant mihi . quoniam perse-
cutus sum iustitiam . Diê guôtes
mit úbele lônont . hinderspracho-
ton mir . uuanda ih knôto reht
forderota . Ih fórderôta iro salu-
tem (kénist) . dár umbe unliúmeu-
dotôn sie mih .

Non derelinquas me domine deus
meus ne discesseris a me . Ne fer-
lazest dú mih trúhten Got miner .
noh dú ne scéidest fóne mir . Daz
chit unser hôubet in únseren stal .

*) Intende in adiutorium meum
domine deus salutis meæ . Chêre dih
in mîne hélfa . hèrro mînero héili .

**) PSALMUS XXXVIII.

IN FINEM PRO IDITHVN CANTICVM
DAVID.

Diz ist dauidis frósang pro transi-
liente (umbe den sprángonten) . So
uuer terrena delectamenta (irdischiu
kelúste) úberstephet . unde úber-
sprungen hábet . unde imo échert
cælestia (himilsciu) in muôte sint .
des fróuuet sih DAVID in finem (in
ende) . Fúre den singet er sus.

---

*) S. 130. **) S. LXXXV.

Daz sang uuendet er an christum. der finis ist imo tuòt ér iz ze-lóbe.

Dixi. Ih chad in minemo herzen. unde einota mih sus.

Custodiam uias meas. ut non delinquam in lingua mea. Mîna uuéga behuòto ih só. daz ih míttero zungun ne missetůoe. Der idithun (sprángere) ist. der hábet mánige misseuuéndara. unde mánige lásterara. uuider dié er gedulte scéinen sol suîgendo. Der sprichet hiêr.

Posui ori meo custodiam. cum consisteret peccator aduersum me. So mir der súndigo uuidere uuas. so huòta ih mines mundes. So ih nuissa daz er minero uuórto fàre uuas. so suîgeta ih.

Obmutui et humiliatus sum. et silui a bonis. Ih irstúmmeta. unde gediêmuòta mih. unde bediû gesuîgeta ih ioh kuòtes¹). Furhtendo nîo ih úbelo ne spráche. fermeîd ih daz ih uuola ne sprach.

Et dolor meus renouatus est. Vnde dannan uuard keniûuuot mîn sêr. Mir uuag fore iro úbeli. dàr náh utag mir daz ih sprechendo gesceînet ne hábeta guôti.

Concaluit cor meum intra me. et in meditatione mea exardescet ignis. Náh démo sêre. iruuármeta mîn herza in mír. unde fiûr inbrán in minemo áhtonne. So heiz uuard mir. daz ih in-zûndet uuard. Daz uuâren geluste déro hinauerte. dié zunton mih.

Locutus sum in lingua mea. notum fac mihi *) domine finem meum. Doh sprah ih mit déro zungun. duò mir chunt trúhten mîn ende. La mih uuizzen. uuièo ih ûz lázzen súle mînen lîb. ze uuélero dúrnohti ih mih heften súle. unde tuò mih pecheunen Got. der finis (ende) ist.

Et numerum dierum meorum qui est. Vnde tuò mir chunt dià zála minero tágo. diu echert ist. áne uuás. Diu præteritum (irgángen zît) ne hábet noh futurum (chúnftig). unde bediû ist áne uuas. unde áne uuirdet.

Ut sciam quid desit mihi. Duò mir chunt den numerum. daz ih uuizze. uues mir hiêr gebreste. Daz ih diêmuòte sî. uuanda des daz ih hábo. so luzzel ist uuíder démo. des mir gebristet. unde mir diz fúre nieht ne dúnche. so ih dára denche.

Ecce ueteres posuisti dies meos. Sîno. mîne tága hábest dû hiêr firne getân. Diè firnen. unde zegân ne múgin. dié gib mir.

Et substantia mea tanquam nihil ante te est. Vnde fóre dir ist mîn

---

¹) guotes. Sch.

*) S. 131.

uuist-sámo so nîeht. Unz ih hîer bin.
so ist si dára uuídere nîeht . só si in
futuro (in‿chunfte) fúre uuirdet.

Verumtamen uniuersa uanitas . i.
mutabilitas . omnis homo uiuens . Si
oûh der mennisco transiliens mun-
dum (überspringende die uuerlt) .
er ist unz er lébet¹) . sámahaftiù
uuéhsalhéit. Feruárenni . unde ze
géngeda . unde únuuirighéit ist . ál
daz er ist.

Quamquam in imagine dei ambu-
let homo . tamen uane conturbatur.
So uuîo der mennisco gange an
démo Gótes pilde . er uuirt iédoh
ingemeitun getruóbet sines muótes.
Daz ist michil ding . daz er an imo tré-
get Gótes pilde . er uuirt áber fone
prima transgressione adæ . (dero êre-
stun úber‐stépheda adámis) geirret
sines muótes . umbe mánigiù ding
ingemeitun sorgendo . Ziù ingemei-
tun?

Thesaurizat et ignorat cui congre-
gabit ea. Fone diu . uuanda er²)
triseuuót . unde ne uuéiz uuémo er
den tríso sámenot. Vuaz mag so
úppiges sin . so daz er sih péitet ke-
halten . *) daz únlango uuéren mag?
unde daz er spáret . unde er doh ne
uuéiz uuémo?

Et nunc quæ est exspectatio mea?
Vnde uuaz ist nú des ih pito?

Nonne dominus? Ne ist daz min
truhten na? Daz du dih selben gé-
best mir . des pito ih.

Et substantia mea ante te est.
Vnde min uuist ist fóre dir. Daz
ih idithun (sprángere) bin . daz lí-
chet dir . daz ist in dínero ánasihte.
Habo ih substantiam auri (Goldes)
unde argenti (silbers³) . dia múgin
ioh ménniscen geséhen.

Ab omnibus iniquitatibus meis
erue me . **) Lóse mih fone allen
mínen unrehten . Vuaz durft ist des
kehétes demo idithun? A͞ne daz er
únsih léret diemuóte uuésen . doh
uuir an úns knádon geuuár uuorden
sin.

Obprobrium insipienti dedisti me.
I'teuuiz habest du mih ketán démo
únuuízzigen. Sáment diên uuoltost
dù mih uuésen . unde diên ságen
ueritatem (uuarheit) . die mêr min-
nont uanitatem (uppegheit) . unde
diên ih ánder ne bin . áne huóh.

Obmutui et non aperui os meum
quoniam tu fecisti. Vnder solchen
irstúmmeta ih . unde mínen munt ne
indéta ih ûf . uuanda dù iz táte. Dù
gábe mir dià patientiam . daz ih so
héilsamo suigen mahta.

Amoue a me plagas tuas . a forti-
tudine enim manus tuæ ego defeci
in increpationibus. Nim‿mir ába

---

¹) erlebet. Sch.
²) et. Sch.

³) (Silbers.) Sch.

*) S. 132.   **) S. LXXXVI.

dîne chéstiga uuanda ih sóne dînero hántstarchi . irrafsungon muóde bín . Libe mir . nah sò mánigen fillon . die mih ámáhtigen hábent ketân .

Propter iniquitatem corripuisti hominem . Vmbe unreht irrafstost du den ménniscen . Sine sculde uuizze dù imo .

Et tabescere fecisti sicut araneam animam eius . Vnde tate dù ín séreuuén unde smeccherén . also diá spinnun . Dù tàte in sóne arbéiten sò irlíttenen unde so mágeren also sî in iro líden ist . Ze déro uuîs . zúge dù in sínes únrehtes .

Verumtamen uane conturbatur omnis homo . *) Mánnolíh uuirt ièo doh ingeméitun getruóbet¹) sînes muótes . Vmbe diz allez ne begíbet er úppige sorgun . uuílon umbe uuât . uuílon umbe fuóra . Dár umbe er áber sórgêt . daz stát an Góte nals an îmo selbemo . bediu sint sine sorgun úppíg .

Exaudi orationem meam domine et deprecationem meam auribus percipe lacrimas meas . Kehóre mîn gebét unde mîna digi truhten . mit óron fernim mîne tráne . Fernim uues sie²) bíten . uuár umbe ih siê lázze .

Ne sileas quoniam aduena ego sum apud te . et peregrinus . sicut omnes patres mei . Ne suige . dù nechédest . remissa sunt tibi peccata (dir sint dine sunda belázzen) . alde salus tua ego sum (ih pin din genist) . uuanda ih chómeling sáment dir bín . unde éllende . also mîne fórderen alle uuáren . Sî chámen álle fóne babylonia ad ierusalim . unde uuaren hiêr peregrini . Also paulus chit . Quamdiu sumus in corpore peregrinamur a domino .

Remitte mihi ut refrigerer . Fergib mir mîne sunda intlád mih dero . daz ih erchuólet uuerde mînero sorgon . unde ih ráuua geuúnne³) in mînero conscientia .

Priusquam abeam et amplius non ero . Ér ih hinnan fáre . unde hiêr furder ne sî . Alde iz chit . er ih hinnan so fáre . daz ih furder ne sî . uuanda der ne ist . der sáment Góte neist . Ímo ne toúg⁴) sin uuésen . bediù ne ist er .

Hic laudate dominum quoniam bonus psalmus.

PSALMUS XXXIX.

IN FINEM PSALMUS DAVID.

EXPECTANS EXPECTAVI DOMINVM. Ecclesia chít . Pitendo peit ih mînes trúhtenes . Vuir biten bitendo . des

---

¹) geluobet (getruobet). Sch.
²) si. Sch.
³) geuuunne. Sch.
⁴) tougen. Sch.

*) S. 133.

únsih harto lánget. dannan ist disiu geminatio.

Et intendit mihi. Vnde sah er ze mir. Daz chit. er téta min uuára. uuanda er siéhet knuóge. déro ir uuára ne tuót. Fone diû ne chit iz. attendit me. nube attendit mihi.

Et exaudiuit preces meas. Vnde gehórta er mine dige. Vuar ána scein daz?

Et eduxit me de lacu *) miseriæ et de lutu limi. Vnde leita er mih ûzzer dero gruóbo. dero uuénegheite. unde ûzzer démo hóreuue des leimes. Vᷓzzer diên sundon nam er mih. Dàr ána scein iz.

Et statuit super petram pedes meos. et direxit gressus meos. Vnde gesázta er mine fuózze an den stein. der christus ist. unde an imo gerihta er mine genge. Der ne irrót der an imo gát.

Et inmisit in os meum canticum nouum. ymnum deo nostro. Vnde gáb er in minen munt. niûuuer sang. lóbo sang únsermo Góte. V'be ih ér sáng idolis chit sancta ecclesia. nú singo ih áber christo.

Videbunt multi. et timebunt. Daz keséhent danne mánige. unde furhtent in. **) Siê gesehent mih Got lóbon. dannan beginnent sie iro selbero furhten.

Et sperabunt in domino. Vnde bediû gelirnent siê be mir. daz ouh siê gedingent an trúhtenen.

Beatus uir cuius est nomen domini spes eius. Sáligo des tróst mines trúhtenes námo ist. Sáligo der in selben uuile. unde niêht ánderes.

Et non respexit in uanitates et insanias falsas. Vnde ér án úppighéite ne sáh. unde an lúkke sinnelósina. Dén nehein fúruuizze néist uuiêo auriga in circo spilot ûfen sinemo curru. unde uuiêo samfto er fiêr rós sáment turnet. unde uuiêo gehórig siû imo sint álles chéres. so uuiêo in lústet. Daz ist úppig uuanda iz diê ne tuót sálige. diên iz uuúnna ist ze gesehenne. Iz ist lukkiû sinnelosi. Vuaz mag sinnelósi ánderes sin. ane lukke? Si triûget iêo den. sáment démo si ist.

Multa fecisti tu domine deus meus mirabilia tua. Mánigiu diniu uuúnder hábest dû getán. drúhten. déro mèr ze dénchenne ist ¹). danne des in circo alde in theatro mimus unde auriga getuônt. Vuîchot dàr currus per terram. heliam fuórta currus in cælum. V'be ***) histrio (uuéphàre) dàr gát per funem (an seile).

---

¹) Fehlt von dem obigen « ist » an ; das latein gibt Schilter nach dem absatze in klammern.

*) S. 134.   **) S. LXXXVII.   ***) S. 135.

Petrvs kiêng¹) in undis (an diên uuéllon).

Et in cogitationibus tuis non est qui similis sit tibi. Vnde dir neist kelicher an dìnen gedánchen. Ne hêine liste ne getuónt ménniscen riten ze hímele. alde gân uber den mére.

Annuntiaui et locutus sum. multiplicati sunt super numerum. Ih chunta iz fóre chit christus mit déro uuízzigon munde. unde ságeta iz do selbo. do ih cham. daz déro úbelon manigfalti úbersláhet diê zála déro rehton. Also in euuangelio stat. Mvlti enim svnt vocati pavci vero electi (manige sint keuuísit unmanige iruuélit).

Sacrificium et oblationem noluisti. corpus autem perfecisti mihi. Daz er geuuièht uuard unde geópherot uuard. daz hábest dù geuuiderót. unde hábest mih selben gelichamháftot. Diù fóre-zeíchenúnga ist hína. diu uuárhèit ist chómen. Agnus de grege (lamb fone hérto²) uuard er geópherôt. agnus dei (Gotes lamb) uuirt nù geópherot.

Holocáustum. etiam pro peccato non postulasti. Ioh daz pránt-ópher. bi-de súnda ne fórderost dù. so dù iù êr tàte. dù uuíle nù cor contritum et humiliatum (fermúlet hérza unde gediêmuôt herza).

Tunc dixi. ecce uenio. Do chád ih. sih no³). ih chúmo. Do ih hièz ópheron agnum inmaculatum (ungeflechot làmb⁴). dò neimda ih mih sélben. do gihièz ih. daz ih nu getán hábo. daz ih selbo châme unde ópherfrúnscing uuúrde.

In capite libri scriptum est de me. ut faciam uoluntatem tuam. An démo êristen sálmen ist kescríben fóne mir. daz ih dìnen uuillen tuòe. Also iz chit. In lege domini volvntas eivs (an Gotes éo ist sin uuillo).

Deus meus uolui. Got miner. ih uuolta daz dár geheizzen ist. unde hábo gescèinet den uuillen.

Et legem tuam in medio cordis mei. Vnde dìna éa uuólta ih. in míttemo mìnemo herzen. Also iz ouh dár chit. In lege eivs meditabitvr die ad nocte (an sin éa denchet ir táges ioh nahtes).

Adnuntiaui iustitiam tuam in æcclesia magna. Ih chúnta dìn reht in æcclesia catholica (in déro állichun crhístenheit. *) Dàr ána téta ih dìnen uuillen.

Ecce labia mea non prohibebo. domine tu cognouisti. Sino⁵). mine lefsa ne betuòn ih. ih ne spreche dìn

---

¹) gieng. Sch.
²) (Lamb —). Sch.
³) noh. Sch.
⁴) Lamb. Sch.
⁵) Sine. Sch.

*) S. 136.

reht . daz pechénnest du in mínemo hérzen . dàr iz ménnischo ne bechénnet . Hiêr lêret únsih christus . daz uns sìn reht in muôte¹) sì . niêht ein in munde .

Iustitiam tuam non abscondi in corde meo . Din reht ne ferbarg ih in mínemo herzen . Sò is zit uuás . sò ne hál ih iz . aber in passione (in mártero) ne uuas is²) zit . pediû suìgeta ih .

Veritatem tuam et salutare tuum dixi . Dina uuárhèit unde dinen haltàre ságeta ih . Ih óffenota in daz ih christus pin .

Non abscondi misericordiam tuam et ueritatem tuam a synagoga multa . *) Ih ne barg dina gnáda . noh dina uuarhèit fóre michelero mánigi . Dia gnáda neìmo ih . der sih sundon geloúbet . daz dú démo siê fergíbest . unde diê uuarheit der rehto fêret . daz du démo coronam gíbest .

Tu autem domine ne longe facias misericordias tuas a me . misericordia tua et ueritas tua semper susceperunt me . Aber dû negetuôest ferro fóne mir dina gnáda . Fóne mínen uuánheilen liden . diê noh an démo rehte hìnchent . ne nir uerrèist du dìna gnáda . uuanda din gnáda unde din uuarhèit inphièn-

gen mih iêo . Mínna ist fóne gnádon . forhta fóne uuárheite . diê inphiêngen mih . unde leitent mih .

Quoniam circumdederunt me mala quorum non est numerus . Des ist fóne diû durft . ih meíno . ut non longe facias miserationes tuas a me (daz du niêt ferro ne tuôiest dine genada fóne mir³) . uuanda mih an diên liden pehálbot hábent únzálahaftiû úbel . Lóse uuéliû daz sìn .

Comprehenderunt me iniquitates meæ . Míniu únreht hábent mih kefángen . Déro sìnt so mánegiû . daz íro ne hein zála ne ist⁴) .

Et non potui ut uiderem . Vnde fóre iro mánegi ne uuas ih mahtig daz ih kesáhe daz uuárra liêht . daz selber Gót ist .

Multiplicatæ sunt super capillos capitis mei . Mánegeren sìnt siû **) danne diû hár mines hoúbetis . Sólih mánigi mag diên . der íro ne bórget . liêhto betémphen . Der grauia peccata (sueára sunda) ne tuôt . unde er áber mánegiû minûta (chleina sunda) ne furhtet . der uuirt peuuórfen harena (mit sánde) . doh ín moles (purdi) ne irdrúcche .

Et cor meum dereliquit me . Vnde mín herza hábet mih ferlázzen . Daz chìt . iz ist unmahtig sih sélbiz ze-

---

¹) moute. Sch.
²) iz. Sch.
³) (Daz —). Sch.
⁴) neist. Sch.

*) S. LXXXVIII. **) S. 137.

bechennenne. Also PETRVS sin herza ne bechánda. dò er chad. TECUM MORI PARATVS SVM (ih pin gáro sámit dir ze irsterbenne). Vuélih¹) uuúnder. úbe Got ferlázet²) daz herza. daz sih selbez ferlazet?

Complaceat tibi domine ut eruas me. Vuanda daz sò ist. nù lîchee dir truhten. daz du mih irlósest.

Domine ad adiuuandum me respice. Trúhten sih mir ze hélfo. daz chit uuis káro mir ze hélfenne.

Confundantur et reuereantur simul. qui querunt animam meam ut auferant eam. Scámeg uuerden sáment fóne minen miraculis (uuúnder zeichinin). unde irfúrhtén sih fóne mínero resurrectione (urstendida). diè mina séla suóchent daz siè siá irstérben.

Auertantur retrorsum et erubescant qui cogitant mihi mala. Hinder mih uuérden bechéret. daz siè náh mir gangen. unde sih scámeen diè mir úbeles únnen.

Ferant confestim censusionem suam. qui dicunt mihi euge euge. Sár trágen diè íro scanda. diè mir chéden sáligo sáligo. unde daz tuònt húhondo. alde mir iz ze lóbe sprechent. Sámoso iz fone mir sî. nals fóne Góte³).

Exultent et lætentur querentes te domine. Sprúngezên unde fréuuen sih. diè dih suóchent truhten. unde dir euge chédent. uuanda du iz kibest.

Et dicant semper. magnificetur dominus. qui diligunt salutare tuum. Vnde chéden ieo. diè dinen haltâre mínnont. truhten uuerde gemíchellichot. uuanda er gibet manne al guotes daz er hábet.

Ego uero egenus sum et pauper. dominus curam habet mei. Aber ih. demo siè chédent*) euge euge. ih bin durftig unde arm. Got hábet min ruóchun an imo bin ih riche.

Adiutor meus et protector meus esto domine ne tardaueris. Vuis mir hélfare unde scérmâre truhten Got míner. netuélena⁴).

**) PSALMUS XL.

IN FINEM IPSI DAVID.

BEATVS QVI INTELLEGIT SVPER EGENVM ET PAVPEREM. Sálig ist chit der propheta. der umbe den dúrftigen unde den armen fernúmest hábet.

---

¹) «uuelih» ohne einen punkt vorher. Sch.

²) ferlazzet. Sch.

³) rsch. De his euge alibi dicitur.

Fausta clamantes. id est ó tantum felices.

⁴) ne tuuena. Sch.

---

*) S. 138.   **) LXXXIX.

Der christum fernimet dàr umbe dúrftigen unde ármen uuórtenen . daz er unsih riche getuôe . Er chad fóne imo selbemo án demo forderen salmen . EGO AVTEM MENDICVS SVM ET PAVPER . ET DOMINVS CVRAM MEI HABET . Vuar scinet¹) daz er sàlig si?

In die mala liberabit eum dominus . In die iudicii lôset in Got . So hilfet in dáz er an imo ne ferstiêz . noh ne missenam unde er in inuuert uuissa Got . doh er in uzuuert sàhe ménniscen .

Dominus conseruet eum et uiuificet eum . Got kehálte in in allen unerltfreison . unde gelibhaftoe in . uuanda ándere alle sint tôt . àne diè an imo lébent .

Et beatum faciat eum in terra . Vnde sâligen túe er in . in patria sanctorum (in dero heiligon heimode) .

Et non tradat eum in manibus inimicorum eius . Vnde in sinero fiendo geuualt ne gébe er in . hiêr noh in êuuon .

Dominus opem ferat illi super lectum doloris eius . Got pringe imo hélfa . óbe démo bétte sines suérden . Sin únchraft heizzet lectus doloris (pétte suerden) . Suuér fóre únchréfte úf irstàn ne múge . ih meino . ube er carnem (den lichamen) ne múge²) frenare (gebrittolon) . sò helfo imo Got .

Vniuersum stratum eius . uersasti in infirmitatem eius . Al sin bétte beuuántost dù in sina siéhheit . An dêmo er nuólta ràuuen . an dêmo gàbe dù imo unráuua . Vbe er ilta geuuónnen hús unde húsce . chénun unde eigen unde ander geuuôre . daz tàte dù in al besizzen mit amaritudine sêr bitteri) . *) Ziu?³) Daz er ander ne mínnoti àne uitam æternam (lib èuuigen) . In lecto doloris (pétte suérden) hilfist du imo . in strátu requietionis (péteráuuo) pist du imo uuídere . Só ziehest⁴) dù diè dìne .

Ego dixi domine miserere mei . Fone diù chad ih . truhten gnáde mir .

Sana animam meam quoniam peccaui tibi . Heile mine sèla . uuanda ih dir gesúndot hábo . V'be dù christo ne libtost⁵) dinemo súne . doh er únscúldig uuàre . ih pin áber sculdig . mih fillest dù mit rehte . Daz du mih heilest . uuanda dò ih heil uuas in paradyso . dò ne lóseta ih dir .

---

¹) sinet. Sch.
²) Fehlt von obigem «ne muge» bis zu diesem bei Schilter.
³) «ziu». Sch.
⁴) Das erste «e» scheint durch einen punkt getilgt.
⁵) liebtost. Sch.

*) S. 139.

Inimici mei dixerunt mala mihi. Mîne fîenda chît christus argchôsoton mir. Vuaz châden sîe?

Quando morietur. et peribit nomen eius? Vuenne irstírbet er. unde uuenne uuirt fertíligot sîn námo? Sie cháden. HIC EST HERES. VENITE OCCIDAMVS EVM. ET NOSTRA ERIT HEREDITAS (diser ist der erbo. ilent hára sláhen ín sô uuirt uns daz erbe).

Et ingrediebantur ut uiderent. Vnde giéngen sie in ze mír. daz sie mih irspéhotin. Mih selben irspéhota iudas. andere mîne líde uuerdent irspéhot fóne mánigen.

Vana¹) locutum est cor eorum. I'ro herza sprach daz ne tóhta. Sîe dáhton daz sie mih ánalúgin.

Congregauerunt iniquitatem sibi. Vnreht sámenoton sîe ín selben. Sîe uuándon mir scadon. scádoton²) ín selben.

Egrediebantur foras et loquebantur in id ipsum. i. uno consilio (einrátig). Diè dára in gegangen uuáren. diè giéngen ûz. unde spráchen eîn stimme. Mînen tôd riêten sie einstimme.

Et aduersum me susurrabant omnes inimici mei. Vuíder mir fuôren³) rúnendo alle mîne fîenda.

Aduersum me cogitabant mala mihi. Vuíder mir dahton sie. úbel mir. Den dôd funden sie mir. der uuard lib ánderen.

Vuerbum iniquum constituerunt aduersum me. Vnreht uuort kesázton sie uuíder mir. Also daz ist. REVS EST MORTIS (sculdig ist ir tòdis).

Numquid qui dormit. non adiciet ut resurgat. Vuánist du der nû sláfet. er ne-irstánde dárana? Ir uuánint in hában irslágen. *) áber er sláfet. Sláf ist ímo der tôd. uuanda er sih ín ána lázet. eîna uuíla. unde ín áber sár hína uuirfet.

Homo pacis meæ in quo sperabam qui edebat panes meos ampliauit aduersum me supplantationem. Iudas min múntman. daz chît der mih chusta. ze démo ih mih fersáh. daz chît. ze démo sih mîne holden fersáhen. der mit mir àz. der bescráncta mih uuito. Vuîto fóne diù. uuanda er iudeos dára zuô gezôh. Vuíle dù chéden er gehéuigota mîna bescréncheda. uuíder mir uuésendo. daz ist iêo daz selba.

Tu autem domine miserere mei. Hábe áber du min gnada. trúhten. Daz ist ex forma serui (fone démo scálcs pilde) gespróchen. unde ex forma inopis et pauperis (fone démo

---

¹) Vane. Sch.
²) scadoten. Sch.
³) fuoron. Sch.

*) S. 140.

pilde des habelosin . unde des turftigen [1]).

Et resuscita me . Vnde iruuecche mih .

Et retribuam eis . Vnde danne lônon ih in . Ih heizzo romanos (romara) chómen . unde stôren sie .

In hoc cognoui quoniam uoluisti me . quoniam non gaudebit inimicus meus super me . *) Ih pechénno dar ána daz du mih uuoltost . uuanda min fient min ne‿mendet . Sie gesêhent noh alla die uuerlt . nah mir bechêrta . pediû nemént sie daz min námo fertíligot si . só sie lústa .

Me autem propter innocentiam suscepisti . Vnbe mina unscádeli inphiênge dû mih . Mitem et mansuetum bechandost du mih . daz liecheta [2]) dir an mir .

Et confirmasti me in æternum . Vnde gestarchtost mih in‿êuua . doh [3]) dû mih keuuêihtist ze êinero friste .

Benedictus dominus deus israel . Kelóbot si truhten Got israhelis . des iûngeren súnes . démo der altero diènot . Also nú scinet . uuanda iudei die ér ze geloûbo châmen . diè hábent daz kescriben . dára zuô uuir paganis zèigôen . so uuir sie ze geloûbo bringen uuéllen . Hinder in ist daz . mit diû uuir sie des irrihtên . des siê únsih zuífelont . I'ro scrífte dièrnont uns dára zuô . unde sint siê sámoso únsere châmerlinga . uuanda iz chit . **) MAIOR FILIVS SERVIET MINORI (der altero sun diènot demo iúngen) .

A sæculo et usque in sæculum . Hinnan fone dirro uuerlte . unz ze ênero uuerlte si ér gelóbot .

Fiat fiat . So fare iz . daz uuir ín hièr . unde in èuuon lóbon muózzin .

PSALMVS LXI.

INTELLECTVS FILIIS CHORE.

Diser salmo ist fernúmest [4]) filiis caluariæ (sunin chála kíbillun) . Vuaz ist caluaría? âne locus decollatorum (stat dero inthalsoton) . fone caluis ossibus (chálauuen gebêinon [5]) . so geheizzenêr . daz chit fóne blécchenten bêinen . Dàr muúrden damnati (die uberteilten) irslâgen . dàr uuard ouh christus crucifixus (an chriûce geslágen [6]) . bediû sint filii chorê (chorees súne) die signaculum CRVCIS (zeichen chriucis) inphangen habent .

QVEMADMODVM DESIDERAT CERVVS

---

[1]) Aus «habelosis» verbessert. Schilter liest «habelosifi».

[2]) liecheta. Sch.

[3]) do. Sch.

[4]) fernumist. Sch.

[5]) chalannen. Sch.

[6]) (ane Chriuce —). Sch.

*) S. XC.   **) S. 141.

AD FONTES aquarum . ita desiderat anima mea ad te deus. Also der hirz kérot ze demo urspringe déro uuázzero . so gérot mîn sêla ze dir Got. Der hirz slindet den uuúrm . unde îlet danne ze démo uuázzere. Daz pezêichenet náh feréndoten unde irslágenen áchústen . únsih múgen dúrstege uuerden . dero geistlichun lábo . diû fóne christo chúmet . der fons refectionis [1]) ist (prunno urstendi ist).

Sitiuit anima mea ad deum uiuum quando ueniam et parebo ante faciem dei. Mîn sêla ist dursteg . daz chit . sî ist kerég ze démo lébenden Góte. Sia belánget des tâges . danne [2]) ih chúmo . unde fóre Gótes kesîhte scîno.

Fuerunt mihi lacrimæ meæ panes die ac nocte. Des pitendo . uuárin mir mîne trâne brôt táges unde náhtes. Die az ih . unde dia fuôra [3]) gab ih mînero sêlo . do ih fontem drinchen ne muôsa.

Dum dicitur mihi cottidie . ubi est deus tuus. Lacrimas az ih tágoliches . unz mir tágoliches zuô gespróchen uuirt . uuâr ist dîn Got. Sînen Got zéigot .*) der . der súnnun alde mânen bétôt . unde tuôt mir iteuuiz uuâr der mîner sî . uuánda man den geséhen ne mág.

**) Hæc meditatus sum . et effudi super me animam meam. Dar ána dáhta ih . unde gôz mîna sêla ûz . hîna úber mih. Daz chît . ih rahta mînen gedáng úber diâ gesîht mîn selbes. Inuuert kesîêhe ih mih sélben . Intellectus (fernúmest [4]) der filiis chore [5]) (chorees súnin) gegében ist . der zeigot mir mîna sêla úngesîhtiga . unde ferro óbe íro mînen úngesîhtigen Got . uuanda sî ist mutabilis (uuendeg) . er ist inmutabilis (únuuendig). Sî ne rahti sih uber sih selbun . uuîeo irreihti [6]) sî dánne den . der obe íro so bóho ist.

Quoniam ingrediar in locum tabernaculi admirabilis . usque ad domum dei. So gelírneta ih in suôchen . uuanda ih in diâ stat cham déro uuúnderlichun bérebirgo . uuúnderlichéro hiêr in erdo . nnz man fóllechúmet . hîna ûf ze démo Gótes hûs. V'zerunhalb déro ecclesiæ ne darf man in suôchen . diû in állen Gótes hóldon uuúnderih ist . mánigero uirtutum (kuottâto). In déro ist zegánne . unz man folle chóme dára . dar Gotes hûs ist . dar daz uuúnderòn aba ist . uuanda fons

---

[1]) resurrectionis. Sch.
[2]) Danne. Sch.
[3]) fura. Sch.
[4]) fernunft. Sch.
[5]) chora. Sch.
[6]) irreihta. Sch.

*) S. 142.   **) S. XCI.

intelligentiæ (prunno fernúmeste [1]) dar ist . unde alle questiones (reatisca) dar in chnuphet uuerdent.

In uoce ex ultationis et confessionis . sonus epulantis . I'n [2]) indés ist mir in dero stímmo fréuui unde geiíhte lûta des coùmenten (id est uuírttontin [3]). Mín sèla goùmet in dièn zuèin stímmon . daz ih Got lóbon . unde mih selben inchan . ièo unz ih dára chúmo . Sie héllent mir sô suôzzo . daz mir íro lûta . goùma (uuirtscaft) ist.

Quare tristis es anima mea et quare conturbas me? Ziu bist du trúreg . unde ziu únfreuuest du mih min sela? Sámoso dú ne uuízzist dièn ze ántuuúrtenne . die ze dir chédent . uuàr ist din Got? Sámoso du in admirabili tabernaculo (in uuunderlichero sélido) ne síst . in dièn goùmon exultationis et confessionis (uuirtsceften frouui unde biúhte) . *) Vmbe uuaz uuégent dir disc uuerlt irreden? Ziu leidegont sie dih so?

Spera in deo. Hábe dih ze góte . an in gedínge . er genímet dih dar úz.

Quoniam confitebor illi . So tuôt er . uuanda ih iího imo . Vues?

Salutare uultus mei deus meus.

Mines ánaliùtes heíli ist min Got . Des iího ih ímo . Er heilet min ánaliùte . daz nu trúreg ist . unde getuôt iz frô . so ih in gesièho.

Ad me ipsum anima mea conturbata est . Ze mir selbemo ist min sèla getrúregot . ze Góte ist si getróstet . Er ist stâte . ih pin unstâte . min unstàti uuiget mir . sin stàti baldet mih . Si gibet mir gedingi dára ze chómenne . dar ih stâte uuérde.

Propterea memor ero tui de terra iordanis et ermonim a monte modico . Dar umbe erhugo ih din . fone iordanis lande . unde fone ermonim lúzzelmo bérge . Iordanis chit latine descensio eorum (iro nideruuart) . ermonim anathema (leitsami) . Iordanis bezèichenet baptismum (toùfi) . anathema bezèichenet abominationem (leitsami) . An dièn bèiden uuirt fernómen humilitas (diúmuoti) . Diù gelèret den man sih sélben niderren . daz chit descendere . unde sih selben leidezen . daz chit anathematizare . Fone diù chit iz . Diêmuòte uuésendo unde mih selben lúzzellichondo . erhúge ih din.

Abyssus abyssum inuocat . Aberunde eíscot aberunde [4]) . Vetus testamentum (alte ea) fóre-zeichenet nouum testamentum (niúuua ea).

---

[1]) fernunfte. Sch.
[2]) Fehlt bei Schilter.
[3]) Es steht «ide'». Sch. hat «idem».
[4]) aberunde. Sch.

*) S. 143.

In uoce cataractarum tuarum. A'n dero stimmo. dinero uuâzzerdiêzzon¹). daz chit. an déro lêro dinero prædicatorum (predigâro). Siê gelêrent daz. uuiêo ein testamentum (êo urchunde) sihet²) ze démo ánderen. Alde iz chit. Ein uuise man máchot ánderen uuisen. ándero stimmo dinero lêron. nals sinero. Du gibist³) daz sin léra andermo toûg.

Omnes suspensiones tuæ. et fluctus tui super me transierunt. *) Alle dine ûfslagunga. unde dine uuélla **). habent mih úber fárin. Daz chit. mih ne sint ferhólen die drouua dinero iudiciorum (urteildon). diû du ûf slágost in finem sæculi (unz ende uuerlte). noh die arbêite dero gagenuuertun uuerlte. ne sint mih fergangen.

In die mandauit dominus misericordiam suam. et nocte declarauit. Táges kebót truhten sîna gnâda. unde nahtes sceinda er sia. Der sin reht kelirneta in fride. den lósta er in únfride. Fernémên sîna legem (êa). so uns uuóla si. so hilfet er uns in nôte.

Apud me oratio deo uitæ meæ. Sáment mir ist kebét demo Góte mines libes. Ih hábo heime daz er suóchet. daz ist mîn gebét. nals mîn frúnscing. Vuiéo ist daz ketan?

Dicam deo. susceptor meus es. quare oblitus es mei? Sus ist iz ketan. Ih chido ze Góte. du bist der mih inphâhet. ziû ergâze du mîn? So nôt ist mir hiêr. samo so du mîn ergézen ēigist.

Quare me repulisti? Ziû stiêzze du mih uuídere. do ih in excessu mentis (in hína inbrútteni muôtis) kechóreta. déro himelscun suózzi? Ziû ne liêzze du mih in dero fólle stân. daz ih sus ne châle?

Quare tristis incedo. dum affligit me inimicvs⁴)? dum confringuntur ossa mea? Ziû gân ih leideger. daz mih sús préchot der fient. mit mánigen scandalis. fone diên ioh miniu bein ferbróchen uuerdent? Ziû lâzest dû diabolum. ioh fortes in æcclesia mit temptationibus keuueichen?

Exprobrauerunt mihi qui tribulant me. dum dicunt mihi per singulos dies. ubi est deus tuus? Diê mih arbeitent. diê hábent mir geiteuuizzot an diû. daz siê tágeliches chédent. uuár ist dîn Got. Den iteuuiz tuônt sie mir an dînen martyribus. Vuanda dés mîn sêla getruóbet ist. fóne diû chido ih aber.

---

¹) uuazzergiezzon. Sch.
²) sihet. Sch.
³) gibest. Sch.

⁴) Das verschlungene «vs», wie öfters in der folge.

---

*) S. XCII.   **) S. 144.

Quare tristis es anima mea et quare conturbas me? Ziú bist dú únfro . unde leidig mína séla.

Spera in deo quoniam confitebor illi . salvs uultvs mei meus¹). Trôste dih ze góte . uuanda imo iéhendo chido ih . dú bist mín heili . Got miner.

PSALMUS XLII.
PSALMVS DAVID.

Disiu uox ist des . der iéo daz*) uueinot . daz er hiér mit dien úbelen ist . uuanda er gerno hina uuâre dâr échert diê guóten sint.

IVDICA ME DEVS . ET DISCERNE CAVSVM MEAM DE GENTE non sancta. Irtêile uber mih Got . unde scéide mín ding fóne unhéiligemo diéte . Doh nuir hiér sáment sîn . gelih ne lâz unsih sîn.

Ab homine iniquo et doloso eripe me . Fone únrehtemo ménniscen unde hinderscrénchigemo lose mih.

Quia tu es fortitudo mea . quare me repulisti . quare tristis incedo dum affligit me inimicus? Sid du Got mîn stárchi bist . uuider déro únfreuui . ziú stiézze dú mih dána fone déro starchi? unde ziú bin ih únfro . danne mih der tiéfel muóhet²) mit temptationibus (chórungon)? Malus amor malus timor (ubel minna úbel forhta) gruózzent mih . uuíder dién ríngo ih . in déro ringun bin ih únfro . ziú³) ist daz . sîd dú mîn starchi bist? Dú bist mîn starchi . ziú ist mir . ána diú uueíchi tristitiæ (únfrouui)? A͞ne daz mir mit unrehte leidiu ist uindicta originalis peccati (geríh dero érestun adámis sundo) . dánnan álliú temptatio (chórunga) chómen ist? danne mih mér fréuuen solta iustitia dei (Gotes reht) . diú nehéin unreht ungeandot ne lâzzet? Fone diú ist mir zechédenne . BONVM MIHI QVIA HVMILIASI ME .**) VT DISCAM IVSTIFICATIONES TVAS (mir ist kuót daz du mih doûmuotost . daz ih dîn rehtnissa lérnee). Temptatio (chórunga⁴) drúcchet mih dâr lirnen ih uuíeo reht tu bist.

Emitte lucem tuam et ueritatem tuam . Sende úz . unde tuô gebórn uuerden christum dién liéht . unde dîna uuârhéit.

Ipsa me deduxerunt et adduxerunt in montem sanctum tuum et in tabernaculum tuum . Diú fuórton mih . unde brâhton mih úfen dînen heíligon berg . unde in dîn gezelt. Lux (lieht) unde ueritas (uuarheit)

---

1) deus meus. Sch.
2) muoche. Sch.
3) ziu. Sch.
4) Chorunga. Sch.

*) S. 145. S. XCIII.

diu christus sint . diu geinnoton mih . in dia æcclesiam . diu mons (perg) unde tabernaculum (kezelt) ist . Si ist der mons (perg) . der fone lúzzelmo *) steine so iruuuohs . daz er orbem terræ (ring der erdo) irfulta . nah danihelis prophetia (fóresàgo) . Si ist kezelt . uuanda si féhtentero unde uárentero¹) ist . Daz hus dára sie fárent . daz ist in himele . Fone demo ist kescriben . BEATI QVI HABITANT IN DOMO TVA . IN SÆCVLA SÆCVLORVM LAVDABVNT TE (sálig sint diê in dinemo hus púuuunt . iêmer unde iêmer lobont sie dih) .

Et introibo ad altare dei. Vnde fóne démo tabernaculo (kezelte) chómendo . gán ih hina in . ze Gotes altare . dár ih selbo uuirdo holocaustum (ferbrunnen opher) . Daz ist der úngesihtigo altare in himele . den diser bezéichenet hiêr in erdo . selber tronus dei (Gotes stuól) . ze démo sih dár niêman negenâhet . âne der hiêr ze disemo uuirdigo gat .

Ad deum qui letificat iuuentutem meam . Ze Góte gán ih in . der dár mine iúgent . daz chit mina niúuui gefróuuet . Er gefróuuet dar mina niúuui . uanda er hiêr hábet keunfrouuet . mina firni . In dero niúuui folle stân ih . mêr ne firnên ih . mêr ne alten ih .

Confitebor tibi in cythare deus deus meus . Ih iiêho dir án dero cy'therun²) Got . Got miner . Daz chit . in arbeiten lóbon ih dih . in arbeiten singo ih dir . Cythara hábet nídenan ³) búch . also psalterium óbenan hábet . Fóne démo nideren teile . dar corpus (lîchamo) ist . unde mortalitas (tótheit) ist . chóment uns arbeite . So uuir diê lidendo Got lóboen . so singen uuir án dero cy'tharun⁴) . Daz sang ist suózze . uuanda patientia (kedúlt) máchot iz Gótelichen⁵) .

Quare tristis es anima mea . et quare conturbas me ? Sid iz Gótelichet⁶) ziú bist dú danne únfro mín sela ? unde ziú getruóbest dú mih ? ziú lázzest dú dih ána dehéin léid ? Sid imago dei (Gotes pilde) dir ána ist . ih meino ratio (uuizze) unde intellectus (fernumest) . diú oúh mens (muót) keheizzen sint . ziú ne stózzest du danne fóne dir . so uuáz diên misse zimet ?

Spera in deo quoniam confitebór illi . Kedinge an Gót . uuanda imo iiêho ih sus .

**) Salus uultus mei deus meus . Héili ist mines ánaliútes . min Got .

---

¹) uuarentero. Sch.
²) Zytherun. Sch.
³) nideran. Sch.
⁴) Cytharun. Sch.
⁵) Gote lichen. Sch.
⁶) Gote lichet. Sch.

*) S. 146.   **) 147.

PSALMUS XLIII.

IN FINEM FILIIS CHORE AD INTELLECTVM.

Chore daz dir chit caluitium (houbet pári[1]) alde caluaria (houbet-kibilla). bezéichenet filios crucis (súne chriúcis). uuanda in caluaria daz chit in loco caluitii uuard christus crucifixus (chriúcigot). Diên ist diser salmo ad intellectum (ze fernúmeste) des tinges. daz Got ofto betuót sîn óra gebétener umbe temporalia (disiû zitelichen). durh daz. dáz man ín bitte umbe æterna (diu éuuigen).

DEVS AVRIBVS NOSTRIS AVDIVIMVS. PATRES NOSTRI adnuntiauerunt nobis. opus. quod operatus es in diebus eorum. et in diebus antiquis. Vuir eigen gehóret truhten mit únseren óron daz úns únsere fórderen zalton. V'nsere fórderen zalton uns dîn uuerch. daz dû uuórhtòst in iro tágen. unde in alten zîten. Vuir eigen gehoret. uuiêo dû sie lòstost. doh dû únsih nû ne lòsest.

Manus tua gentes disperdidit et plantasti eos. Dîn hant ságeton sie. fersuánta ándere diéte. unde in íro stal. flanzotost dû sie.

Affixisti populos et expulisti eos. Neíztost umbe sie andere liúte. amorreos. eueos. unde gergeseos. unde tribe[3] die úz. daz dû in rûmdist[4].

Non enim in gladio suo possidebunt terram. et brachium eorum non saluabit eos. Sie ne besizzent niéht iro lant mit iro chnéhtheite. noh iro stárchi ne gehiélt sie.

Sed dextera tua et brachium tuum. Núbe dîn zéseuua daz chit dîn potentia (keuualt). unde dîn árm. daz chit filius tuus (dîn sun).

Et inluminatio uultus tui. Vnde diu óffenunga dînes ánaliútes. Daz dû an diên uuerchen dîh sceindost dár uuesen.

Quoniam complacuisti in eis. Vuanda dir gelichet uuás án ín.

Tu es ipse rex meus et deus meus. Der selbo mîn chuning. unde mîn Got pist dû noh.

Qui mandas salutes iacob. Dû dir israheli inbiútest sîna heíli. So uuiéo *) du facie ad faciem (ougsiúnigo) ne scinist. noh du dîna toúgenun substantiam (uuésenti) ne oúgtist. die dû in resurrectione (urstende) oúgen solt. dû chúntost doh per angelos (éngela) uuaz sie tuôn solton.

In te inimicos nostros uentilabi-

---

[1] (haubet —). Sch.
[3] Ueber «b» steht ein punkt.
[4] rum dist. Sch.

*) S. 148.

nivs cornu. Sól dîn helfa danne nû hina sîn? Nein sî. An dir uuas iro sígo . an dir triben oùh uuir mit hórne únsere fienda. Mit dinero starchi iágoen uuir sié.

Et in nomine tuo spernemus insurgentes in nos. Vnde in dinemo námen fersëhen uuir . diè án únsih nendent.

Non enim in arcu meo sperabo. Ih ne fersiého mih ze mìnemo bógen . nièht mêr danne únsere fórderen.

Et gladius meus non saluabit me. Noh mîn suert ne gehältet mih . dâna mêr iz siê gehiêlt.

Saluasti enim nos ex affligentibus nos. *) Dû hábest únsih kehálten fòre únseren áhtaren. Ih spricho iz in præterito (irgángeno) . uuanda iz so geuuis ist . sámoso iz irgángen uuâre.

Et eos qui oderunt nos confudisti. Vnde diè unsih hazzent . diè hábest dù gescéndet. In resurrectione (in ûrstende) uuerdent siê gescéndet . daz ist nû geuuis.

In deo laudabimur tota die. An Góte uuerden uuir gelóbet allen dag. Dâr tág áne naht ist . dâr uuérden uuir gelóbet . quia ex affligentibus nos eruisti nos (uuanda dû fóne diên neizzenten unsih lòstost).

Et in nomine tuo confitebimur in sæculum. Vnde an dinen námen iëhen uuir iëmer. In énero uuerlte ist éuuig confessio sanctorum (iiht dero hëiligon) . déro sie nieht irdriëzzen ne mág . uuanda iz íro beatitudo (sâligheit) ist.

Nunc autem repulisti et confudisti nos. Doh uns daz chúmftig si in éuuon . dû hábest únsih dîne martyres (keiihtare) iéo doh nû dána gestòzzen . unde gescéndet . uuanda uuir christiani gehetzzene . fóne paganis keleîdezet piren.

Et non egredieris deus in uirtutibus nostris. Vnde ûz ne gást dû Got sáment uns in únseren chreften . só dù êr tàte. Dû làzest únsih chráftelose . **) so uuir unsih irhéuen zefárenne uuider únserên fienden . doh du únsere fórderen tàtist fortes in bello (chuóne ze uuige).

Auertisti nos retrorsum . præ inimicis nostris . hoc est ante inimicos nostros. Dána geuuéndet hábest dû únsih hínder rúkke . fòre únserên fienden. I'n zuó séhenten habest dû únsih¹) fersmáhet.

Et qui oderunt nos diripiebant sibi. Vnde hábent únsih irzúcchet in selbên . diê únsih házzent.

Dedisti nos tanquam oues escarum . et in gentibus dispersisti nos. Du hábest únsih in gegében zefréz-

---

¹) Von obigem «unsih» bis zu diesem fehlt bei Schilter.

*) S. XCIV.   **) S. 149.

zenne sámoso sláht friúscinga . unde hábest únsih zeuuórfen under diê heídenen. Vuanda diz uox martyrum (marterero¹) ist . bediu ist disiu chlága zefernémenne²) fóne diên diê sih in martyrio (iihtungo) geloûbton . unde ad paganismum (ze heídescun) iruuúnden.

Vendidisti populum tuum sine precio. Hína gábe dû dînen liût . daz dû dar ûmbe ánderen ne inphiênge. Dû gabe dîne martyres (keíihterra) ze slâhto . uuéliche inphiênge aber dû fure siê?

Et non fuit multitudo in commutationibus eorum. Vnde nebein manigi lônes ne uuas . an démo chóufe. Déro hína gegébenon uuas mánigi . neheiniu déro dâr uuídere inphángenon.

Posuisti nos in obprobrium uicinis nostris . subsannationem et derisum his qui sunt in circuitu nostro. Dû hábest unsih keséezzet in iteuuiz únseren gebúren . unde umbe únsih keséezzenen in snúdun . unde in huóh.

Posuisti nos in similitudinem gentibus commotionem capitis in populis. Dû hábest únsih heídenen geséezzet ingelîchi dînero passionis (martyro) unde in houbet uuágot diên liûten . also dû indeis uuáre.

Tota die uerecundia mea contra me est. A´llen dag uuas min scáma gágen mir. E´teuuenne ferscáment sih andere ménniscen . unsere scáma uuéreton.

Et confusio faciei meæ cooperuit me. Vnde scáma mínes ánaliûtes *) pedáhta mih.

A uoce exprobantis et obloquentis a facie inimici et persequentis. Vuannan cham si? Fone déro stímmo iteuuiz tuôntis . unde uuídersprechentis . unde fone déro ánasihte des fiendes . unde des áhtaris . der mir iêo gagenuuerte ist.

Hæc omnia uenerunt super nos. Diz ist alles ûfen únsih chómen . umbe intellectum filiis chore (férnumest houbet-kíbillun chíndin). Daz sie uuizzin . so uuiêo Got únsere fórderen leítti ûzzer egypto . unde er unsih in resurrectione (ze suôno táge) leíten súle úzzer disemo egypto dirro uuerlte . daz uuir hiêr under zuíscen líden súlin alle nóte . unde besuôchet uuerden suln . ube uuir Got gratis . daz chit ungemiéte uôben uuéllen. Gratis (fergébeno) cáb er uns den líb . gratis irlósta er únsih . gratis (fergébeno) suln uuír in uôben . ih meino daz uuir hiêr lónes ne géroen . nube in futuro (hína fûre). Fóne diu chit iz³) hára nah.

---

¹) martierero. Sch.
²) zefernemen, ne. Sch.

³) Ueber «z» ist ein punkt.

*) 150.

Nec obliti sumus te. Noh durh daz ne irgazzen uuir din. Nehéin tribulatio (chelunga) ne irgazta unsih din. nuanda du uuóltost sia uns kescéhen ad intellectum (ze fernumeste). uns filiis chore (kébel-chindin). uns filiis crucis (chriúce chinden).

Et inique non egimus in testamento tuo. Noh unrehto netâten uuir an démo. daz dû uns penêimdost. daz chit an dínero lege (êo).

Et non recessit retro cor nostrum. Noh uuídere negeuueih unser hérza. so déro herzen tuont. die umbe arbeite in desperationem (ferchunst) chóment.

Et declinasti semitas nostras a uia tua. *) Vnde gechértost du unsere stîga fóne dínemo uuége. Daz chit. dû gelertost unsih. uuíêo ferro unser uueg ist. den uuir uuolton gân. fone dînemo. den du unsih uuíle gân. V'nserer leitet ad mortem (ze tode). diner leitet ad uitam (ze libe).

Quoniam humiliasti nos in loco afflictionis. Vuanda du hábest unsih kièdiemuôtet in dirro neizzeseligun stéte. in dirro arbeit sámun **) uuerlte.

Et cooperuit nos umbra mortis. Vnde hábet unsih pedecchet pilde des tòdes. Vuélez ist daz? áne mortalitas (tothêit). diu in állen gemêine ist. Vuélez ist aber selber der tod? ane damnatio æterna cum diabolo (éuuîg ferdámnunga sámit démo diéuele).

Si obliti sumus nomen dei nostri. et si expandimus manus nostras ad deum alienum. nonne deus requiret ista? Vbe uuir irgázzen unseres Gótes námen. unde ube uuir gespreiton unsere hende ze frémidemo Góte. ne fráget des Got na¹)? Ziû fráget er des. daz er uuéiz? ane daz er iz únsih lazze uuízzen. unde uuir unsih sélben bechénnendo gebezzeròt uuerden.

Ipse enim nouit abscondita cordis. Er uuéiz dia tougeni des herzen. Bediû ne dárf er fráget. Er fráget áber. so er unser chóròt. unde er ándero chorungo unsih tuòt pechénnen uuér uuir sin. So er petro teta. der sih selben fóre dero temptatione (chórungo) ne uuissa. do er chád. TECVM MORI PARATVS SVM (ih pin gáro zir sterbinne mít dir). unde sih áber an dero temptatione (chorunga) begonda uuízzen. do er den loûgin beuuéinota.

Quoniam propter te mortificamur tota die. Dû uuéist dia toûgeni únserro herzon. daz uuir umbe dih irstérbet uuerden allen dag. daz chit álle zite. nals umbe uanam gloriam (ruòm). noh umbe unsere meindâte.

---

¹) nah. Sch.

*) S. XCV.   **) S. 151.

Vbe[1]) die ne uuárin . die umbe iactantiam (lóbo-gerni) sar irstúrbin . nals umbe dilectionem (minna) so ne châde PAVLVS[2]). SI TRADIDERO CORPVS MEVM ITA VT ARDEAM . CARITATEM AVTEM NON HABEAM . NIHIL MIHI PRODEST (Fer-sélo ih mînen lîchamin so ferro daz ih ioh ferbrinno . ne hábo ih ábir uuárra minna . só ne toúg mir iz).

Estimati sumus ut oues occisionis . Vnde daz uuir geáhtote birn also scáffine frúnscinga . Scáf ne uuérint sih . uuir ne uuéren unsih.

Exurge quare obdormis domine? Stánt uf trúhten ziu slâfest dû? Daz ist abusio uerbi . daz chit . missebrúcheda uuortis . diu grece (in chriéchin) heizet catacressis[3]). Vuîo mag Got slâfen? *) Aber sine martyres hárent ad christum . daz er gentibus (tiétin) chunt ketuôe sîna resurrectionem (urstende) . uuanda diên slâfet er . diê in uuízzen mortuum (tôtin) . unde in negeloúbent resurrexisse (irstándenen). Des langet sie mit rehte . uuanda so daz uuirt . so zegât persecutio (áhtungo).

Exurge et ne repellas in finem . Stant úf . unde ne stóz unsih dára nieht in énde . In resurrectione (in suônotage) ne feruuirf unsih.

Quare faciem tuam auertis? Ziú uuendes . du fóne uns . dîn ánasiúne? sámo so dû únsèr furder ne uuéllest ruôchen?

Obliuisceris inopiæ nostræ . et tribulationis nostræ . Vnde irgízzest únserro únéhte . unde únserro bíno? sámo so dû selbo ne uuúrdist arm . unde gebinot fúre únsih?

Quoniam humiliata est in puluere anima nostra . et adhesit in terra uenter noster . Kehúge unser . uanda únser séla in démo stúppe dih pétondo gediêmuôtet ist . unde únser búh nidere[4]) ligendo haftet zuô déro erdo . Alde uenter (puch) bezcichenet carnales (die fleiscin) . diê in persecutione (in áhtungo) sih keloúbton . unde sih hina haftón ad paganos (ze heidenen) . unde diê chláget nú biêr sancta æcclesia . Sí hábet múnt in sanctis (an hèiligon) . unde búh an carnalibus (fleiscinen). Bediù chád einer . ACCEPI LIBRVM . ET LIBER IPSE DVLCIS ERAT IN ORE MEO . ET AMARVS IN VENTRE MEO (ih inphiênch ein buôch . daz uuas suôzze in mínemo munde . unde bitter in mînemo búche) . uuanda præcepta dei (Gotes kebot) sint suôzze spiritalibus (keistlichen) unde eiuer carnalibus (fleischlichen).

Exurge domine adiuua nos . et redime nos propter nomen tuum.

---

[1]) Umbe. Sch.
[2]) Paulus chade. Sch.
[3]) catacresis. Sch.
[4]) nidero. Sch.

*) S. 152.

Stant ûf truhten . daz chit . gentibus (tìetin) ketûo chunt dina resurectionem (urstende) . daz ioh diè . diè nu háftent zuo déro erdo . ûf irháuen uuérden fone dero erdo . Hilf uns . unde lòse únsih umbe dînen namen . nals umbe únsere urêhte [1]).

---

*) PSALMUS XLIV.

IN FINEM PRO HIS QVI COMMVTABVNTVR FILIIS CHORÆ AD INTELLECTVM CANTICVM PRO DILECTO.

An christum siêbet diz [2]) sang . umbe diè gemûzoten súne chore . ze fernúmeste umbe **) den trût. Filii [3]) crucis (chriûcis chint [4]) sint keuuéhselot [5]) fone infidelibus ze fidelibus (ungeloûbigen ze geloûbigen). Dien selben ist diz sang ze fernumeste umbe christum dilectum [6]) patris (lièben des fáter) . umbe den diè unuernúmistig [7]) uuáren . die in chriûzegoton. Vuanda [8]) iz chit. SI ENIM COGNOVISSENT . NVMQVAM DOMINVM GLORIÆ CRVCIFIXISSENT (úbe siè in uuissin . niêmer ne chriûzegotin siè den hêrrin guóllichi).

Eructauit cor meum uerbum bonum. Pater (fater) sprichet fone filio (súne) . kuót uuort . irrópfezta min herza . daz chit . kuóten [9]) sún hábo ih chómenen fone mir selbemo. Sîn uuort ist er . uuanda er getuót in menniscon chunt . also er oûh sîn sapientia (kesmécheda [10]) ist . uuanda er in sie getuót sapere (sméchen [11]).

Dico ego opera mea regi. Mîniu uuerch sago ih démo chúninge [12]). Daz ist iteratio (aberunga) des fórderen sinnes . uuanda dicere (ságen) . daz ist uerbum proferre (uuort fúrebringin). Vnde [13]) uuanda an filio (súne) alliú Gótes uuerch sint . fone diû ist imo generare (kebérn) . opera sua regi [14]) dicere (sìniu uuerch chiúninge ságen). Noh ander ne ist diû sága . danne diû generatio (kebúrt).

Lingua mea . i . uerbum meum . calamus scribe i. scriptura scriptoris. Mîn uuort ist also stâte . also

---

[1]) unrehte. Sch.
[2]) dis. Sch.
[3]) filii. Sch.
[4]) (Chriucis —). Sch.
[5]) keuueselot. Sch.
[6]) dilectum Christum. Sch.
[7]) unuernumiftig. Sch.
[8]) uuanda. Sch.

[9]) Kuoten. Sch.
[10]) kesinecheda. Sch.
[11]) sinechen. Sch.
[12]) chununge. Sch.
[13]) « unde » ohne vorhergehenden punkt. Sch.
[14]) Regi. Sch.

---

*) S. XCVI.   **) S. 153.

diu scrift des scriben. Ménniscon uuort zegát. Gotes uuort ist imo ében éuuig.

Velociter scribentis. Iz ist also diû scrift des spuótigo scribenten. Vues mag so nuóla spuón. só eines uuórtis? Ein uuórt ist. daz der fáter gespróchen hábet. Daz ist fóne diû spuótig. uuanda iz einzen sillabon nièht gesprôchen ne ist. doh iz so éuuigo gesprochen si. daz an demo spréchenne initium (ánafang) noh finis (ende) ne si.

Speciosus forma præ filiis hominum. So daz uuort caro (fleisg) uuirt. so ist iz homo (mennisco). so ist iz sponsus (priútegomo). Vuiélicher ¹)? Speciosvs præ filiis hominum. Daz chit. scône fóre allen ménniscòn. uuanda ánderêr ne uuás innocens (unscadelih) âne er. noh ánderêr ne hábeta diá *) scôni unserro redemptionis (urlósi).

Diffusa est gratia in labiis tuis. Knáda ist kebreitet in dînen lefsen. uuanda uerbum gratiæ (uuort kenáde ist in dînen léfsen. Also daz ist. QVI CREDIDERIT. SALVVS ERIT (der dir geloúbit. der uuirt kehálten). Vnde áber. QVI MANDVCAT MEAM CARNEM ET BIBIT MEVM SANGVINEM. HABET VITAM ÆTERNAM (der mîn fleisch izzet. unde mîn bluòt trinchit der hébit éuuigen lib).

Propterea benedixit te deus in æternum. Nû chit der propheta (fóreságo) ad christum. Fone diû ségenòta dih Got in éuua. Andere ségenóta er ze einero friste. diè sub lege (under éo) uuâren. diè terram promissionis (lánt keheizzis ²) inphiéngen. dir gibet er umbe diá gratiam regnum cælorum (niúuuun genáda hímilriche). Daz tuòt er an dièn. die sub gratiam (under niúuuer genádo) sint.

Accingere gladio tuo circa femur tuum potentissime. Cúrte din suert umbe din dièh. filo geuuáltigo. Hiér in carne (lichamen) uuáfene dih. mit demo suérte dinero léro. diû geuuáltigo den sun sceide fone démo fáter. unde diò tohter. fóne déro muôter.

Specie tua et pulchritudine tua. Daz duô mit ³) dinemo ménniscinen bilde. unde mit dinero gótelichun scôni. Deus homo (Got mán) tuô iz.

Intende et prospere procede et regna. Sih an únsih. unde frámspuótigo chum hára fone hímele. unde rícheso hiér in dinero æcclesia. Propter ueritatem (euuangelii ⁴). et mansuetudinem (passionis).

---

¹) «uuielicher», ohne punkt vorher. Sch.

²) keheizis. Sch.

³) Fehlt bei Schilter.

⁴) (Evangelii). Sch.

*) S. 154.

et iustitiam (iudicii). Vmbe uuarhêit unde mámenti. unde reht. Vuarhêit lêre unsih in sancto euuangelio¹). mammendi sceine in passione (martero). reht oûge in iudicio (suono-tage).

Et deducet te mirabiliter dextera tua. Vnde leitet dih uuúnderlîcho dîn zéseuua²). daz chît dîn geuualt. Vuanda³) uuúnderlîcho lébest dû. uuúnderlîcho irstâst dû.

Sagittæ tuæ acutæ. potentissime. Dîne strâla sint uuasse. hárto mâhtige. Diniû uuort kemúgon fîlo. siù dúrhfârent diû hêrzen. uuanda siû uuássiû⁴) sint. unde bechêrent siû ze rehte. uuanda siû mahtig sint.

Populi sub te cadent in corde *) inimicorum regis. Vnder dih sturzent die liúte. Vuâr uuirt der sturz? In demo herzen des chúninges⁵) fiendo. Dû bist der chúning⁶). dir undertuont sie sih. unde uuerdent dár diêmuóte. dar sie úbermuóte uuaren.

**) Sedes tua deus in sæculum sæculi. Dîn stuôl Got. unde dîn riche uuéret iêmer. Sedes iudaici regni (der stuôl iudon riches) uuéreta eina urist. âne ende uuéret sedes regni tui (stuol dînes riches).

Virga directionis uirga regni tui. Kerta gerihtennis. ist dînes riches kerta. Si gerihtet diê ér chrúmb uuâren. unde intuuunden. uuanda sie âne in uuolton regnare (richeson) unde iro selbero uuillen tuôn. unde Gotes uuillen nâh démo iro duuingen.

Dilexisti iustitiam et odisti iniquitatem. Du minnotost reht. unde házzetost unreht. Dar scînet. daz dîn uirga (kerta) ist. uirga directionis (kerta gerihtinnis). Si ist inflexibilis (unboûglich). uuanda si ferrea (îsinîn) ist. unde éinen regens (rihtinde). ánderen cónterens (fermúlente). regens spiritales (rihtinde geisliche). conterens carnales (mullinde fleîsliche).

Propterea unxit te deus. deus tuus. Fone diù sálbota dih Got. dîn Got. Pater ruiêhta dih. unde salbota dih. uuanda dû minnotost reht. unde házzetost únreht. Vuaz ist daz salb? Iz ist spiritale (keistlîche) unde inuisibile (úngesiûnlich). daz mit corporali (lîchamhaftî⁷) unde uisibile (gesiûnlichemo) gezeichenet uuirt.

Oleo lætitiæ præ consortibus tuis. Mit démo oleo dero fréuui sálbota er dih. daz ist innocentia (unscádelî). diû neheines des dinges ne ir-

---

¹) Evangelio. Sch.
²) zesuua. Sch.
³) uuanda. Sch.
⁴) uuas iu. Sch.

⁵) chununges. Sch.
⁶) Chuning. Sch.
⁷) lichamhaftti. Sch.

*) S. 155.   **) S. XCVII.

húgel . daz sia suére . daz sia durfe riuuuen . Fore dinen geteilon . Daz chit . ferror danne andere heiligen . uuanda fone dir uncto (gesalbotin [1]) . sint keheizzen [2]) andere uncti (gesalbote).

Myrra et gutta et cassia . a uestimentis tuis . Fone dinero uuâte chóment diê stancha myrrun [3]) . unde guttæ . diu ammoniaca heizet . unde cassiæ . diu fistula heizet. Daz chit . fone fidelibus (geloûbigen) unde fone allero æcclesia . chúmet der liûment uirtutum (kuóttado) . der also suôzze ist . also der stáng diù rero chriûtero .

*) A domibus eburneis . Er chumet fone hélfentpeininen hiuseren . daz chit . fone sanctis uirginibus (heiligen magidin) . die fone diù mit helfentpeine gezeichenet uuerdent . uuanda elephas pudicum animal (chiûsche fiêo) ist . unde fûre eina chénun . neheina mér ne geuuinnet.

Ex quibus? hoc est inter quas delectauerunt te filiæ regum in honore tuo . Under diên hiùsern lusta dih déro chúningo [4]) tohteron . diê in dina èra gebórin nuúrden . Dero dih lusta . diê nuâren ápostolorum filiæ (póton tohtera [5]) . dir ze èron gebórne náls [6]) in . uuanda siê christianæ hiêzzent [7]) . nals petrianæ noh pauliane . Alde filiæ regum (tohtra chúningo) sint mànige æcclesiæ diê álle christi heizzent . nals PETRI noh PAVLI .

Astitit regina dextris [8]) tuis. Sélbiu diu chúningin din æcclesia . diù fóne mánigen ecclesiis pestàt . diù gestuônt ze dinero zésuuuún . Dàr gehôrent iro chint [9])? VENITE BENEDICTI PATRIS MEI (chómint keuuiêhte mines fater). Diù zeuuinstrun stát . diù neist regina . diu gehôret . ITE IN IGNEM ÆTERNVM (fárint in daz èuuiga fiùr) .

In uestitu deaurato . In úbergultimo [10]) geuuâte . daz chit mit démo gegáreuue sapientiæ (uuistuômis).

Circumamicta uarietate . V́mbehélitiù [11]) mit féhi . ein uueder . uirtutum (túgido) alde linguarum (zúngon) . uuanda in misselichen linguis (spráchon) ist si . misseliche . uirtutes (túgide) hábet si .

---

[1]) Urspünglich «gesaltin». Schilter liest «gesalbiutin».

[2]) keheizen. Sch.

[3]) myrrum. Sch.

[4]) Chuningo. Sch.

[5]) Verbessert aus «tohteron», wie es scheint. Schilter liest «tohterun».

[6]) «Nals» und punkt zuvor. Sch.

[7]) heizent. Sch. Die folgenden worte bis «nals petri» fehlen.

[8]) a dexteris. Sch.

[9]) Chint. Sch.

[10]) oder — — tuno, wie Schilter liest. Das «m» ist deutlich, doch das «i» unten weit rechts gezogen.

[11]) Umbe beltiu. Sch.

*) S. 156.

Audi filia et uide. Hôre tôhter unde sih. chit der propheta. Muoter mánigero chindo¹). tohter déro prophetarum unde apostolorum uuaz dir CHRISTI euuangelium²) gebiête. unde dára náh kesiêhest dû gloriam dei. Fides euuangelii geréinet dir daz herza. daz dû den gesêhen maht. den échert mundi corde (rein hérzen) gesêhen suln³).

Et inclina aurem tuam. Vnde die muótigo helde din ora. fernim sórglicho dísen rát.

Et obliuiscere populum tuum. et domum patris tui. Vnde hábe in ágezze dînen liût. populum babyloniæ (scánt=purge). dannan dû burtig⁴) pist. unde dines fater hûs diaboli. der dâr chúning*) ist. der dih únuuâllicha gebár. mit fleechon didinero sundon. unde uuirt regenerata (aberborn) in CHRISTO ze dero scône innocentiæ (úntárungo).

Quoniam concupiuit rex speciem tuam. Vuanda dîna scôni uuile der chúning. dîn brûtegomo⁵). Er ist scône durh sih. dû uuirdist scône fone imo. Absque mácula. absque ruga (áne fleechen áne rúnzun). uuíle er dih sín. Solícha getuót er dih. sólicha fórderot er. sólichiû gerîset imo.

Quia ipse est dominus deus tuus. Vuanda er ist truhten Got diner. pediû gelôube dih hinnan. dannan⁶) dû burtig sist. unde uuird imo minnesam. dinemo sponso (priutegomon) domino deo.

Et adorabunt eum filiæ tyri in muneribus. **) Vnde tôhtera ty′ri daz chit gentium (tiêto). chóment unde bétont in. géba bringendo. daz chit mánige elemosinas tuóndo.

Vultum tuum deprecabuntur omnes diuites plebis. Din ánaliûte fléhont alle die riche sint. des chómenten fólchis. Sie uuellen álle. daz du heiliga sponsa (prût) gesêhest iro elemosinas. Sie uuéllen in dero ǽcclesia sceinen iro gedehtigi. Also iz chit. IN MEDIO ÆCCLESIÆ LAVDABO TE. (in mittero brûtsamenungo lóbon ih dih⁷). A′nderes uuár ne toûg si. ánderes uuár ne-ist. si uuáriu.

Omnis gloria eius filiæ regum ab intus. hoc est prophetarum et apostolorum. A′lliu íro guóllichi déro selbun chúningo tóhter. ist inuuert. in íro conscientia (keuuízze). Dâr ist si scône. dâr minnot sia iro sponsus.

In fimbriis aureis. In gúldinen fáson ist si gáro. I′ro lézzesten

---

¹) chinto. Sch.
²) Evangelium. Sch.
³) sulen. Sch.
⁴) purtig. Sch.

⁵) brutigomo. Sch.
⁶) Ueber dem ersten „a" ein punkt.
⁷) (— brutt samenungo —). Sch.

---

*) S. 157. **) S. XCVIII.

uuerh sint állero diùresten . uuanda si‿den ùz‑làz kérnòst kesièhet túrnohten .

Circumamicta uarietate . Mit féhi úmbehélitiu [1] . uuanda si alle túgede minnot .

Adducentur regi uirgines post eam . Einzen [2] uuerdent práht mágede iro sponso regi náh iro . Si uuirt ze èrist unita (ein mit Gote) . ze dero unitate (einhafti) geziéhent sih dára náh singulæ (einzen) .

Proximæ eius afferentur tibi . Dir turhten uuerdent praht diè iro gelegenun sint . unde iro gelih sint in fide (kloúbo) unde in uirtutibus (túgedin) .

*) Adducentur in lætitia et exultatione . adducentur in templum regis . In fréuui unde in‿sprúngeli uuerdent sie bráht in Gótes hus . in sanctam æcclesiam .

Pro patribus tuis nati sunt tibi filii . constitues eos principes super omnem terram . Fúre diè apostolos diè ér uuáren . sint dir uuorden iro chint . die sézze ze‿biscofen úber álla erda . Sò dù PETRVM unde PAVLVM ne-séhest . sò neáhto dih uuesen intsázta . nim die fone iro prædicatione fideles (prédigo keloúbig)

unde spiritales (keislih) uuórdene sin unde sezze an iro stuòl .

Memores erunt nominis tui . in omni generatione et progenie . Diè gehúgent dines namen unz de‑heine [3] chúne uuéret . uuanda sie principes (fúrsten) sint super terram (uber erda) [4] . also iro fórderen uuaren .

Propter ea populi confitebuntur tibi in æternum et in sæculum sæculi . Fóne diù ièhent dir dine liúte in‿éuua . unde in uuerlt uuerlte . In disemo libe . unde in démo chumftigen ièhent siè dir . unde lóbont dih . Uuanda sus hièr ána gelóbot sint sponsus et sponsa (priútegómo unde brùt [5] . pediù heizet [6] diser salmo . epithalamium . daz chit prútelob .

PSALMVS XLV.

IN FINEM PRO FILIIS CHORE PRO OCCVLTIS PSALMVS.

Diser uuirt oúh kesúngen pro christianis diè mit filiis chore gezeichenet sint . umbe toùgeniù ding . diù CHRISTVS cham ze geóffenonne .

DEVS NOSTER REFVGIVM ET VIRTVS . Vnser Got ist zuò‑fluht . unde

---

1) umbeheltiu. Sch.
2) Einzent. Sch.
3) deheinen. Sch.
4) Schilter hat keine klamurern.
5) (priutigemo). Sch.
6) heizzet. Sch.

*) S. 158.

cráft¹). Mánige suôchent . dár zuô=
fluht dár chráft²) ne-ist . Sólih ne-ist
únser zuo=fluht . sî ist uirtus (craft³) .
si ist chreftig⁴) .

Adiutor in tribulationibus quæ in-
uenerunt nos nimis . Hélfàre in ár-
beiten . déro uns filo begagenet ist .
Vnder allen arbeiten ne-ist nehéin
arbéit mêrora danne conscientia pec-
catorum (keuuizzeda sundon) . Pe-
diù ist dero méist ze Gote ze geflié-
henne⁵) . *) Also diè tàtin diè CHRI-
STVM⁶) irslágen hábeton . unde fóne
PETRO gemánete compuncti (ircho-
men) uuúrden . unde in frágeton .
QVID FACIEMVS (uuaz mugen uuir
tuôn)? Diên uuas ze chédenne .
ADIVTOR IN TRIBVLATIONIBVS QVÆ IN-
VENERVNT NOS NIMIS. Vnde so sie
baptizati (ketoúft) uuurden . unde
iro sundon securi (sihchure) uua-
ren . do mahton sie chéden . daz
hára nâh folget.

Propterea non timebimus . dum
turbabitur terra . Fóne diù ne fúrh-
ten uuir uns . so diù erda getruôbet
uuirdet . Daz ist gens iudea (iudon
liût) . umbe fángenez mit gentibus
(tiétin) . Also diu erda ist mittemo
mére . Déro erda uuas turbatio (ke-

truôbeda) chúmftig . dìa siê fúrhten
nedorften . uuanda in Gót refugium
(zuôfluht) uuas .

Et transferentur montes in cor
maris⁷) . Vnde nefurhten uuir uns .
mugen sie chéden . so die berga fer-
fuôret uuerdent in_des méres herza.
Daz chit so apostoli iudeam làzzent .
unde sie gentium cordibus (tiéto
herzon) iro lêra gêbent dià iudei
feruuurfen . sô neist uns ze fúrhten-
ne uuanda uuir diên montibus (per-
gen) fólgeen . Daz ist ze fernemenne
fone selbemo demo monte (perge)
qui est in uertice montium (der dir
ist in óbenehtigen perge) . der ába
déro érdo in_den mére geuuórfen
uuard . nàh sin sélbes keheizze . Er
chad . SI HABVERITIS FIDEM VT GRA-
NVM SINAPIS . DICETIS MONTI HVIC TOL-
LERE . ET MITTERE IN MARE . ET FIET .
(habent ir geloúba also séneffes
chórn so chedent ir **) disen berge
zuô héue dih ûf unde fal in den
mére so tuòt er also) . Er ist der
mons (perg) . den sie fone iudea
ferfuórton ad gentes (ze diêten) .
mit iro fideli prædicatione (ketriu-
uuun predigo⁸) .

Sonuerunt et turbatæ sunt aquæ

---

¹) chraft. Sch.
²) craft. Sch.
³) Es steht «êraft».
⁴) creftig. Sch.
⁵) zegefliehene. Sch.
⁶) Chrumnt. Sch.
⁷) Ueber «r» ein punkt.
⁸) ketruuuun. Sch.

*) S. 159.   **) S. XCIX.

eius . s. maris. Diê selben berga scúllen prædicando (predigondo) . unde uuúrden getruóbet¹) síniu uuázzer . nuanda gentes (tiête) sturmdon sô sie nouam doctrinam (niûuua léra) gehôrton.

Conturbati sunt montes in fortitudine eius . Vnde diê berga uuúrden getruóbet . in sinero starchi . Vues starchi? âne dei (Gotes) . der uirtus (chráft) ist . Vuéliche berga? ândere berga . die montes sæculi (uuerlt perga) heizent nals *) montes dei (Gotes perga) . uuanda diê geuuáltigen dírro uuerlte²) . die uuurden des in úbelmo . daz íro leges (éa) . fóne Gótes legibus (éon) ferzóren solton uuerden . Dâr umbe ne uuárd iz doh ze leibo . Nube uuiéo fuór iz.

Fluminis impetus lætificat ciuitatem dei . A'na blásôd déro áho . gefreûta Gótes purg . Inundatio (ánafluz) sancti spiritus . gemáhtigóta siâ . Déro getrúnchen apostoli sô uílo . daz fóne íro uuómbon fluzzen chéh prúnnen . állen íro auditoribus (lósern) ze séti . Do uuard diû erda genézzet . do uuúrden únberchâftiû herzen gebérehaftôt . des freûta sih mit rehte ciuitas dei (Gotes purg) .

Sanctificauit tabernaculum suum altissimus . Sô tuóndo . gehêiligota sîna héreberga der hóhesto .

Deus in medio eius non commouebitur . Got ist in mittero burg . stúrmen ouh montes sæculi (uuerlt perga) . er ne uuirt iéo doh dánnan iruuéget . Dâr ist er sô mittêr . daz er in állen-gelicho hilfet .

Adiuuabit eam deus uultu suo . Got hilfet íro mit sínemo ánaliûte . Er getuót siâ geuuár an sînen uuerchen . daz er dâr ist . uuanda manifesta operatio dei (offon Gotes uuerch) . daz ist uultus eius (sîn ánaliûte³) .

Conturbatæ sunt gentes . Dannan uuurden diê diéte getruóbet . daz chit . châmen in ángest unde in fórhtun .

Inclinata sunt regna . Vnde gediemuóton sih diû riche . uuanda siû châmen unde bétoton in .

Dedit uocem suam altissimus . et mota est terra . Der hóhesto gab sîna stimma . unde dánnan eruuégeta sih diû erda . Peccatores (sundere) kehôrton siâ . unde irbibenoton dâr ába . diên gab er siâ ze gébo die márun géba brâhton in sîne apostoli .

Dominus uirtutum nobiscum . Got déro túgedo . Got déro chréfto .

---

¹) getroubet. Sch.
²) uuuerlte. Sch.
³) Fehlt bei Schilter.

*) S. 160.

der sélbiû chráft ist . der ist sáment uns . V́be er sáment úns ist . uuer mag danne uuider uns sín?

Susceptor noster deus iacob . Israhelis Got . ist der únsih inpháhet. In día selda inpháhet er únsih dannan úz uuír fúrder ferstózzen ne uuérden.

*) Venite et uidete opera dei . quæ posuit prodigia super terram . Chóment . únde geséhent síniu uuérch . díu er ze zeíchenen gesézzet hábet óbe erdo . Vuélichiu sint daz? Alde uuieo tuót er díu?

Auferens bella usque ad fines terræ . A'ba némendo día uuíga . unz ze énde déro erdo . Daz uuas in sínero aduentu (chúmfte) . dó fóne augusto ianiporta (uuíchporta) betán uuard . Alde spiritaliter (keislicho) . daz sih sínero fidelium (holdon) neheiner ze sínen geuuáfenen nefersiéhet . núbe ze Gótis scérme.

Arcum conteret et confringet arma . et scutum comburet igni . Den bógen fermúlet er . unde díu uuáfen ferbrichet er . unde den scílt ferbrennet er in démo fiúre . A'lla uuéri unde állen scérm nímet er dír . daz dú ze imo gefliéhest . unde du chédest . Adivtor et svsceptor mevs devs iacob (min helfare unde ze-sih-némo ist Got¹) . So gíbet er dir arma euangelica (des euangelii uuáfen) ueritatis . continentiæ . salutis . spei . fidei . caritatis (uuarheite fúreburte keníste kedingi triúuuo minno²) . díu hábest dú dánne fóne ímo . uuanda er diniu ferbrénnet hábet . igne (in fiúre) spiritus sancti.

Vacate et uidete quoniam ego sum deus³) . Fírront . Vuára zuó? Fírront⁴) unde geséhent . daz ih Got pin . nals ir . Ih scuóf⁵) iuúh . ih scirmo iuúh . Fírront ir des féhtennes . lázzent mih fehten.

Exaltabor in gentibus et exaltabor in terra . Ih uuírdo irhóhet in diéten . unde in erdo . Ih⁶) kesceino . daz ih Got pin in gentibus die máre heizzent . unde in iudeis die terra (erda) heizzent . Cecitas (plindi) kesciéhet in israel (in iúdon) . unz plenitudo gentium (folli dieto) chúmet in fine sæculorum (in ende uuerlte) chóment iudei⁷) . et sic omnis israel saluus fiet (so uuirt aller Gotes liút keháltên).

Dominus uirtutum nobiscum . susceptor noster deus iacob . Got déro

---

¹) ze-ihnemo. Sch.
²) (uuarhette —). Sch.
³) dominus. Sch.
⁴) firront. Sch.

⁵) ih scuoff. Sch.
⁶) ih. Sch.
⁷) Schilter setzt erst hier die schlussklammer.

---

*) S. 161.

chrefto ist mit uns . uuanda er in érdo mennisco uuórden ist . des iúngeren súnes (iacobis) Got . habet únseren lichamen inphángen.

---

*) PSALMUS XLVI.

IN FINEM PRO FILIIS CHORE PSALMVS.

Pro filiis calui (umbe chint des chálauuin¹) . daz chit CHRISTI. Er heizzet caluus (chálauuer) fone caluaria (chálo bérge) dâr er crucifixus (kechriûzegot) uuard. **) Diê sines caluitii (chálauui) húondo châden CRVCIFIGE CRVCIFIGE EVM (hâin hâin) . die uuúrden iû fóre gezeîchenet mit déro chindo huóhe . diê ze eliseo châden . ascende calue ascende calue (stig ûf chalauuo stig uf chalauuo). E'ne fràzzen ursi (périn) . dise ferslúnden dæmones (tiêfela).

OMNES GENTES PLAVDITE MANIBVS. Hántslágont alle diéte . Vuésent frô . daz ir in cruce bint redempti (irlóset) . Des iudei huôtin . des méndent ir . Slágezent mit handen . daz chit . iúuuera mendi oûgent an guóten uuérchen.

Jubilate deo in uoce exultationis. Liúdont²) Gote in frólichero stimmo . Sceinent iúuuera fréuui mit handen . unde mit zungun³).

Quoniam dominus excelsus terribilis . Vuanda der hôho Got ist égebàre . Ze himele gefárner ist er égebàre . doh er iudeis in érdo uuâre ze huóhe .

Rex magnus super omnem terram . Michel chúning . daz chit . mahtig uber alla erda . Máhtig úber iudeos . unde úber gentes (tiête).

Subiecit populos nobis . et gentes sub pedibus nostris . Liúte hábet er uns úndertân . unde diête . under únsere fuózze . Daz ist uox fidelium (keloúbigero) fóne infidelibus (ungeloubigen) uuanda christiani richesont unde in úndertân sint pagani (heîdene) . alde daz siê ferro hinderoren sint iro fréhtên.

Elegit nos hereditatem sibi . Vnsih christianos eruuéleta er imo ze érbe.

Speciem iacob quam dilexit . Er eruuéleta daz pilde iacob . daz er mínnota . Sîna scóni eruuéleta er . Vués uuas er scone? A'ne daz imo spiritalia (keislichiû) uuérderen uuâren . dánne carnalia (fleisclichiu) . unde er bediû mit lenticula (lînsinin) gechônfta sines pruóder primogenita (erisporinni). Dannan uuard kesprochen . MAIOR SERVIET MINORI (der altero diènot demo iúngerin) . uuanda impii (úbele) muôzzen ún-

---

¹) (— Chalauum). Sch.
²) Liutont. Sch.

³) zuongun. Sch.

*) S. C. **) S. 162.

dertân sîn piis (kuôten) . unde superbi humilibus (ubermuote dvomuoten¹).

Ascendit deus in iubilatione . et dominus in uoce tubæ . *) Got fuôr ze hímele in liûdungo . unde in hórnscalle . Apostoli liûdoton fóre mendi , angeli scálton daz lûtrêista horn . daz der chád . HIC IESVS QVI ASSVMPTVS EST A VOBIS IN CÆLVM . SIC VENIET QVEMADMODVM VIDISTIS EVM EVNTEM IN CÆLVM (dirro haltento der fone iù ze hímele genómen ist der chumet aber also er in gesáhent ze hímele fárin).

Psallite deo nostro psallite . Nû singent filii chore (cháluuin chind) . singent únsermo Góte uuanda ér échert mennisco ne-ist . núbe oûh Got.

Psallite regi nostro psallite . Singent únsermo chuninge . singent imo .

Quoniam rex omnis terræ deus. Vuanda Got ist chúning állero dero erdo . E´r uuas ér rex iudeorum (chuning iúdon) . unz er échert in chunt uuas . nû ist er állen gentibus (tíetin) chunt . unde állero chúning .

Psallite sapienter . Singent uuíslicho . Vuíselicho ne súngen . die sinnige únsinnigen simulacris²) (abkoton) súngen . Nû uuirt áber uuíselicho gesungen . ube uuir den Got . den uuir ne gesében . so fílo máhtigoren bechénnen . uuanda uuir in danne mag kescében ferchúrin . úbe uuir in gesében máhtin . sô iudei táten .

Regnauit dominus super gentes. V´ber diète richesota truhten sîd³) sînero ascensione (ùfferte) . úber énen diet fóre .

Deus sedet super sedem sanctam suam . Ad dexteram patris sízzet er an sínemo heiligen stuôle . super (ùffin) cherubim et seraphim . Mácho oûh dû ó christiane daz dû sîn stuôl sîst . Hábe reine herza . an démo ist sîn gesázze .

Principes populorum congregati sunt . cum deo abraham . **) Déro liûto fúrsten . sint kesáminot mit Abrahamis Góte . Allero gentium principes (tiéto furstin) uuerdent keloúbig an CHRISTVM . der abrahamis Got⁴) ist . Also der centurio (hunno) uuas fóne gentibus (tiétin) chómenêr . fone démo der saluator (haltanto) chad . NON INVENI TANTAM FIDEM IN ISRAEL (sêlichiro geloubo ne fánt ih under iúdon nieth⁵).

---

¹) Das « v » ist übergeschrieben. Schilter hat «domuaten».

²) Ueber « r » ein punkt. Ob zur andeutung einer andern silbenabtheilung, da das wort durch das ende einer zeile in die theile «simula» und «cris» gespalten ist?

³) Sid. Sch.

⁴) Gote. Sch.

⁵) nieht. Sch.

*) S. 163.   **) CI.

Quoniam dii fortes terræ uehementer eleuati¹) sunt. Daz ist fone diů. uuanda iudei diě ér dii (kóta) uuâren. unde áber nû stárche érda. harto irháuen sint. *) harto úbermuóte sint. Vuaz sint homines (menniscen) âne terra²) (erda)? Diě an in sélbên starchi suôchent nals an Góte. die heizzent fortes terræ (starche dero erdo). Diz ist der sin. Vuanda iudeorum superbia (hôhmuôti) ferchóren ist fone deo abraham (abrahamis Gote). bediů uuerdent ex gentibus principes (fone diètin diè fursten) kesámenot. daz sie abrahamis keloúba³) fúre siě inpháhen.

PSALMUS XLVII.

PSALMVS CANTICI FILIIS CHORE SECVNDA SABBATI.

Hiěr uuirt áber gesúngen filiis chore (chalauuen chindin). fone mánetáge. Dés táges uuard das firmamentum (himelfesti) gescáffen. daz diè bezeichenet. diè in sancta æcclesia firmi (feste) unde fortes (starc) sint uuider alle temptationes (chórunga). Fóne diěn uuirt nú gesúngen filiis chore.

MAGNVS DOMINVS ET LAVDABILIS NIMIS. Mahtig ist trúhten unde harto lóbesam.

In ciuitate dei nostri. Vuâr ist er lóbesam? In únseres Gótes purg. das chit in sancta æcclesia (in dero christenheit). ánderes uuâr ne mag iz sin. Kenuòge⁴) sint increduli (ungeloubig). unde maliuoli (ubeluuillig). die ne sint ciuitas dei (Gotes purg).

In monte sancto eius. V'fen sinemo heiligen bérge. In⁵) dero burg. unde ùfen démo bérge. ist er lóbesam. Stigen ùfen den berg. also der propheta únsih mánoe. Er chit. VENITE ASCENDAMVS IN MONTEM DOMINI chóment hara stigen ùffen Gotes perg). Vuiěo sól man dára ùf stigen? Vuir suln geloúben an in. unde an imo gerúcchen (stigen) ze déro hôhi déro túgedo.

Dilatans exultationes uniuersæ terræ. Fréuui allero déro erdo gebreitende. Magnus dominus habet (déro michelo Got unde der mahtigo) kebreitet fidem (kelòuba) sanctæ æcclesiæ in álla uuerlt.

Mons syon. latera aquilonis ciuitas regis magni. Syon der in ierusalem ist. unde nórdsita. daz chit iudei in súnde. unde gentes (tiète)

---

¹) Ueber «t» ein punkt.
²) Fehlt bei Schilter.
³) gelouba. Sch.
⁴) kenuoge. Sch.
⁵) in. Sch.

*) S. 164.

in nórde . sint des máhtigen chúninges . purg. Fóne dièn zuein bestât diû ecclesia (prútsámina). Daz ist diû gebreita fréuui állero déro uuérlte.

*) Deus in domibus eius cognoscetur cum suscipiet eam . So Got sia inpháhet . sô uuirt er irchénnet in íro hùseren. Er getuôt sia inpháhendo . daz si in erchénnet.

Quoniam ecce reges congregati sunt. Vuanda chúninga gesámenot sint . diè dar fóre heizzent latera aquilonis (sîta nórt). Vuára¹)?

Conuenerunt in unum. An einen chúning . an einen lapidem angularem (uuínchel stein) . der zuéne parietes (zuo uuénde) fuôget.

Ipsi uidentes sic admirati sunt. Siniu zeichen geséhendo uuúnderóton siê sih.

Conturbati sunt commoti sunt tremor apprehendit eos. Ketruóbet unde irruéget uuúrden siê . unde fórhta chám sie ána. Vuannan? A´ne daz siê iro sunda bechandon . unde siê sih dero irchâmen.

Ibi dolores ut parturientis. **) Dár uuúrden iro sêr . also déro bérentun. Iro sêr uuas pœnitentia (riúuua²) . dia gebâren siê.

In spiritu uehementi . conterens naues tharsis. Der selbo tremor (forhta) uuas in-drátemo³) uuinde . daz chit mit sin selbes starchi ferbréchendo cartaginis scef. Gentium superbiam (tiéto hóhmuôti) bráh diû micheli dero fórhtun. Ziú uuirt gentium superuia mit cartaginensium scéffen bezeichenet. A´ne daz siê under allen gentibus sih des scéfuuiges⁴) meist kuóllichoton⁵).

Sicut audiuimvs ita et uidimvs . in ciuitate domini uirtutum . in ciuitate dei nostri. A´lso uuir iz kehôrton geuuizegot fone prophetis . so hában uuir iz keseuuen fone apostolis irfóllot . in des chréftigen hêrren burg . in únseres Gótes purg.

Deus fundauit eam in æternum. Got fundaméntota sia in êuua . si ne uuirt furder ze-stóret⁶).

Suscepimus deus misericordiam tuam . in medio templi tui. Vuir inphièngen dîna gnâdo Got . in mítti dînes bûses. Dû scêinest dîna gnâda uuârhafto guôten under mitten dièn . die dîne sacramenta (unizzoth) nièzzent . unde templum dei (Gotes hus) heìzzent . dóh sie reprobi (ferchórin) sin. Fone⁷) dién

---

¹) «uuara», ohne punkt vorher. Sch.
²) (Riuuua). Sch.
³) in drattemo. Sch.
⁴) sceffuniges. Sch.
⁵) kuollicheton. Sch.
⁶) zerstoret. Sch.
⁷) «fone», ohne punkt vorher. Sch.

*) S. 165.   **) S. CII.

ánderes uuár *) gescríben ist. SI-
CVT LILIVM INTER SPINAS. ITA PRO-
XIMA MEA IN MEDIO FILIARVM (also
der lilio ist undir dórnin also ist
mîn nâh-sippa in mitten tóhteron).
Sie heizzent filiæ (tóhtera). sie
sint áber malæ filiæ (úbil tóhtera).
doh ist lilium. under in mitten.

Secundum nomen tuum deus. ita
et laus tua in fines terræ. Also dîn
námo chómen ist in énde déro erdo.
so ist oúh chómen dîn lób. Dîn
lób ist an dién. die rehto lébent.

Iustitia plena est dextera tua.
Dîn zéseuua ist irfúllet mit rehte.
Vuanda ze dínero zésuuun ne chó-
ment. neheine âne rehte. Doh má-
nige sin ze uuínstrun. mánege sint
oúh ze zésuuun.

Lætetur mons syon. et exultent
filiæ iudæ. propter iudicia tua do-
mine. Fréuue sih syon. daz ist
æcclesia catholica (állelich prût-sá-
menunga). fréuuen sih tóhtera iudæ
(piíhte¹). daz sint alle sanctæ femi-
næ (heilige fróuuua). umbe²) dîne
urteilda trúhten. uuanda dû gesci-
dost oues ab hedis (scâf fóne geizzin).
unde gehôrist iro gebét so sie
chédent NE PERDAS CVM IMPIIS ANIMAM
MEAM (ne ferliús mit úbelen mîna
sêla).

Circumdate syon et complectimini
eam. Nú fernément alle male ui-
uentes (úbilo lébente). in déro mitti
misericordia dei (Gótes knáda) in-
phángen uuirt. V'mbe hábent syon.
uuártent íro uirtutis (túgide³). unde
úmbe fáhent sia mit caritate (mín-
non). nals mit scaudalis (uuérron).

Narrate in turribus eius. Zellent
íro lób in dién turribus (turrin).
diû si ûf irrihtet hábent. contra he-
reticos (gloúb-irren).

Ponite corda uestra in uirtute
eius. Denchent an íro túged. uuíeo
míchel iro caritas (minna) ist. unde
bíldont sia.

Et distribuite domos eius. Vnde
íro prædicatores (prédiáre). zetei-
lent íro biúser. Paulus unde bar-
nabas fáren in domum præputii (in
hûs fúre-uuáhste). ándere apostoli
fáren in domum circumcisionis (in
hus umbe-snitis⁴).

Ut enarretis in progenie altera.
quoniam hic est deus deus noster.
Daz ir zélent. hína in ánderro chún-
nezalo. so CHRISTVS chómen si. dáz
er Got ist. únser Got. Vuíe lango?

In æternum et in sæculum sæculi.
In-êuua. unde in-uuerlt uuerlte.

Ipse reget nos in sæcula. E'r
rihtet unsih iémer. uuanda er REX
(chúning) IST.

---

¹) puhte. Sch.
²) ube. Sch.
³) tugite. Sch.
⁴) umbesnittis. Sch.

*) S. 166.

*) PSALMUS XLVIII.

**) IN FINEM FILIIS CHORE PSALMVS.

Filii crvcis (chriûzis chint) uuerdent hiêr gemánot[1] . daz siê ze Gotes uuístuómme[2] denchen . unde irre ne sìn.

AVDITE HÆC OMNES GENTES . CHRISTVS chit. Kehórent disiû uuort alle diéte.

Auribus percipite omnes qui habitatis orbem. Mit óron des hérzen fernément alle bûara déro uuérlte.

Quique terrigene et filii hominum. Kehórent ir érdpúrtigen . unde ir ménniscon chint . daz chit peccatores et iusti (sundige unde rehte). Adam uuas terrigena (érd-pûuuo[3]) CHRISTVS uuas filius hominis (menniscen chint). Kehórent so unédermo ir gelih sint . primo alde secundo adam (demo êresten[4]) adame alde demo andern[5]).

In unum diues et pauper. Kehórent sáment ríchêr unde ärmêr daz chit superbi et humiles (hohmuôtige unde nidermuotige).

Os meum loquetur sapientiam. Mîn munt sprichet den uuîstuôm. Mîn munt keságet[6]) iû uuer ih pin. Ih pin sapientia dei (Gotes uuîstuòm).

Et meditatio cordis mei prudentiam. Vnde mînes herzen áhta . sprichet fruótheit. Fóne herzen chóment míniu uuort . mit dien ih iùh fruôto. Diên ne tuòn ih kélicho die ein sprechent. unde ander uuellen.

Inclinabo in parabolam aurem meam. Ih keheldo mîn ôra ze minero ságo. Ih uuéren sélbo . daz ih léro. Aber pharisei (sünderman) lérent . daz siê tuóndo ne uuérent.

Aperiam in psalterio propositionem meam. Per corpus (dúrlichamen) óffenon ih mîna toúgeni[7]).

Ih chúmo selbo in corpore (in lichamen) . unde léro iùh . ùnsémfta fernúmist[8]).

Cur timebo in die mala? Ziù sol ih mir furhten in úbelmo táge . so dies mortis (tag todis) chumet?

Iniquitas calcanei mei circumdabit me? Vmbe grifet mih danne daz únreht minero férsenun . daz chit mines éndes . só iz ándere tuót?

Qui confidunt in uirtute sua et in multitudine diuitiarum suarum gloriantur. So iz diê tuôt . diê sih fertrúent iro sélbero chréfte? unde sih kuóllichont iro michelen rihtuômes?

---

[1]) gemahnot. Sch.
[2]) uuistuomi ne. Sch.
[3]) erd purno. Sch.
[4]) Scheint in «êrestin» verbessert.
[5]) anderen. Sch.
[6]) gesaget. Sch.
[7]) tougent. Sch.
[8]) fernimist. Sch.

*) S. CIII.   **) S. 167.

*) Frater non redemit . redimet homo? Der Góte chit pater (fáter) . der chit christo frater[1]). Den christvs ne lôsta . mag den mennisco lôsen . so diê uuánnent . diê ze iro chrefte sih fersêhent?

Non dabit deo placationem suam. Der des uuánet . der ne gibet nieht Góte mit diû er sih hulde.

Et præcium redemptionis animæ suæ. Noh daz uuerd sinero sêlo lôsungo. Der ne gibet elemosinam . der ne tuôt imo amicos de mamona[2]) iniquitatis (friunt fóne unrehtes scázze).

Et laborabit in æternum . et uiuet adhuc in finem . Vnde fóne diû ist er iêmer in árbeiten . unde lébet iê noh âne ende . Also diues sepultus in inferno (der richo begrábener in dero héllo) . âne énde mit arbéiten lébet.

Non uidebit interitum . cum uiderit sapientes morientes. Der sólicho ne bechénnet nieht interitum (ferlornissa) . so er uuise gesiêhet irstérben . unde er chit . siê sint ferlóren. Vuaz ist sie iro uuîstuôm ferfángen? V́be er bechándi interitum (ferlornissa) . so uuissi er sih ferlóren . nals siê.

Simul insipiens et stultus peribunt. Diê ne uuerdent ferlóren diê uuîse sint . der únuuiso unde der gouh . uuerdent sáment ferlóren. Der so únuuise ist . daz er sih selben ne bechénnet . unde so gôuh . daz er ne ruôchet sinero sáldon . déro iêo uuéderer uuirt ferlórin.

Et relinquent alienis diuitias suas. Vnde frémiden lazzent siê iro rihtuôma. Vuiêo áber ube siê chint eigen? Diû sint in oûh frémede . uuanda siû in ne sint núzze . Also diuiti (démo richen) frémede uuâren dô er in héllo uuas . die sinen rihtuôm besázzen.

Et sepulchra eorum domus eorum in æternum. Vnde sint iro gráb so siê denchent . iêmer iro hiûser.

Tabernacula eorum in progenie et progeniem. Vnde iro gezelt in chúnne . unde in chúnne . Fone diû machont sie marmorea sepulchra (stêininiû grap) . sámoso diû sûlin iêmer iro selda sin . Vuâre diues (richolf) dar gesêldot . sô ne brúnne er ze héllo.

) Vocauerunt nomina sua in terris suis . in sepulchris suis. Dâr ze iro gréberen háreton siê in[3]) be námen. *) Iro after chomen uuîsoton iro grébero . unde dâr goûmondo (i. uuirtondo) . hareton sie in dára . after heidenemo site . Vuaz ferfiêng daz diê tôten?

---

[1]) Also Sch. In der handschrift steht «fater», ist aber durchstrichen.

[2]) mammona. Sch.

[3]) in (ir). Sch.

*) S. 168. **) S. 169. ***) S. CIV.

Et homo cum in honore esset. non intellexit. Vnde mennisco ne uuissa. daz er in ếron uuas. Daz in imago dei (Gotes kelîchenisse) ziérta. daz nebechánda er. Fóne diû gescah ímo sús. Vuîeo?

Comparatus est iumentis insipientibus et similis factus est illis. Démo únuuizzigen féhe uuard er geébenot. unde démo uuard er gelîh. So férro stúrzta er.

Hæc uia illorum scandalum ipsis. Diz ist iro uuég. in sélben ze spúrnedo. daz chit ze offendiculo. A'htot siê iêman ánderro sálige. demo uuirt iz oúh ze scandalo.

Et postea in ore suo benedicent. Vnde dára nàh tanchont sie góte in iro munde. Nàh allemo irreden. uuerdent sie ypocrite (kelihseara). uuanda sie temporalia bona (zitelichiu guót) habende. fóne herzen Got ne lóbent. doh siê iz tuóien mit uuorten.

Sicut oues in inferno positæ. Sie sint also scáf. nals niêht échert scáf. nube also scáf in hello gestigotiû.

Mors pastor est eis. Der tôd ist iro hírte. Christvs ist uita (lib). diebolus ist mors (tôd). Also uita in himele guótero scáfo hirte ist. also ist in héllo mors hirte déro rûdigon scáfo.

Et dominabuntur eorum iusti in matutino. Vnde rehte uualtent iro in uôhtun. Hiêr ist náht. hiêr uualtent unrehte déro rehton. Sô diû naht fergát. unde iz hína¹) tágen beginnet. so uualtent aber rehte déro únrehton.

Et auxilium eorum ueterescet in infernum a gloria eorum. Vnde íro helfa irfîrnet in hello. dar chôment siê ába²) iro guóllichi. Alle helfa. scazzes. friúndo. geuualtes. unde al daz ze-guóllichi triffet. ferliêsent³) siê dà.

Verumtamen deus redimet animam meam de manu inferi cum acceperit me. *) Aber Got irlòset mîna sèla. fone hello geuualte. so er mih inpháhet. Christvs sprichet daz offeno fóne imo sélbemo. unde fóne sinen liden. Er fuór ze hello. er uuard ouh inphangen in himel mit diên sinen.

Ne timueris cum diues factus fuerit homo. et cum multiplicata fuerit gloria domus eius. quoniam non cum morietur accipiet hæc omnia. neque descendet cum eo gloria eîus. Ne fúrhte dir niêht. daz dû únsálig sist. so ein ánder man riche uuór-

---

¹) hinna. Sch.
²) aber. Sch.
³) ferliessent. Sch.

*) S. 170.

den si . unde sines hiésces kuóllichi gemanigfaltot si . uuanda so er irstirbet . sò ne nimet ¹) er iz hína mit ímo . noh dánne ne féret mit imo sîn guôllichi . Vuaz habeta diues in hello ane fiûr?

Quia anima eius in uita ipsius benedicetur . Vuanda er sâlìg geheizzen uuirt . únz er lébet pediû ist er únsâlig . so er irstirbet.

Confitebitur tibi cum benefeceris ei . Er danchot dir Gote . so du imo uuola tuôst . So dû ín chéstigost . sô lasterot er dih.

Introibit usque in progeniem patrum suorum . Et gât hína in diê altun slâhta sínero fórderon . Also úbel so die uuâren . so ist er . Abel unde cain sint mánnoliches fórderen . So uuéderen der man bildot . der ist sîn fórdero . Der súslih ²) ist . so hiêr gescríben ist . des fórdero ist cain.

Vsque in æternum non uidebit lumen . Got ist liêht ne gesihet ³) er niêmer . Ziû ist daz?

Homo cum in honore esset non intellexit . comparatus est iumentis insipientibus . et similis factus est illis . Daz ist fone diû . uuanda er sîna êra nebechanda . unde er beden sî . unde sînes hiêsces kuôllichi

diu uuard keébenot . unde gelîh rínderen unde rossen.

PSALMUS XLIX.

PSALMVS ASAPH.

Uuer uuas asaph? Er uuas filius barachiel . éiner déro sángmeìstro ⁴) . fóne diên man líset in paralippemenon . diê an diên seiton dise sálmen Gote súngen . Ze dero uuis ist díser salmo asaph *) uuanda er sang . daz in dauid lêrta . Vnde ferror ze fernemenne . asaph chit synagoga (diû geládeta ⁵)). Diû ⁶) synagoga dero geloubigon . unde dero heiligon áltfórderon . sprichet hiêr . I'ro ist diser salmo.

DEVS DEORVM DOMINVS LOCVTVS EST. Got dero Góto . daz chit . dero heiligon . diê fone gratia dii (kenádon góta) heizzent . selber truhten . der sprach . Vuaz ketéta er sprechendo.

Et uocauit terram . a solis ortu usque ad occasum . Er sprach . unde uuista ze sínero geloûba alla erda . alle diê in erdo sizzent . fone sunnun ûfkange . unz ze iro sedelgange.

**) Ex sion species decoris eius .

---

¹) nimmet. Sch.
²) sus lih. Sch.
³) gesiehet. Sch.
⁴) sangmeistero. Sch.

⁵) Verbessert aus «keladeta». Schilter hat «keladata».
⁶) «diu», ohne punkt vorher. Sch.

*) S. 171. **) S. CV.

Fóne sion chumet sin ziéra bilde. Sion ist in ierusalem. dannan ùz châmen apostoli. die uns christum chunton. den sin diuinitas (Góteheit) fóre allen ziérta.

Deus manifeste ueniet. Got chúmet óffeno. Der ér cham toùgeno. der chumet ánderest óffeno. Do er cham. do uuard imo ertéilet. so er áber chúmet. sô irteilet er.

Deus noster. et non silebit. V'nser Got chúmet. unde ne suiget. doh er nù suigee. uuanda er chit in iudicio (an demo suòne táge). ITE IN IGNEM ÆTERNVM (fárint in êuuig fiùr).

Ignis in conspectu eius ardebit. Fiùr brinnet fore imo. Daz prénnet diê paleas (heleuua). Der sih paleam bechenne der furhte daz fiùr.

Et in circuitu eius tempestas ualida. Vnde umbe in starch uuint. Des sceidet¹) diê guóten fone diên úbelen. Den uuint tuot diù uuinda diù in sinero hant ist. also iz chit. CVIVS VENTILABRVM IN MANV EIVS. ET MVNDABIT AREAM SVAM. ET CONGREGABIT TRITICVM IN HORREVM SVVM. PALEAS AVTEM COMBVRET IGNI INEXTINGVIBILI (Des uuinda ist an sinero hant. unde fúrbit er sin ténne. unde sámenot er den chérnen in sinen spichare. diê héleuua ábir die brénnit er in únirlosciuimo²) fiùre.

Aduocabit cælum sursum. et terram. Er ládot ûf den hímel. unde dia erda. *) Daz chit. rehte unde unrehte ládot er ze sinero urteildo. Ziù?

Discernere populum suum. Ze sceidenne sinen liût. Fóne uuémo? Fone diên úbelen. V'be hiêr sáment pùent. ubéle unde guôte. dár sceidet er siê.

Congregate illi sanctos eius. Synagoga (diù geladeta) sprichet nù ad angelos (ze éngelen). Sámenont imo sine heiligen. Vuanda iz danne féret also CHRISTVS chit in euangelio. MITTET ENIM ANGELOS SVOS ET CONGREGABVNTVR ANTE EVM OMNES GENTES (ir séndet sin éngila unde uuerdent kesáminot fúre in álle diête).

Qui ordinant testamentum eius. Diê sina beneimscrift ordinont. Diê also teilent unde tuônt. so er an buóchen gebóten hábet. Diê caritatem (minna) sceinent. elemosinam gebent. hospites (késte) inphâhent.

Super sacrificia. Liêberen uuerch Góte danne ópfer. Vuanda er chad. Misericordiam volo. et non sacrificium (irbarmeda uuil ih. nals opher).

Et adnuntiabunt cæli iustitiam

---

¹) sceidot. Sch. | ²) unirlosemimo. Sch.

*) S. 172.

eius . quoniam deus iudex est . Vnde sô tuóndo chundent cæli daz chit iusti (rehte) . sina iustitiam (reht) . uuanda siè uuizzen daz Got selbo irteilare ist . den nièht ne trûget.

Audi populus meus . et loquar. Nu sprichet CHRISTVS . Hóre min liût . unde danne spricho ih . Ne uuile dû mir hóren . sô ne bist du min liût . so suîgen ih.

Israhel . et testificabor tibi . Hóre dû israel . unde ih sâgo dir.

Deus deus tuus ego sum . Daz fernim . daz sâgo ih dir . Got pin ih . din Got pin ih . Lósést dû mir . sô bin ih din Got . Ne lósêst du mir . danne bin ih Got . nals aber din Got. Mir ze guòte bin ih Got . dir ze freison ne bin ih din Got . Vuélichen lon uuile dû . âne mih selben? An diu hábest du mih . daz ih din Got pin . Dar du mih hábest . dar hábest dû guôtelih.

Non super sacrificia tua arguam te . Vmbe diniu opfer ne irréfso ih dih . uuanda ih ne málon dih . ziù dû mir ne bringest taurum pinguem (feiztin phar) . *) alde hircum optimum (poccho bézzesten).

Holocausta autem tua in conspectu meo sunt semper . Aber diniu brant=opfer sint iéo fore mir . Daz chit . ih uuile daz din muôt fone caritate (mínnou) inzúndet si . daz ist min zinsefsca . Iû¹) uuas sito . so regiones prouintiæ (diê gebiùreda púrglòs) uuúrden . daz man hièz siè zins kében . Daz kebót hièz indictio (keuualt-pot) . Nû bin uuir trûhtenes prouintia . daz chit sin flihtlant . unde nû háben uuir fernómen uuéliche uectigalia (zinsa) er úns uuile indicere (kebèten) . nû sin gerno under sinero indictione (keuualt póte).

Non accipiam de domo tua uitulos . neque de gregibus tuis hircos. Ih ne uuile chalber fóne dinemo hus . noh póccha fone dinen herton . Vnz ih des ruohta in ueteri testamento (in altero bencimedo) . do ²) fóre zeichenda ih . uuaz ih in nouo (in niúuuero) inphâhen . uuile.

Quoniam meæ sunt omnes fere siluarum . iumenta in montibus et boues . Fóne diû ne uuile ih siû eiscon ze dir . nuanda min sint alliu nuildiu tièr . unde geuneîdotiû fého in⸗bérgen . unde inne stándiu rinder ze chripho.

Cognoui omnia uolatilia cæli . Ih pechenno ³) álliu diû gefûgele déro lúfte . Vbe mir iro lustet . ih pechenno siû baz danne ménnisco.

---

¹) Lu. Sch.
²) doh. Sch.

³) Schilter hat hier noch die worte «siu baz danne mennisco».

---

*) S. 173.

uuanda ih uuissa iro getàt . dia siù nù hábent . er siù uuúrdin .

Et pulchritudo agri mecum est. Vnde feldscôni ist sáment mir . Si ist mir chunt uber al [1]).

Si esuriero non dicam tibi. Húngeret mih . daz ne chlágo ih dir .

Meus est enim orbis terræ . et plenitudo eius. Diù uuerlt ist mîn . unde âl daz dar inné ist . uuaz kíbest du mir?

Nunquid manducabo carnes taurorum . aut sanguinem bircorum potabo? Vuânest du mih ezen fárrin fleisg . alde trínchen bucchin bluôt . so uuiêo mir iz ze ópfere chóme?

Immola deo sacrificium laudis . *) Opfero Gote . ópher lóbes uuanda du fone imo hábest . so uuaz du úbeles ketân hábest [2]) . unde er dir belâzet . so uuaz du úbeles ketân hábest. **) Daz opfer hábest dù in dir . du ne darft iz uz-uuert suôchen . Daz ist . daz ih suòcho . daz ih dir uuîle indicere (keuualt píeton [3]).

Et redde altissimo uota tua. Vnde dine dige antuuúrte demo hóhesten .

Et inuoca me in die tribulationis .

et eruam te . et honorificabis me. Vnde háre [4]) mih âna so dir not si . unde danne lóse [5]) ih dih . unde des lóbest du mih .

Peccatori autem dixit deus . quare tu enarras iustitias meas? et assumis testamentum meum per os tuum? Nu sprichet áber asaph. Ze démo súndigen chad Got . umbe uuaz rédenost dù mîn reht? unde ziù rímest dù in munt min testamentum (beneImeda) . uetus (alta) alde nouum (niúuua)?

Tu uero odisti disciplinam . et proiecisti sermones meos retrorsum . Du házzest dia zuht . unde uuúrfe [6]) hinder dih miniu uuort. Du ne uuoltost fore oùgon hában mina lêra . uuen mah du danne lêren?

Si uidebas furem currebas cum eo . et cum adulteris portionem tuam ponebas. Du gienge sament demo dièbe . dâr du sin geuuár uuúrde . unde mit dièn . die mit anderro chénon ligent . habetost du teil . Daz chit úbelo tuònten húlfe dù . unde stuênde [7]) in bi.

Os tuum abundauit malitia. Din munt uuas fol . daz chit dîn herza

---

[1]) Dieser satz fehlt bei Schilter.

[2]) Schilter hat die worte «ubeles ketan» in klammern gesetzt, und leicht können sie sich auch aus dem folgenden satze hierher verirrt haben. Doch ist vielleicht auch nur «ubeles» verschrieben, und es sollte «guotes» stehen.

[3]) Ueber dem «e» in «pteton» steht ein punkt.

[4]) hara. Sch.

[5]) Schilter «lose danne», wie ursprünglich auch in der handschrift.

[6]) uuirfe. Sch.

[7]) stuonde. Sch.

*) S. CVI.   **) 174.

uuas fol úbel = uuílligi . Du gesáhe gerno . daz iz úbelo fuôr .

Et lingua tua concinnabat dolos . Vnde din zunga spráh keslago den bísuih . Dû chóndost démo uuóla slíhten . der únrehto téta .

Sedens aduersus fratrem tuum loquebaris . Muôzzigo sizzende hindersprachotost du andermo man .

Et aduersus filium matris tuæ . ponebas scandalum . Vnde dínero muoter chinde tâte dû spírneda . Matris æcclesiæ filios (muoter prûtsamenungo chint) írtost dù .

Hæc fecisti et tacui . Sus tâte du . unde suigeta ih . Ih fertruog dir iz .

Existimasti inique . quod ero tui similis . Fone démo suigenne uuândost dû únrehto . *) daz ih dir gelih sî .

Arguam te . Ih inchán dih . sô iz zît uuirt . sô Gót manifeste (óffeno) chúmet . et non silebit (unde niêt ne-suiget) .

Et statuam contra faciem tuam . Vnde gestello dih gágen dînemo ánasiune . Ih tuôn daz dû dih selben bechénnest . unde du dir misselichest . Vuanda du ér uuízzen ne uuóltost uuer du uuárist . in_hello geeiscost du iz .

Intellegite hæc qui obliuiscimini deum . Fernément diz . ir Gótes also irgézzent eigent . sô disér .

Ne quando rapiat . et non sit qui eripiat . Nîo er iûh ne zucche ad uindictam (ze rácho) . unde iû niêman ne hélfe .

Sacrificium laudis honorificabit me . O'pfer lóbes éret mih nals fóne úbelmo . nube fóne guôtemo .

Et illic iter in quo ostendam illi salutare dei . Vnde dàr ist diû fart . an_déro ih imo geôugo Gótes haltare CHRISTVM . Laus (lob) daz chit psalmodia (salmon_sang) . leitet in ze himele . dàr CHRISTVS ist .

**) PSALMVS L.

PSALMVS DAVID . QVANDO VENIT AD EVM NATHAN PROPHETA . QVIA INTRAVIT AD BERSABEE.

Diser salmo uuas dauîdis chára . dô in nathan inchonda dero missetâte . daz er mit bersabee slièf . sines hérechnehtes[1] chénun uriæ . unde er in umbe sîa frúmeta irslágen[2] . Vnde ein sunda die ánderun irráhta .

MISERERE MEI DEVS . SECVNDVM MAGNAM MISERICORDIAM TVAM . Gnáde mir Got . after dínen míchelen gnádon . Súslih uuúnda[3] ne mág ke-

---

[1] herechnechtes. Sch.
[2] -Ueber «g» ein punkt.
[3] vuanda. Sch.

*) S. 175.   **) S. CVII.

heilet uuerden. áne dína márun medicinam (lachenunga).

Et secundum multitudinem miserationum tuarum. dele iniquitatem meam. Vnde after déro mánigi dínero irbarmidon. tiligo mína únébeni. Daz uuas únebeni. daz ih ándermo téta daz ih mir selbemo ne uuolti.

Amplius laua me ab iniquitate mea. Vuasg nu mêr ába mir min*) únreht uuizzentes. danne dù êr tátist únuuizzentis. So uilo [1]) diz mêra si. so uilo mêr uuésg mih.

Et a delicto meo munda me. Vnde minero missetâte reine mih.

Quoniam iniquitatem meam ego agnosco. Vuanda ih min únreht selbo bechénno. bediù nebechenne dû iz. Vuanda ih iz andon. bediù neando [2]) dû iz.

Et delictum meum coram me est semper. Vnde min missetat ist émizis [3]) fóre mir. Ih irhúgo [4]) iêo. unde ío uuaz ih hábo getán.

Tibi soli peccaui. Dir einemo sundota ih. Du eino bist rehter ingeltâre. uuanda du eino unsundig pist. Alde sus. Vbe ander man sundot. einemo Gote sundot. Vbe chúning sundot. Gote unde chúninge sùndòt.

Et malum coram te feci. Vnde úbel téta ih fóre dir. Daz leidot mih. daz ih dir ánaséhentemo sus ketórsta [5]) getuòn.

Vt iustificeris in sermonibus tuis. Cnáde mir. daz dù geuuáre sist an dinen uuorten. Vuélichen? DE FRVCTV. VENTRIS. TVI. PONAM. SVPER SEDEM. TVAM [6]).

Et uincas cum iudicaris. s. te nihil indigno debere (tih niúuuetis sculdig uuesen mir únuuirdigemo). Vnde dû gestritest dinen geheiz ze túrinne. so du irteilet uuérdèst. mit rehte den ze lázenne. So man chéde. daz ih in férsculdet hábe. sô erhuge gnádon. unde gerih.

Ecce in iniquitatibus conceptus sum. et in peccatis peperit me mater mea. Síno. in únrehte inphiêng mih. unde in sundon gebár mih min muóter. Gnáde mir. uuanda áne niúuue sculde. hábo ih alte sculde. sáment dién ih inphángen unde gebórin uuard. Vueliche sint daz? Áne dié fóne ADAM allen mén-

---

[1]) uuilo. Sch.
[2]) ne anda. Sch.
[3]) einizis. Sch.
[4]) ir hugo. Sch.
[5]) getorsta. Sch.
[6]) Die zwischen jedes wort gesetzten punkte scheinen von späterer hand, so wie folgende übergeschriebene worte: «von den wochir buchis din seze ich úf stvol din». Schilter hat «uon den uochir buchis din sezze ih uf stul din.)» S. noch einleitung, s. 14, ende.

*) 176.

niscon chomen sint? umbe diê baptismum (toûfi) gesézzet ist . âne diê CHRISTVS einer hára cham.

Ecce enim ueritatem dilexisti. Sîno . dû minnotost¹) diê uuârhéit. *) Daz ih iéhendo minero sundon uuàr ságeta . daz lícheta dir . also iz chît. PVRA CONFESSIO LIBERAT A MORTE (lûter biûht lôset fóne tòde²).

**) Incerta et occulta sapientiæ tuæ manifestasti mihi. Diû unguissen unde diû toùgenen dînes uuîstuomes . óffenotost dú mir. Daz dîn sapientia CHRISTVS chumftig hára in uuerlt ist . daz oûgtost dû mir . so uuio ih nû sûs missefarin hábe.

Asperges me ysopo et mundabor. So er chumet . so besprêngest dû mih mit ysopo . also leprosos (miselen) . unde danne uuirdo ih kereinet. Vuanda so ist kebóten in leuitico (an éouuart-puôche) . daz leprosi sibenstunt pesprénget uuúrdin . mit ketúnchotemo ysopo in demo ópherbluôte . unde dánnan . kehêilet uuúrdin.

Lauabis me . et super niuem dealbabor. Danne uuáscest dû mih . unde danne uuirdo ih uuizzero snêuue. Vuanda reinerun sêla kîbest

dû mir . danne dehéin corpus (lichamen) uuerden múge.

Auditui meo dabis gaudium et lætitiam. Fréuui unde mendi tuòst dû mih kehôren . so dû chist. VENITE BENEDICTI PATRIS MEI . PERCIPITE REGNVM . QVOD VOBIS PARATVM EST AB ORIGINE MVNDI (choment ir geuuiëhten mînes fáter inpháhent daz riche daz iû fore keáruuet ist fóne ánagenne uuérlte).

Et exultabunt ossa humiliata. Vnde danne³) fréuuent sih . diû nû in pœnitentia (riuuuo) gediêmuôten bein. Oûh ist ein ander auditus (kehoreda⁴) . der den man freuuet . der in demo herzen ist. Fone démo iohannes chad. AMICVS SPONSI STAT ET AVDIT EVM . ET GAVDIO GAVDET PROPTER VOCEM SPONSI (des priûtegomen friûnt stat unde hôret sprechen . unde fóre mendi mendet ir umbe diê lûtun⁵) des priûtegomen. Der so getâno auditus (kehòrda) machot ossa humiliata (kediêmuotiu bein) . nuanda er des gloriam (kuôllicho⁶) erchennet . des uocem (lûtun) er innúert kehoret. Den inuuertigen auditum (kehórun) hábeton prophetæ unde apostoli unde alle doctores (lerárra). Fone démo

---

¹) minnostost. Sch.
²) Man könnte auch «biuht» lesen, wie Schilter hat.
³) dannan. Sch.
⁴) kehoreta. Sch.
⁵) bitun. Sch.
⁶) Schilter hat es im texte vor «gloriam».

*) S. CVIII.   **) S. 177.

mag oùh dísiù sententia (reda) fernómen uuerden.

Auerte faciem tuam a peccatis meis . et omnes iniquitates meas dele . Vuende dîn ánasiúne fóne mînen súndon . unde tíligo alle mîna sunda.

Cor mundum crea in me deus. *) Sképhe in mir reîne herza . so reîne . daz ih furder sus ne missetuóie [1]).

Et spiritum rectum innoua in uisceribus meis [2]) . Vnde gréhten sin ih meîno rationem . den ih sundondo gechrumpta . den geniûuuo in mînen innâhten . dannan diz adulterium (légirhuôr) chómen ist . Fésteno mih dár . dár ih nû zebróde, uuas.

Ne proicias me a facie tua . Fóne dînemo ánasiune neferuuêrféist [3]) dû mih . Reîne mih sô . daz ih dih keséhen muózze.

Et spiritum sanctum tuum ne auferas a me . Vnde ne némêst dû mir dînen heiligen geist . daz chit spiritum prophetiæ (keist fóresago) . den ih fóre hábeta . so uuiéo ih in nû ferscúldet hábe.

Redde mihi lætitiam salutaris tui .

Ergib mir dîa fróuui dînes haltaris CHRISTI . an dêro ih fore dîsen súndon uuas . dia ih nû ferstân mir geminnorôta uuésen.

Et spiritu principali confirma me. Vnde geféstino mih mit démo fórderostên geiste . Vuer ist der? áne Got . fóne démo gescríben ist . DEVS SPIRITVS EST (Got ist keist) . So geféstino mih uuanda dû mir iz nû fergében hábest . daz ih furder scúldig ne uuérde.

Docebo iniquos uias tuas . Dánne léro ih unrehte dîne uuéga . unde ságo ín uuiéo dû . mir iniquo (únrehtín) gnâdetost . unde oùh sié gnâdon ne ferchúnnin [4]).

Et impii ad te conuertentur . Vnde guótelose uuerdent ze dír bechéret . Niéht ein únrehten unde súndigen . nube ioh diên uuirsistên geheizzo ih danne gnáda fóne dir . ube siê sih pézzeron uuéllen.

Libera me de sanguinibus deus . deus salutis meæ . Lôse mih Got fóne diên uuerchen carnis et sanguinis (fleiskis unde bluôtis) . daz chit corruptionis (iruuar*t*nisso [5]) . uuanda gescríben ist . CARO ET SANGVIS REGNVM DEI NON POSSIDEBVNT . NEQVE COR-

---

[1]) missetuote. Sch.

[2]) Rsch. Nota. tres spiritus . i. Ratiónis . prophetiæ . et principalem. De his tribus interroga iudeum . et nescît responsum.

[3]) ne feruuuerfeist. Sch.

[4]) ferchunniu. Sch.

[5]) Undeutliche schrift. Schilter hat «iruuarmisso».

*) S. 178.

RVPTIO IN CORRVPTIONEM (fleisk unde bluòt nebesizzent Gotes riche noh irruuartungo — uniruuartungo). *) Lôse mih Got minero heîli . dìa uuir noh ne heigen . uuanda si chúmftig ist.

**) Et exultabit lingua mea iustitiam tuam. Vnde danne ságet min zúnga mit fréuui din reht . uuíeo dú nîeht ein ze gnàdon . núbe ioh ze réhte hában¹) uuile . pœnitentem suscipere (riúuuonton inphaben).

Domine labia mea aperies et os meum adnuntiabit laudem tuam. Trúhten dú induòest²) mine lefsa . unde min múnt chúndet din lób . daz du mih scuôffe unde súndonten neferliêzze . unde mina confessionem (piiiiht³) inphiênge . unde mih déro súndon inbúnde.

Quoniam si uoluisses sacrificium dedissem utique. Vuanda ube dú ópher uuóltist . umbe mina sunda . daz kâbe ih dir. Mánige frúschinga mahti ih dir bringen . úbe dú siê uuóltist.

Holocaustis autem non delectaberis. Áber déro ne ruôchest dú . pránt-ópher ne uuile dú. Salutaris hostia (uuizzot-opher) uuirt mite bezéichenet so iro zit chumet . so ne ist ánderes durft.

Sacrificium deo spiritus contribulatus. Góte ist liéb opher . geblúenez muòt.

Cor contritum et humiliatum deus non despicies. Kemúletez herza unde genidertez . ne fersihest dú Got. Salutarem hostiam (uuizzot-opher) bringen sacerdotes (euuarten) . cor contritum (fermulet herza) bringe mánnolih.

Benigne fac domine in bona uoluntate tua syon. Truhten duô minneglicho syon in guòtemo dînemo uuillen. Scéine guòten uuillen dinero .ecclesiæ (prútsamenunga).

Et edificentur muri ierusalem. Vnde fóne démo uuillen uuerden gezimberot diê búrgmúra ierusalem⁴). Kezímberot uuerden diê festina únserro inmortalitatis (úntodigi) . in fide spe et caritate (in geloûbo kedingi unde an minnon).

Tunc acceptabis sacrificium iustitiæ. So inpháhest dú opher des rehtes . effusionem sanguinis CHRISTI (uzkóz christis pluòtis).

Oblationes et holocausta. Vnde inpháhest uuisunga . unde brénnefrúscinga. Also diê sint . diê sih ze Góte bechêrent . unde oùh diê . diê sih zúndent . mit déro Gótes minno.

Tunc inponent super altare tuum

---

¹) habent. Sch.
²) intuoest. Sch.
³) piuiht. Sch.

⁴) Dieser ganze teutsche satz fehlt bei Schilter.

*) S. CIX. **) S. 179.

uitulos. *) Danne légent sacerdotes (éuuarto ¹) chalber úfen dînen altâre diû dér lichent. Nals fóne déro sueîgo genómeniû. núbe in sancta æcclesia gezógene iúngelinga sanctos (héilige) et innocentes (únsundige). Also Laurentius uuas unde Vincentius et ceteri tales.

PSALMUS LI.

IN FINEM INTELLECTVS DAVID. CVM VENIRET DOECH IDVMEVS ET ANNVNTIAVIT SAVL ET DIXIT. VENIT DAVID IN DOMVM ABIMELECH.

An christvm sichet dísiu fernûmest dauidis. uuanda sin fient antichristus hiêr irrefset uuírdet. den doech ²) idumeus bezeichenet. Vmbe dauidis kenide sluôch doech sacerdotes. umbe christis kenide slâhet antichristus martyres.

Qvid gloriaris in malitia qvi potens es? Chéden álle mit dauid. uuaz kuóllichost dû dih in arge. dû dir mahtig pist? Ne múgen oùh tiêr unde uuùrme úbelo tuon?

Iniquitate tota die. Vuaz kuóllichost dû dih in únebeni állen dág. Du tuôst ièo ándermo daz tu dir neuuoltist ziû dunchet dir daz kuóllih?

In-iustitiam cogitauit lingua tua. V'nreht áhtota din zunga. Vnreht uuas dir in muôte unde in munde.

**) Sicut nouacula acuta fecisti dolum. Du hábest mit trúgeheite getân. also daz scársahs tuôt. Iz nímet daz hâr. nals den lib. Also hábest dû mit allen dînen únchusten imo daz ûzzera genómen. Sin guôt náme dû imo. sînero sélo ne máhtost dû táron.

Dilexisti malitiam super benignitatem. A'rgen uuillen minnotôst dû mêr danne guôten uuillen.

Iniquitatem magis quam loqui æquitatem. Vnde únreht spréchen mêr dánne reht. Tenebræ (fúnstri) uuâren dir liêberen dánne lux (liêht).

Dilexisti omnia uerba præcipitationis. A'lliû uuort níderscrécchi minnotost dû. ***) ih meino. diû in den dôt ³) scrécchent. Vuar ana?

In lingua dolosa ⁴). An uízesen (i. únchustigen) uuórten. Vuanda dû uuíssost. daz ánderêr úbelo téta. du châde áber. daz er uuóla tâte.

Propterea deus destruet te in finem. Fóne diû stôret dih Got in énde. V'be er dih nû ne stôret. so déro uuerlte ende chúmet. so stôret er dih.

---

¹) euuarten. Sch.
²) Doeg. Sch.
³) tod. Sch.
⁴) Ueber «d» ein punkt.

*) S. 180.   **) S. 181.   ***) S. CX.

Euellet te . et emigrabit de tabernaculo suo . Er uuelzet dih ûz . unde uerfuôret dih ferro fóne sînemo gezélte .

Et radicem tuam de terra uiuentium . Vnde dîna uuúrzellun uuírfet¹) er ûzzer déro lébendon erdo . Sáment dién sáligen ne lázet er dih púen .

Videbunt iusti et timebunt . Rehte gesêhent hiêr in uuerlte . uuaz ímo gescêhen sol in énero uuerlte . unde furhtent iro sélbero .

Et super eum ridebunt . Vnde in énero uuerlte láchent siê sîn .

Et dicent . Vnde sus chédent siê .

Ecce homo qui non posuit deum adiutorem suum . Síno . uuâr der mán ist . der Gótes helfa ne suôhta .

Sed sperauit in multitudine diuitiarum suarum . Núbe sih trôsta ze sînemo michelen rihtuome .

Et præualuit in uanitate sua . Vnde gereih in sînero úppegheîte folle fuôr míte .

Ego autem sicut oliua fructifera in domo dei . speraui in misericordia dei . *) Aber ih ne uuas imo gelih chît dauid . Ih uuas kelih in Gótes hus . démo birigen óleboûme . unde gedíngta an Gótes knáda . nals án den scaz . sô er teta . Vuanda ih an Góte uuolta uuúrzellon . bediû bin ih pirig poûm . pediû gebíro ih christvm . der oleum sînero electorum ist .

In æternum et in sæculum sæculi . Vuiêo lángo gedíngo ih an in? Echert nû? Ioh nû . ioh iêmer in uuerlt uuerlte .

Confitebor tibi in sæculum . quia fecisti . Dir bin ih iíhtig . daz dû iz táte . Dû schiêde mih fóne disemo doêch . dû uuoltost mih . unde feruuúrfe in .

Et expectabo nomen tuum quoniam bonum in conspectu sanctorum tuorum . Vnde bíto ih dines námen . uuanda er guôt ist . in dínero heiligon gesihte . Dar iro gaudium irfullet uuirt âne énde . dár bechennet siê guôten dînen námen .

PSALMUS LII.

IN FINEM PRO AMALECH INTELLECTVS DAVID.

Súslih fernúmist ist dauidis pro parturiente (umbe diê berentun) . Daz ist æcclesia . si ist parturiens (périnte) . si líget in chindebétte . si ist nothafte . si hábet hiêr pressuram (noth) .

Dixit insipiens in corde svo non est devs . Vuer ist so únuuízzig . daz er chede . daz Got ne si . âne der ubelo tuôt . unde chit . Got uuile iz sô . Der ferságet . daz er Got si .

---

¹) uuirffet. Sch.

*) S. 182.

Vuanda lichet imo únreht. so ne ist er Got. Iudei cháden oùh fóne CHRISTO. NON EST DEVS. OCCIDAMVS EVM (er nist Got sláhen in).

Corrupti sunt. Diê Gótes sô ferloúgénent. diê sint iruuárte in íro sinne.

Et abhominabiles facti sunt in uoluptatibus suis. Vnde fóne diû sint sie leídsame in iro muótuuillon. Vnreine sint iro uuíllen.

Non est qui faciat bonum. non est usque ad unum. Noh einer ne ist iro. der uuóla tuóe.

Dominus de cælo prospexit super filios hominum. ut uideat si est intellegens. aut requirens deum. Got *) uuárteta hára nider fone himele án déro ménniscon chint. ze geséhenne. úbe deheiner Got pechenne alde uuelle. **) Got nedárf uuarten. uuanda er alliu ding uueiz. er tuót áber diê uuárten an dièn er ist. Die uuártent fone himele. dár iro gedáng¹) ist.

Omnes declinauerunt simul. Dár sáh er. daz siê álle uuángtôn.

Inutiles facti sunt. Vnde únnuzze uuórten sint.

Non est qui faciat bonum non est usque ad unum. Vuanda siê échert filii hominum (súne dero ménniscon) sint. nals dei (Gotes). pediû ne ist under in. noh einer der uuóla tuóe.

Nonne scient omnes qui operantur iniquitatem? Ne suln diê alle noh keeiscon íro unreht. diê iz nu tuónt. unde iz uuízzen ne uuéllen? Der tág chumet. daz sie chédent. QVID NOBIS PROFVIT SVPERBIA ET DIVITIARVM IACTATIO? TRANSIERVNT ILLA OMNIA TAMQVAM VMBRA (uuaz tohta uns úbermuóti unde rihtuómis ruóm siû fersuuundun also scáto²).

Qui deuorant plebem meam ut cibum panis. Diê neímo ih. diê mîn fólch ferslindent álso brót. Diê also únirdrózzen sint sie ze sláhenne. sô brót ze ézzenne.

Deum non inuocauerunt. Got ne háreton siê ána. daz ér in sih selben gábe. núbe daz er in hièr èra unde scáz kábe. Des siê géreton daz ánaháreton siê. daz uuólton siê ze in chómen.

Ibi trepidauerunt timore. ubi non erat timor. Siê fórhton in. dár fórhta ne uuas. Siê fórhton ferliêsen diuitias (rihtuom) nals sapientiam (uuistuóm). daz in mèr mahti sín.

Quoniam deus dissipat ossa eorum qui hominibus placent. Vuanda Got zebríchet dêro bein. diê ménniscon líchent. Iudei uuolton li-

---

¹) gedang (geding, spes) ist. Sch.   ²) (uuas —). Sch.

*) S. 183.   **) S. CXI.

chen romanis . fóne diû uuúrden iro
bêin ferbróchen . CHRISTVS uuolta li-
chen sanctis (heiligen) unde fideli-
bus (diên geloubigen) diê filii dei
(Gotes chint) sint . nals filii homi-
num (chint ménniscon) . imo ne
uuúrden bein ferbróchen.

Confusi sunt quoniam deus spre-
uit eos . Sie uuúrden gescéndet .
uuanda Got ferchôs siê .   Mit rehte
*) sid siê Góte ne uuolton lichen .
unde siê cháden NON EST DEVS (er
ne ist Got) .

Quis dabit ex syon salutare isra-
hel? Vuer gíbet fone syon hal-
tare israheli? Vuêr? âne démo sie
cháden . NON EST DEVS (er ne ist
Got) .

Cum conuerterit dominus captiui-
tatem syon . exultabit iacob . et læ-
tabitur israel . Sô Got peuuéndet
syônis (hôun uuárto) éllentuôm . so
sprúngezen iacob . unde fréuuet sih
israhel . Der iúngero sun . uerus
iacob . uerus israhel (uuârer únder-
scranch . uuârer Gotes áneseo) . der
méndet is . Vuendet uuirdet daz?
In resurrectione in nouissima die
(an urstendi an demo iugesten
tâge ¹) .

PSALMUS LIII.

IN FINEM IN YMNIS INTELLECTVS IPSI
DAVID . CVM VENERVNT ZIPHEI ET
DIXERVNT AD SAVL . NONNE ECCE
DAVID ABSCONDITVS EST APVD NOS.

Selbemo dauid ist fernúmist in lo-
besangen . daz chit an disemo gá-
genuuerten psalmo . der an CHRISTVM
siêhet . Er sang ín do CHRISTO dô
ziphei chámen . unde sauli ságeton .
daz dauid dar bi in gebórgen uuas.
Ziph hiêz ein stat . dannan hiêzzen
ziphei diê dar sâzzen . Ziphei uuirt
latine geantfristot florentes . daz chit
pluônte . unde uuóla diêhente . Mit
diên uuerdent peccatores pezeiche-
net . die hiêr in uuerlte uuóla diê-
hent . unde gruône sint . Aber da-
uid pezéichenet christianos . diê sih
hiêr bergent . unde áber geóffenot
uuérdent in iudicio (ze suôno tâge) .
sô CHRISTVS chúmet iro guóllichi.
Nû bitet dauid daz in Got fóne in
lôse .

DEVS IN NOMINE TVO SALVVM ME FAC .
et in uirtute tua iudica me . Got
kehalt mih fóre zipheis . in dînen
námen . unde irteile mir in dînero
chrefte . Sid man fluôchondo chit .
IVDICET TE DEVS (úber teile dih Got) .
mit uuélichero baldi ist hiêr ge-
spróchen . IVDICA ME (irteile mir)?

---

¹) (— iungesten —). Sch.

*) S. 184.

âne daz er fóre sprah. Salvvm me fac (kehalt mih). Also er châde. *) Salvando ivdica me (kehaltendo irteile mir).

Deus exaudi orationem meam. Got kehôre min gebet. uuanda ih ne bito florem (diêhsimin) zipheorum.

Auribus percipe uerba oris mei. Fernim mit ôron diù uuort mines mundes. uuanda ih æterna bona (êuuig kuôt) géron zeinphâhenne. Daz kebét fólle chóme. noh ne iruuinde hínnont dinen ôron.

Quoniam alieni insurrexerunt aduersum me. Vuanda frémede irbúret sint. uuider mir. Ziû frémede? Ne sint ziphei in tribu iuda (iúdorslahta). also dauid? Ane daz sie iniqui (unrehte) sínt. unde bediù alieni (frémide).

Et fortes quesierunt animam meam. Vnde starche suôhton mîna sêla. Saul unde sine ministri (diênistman) fâreton mines libes.

Et non proposuerunt deum ante conspectum suum. Vnde ne gegágenuuerton siê Got fóre iro oùgon. Daz chit. nehábeton siê Got fóre oùgon. Durh in neliézen siê iz.

Ecce enim deus adiuuat me. Sêhent no. Got hilfet mir. I'nuuert toúgeno. nals uz=uuert.

Et dominus susceptor est animæ meæ. Vnde truhten ist inphángere mînero sêlo. Dàr ist sin hélfa¹).

Auerte mala inimicis meis. Vuénde úbel fóne mir. ze minen fienden. Daz ne ist fluôh nube uuizzegtuóm des chúmftigen fiûres.

In ueritate tua disperde illos. In dînero uuarheite ferliûs siê. Siê bluônt nû. in iro uanitate (úppeheit). là siê danne iruuérden in dinero ueritate (uuârheite).

**) Voluntarie sacrificabo tibi. Vuílligo ópheron ih dir. Vuílligo lóbon ih dih. nals umbe ánder. âne umbe dih selben.

Et confitebor nomini tuo quoniam bonum est. Vnde iiho²) dinemo námen uuanda er guôt ist. Er ne ist ander. âne guôt. Cuôt heizzest du. daz ist din námo.

Quoniam ex omni tribulatione eripuisti me. Vuanda dû mih lôstost. fóne allen bînon. daz hábet mih keléret. daz din námo ist bonum (kuôt). unde summum bonum (daz fúrsta guôt).

Et super inimicos meos respexit oculus meus. Vnde min oùga úbersah mine fienda zipheos. ***) Ih hábo iro bluômen úberuuártet an dih sêhendo. unde daz kelirnet³). quia omnis caro fœnum. et claritas

---

¹) Schilter hat die übersetzung in klammern eingeschlossen, wie zwischenzeiliges.

²) ubo. Sch.
³) gelirnet. Sch.

*) S. 185.   **) S. CXII.   ***) S. 186.

hominis sicut flos fœni (al fleisc ist hôunue . unde ménniscin púrlichi also houbluomen [1]).

PSALMUS LIV.

IN FINEM IN YMNIS INTELLECTVS IPSI DAVID.

Christvs ist finis (ende) . christvs ist únser perfectio (dúrnohti). An in sihet . daz in disên laudibus (lóbin) kesúngen uuirt. Diê selben laudes (lob) sint fernúmist [2] dauidi . daz chit christiano populo (liúte). Vues sint siê imo fernumist? Daz hiêr ne ist regio gaudendi sed gemendi (lant mandungo sunder siúftôdes [3]) . et non exultandi . sed plangendi (noh sprángonis sunder cháronnis). Vnde úbe dehein exultatio (frôsprangot) únseren herzon ána ist . daz diû ist in spe (án gedingi) . nals in re (ántsacho).

Exavdi devs deprecationem meam . et ne despexeris deprecationem meam. Kehóre Got mina fléha . unde nefersíh mina digi.

Intende mihi et exaudi me. Duô mín uuára . unde gehôre mih.

Contristatus sum in exercitatione mea. Ih pin unfrô uuorden in minero geuóbedo. Daz chit . an démo leide . daz mir fóne diên ubelen gescêhen ist . daz mih uôbet unde gértet . pin ih so irlégen . daz ih iz chúmo fertrágo.

Et conturbatus sum a uoce inimici . et a tribulatione peccatoris. Vnde bin getruôbet fóre des fiendes stimmo . unde fóre dero bínun des súndigen. Ih uuolta die mínnon . die mih házzent . nu irret mih infirmitas mentis (unchraft muôtis) . daz chit muôtsuht . unde nimet mir dia lúteri des herzen.

Quoniam declinauerunt in me iniquitatem. Vuanda iro unreht chêrton an mih mine fienda. Siê uuáren mir be únrehte fient . uuanda ih ín hold uuas.

Et in ira molesti erant mihi. Vnde in iro zorne . uuáren siê mir inblándende. Des uuile mih Got keniêtot uuerden . unde mit diû uôberot er mih. Aber daz ih iz fertráge . daz ist úber mine chrefte.

Cor menm conturbatum est in me. *) Des dinges ist mín herza getruôbet . uuanda iz uuiget mir.

Et formido mortis cecidet super me. Vnde tódes forhta cham mih ána. Odium (hoz [4]) ist der tôd .

---

[1]) Das «r» aus verbesserung entstanden. Schilter liest «publichi».
[2]) fernumift. Sch. In der folge oft so, doch später meistens wieder richtig.
[3]) siuftotes. Sch.
[4]) haz. Sch.

---

*) S. 187.

also dilectio (minnesami) der lib ist.
Odium (haz) forhta ih.

Timor et tremor uenerunt super
me . et contexerunt me tenebræ.
Forhta unde bibenot chámen mih
ána . unde finstrina bedáhton mih.
Dilectio (minnesami) ist lumen
(lieht) . odium tenebræ (haz finstrina) . Also iz chit. Qvi odit fratrem
svvm in tenebris est (der sînen
bruôder hazzet der ist in finstri).

Et dixi. Vnde dò chad ih.

Quis dabit mihi pennas sicut columbæ . et uolabo et requiescam?
Vuer gibet mir also tûbun féderâ.
daz ih fliêge unde râuuee? Vuer gehilfet mir daz ih mit minnon in einote gesliêhe . alde irstérbe . nio mih
fîentscaft ne úberuuinde?

Ecce elóngaui fugiens . et mansi
in solitudine. Sino geférrêt pin ih
fliêbendo . unde in einote uuóneta
ih. In dés hérzen tougeni tuálta ih.
dàr échert Got sámet mir ist . dàr
suôhta ih râuua . unde fant sórgûn.

Expectabam dominum qui saluum
me faceret . a pusillo animo et tempestate. Fóne diû beit ih trúhtenes.
daz er mih hiêlte fóre uueihmuóti[1].
unde fóre dúneste. Er sliéf[2] in
mînemo scéffe . unz ih uueihmuôte[3]
uuas . unde unz ih ne dâhta . uuaz
er umbe mih leid. So ih is irhúgeta . unde er an mir iruuáchcta . so
stílleton diê uuélla . sô ne uuág mir.
daz ih leid . uuanda ih fóne imo
uuissa . mêrun nôt irlittena.

Precipita domine. Screcche siê
nider trúhten. Er uélle[4] siê . uuanda siê ze hôhe sint.

Et diuide linguas eorum. Vnde
scéid iro zúnga . die einstimme ze
úbele sint.

Quoniam uidi iniquitatem et contraditionem in ciuitate. *) Vuanda
ih unreht kesah . unde uuidersprácha in dero burg. Fone diû flôh
ih in einote . uuanda mir daz in
déro burg misselicheta. Daz ist dû
burg . dar linguæ uuúrden diuisæ.
dia Got iruálta. **) doh sia alle
peccatores iêo noh îlen zimberon.

Die ac nocte circumdabit eam super muros eius iniquitas. V'nébeni
umbe halbot diâ burg óbe diên mûron. I'ro unreht ist hôhera . danne
iro mûra.

Et labor in medio eius . et iniustitia. Vnde in iro mitti ist arbéit.
unde únreht . daz chit oppressio
(firdrúccheda) . unde nefanda iudicia (meinis úbertêilida).

Et non defecit de plateis eius usura
et dolus. Vnde in iro gázzon ne-

---

[1] uueichmuote. Sch.
[2] schieff. Sch.
[3] uueichmuote. Sch.
[4] Eruuelle. Sch.

---

*) S. CXIII.   **) S. 188.

gebrást uuuôcherúngo unde bísuuíches. Vbelo uuuôcherot. der lúzzel gíbet. unde filo inpháhet. uuirs uuuôcherot. der umbe uuort mánslaht tuòt.

Quoniam si inimicus maledixisset mihi. sustinuissem utique. Vuanda úbe min fient mir úbelo spráche. daz fertruóge ih.

Et si is qui oderat me. super me magna locutus fuisset. absconderem me utique ab eo. Vnde der mih óffeno házzet. spráche der fóne mir úber-muótechlicho¹). unde táte er mir. drouuun. dánne búrge ih mih fóre imo. Ih rúmdi dién sô getánen. unde fuôre in einote.

Tu uero homo unanimis. dux meus et notus meus. Aber dû min einmuótigo. min nuîso. min chúndo. riéte²) mih ána. Daz uuíget mir hartor.

Qui simul mecum dulces capiebas cibos. Dû sáment mir ázze.

In domo dei ambulauimus cum consensum³). Ih unde dû giêngen einiíhtigo⁴) in demo Gótes hús. Vuir iáhen an einen Got. unde béteton einen Got. den ne êretost dû an mir.

Veniat mors super illos. Der tôd chóme dié ána. dié sólih sint. also fiúr dié genám. dié mit moyse stríten.

Et descendant in infernum uiuentes. Vnde fáren iro principes (fúrstin) lébende ze hello. Also dathan⁵) unde abiron. diê hoûbet des scismatis (des rehtis sceídungo) uuáren. A'ber mysticæ (pezeíchinlicho) fárent diê lébende ze héllo. diê uuízendo ferlóren uuerdent.

Quoniam nequitia in habitaculis eorum. Vuanda arguuíllo in íro seldon ist. Dár sié echert eina uuíla uuésen suln. dár sceínent sie iro argi.

*) In medio eorum. In iro mitti. Daz ist iro herza. Dar ist iro malitia (úbeluuíllo).

Ego autem ad deum clamaui. et dominus saluabit me. Ih háreta aber ze Góte christianus (cristane) populus unde er gehiélt mih. unde nam mih úzzer dién uuídermuóten.

Verpere et mane et meridie. narrabo et adnuntiabo et exaudi et uocem meam. In hábent uuanda CHRISTVS dô uuas in cruce in mórgen do CHRISTVS irstuônt. in mitten dag⁶) do er irhôhet uuard ad dexteram patris (ze zesuuun sinis fater⁷). zello ih. unde chundo. unde er gehóret mina stimma.

Redimet in pace animam meam. ab his qui appropinquant mihi. Doh

---

¹) ubermuotelicho. Sch.
²) riehte. Sch.
³) consensu. Sch.
⁴) einjihtigo. Sch.
⁵) datan. Sch.
⁶) tag. Sch.
⁷) (— zesuuun sines —). Sch.

*) S. 189.

sie stúrmen . er irlôset mih in fride fóne dièn . die sih ze mir náhènt. Fone uuiû chist dù náhent?

Quoniam inter multos erant mecum . Vuanda sie under mànigen die palea (héleuua) sint . sáment mir uuáren . nals mit ûnmánigen die triticum (chórin) sint.

Exaudiet deus . et humiliabit eos qui est ante sæcula . Mih kehòret Got . unde gedièmuotet siè . der èr dir uuérlte ist . Sie leitet ne uuéiz uuér mittunt chómenêr . der fóre uuèrlte richesot . der genideret siè.

Non enim est illis commutatio . et non timuerunt deum . Daz ist fóne diú . uuanda in iro libes uuéhsal neist . unde siè Got ne forhton.

Extendit manum suam in retribuendo . Er rècchet sina hant ze lòne . In iudicio lònot ér in.

Contaminauerunt testamentum eius . Sie intuuéreton sina érbescrift . Vuieo chit diú scrift? In semine tvo benedicentvr omnes gentes (an dinero chùnnescefte uuerdent keségenot alle diète) . Der heréticus (únrehtero geloûbo) unde scismaticus (rehtsceîdig) ist . der ist kesceîden [1]) fóne corpore (lichamin) christi . der ne suôchet benedictionem in semine (ségen in déro

slahto) abrahæ . bediû ne lósét er démo testatori (erbe-scriben).

Diuisi sunt præ ira uultus eius . et appropiauit cor illius . Fone sinemo zorne uuúrden siè gesceîden . unde do nâhta sin hérza . So arriani chámen . so uuard in trinitate (in trinnisso) *) Gotes uuillo dúrnohto geóffenot . do nâhta sih diù rêhta fernûmest [2]) déro catholicorum (réhtfólgerro) . I'ro questiones (uuisfrâga) uuúrden discussæ (irscûtet [3]) . dannan begónda scinen sînen diù uuárhêit.

Molliti sunt sermones eius super oleum et ipsi sunt iacula . Siniu uuort sint linderen unde uuélcheren danne oleum . unde diù selben [4]) sint strâla . Gótes uuort diù hérte uuáren . sint uuélh uuórdeniû . an déro uuelchi . neist in iro chraft in gángen . nube sanctis prædicatoribus (cuôten prediarin) sint siù ingescóz peuuéndet.

Iacta in deum curam tuam . **) Diù gescóz ne brúttèn dih . uuirf an Got dina sorgun.

Et ipse te enutriet . Vnde ér ziûgedot dih . unde er ist din portus (stédi).

Non dabit in æternum fluctuationem iusto . Pediû ne lâzet er démo

---

[1]) gesceiden. Sch.
[2]) fernumeft. Sch.
[3]) irscittet. Sch.
[4]) dieselben. Sch.

*) S. 190.   **) S. CXIV.

rehten gescêhen uuéllôd in ẻuua.
Vbe iz eina uuîla ist . daz ist imo
exercitatio (uòbunga). Vuaz kesciê-
het áber énen?

Tu uero deus deduces eos in pu-
teum interitus. Dû Got uuírfest sie
in dîa buzza déro ferlórni . in stag-
num gehenne ignis (in dén gumpi-
ten helle fiûris [1]).

Viri sanguinum et dolosi non di-
midiabunt dies suos. Manslékken
undê uizese . ne métement iro tága.
Got métemet sie . sie ne habent iro
geuuált. Doh siê in selben gehêiz-
zen lánglibi. Got ist der in sîa negi-
bet.

Ego autem in te sperabo domine.
Ih kedingo áber an dih truhten . daz
dû mih sáment in ne ferliêsest.

PSALMUS LV.

IN FINEM PRO POPVLO QVI A SANCTIS
LONGEFACTVS EST . IPSI DAVID IN TI-
TVLI INSCRIPTIONE CVM TENVERVNT
EVM ALLOPHILI IN GETH.

Diser salmo uuirt kesúngen selbe-
mo dauid . daz chit CHRISTO . umbe
den liût . der férro gescêiden uuard
fóne diên hêiligon . án dero [2]) zei-
chen scrífte. Vuanda sie châden.
NOLI SCRIBERE REX IVDEORVM . SED
QVIA DIXIT REX SVM IVDEORVM (nièht
ne scrib chûning [3]) iúdon . sunder
daz er selbo chad . ih pin chúning
iudon) . dar ána ferloûgendon siê
CHRISTI . daz nám in dîa heiligi. Sus
sang dauid *) dô in allophili daz
chit alienigene (ûz=liûte) mit in há-
beton in geth . daz chit in torculari
(in uuîntróten). Vbe dauid CHRI-
STVS ist . uuieo uuirt er gehábet in
torculari (torcile)? A᷈ne daz æc-
clesia (nuihsamenunga) diû sin cor-
pus (lîchamo) ist . pressuram [4])
(petrúccheda) hiêr inuuerlte lidet.
In déro pressura (fresso) gibet sî
fructum patientiæ (uuocher dúlte).
also ûua (pére) uinum gibet in tor-
culari . unde sô ist iro sus zebét-
tonne [5]).

MISERERE MEI DEVS . QVONIAM CON-
CVLCAVIT ME HOMO. Got knáde mir.
uuanda mih ménnisco getréttot há-
bet. Vbe dû uuînebere bist . so gi-
best dû uuîn getretener. Bediû ne
furhte den tréttôd.

Tota die bellans tribulauit me.
Allen dag féhtendo bînota er mih.
Daz ist állero déro uox (lûta). QVI
VOLVNT PIE VIVERE IN CHRISTO JESV
(die [6]) der der uuóla uuellen lében

---

[1]) (— gumptten —). Sch.
[2]) An dero. Sch.
[3]) chunning. Sch.
[4]) pressura. Sch.
[5]) ze bettone. Sch.
[6]) alle. Sch.

*) S. 191.

fóre Gote) uuanda die ne uuérdent úbere uuiges in állen ziten.

Conculcauerunt me inimici mei tota die. ab altitudine diei. i. a superbia temporali. A'llen dag tréttoton mih mine fienda. fóre¹) iro úbermuóti. diú únlango uuéret.

Quoniam multi qui debellant me timebunt. Daz kescah. uuanda mánige diê mih nû ana féhtent. furhtent in in die iudicii (ze suono tage). Sie eidont dánne. daz siê nû in gniuz tuónt.

Ego uero in te sperabo domine. A'ber ih kedingo an dih. Fóne diû ne sol ih mir danne furhten. Diê nû stupidi (láme) sint. daz chit. diê iro nieht ne infindent²). unde ferlóren hábent sensum doloris. diê uuerdent danne timidi.

In deo laudabo sermones meos. An Góte lóbon ih miniu uuort. uuanda er gáb mir siû. er getuòt siû uuésen guót.

In deo speraui non timebo quid faciat mihi caro. An Gót kedingta ih. uuaz mir ménnisco túe ne fúrhto ih. V̄ua uuas ih. ketréttot uuard ih. uinum uuirdo ih³).

Tota die uerba mea execrabantur. Allen dag*) uuúrden geleidezet miniu uuort. A'ber Got uuard an in geleidezet⁴). der mir siû gab.

Aduersum me omnia consilia eorum in malum. Alle iro ráta. sint in árg kemeinet⁵) uuider mir. daz sceidet siê fóne diên heiligon.

Inhabitabunt et abscondent. In sancta æcclesia (uuihsamenunga) buent siê. unde bergent uuaz siê sint. Vuaz tuónt die?

Ipsi calcaneum meum obseruabunt. Diê huótent minero fersenun. sie fárent úbe ih slipbe. úbe ih misse-tuóe doh in einemo uuorde⁶).

**) Sicut sustinuit anima mea. Also ih irlíten hábo. also ih oûh ér chúnneta. also mir ofto fóne in gescëhen ist.

Pro nihilo saluos facies eos. Ioh sóliche gehaltest dû umbe niéht. Fergébeno. unde áne iro frêhte gehaltest dû genuóge diên geliche. Sólih fàrare uuas saulus (lupus). ér er uuúrde PAVLVS (humilis).

In ira populos confringes. In dinemo zorne geuueichest dû diê liûte. Daz zórŋ ist fáterlih. mit démo dû siê gebézzerost. Dû chéstegost siê. dannân genésent siê.

Deus uitam meam adnuntiaui tibi.

---

¹) fone. Sch.
²) infindet. Sch.
³) Fehlt von «Vua» an bei Schilter.
⁴) Fehlt von «miniu» an bei Schilter.
⁵) gemeinet. Sch.
⁶) uuorte. Sch.

*) S. 192.   **) CXV.

Dir Got chunta¹) ih mînen lib. Ih lóbeta dih des. daz du mih tâte lében. Dînes danches lébo ih. dir iího ih is. Also paulus iah do²) er chad. QVI PRIVS FVI BLASPHEMVS ET PERSECVTOR. ET INIVRIOSVS. SED MISERICORDIAM CONSECVTVS SVM (ih ê uuas kiGótscélto³) unde âhtare unde⁴) uuídermuôtig sunder Gótes irbármeda kevván ih⁵).

Posuisti lacrimas meas in conspectu tuo. sicut in promissione tua. s. locutus es. Mîne trâne sâhe dû âna. also dû gehièzze. Do dû châde. INVOCA ME IN DIE TRIBVLATIONIS ET ERVAM TE (hára mih ána an démo tage pînon-ih lôse dih⁶).

Conuertentur inimici mei retrorsum. Mîne fienda uuérden pechéret ze rúkke. Siè gànt paz nâh dir. danne siè beiten⁷) fûre dih.

In quacumque die inuocauero te. ecce cognoui quoniam deus meus es tu. So uuéles táges ih dih ána hâren. so uuêiz ih daz du mîn Got pist. dâr ána sceinest du daz mîn Got pist. uuanda dù mir bíttentemo hilfest. A'llero Got pist dû. áber min *) súnderigo. unde dero. diên du dih selben gíbest.

In deo laudabo uerbum. in domino laudabo sermonem. in deo speraui. non timebo quid faciat mihi homo. Daz ist fóre geréechet.

In ⁸) me sunt deus uota. quæ reddam laudationes tibi. Ih hábo in mir diê inthéizza lóbis. diê ih dir antuuúrto in ̱énero uuérlte. súsliches trôstes. Vuiéoliches?

Quoniam eripuisti animam meam de morte. oculos meos a lacrimis. pedes meos a lapsu. Daz dû dánne irlôset hábest mîna sêla fóne tôde. míniu oùgen⁹) fone trânen. mîne fuôzze fone slíphenne¹⁰).

Ut placeam coram deo in lumine uiuentium. Daz ih dâr fóre Góte lichee. in ̱déro lébendon liéhte. Des liéhtes dárbent dar. die sih hiêr fèrro tuônt fone diên heíligon.

**) PSALMVS LVI.

IN FINEM NE DISPERDAS DAVID IN TITVLI INSCRIPTIONE. CVM FVGERET A FACIE SAVL IN SPELVNCA.

Uuanda dauid CHRISTVM. unde saul bezeichenet gentem (liût) iudeorum. fóne diû sprichet disiû fóre=scrift propheticæ (fóre=ságelicho)

---

¹) chunda. Sch.
²) doh. Sch.
³) keGotscelto. Sch.
⁴) Fehlt bei Schilter.
⁵) (keuuan ih). Sch.

⁶) (pinton —). Sch.
⁷) betten. Sch.
⁸) Ih. Sch.
⁹) ougon. Sch.
¹⁰) sliphene. Sch.

*) S. 193.   **) S. CXVI.

ze iudaico populo (liûte) alde ze pilato . Ne disperdas david svbavditvr regnvm in titvli inscriptione . Daz chit . ne ferságe[1] christis rîche an dero zeîchenscrifte . Daz hábeti pilatus ketán . nbe[2] er iudeis fólgeti . Vuanne? Cum fugeret dauid id est christvs a facie saul id est iudeorum in speluncam (danne dir fluóhe[3] — daz ist — fóne saulis kesihte . daz ist[4] iúdon in eín hol). Do uuas der titulus (zeîchenscrift) rehto ze scribenne . do christvs parg fóre iudeis in spelunca sui corporis alde sepulchri (in démo hóle sinis líchamen alde des grabis) . daz er Got uuas . Dára náh kehoren passionem (christis mártira) unde resurrectionem (urstende) domini gesúngena in allemo disemo salmen .

Miserere mei devs miserere mei . quoniam in te confidit anima mea . Gnáde mir Got . Gnáde mir . uuanda an dih mîn sêla getrúet . *) Diz kebét ist christi . sús léret er únsih péton . Sus péteta er in sînero passione (mártero) . uuanda er mennisco uuas .

Et in umbra alarum tuarum sperabo donec transeat iniquitas . Vnde uuanda ih kedíngo an dén scáto[5] dínero féttacho . unz daz únreht fergánge . Also fógal sîne iúngen bruóte . so bruóte mih . dîa uuíla unreht in uuerlte sî . Ié mer ist iz dár inne . ié mer ist dúrft patientiæ[6] (kedúlte) .

Clamabo ad deum altissimum . deum qui benefecit mihi . Ih háren ze démo hóhesten Góte . mínemo fáter der mir uuóla téta an diú . daz er mîne lide an mír téta irstán .

Misit de cælo et liberauit me . Er santa fone hímele unde lósta mih . unde téta mih irstán .

Dedit in opprobrium conculcantes me . Er hábet práht ze iteuuîzze . die mih tréttoton[7]) . Vuanda iudei die iz táten sint nú úz ferstózzen[8]) . unde sint úberal ze fersihte .

Misit deus misericordiam suam et ueritatem suam . Got santa mir sîna gnáda unde sîna uuarhêit . Vuára zuô?

Eripuit animam meam de medio catulorum leonum . Lósta mína sêla úzzer mitten léuuôn uuélferen . Principes (die fúrsten) uuáren leones . populus catuli (der liût uuelfer) leonum . Sié uuáren gelícho frementes (préminte[9]) . er lósta io dóh sîn sélbes sêla .

---

[1] fersago. Sch.
[2] ubi. Sch.
[3] fluoche. Sch.
[4] Ueber «st» ein punkt.
[5] scado. Sch.

[6] patientia. Sch.
[7] tretteton. Sch.
[8] ferlozzen. Sch.
[9] (prenninte). Sch.

*) S. 194.

Dormiui conturbatus. Ketruôbter slíéf ih. Sie truóbton¹) mih. so filo iz ze in getráf. unde irstárbton mih. áber mir uuas iz sláf²). unde ráuua.

Filii hominum. Daz táten ménniscon chint.

Dentes eorum. arma et sagittæ. Iro zéne. uuáren uuáfen unde strála. An iro griscrámonten zénen uuáren sié geuuáfenet also leones.

Et lingua eorum gladius acutus. Vnde uuas in iro zúnga uuássez suert. mit déro sié cháden. CRVCIFIGE CRVCIFICE (háe ín. an daz chriúze stéech in).

Exaltare super cælos deus. Forma serui (daz pílde des scálches) spríchet nú. Héue dih úber hímela Got. Nim dih selben úzzer déro uuuôtenton handen. Ne hénge in. *) daz sié langor an dih grassantes (uuínninte) sín.

Et super omnem terram gloria tua. Vnde uber alla erda uuerde irbúret dín guóllichi. daz úber al dín lób scélle.

Laqueum parauerunt pedibus meis. Mínen fuózzen rihton³) sie strigh. Ih kiéng in érdo mit increpatione (irráfsungo) unde mit promissione (kehcizze). sámoso mit zuéin fuózzen. dár ána fáreton sie mir.

Et incuruauerunt animam meam. Vnde getáten sie mih pógèn. uuanda ih an in curuus (pógende) uuas nals erectus (úfreht). unde iro uuérch iéo ze erdo sáhen.

Foderunt ante faciem meam foueam. et inciderunt in eam. Sie gruóben mir gruóba. unde sié stúrzton dára in. Sié uuúrden dar ínne iruuéllet. nals ih. So uuér dén ánderen ferráten uuíle. der ist selbo ferráten.

Paratum cor meum deus. paratum cor meum. Nu ist cáro min hérza. sid dû iz só uuile Got. iz ist cáro. zefertrágenne⁴) íro úbeli.

Cantabo et psalmum dicam. Fóne diú⁵) singo ih dir. unde sálmo sángon dir sús.

Exurge gloria mea. Stant úf min guóllichi. **) Oúge dih resurgendo (irstándo) unde ascendendo (úffárendo).

Exurge psalterium et cythara. Stánt úf. unde oúgent iúuih miracula (zeíchen) unde passiones (martera). Fóne démo óberon teíle scéllent seíten in psalterio (in róttun).

---

¹) truobten. Sch.
²) slaff. Sch.
³) rihtan. Sch.
⁴) zefertragene. Sch.
⁵) dih. Sch.

*) S. 195.   **) S. CXVII.

dannan chámen CHRISTI miracula (uuúnderzeîchen). A'ber in cythara scéllent siê fóne démo nideren¹) teîle . dannán uuâren passiones (martera) CHRISTI. Psalterium scélle . sô irstánt mortui (tôten) . unde genésent cæci claudi paralitici ægroti (blinden halzen keuhtigote siêchen). Cythara scélle . daz CHRISTVS húnger unde durst lide . dormiat . teneatur . flagelletur . irrideatur . crucifigatur . sepeliatur (slâfe gefángen uuerde pefúllet uuerde pespóttot²) . kegechriuzegot pegráben uuérde).

Exurgam diluculo . Ih irstân uuáchero . In uôhtun irstuônt psalterium unde cythara . daz ist corpus dominicum (trúhtinis lichamo).

Confitebor tibi in populis domine . et psalmum dicam tibi in gentibus. Ih iího dir únder liûten truhten . unde singo dir psalmum under diêten. Daz ist nú irsóllòt . uuanda psalmi *) unde Gótes lob sint in állen richen.

Quoniam magnificata est usque ad cœlos ueritas tua . et usque ad nubes misericordia tua. Vuanda din uuarheît ist kemíchellichot unz ze himele . unde din guáda unz ze diên uuólchenen. Daz uuirt zo zelésenne præpostero ordine . uuanda uuârheît ist lútteriú in angelis . unde ist ouh diû fóne gnâdon getéilet sáment diên ménniscon . die prædicatores ueritatis (predigare uuàrheîte) sint .

Exaltare super cœlos deus . et super omnem terram gloria tua . Daz stât fóre .

PSALMUS LVII.

IN FINEM NE DISPERDAS DAVID IN TITVLI INSCRIPTIONE.

Dâz stât oùh dâ fóre démo êreren salmen.

SI VERE VTIQVE IVSTITIAM LOQVIMINI . recta iudicate filii hominum. CHRISTVS chit ad iudeos. V'be ir ménniscon chint reht spréchent . so áhtont iz ze réhte . A'htont iz also . sô ir iz spréchent. Cnuêge spréchent daz siê sô ne áhtont. Sie chédent úbe mán siê is, fráget³) . daz triûuua bézzera sin . danne scáz . unde ne áhtont iz sô . uuanda in der scáz liêbera ist . V'be in is érnest uuâre . sô scéindin siê iz . sô ne uuêhsalotin siê dia triûuua umbe scáz .

Et enim in corde iniquitates operamini in terra. V'nreht in erdo

---

¹ nidern. Sch.

²) gespottot. Sch.

³) Der beistrich soll wohl nur, wie öfters, die nahe stehenden worte trennen? Schilter hat «usfraget».

---

*) S. 196.

uuúrchent ir in démo hérzen. A'lle diê in‿erdo sint . diê hábent êr sóllez únreht in‿hérzen ¹) . êr iz chóme ze diên uuérchen . Vuâr ána scînet daz?

Iniquitatem manus uestræ concinnant. Vnreht kerértent ²) iûuuere hende . Fóne démo herzen chúmet iz ze diên hánden . Dánnan sint iûuuere héndè ³) gehélle ze unrehte.

Alienati sunt peccatores ab útero. Súndige irférreton iû ⁴) fone íro muóter uuúmbo . Vuannan irférreton siê? A ueritate . a regno dei . a uita beata (fone uuàrheite . fone Gótes ríche . fone saligemo libe). Got uuíssa iro úbeli . *) êr siê gebóren uuurdin . Alde iz chît . fóre déro uuúmbo sanctæ æcclesiæ (christenheite) uuúrden siê gefirret ⁵).

Errauerunt a uentre . Sie feruuálloton fóne démo búche . dàr uuàrhéit ist . Vuíeo do?

Locuti sunt falsa . Pediú lúgen siê . bediú uuúrden siê heretici (keloúbirre).

Ira illis secundum similitudinem serpentis. I'ro zórn déro iudeorum . ist also uuúrmis.

Sicut aspidis surdæ . et obdurantis aures suas . Also des toùben aspidis . unde beuuérfentis siniu óren. Er máchot sih toùben . daz er incantantem (den gérmenonten ⁶) negehôre . der in úzer sinemo lóche uuile ferlúcchin . Daz tuôt er ein òra dringende an dia erda . daz ander ferseiùbende mit démo zágele.

Quæ non exaudiet uocem incantantium et ueneficia quæ incantantur a sapiente . Der fóne diù ne gehôret diê stimma der gérmenonton . unde diù zoúfer . diù fóne démo uuisen des listes kesungen uuérdent. Den ánteroton diê in actibus apostolorum uuàren disputantes (uuìsprachonde ⁷) cum stephano . diê íro hóren ferhábeton sô siê nomen (namen) CHRISTI gehórton.

Deus conteret dentes eorum in ore ipsorum . Gót fermúlet íro zéne in iro munde . Siê uuolton in zánon . dô siê in frâgeton . LICET CENSVM DARE CESARE AN NON (sal‿man zins kében demo cheisare alde ne sal)? souuéder er chàde LICET VEL NON LICET (sal alde ne sal) . Er bráchín áber diê zéne in demo munde . dô er chàd . REDDITE ⁸) QVÆ SVNT CESARIS CESARI . ET QVÆ SVNT DEI DEO (kébent

---

¹) Fehlt von «Alle» an bei Schilter.
²) kereftent. Sch.
³) henden. Sch.
⁴) io. Sch.
⁵) geferret. Sch.

⁶) (den gesmenonten) [germen.]. Sch.
⁷) unis spragonte. Sch.
⁸) Hinter «Reddite» steht in der handschrift noch «G». Fehlt bei Schilter.

*) S. 197.

démo chêişare daz sìn sì . unde Góte daz sin si). Fóne diû châmen siè nuidere ze diên . diê siè dára sánton . mit démo nuórte quod nemo posset respondere ei (daz imo niêman geántuuurten nemahti).

Molas leonum confringet dominus. Déro léuuon chinne-zéne¹) ferbrichet trúhten. Sie uuáren aspides in astutia (árglisten) . leones in crudelitate (crímmi) . fremitus leonis (des lóuuuen prémen²) uuas crucifige crucifige (hae in négele in an chriûze). Vuanda áber crucifixus (der irhángeno) irstuónt . unde fideles (christane) úber ál uuúrden . *) unde in reges (chúninga) péteton . uuár uuas iro seuitia (crímmi) do³)? Vuaz kemahton siè do? Do uuâren ferbróchen déro léuuon chinne-zéne.

Ad nihilum deuenient tanquam aqua decurrens. Siè zegánt also gáhez uuázzer . daz sá ferloúffen ist.

Intendit arcum suum donec infirmentur. Got spánet sinen bógen . unz siè geuuèichent. Er égot in . unde tuot daz siè gehírment. Also er saulo téta . do er chad. QVID ME PERSEQVERIS? DVRVM EST TIBI CONTRA STIMVLVM CALCITRARE **) (uuaz âhtist du min? dir ist herte uuider garte ze spórnonne).

Sicut cera liquefacta . auferentur.

Diè sih áber fóne diên dróuuon ne bézzeront . unde sie hiêr sint . also ze-làzenez uuahs fóne igne concupiscentiæ (fiûre kelúste) . diê uuerdent dána genómen fóne sínero gesíhte. I'ro unrèini . ne làzet siè fúre in chómen.

Super cecidit ignis. Daz fiûr fiêl siè ána. Mánigfaltiu gelúst chám siè ána.

Et non uiderunt solem. Vnde bediû ne gesáhen siè Gót . der uuáriù súnna ist.

Priusquam producant spinæ uestræ ramnum . sicut uiuentes . sicut in ira obsorbet eos. Spinæ uestræ chit ér . fúre spinæ eorum (iro dorna). Got ferslíndet siè . ér iro dorna gebéren den ramnum. Er tiligot siè . ér iro úbeli gestárchee. Vuéiche sint ze êrist diê dórna an ramno . dára nah uuerdent siè hirlicho herte unde stárch. Also lebende ferslíndet er siè . sie sint áber tót . doh siè in sélbên dúnchen lében. Vnde also in zórne . dánna áber ér in guòtemo ist. Daz er chit ferslíndet siè . daz ist also er chàde. Kenímet er siè . unde ne làzet siè lében . so lángo so siè gedénchet hábeton.

Lætabitur iustus cum niderit uindictam. Der réhto fréuuet sih . sò er

---

¹) zenne. Sch.
²) (— louuen —). Sch.
³) dob. Sch.

*) S. 198.   **) S. CXVIII.

gesiêhet an diên súndigen den geríh primi peccati (dero êristun sundo). Daz ist mala concupiscentia (ubil gelúst). diû ist fóne primo peccato (eristun súndo). Diê fliêhet iustus (der rehto). pediû hábet ér reina conscientiam (sîn uuízza). *) déro fréuuet er sih.

Manus suas lauabit in sanguine peccatoris. Er duáhet sine hende. in dés súndigen [1]) bluóte. Daz chit. er bézzerot sih an sinero ferlórnissedo. Also der uuíso salomon chit. STVLTO PEREVNTE. SAPIENS ASTVTIOR FIT (koúche ferlornemo uuizzet der uuíso [2]).

Et dicet homo. si utique est fructus iusto. utique est deus iudicans eos in terra. Vnde so chit man. V'be der rehto uuuócherot. úbe er ioh hiêr lón hábet. so ist in erdo Got uber sie irtêilende. er dies iudicii (suónetag) chome. So ist daz uuár. daz er rehtên hiêr gíbet ze fórezálo spiritalem lætitiam (keislichi fröi [3]). unde hára nâh uitam æternam (den êuuigen lib).

PSALMUS LVIII.

IN FINEM NE DISPERDAS DAVID IN TITVLI INSCRIPTIONE. QVANDO MISIT SAVL ET CVSTODIVIT DOMVM EIVS VT INTERFICERET EVM.

Disen salmen sang dauid. do saul santa. unde sîn hus pesazta. daz er in dâr irsluóge. Der ánder têil disses tituli (fóre=zeichenis) ist fore geságet. Saul bezeichenet iudeos. die sepulchrum (cráp) CHRISTI besazton. daz siê in. an sinen liden fertiligotin. Vuánda úbe siê resurrectionem (urstendida) fersâgen máhtin. so uuúrde sin námo fertiligot. Vuíder diên bétot nû CHRISTVS.

ERIPE ME DE INIMICIS MEIS DEVS MEVS. Lóse mih fóne minen fienden Got miner.

Et ab insurgentibus in me libera me. Vnde fóne mih ánanéndenten genére mih.

Eripe me de operantibus iniquitatem. Lóse mih fóne únrehto farenten.

Et de uiris sanguinum salua me. Vnde halt mih fóre mánslekkon.

Quia ecce occupauerunt animam meam. Vuanda siê mih kefángen hábent. Sie hábent mih prâht. in dia nôt déro passionis (martiro).

---

[1]) sundigon. Sch.
[2]) (Ruoche —). Sch.

[3]) frou. Sch.

Irruerunt in me fortes. Mih hábent stárche hinderstánden. Diabolus (der uuíder‑fliêz) unde ministri eius (sine diênestman).

Neque iniquitas mea. neque peccatum meum domine. *) Nehein unreht. nehein sunda ne ist an mir.

Sine iniquitate cucurri. et dirigebar. A´ne únreht liúf ih. unde rehto chérta ih mih dára ih solta. Doh sie fortes (starch) sin. sie ne mûgen mir gefólgén.

**) Exurge in occursum mihi. Stant ûf. ingâgene mir. hilf mir daz ih irstande [1]).

Et uide. Vnde sih dia grihti mines loúftes. daz chit. duô sia andere gesêhen. unde mir fólgen. unde mih pechénnen dir gelichen.

Et tu domine deus uirtutum deus israhel. Vnde dû trúhten Got chréftigo [2]). Got israhelis. eines tiêtes sô man uuânet.

Intende ad uisitandas omnes gentes. I'le uuíson állero diête. Pring siê álle ze‑geloúbo [3]).

Non miserearis omnibus qui operantur [4]) iniquitatem. Noh állen ne fergébest dû iz. diê únreht. uuúrchent [5]). Ne lâz iz úngeandot sin.

Alde siê selben ingélten sih is. alde dû ingélte siê is. Oùh sint sunda. diê Got ne‑fergibet. Daz sint dero súnda. diê dir chédent. SI DEVS NOLVISSET. ID NON FECISSEM (ube Got ne uuólti. ih ne tâte nièuuet sô). Diê lékkent ûfen Gót íro scúlde. daz ûnfertrágenlih [6]) ist.

Conuertentur ad uesperam. et famem patientur ut canes. Ze âbende uuérdent siê bechéret. daz ist in fine sæculi (in ende uuerlte). Vuanda sô helias chúmet unde enoch. so uuerdent iudei geloúbig [7]). Danne uuerdent siê húngerg [8]) déro geloúbo. also gentes. diê siê húnda hiêzzen. uuanda siê in únrêine [9]) geduôhton.

Et circuibunt ciuitatem. Vnde umbe gânt sie dia búrg. A´lla uuerlt umbe fárent sie prædicando (prédiondo [10]). Daz paulus téta. unde andere apostoli. daz tuónt siê danne.

Ecce ipsi loquentur in ore suo. et gladius in labiis eorum. Sie spréchent daz danne in‑múnde daz nû ne ist in muôte. unde ist suért in iro lefsen. daz ist uerbum dei (Gótes uuórt).

Quoniam quis audiuit? Vuanda

---

[1]) irstante. Sch.
[2]) chreftige. Sch.
[3]) ze gloubo. Sch.
[4]) operantibus. Sch.
[5]) uuerchent. Sch.

[6]) unfertragenlich. Sch.
[7]) gloubig. Sch.
[8]) Hungerg. Sch.
[9]) unreino. Sch.
[10]) prediendo. Sch.

*) S. 200.   **) CXIX.

uuer hórta iz? Daz sprechent sie zúrnendo . daz suért ist in iro lefsen . ziu ándere negehóren . daz siê fóre gehóren ne uuólton . Sámo so siê selben ad uesperam bechéret ne uuúrdin .

*) Et tu domine deridebis eos . Vnde dû truhten húhost déro . diê dîn uuort kehóren ne uuéllen .

Pro nihilo omnes gentes . Dû ahtost álle úngeloûbige diête fúre nîeht . Alde iz ebit . Fóre dir ist semfte . unde also nîeht . daz dû alle diête bechérest .

Fortitudinem meam ad te custodiam . Mîna starchi behuôto ih ze dir . Vuanda dána¹) fóne dir ne hábo ih sia . fóne dir fárendo ferliúso ih sia .

Quia deus susceptor meus es . Vuanda du mîn inphángêre bist . V'belo uuas ih . in sûndon lág ih . dannan náme dû mih . unde ze dir zúge dû mih .

Deus meus misericordia eius præueniet me . Mîn Got ist . des knáda fúrefángot mih . Nebein guôt ne táte ih . ne gegruôzti er mih dara zuô .

Deus meus ostende mihi inter inimicos meos . Got mîner geouge mir under mînen fienden dîna gnáda .

daz ouh siê gebézzerot uuerden . unde fóne fienden friunt uuérdên .

Ne occideris eos . ne quando obliuiscantur legis tuæ . Ne sláh siê . nio siê danne ne irgézzên dînero êo . Iudeos ne sláh du dár ána , daz siê irgézzen dînero êo . Lá siê uuéren²) unz ze abende . unde bechére sie dánne .

Disperge illos in uirtute tua . Zeuuirf sie in dînero chrefte . so uuit romanum imperium si .

**) Et destrue eos protector meus domine . Vnde zestôre siê iro únrehtes . truhten mîn scermâre .

Delicta oris eorum . sermonem labiorum ipsorum . Ne sláh siê . sláh iro múndis missetate . slah³) daz uuort iro léfso . Duô in dîa brúti . den siê eiscôtin ze tôde . daz siê dén gesêhen irstándenen ze lîbe .

Et comprehendantur in superbia sua . Vnde sie irfáren uuerden in iro úbermuôti . Vuîeo in gemêitun sie sih áhtoton fórtes (stárche) . ménniscen slándo . in démo Got lébeta .

Et de execratione⁴) et mendatio euellentur . Vnde so uuerdent siê genómen úzzer leidsami . unde úzzer lúge . ***) Daz prínget siê ze riúuun . unde ze toufi⁵) .

In ira consumationis . i. perfectio-

---

¹) danna. Sch.
²) uuaren. Sch.
³) slaht. Sch.

⁴) excreatione. Sch.
⁵) touft. Sch.

*) S. 201.   **) S. CXX.   ***) S. 202.

nis. In dero irbólgeni déro durnohti. In dero genésent siê. Ze in seben¹) belgent siê sih. daz ketuót siê dúrnohte.

Et non erunt. s. superbi. Vnde danne ne sint sie úbermuóte so siê uuâren. Siê bechénnent iro sculde. unde chédent ze diên apostolis. QVID FACIEMVS FRATRES (uuaz tûoien uuirs bruôdera²). Daz fernément siê. POENITENTIAM AGITE. ET BAPTIZETVR VNVSQVISQVE VESTRVM (tuont riúuua unde lazzent iúh álle toúfen).

Et scient quia deus dominabitur iacob et finium terræ. Vnde danne uuízzen sie daz Got uualtet. niêht ein iudeorum. nube állero éndô déro érdo. Vnde uuiêo féret iz?

Conuertentur ad uesperam. et famem patientur ut canes. Hindenan spáto³). nah CHRISTIS sláhto uuerdent sie danne bechéret. unde húngerg also hunda.

Et circuibunt ciuitatem. Vnde brédegont sie diê gentes. diê ciuitas circumstantiæ (purch úmbestannis) heizzent. Derô canum uuas PAVLVS einer. Diser uers⁴) triffet ad passionem (ze martiro). der ímo gelih ist fóre. der triffet⁵) ad finem sæculi (ze énde uuerlte).

Ipsi dispergentur ad manducandum. Diê uuerdent ze uueibet ze ézzenne spiritalem cibum (keislicha fuóra). Also ze PETRO gesprochen uuard. MACTA ET MANDVCA (slah unde iz).

Si uero non fuerint saturati et murmurabunt. Dánnan gesciehet. úbe siê sát ne uuerdent. daz siê murmurationem (múrmeront) tuont. Also daz ist. QVIS AVDIVIT (uuer hórta iz)?

Ego autem cantabo uirtutem tuam. Aber ih singo dîna chraft fáter an mînen lîden⁶). so siê folle chóment. ze dínero ánasihte.

Et exultabo mane misericordiam tuam. Vnde in morgen⁷) fréuuo ih mih dinero gnâdo. Sô disiu uuérltnaht zegât. unde diû uuâra sunna irscînet. so bin ih an in frô.

Quia factus es susceptor meus. Vuanda dû bist mîn inphángere. Dû inphâhest mih. unde haltest mih in dínemo ríche.

Et refugium meum in die tribulationis meæ. *) Vnde mîn zuôfluht. an démo táge mînero bíno. So mir nôt ist. sô geflîého ih ze dir.

Adiutor meus tibi psallam. quia deus susceptor meus es. Mîn hél-

---

¹) selben. Sch.
²) (— tnoten —). Sch.
³) spahto. Sch.
⁴) uuers. Sch.

⁵) Fehlt von «ad» bis hierher bei Schilter.
⁶) leiden. Sch.
⁷) morgo. Sch.

*) S. 203.

fare . dír singo ih . uuanda du min inpḣángere bist.

Deus meus misericordia mea . Got míner . min gnâda . Vuíeo min gnâda? Ane suáz ih pin . daz ist fóne dínero gnâdo.

---

*) PSALMUS LIX.

IN FINEM HIS[1]) QVI COMMVTABVNTVR IN TITVLI INSCRIPTIONE IPSI DAVID IN DOCTRINAM[2]) . CVM SVCCENDIT MESOPOTAMIAM SYRIAM ET SYRIAM SOBAL[3]) . ET CONVERTIT MOAB ET PERCVSSIT EDOM IN VALLE SALINARVM . XII . MILIA.

An CHRISTVM siehet diser psalmus . dién gesúngener . dié an diéa zeichenscrift keuuéhselot uuérdent . so . daz sie fóne rege diabolo (chúninge uuíder-flúzze) sih pechéren ad CHRISTVM . regem iudeorum (ze chúninge pigíhtaro) . Sélbemo dauídi . sélbemo CHRISTO ze diénonne . unde an sína léra ze dénchenne . Also iz fuôr . do der uuârro[4]) dauid pránda mesopotaniam syriam . unde[5]) syriam sobal. Mit rehte branda[6]) er sié . daz ougent dié interpraetationes (ántfrista). Mesopotamia eleuata uocatio (ûf irhábin ládunga) . Syria sublimis (ûf lanch[7]) . uana uetustas (in-uuiht áltír) . superbiam (úbermuóti) uanitatem (úppechèit) uetustatem (álti) pranda der . qui uenit ignem mittere in terram (der dír cham fiûr uuérfin an erda) . Vnde bechérta er moab . i. inimicum (den figint) . unde sluôg er edom . i. terrenum (erdinin) . V'noholde liûte . unde irdische bechérta er. Duodecim milia sluôg er . in démo tále déro salzcruôbon . Gágen zuelf uuinden gesézzene getéta er in humilitate (an diemuoti) lében . unde in sapore sapientie (in demo smáche uuísheíte) . mortuos sæculo uiuentes deo (tòte déro uuerlte lébente Góte).

DEVS REPPVLISTI NOS ET DESTRVXISTI. Christiani dánchont sus CHRISTO . daz er sié geuuéhselot hábet. Dû Got hábest unsih uuídere gestózzen . uuanda únrehten uueg . ne hánctost dû úns ze gánne . **) Vnde zestôrtost únsih . daz uuir baz kezímberot uuúrdin[8]).

Iratus es . Des alten írreden búlge dû dih.

Et misertus es nobis . Vnde gnâda

---

[1]) pro his. Sch.
[2]) Ueber «m» ein punkt.
[3]) Ueber «b» ein punkt.
[4]) uuaro. Sch.
[5]) et. Sch.
[6]) pranda. Sch.
[7]) Schilter hat die stelle folgender massen: «Syria sublimis (ubermuoti) [Sobal] vanitatem (uppecheit) v' etc.
[8]) uuurden. Sch.

*) S. CXXI.   **) S. 204.

gefiênge dû unser . nouitatem uitæ (niuuiu libes) unsih lêrendo.

Commouisti terram . Dû eruuégetost die erda . dû tâte diê sûndigen sih irchénnen.

Et conturbasti eam . Vnde brâhtost dû siê infórhtun . ioh in riûuuun.

Sana contritiones eius quia commota est . Heile iro muótes chnisteda . uuanda sie ad penitentiam (ze riûuuo) iruuéget sint . Trôste sie mit indulgentia (ablâze).

Ostendisti populo tuo dura . Hértiû unde arbêitsámiû ougtost dû dînemo liûte . in persecutione (an dero âhtungo).

Potasti nos uino conpunctionis. Trangtost unsih mit démo nuîne gestûngedo . Vuaz ist der uuin?

Dedisti metuentibus te significationem . Daz dû zeichendost diên dih fúrhtenten . an diên nóten déro âhtungo.

Vt fugiant a facie arcus . Daz siê fliêhen fóre démo bógen . der diê súndigen schiûzet . An demo bógen uuirt diû séneuua sô filo mêr zuô gezógen . só filo man drâtor sciêzen uuile . Got frístet ouh iudicium (úbertêilida) . daz iz deste hándegora si.

Vt liberentur dilecti tui . Daz dîne trûta irlóset uuérden . Daz siê dén bógen fliêhendo irlóset uuerden . dár umbe gescéhent in hiêr aspera.

Saluum me fac dextera tua . Mit dinero zésuuun gehalt mih . sîd ih uuérltlicha nôth hában súle.

Et exaudi me . Vnde gehôre mih . uuanda dir uuérdera ist diû beta dero himeliscon guôto . dánne déro írdiscon.

Deus locutus est in sancto suo. Got fáter sprah an sinemo hêiligen súne [1] CHRISTO . daz so fâren sol.

Lætabor . Des pin ih sîn liût frô.

Et diuidam sicimam . i. humeros. Vnde scêido diê áhsela . die onus domini (Gotes purdi) trágent . in misselichero distributione spiritus sancti (spendo des hêiligen Geistis). Idola uuúrden begráben fone iacob in sicima . *) dannan bezêichenet diu stat gentes (diêto) . diê sîd iro humeros (áhsele[2]) púten[3]) . ad onus christianæ deuotionis (ze déro burdi christanro gedáhte[4]).

Et conuallem tabernaculorum id est gentem iudeorum dimetiar. Vnde daz ketúbele déro hérebirgon . dar iacob sîniu scâf stálta . gemizzo ih mir intêil . Ih uuirdo gesáminot . ex iu-

---

[1]) suna. Sch.
[2]) Schilter «hahsele», wie ursprünglich in der handschrift.
[3]) pitten. Sch.
[4]) Christianro. Sch.

*) S. 205.

deis et gentibus (fóne iudon unde diêtin).

Meus est galaad . hoc est acernus testimonii (puól úrchundis). Multitudo (manegi[1]) martyrum ist min. Fone in bin ih oûh kesáminot.

*) Et meus est manases hoc est oblitus (ágez). Mir gesciéhet[2] noh minero persecutionis obliuio (áhto agez). so ih in pace (in frîde) muòz púen.

Et effraim . i. fructificatio . fortitudo capitis mei . Vnde mines hoûbetes starchi ist min uuuòcherunga. Mors CURISTI (christis tôt) ist min multiplicatio (mánigfalti[3]). MORTVI GRANVM FRVMENTI MVLTVM FRVCTVM AFFERT (des toten chórnes cherno pringet filo uuuòchers).

Juda rex meus. Ih iiého[4] déro inscriptioni (christis obescrîfte). CURISTVS ist min chúning.

Moab . i. gentes . olla spei meæ. Der fóne unrehtemo gehilèiche chómeno liút. Der ist minero gedingi bâuen . uuanda er hâuen uuorden ist . uuanda er geeitet ist in igne persecutionis (in fiûre áhtungo). pediù habet er mir irrécchet spem suæ salutis (die gedinge sinero heili). nals consumptionis (fersuéndi).

In idumeam . i. terrenam . extendam calciamentum meum. I'oh ze diên . diê terrenam uitam (irdiscen lib) uôbent ferréccho ih mînen scuóh . Ih sendo dára calciatos pedes in preparatione euangelii pacis (kescuòhto fuòzze ze fúre uuárno déro prédigo fridis).

Mihi allophili sudditi sunt. Frémede bétont mih chit CURISTVS. QVI MECVM NON[5] SVNT REGNATVRI (diê sáment mir ne suln rîcheson).

Quis deducet me in ciuitatem circumstantiæ? i. inter gentes . quæ circumfusæ sunt uni genti iudeorum. Vuer geleitet mine prædicatores ze állen diêten gesézzenen al umbe iudeos? Vuer àna Got?

Quis deducet me usque in idumeam? Vuer getuôt mih ioh diên ze uuìzzene qui de me nolunt proficere (die mîn nieht ne uuellen gebezzerot uuerden)?

Nonne tu deus qui repulisti nos? **) Ne tuôst dû iz dû únsih dána stièzze . fóne démo alten irreden? Also dàr fóre der psalmus chad?

Et non egredieris . i. non apparebis . in uirtutibus nostris . Dû ne oûgest dih nieht in únserro chrefte sò dû tâte bi moyse . unde iesu naue . unde dauid . dò gentes aduersariæ (uuider-uuártige diête) sih uns

---

[1]) mannegi. Sch.
[2]) Ueber «i» ein punkt.
[3]) mannigfalt. Sch.
[4]) ueho [jeho]. Sch.
[5]) Fehlt bei Schilter.

*) S. CXXII.   **) S. 206.

iruuérren ne máhton. I'nuuert lérest du únsih. ínuuert sterchest dû únsih. Vuoltîn uuir uébten. der uuîg uuâre pro presenti uita (pi den gagenuuártigin lib). nals pro futura (pi den chumftigen).

Da nobis auxilium de tribulatione. Des te mêrun helfa duô uns déro arbêite. daz man unsih uuânet uuésen dînhalb hélfelose.

Et uana salus hominis. Kib uns auxilium (folleist). Kib uns salutem (heili). ínuuert kib uns sia. diû ûzuuértiga ménniscen hêili ist úppig.

In deo faciemus uirtutem. et non in gladio. An Gote scéinen uuir uirtutem patientiæ (chraft kedulte). nals repugnantiæ (uuiderbrúhte).

Et ipse ad nihilum deducet tribulantes nos. Vnde bringet er ze niehte diê únsih arbêitent. Also nû scînet. uuâr sint sie?

PSALMUS LX.

IN FINEM IN YMNIS IPSI DAVID.

An CHRISTVM siéhet diser salmo. gesúngener in lóbe selbemo dauidi. selbemo CHRISTO.

EXAVDI DEVS DEPRECATIONEM MEAM. intende orationi meæ. Kehóre

Got mîna digi. sih ze mînemo gebéte. duô is uuára. Vuer chît daz? FIDELIS POPVLVS (der christane liût).

A finibus terræ ad tẹ clamaui. Ih háreta ze dir. fone énden déro uuerlte. unz dâra dîn possessio (eîgin) gât. In allen sint[1]) déro uuerlte ist sancta æcclesia gebréitet. dánnan háret sie. dannan fernim sia.

Dum angeretur cor meum. Danne mîn herza geduuénget uuurde. fone temptationibus carnis (pechorungon des lîchamin).

In petra exaltasti me. V˝fen demo steîne irbóhtost dû mih. Hôher stein unde féster bist dû. ûfen démo státost dû mih. sih.*) daz mih angor temptationis et persecutionis (diu nôt pechorungo unde âhtungo) ne iruélle[2]).

Deduxisti me quia factus es spes mea. Dû bist mîn dux (leîto). du leîtost mih. daz ih dir fólgee ze ándermo libe. uuanda dû mîn gedingi bist. unde ih ánder ne géron ze geuuúnnenne[3]).

Turris fortitudinis a facie inimici. Starch túrre bist dû mir fore démo fîende. Der ze dir fluht hábet. démo ne gemag er.

Inquilinus ero in tabernaculo tuo in sæcula. i. in finem sæculi. Séledare bin ih dîn liût. in dînero æc-

---

[1]) allentsit. Sch.
[2]) iruuelle. Sch.
[3]) geuuunnene. Sch.

*) 207.

æcclesia . unz an ende dirro uuerlte .

Protegar in uelamento alarum tuarum . Pescirmet uuirdo ih in déro héli dinero féttacho . fóre angóre temptationum (der nóte pechórungon).

Quoniam tu deus exaudisti orationem meam . *) Fone diu uuerde ih pescirmet . uuanda du gehôrtost min gebét . so . ofto ih chad . EXAVDI DEPRECATIONEM MEAM (kehôre min gebét).

Dedisti hereditatem timentibus nomen tuum . Erbe habest du gegében diên diè dih fúrhtent . In himele ist daz erbe .

Dies super dies regis . Ein dag¹) ist in æternitate (in déro ênuigheite) des chúninges CHRISTI . zuô disen . diè er hiêr irlesta .

Adicies annos eius usque in diem generationis . s. huius . et generationis . s. futuræ . Dú fáter gehûffost imo siniu iâr . unz án den tag dirro geburte . ioh énero . In beiden richesot er .

Permanebit in æternum in conspectu dei . Er uuéret iêmer fóre sinemo fáter . Alde fore imo uuéret iêmer populus fidelis (christane liût).

Misericordiam et ueritatem quis requiret ei? Vuer lirnet imo gnáda . unde uuárheit? Kenuôge lirnent siê an diên buôchen . unde ne sceinent siê nièht tuôndo . nube lêrendo . Diê lirnent siê in sélben . nals Góte . Alda iz chit . Vuer fórderot dàr in énero uuérlte . ze sceinenne gnáda . dar iro nieman dúrftig ne ist . Alde uuarheit . dar iro nièman ne irrot?

Sic psalmum dicam nomini tuo in sæculum sæculi . **) ut reddam uota mea de die in diem . So muôze ih psalmum singen in êuua . daz ih hinnan fone disemo táge uuéee mine intheizza . unz ze énemo tage .

***) PSALMUS LXI.

IN FINEM PRO IDITHVN PSALMVS IPSI DAVID.

An daz ende siêhet diser salmo . fúre transilientem (uberstriechenten) gesúngener . selbemo dauidi . selbemo CHRISTO . Vuen ist er transiliens (der uberspringento) . fúre den diser salmo gesungen uuirdet? Alle seculares . die er óbenan nider úbersêhende . gerno úf zuô imo geziêhen uuile . mit disemo sange . daz sie sáment imo terrena (irdisca) fersêhen . Er ist obe ánderen . óbe imo ist ánderer . démo singet er sus .

NONNE DEO SVBIECTA ERIT ANIMA mea? Ne bin ih Góte úndertán . ih

---

¹) tag. Sch.

*) S. CXXIII. **) S. 208. ***) S. CXXIV.

iůuuer óberoro . ne súlent ir sô sámo sin?

Ab ipso enim salutare meum. Mit rehte uuanda fone imo ist hára in‿uuerlt keséndet CHRISTVS . mîn haltâre .

Et enim ipse est deus meus et salutaris meus . susceptor meus . Er ist [1]) ze uuâre mîn Got . unde der mih háltet . unde inpháhet .

Non mouebor amplius . So er mih inpháhet . so ne uuirdo ih fúrder ze únrehte iruuéget . Sîd daz so ist .

Quo usque apponitis super hominem . Vuiéo lango sezzent ir dánne uber de‿hêinen so geuuéstenoten . obprobria et calumnias (íteuuizza unde leid‿feruuizza) .

Interficitis uniuuersos? Vuiéo lango sláhent ir alle so geuéstenôte . diê ir náh iů bechéren ne mugent?

Tamquam parieti inclinato et marceriæ depulsæ? Diů uuânent ir iůh múgen in tuôn . sámo so háldentero [2]) uuénde . unde níder geduóhtemo zúne . diê doh fíêlin âne stòz? Daz tólen ih fóne iů pagánis (heidin). A´ndere uuâren diê daz ne táten .

*) Verumtamen honorem meum cogitauerunt repellere . A´ber dóh mîna êra uuolton siê geirren . Heretici unde falsi (unrehtero geloubo unde lúkke [3]) christiani uuâren dien uuídere . diê mih sincera fide (mit lútero geloubo) béton uuolton .

Cucurri in siti . Ih liůf nah in in durste . Ih kéreta íro . siê ne géreton mîn .

Ore suo benedicebant . et corde suo maledicebant . Corpus meum (mîn uuizzot) et sanguinem [4]) núzzen siê . benignamente (mit kuot‿uuilligemo muôte) ne uuâren siê .

Verumtamen deo subicietur anima mea . A´ber doh chit iditun (sprangâre) . Góte uuirt undertân mîn sêla . Persecutio (âhtunga) ne genimet mir iz .

Quoniam ab ipso patientia mea . Vuanda fóne imo ist mir geláz̧en [5]) sólih gedúlt . A´ne Got ne mahti daz ménnisco irlíden .

Quia ipse est deus meus . Vuanda er ist mîn Got . fóne diů lâdot er mih hiêr zuó imo .

Et salutaris meus . Vnde mîn haltare . Bediů geréhthaftot er mih hiêr . So haltet er mih .

Susceptor meus . Min inphangare Bediů geguóllichot er mih . hina in ánderro uuerlte .

Non emigrabo . Vz ne fáro ih . sô

---

[1]) itz. Sch.
[2]) haltentero. Sch.
[3]) «unde» fehlt bei Schilter.
[4]) sanguinem meum. Sch.
[5]) gelazzen. Sch.

*) S. 209.

ih in sîn hus inphángen uuirdo. Furder bin ih dâr.

In deo salutare meum et gloria mea. An Góte ist mîn heilhafti. unde mîn guôllichi. An ímo bin ih. nieht ein saluus (kehalten). nûbe ouh gloriosus (kuollih). Daz keuuûnno ¹) ih dâr. ubi iusti fulgebunt quasi sol in regno patris sui (dar die in rehten scinent also sunna in iro fater riche). Vuar ist innan des mîn trôst?

Deus auxilii mei. Daz ist Got. der mir hilfet. under allen uuérlt-nôten.

Et spes mea in deo. Vnde mîn gedingi ist an ímo. unz mir beidiu chóment. salus et gloria (heili ioh kuóllichi).

Sperate in eum omne concilium plebis. Ze imo fersêhent iúh alliu liût mánigi. An ímo ne uuérdent ir betrógen.

Effundite coram illo corda uestra. Kiêzzent iúuériu herzen uz fóre imo férgondo iéhendo uueinondo. Daz ir so uz kiêzzent. daz ne ferliêsent ir.

Deus adiutor noster est. Vuanda Got ist únser hélfare. ánderer ne ist so stargh.

*) Verumtamen uani filii hominum. Aber doh úppige sint menniscon sú-ne. Vuellent ir iúh ze in fersêhen. danne gesêhent ir sie lôse. Got ist áber túgedig.

Mendaces filii hominum in stateris. **) Lukke sint menniscon chint. an dién uuâgon. Sie hábent trúge-uuâga. aller meist daz sie sih selben unrehto uuégent sih ahtonde rehte. danne sie so ne sint.

Vt decipiant ipsi de uanitate in id ipsum. i. in unum. Daz siê fone úppigi triêgen in eina uuîs. Vuanda sie alle fône uanitate (uppigi) nément daz iro triêgen. pediû triêgent siê in eina uuîs.

Nolite sperare in iniquitate. Lâzzent sîn iúuuer gedingén. án daz únreht. Ne fersêhent iúh dára zuô. daz ir mit fraude (chnarze ²). alde mit dolo (bisuuîche) ièht keuuúnnént ³). ze Góte fersehent iúh. sáment mir transiliente (uber scrécchâre).

Et in rapina ne concupiscatis. Vnde in zócchonne ne géroent iêht ze geuuúnnenne. doh ir arm sint. doh is iû dúrft sî.

Diuitiæ si affluant. Vbe iû ⁴) áber rihtuôma zuô geslúngene ⁵) sîn.

Nolite cor apponere. Sô ne lâzzent iúuuer herza an in sîn. noh sâlig ne uuânent ir iúh dannan sîn.

---

¹) keuuinno. Sch.
²) chrize. Sch.
³) keuuinnent. Sch.
⁴) iuh. Sch.
⁵) richtuoma zuo gestungere. Sch.

*) S. 210. **) CXXV.

Semel locutus est deus. An CHRISTO sprah der fáter einest . unde hiêz al sáment uuerden . daz dir ist. Sáment hiêz ir uuérden in æternitate (in dero êuuigheite) . diù einzen chámen in tempore (in zîte).

Duo hæc audiui. Disiu zuêi gehôrta ih transiliens (uber springo).

Quia potestas dei est . et tibi domine misericordia. Vuanda Gótes ist diù maht . unde dir trúhten háftet diù gnáda. Diù zuêi sceinest dû . uuiêo máhtig unde uuiêo gnádig dû sist.

Quia tu reddes unicuique secundum opera eius. Vuanda dû lônost . iégelichemo nah sínen uuérchen . máhtiger an úbelen . gnádiger an guôten.

PSALMUS LXII.

PSALMVS DAVID CVM ESSET IN DESERTO IDVMÆÆ [1]).

Dô dauid uuas in demo einote idumeæ . do uuas diser salmo sin sang. Hiêr in uuerlte ist daz einote sanctæ æcclesiæ . *) Hiêr ist si dúrsteg [2]). Túrstegiû singet si sús.

DEVS DEVS MEVS AD TE DE LVCE . i. diluculo . uigilo. Got . Got miner.

ih uúachen in uóhtun ze dir . Diu uóhta [3]) uuécchet mih. Sô mir fóne dir táget . unde dû mih ueritatem (uuárheit) tuôst pechénnen . so uuirdo ih uuácher ze dir . nals ze uuérltkíridon.

Sitiuit tibi anima mea. Dir ist min sêla dúrsteg. Sia lánget écchert [4]) dínero ánasihte.

Quam multipliciter tibi caro mea. i. quam multipliciter laborat . tam multipliciter sitit. Vuóla mánigfálto ist dir dúrsteg mîn fleisg . uuanda iz oûh mánigfalto geángestet uuirdet. umbe cibum (ezen) potum (trínchen) uestitum (uuát) somnum (sláf) sumptum (stata) et cætera innumerabilia (unde ánderiû únzalahaftiu) . umbe diù alliû iz kérot déro resurrectionis (urstende).

In terra deserta . et sine uia et sine aqua. Hiêr in lande daz uuuóste ist . unde ána uuég . unde ána uuázzer. Vuélez ist daz? Disiu uuerlt. Sia fánt CHRISTVS uuósta. Sô áber er dára inchám . do gezúgen sih ze imo diê . diên er uuég uuard . unde diên er gáb daz uuazzer spiritus sancti.

Sic in sancto apparui tibi . ut uiderem uirtutem tuam et gloriam tuam. In dêmo selben einote ir-

---

[1]) Diese ganze überschrift nebst der angabe des gesanges fehlt in der handschrift und ist aus Schilter genommen.

[2]) durſteg. Sch.
[3]) vota. Sch.
[4]) echert. Sch.

*) S. 211.

scêin ih dir in‿heiligemo sinne . in sô heiligemo proposito (rehtes libes meininto¹) . daz ih dánnan gesáhe dina túgend . unde dina guóllichi . unde ih déro beidero eminentiam (búrlichi) stuonde fernemen.

Quoniam melior est misericordia tua super uitas. Vuanda din gnáda bezzera ist . danne diê²) liba sîn álle . diê misseliche in sélben irchóren bábent . negotiandi (choufennis) . rusticandi (púennis) . fœnerandi (uuuôcheronnis) . militandi (chnehtuuésennis³) . Ein lib ist échert êuuiger . den din gnáda gibet . der ist fóre allen.

Labia mea laudabunt te. V′mbe solcha gnáda lóbont dih mine lefsa.

Sic benedicam te in uita mea. So lóbon ih dih in minemo libe . diê selbun gnáda ána séhendo . *) fóne déro ih in êuuigen hábo.

Et in nomine tuo leuabo manus meas. Vnde in dinen námen héuo ih ûf mine hende . Hiêr in idumea . hiêr in einote uuile ih . dia tágalti hábon . daz ih mine hénde ûf héue ze gebéte . unde ze guóten uuerchen .

Sicut adipe et pinguedine repleatur anima mea. Also mit spinde . unde mit feizti uuerde irfúllet min séla . Alles⁴) kuótes uuerde si sat . in‿énero uuérlte . Alde iz chit . fóne sólchemo gebéte . daz ih mit kuóten uuérchen ze dir frúmo . chóme mir plenitudo cælestis sapientiæ (fólli himiliskis uuistuómis).

**) Et labia exultationis laudabunt nomen tuum. Vnde dára náh lóbont dinen námen . diê lefsa minero fróuui . So tempus orationis (zit kebétis) fergát . so chúmet tempus laudationis (zit lobis) . in‿énemo libe . Sô ist des einotes lába . so ist des durstes lába . so ist diû⁵) fréuui chómen.

Si memoratus sum tui super stratum meum . in diluculis meditabor in te . quia factus es adiutor meus . Vbe ih din irhúgeta inráuuon . sô gedéncho ih dánnán din oùh in‿uóhtun⁶) . uuanda du mir táte helfa . Humilitas in prosperis (mezmuóti in framspuóte) ketuót mih ze déro uóhtun húgen . daz chit ze uuerche . uuanda in uóhtun ist uuérches‿zit . Der Gótes ne irgizzet in‿frámspuóte . der ne irgizzet sin . in neheinero táte . Démo hilfet er oùh daz in is ne irdriézze.

Et in uelamento pennarum tuarum exultabo. Sub umbra alarum tuarum protege me . Vnder dinero uét-

---

¹) (rihtis —). Sch.
²) dia. Sch.
³) chnetuuesennis. Sch.
⁴) Aller. Sch.
⁵) dia. Sch.
⁶) in ouhtun. Sch.

*) S. 212.   **) S. CXXVI.

tacho scátue scirme mih . daz mih miluus (der uuio) ne irzúcche . Chraftelôsen uuêist du mih . fóre démo fiende scirme mih .

Adglutinata est anima mea post te . Hinder dir chlébet dir zuô mîn sêla . Nals fóre dir . noh inében dir . núbe nàh dir . Vuiêo gesciêhet démo der fûre CHRISTVM uuile? Also petro gescah . dô er in uuolta uuenden sinero passionis . mit disen uuorten . ABSIT A TE DOMINE . PROPICIVS ESTO TIBI*) (daz sî fóne dir herro kenada dir selbemo [1]) . unde er imo ántuuurta . REDI POST ME SATANAS . NON ENIM SAPIS QVÆ DEI SVNT . SED QVÆ HOMINVM SVNT (fár hinder mih uuidersacho du ne uuêist uuaz Got ist du uuêist écchirt uuaz ménnescon dinch ist [2]) . Vuanda er sînen rât uuánda gân . fúre Gótes rât . pediû irráfsta er in .

Me suscepit dextera tua . Mih inphièng CHRISTVS dîn zéseuua [3]) . zebescirmenne under sînen àlis (féttachen) .

Ipsi uero in uanum quæsierunt animam meam . A'ber sie suôhton in gemêitun mîna sêla . mînes hoûbetes [4]) sêla CHRISTI . non ad credendum in eam . sed ad persequendum eam (nals an in zegeloûbenne . sundir sîn ze àhtenne [5]) . Vuélee tàten daz? Inimici iudei (diè figinda diè iúdin) .

Introibunt in inferiora terræ . Ferro in dia erda fárent siè . i . in terrenas cupiditates (in dirro erdo gelúste) . Vmbe die erda sorgendo chàden siè . NE FORTE VENIANT ROMANI ET TOLLANT NOSTRVM LOCVM ET GENTEM (niè romàre ne chomen unde unsih pestôzzen landis unde liûto) . Vuiêo do? Also iz chit . QVOD TIMET IMPIVS VENIET SVPER EVM (des der argo fúrhtet daz pegátot in) . CHRISTVM sluôgen siè . iro terram zébeháben ne . uuanda siè CHRISTVM sluôgen . bediû ferlúren siè gentem et terram (liute ioh lant) .

Tradentur in manus gladii . Siè uuérdent irslágen .

Partes uulpium erunt . Fúhsen uuerdent siè ze teile . Fuhsen diè in érdo lúcher hábent . uuérdent sie gelih . Alde romani reges (Rom chúninga) heizzent uulpes [6]) (fúhse) . also herodem CHRISTVS námda . Alde iro occisa cadauera (irslágenin ânuei- sin) frézent uulpes et lupi (fuhse unde uuólua) .

Rex uero lætabitur in deo . Aber

---

[1]) (— sie —) . Sch. Ferner fehlt bei ihm die schlussklammer.

[2]) (— echert uuas —) . Sch.

[3]) zesuua . Sch.

[4]) houbtes . Sch.

[5]) sunder siu . Sch.

[6]) Schiller hat «heizzent . Vulpes et lupi (fuhse)» .

*) S. 213.

CHRISTVS uuârer chúning . den siê
uuándon irslágen [1]) haben . der fré-
uuet sih an Gote fáter redemptionis
humanæ (ménniscin urlôseda [2]) ze
sínero zéseuuun [3]).

Laudabuntur omnes qui iurant in
eo . i. qui uouent in ipso et reddent.
Alle diê uuerdent kelóbot die imo
inthéizza tuônt . unde uuérent.

Quoniam oppilatum est os loquen-
tium iniqua. Vuanda unrehtero
munt ist peuuórfen iudeorum et per-
secutorum (unde áhtaro). Leo de
tribu iuda (loûuuo fone iudon chun-
ne) hábet den sigo . er habet siê ge-
sueiget.

*) PSALMUS LXIII.

IN FINEM PSALMVS DAVID.

EXAVDI DEVS ORATIONEM MEAM DVM
TRIBVLOR. Kehóre Got min gebét .
danne ih kemúlet uuerde in perse-
cutione (in áhtungo). Daz ist uox
corporis CHRISTI (stimma christis li-
châmin).

A timore inimici erue animam me-
am. Fóne des fiendes forhton lôse
mina séla. Nieo mir sô ne gescéhe
so diên gescáh . diê fóne forhton
CHRISTI ferlougendon . unde sic [4])
absorbti (ferslundin) uuurden . daz
chit iro fienden gelih uuirden [5]).
uuanda siê in iro corpus traiecti (li-
chamen ferslundin) uuúrden.

Protexisti me a multitudine ope-
rantium iniquitatem. Dû scirmdost
mir fóre déro mánigi . dero unreht
tuônton iudeorum. Daz ist uox ca-
pitis (stimma des hôubetis [6]). Diui-
nitas (i Goteheit) scírmda imo . daz
imo niêman ne zuhta sina séla . nûbe
er selbo liêz sia gerno . unde frúmeta
sia dára er uuolta.

Quia ut gladium linguas suas exa-
cuerunt. Vuanda siê iro zúnga uuáz-
ton also suert. Mit diên zúngon
sluôgen [7]) siê in . do sie cháden CRV-
CIFIGE CRVCIFIGE EVM (chriuzege chriu-
zege in). Do scéin uuiêo uuásse siê
uuâren.

Intenderunt arcum rem amaram.
Pógen spiênen siê . daz chit ríbton
imo toûgene fâra . ilton in mit sîne-
mo discipulo (iûugerin) ferráten.
Daz éinera ding peuuúrben siê.

Vt sagittent inmaculatum in occul-
tis. Vuára zuô spiênen siê in? Daz sie
agnum inmacculatum (ungeflécchot

---

[1]) irslagon. Sch.
[2]) irloseda. Sch.
[3]) zenuun. Sch.
[4]) sie. Sch.
[5]) uuurden. Sch.
[6]) houbtis. Sch.
[7]) slugen. Sch.

*) S. 214.

lamp) scúzzin. Ne¹) uuas daz res amara (eiuer dinch²)?

Repente sagittabunt eum . et non timebunt. Káhes sciêzzent sie in . unde daz ne fûrhtent sie . káhes uuándon sie. Aber uuiêo gâhes mahta iz démo sin . der álliû ding fore uueiz?

*) Firmauerunt sibi sermonem malignum. Vuanda siê in ne forhton bediû féstenôton sie in selben ze freisun daz arguuilliga uuort. REVS EST MORTIS . CRVCIFIGE CRVCIFIGE EVM (er ist sculdig tôdis négile in an CHRIV̄ZE). Do aber pilatus imo fórhta . sús in sculde intságendo. **)NVLLAM CAVSAM MORTIS IN ISTO HOMINE INVENIO (ne-hein sculd findet an imo todis) . neféstenôton siê in³) selben áber do malignum sermonem (ûbeluuillig uuort) nam⁴). Vuiêo cháden siê. SANGVIS EIVS SVPER NOS ET SVPER FILIOS NOSTROS (sin bluôt chome úffen unsih unde úffen unseriu chint).

Disposuerunt ut absconderent laqueos . dixerunt quis uidebit eos? Siê beneimdon . daz siê iro stricche ferbúrgin unde siê nieman ne bechnâti. Siê cháden uuér gesiêhet siê? Sámo der siê ne uuíssi . der ál uueiz.

Perscrutati sunt iniquitates . defecerunt scrutantes scrutationes . i. defecerunt uersantes et exquirentes acerba et accuta consilia. Siê durh scródeton daz unreht . scród scródende irlágen siê. Chleinen rât hinder stándo irlágen siê . uuanda daz uuésen ne mahta . daz siê iz riêtin unde doh unsculdig uuârin. Diû chleini uuas sus ketân. NON TRADATVR PER NOS . SED PER DISCIPVLVM SVVM . NON OCCIDATVR PER NOS . SED A IVDICE. TOTVM NOS FACIAMVS . ET NIHIL FECISSE VIDEAMVR (er ne uuerde ferrâtin mit uns nube mit sinemo iûngeren . er ne uuerde fone uns irslágen sunder fone urteildâre . tuôien nuir iz allez unde niêman ferstánd is).

Accedet homo et cor altum . et exaltabitur deus. Idest. Accedet homo in corde alto . et in potentia majestatis suæ exaltabitur deus. Vuaz tuôt dára nah CHRISTVS homo (christ mennisco)? Zuô gât er . lâzet sih chriûzegon . unde sin toûgen herza birget dia góteheit . unde so der ménnisco irslágen uuirt . danne uuirt Got irhôhet . dánne oùget er sie.

Sagittæ infantium factæ sunt plagæ eorum. I'ro strála . uuúrden chindo strála . diû ûzer sténgelen iro scóz máchônt. Nieht mêr ne máhton siê.

---

¹) Nes. Sch.
²) ding. Sch.

³) Fehlt von «in sculde» bis hierher bei Schilter.
⁴) na (nam . Sch.

---

*) S. CXXVII.   **) S. 215.

Et infirmatæ sunt contra eos linguæ eorum. Vnde sieh uuúrden uuider in iro zúnga. Sie irlúgen daz sie cháden. Descendat de cruce et credimus ei (er stige ába so gelouben uuir an in). Ziû ne tâten sie daz. dô in milites (chnehta) ságeton. daz er irstánden uuas? Ne uuás mêrora resurgere de sepulcro. quam descendere de cruce (irstân uzzer grábe danne stigen aba chriûze)? Ne uuáren iro zúnga dô sieh uuider in. do sie cháden. Damus uobis pecuniam. et dicite quia uobis dormientibus uenerunt discipuli eius et abstulerunt eum (uuir miêtin iùh [1]) chédint daz sine iúngerin in ferstálin iû sláffenten). Ne uuáren sie dô irlégen. in iro scrutationibus (scródungon)? Ne uuas dô euacuatum (keúppot) al daz sie áhtoton?

Conturbati sunt omnes qui uidebant eos. s. defecisse in perscrutationibus [2] consiliorum. Do uuúrden getruôbet álle ándere iudei. die principibus sacerdotum et senioribus (dién [3] hêristen biscuóffen unde dién áltisten) kesáhen sô gebrósten uuésen. unde fóne CHRISTI discipulis miracula fieri in nomine eius (iúngeron zeichan uuérdin in sinen námen).

Et timuit omnis homo. Vnde forhta imo mánnolih. Der imo ne fôrhta. der ne uuás homo (man). er uuas mêr inter bestias reputandus (úndir tiêrin ze zéllinne). Do cháden diê irchómenen ze petro. unde ze ánderen apostolis (póton). QVID FACIEMVS VIRI FRATRES (uuaz tuôgen uuir is nû bruôdera [4])? Do gehôrton siê. POENITENTIAM AGITE. ET BAPTIZETVR VNVSQVISQVE (sézzent iùh in buôzza unde toûfent iûh álle).

Et adnuntiauerunt opera dei. Do táten siê chunt Gótes uuérh [5]. resurrectionem (urstant). unde ascensionem (ùffárt).

Et facta eius intellexerunt. Vnde dô fernámen siê siniù uuergh. daz siù diuina (Gótelich [6]) uuáren.

Lætabitur iustus in domino. A'nauuert frêuuit sih der rêhto an demo irstándenen hérren.

Et sperabit in eo. Vnde gedinget er an in. nals in‿uuérltlìchen tròst.

Et laudabuntur omnes recti corde. Vnde uuérdent kelóbot alle rehte in iro hérzen. also diê sint. dién Gótes uuillo lichet.

---

[1]) Ueber «c» ein punkt. Schilter liest ebenfalls «iuch».

[2]) scrutationibus. Sch.

[3]) Aus «deen» verbessert, wie Schilter liest.

[4]) (— tougen —). Sch.

[5]) uuerch. Sch.

[6]) Gotelih. Sch.

*) S. 216.

*) PSALMUS LXIV.

IN FINEM PSALMVS DAVID CANTICVM IE-
REMIÆ ET EZECHIEL EX POPVLO TRANS-
MIGRATIONIS CVM INCIPERENT EXIRE.

Diû uuort hábent disa constructionem (lésa ríhti). In finem psalmus david . de populo transmigrationis . per [1]) prophetiam ieremiæ et ezechiel . cum inciperent exire.

An CHRISTVM siehet dauidis salmo . der sin frósang ist . kesúngenez fóne démo geélendóten[2]) liúte . daz éllende imo gescéhen uuas . **) nâh dero prophetia (fóre-ságo) ieremiæ unde ezechielis . Vuanne sang er iz? Do er in prophetico spiritu (in fóresistigemo keiste) gesah . daz siê dâna begóndin fáren . Dâr sêhen uuiêo paulus chad . Hæc autem in figura contingebant illis (diz pescah în ze fóre-bilde). In únseren zîten sint diê in captiuitate (in éllendi) . diê in cupiditate sint (in glústâtin sint[3]). Diê áber dannan begínnent fáren ad caritatem (ze mínnon) . déro méndit dauid . diên singet er diz frósang.

TE DECET YMNVS DEVS IN SYON. Daz ist uox excuntium de captiuitate (stimma déro fárinton uzzer ellende).

Dir Got kezímet lóbesang in syon (in hóuuarto) . nals in babilonia (scantpurch). Diê iro spem (zuó-fersiht) hábent in sion . diê singent in sion . diê singent in speculatione (in uuarto).

Et tibi reddetur uotum in ierusalem. Vnde anthêiz uuirt dir geleistet in ierusalem (in frídeuuarto). Der sih hiêr geéinot uuésen Góte hostia uiua (lébenda ópher) . der uuirt iz fóllechlichor in ierusalem cælesti (in dero himissuun fridouuarto[4]). Dâr uuirt er holocaustum . daz chît totum incensum (al brand-opher). Omne mortale omne corruptibile (al totheit al uuártnisse[5]) uuirt dâr an imo consumptum diuino igne (fersuendit mit Gotes fiûre).

Exaudi orationem[6] meam ad te omnis caro ueniet . hoc est ex omni genere carnis. Kehóre mîn gebét . ze dir chumet állero slahto ménnisco. Ex omni natione . ex omni conditione (fóne al slahto liúte fone allemo liúttriste[7]) chóment diê : diê dâr holocaustum (al ferbrénnopher) uuerdent.

Verba iniquorum præualuerunt su-

---

[1]) Fehlt bei Schilter.

[2]) geëllendoten. Sch.

[3]) «sint» fehlt bei Schilter.

[4]) An dem worte «himissuun» ist eine verbesserung mehr angedeutet als ausgeführt . namentlich scheint das zweite «s» in «c» verbessert. Schilter liest «himilshun».

[5]) uuardnisse. Sch.

[6]) So Schilter . in der handschrift steht «otionem».

[7]) liutriste. Sch.

---

*) CXXVIII.   **) S. 217.

per nos. V́belero fórderon¹) lèra
úbermégenoton unsih. Siê leiton
únsih ze ioue unde ze mercurio.
Fóne íro sculden bétoton uuir ligna
et lapides (holz unde steina) . opera
manuum nostrarum (unser hánt-
uuerch).

Et impietates nostras tu propitia-
beris. Vnde únsera úbeli besuón-
dost dú sacerdos (piscouf). So dú
dih príngest patri sacrificium uesper-
tinum (demo fatir ábint=opher) . so
unirdet der irredo fergében.

Beatus quem elegisti et assumpsi-
sti. Sàlig ist der man . den dú ir-
uéletost . unde ze dír náme.

Habitabit in atriis tuis. Er bûunet
in dinen frithóuen. Iz ist ein mán.
*) ein²) fidelis populus (christâne
liút) . des caput (houbet³) CHRISTVS
ist. Er iruuéleta in . er séledot in.
Er heizet in uuésen dár ér ist.

Replebimur in bonis domus tuæ.
Fól uuérden uuir des kuótes . des
in dinemo hús ist . Vueliches? QVOD
OCVLVS NON VIDIT NEC AVRIS AVDIVIT
NEC IN COR HOMINIS ASCENDIT (daz ou-
ga ne sah . óra ne hórta noh in
mannis herza ne cham). Alde so iz
hára náh chît.

Sanctum est templum tuum admi-
rabile in iustitia. Daz dín heiliga
hús . uuúnderlih ist in réhte . dia

séti gibest dú úns. Sáldon uuirt der
irfúllet . der sih dír máchot sanctum
templum (heilig hus) . admirabile in
iustitia (uuunderhaft in réhte).

Exaudí nos deus salutaris noster.
V́nser háltâre gehóre únsih.

Spes omnium finium terræ et in ma-
ri longe. Tróstállero éndò déro érdo .
tróst déro ûzzeróston . sámo sò déro
inneróston . tróst hina férro in demo
mére gesézzenero . under mittén
dién uuérltkîren . diê ferro fóne dir
sint . uuanda siê mali pisces sunt .
rumpentes retia (úbele fisca sint
precchente de nezza).

Preparans montes in uirtute tua.
Predicatores (predigara) gágen in
gáreuuende . in dinero túgede . nals
in iro.

Circumcinctus potentatu. Vmbe
fángenêr mit dínero maiestate (ma-
genchrefte). Alde mit dièn umbe
fángenêr . diên dú potentatum mira-
culorum (maht zeicheno) gábe . dièn
dú állen communis (kemeine) pist .
unde medius (mitter⁴).

Qui conturbas fundum maris.
Dú fóne iro prædicatione (prédigo)
getruóbest des méres pódem . daz
chît corda infidelium (diû herzen
dero ungeloubigon) iruuégest ad per-
secutionem (ze áhtungo).

Sonum fluctuum eius quis suffe-

---

¹) fordoron. Sch.
²) Fehlt bei Schilter.
³) haubet. Sch.
⁴) mitteri. Sch.

*) S. 218.

ret? Vuer irlidet déro uuéllono doz? ána dié. dién dú gibest fortitudinem (sterchi). so dú martyribus táte?

Turbabuntur gentes. Dié heidenen uuérdent in úbelmo ze érist.

Et timebunt qui inhabitant fines terræ a signis tuis. Vnde dára náh fúrhtent in dié ze énde déro uuerlte sizzent. fóre dinen zeichenen. dié apostoli tuónt. in dinen námen.

*) Exitus mane et uespere delectabis. i. delectabiles facis. Lústsame úzférte tuóst dú. **) dinen fidelibus (getriúuuon [1]). in mórgen unde in ábent. in prosperis et in aduersis (in uuólon unde in únuuolon). Dú lérest sié contempnere prospera. et non formidare aduersa (ferchiésin uuóla unde ne furhtin únuuóla).

Visitasti terram et ebriasti eam. multiplicasti ditare eam. Déro erdo uuísotost dú. daz chit déro ménniscon. unde irtránctost sié mit prædicatione ueritatis (dero léro uuarhéite). unde táte sié riche in mániga uuís. Vuánnan chám der rihtuóm?

Fluuius dei repletus est aquis. Populus dei (Gotes liút) uuard irfúllet spiritu sancto (mit Gotes keiste).

Parasti cibum illorum. quoniam ita est præparatio tua. Keistlícha fuóra gáretost dú in. uuanda só ist

din fóre-gegáruueda daz diú fuóra fergébeno fóne dir sí. nals fóne iro unréhten.

Sulcos eius inebria. Des sélben liútes fúrehe [2] irtrénche. In duó iro pectora (bruste) mit uómere sermonis dei (uuáginsin Gotis léro [3]). unde fulle sié dára náh spiritu sancto.

Multiplica generationes eius. Kemánigfalto sine chímen. daz chit sinen uuuócher. daz fóne einen fidelibus (geloubenten) ándere fideles (geloúbente) chómen unde fóne áber dién andere. unz diú [4] æcclesia (christenheit sih kebreite).

In stillicidia eius lætabitur cum exorietur. Só er irrinnet. só fréuuet er sih déro trúphun. Vnz ér ungestárchet ist án dero geloúbo. só límphent imo quedam stillicidia de sacramentis quia non potest capere plenitudinem ueritatis (súmeliche trophen Gotes toúgeni uuanda ir ne mak fernémin dié follun dero uuárheite).

Benedices coronam anni beniguitatis tuæ. Dú geségenost dia uictoriam (sígenunft) déro zíto. dánne du dia dina guótuuílligi scéinest ane iro fréhte.

Et campi tui replebuntur ubertate. Vnde iusti tui (dié rehtin)

---

[1] getriuuon. Sch.
[2] furche. Sch.
[3] uuagisin —). Sch.
[4] dia. Sch.

*) S. CXXIX.   **) S. 219.

uuérdent irfúllet ubertate tricesimi et sexagesimi et centesimi fructus (déro fóllun des trizzegostin unde sébzigostin unde zéhinzegósten uuuóchers).

Pinguescent fines deserti. Só unerdent feizt déro túgedo . ioh diē úzzerosten gentes (tiête). diē desertum (uuuósti) uuáren . unz án CHRISTI aduentum (chúmft).

Et exultatione colles accingentur. Vnde úmbegurtet uuérdent mit fréuui diē sih récchent úf ze himele.

Induti sunt arietes ouium . s. exultatione. Dánne sint frò diē leiten déro scaffo . *) selben diē apostoli. uuanda siē iro fructum (uuuócher) gesēhent . unde daz siē in gemeitun ne arbeiton.

Et conualles abundabunt frumento. Daz chit. HVMILES MVLTVM FRVCTVM AFFERENT [1]) (diemuòtige pringent michelen uuuócher).

Clamabunt etenim ymnum dicent. Siē ruófent. Vuaz ist der ruóft? Lóbesáng singent siē Góte.

PSALMUS LXV.
IN FINEM CANTICVM PSALMI RESVRRECTIONIS.

An daz ende siēhet diz frósang . des kehēizenten psalmi . gemeina resurrectionem gentibus et iudeis (urstende tietin ioh iudon) . uuider diēn iúdon . die siā in selben gehiēzzen . unde gentibus fersáageton.

IVBILATE DEO. Vuúnnesángont Gote. Vuelee?

Omnis terra . non sola iudea (alliu erda . niēht einiu iudea [2]). A'lliū æcclesia catholica (rēhtfolgig christanheit). Diē catholici (rehtfolgig) ne sint . unde resurrectionem (urstende) fersáagent. diē múgen ululare (uuuóst screion [3]) . nals iubilare (uuúnnisangon).

Psallite nomini eius . date gloriam laudi eius. Singent sīnemo námen . unde des sánges kuóllichi uuéndent imo ze lóbe náls iú [4]) selben.

Dicite deo quam terribilia sunt opera tua domine. Chédent imo zuó . uuiēo égelih diniú uuérch sint hērro. Also dú únsih lērtost . dō dú chāde. EGO VENI . VT QVI NON VIDENT [5]) VIDEANT . ET QVI VIDENT CÆCI FIANT (ih cham daz de blinden gesehen unde gesente blint uuerden [6]).

---

[1]) ferent. Sch.
[2]) (— einin —). Sch.
[3]) uuolft screion. Sch.
[4]) in. Sch.
[5]) videat. Sch.
[6]) gesehente. Sch.

*) S. 220.

Vuélee sint non uidentes (plinde)?
*) Qvi se cæcos cognoscvnt (die sih plinde uuizzen). Vuélee ¹) uidentes (gesehente)? Qvi se videntes estimant (die sih uuánint keséhen).

In multitudine potentiæ tuæ . mentientur tibi inimici tui . So dû tuôst únzalaháftiû zeichen . so liúgent siê dir . Dir ze fersihte liúgent siê sûs ²). Hæc signa in beelzebvb facit (disiu zeichen tuôt er mit coûkele).

Omnis terra adoret te et psallat tibi . psalmum dicat nomini tuo altissime . Sîd siê ne uuóltin . álliû diû erda béte dih . unde singe dír . Dínemo námen dû hôhesto singe sî . unde israhelis defectio (zúrganch ³) . uuerde gentium introductio (tiêto in‿leita).

Venite et uidete opera domini . **) Chóment gentes . fermîdent iudeos mentientes (iuden liêgente). Chóment unde gesêhent Gótes uuerch . Vuéliu?

Quam terribilis in consiliis super filios hominum . Vuiêo egebâre sîn rât ist uber diê ménniscen . Vuiêo iudei irblêndet sint . gentes irliêhtet sint . iudei uz sint . gentes (tiête) inne sint.

Qui conuertit mare in aridam . Der dén mére uuéndet indúrri . Der

diu uuerlt álla . diû êr uuas ⁴) pitterez nuazzer . sôlês uuázzeres trúcchena getân‿hábet . unde áber durstega suôzes uuázzeres.

In flumine pertransibunt pede . Mit fuôzzen uber uuatent siê diâ âha . Vuelee? Diê sêlben dúrstêgen . V́fen ros ne sizzent siê . úbermuôte ne sint siê . mit fuôzzen daz chit mit diêmuôti spuôt in ⁵) úber dia âha dirro mortalitatis (tôdigi) . Déro âho getráng christvs . also iz chit . De torrente bibit . propterea exaltavit capvt (fóne chlingen tranch er pediû írhóhta er sin hoûbet in erhiúze ⁶) . Diû âha ist mortalitas (tôdigi) . A'n‿déro ferrínnên uuir . Vuir genésen áber dár inne . îlendo mit diêmuôti ad inmortalitatem (ze dero úntódigi) . Vnde sô uuir dara chómen . uuaz danne?

Ibi iocundabimur in ipso . Dár háben uuir dia uuúnna an imo . Vuemo?

Qui dominatur in uirtute sua in æternum . Der in sinero chréfte iêmer hêrresôt . Dánnân oúh úns chréfte chóment . uuir eigene ne háben.

Oculi eius super gentes respiciunt . V́ber gentes séhent siniû oûgen . O'be in uuáchent siê . nîeht ein óbe

---

¹) Uuele. Sch.
²) suo. Sch.
³) zurgang. Sch.

⁴) uuaz. Sch.
⁵) spultin. Sch.
⁶) chriuze. Sch.

*) S. CXXX.   **) S. 221.

iudeis. Er ne sólta nieht umbe ùnmanege ¹) sò michel præcium gében.

Qui amaricant non exaltentur in semetipsis. Diê Got crément an iro súndon . diê ne uuérdent irhôhet an in sélben. Vuérdèn diemuóte . dánne uuerdent sie an CHRISTO irhôhet.

Benedicite gentes deo nostro . et obaudite uoci laudis eius. Nù lóbônt des Góte ir gentes . unde lósent déro stimmo sines lobes . unde gehôrent dia gérno . náls dia stimma iúuuéres lóbes . *) Vuér ist der Got?

Qui posuit animam meam in uita. Der mina sêla in‿libe sazta . diû er in‿tóde uuas.

Et non dedit incommotionem pedes meos. Vnde iu‿uuága ne liéz er mine fuózze. Er státa siê án‿ demo libe.

Quoniam probasti nos deus . ignisti nos sicut ignitur ²) argentum. Also dàr ána scînet . Vuanda dû besuóhtost únsih. Cluótost únsih . also man silber tuôt ³). Dàr uuúrden uuir irfúrbet . nals fersmélzet.

Induxisti nos in laqueum. Pràhtost únsih in‿den strich . dàr únsere lîchamen háfteton . sêla irlôset uuúrden.

Posuisti tribulationes in dorso nostro . inposuisti homines super capita nostra. Dû luóde arbéite ûfen únseren rukke. Vuánnan chamen die? Daz dû ménniscen sáztost ⁴) úber únseriû houbet ⁵). **) Peccatores lièze dû únser uuálten.

Transiuimus per ignem et aquam. Vuir hában dúrhfáren fiûr unde uuázzer. Vuir uuurden sô geeitet ⁶) in‿demo fiûre . daz uuir nieht ne mahton . ze fáren in‿demo uuázzere. Aduersa starhton únsih . prospera ne uueihton únsih.

Et eduxisti nos in refrigerium. Vnde sô tuòndo bráhtost dû únsih in dia chuóli ⁷) dero éuuígun ráuuo . dàr ne uuéder ist . ze heîz noh ze chált . ne uuéderiû temptatio (irsuóchunga) . fiûres noh uuázzeres.

Introibo in domum tuam in holocaustis. In férbrénnedo ⁸) gán ih in diu hûs . dàr diuinus ignis (Gótelih fiûr) ferbrénnet carnis corruptionem animæ inpuritatem (fleîscis

---

¹) unmanegene. Sch.

²) ignitum. Sch.

³) (luotost — — — tuot). Sch.

⁴) «uuálaha de stabulov». Diese worte sind übergeschrieben, müssen aber aus dem texte geworfen werden. s. einleitung, s. 12. Schilter liest «uualacha de stabulon».

⁵) rg. Poponiscos scismaticos inter monachos . maxime inter sancti gallenses.

⁶) geeidet. Sch.

⁷) chulî. Sch.

⁸) In ferbrennendo. Sch.

*) S. 222.   **) S. CXXXI.

uuártsála sélo únsúbri). Dàr uuirdo ih ze óphere . inólanga¹) uuis.

Reddam tibi uota mea. Dàr leisto ih dir mine intheízza . diè intheízza éuuiges lóbes.

Quæ distinxerunt labia mea. Diè mine lefsa iéo sciéden . uuánda ih iéo téta intheízza dínes lóbes . nals mines . uuanda ih pechnata . me mutabilem . te inmutabilem . me sine te nihil esse te autem non indigere²) mei (mih uuándallichin dih únuuándallichen³) . mih áne dih niéht uuésen dih min undúrftigen).

*) Et locutum est os meum in tribulatione mea. Vnde in minero uuérltnóte spráh min munt. Vuaz sprah er?

Holocausta medullata offeram tibi . Márghaftiú ópher bringo ih dir . Inbéino minnon⁴) ih dih. Daz netuòt áber der . der diēn liúten mér lichen uuile . danne Góte⁵).

Cum incensu arietum. Mit roûche . daz sint orationes (kebét). Vues? déro uuison unde fóreleison déro Gótes hérto . daz sint apostoli . diè meist pétont umbe diè hérta.

Offeram tibi boues cum hircis. Pringo dir rindir⁶) sáment diēn bócchen . prædicatores cum peccatoribus (prediare mit sundaren). Hirci (poccha) ne uuáren acceptabiles (anphanchlich) . úbe in ne húlfin diè fréhte déro bóum (rindero). I'n ist zuò gespróchen. FACITE VOBIS AMICOS DE MAMMONA INIQVITATIS . VT CVM DEFECERITIS RECIPIANT VOS IN ÆTERNA TABERNACVLA (tuònt iú⁷) friúnt fone scazze únrehtis so ir fersuindènt daz siè iùch⁸) inphahen in euuiga sélida). Alsúslichiú ópher hábet Góte bráht sancta æcclesia (Gótes prútsamenunga). déro disiù uox (stimma) ist . in tribulatione sua (in iro uuerltarbeite).

Venite audite et narrabo omnes qui timetis deum⁹) . quanta fecit

---

¹) in slanga. Sch.

²) Also Sch. in der handsch. «indiere».

³) uuandalichin dih unuuandalichen. Sch.

⁴) minon. Sch.

⁵) rg. id est mit ypocrisi prettero bláttún uuitero chúgelún et mille aliis quibus scismatici nostri irritauerunt deum in adinuentionibus suis. Maxime autem in duobus róccis . in quibus diabolus CRVCEM domini per eos delere conatur . ne ea sicut BENEDICTVS instituit monachi uestiantur. Nam cætera eorum abominanda. Si non puras conscientias pollui timeremus abundantius pandere habueramus . nam et à crapula Gallis ingenita inchoantes. IN MISERANDA . INOPIA . NOS . RELIQVERANT. Schilter liest «Idem» st. «id est»; «cœcis» st. «roccis»; «abundantes» st. «abundantius».

⁶) rinder. Sch.

⁷) iuh. Sch.

⁸) iuh. Sch.

⁹) dominum.

*) S. 223.

animæ meæ. Chóment hára álle
Gót fúrhtente lósênt unde ih zêlo iû.
uuaz Got hábet ketân mínero sêlo.

Ad ipsum ore meo clamaui. Daz
ist diz. Mit mínemo munde háreta
iz ze ímo. Sîd uuas er mîn. sîd er
geuuâre begónda sîn. Der uuas
lukke unde frémede. den mih pa-
gani parentes (heídene fórderin)
lérton ûfinduôn. ad ligna et lapi-
des (ze holze unde steinin).

Et exaltaui sub lingua mea. Vnde
ih púrlichôta¹) ín toúgeno. únder
mínero zúngun. I'n des herzen ge-
suâshêite. Daz kelîez er mínero
sêlo. daz uuil ih iû állen ruômen.

Iniquitatem si aspexi in corde
meo. non exaudit deus. V'be ih
únrehtes uuára téta in mínemo her-
zen. unde daz minnota. sô ne gehò-
ret Gót mîn gebét.

*) Propterea exaudiuit deus. et
intendit uoci deprecationis meæ.
Vuanda ih sô ne téta. bediû gehòrta
mih Got. unde bediû lóseta er ze
déro stimmo mínero digi.

Benedictus deus qui non amouit
deprecationem meam. et misericor-
diam suam a me. Kelóbot sî der
Gót. der mina flêha fóne mir ne
sciéd. noh sina gnâda. Dô er mih
déro flêho ne liêz irdriêzzen. dô
uuólta er mir gnaden.

**) PSALMUS LXVI.

PSALMVS DAVID.

DEVS MISEREATVR NOSTRI ET BENE-
DICAT NOBIS. Got knâde úns. unde
ségenoe únsih. Pluuiam erudicio-
nis suæ (regin sínero ínnelungo)
gébe ér úns. benedictionem æter-
næ uitæ (segen êuuigis libis) gébe
er úns²).

Illuminet uultum suum super nos.
Déro súnnun ánaliûte irsceinet er
super bonos et malos (uber ubele
unde guòte). Sîn selbes ánaliûte
irsceine ér úber únsih. sô. daz uuír
iz kesêhen muózzin. Aldo sus uuírt
iz fernómen. Sîn bilde daz er uns
cab. uuérde an úns irliûhtet lumine
sapientiæ (mit liêhte uuishêite).

Et misereatur nostri. Vnde an
déro irskeínedo gnâdee ér úns. Vuá-
ra zuò leítet únsih daz?

Ut cognoscamus in terra uiam
tuam. Daz uuir hiêr tròhten in
dirro érdo bechénnên CHRISTVM dî-
nen uuég. der ze‿dir leitet.

In omnibus gentibus salutare tuum.
Vnde dînen haltâre den selben CHRI-
STVM bechénnên in állen diêten.

Confiteantur tibi populi deus.
confiteantur tibi populi omnes. Vuaz
kescéhe danne? Sô iéhen dir Gót
liûte. álle liûte iéhen dir. Confi-
teantur suam iniquitatem gratiam

---

¹) purligota. Sch.

²) Fehlt von «benedictionem» an bei Schilter.

*) S. 224.   **) S. CXXXII.

dei. Se accusent. illum laudent (iéhen iro únrehtis unde Gotis kenádon ruógen sih selben. lóbén in).

Lætentur et exultent gentes. Déro confessionis (pígihte) fréuuen sih tiéte. unde sprúngezen. Vuaz fréuuet sie?

Quoniam iudicas populos in æquitate. Vuanda náh rehte unde nah iro conscientia (geuuizzeda) irteiles dú uber diê liúte.

Et gentes in terra diriges. Vnde diê chrúmbelingun gánten diéte. *) gerihtes dú in erdo ze réhtemo uuége.

Confiteantur tibi populi deus. confiteantur tibi populi omnes. terra dedit fructum suum. I'ro uuuócher bráhta diû erda. Vuánnan cham der? Ana fóne iro confessione (pigihte). Náh pœnitentia (riúuuo) unde nah confessione (pígihte). chámen bona opera (kuótiu uuerch).

Benedicat nos deus. deus noster. benedicat nos deus (pater filius spiritus sanctus). Sancta trinitas ségenôe únsih. Ségen rámet ad multiplicationem (ze máchungo mánigi). pediú chît íz hára náh.

Et metuant eum omnes fines terræ. Vnde in fúrhten álliú ende déro érdo. Diú multiplicatio (manig-máchunga) geschéhe dánnán úz.

PSALMUS LXVII.

IN FINEM IPSI DAVID PSALMVS CANTICI.

In psalmo est sonoritas. in cantico lætitia (in róttún lútun ist scál. in sánge ist fróuueda). Hiér sint diú beidiu. pediú ist diz sang psalmus CANTICI (seitscal sánghleichis [1]).

EXVRGAT DEVS ET DISSIPENTVR INIMICI EIVS. Gót stánde úf. unde sine fienda uuerden zeuuórfen. Daz ist keschéhen. CHRISTVS ist irstánden. iudei sine fienda sint ze triben.

Et fugiant qui oderunt eum a facie eius. Vnde skihtig sîn diê in házzent. fóre sinemo ánasiúne. Sô sint siê úber al. dár fideles (christane) uuérbint. an diên Gótes facies (ánasiúne) scînet [2].

Sicut deficit fumus deficiant. Also rúgh zegát. sô zegángen siê. De terra uiuentium (fone erdo dero lébendon) zegánt siê in die iudicii (an demo suóno táge).

Sicut fluit cera a facie ignis. sic pereant peccatores a facie dei. Also uuahs smilzet fóre démo fiúre. so zegángen iudei peccatores a facie dei (sundige fone Gotes ánasiúne).

Et iusti iocundentur et exultent in conspectu dei. et delectentur in lætitia. Vnde réhte uuérden keuuúnnesámot. unde fréuuen sih fore Góte. unde in fréuui uuérden sie

---

[1] (seit scal sang bleichis). Sch. [2] (anasiune scinet). Sch.

*) 225.

gelússamot. Vuanne? Sô siê gehôrent. VENITE BENEDICTI PATRIS MEI PERCIPITE REGNVM (chomint haraminis fáter geuuiêhten hábint iû daz himil‑riche¹).

*) Cantate deo . psallite nomini eius. **) A'ber ir fideles (geloûbigen). ir nôh hiêr inin guôten uuerlte bint . singent Góte . in puritate cordis (in reine des herzen) sálmo‑sángont imo in operibus bonis (in guôten uuerchen).

Iter facite ei qui ascendit super occasum. Réchenônt²) démo dén uuég . dér dén tód úber‑steig resurgendo (irstándito).

Dominus nomen est illi. Hérro ist sîn námo. Daz ne uuísson iudei. Vuissin siê iz . numquam dominum maiestatis crucifixissent (niêmer ne irheîngin siê den hérren mágenchrefte).

Et exultate in conspectu eius. Vnde frô‑sint fóre imo. Also iz chit. QVASI TRISTES . SEMPER AVTEM GAVDENTES. (samo unfrouue unde iêo ána‑méndinte).

Turbabuntur. Qui? Peccatores de quibus prædictum est. SICVT FLVIT CERA A FACIE IGNIS . SIC PEREANT PECCATORES.

A facie eius. Cuius eivs? A facie dei. Qualis dei?

Patris orphanorum et iudicis uiduarum. Súndige uuérdent ferstôzen fóne sinemo ánasiûne . der uueison fáter ist . unde uuituon rihtet.

Deus in loco sancto suo. An diên ist Got . in heiligero sinero stéte.

Deus inhabitare facit unius modi . uel unius moris . i. unanimes in domo. Got tuôt siê búen einmuôtigo in sinemo hûs. Daz sint iro herzen. Daz grecus hábet trope . daz pezeîchenet peîdiu³) . morem et modum. Noh er ne habet . qui inhabitare facit . nûbe échert habitare facit.

Qui educit compeditos in fortitudine. Der diê háftenten in dien sundon nîmet . ûzzer diên báften . in sinero starchi.

Similiter amaricantes . i. prouocantes . qui habitant in sepulcris. Samo uuóla diê . diê⁴) noh uuirserin sint . uuanda sie Got çrément . diê in iro súndôn iôh pegráben sint . állero mánno fertánosten . ioh diê ingrébet er . unde tuôt siê lében in fortitudine sua (an sinero starchi).

Deus cum egredieris coram populo tuo. Daz tuôst dû Gót . sô dû uz kâst fóre dínemo liúte. Vuánne ist daz. So dû siê tuôst fernémen díniu uuergh . sô getániu . ***) so diû sint . daz dû siê tuôst unanimes habitare in domo (ein‑muòtige pú‑

---

¹) (— mines —). Sch.
²) Kechenont (kecheront). Sch.
³) pediu. Sch.
⁴) Bei Schilter fehlt dies zweite «die».

*) S. CXXXIII. **) S. 226. ***) S. 227.

uuen in dinemo hus). Educens compeditos in fortitudine . similiter amaricantes qui habitant in sepulcris . (zi uzzer háfte sundon sie neimende mit starchi . samo uuola diê Got reizzara . die in iro sundon begrábin sint [1]).

Cum transieris in deserto terra mota est. Dô dû fuôre unde gebrédigot uuúrde inter gentes (undir diêten) . do uuúrden terreni homines (irdiske ménniscen) iruuéget ad pœnitentiam (ze riúuuo [2]).

Et enim cæli distillauerunt. Daz uuas fóne diú . uuanda in himela regenôton . apostolorum doctrina (lêra) uuas in chómen. Vuannan gesántiú ?

A facie dei israhel . Fóne démo Góte israhelis . der sie úz frúmpta repletos (irfúlto) spiritu sancto.

Mons syna . a facie dei israhel. Cæli (himila) régenôton . montes (perga) régenôton . Diê cæli sint . diê sint ouh montes. Vnder diên uuas mons syna . an démo PAVLVS fernómen uuirt . der régenota sô sámo a facie dei israhel (fóne Gotes anasiûne).

Pluuiam uoluntariam segregans deus hereditati tuæ. Vuilligen régen uuáre dû dô sceidende . dinemo erbe. Vuilligen fóne diû . daz er fergébeno chám . nullis præcedentibus meritis (neheinen guot=tâtin foregánten) . Kesceidenen . uuanda ér priscis gentibus (diên fórderen liûten) ne cham . nouissimis (uns iûngesten) uuard er gespáret.

Et infirmata est . Vnde geúnchréftigôt uuard daz erbe . uuanda iz pechnâta non esse se aliquid per se ipsam (niêht uuesen fone imo selbemo) . nube so PAVLVS chad. GRATIA DEI SVM . IN QVOD SVM (Gotis kenádon bin ih daz ih pin).

Tu uero perfecisti eam . Dû béréchenotost iz . also er aber chad. NAM VIRTVS IN INFIRMITATE PERFICITVR (uuólatâte uuerdent in únchreste folle=zógin).

*) Animalia tua habitabunt in ea. Diniú uého búent dâr inne. Siû búent in sancta æcclesia . diû ist hereditas domini (Gotes erbe).

Parasti in tua suauitate . egenti deus. Ziú egenti ? Quia infirmata est ut perficiatur . Démo dúrftigemo hábest dû gegáreuuet in dinero suózzi . promptam uoluntatem . ad

---

[1]) (—nennende (nerrende)—). Sch. Anscheinend hat jenes auch die handschrift, weil der schreiber bei dem zweiten fusse des «m» im begriffe war einen fehler zu machen. Die wahre form des «n», dessen erster fuss nicht rechts ausgezogen wird, verbietet gänzlich «nennende» zu lesen.

[2]) Also Schilter. in der handschrift «riúuuo».

*) S. CXXXIV.

faciendum opus bonum . non timore sed amore (kirigin uuillen kuôtiû uuerch ze tuonne nals durh forhtun sunder durh minna).

Dominus dabit uerbum euangelizantibus uirtute multa . *) Truhten kíbet únde zeigot sînen prædicatoribus (prediaren) daz siê spréchen sûlen . in michellero¹) chréfte . signorum et miraculorum (zeicheno ioh unúndero). Sînen animalibus (fiéhen) séndet er sólichiû cibaria (ezzen). Vuéler dominus?

Rex uirtutum dilecti . Chúning déro túgedo . sines trûtes²) unde sines liêben CHRISTI . diê ér sáment imo meisterot . unde náh sinemo uuillen chêret.

Dilecti . Sînes liêben . unde sînes iruuéleten . Vuara zùo?

Et speciei domus diuidere spolia. Oûh ze teilenne geroûbe déro scôni des hûses . Daz hus ist sancta æcclesia . dia ér scône getán hábet . mit diên diê er diabolo (démo niderfalle) genám . apostolis . prophetis . doctoribus . linquis loquentibus . gratiam curationum habentibus (mit póton . mit uuissâgon . mit lêrarin mit mániga zunga spréchinten mit kenada lib-hêili hábenten).

Si dormiatis inter medios cleros . V'be ír réstent únder mitten erben ueteris et noui testamenti (dero altun unde niúuun beneimedo) . sò . daz ir iùh fertrôstent terrenæ felicitatis (uuerlt sâlidon³) . diû in ueteri (in déro altun) geheizzen uuard . unde ir patienter bitênt . æternæ inmortalitatis (êuuigero úntôdigi) . diû in nouo (in déro niúuun) geheizzen ist .

Pennæ s. eritis columbæ deargentatæ . et posteriora dorsi eius in pallore auri . Sô uuerdent ir fédera déro gesilbertún tûbun sanctæ æcclesiæ . unde der áftero⁴) teil iro rúkkes . dár diê pennæ radicem hábent (fédera crunt eigin⁵) . Pennæ (féttacha⁶) . daz er mit geminis præceptis caritatis (zuein gebótis minnon Gotes unde mánnis (ze himele fliêgent . dorsum (rúkke) . daz ír iugum domini (Gotes ioh) trágent . in déro scôni des pleîchen Góldes . Sancta æcclesia ist columba⁷) deargentata (uber-silbertiû tuba) . uuanda si íst diuinis eloquiis erudita (mit Gotes zuo-sprâchon gelêrit) . si hábet in dorso uirorem auri (in rúkke pleich-cruôni goldis) . uuanda iro starchi ist in uirtute caritatis et sa-

---

¹) michelero. Sch.
²) truhtes. Sch.
³) (—uuerlte—). Sch.
⁴) afftero. Sch.
⁵) crunteigin. Sch.
⁶) fettaga. Sch.
⁷) Es steht «cocumba».

*) S. 228.

pientiæ (an dero chréfte minnon unde uuîsheíte).

Dum discernit super cælestis reges super eam . s. columbam. So der hímelsco chúning . an íro gescêidet sine chúninga.

Niue dealbabuntur in selmon . i. in umbra. Danne uuerdent siê geuuîzet in scátue. Vmbe uuaz heizent sie reges (chúninga)? Vuanda sie regentes sint carnis concupiscentias (chúnighríhtâre sint der lichamin glústo). Vuiêo scêidet er siê an íro? *) Also iz chit. ET IPSE DEDIT QVOSDAM APOSTOLOS, QVOSDAM AVTEM PROPHETAS, QVOSDAM VERO EVANGELISTAS. QVOSDAM AVTEM DOCTORES ET PASTORES (er hiêz súme uuerden póten súme uússagen súme christes lib=scríben sume lêrara unde hirta). Vuieo? mit niue in umbra (snêuue in scátue). Daz ín spiritus sancti gratia umbram (genada scáto) tuôt . contra carnales æstus (uuider des lichamin hizzon). Selmon heizet êtelih pérg in palestina. Ih ne ságo dén niêht.

Montem dei (den Gotes perg). montem uberem dico¹). Ih meîno den ánasíhtigen CHRISTVM . dén hôhesten Gotes perg . kenúhtigen . bérháften . spúnneháften . ad nutriendos lacte paruulos (chíndeliû mit milche ze geziênne).

Vt quid suspicamini montes uberes . montem in quo beneplacitum est deo habitare in eo? Ziû ánauuânont ir sîn ándere bérga bírige? **) Ziû uuânent ir iro doh einen, sô gelîcheten bérg Góte ze ánasídele²)? Vuanda er selbo chad. PATER IN ME MANENS IPSE FACIT OPERA. (min fáter ist mir uuesende tuôt selbo álliû uuerch). EGO IN PATRE ET PATER IN ME EST (ih pin in mînemo fáter min fáter ist in mir).

Et enim dominus inhabitabit . s. illos uberes montes usque in finem. Also Got an imo bûet . sô bûet êr án in. Náh diên uuórten. EGO IN EIS . ET TV IN ME (ih pin in inen . du bist in mir³). Vuiê⁴) lango? Vnz er siê bringet án énde . daz er selbo ist.

Currus dei. Sie sint Gotes reita. Bediû sízzet er an ín . bediû rihtet er siê . unz er siê bringet an ende.

Decem milium multiplex. Cêndúsendig . daz chit manigfaltig⁵) . uuanda iro ne=heîn zála ne ist.

Milia lætantium. Dúsent fróuuero. Ziû ne sulen?

---

¹) Diese worte sind mit rother tinte durchstrichen, wohl zum zeichen, dass sie mit solcher geschrieben sein sollten. Schilter hat sie auch.

²) anasidete. Sch.
³) (— pist —). Sch.
⁴) Uuieo. Sch.
⁵) mannigfaltig. Sch.

*) S. 229.   **) S. CXXXV.

Dominus in illis. Trúhten ist in
inne. Des fréuuent sié sih.

In syna in sancto. hoc est in mandato quod sanctum est. (daz ist in sinemo gebóte daz heilig ist). Got ist in inne. unde státet sié an sinemo heiligen gebóte.

Ascendisti in altum captiuasti captiuitatem. accepisti dona in hominibus. Dû CHRISTI stíge ze hímele. déro ménniscon éllende geéllendôtost dû. dû irsluôge den tôd misselicha géba inphiènge dû ân in. Vuanda sié din corpus sint. pediû sint iro géba din. unde déro gébôn uuúrden alii apostoli. *) alii prophetæ. alii doctores. Sóliche táte dû sié. E'reron uuiólíche ¹) ?

Non credentes inhabitare dominum deum. V'ngeloûbige. Vuéles dinges? Gót sól búen an in. Des sié ne trúeton. daz Got an in búen solti ²). unde sie currus dei (Gotes reita) uuerden sóltin. des táte dû sié geloûbige ³).

Benedictus dominus de die in diem. Des si Got kelóbot. fóne táge ze tage. uuanda er oûh nóh unde iémer ist captiuans captiuitatem. et accipiens dona in hominibus (framfuorrende éllendi unde géba néminte in diên ménniscon).

Prosperum iter faciet nobis deus sanitatum nostrarum. deus noster. deus saluos faciendi. Got únserro hêili. Got únser. Got des keháltennes. er tuòt únsera fart frámuuértiga. Cursum uitæ getuòt er prosperum (framspuòtig).

Et domini exitus mortis. Vnde diû hínafart trúhtenes tôdes. Vuaz diû? Tuòt uns prosperum (kéreccha) iter. Alde iz chit. Ioh des háltenten. ist diû hínafart des todes. Sid er innocens (únscúldig) irstárb. ziû ne súln uuir is danne unsih trôsten. noxii et peccatores (scúldige unde sundige)?

Verum tamen deus conquassabit capita inimicorum suorum uerticem capilli perambulantium in delictis suis. Aber doh er mortem (tod) lite. er gésnótót diû houbet sinero fiendo. unde diâ fàhssccitelun ⁴) dero follefárenton in iro míssetáten. Also ez chit. RESVSCITA ME ET REDDO EIS (irchicche mih so gilto ih in ⁵).

Dixit dominus ex basan. i. ex ariditate. conuertam. conuertam de profundis maris. Sús kehiéz trúhten. Fone dúrri bechêro ih sie ze grúoni. Fone diên tièfinon des méres. daz chit fóne diên uuerltfrêison bechêro ih sié. Ih nimo sié úzer

---

¹) iuuolliche. Sch.
²) Got sol [leg. sic] buen solti. Sch.
³) keloubige. Sch.
⁴) Schilter bloss «sccitelun».
⁵) (irchicche —). Sch.

*) S. 230.

diên fluctibvs uitiorum (uuellon áchusto).

Vt intinquatur pes tuus in sanguine. Só innelicho bechêrest dû siê ze dír. daz dîn fuóz in sanguine martyrii (in demo bluote martiro) getûnchot uuérde sámet in. Siê sint tua membra (dîne lide). an in lidest dû persecutionem (áhta).

*) Lingua canum tuorum ex inimicis ab ipso. Dînero húndo zúnga uuérdent. diê ér dîne fienda uuáren. Dîne prædicatores uuerdent siê. Vuannan chúmet in daz? Vuannán ána fóne imo. demo selben. der sie bechêrta ex basan et de profundis maris (fone dúrri unde fone tiúffi méris).

Visi sunt ingressus tui deus. Dîne in génge Got uuúrden geséuuen hára in uuérlt. ioh an dîn selbes incarnatione (licham-uuordeni). ioh daz dû an diên nubibus (uuólchenen) cháme. fone diên dû cháde. Amodo videbitis filivm hominis venientem in nvbibvs. (hinnan bedis séhendir mannis sun chominten in uuólchenen). **) Diê sint ouh dîn currus (reita). úffen diên dû disa uuerlt alla irríten hábest.

Gressus dei mei. regis mei. s. uisi sunt. qui est in sancto. Mines Gótes kénge. mines chúninges. der in sínemo sancto templo (hus) ist. Vuéle sint daz? Die oúh nubes (uuolchen) sint. unde currvs (reita).

Preuenerunt principes coniuncti psallentibus in medio iuuencularum tympanistriarum. Apostoli chamen ze érist. sâr dara nâh kefuógte ze ánderen die in fólgeton. Gótes lob singenten in uoce (stimmo) et opere (uuerche). Siê châmen unde uuúrden præpositi in medio nouarum æcclesiarum (probista in mittén niú-uuén gesamenungon). an tympanis singente. uuanda sie in carnis maceratione (in lichamen châlo) lébeton. also timpanum uuirt úzer corio siccato et extento (irdorretero hiúte unde ferstráctero).

In æcclesiis benedicete deum. Ecclesiæ sint tympanistriæ (samenunga sint tympinarra). an diên lóbont Got.

Dominum de fontibus israhel. Lóbont trúhtenen fone diên israhelis prúnnon. Diê éresten fontes (brúnnen). ih neimo apostoli. diê châmen fóne israhel. Siê uuáren fontes (die brúnnen). siê uuáren diê urspringa. fóne in châmen flumina (áha).

Ibi beniamin adulescentior. Dâr uuas inter fontes (brunnon) pavlvs de tribu (dero chúmbarrun) beniamin. adulescentior (file iunch). daz chit nouissimus (iungesto) apostolorum. In extasi. i. in excessu mentis. I'n ir-chómeni. Also er sih erchám. dô er fóne hímele gehorta. Savle savle qvid me perseqveris (uuaz áhtist dû mîn)? ***) Alde iz chit. in déro

---

*) S. 231. **) CXXXVI. ***) 232.

hina-gelíteni des muôtes . also iz
fuôr dô er raptus (der zúcchit) uuard
ad tertium cælum (an den dritten
hímel).

Principes iuda . i. confessionis .
duces eorum . Principes zabulon .
i. fortitudinis . Principes neptalim .
i. latitudinis . Apostoli uuáren prin-
cipes confessionis . fortitudinis . la-
titudinis . (fúrstin pigihte starchi ke-
spréitu) hoc est fidei spei caritatis
(geloúbo . kedíngi . minno).

Manda deus uirtutem tuam. Com-
menda nobis deus uirtutem tuam.
Keliúbe uns Gót fáter CHRISTVM . der
dín uirtus (chraft) ist . kelére únsih
den mínnon der umbe únsih irstárb.

Confirma hoc deus quod operatus
es in nobis . Keuésteno Got día
geloúba . día dû úns kâbe.

A templo tuo quod est in ierusa-
lem . tibi offerent reges munera.
Ferro fone dinemo hus . daz in déro
niderun ierusalem ist . pringent dir
diè chúninga geba in dero óberun
ierusalem . Daz sint diè . diè hièr
doûbont carnis concupiscentias (li-
chamen lúste).

Increpa feras calami . Irréfse diù
tiér des róres . Irréfse hereticos ini-
micos sanctæ scripturæ (irre geloub-
báre . figinta dero heiligun scrífte).

Congregatio taurorum . inter uac-

cas populorum ut excludantur . hoc
est ut emineant . hi qui probati sunt
argento . Diè sélben heretici dánne
uuerbent also mánige phárre¹) under
dièn liút chuòen . Vuéle sint daz?
Ấne spénstige unde ferleitige mén-
niscen . also diè chûoe . die diên
phárren fólgent . daz diè irbúret
uuerden . diè ze diuinis eloquiis
(Gótelichero gechôso) lóbesam sí.
Also paulus chad . OPORTET ET HE-
RESES ESSE . VT COMPROBATI MANIFE-
STI FIANT IN VOBIS (keloúbon irreden
sulin ioh uuésen . daz die irchori-
nun scímbáre uuerden únder iù²).
Diù úbeli déro hereticorum (ge-
loubirraro) getéta scínen dia guòti .
unde den uuistuòm déro catholico-
rum (rehto geloúbigon) . Fóne diù
chit hièr . EXCLVDANTVR EXPRIMAN-
TVR (uuerden úf ketríben uuerden
irhában) . Also oúh diè héuàra³)
déro silberfázzo exclusores heiz-
zent.

Disperge gentes quæ bella uolunt.
Zeuuirf trúhten die hereticos (ke-
loúbirrara) . die nièht gentes (diéte)
ne heizzent umbe generationes fami-
liarum (geburte chúnnescefte) . *)
núbe úmbe genera sectarum (slahta
sélbfólgon) . Fertiligo siè . ér siè
successionem (after-chunft) geuuún-
nen.

---

¹) farre. Sch.
²) (— irchorimin —). Sch.

³) ouh (ih) die heuora, Sch.

*) S. 233.

Offerant uelociter ex egypto. Spuõ-
tigo bringen gentes iro sêla Góte ûz-
zer egypto . ûzer tenebris (finstri) .
ilen ze imo alle gentes (liûte) .

Ethiopia festinet manus dare deo.
Ethiopia ile iro hénde biêten Góte .
ile sih imo irgében.   Also in uuîge
si gelòse tuônt.   Secundum ieroni-
mum chit iz só.

Regna terræ cantate deo . psallite
domino. Vmbe sús mánigfalta gnâ-
da . singent Góte álliû erderiche .
hôh sángont trúhtene.

Psallite deo . qui ascendit super
cælos cælorum ad orientem.   Hôh
sángont Góte der álle himela úber=
fuòr . fóre sînen iúngeron ze ierusa-
lem . diû in orientis partibus ist (in
ósterlindin ist) . siue ad orientem .
i. ad patrem.

*) Ecce dabit uocem suam uocem
uirtutis. So er dannan chúmet ad
iudicandum . só óffenot er sîna stim-
ma . stimma déro crefte . i. uenite .
uel . ite . So uuirt lûtreiste . der iû
êr uuólta uuésen stille .

Date gloriam deo . super israhel
magnificentia eius. Cuóllichont Got .
uuanda danne chumet sîn michelli-
chi úber israhelem . danne gemiche-
lichot er populum fidelem (geloubi-
gin liût) .

Et uirtus eius in nubibus . Vnde
sîn chráft scînet danne an diên nu-
bibus (uuólchinen) . in apostolis et
prophetis (in bóton in uuisságon) .
diê hiêr uuâren nubes (uuólchehtun-
chel ¹) . unde dar uuerdent iudices
(stuólstazzen ²) .

Mirabilis deus in sanctis suis deus
israhel . Dánne uuirt uuúnderlih an
sînen heîlegon Got israhelis . Got
uidentis deum (des Got áne=séhen-
tin) .

Ipse dabit uirtutem et fortitudi-
nem plebis suæ . benedictus deus.
Dánne gibet er sinemo liûte chraft
déro resurrectionis . starchi dero in-
corruptionis (unuuartigi ³) . Gót ke-
lóbot si er des .

PSALMUS LXVIII.

IN FINEM PRO HIS QVI COMMVTABVNTVR
IPSI DAVID.

Sélbemo ⁴) dauid selbemo CHRISTO
uuirt diser psalmus kesungen. Er
selbo ságet uns dâr ána sîna passio-
nem (martira) . mit dero uuir uuur-
den redempti (irlosit) unde commu-
tati . **) de uita mortali ad uitam
æternam . commutati de uita terrena
ad uitam cælestem de uita corrupti-

----

¹) (uuolchentunchel). Sch.

²) Ueber und unter dem mittleren «s»
ein punkt.

³) uuuartigi. Sch.

⁴) Es steht «élbemo». Schilter hat
«Selbemo».

*) S. CXXXVII.   **) S. 234.

bili ad incorruptionem (feruuandilot fone tod-libe ze éuuigemo libe feruuándilot fone érdlibe ze himil-libe fone eruuártemo libe ze úniruuártemo).

SALVVM ME FAC DEVS. QVONIAM INTRAVERVNT aquæ. usque ad animam meam. Duó Got mih. keháltenen. uuanda uuázzer sint mir chómen únz án den lib. uuázer heizent dié mit réhte. dié uuazzeren iéo gelicho diézzent. in stúrme unde strite. so iudei táten. Ziú bitet er den fáter imo des tódes fore sîn uuider sié. sîd er uuilligo [1]) irstárb? Áne únsih in se transformando (ferbildondo). uuir den tód fúrhten. nieó únsih diú fórhta únseren fienden geliche ne túe. noh ze in ne bechére.

Infixus sum in limo profundi. Vuaz chit daz? Hæsi. IN ILLIS. TENVERVNT ME. OCCIDERVNT ME (ih háfteta an in sie siéngin mih sluogen mih). Hóro sint sié. uuanda sié de terra sint. cóld uuúrdin sié. úbe sie mir úf fólgen uuóltin ze himele. nu ziéhent sié áber nider bediú sint sié hóro déro tiéfi. in démo haften ih.

Et non est substantia. Vnde ne sint sié ne-hein uuiht. Daz chit. Slé ne [2]) sint niéuuiht uuiht. Vnde só súndig hóro. ne ist niéht diú substantia (uuist). diá ih scuóf. uiciatam naturam (sirchústa ánaburt) ne scuóf ih niéht.

Veni in altitudinem maris. et tempestas dimersit me. In diá tiéfi des méres cham ih. unde dar besoústa mih daz úngeuuitere [3]). Inter peccatores (under súndige) cham ih. iro persecutio (geuuázzem) irstarpta mih.

Laboraui clamans. Ih muóhta [4]) mih ruófendo. VE MVNDO AB SCANDALIS. VE VOBIS SCRIBE ET PHARISEI (uué dirro uuerlte fóne scántuuerron. uué iú priéuarra unde súndirguóte).

Raucæ factæ sunt fauces meæ. Des ruóftes uuúrden héis mine giúmen. uuanda sie ne hábeton aures audiendi (óren fernémennis).

Defecerunt oculi mei ab sperando in deum meum. Diz ist fone démo corpore (líchamen) gespróchen. *) Minero iúngeron oúgen irdróz déro gedingi. Also einer chad. ET SPERABAMVS QVOD IPSE REDEMPTVRVS ESSET ISRAHEL (uuir uuandon ioh daz er israhelin solti irlosen). Dia urdrúzzi gebuózta er in. dó er irstuónt.

Multiplicati sunt super capillos capitis mei. qui oderunt me gratis. Mánigeren sint danne mines hoúbetes hárer. dié mih házzent tanches.

---

[1]) uuillicho. Sch.
[2]) no. Sch.
[3]) mit daz ungeuuittere. Sch.
[4]) muota. Sch.

*) S. 235.

Mánige mág sô sín . sîd ioh unus ex duodecim (einer dero zuelfo) dâr mite uuas. Vnde diê álle gratis (tanchis) . quia sine causa (uuanda ane sculde).

Confortati sunt inimici mei . qui persequuntur me iniuste. Gestérchet uuúrden mîne fienda . diê mîn mit unrehte áhtent. Mit únrehte . uuanda áne sculde.

Quæ non rapui tunc exsoluebam . Ih kált . daz ih ne zúhta. *) Non peccaui . et penas dabam (ih ne súndota unde leid uuízze). Ioh úngezúhta æqualitatem dei (ében-maht Gótis) . liéz ih kérno . formam¹) serui accipiens (scálchis pílde an mih neminde). Adam uuolta per rapinam diuinitatem (mit nòt-námo Góteheit keuuúnnin²) . bediù ferlòs ér felicitatem (sálida). Daz lérta in dér iz fóre imo teta. Vuaz kescáh oûh démo? Vsurpauit quod non acceperat . perdidit quod acceperat (er zuchta sih ána des er niêht ne uuas unde ferlòs daz er uuas).

Deus tu scis inprudentiam meam. Got dû uueist mîna únfruôtheit. Dû uueist dia causam (uuâr úmbe). Du uueist umbe uuaz ih dò irsterben uuólta . dò ih is uuóla úbere uuerden mahta. Vbe siê iz uuissen .

numquam dominum maiestatis crucifixissent (nièmer ne gechriúzegotin siê den herrin mágenchrefte). A'ber mîn stultum . sapientius est hominibus (unfruôti ist uuisera menniscon fruôti)'. Dû bechénnest den fructum (uuuôcher). Doh iz in dunche stultum (túmplich).

Et delicta mea a te non sunt abscondita. Vnde minero membrorum delicta (lído úndâte) . ne sint ferbórgen fore dir. Dir irbáront siê iro uulnera (uuúnda) . uuanda dû iro sanator (heîlare) bist.

Non erubescant in me qui expectant te domine . domine uirtutum . Scámeg ne uuérden diê au mir . diê dîn³) pîtent trúhten truhten déro túgede. Non dicatur illis . ubi est qui uobis dicebat (nièmer ne uuerde in zuô gespróchen . vuar ist der nú der iû zuô sprah). CREDITE IN DEVM . ET IN ME CREDITE (keloubint an Got unde so geloubent an mih)?

**) Non confundantur super me qui querunt te deus israhel. Noh sô filo ne ferhéngest dû mînen fienden an mir . daz sih diê mîn scámeen . diê dih suôchent israhelis Got.

Quoniam propter te sustinui exprobrationem . operuit in reuerentia

---

¹) formas. Sch.
²) Schilter hat «keuuinnin» und die klammer nach «Goteheit».
³) dien. Sch.
⁴) uuar. Sch.

*) S. CXXXVIII.   **) 236.

faciem meam. Vuanda umbe dih
leid ih iteuuiz unde umbe dih pe-
dáhta scámelôsi mîn âna=siûne. Vbe
man ze mir chad christianus es .
cultor crucifixi (du bist christâne .
des kechriûzegotin uôbare) . des
uuas ih scámelôs . des ne meid ih
mih.

Alienatus factus sum fratribus
meis . et hospes filiis matris meæ.
Frémede bin ih uuorden unde gást
minero muôter chinden. Filius sy-
nagogæ bin ih . (ih pin sun der nôt=
sámenungo. noh danne chédent sie .
HVNC AVTEM NESCIMVS VNDE SIT (di-
sin ne uuizzin uuir uuánnan er sî).
Ziû ist daz?

Quoniam zelus domus tuæ come-
dit me. Vuanda mih peiz . dînes hû-
ses ando. Daz ist diû causa (daz
meinitiz). Ih ándota iro únreht .
dánnan ne geuuérdoton sie mih pe-
châhen. Pechnâtin sie reht . so
bechnâtin sie mih . sô uuare ih sîne
zelo (âne ánden).

Et opprobria exprobrantium tibi
ceciderunt super me. Vnde iteuuizza
déro dir iteuuizzónton chámen an
mih. Ziû so? Vuanda mih niêman
ne sciltet[1]) . er ne scélte dih . ego
et tu unum sumus (ih unde du pîrin
ein).

Et cooperui in ieiunio animam
meam . et factum est in opprobrium
mihi. Ih pedáhta in uástun mîna
séla . daz uuard mir ouh ze iteuuizze .
Dô ih iro húngerg[2]) uuas unde sie
amaricantes (pittir) uuâren . dô ne
uuolta ih sie sólche nemen in mî-
nen lichamen . malui ienunare ab
illis (mir uuas liêbra iro nuóhtarnin
sin). Ih ne uuolta consentiens (ke-
héngîc) uuérden iro malitiæ (ubeli) .
dés tâtin sie mir iteuuîz.

Et posui uestimentum meum sac-
cum . i. opposui eis meam carnem
ut seuirent in eam . diuinitatem au-
tem meam occultaui ab illis. Ih
pôt în mîna hárinun uuât . minen tô-
digen lichamen . daz sie sih án demo
fertâtin . unde iro piaculum (samo
in ze báleuue) . ánderen uuúrde ex-
piatio (ze buozzo).

*) Et factus sum illis in parabo-
lam . i. in irrisionem (s. compara-
tiuam). Ih pin in uuórden ze com-
paratione . ze uuíder=mézzungo.
Also démo gescáhe châtin sie so ge-
scâhe imo. Also der ferlóren uuúr-
de . so uuérde er ferlóren. V̄bel
uuás der . úbel begágenda imo. úbel
ist diser . pézzera[3]) ne begágene
ouh imo.

Aduersum me insultabant . qui se-
debant in porta . i. in publico. Die
búhoton mîn die únder démo búrge-

---

[1]) scildet. Sch.
[2]) hungerig. Sch.
[3]) pezzare. Sch.

*) S. 237.

tóre sázzen. Dâr diê liûte in unde
ûz fuôren. dâr hábeton siê mih ze
huôhe.

*) Et in me psallebant. qui bibe-
bant uinum. Sázzen ze uuîne. unde
sungen fóne mir. So tuônt noh ke-
nuôge. singent fone démo. der in
iro únreht uuéret.

Ego autem orationem meam. s.
direxi. ad te domine. Ih péteta
áber ze dir. umbe siê. PATER
IGNOSCE ILLIS. NON ENIM SCIVNT QVID
FACIVNT (fater peláz in iz sie ne uuiz-
zin lês uuaz sie tuônt).

Tempus beneplaciti deus. hoc
est. uenit tempus beneplacitum.
Liêbez¹) zît Got fáter chúmet noh.
Vuanne?

In multitudine misericordiæ tuæ.
A'n dero mánigfalti dînero gnâdo.
an dero daz dîn sun fóne tôde ir-
stât. unde ménnescen sáment imo.

Exaudi me in ueritate salutis tuæ.
Kehôre mih an déro uuárhèite dî-
nero heili. Diâ heili gehièzze dû.
diê geuuérest dû. an déro gehôre
mih.

Saluum me fac de luto ut non in-
heream. De quibus supra dixit.
INFIXVS SVM IN LIMO PROFVNDI. Lôse
mih ûzzer démo hóreuue daz ih dâr
inne ne háftee. Fóne uuémo chist
dû?

Eruar ex his qui oderunt me.
Ih chido. lôse mih fóne diên. diê
mih hazzent. Diê sint daz hóro.

Et de profundo aquarum. Vnde
fóne déro uuázzero tiêffi. Daz sint
ál diê selben. Siê dièzzent in iro
stúrme also drâtiû uuázzer.

Non me demergat tempestas
aquæ. Chít corpvs (i. æcclesia)
CHRISTI²). Mih ne besoûffe diû
uuázzer zessa. Carne (in licha-
men) hábet si iz ketân. **) also dâr
fóre stât. ET TEMPESTAS DIMERSIT
ME (ungeuuitere soûfta mih). spiri-
tu (in sèlo) ne tuôe siê iz. con-
sentiens (kefólgîg) ne uuérde ih in.
sô ne fâre ih in profúndum limi (in
tiûffi des leimis). sô ne slindén siê
mih. so ne fâre ih in iro corpus (i.
perditionem). uuánda ih corpus (li-
chamo) CHRISTI bin. Mánnolih pór-
gee daz sîn lichamo in iro geuualt
ne chóme. ube iz áber gescéhe. so
bétoe umbe dia sêla. daz siê dero
ne muôzzin uuálten.

Neque absorbeat me profundum.
Noh diû tiêffi ne ferslínde mih.

Neque coartet super me puteus os
suum. Noh diû búzza ne betuôe
iro lóch³) obe mir. Der in dia sún-
da sturzet. der stúrzet in dia tiêffi.
unde in dia búzza. V'be der doh dâr
iêhet sinero súndon. also iz chit.

---

¹) Libez. Sch.
²) Christi. (i. Ecclesia)
³) Ueber «o» ein punkt. Schilter liest auch «loch».

*) S. CXXXIX.   **) S. 238.

DE PROFVNDIS CLAMAVI AD TE DOMINE (fóne tîéffi hareta ih ze dír hérro). so ne ist er betán in dero búzzo. Diú uuort sint corporis CHRISTI (líchamen . i. æcclesiæ).

Exaudi me domine quoniam suauis est misericordia tua. Kehóre mih trúhteu. uuánda mir suózze ist dîn gnáda. In sô michelén arbeiten bín ih . daz mir nôte suózze si dîn gnáda. Michel húnger tuòt prôt suózze . michel arbeite tuônt enáda suózza.

Secundum multitudinem miserationum tuarum respice in me. Náh déro mánigi dínero gnádon . náls mínero súndon sih mih ána.

Ne auertas faciem tuam a puero tuo. Dîn ána=siúne ne chéres dú fóne dînemo chínde . dén disciplina tribulationis (geduuáng manigh nóthháfti) lúzzelen getán hábet.

Quoniam tribulor uelociter exaudi me. Spuótigo gehóre mih . uuanda ih in dero nóte bin.

Intende animæ meæ et redime eam. Duô mînero sélo uuára [1]. únde lôse sîa [2].

Propter inimicos meos erue me. Vmbe mîne fienda lôse mih. Lôse animam in occulto (sela in tougeni). lôse corpus in manifesto (lichamen in óffeni). daz sie corporis resurrectionem (lichamen úrsténdida [3]) geeiscondo . amici (friûnt) uuerden ex inimicis (fone fîgenden).

Tu enim cognoscis obprobrium meum . et confusionem meam . *) et uerecundiam meam. Dú bechénnest mînen iteuuiz fientlichen sîn. so der ist. ALIOS SALVOS FECIT . SE IPSVM NON POTEST SALVVM FACERE (andere téta ér genésen sih ne mág er selben genérrin [4]). Vnde mîna scáma . quæ mordet conscientiam (diu mih pîzzet in mînero geuuizzeni) . diu an mînen líden uuirt fúnden nals an mir. Also diû ist. SAVLE SAVLE QVID ME PERSEQVERIS (uuaz áhtast du mîn)? Vnde mîna midunga . dâr forhta ána ist . diû fone infirmitate (uueichi) chúmet . diû oúh an dien lîden ist. Also an PETRO . do er CHRISTI loúgenda sús. O' HOMO NON SVM (kuôt man ih ne bin). Diú uerecundia (midunga) heizzet oúh reuerentia (scáma). Nû fáter dû uueist mîn obprobrium (iteuuiz) . áber déro mînero uueist dû béidiû . ioh opprobrium (iteuuiz) . ioh confusionem (scáma) . ioh reuerentiam (midunga). Diê ne feruuirf umbe daz . núbe hílf oúh in . uuanda siê an mir sint.

---

[1]) uudra. Sch.
[2]) sie. Sch.
[3]) Fehlt bei Sch. von « in offeni » an.
[4]) generian. Sch.

*) 239.

In conspectu tuo sunt. omnes tribulantes me. *) Dû siĉhest ána. alle diê mih arbêitent an mir unde án diên mînen. bediû lôse mih.

Obprobrium expectauit cor meum et miseriam. Mîn herza beit déro zuêio diû¹) iz fóre uuíssa. Iz uuíssa chúmftig uuésen mîn improperium. unde iudeorum miseriam. umbe diê ih miserando (àmerondo²) sús péteta. PATER IGNOSCE ILLIS. NON ENIM SCIVNT QVID FACIVNT (fater belaz ín iz. sî ne uuízzin uuaz siê tuônt).

Et sustinui qui simul contristaretur et non fuit. et consolantes. s. sustinui. uel quæsiui et non inueni. Vnde fóne diû beit ih. uuér sáment mir trûreg uuâre iro miseriæ (âmerlichi). unde dér ne uuas. Vnde fóne diû uuas mir medico tristicia (arzâte trûrigi). déro tristiciæ (trurigi) suôhta ih consolantes et non inueni (tròst kebin die ne fant ih³). Vuaz half dò. daz ih iz fóre ságeta in prophetis (uuîssagon)?

Et dederunt in escam meam fel. et in siti mea pota uerunt me aceto. Vnde bediû uuúrfen siê gállun in mîn ézzen. unde trânchton mih túrstegen mit ézziche. Mir uuas pitter daz ih daz ne fánt. daz ih suôhta.

unde iro alti uuas mir ézzîch. Ih uuólta sie selben dò uuâren siê amaricantes (pittir). **) Ih uuolta íro fidem (glouba). dò fánt ih uetustatem (daz alta). Oûh sint in geliche diê gállûn uuérfent in mîn ézzen. diê mîne sacramenta (uuizzod) niézzent. unde áber diên uuíderuuártigo lébent. Diê sint amaricantes (pittir). diê ne nímo ih in mih. Daz ist myrratum uinum (der gemy´rroto uuîn) des ih in cruce chóreta. unde trinchen ne uuólta.

Fiat mensa eorum coram ipsis in laqueum. Nu uuerde ín zuò sehentem⁴) íro tisg in strig. V´belen gesmág práhton siê in mînen tisg. íro tisg. sî iro strig. uuíder iro scrifte tuôien siê. íro uuízzintheîte.

Et in retributiones et in scandalum. Vnde ze lône unde ze írreden. Ze lône uuánda iz reht ist. ze írreden. uuanda siê sih selben irrent.

Obscurentur oculi eorum ne uideant. I´ro oûgen plindeen. daz siê ne séhen. Ziû daz? Vt quoniam sine causa uiderunt. fiat illis et non uidere. Vuánda siê ingemeitun uuízzende uuâren. únuuízzende uuérden siê. Obscurentur oculi eorum ne uideant. I´ro oû-

---

¹) du. Sch.
²) iamerondo. Sch.

³) Die worte «die ne fant ih» hat Schilter nicht in klammern.
⁴) zuosehenten. Sch.

---

*) CXL.   **) S. 240.

gen betimbereen . daz siê ne sêhen . diê géschente séhen ne uuólton .

Dorsum eorum semper incurua . Keboṅge ieo iro rúkke . Sid sie superna (ûf uuertigiû dinch) ne uuóltin cognoscere (bechénnin) . daz siê de inferioribus (hára níder) ténchen .

Et indignatio iræ tuæ comprehendat eos . Vnde diû zúrneda dinero ábolgi gefâhe siê . Ne lâz siê indrinnen sô siê in‿scihte ¹) sin .

Fiat habitatio eorum deserta . Vuuôste uuerde iro àna⸗sídele . Also nû sêhen . ierusalem ist iro hálb uuuôste . Dàr sie CHRISTVM sluôgen dánnan sint siê fertríben . Obscurentur oculi eorum (vuerden petúnchelit iro oúgen ²) . daz ³) ist toṅgener geríh . Fiat habitatio eorum deserta (vuerde iro gebiûuueda uuuôste) . daz ist óffener geríh .

Et in tabernaculis eorum non sit qui inhabitet (unde in iro sélidon ne búuue niêman der iro) . s. ex numero eorum . Daz ist ieo daz selba . daz daz fórdera uuas .

Quoniam quem tu percussisti persecuti sunt . Vuánda den du sluôge unde hiêzze irstérben pro mundo (umbe diê uuérlt) . den sluôgen siê nídigo .

*) Et super dolorem uulnerum meorum addiderunt . Vnde mêroton siê daz sêr minero uuúndon . Mortalis (todig) pin ih ex originali peccato (fone dero altun adamis sundo) . úber daz slâhent siê mih .

Appone iniquitatem super iniquitatem ipsorum . Lége ein iro únreht úber daz ander . Sid siê slahen hominem iustum (rehten ménniscen . daz ih pin) . daz siê slâhen filium dei (daz sie slâhen Gotes sun daz ih ouh pin) . Plint uuérden siê . daz siê in ne erchénnen . Sô uuáhsen iro uulnera (uunda) . uuanda siê uuerd ne sint daz dû siê heîlest .

Et non intrent in iusticiam tuam . Vnde in dîn reht ne chómen siê . Ze réhte ne fâhen siê .

Deleantur de libro uiuentium . A'ber déro lébenton briêfpuôche uuérden sie gescaben dàr siê uuánent iro námen stàn fóne guóten frêhten .

Et cum iustis non scribantur . Vnde sámet diên réhten ne uuérden siê gescríben ⁴) . Sô gebúrre in nâh dinemo rehte . uuanda siê sih ze hárto fersâhen ze iro selbero rehte ⁵) .

Pauper et dolens ego sum . Ih pin arm unde sêreg . Lirnent álle

---

¹) insciehte. Sch.
²) (uuerdent petunchelt —). Sch.
³) dar. Sch.

⁴) gescrieben. Sch.
⁵) Fehlt bei Schilter von «uuanda» an.

*) S. 241.

bî mir sólche uuésen. Vuanda iz chit. BEATI PAVPERES. BEATI QVI LVGENT) sálig sint ármuòtige sálig diê dir uuuófent).

Et salus uultus tui deus suscepit me. *) Vnde dines ánaliútes heili Got inphîeng mih. Ze demo rihtuòmme dingent álle. so uuírt iù lába paupestatis et doloris (armuótigi ioh leídseris¹).

Laudabo nomen dei cum cantico. magnificabo eum in laude. Ih lóbon Gótes námen mit sange. ih michellíchon ín. in lóbe. Daz hábo ih pro diuiciis (fûre rihtuôm).

Et placebit deo super uitulum nouellum. cornua producentem et ungulas. Vnde daz ópfer uuíle Gót kérnòr. dánne iúngez rint. mit hórnen unde mit chláuuon. uuanda mit demo uuárd pezeíchenet. daz keíslicha opfer.

Videant inopes et lætentur. Daz fernémen árme unde frêuuèn sih. daz er laudem (lob) uuíle. mêr danne uitulum (chalph).

**) Querite dominum et uiuet anima uestra. Ir suóchent álle panem (pròt). daz der lichamo lébe. suóchent Got. so lébet iúuuer²) séla.

Quoniam exaudiuit pauperes dominus. Vuánda Gót kehórta³) diê ármen. diê er ne gehôrti. úbe siê árm ne uuárin⁴).

Et compeditos suos non spreuit. Vnde sîne gedrúohten ne ferchós ér. Vuélez sint diê compedes (truôhe⁵)? Selbiú diú mortalitas (tódigi). unde diú corruptio (iruuértida). Déro inbíndet er diê. diê nú dár úz hárent ze ímo.

Laudent illum cæli et terra mare et omnia reptilia in eis. Ín lóboen hímela unde érda. unde álliú dár inne chrésentiù. Vues?

Quoniam deus saluam faciet syon. Vuánda Got keháltet sína ecclesiam (sámenunga). unde getuót siê incorporatam unigenito suo (eîn=lichamîga sînimo ein=bórnen).

Et ædificabuntur ciuitates iudæ. Vnde uuérdent kezimberot púrge déro confessionis (pigíhte). daz sint diê ecclesiæ (sámenunga). V̈zer diên superbi (úberuuánige) ferstózzen uuerdent. qui confiteri erubescunt (diê sih dero pigíhte scámént).

Et inhabitabunt ibi. et hereditatem acquirent eam. Vnde dár inne bùent siê. únde ze érbe geuuúnnent siê sia. Syon ist iro habitatio (gebiúuue) hiér. in cælo (in himile) ist si iro hereditas (gerbida).

Et semen seruorum eius posside-

---

¹) armmuotigi. Sch.
²) iuuuera. Sch.
³) gehorta. Sch.

⁴) uuaren. Sch.
⁵) (truoche). Sch.

---

*) S. CXLI.   **) S. 242.

bit eam. Imitatores fidei apostolorum et prophetarum (diê biledera dero geloûbo pôton ioh uuissâgon) besízzent sia.

Et qui diligunt nomen eius habitabunt in ea. Vnde diê sînen námen minnont. diê sint sêmen scruorum eius (Gotes scálchsláhta). diê bûent dár ínne.

---

*) PSALMUS LXIX.

VOX MARTYRVM AD CHRISTVM [1]).

Dᴇᴠs ɪɴ ᴀᴅɪᴠᴛᴏʀɪᴠᴍ ᴍᴇᴠᴍ ɪɴᴛᴇɴᴅᴇ. Dᴏᴍɪɴᴇ ad adiuuandum me festina. Got sih ze mînero helfo. I'le. uuára zuô? Mir ze hélfenne [2]). Sús chéde mánnelih. so chéde er állero meist dánne er in nôte sî. Dísa dige hábe gemeina sáment martyribus. Vuanda oúh imo persecutionis nicht ne bristet. úbe er guôt uuile sîn. **) Cottidiana scandala (tágeliche uuerra) chéllent animam iusti (des rehten muôt). ne lide er oúh neheine tormenta corporis (uuizze lichamin).

Confundantur et reuereantur qui querunt animam meam. Scámeg uuérden. unde in uórhtun chômen. diê mîna sêla suôchent. non ad imitandum sed ad perdendum (nals ze bildonne sunder ze ferliêsenne [3]). Sô uuégoe mánnolih sînen fienden. sús uuóla nuúnsce in.

Auertantur retrorsum et erubescant qui cogitant mihi mala. Tána uuérden geuuéndet hínder-rúkke. unde míden sih. diê mir úbelo uuéllen. Náh kángen siê. nals fóre. diê diâ æcclesiam prauis consiliis (christis sámenunga mit úbelen ráten) irren uuellen [4]). Also petrus úbelo uuolta fóre gán. do in Cʜʀɪsᴛᴠs uuanta [5]). sús chédendo. Rᴇᴅɪ ʀᴇᴛʀᴏ ᴍᴇ sᴀᴛᴀɴᴀs (iruuínt hínder mih fiánt).

Auertantur statim erubescentes qui dicunt mihi euge euge. Tána chéren siê sàr scámege. diê mir zuô chédent adulando (slech sprachondo). ᴠᴠᴏʟᴀ ᴠᴠᴏʟᴀ (uuola tuôsto uuola tuôsto). Daz sint diê. diê in úntriúuuon [6]) den mán lóbont. gratiam (huldi) suôchendo nals ueritatem (uuarheit). Diê sint diê freisígosten persecutores (áhtara).

Exultent et iocundentur in te om-

---

[1]) Zuvor hat Schilter noch die aufschrift: «In finem, Psalmus David, in rememorationem, quod salvum eum fecerit Dominus.»

[2]) zehelfene. Sch.

[3]) (— zepildonne —). Sch.

[4]) Fehlt bei Schilter von «Nah» an.

[5]) uuanda. Sch.

[6]) untriuuen. Sch.

---

*) S. CXLII.   **) S. 243.

nes qui querunt te . et dicant . semper magnificetur dominus . qui diligunt salutare tuum. Fréuuen sih . unde geuuúnnesámót uuérden an dir . diê dih suôchent . unde sûs chéden diê dinen háltare minnont CHRISTVM. Vuieo? Truhten uuérde iêo gemíchellichot. I'n sól man michellichon [1]) . áber sih selben ne sol nieman michellichon. Vuíeo sól ér chéden fóne imo selbemo?

Ego uero egenus et pauper sum. Ih pin dúrftig unde arm. Ziú sól . úbe imo sina súnda fergében sint? Vuanda iz chît. VIDEO [2]) ALIAM LEGEM IN MEMBRIS MEIS REPVGNANTEM LEGI MENTIS MEÆ (ih kesiého ein andra ea an minen liden uuiderbréchenta mînis muotis êo). Dánnán ist er siêh . undê arm.

Deus adiuua me. Gót hilf mir. Daz chid dû diccho . daz si dir in muôte unde in munde . des ne irdriêzze dih.

*) Adiutor meus esto domine ne tardaueris. Chid oûh dár mite. Hélfáre miner uuis dû trúhten . des ne tuuéle dû. Daz ist uox martyrum . daz si uox omnium (stimma allero).

PSALMVS LXX.

IPSI DAVID . FILIORVM IONADAB . ET EORVM QVI PRIMI CAPTIVI DVCTI SVNT.

Uues kémánot únsih diser psalmus selbemo dauidi gesúngener? Daz tuôt ér filiorum (déro súno) ionadab . diê íro fáter gebót uuéreton . unde mit déro obœdientia (gehorsami) Gótes húldi geuuúnnen. I'ro fáter gebót in . daz siê uuin ne trúnchin . heime ne uuárin . núbe ûzze . unde in iro gezélten. Daz uuéreton sie sámo sô Gót . selbo in iz kebúte [3]) . uuanda er allen chinden hábet kebóten daz siê iro parentibus (fáterin) kehórsam sîn. Dánnán inphiêngen siê benedictionem a domino (segen fone Gote) . unde uuard állen diên liúten ze in gezêigot fóne ieremia propheta . der dés póto uuas . do sie in captiuitatem (in ellende) gefuôret uuúrden . daz siê des éllendes kehórsam Góte uuárin . der sie is irlázzen ne uuolta . unz er sie dar ûz lôsti . also filii ionadab iro fáter des kehórsamoton . des er in gebiêten uuolta. Nú sin also gehórsam Gote . daz er unsih inbinde dero captiuitatis (éllendi) . dia uns paulus zeîgota an únseren liden . do er chad. VIDEO AVTEM ALIAM LEGEM IN MEMBRIS MEIS REPVGNANTEM LEGI

---

[1]) michelichon. Sch.
[2]) Vidi. Sch.

[3]) kebitte. Sch.

*) S. 244.

MENTIS MEÆ . ET CAPTIVVM ME DVCEN-
TEM IN LEGE PECCATI . QVÆ EST IN
MEMBRIS MEIS (ih kesiého uber án-
dra éa . vt svpra . unde mih éllen-
den fuórinta in éo dero sundo . diu
in minen liden ist). Diu captiuitas
(ellend) ist sórglih . déro ist uber-
uuint¹) ze getuónne mit Góte eine-
mo . also er ouh fóne iro chad.
QVIS ME LIBERABIT DE CORPORE MOR-
TIS HVIVS? GRATIA DEI PER IPSVM
CHRISTVM DOMINVM NOSTRVM (uuer lò-
sit mih fóne demo lichamen disses
lib=todis . daz tuót Gótes kenáda mit
demo haltare criste). A'nder re-
medium (láchin) ne ist iro . âne
gratia dei (Gotes kenada) . *) dia
unsih diser psalmus léret pechén-
nen.

IN TE DOMINE SPERAVI NON CONFVN-
DAR IN æternum . An dih truhten
kedincta ih . keschéndet ne uuer-
de . ih in éuua . **) Só ih nú bin .
só ne sí ih iêmer. In adam bin ih
keschéndet . an dir muôzze ih unge-
schéndet sin.

In tua iustitia erue me et exime
me . In dinemo rehte lòse mih .
unde in dinemo rehte nim mih úzzer
únrehte. In dinemo . nals in mine-
mo . Niê ih déro einer ne sí . qui
ignorantes dei iustitiam et suam uo-
lentes statuere . iustitiæ dei non sunt
subiecti (diê Gotes rehtes unuuizzige
unde iro selbero reht státinde Gotis
réhtis ungelós sint²).

Inclina ad me aurem tuam . Helde
ze mir din óra . Du stást úf=réht
medice (arzát) . nidere ligo ih . úf
irrihten ne mag ih mih . neîge dih
ze mir.

Et saluum me fac . Vnde halt mih.

Esto mihi in deum protectorem .
Got schírmâre sist dû mir . uuanda
ih mih selbo³) schirmen ne mag.

Et in locum munitum . Vnde in-
fésta stat . dár ih⁴) irfóhten ne múge
uuérden.

Vt saluum me facias . Daz dû
mih keháltest.

Quoniam firmamentum meum et
refugium meum es tu . Vuanda min
uésti unde min zuófluht pist dû.
Persecutio (áhta) geschéhe⁵) . temp-
tatio (ursuóch) geschéhe⁶) ze dír
flieho ih . Adam solta fliéhen zuó
dir . er flóh fóne dir . Abiit . periit .
sed inuentus est (er indrán . uuart
ferlóriu . er uuard aber fúndin).

Deus meus erue me de manu pec-
catoris . Got miner lóse mih . fóne
déro hant des súndigen.

De manu legem prætereuntis et
iniqui . Ioh intuuérentis dia éa .

---

¹) uberuuunt. Sch.
²) (— rehte —). Sch.
³) selbemo. Sch.
⁴) darin. Sch.
⁵) gescehe. Sch.
⁶) gescehe. Sch.

*) S. 245.   **) S. CXLIII.

ioh únrehtes âne êa . Ne uuéderên
laz mih kelîh sîn . noh malis (ubelen)
christianis mit êo . noh paganis (hei-
denen) âne êa . I'ro hant ne ziêhe [1]
mih ze in . Súle ih siê oúh fertrá-
gen . des hilf mir áber.

Quoniam tu es patientia mea.
Vuánda dú bist mîn gedúlt.

Domine spes mea a iuuentute
mea. Trúhten mîn gedingi . fóne
mînero iúgende hára.

*) In te confirmatus sum ex utero
de uentre matris meæ tu es protec-
tor meus . Ioh noh fruôr . fóne des
ih kebóren [2] uuard . starchtost dú
mih fone mînero muôter uuómbo .
hára schírmdost du mih [3].

In te cantatio mea semper . Mîn
sang daz mir mendi irréchet . daz ist
iêo an-dir . Niêht ein tempore fidei
(in dero gloubo zîte) daz nu ist .
nube ouh tempore speciei (in dinero
ánasihte zîte) . daz hína-fúre ist .
danne homines angelis (mennischin
éngelin) kelîh uuerdent.

Tanquam prodigium factus sum
multis . Ih pin manigen uuorten
sámo so nuunder . Ziû? Quia credo
quod non uideo (daz ih daz keloubo
des ih niêht ne siêo [4]) . Siê mén-
dent an dièn uisibilibus . in esca (in
mazze) . in potu (in tránche) . in
luxuria (in guôtis únmézze) . in scor-
tationibus (in huôr-uuiniscefte) . in
sæcularibus dignitatibus (in uuérlt-
herscéften) . in auaricia (in fréchi) .
in diuiciis (in richtuome) . in dealba-
tione lutei parietis (in dero túnicho
leîmenero uuende) . áber mîn gedingi
ist an diên inuisibilibus (úngesiûnli-
chen) . Iro uuort ist . MANDVCEMVS ET
BIBAMVS CRAS ENIM MORIEMVR . (ezzen
unde trinchen iâ súlen uuir doh ir-
sterben) . mîn uuort ist dára gágene .
IMMO IEIVNEMVS ET OREMVS . CRAS ENIM
MORIEMVR (nube mèr fásteien unde
beteien uuir súlen halto irstérben).

Sed tu adiutor fortis . Aber du
bist starcher helfare . daz páldet mih .
in uia angusta . quam prior transisti
(in éngemo uuege den du érron úber
stîge).

Repleatur os meum laude . ut can-
tet gloriam tuam tota die magnifi-
centiam tuam . Mîn múnt uuérde .
irfúllet mit lóbe . daz er dîna guólli-
chi singe . unde állen-dág tîna [5] mí-
chellichi . ioh in prosperis ioh in ad-
uersis (in uuólon ioh in únuuolon).

Ne proicias me in tempore senec-
tutis . Ne feruuirf mih . so ih alt
uuérde . Vuaz chit daz?

Cum deficiet uirtus mea ne dere-
linquas me . Daz chit . So ih chráf-

---

[1] zieche. Sch.
[2] geboren. Sch.
[3] Fehlt bei Schilter von «fone» an.
[4] (— de —). Sch.
[5] dina. Sch.

*) S. 246.

telos uuerde . so ne feruuirſ mih .
Chráftelósi . iſt alti . Din chraft sî
an mir . so mînero gebreſte . Ziú
bito ih des?

Quia dixerunt inimici mei mihi .
et qui custodiebant animam meam .
consilium fecerunt in unum . dicentes . deus dereliquit eum . persequimini et comprehendite eum . quia
non est qui eripiat eum . *) Vuanda
mîne fienda mir fárendo cháden .
Got hábet in ferlázzen . und diê mîn
huótton umbe ubel nals umbe guôt .
sáment riéten . ouh so chédendo .
Got hábet in ferlázzen . Lágent îmo
unde gefáhent in . niêman ne iſt der
in lôse .

Deus ne elongeris a me . deus
meus in adiutorium meum respice .
Dú Got ne uuerdeſt keuirret [1]) fóne
mir . Got miner . sih ze mînero helfo . sih mih túrſtigen hélfo .

Confundantur et deficiant detrahentes animæ meæ . Keschendet
uuerden unde irlikkèn mir arg chòsonte . Scámen beginnen siê sih
is . pedríezzen beginne siê is .

Operiantur confusione et pudore
qui querunt mala mihi . Pedéchet
uuérden mit scámo unde mit nidungo . diè mîn ze úbele gedenchent .
Also déro sito iſt diê sib mîdent .

daz siè rótemen gefáhent [2]) under
oùgon .

Ego autem semper in te sperabo .
et adiciam super omnem laudem
tuam . Aber ih kedingo iêo an dih .
unde méron dîn lob . **) Niúuuez
lob redemptionis generis humani
(mánchunnis irlosido) . légo ih ze
allen ánderen dînen lóben .

Os meum enunciauit [3]) iustitiam
tuam . tota die salutem tuam . Mîn
munt sageta dîn reht . allen dag dîna
heili . Alle zite . tages ioh nahtes .
lérta ih daz . QVIA DOMINI EST SALVS
ET NON HOMINIS (daz diû geniſt Gotis
iſt nals ménniscin) .

Quoniam non cognoui literaturam . Vuanda ih ne bechnáta dia
buôch scrift Moysi mîna heili uuésen . so iudei sih kuóllichont nube
gratiam dei (Gotes náh kenáda) .
Also paulus chit . LITERA ENIM OC
CIDIT . SPIRITVS AVTEM [4]) VIVIFICAT
(diû éhascrift diû irsláhit diû geiſtscrift diû irchicchit) . Andere interpretes cháden . QVONIAM NON COGNOVI
NEGOCIANTES . (uuanda ih ne bechnata die in iro unmuozzechéit uuerbinte) . id est non otia sectantes . Daz
sint aber iudei diè [5]) ex operibus
legis (fone iro ého uuerchin) uuellen uuerden iustificati . non ex

---

[1]) keuuirret (kefirret). Sch.
[2]) rote menge fahent. Sch.
[3]) annunciavit. Sch.

[4]) Fehlt bei Schilter.
[5]) diu. Sch.

---

*) S. 247.   **) S. CXLIV.

gratia (rehthaft nals fone genádon).

Introibo in potentiam domini. Ih faro in mines truhtenes maht. unde suócho dár sína heili. uuanda ih mína ne bechenno.

*) Domine memorabor iustitiæ tuæ solius. Daz tuón ih. dines rehtes keuuáno ih echert dines eines. mines ne trúen ih. sô sie tuônt. Du bist min iustificator (reht=machâre). nals ih min selbes. Vuánnan uueiz ih daz?

Deus docuisti me ex iuuentute mea. Du truhten lértost mih iz. ál énnân hára fone minero iúgende. Vuiêo mîn iustitia (reht) dar ába giêng. dár ih desertori baz keloúbta dánne imperatori (demo herizogin). Vnde uuiêo ih dár uuarb aduersus me diuisus (uuider mir gesceiden). Also daz caro (fleisc) ist concupiscens aduersus spiritum (kéronte uuider déro selo). uuanda ih einemo ne uuolta uuésen subditus (undertán). Vnde uuiêo ih sid fóne CHRISTO ne dórsti uuerden redemptus (irlósit). ube ih do [1]) ne uuúrde captiuus (ellente [2]).

Et usque nunc pronuntiabo mirabilia tua. Vnde dannan hára chundo ih díniú uúunder. Vuaz ist uuúnderlichora danne impios iustificare (die uuírsistin rehte getuón)? Ne ist daz mortuos suscitare (tôten irchicchen)?

Et usque in senectam et senium. Vnde iêo chúndo ih iz. unz hina in álti unde eruuérni. dar disses libes ende gat.

Domine ne derelinquas me donec adnuntiem brachium tuum generationi omni super=uenturæ. Truhten ne ferlaz mih. uuis mit mir. unz ih chunt ketuôe CHRISTVM allero zuô=gándero sláhto. dínen arm. mit démo dú unsih lôstost [3]).

Potentiam tuam et iustitiam tuam. Vnz ih in ságe. nullas meas uires nullam iustitiam meam. sed potentiam tuam et iustitiam tuam (mine chréfte ne=heine sin min reht noh einiz nube dínin geuuált unde dîn reht). Vnz ih sus chéde. ze mánnelichemo. NIHIL ES PER TE. DEVM INVOCA. TVA PECCATA SVNT. MERITA DEI SVNT. SVPLICIVM TIBI DEBETVR ET CVM PREMIVM VENERIT. SVA DONA CORONABIT NON PREMIA TVA. (niúuuiht ne bist dú dín halb. ruôfe Got ána sunda sint dín uuirde sint Gotis daz uuízze daz sal dir unde so sin lôn chúmit so lónot er sinen begenádon nals dínen guô=tátin).

Deus usque in altissima. quæ fecisti magnalia. Ih ságo in. poten-

---

[1]) doh. Sch.
[2]) (ellende). Sch.
[3]) tostest. Sch.

*) S. 248.

tiam tuam et iustitiam gereichen hína ûf. *) ze dièn hôhesten díngen. diû du michellichiû tâte. Vuanda angeli archangeli. sedes. dominationes. principatus. potestates. tibi debent quod sunt. tibi debent quod uiuunt. tibi debent quod iuste uiuunt. tibi debent quod beatæ uiuunt (mezpotin furstpoten stuola. hèrsceffe furstuôma keuuálta súlen dir daz siê sint. sulen dir daz siê lébent sulen dir daz siê rehto lébint sulin dir daz siê sâligclicho lébint¹).

Deus quis similis tibi? Got uuer ist dir gelih? Iâ muódinch adam. dû uuoltost imo gelih sin. Vuiêo? per superbiam. (mit ubermuôti). nals per humilitatem. (mit diêmuôti). Kelih uuârist dû imo. ube dû uuoltist. daz er uuólta. er uuolta dina obœdientiam (gehôrsami). dina subiectionem (undertâni²). dû zûge áber fûre contemptum (fermánunga). Vnde uuiêo ist dir daz irgángen? Daz dû iumentis insipientibus (tumben tiêrin) kelih pist. Nû bechénne dina miseriam (uuénigheit). unde chit mit pœnitentia (riuuuo). DEVS QVIS SIMILIS TIBI? Chid oûh sús.

Quantas ostendisti mihi tribulationes. et multas et malas. Vuiêo manege³) arbeite dû mir dannán geoûget hábest. daz ih mih dir genôzzon uuólta. Vuiêo mánege. uuiêo úbele. Vuiêo úbelo siê mir lichen mûgen. áne daz sie mir disciplina (keduuanch⁴) sint. unde admonitio (manunga). nals desertio unde ih dir danchon sol mit disen uuórten.

Et conuersus uiuificasti me. et de abyssis terræ iterum reduxisti me. Vnde doh pechèrter ze mir. bechíhtost dû mih an dínero resurrectione (urstende). unde leitost mih áber ánderèst úzer déro tîeffi. déro erdo. **) uuanda ih an dir irstándener. áber an mir selbemo irstán sol. Dû irstuônde er in nostra natura (unserro burte). dara nâh irstanden uuir in eadem natura (dero selbun anaburte).

Multiplicasti iustitiam tuam. et conuersus consolatus es me. Du mánigfáltôtost din reht. an únseren increpationibus (irráfsungon) diê uuir liden umbe unser sunda. unde bechèrter ze genádon drôstost du mih. uuanda ih kedingi hábo dero chúmftigun resurrectionis (urstende).

***) Ego autem confitebor tibi. Aber ih lóbon dih. unde iého dinen genádon.

---

¹) (Metpotin — — saligelicho —). Sch.
²) untertani. Sch.
³) manige. Sch.
⁴) (keduuang). Sch.

*) S. 249. **) CXLV. ***) S. 250.

In uasis psalmi ueritatem tuam. An dien uazzen des hôhsanges iícho[1]) ih dînero uuarheite. An démo psalterio (róttun seit=spíle [2]) singo ih dir. daz dar ána gesungen uuirt. daz heizzet psalmus (scál= scanch [3]).

Psallam tibi in cythara sanctus israel. Hôh sangon dir in cythara israhelis heiligo. Vuanda dû uns kâbe spiritum desuper (keist óbenan nider). bediû singo ih dir in psalterio. Psalterium (rotta) hábet óbenán nídir bûch. uuanda ouh corpus (líchamo) ist de terra (fone erdo). bediû singo ih dir in cythara. diû hábet nider lígenten bûh [4]).

Exultabunt labia mea cum cantauero tibi. et anima mea quam redemisti. Danne fréuuent sih mînæ [5]) lefsa. so ih dir sô singo unde mîn sêla. diê du lôstost. Vuanne ist daz? Hóre noh.

Sed et lingua mea tota die meditabitur iustitiam tuam. Ioh mîn zúnga lóbot dih állen dag. Der állo tág. ist in æternitate sine fine (in êuuicheite âne ende [6]).

Cum confusi et reueriti fuerint. qui quærunt mala mihi. Danne ist iz. sô diê in scáma unde in forhtun chóment. diê mir ubeles únnen. So CHRISTVS chumet in iudicio.

PSALMUS LXXI.

IN SALOMONE.

Diser psalmus uuirt kesúngen in CHRISTO. er ist der uuaro salomon. daz dir chit pacificus (fridoman). Er gibet pacem super pacem (frido uber frido). ze crist reconciliationis (suóno). dára nah. inmortalitatis (untôdigi).

DEVS IVDICIVM TVVM REGI DA. et iustitiam tuam filio regis. Gót peulle démo chúninge des chúninges súne. din gerihte ze tuônne. unde din reht ze fórderonne. Vuanda er chad. PATER NON IVDICAT QVEMQVAM. SED IVDICIVM OMNE DEDIT FILIO (der fater übertêilet niêmannen er gab daz dinchreht al demo sune).

*) Iudicare populum tuum in iustitia. et pauperes tuos in iudicio. Dînen liût unde dîne [7]) ármen in rehte unde in urteildo. ze irteilenne. Die dîne armen sin ne uuéllen. diê ne sint din liut nîeht. Ziu? QVIA BEATI PAVPERES SPIRITV (uuanda sâlig

---

[1]) ucho (icho). Sch.
[2]) seitspiele. Sch.
[3]) scalsaug. Sch.
[4]) Fehlt bei Schilter von «uuanda» an.
[5]) mine. Sch.
[6]) (— euuigcheite —). Sch.
[7]) dinen. Sch. Das übrige fehlt bis zum nächsten «armen».

*) S. 251.

sint arm=muôtige¹). Der dir armuôtig ist . der nist hoh=muôtig.

Suscipiant montes pacem populo et colles iustitiam . Apostoli inphâhen fóne CHRISTO frido . daz chit reconciliationem (suôna) ze chúndenne sínemo liûte . unde diê minneren gelirneen aber fóne in reht . uuieo siê geloûben unde lében sulin.

Iudicabit pauperes populi . et saluos faciet filios pauperum . Ioh humiles (tiêmuôtige) . ioh dero súne . irteiliter . unde gehaltet er . Diê sint ein also ouh ciuitas syón (purg hohuuarto) . unde filia syon (tóhter).

Et humiliabit calumniatorem . Vnde er genideret den unliûmendâre . Diabolum . der regnum mortis (tôdes riche²) hábeta . den intsézzet er . Calumniator ist . der guôttate inâbeh_uuéndet . unde únsculdige ánafristot . Also er téta . NVMQVID GRATIS IOB COLIT DEVM (uóbit iob Got fergébino)?

Et permanebit cum sole . Vnde uuéret sáment déro sunnun . CHRISTVS richesot ad dexteram patris (ze zéseuuun halb sínis fáter³) . Der ist sol (sunna) . unde ist der sun sin splendor (skimo⁴).

Ante lunam generationes genera-

tionum . hoc est precedens lunam . et generationes generationum (daz chit fúre gânde den mânen unde allero chunno chúnne⁵) . An sinero inmortalitate (untôdigi) úber-reichende álliû mortalia (tôdigiu) . Nah diû iz chit . CHRISTVS RESVRGENS A MORTVIS IAM NON MORITVR . MORS ILLI VLTRA NON DOMINABITVR (irstanden fone tôde ne irstirbit nieht mêr der tod ne hêrit sih fúrder uber in⁶) . Vuanda luna (mâno) bezeichenet mortalia (tôdigiû dinch) . an diên sint generationes generationum (chunne dero chunnô) . daz chit successiones mortalium (nâh=chumfte tôdigero dingo).

Et descendet sicut pluuia in uellus . Vnde er féret also liso in sinero muôter uuomba . also der régen an den scâpâre . be iedeonis ziten . do uellus (der hérdo) kenezzet uuart . in trúcchenemo tenne . unde aber ánderest daz tenne kenézzet uuard . *) démo uellere (scâpare) trúcchenemo . Vuanda iudeis ér doctrina (léra) cham . gentibus (tiêtin) neheiniû . unde aber sid gentibus doctrina (tiêtin léra) cham . do si iudeis in giênch⁷).

Et sicut guttæ stillantes super ter-

---

¹) armuotige. Sch.
²) (todis riche). Sch.
³) (ze zesuuun halb sines fater). Sch.
⁴) (skuno). Sch.

⁵) Schilter setzt die schlussklammer schon nach «manen».
⁶) (— irstirbet —). Sch.
⁷) ingieng. Sch.

*) S. 252.

ram. Vnde also regenes tróphen rîsente in érda so stillo chúmet er.

Orietur in diebus eius iustitia . et habundantia pacis donec tollatur luna. In sînen tágen chúmet reht . unde frides kenúhte unz mortalitas (tòdigi) zegât. *) Alde iz chid¹) extollatur (uuirt irbúrit)⁸ . uuanda daz grecum anthanarethe bezeichenet peidiû. So chid iz danne . unz diû æcclesia irbúret uuerde ad regnandum cum CHRISTO (ze richesonne mit —²).

Et dominabitur a mari usque ad mare et a flumine usque ad terminos orbis terrarum. Vnde hèrresot er fóne einemo mére ze ánderemo . fone mediterraneo mari (mitteländigemo mére) . unz ze océano (éndil mére) . unde fone iordane unz ze énde dero uuerlte.

Coram illo procident æthiopes . et inimici eius terram lingent. Diê ùzzeróston æthyopes pétont ín . unde sîne fienda lécchont diê erda. Daz sint diê . die arrium minnont . unde sabellium³) unde donatum . unde appollinarem. Die sint erda . unde inimici CHRISTI (christis fiênda) minnont siè. Arriani unde sabelliani donatiste apollinaristæ heizzent sie nah in.

Reges tharsis et insulæ munera offerent . reges arabum et saba dona adducent. Chúninga fone tharsis unde insulæ pringent imo géba . chúninga fóne arabia fóne saba fuòrent imo géba zuò.

Et adorabunt eum omnes reges . omnes gentes seruient ei. Vnde bétont in alle chúninga . alle diête diènont imo.

Quia liberauit egenum . a potente . et pauperem cui non erat adiutor. Vuanda ér irlósta sînen dúrftigen . unde ármen liût der hêlfelos uuas . fóne demo geuuáltigen tiêuele . der fóne menniscon sundon geuualtig uuard . nals fone imo selbemo.

**) Parcet inopi et pauperi. Et libet imo . dîa sunda fergébendo.

Et animas pauperum saluas faciet. Vnde iro sêla gehaltet er. Er lêret siè rehto lében . so gehaltet er sie.

Ex usuris et iniquitate redimet animas eorum. Fone uuuòcherungo unde fone únrehte lóset er siè. Vbel uuuòcherunga ist des mánneslékken . so er corpus sláhet . daz er dannan selbo irslagen ist . in anima et in corpore (in selo ioh in lîchamen). Dánnan lóset er siè. So sámo tuòt er fóne únrehte . uuanda er bringet siè ze rehte.

Et honorabile nomen eorum coram ipso. Vnde ir námo ist èrhafte fóre

---

¹) chit. Sch.
²) (— richesenne —). Sch.

³) Sabellum. Sch.

*) S. CXLVI.   **) 253.

imo . daz siê christiani heizzent .
doh is iro fienda húhòhen.

Et uiuet et dabitur ei de auro
arabiæ. Vnde er lébet nals hiér
uuanda iz chit. TOLLETVR DE TERRA
VITA EIVS (sîn lébin uuirt fone erdo
genómen¹) nube in celo (in himele).
also iz chit. RESVRGENS A MORTVIS
IAM NON MORITVR (fóne tóde irstánde
ne irstirbit nieht mêr²). Vnde imo
chúmet cold fóne arabia. Vbe iz
énemo salomoni³) cham . mêr dise-
mo . démo uuáren . demo sapientia
fidei (uuîstuom geloûbo) . i. tria mu-
nera . dannan géopherot⁴) uuirt.

Et adorabunt de ipso semper .
Vnde bétont siê iêo . also siê fone
imo selbemo gelirneton. ADVENIAT
REGNVM TVVM (héra chome dîn riche).

Tota die benedicent ei . Alle zîte
lobont siê in.

Et erit firmamentum in terra a
summis montium . Vnde er uuirt fé-
stenunga in érdo . állero scripturarum
(scrifto) chómenero fone prophetis
(uuîsságon) . diê summa montium
(óbenahtiga bergo) heizzent . uuan-
da sie summi auctores (die óberosten
ortfrúmmin) sint sanctarum scriptu-
rarum (heîligero scrifto). Er cham
in erda . daz er siê irfólloti.

Super extolletur super lybanum
fructus eius . Sîn uuuòcher uuirt
irbúret úber lybanum (hômberg⁵).
V'ber prophetas die montes (perga)
heîzzent . unde uber lybanum (hôm-
berch) . *) daz chit uber iêgelichen
excellentissimum patriarcham (púr-
lichosten hóh⸗fater) alde prophetam
(uuîsságin) uuirt sîn fructus (uuuó-
cher) . i. caritas irbúret . Den pau-
lus zeigota do er chád. FRVCTVS AV-
TEM SPIRITVS EST CARITAS (des keîstis
uuuòcher sint minna) . Fone demo
er ouh chad. ADHVC SVPER EMINEN-
TEM VIAM VOBIS DEMONSTRO (iêo noh
sal ih iú zeigon den hoho irbúrten
uueg).

Et florebunt de ciuitate sicut fœ-
num terræ. Vnde dannan bluônt
sine heiligen fone dirro búrg chó-
mente ze éncro . also daz érdhéuue.
dànne iz dàr ùzze rediuiuos flores
(ánderest chómene bluômen) ke-
nuúnnet.

Sit nomen eius benedictum in se-
cula . Sîn námo ist gelóbot iêmer.

Ante solem permanet nomen eius.
Sol (sunna) bezeichenet temporalia
(zîtlichiù dinch⁶). Diù úber uué-
ret sîn námo.

Et benedicentur in ipso omnes
tribus terre. Vnde an imo uuerdent
keségenot alle chúmberra déro erdo.

---

¹) (— leben —). Sch.
²) (— irstirbet —). Sch.
³) eneimo Salomon. Sch.
⁴) geopheret. Sch.
⁵) (homberch). Sch.
⁶) (zeitlichiu dinch). Sch.

*) S. 254.

Sô uuard abrahe geheizzen. IN SE-
MINE TVO BENEDICENTVR OMNES GEN-
TES (in dînemo chúnne uuerdent ke-
ségenot alle diéte).

Omnes gentes magnificabunt eum.
Alle diête michellichônt in.

*) Benedictus dominus deus qui
facit mirabilia solus. E'r si gelô-
bot. der eino uuúnder tuôt. So
uuér siû tuôt an démo tuôt ér siû.

Et benedictum nomen gloriæ eius
in æternum. et replebitur maiestate
eius omnis terra. Vnde sîn guôlli-
cho námo si gelóbot iêmer. ioh êr
énde dero uuerlte. ioh nàh énde.
Vnde sínero mágenchréfte uuirdet
irfúllet alliu diû erda a flumine us-
que ad terminos orbis terrarum
(fone dero ábo unzint in ende des
erde-ringis).

Fiat. fiat. Nû hâbest dû iz kebó-
ten. nû fâre iz so. so fare iz.

PSALMUS LXXII.

DEFECERVNT VMNI DAVID FILII IESSE [1])
PSALMVS ASAPH.

Dauid filius iesse. uuórhta sang
unde lèrta die sacerdotes (êo-uuar-
tin) diû singen. also gescriben ist.
daz sie got mite lóbotin. Diû sún-
gen siê Góte umbe den dang déro

temporalium bonorum (zitlichon há-
bido). diû er in hábeta gegében in
figura æternorum (ze bilde éuuigero
genâdon. **) Vuanda siê áber æter-
na (éuuigiu dinch) ne minnoton.
unde sie oûh terrena (irdiskiû guót)
umbe iro sunda ferlúren. unde iro
regnum (erdriche) zegiêng pediû
zegiêngen oûh diu sang. Dannan
ist diser psalmus asaph. daz chit sy-
nagogæ (dero zuô-gedúnsenun).
dero uox (stimma) hiêr liûtet.

QVAM BONVS ISRAHEL. DEVS. Der
israhelis Got. uuiêo guot der ist.
Vuemo?

His qui recto sunt corde. Diên.
diê rêhte sint in iro hérzen. diên sîn
uuillo lichet.

Mei autem pene moti sunt pedes.
A'ber mîne fuôzze chîd asaph uuang-
ton nàh àba rêhtemo uuege.

Pene effusi sunt gressus mei.
Mîne génge sint nàh ze uuitsucîste
uuórden.

Quia zelaui super iniquos. Vuan-
da mir ándo ána uuas. umbe die
únrehten. unde ih in irbonda.

Pacem peccatorum uidens. Iro
frido unde iro gemáchen lib ana sé-
hende [2]). Daz ih siê peccatores
(súnthafte) uuissa. unde doh uuérlt
sálige.

Quia [3]) non est declinatio mortis

---

[1]) Diese worte hat Schilter als letzten vers des vorangehenden lobgesanges.

[2]) anasehendo. Sch.
[3]) Quoniam. Sch.

*) CXLVII.   **) S. 255.

eorum. Vuanda sié gáhes der tôd ne nicchet.

Et firmamentum in plaga eorum. Nòh uuírig ne ist íro chéstiga.

In labore hominum non sunt. In arbeite ne sint sie sáment ánderen ménniscon diè bézzeren sint.

Et cum hominibus non flagellabuntur. Vnde sáment in ne uuérdent sié gehárinscárot.

Ideo tenuit eos superbia. Bediû sint sie úbermuóte.

Operti sunt iniquitate et impietate sua. Fone diû uuúrden sié bedécchet¹) mit iro únrehte. unde mit iro guôtelosi. Sié ne uuolton mázigo úbel sin. sie soûfton sih mit állo in daz únreht.

Prodiit quasi ex adipe iniquitas eorum. I′ro únreht chám sámo uzzer spinde. nals ûzzer macie (mageri). Daz chît sie táten iz undurftes. nals fone durften. Vuanda doh sié beide Góte misselichen.*) die fóne nôte unde âna nôt missetuont. dâr ist doh âna filo gesceidenes. Der armo chît. Vuanda ih nieht ne hábeta bediû stal ih. der richo roûbot. unde ne uuile daz is sâr ièman getúrre geuuánen²). Vuannen tuônt sié daz?

Transierunt in dispositione cordis. Vuanda sié in íro herzen áhtungo úber stáfton. daz sie sih ahtont óbe ánderen. nals nében ánderen. Excesserunt metas humani generis. homines se pares cæteris non putant (sie ubir=stafton daz zil ménniscin chunnis doh sie menniscin sin. sie ne uuánint sih doh anderèn liûten gelih sint).

Cogitauerunt et locuti sunt nequitiam. A′rges tâhton sié. árch sprachen sié.

Iniquitatem in excelso locuti sunt. O′ffeno spráchen sié daz únreht. Sié ne uuolton sih is nièht hélen.

Posuerunt in cælo os suum et lingua eorum transiuit super terram. V′f hôho huóben sie íro múnt unde íro zúnga úber-fuôr dìe erda. Sie ne redeton nieht samo so sie lutei (búruuine) uuárin unde mortales (stirbîge).

Ideo reuertetur huc populus meus. et dies pleni inuenientur in eis. Bediû iruuíndet bára min liût chît asaph. ze Góte eruuíndet er. unde bedenchet dise. unde tuôt sin getráhtede úber sié ze uuiû in daz irgánge. daz sie uuerlt sâlig sint. Vuanne? Cum dies pleni inuenientur in eis.**) So an in irfóllot uuerdent³) diè tága. aduentus CHRISTI (christis chúmfte). So er chúmet. er lèret sie iz pedénchen. Er ságet

---

¹) bedechet. Sch.
²) geuuannen. Sch.
³) uuirdent. Sch.

(* S. 256.   **) CXLVIII.

in uuiêo diues purpuratus (der gepurperoto richo¹) uuard sepultus in inferno (pegrábin in hello).

Et dixerunt. quomodo scit deus? Vnde diê selben reuertentes (iruuíndente) cháden. èr siê begóndin reuerti (iruuindin). uuiêo uueiz Got danne humanas res (mennischun dinc). sîd iniqui (unrêhte) so sálig sint.

Et si est. daz chit et utrum est scientia in altissimo (ist sar doh ein geuuîzzeda an demo hohistin). Ist sar dehéin scientia (chumft²) án demo hóhesten? Vuiêo mag ih is truen?

Ecce ipsi peccatores et habundantes. in sæculo obtinuerunt diuitias. *) Sino. daz chit. nû sih. uuâr siê súndige sint. unde doh kenúhtige sint ioh uuérltrihtuòma hábent. Nièht ein genuóge. nube ioh mêr danne genuóge.

Et dixi. i. asaph. Ergo sine causa iustificaui cor meum. et laui inter innocentes manus meas. In gemeitun geréhtháftota ih min hérza. in gemeitun teuuuòg³) ih mîne hende. daz chit in gemeitun uóbta ih kuótiu⁴) uuérch sament diên unsúndigen sîd ih sùslih ne habo. Ih pin guóter arm. der úbelo ist riche.

Et fui flagellatus tota die. Vnde iê ána leid ih fillâ. Den unrehten ziéreth ér. mih rehten fillet er.

Et castigatio mea in matutino. Vnde iêo sâr fruò. daz chît spuótigo cham mîn hárinscára innin⁵) überlang. alde sâr niêmer.

Si dicebam narrabo sic. ecce nationem filiorum tuorum reprobaui. Vbe ih táhta⁶). sus ságo ih ánderen. sò ih iz irchúnnet hábo. deum non curare humana. iniquos maxime felices esse (Got ne ruóchin uuieo dero liúte dinch fáre. die unrehtin hartost salige sin) so hábo ih ferchóren diê gebúrt dínero chíndo. nationem justorum (dero rehton gesláhte) hábo ih dánne ferchóren. die so nièht ne lèrton. nube démo uuideruuartigo.

Et suscepi cognoscere. Vnde dò iruuánt ih des unde hinder stuônt ze erchennenne diê so getánun Gótes dispensationem (uuît-spendunga).

Hoc labor est ante me. Daz ist aber únsemfte ze tuònne. doh iz fóre Góte⁷) semfte si. fóre mînen oùgon ist iz árbéitsam.

---

1) (— gepurperoto —). Sch.
2) (chunst). Sch.
3) tuuog. Sch.
4) kuotin. Sch.

5) ninin. Sch.
6) tata. Sch.
7) Got. Sch.

---

*) S. 257.

Donec intrem in sanctuarium dei. Ieo unz ih kân¹) in daz Gótes hus. in dia togenun fernúmest déro scripturarum (scrifto).

Et intellegam in nouissimis eorum. Vnde ih dar fernéme hina fúre. unde ih denche an iro lézesten ding. unico diú irgángên.

Verumtamen propter dolos posuisti (s. dolos) eis. Aber doh umbe iro besuichen. rihtest dû in bisuuih. Des siê spulgent. daz begágenet in. Menniscen ilent siê triêgen²). betrogen uuerdent sie.*) daz sie uuánent terrena bona eligenda esse pro æternis (dero erdo guôt ze iruuéllinne sin fúre daz éuuiga³).

Deiecisti eos dum alleuarentur. Du uuúrfe sie nider innan diû. unz siê irháuen uuúrden. Selbiû iro héui. uuas iro iruélleda⁴).

Quo modo facti sunt in desolationem subito? Vuieo sint siê ieo nû so gáhes intsazte? unde ze ódi uuôrtene⁵)?

Defecerunt. sie sint zegángen. sámo sie niêo⁶) ne uuúrdin.

Perierunt propter iniquitatem suam. Vmbe iro unreht sint sie ferlóren. Vuieo?

Veluti somnium exurgentis. Also der troùm des ûf-stántem⁷). Demo daz troúmet. daz er seaz hábe. unde niêth⁸) ne hábet. sò er ûf-stât.

Domine in ciuitate tua imaginem ipsorum ad nihilum rediges. Trúhten dû uertilegotost iro bilde in dînero burg. uuanda siê niêht ne chóment ze himele. dàr siê dih keséhen. Hièr ne oùgton siê dîn bilde. dàr ne lázzest dû scînen iro bilde.

Quia delectatum est cor meum. et renes mei mutati sunt. Fóne in gesháh mir. daz mîn herza gelústig uuárd iro sálighéite. unde mine lancha sih uuéhseloton. náh in fóne luxu ad luxuriam. fone úber=fuôro ze huôrlúste.

Et ego ad nihilum redactus sum. Vnde bediû uuard ih sáment in. mînes sinnes. unde mînero fernúmeste⁹) ze niêhte bràht.

Et nesciui. unde ne uuissa ih selbo mîn úmuuizze.

Ut iumentum factus sum apud te. Demo fêhe uuard ih kelîh mit dir. uuánda sie só fore dînen oùgon sint diê terrena (erde guôt) minnont.

Et ego semper tecum. Vnde ih iêo dóh sáment dir. Ad deos alie-

---

¹) kam. Sch.
²) ze triegen. Sch.
³) (— iruuelline —). Sch.
⁴) iruuelleda [irfelleda]. Sch.
⁵) uuordene. Sch.

⁶) nieho. Sch.
⁷) ufstanten. Sch.
⁸) nicht. Sch.
⁹) fernumefte. Sch.

*) S. 258.

nos (ze fremiden Goten) ne fuòr ih. ad demones (ze dien tièfelin) ne hafta ih mih. daz ih iro dánches iéht keunúnne. Daz chit synagoga. quæ non seruiuit idolis (diu zuo=gezógena diù ábkotin ne diènota).

*) Tenuisti manum hoc est erexisti potestatem dexteræ meæ. Du hábetost úf den geuuált. minero zéseuuun. **) Terrena concupiscentia (dero erdo girida) uuas mir sinistra (uuinstra). quia ego semper tecum. Vuanda samit dir uuas ih ieo. Sámit dir uuas min dextera (zéseuua). Dannan fone dextera hábo ih potestatem inter filios dei fieri (keuualt under Gotes chinden uuerdin).

Et in uoluntate tua deduxisti me. Vnde in dinemo uuillen. dines tanches. nals fone minen frehten. leitost du mih. unde bráhtost mih inter filios dei (under Gotes chint).

Et in gloria suscepisti me. Vnde in guóllichi inphienge dù mih. Vueliù ist diù guóllichi? áne déro resurrectionis (urstende). diù únságelih ist.

Quid enim mihi est in cælo. et a te quid uolui super terram? Iâ uuáz ist. daz mir in himele ist kehálten uuer mag daz kesagen? Inmortales diuitias (untòdige richtuóma) hábest du mir dargehálten.

Vnde uuas uuolta ih umbe dih do geuuúnnen óbe erdo. Aurum. argentum. gemmas. familias? Daz hábent oúh peccatores.

Defecit cor meum. et caro mea. Min herza unde min fleisch ist zegángen. únrehtiù gireda des hérzen íoh des fleisces sint zegángen. Spiritalia (keìstlichiu) uuile ih nù. nals carnalia (fleiskiniu).

Deus cordis mei et pars mea deus in secula. Got mìnes herzen ist in himele. unde Got ist min teil iêmer. An imo hábo ih fuunden mine diuitias (rihtuòma).

Quia ecce qui elongant se a te peribunt. Vuanda dié sih ferro fóne dir tuónt diè uuérdent ferloren. ih kiéng ába uuége nals áber ferro. diè giéngen ferro. qui operti sunt iniquitate (diè bedecchit sint in unrehte¹).

Perdidisti omnes qui fornicantur abs te. Ferlóren hábest dù álle. diè sih din geloúbent. uuanda diè minnont iéht ánderes dánne dih. Minnont sie ouh dih umbe iéht ánderes daz ne ist nicth²) castus amor (reine minna) uuanda in énez liébera ist danne dù.

Mihi autem adherere deo bonum est. Mir ist áber guot ze Góte háften. daz eina uuil ih. Daz uuirt

---

¹) (— bedecchet —). Sch. | ²) nicht. Sch.

*) S. CXLIX.   **) S. 259.

danne . so ih in gesiého . facie ad faciem (fóne ansiúne ze ansiúne) .

*) Ponere in domino spem meam . Vnde ist mir guot . inindiú an in gedingen . uuanda ih iz noh ne habo in re (raccho) . daz ih iz hábe in spe (in gedíngi) .

Ut anuntiem omnes laudes eius in portis filiæ syon . Vnde guót ist mir daz ih inindiú chunde álliú siniu lob . Vuar? iu portis filiæ syon . Hiér in sancta æcclesia . diú dero êuuigun speculationis (uuárto) tohter ist .

PSALMVS LXXIII.

INTELLECTVS ASAPH.

Diser psalmus ist fernúmest [1]) dero synagogæ . Si fernímet unde bechénnet . daz iro gescéhen sol hína fúre . umbe den gerih daz si [2]) CHRISTVM sluóg . Daz chláget si . daz uueinot si . Daz uueinot oúh selber CHRISTVS . Also iz chît . VIDENS CIVITATEM FLEVIT (do er dia burg ana gesah do iruueinota er) .

UT QVID DEVS REPVLISTI IN FINEM? Ziú Got hábest dú úusih fúrenomes feruuórfen? Ziu sint dir diê nú leide . die dir ér uuaren liêbe?

Iratus est furor tuus super oues gregis tui? Ziu bist dú irbólgen dínero scáfherto? Ane daz uuir terrena (irdískiu [3]) mínnoton pastorem (hirte) ne bechnáton?

Memento congregationis tuæ quam possedisti ab initio . Er-húge dínero gesámenungo dia dú besázze fóne êrist . fone des si [4]) ána fiêng ze abraham .

Liberasti uirgam hereditatis tuæ . Dú irlóstost fone egypto dia gérta dines erbes . Vuir bín daz erbe . daz dú lóstost mit dero gérto in manu moysi (in moysenis hende) .

Montis syon in quo habitasti . Irhúge ierosolimæ dár dú bútost . dar syon ist . dar dú selbo corporaliter (lichamhafto) scíne .

Leua manum tuam in superbiam eorum . Héue dína hant an íro úbermuóti . Lob dir CHRISTE . daz iz sô genáren [5]) ist . romani reges sunt humiles . sunt christiani (romchuninga sint diêmuote sint —) .

In finem . Iêmer sín siê sô .

Quanta maligna operatus est inimicus in sanctis tuis . *) Vuélea [6]) úbeli der fient sceinda . *) an diên . diê iú ér [7]) heilig uuáren . In templo (in hus) . in sacerdotio (piscetuôme) .

---

[1]) fernumeſt. Sch.
[2]) sie. Sch.
[3]) (irdiſkin). Sch.
[4]) sie. Sch.

[5]) genuaren. Sch.
[6]) Uuela. Sch.
[7]) die iu [diu er]. Sch.

*) 260.   **) S. 261.

in sacramentis (in opher-uuiédon).
Fiént dô . fríont nû. Cultor idolorum (uôbâre abkotero) dô ¹) . christicola (christ=uôbo) nû.

Et gloriati sunt qui oderunt te.
Vnde uuieo sih kuóllichoton dîne fienda. Daz pegágenda mit rehte diên . diè sih kuóllichoton . CHRISTVM irslágen hában.

In medio solemnitatis tuæ. Ze ôstron in miten dágen déro azimorum (déro bíllon) . do oùh CHRISTVS irslágen uuárd.

Posuerunt signa sua signa. Sazton dara iro fánen . ze ámere iro fánen daz sie dâr uuárin in monumentum uictorie.

Et non cognouerunt. Vnde ne uuisson. Vuaz? Daz ist uindicta dei (kotis kerîh) uuas . nals iro gloria (guòllicheit).

*) Sicut in egressum desuper. Siê re dáhton samo so ánchómenez úrlub fone himele . nube an iro fortitudinem (chnéhtheit ²).

Quasi in silua lignorum securibus exciderunt ianuas eius in id ipsum . i. conspiranter et constanter. Sie hiûuuen ein=muòto diè túre mit áccheson . also man ze holz untúrlícho nider slâhet diè boûma.

In dolabro et fractorio deiecerunt ea. Mit partum unde mit sticchele bráchen siè sia.

Incenderunt igni sanctuarium tuum. Prandon din nuiehus. Nieht ein bráchen . nube ioh prandon.

In terra polluerunt tabernaculum nominis tui. Peuuúllen daz kezélt dînes námen . daz in erdo iû ein lúzzel uuas.

Dixerunt in corde suo . cognatio eorum inter se. Do châden iudei zórnlicho in iro herzen châd al diû slahta zein=ánderen.

Venite comprimamus omnes solemnitates domini a terra. Choment ze sámene . unde tilegeien alle Gotes túlte . fone erdo . sîd in únser tûr ne uuâre. Sus uuuòtige bechnâta siè asaph.

Signa nostra non uidimus . iam non est propheta . et nos non cognoscet amplius. Sus chédent sie nu in captiuitate (ellendi). Zeichen_ne sáhen uuir . sîd uuir captiui (ellende) uuurden . prophetam (uuissagin) ne hában uuir . **) iè noh ne irchénnet er unsih hiêr i-l éllende. Ziu ist daz? A'ne daz ir iûh selbe ne bechénnent . unde ir noh CHRISTI bitent . sámo so er ne chómen si . unde ir iûh an ímo eigent fertán . er chumet . er chúmet áber . ad iudicandum (ze ubeıteilenne) . nals ad liberandum (z ,ir losinne).

Usque quo deus exprobrabit ini-

---

¹) Fehlt bei Sch. von «friont nù» an.   ²) (chuentheit). Sch.

*) S. CL.   **) S. 262.

micus? Vuîeo lango chît asaph iteuuîzzot dir sús dîn ¹) sient iudeus?

Irritat aduersarius nomen tuum in sinem. Er grémet dînen namen. uuideruuártiger. unz hína ze énde. so helias unde enoch ²) chúmet? Vnz dára uuéret sîn contumatia (búchsnélli).

Vt quid auertis manum tuam. et dexteram tuam de medio sinu tuo in sinem? lâ chît asaph. Zíu uuéndest dû dâna dîna hánt. unde dîna zéscuuun ûzzer mittemo dînemo buôseme. so fúrenomes? Also moysi Got chad. stôz in dînen buôsem dîna hant. unde si îngestôzze. niû scône uuas. unde er aber chád. zie ûz dîna hánt. unde si ûz kezógeniû miselohtiû uuas. unde er aber chad. stôz sia in. unde si ingestôzzeniu ánderest scône uuard. also bist dû iudee. V̋zze âne Got. pist du únrèine. inne sáment îmo. bist dû rèine. Vuiê lango uuîle dû âne ín uuésen unrèine? Ne fuôr iz ouh sô umbe diê uirgam (stab) moysi. In manu eius (in sînero hende) uuas si directa (gereht). uzzer hende ferlâzzeniû uuard si tortuosa (site chrúmph). aber uuidere gezúhtiû uuérd si ánderest directa (creht). Nsolt dû daz pechénnen iudee. fore dir gescriben uuésen?

Deus autem rex noster ante sæcula operatus est salutem in medio terræ. A'ber Got unsir chúning uuúrhta ³) heili êr déro uuérlte in mittero erdo. in mitten gentibus. Fides unde baptismum uuas in benêimet ante sæcula. Nû sint siê bechéret zuô CHRISTO. zíu bist áber dû bechéret fone imo?

*) Tu confirmasti in uirtute tua mare. Dû Got keféstenôtost den rôten mére in dînero chréfte. daz erstuônt in mûro uuis. unz israhel dâr dúre fuôr. Dô fóre bildotost du dîsa toûfi ⁴) dero gentium (diêto). mit déro siê nu uuérdent irlôset a diabolo. so sie dô tâten a pharaone.

Contriuisti capita draconum in aqua. Sô tuôndo hábest du fermúlet superbias demonum (ubermuoti dero tiéfelo).

Tu confregisti caput draconis. Des méisten tiéfeles úbermuôti hábest dû gebróchen in dero toûfi.

Dedísti eum escam populis æthiopum. Du gábe în ze frézzene suarzen liûten. ûzzer diên nu uuórdene sint uuizze. Diê ézzent corpus domini (Gotes lichamen). uuieo diabolum (den tiéfel)? Also augustinus chît. CHRISTVM QVO SE CONSVMENT. DIABOLVM QVEM CONSVMANT. CHRISTVM ezzent siê. sih zégedúrnoh-

---

¹) sien. Sch.
) Elias unde Henoch. Sch.
³) uuurtha. Sch.
⁴) toufi. Sch.

*) S. 263.

tonne . diabolum frézzent sié . ze sînero dilegungo. In diên uuórten gâb iû moyses israhelitis ze trínchenne caput uituli (daz chalbis hoûbet) . ze êrest in fiûre gesmálztez dára náh gemálenez. Vuanda ueri israhelite (die uuârin Gotes ane‑sêhin¹) . diabolum smélzen suln unde múlen . unde fertíligon. Vuaz mág kelimflichor bezeichenen diabolum danne daz simulacrum (chalbis) . dár man in ána beteta? Fone diû uuard kesprochen ze petro . do ér inmunda ána sah. MACTA ET MANDVCA (slah unde iz) . Alde sus uuirt ez fernomen. DEDISTI EVM ESCAM POPVLIS ETHIOPVM. Du gâbe in gentibus (tiêtin) ze bézzerungo. Vuanda fone sinen persecutionibus (ahtungo) uuérdent sié martyres et perfecti (unde durenohte).

Tu disrupisti fontes et torrentes. Du zebrache in manige strángen . brunnen unde chlínga . daz sint prædicatores (prediare) . die temptatio (chórunga) besuôchet . uuéder sie sin . fontes (prunnen) alde torrentes (chlingen).

Tu siccasti fluuios etham . i. fortis. Du hábest ketrucchenet des tiéfeles áha . daz sint heretici (ir‑rare) . aruspices²) (áne‑betâre) . mathematici (calstrare).

*) Tuus est dies . et tua est nox. Dîn sint spiritales (keistliche) . dîn sint carnales (fleischliche³). Dû chánst sie bêide gehálten. Diê spiritalem intellectum (keistlicha fernúmest⁴) hábent . diê chúnnen Got fernémen . só sié gehórent IN PRINCIPIO ERAT VERBVM (in ánagenne uuas iêo Got). **) Die carnalem (fleisclicha⁵) hábent diê denchent an den sonum oris (lutun mundis) . daz iz uuort si.

Tu fecisti solem et lunam. Dú táte sapientem et insipientem (uuîsin unde únuuîsin). Bediû ne ist ne uuéderer iro desperandus (ze ferchúnnine). Also paulus chad. SAPIENTIBVS ET INSIPIENTIBVS DEBITOR SVM (frûoten unde unfrv́oten pin ih ébin sculdig).

Tu perfecisti omnes terminos terræ. Dú hábest kedúrnohtet álle marcha . déro erdo. Vuéliû ist diû erda? uuéliû ist diû marcha? Dár stat fóre. OPERATVS EST SALVTEM IN MEDIO TERRÆ (er uuorhta heili in mittemo lande) . unde daz ist in medio gentium (in mitten diêtin) . déro marcha sint apostoli. Sié ságent

---

¹) Schilter hat die anfangsklammer erst nach «uuârin».
²) auspices. Sch.
³) (fleiskliche). Sch.
⁴) (— fernumeft). Sch.
⁵) (fleisklicha). Sch.

*) S. 264.   **) S. CLI.

in . unz unára sie récchen suln .
unde uuar sie iruuinden suln . Also
daz ist . NON PLVS SAPERE QVAM
OPORTET SAPERE . SED [1]) SAPERE AD
SOBRIETATEM (nîeht ferror uuise sin
danne manne túge . sunder súberli-
cho uuise sin).

Estatem et uer . tu psalmasti ea .
Súmer unde lénzen . diu bedíû tâte
dû . Feruentes spiritum [2]) (die heiz-
muótigin ze guote) . sint súmer . no-
uelli in fide (niúchomin ze geloúbo [3])
sint lénzo . Diên allen ist ze râ!en-
ne . ne glorientur quasi non accepe-
runt (nie sie sih ne ruòmen samo sie
iz nîeht inphiêngin).

Tu fecisti ea . Memor esto huius
creaturæ tuæ . Dû daz alles hábest
ketân . erhúge dirro dinero gescéfte .
Iudaice plebis (folchis) erhúge . Sús
uuégot asaph mit intellectu (fernú-
meste [4]) . démo der noh ist sine in-
tellectu (âne fernúmest [5]) . Diser
asaph ist . fone démo iz chit . RELI-
QVLE SALVÆ ERVNT (diê aléiba uuér-
dent kehalten) . Fone disemo ist
petrus chómener . unde alle apostoli .
der . asaph iú êr uuas sine intellectu
(ane fernumist) . unde áber nû ist
mit intellectu (fernúmiste [6]) uuanda
er al nû sîehet irfóllot . daz er uuard
keuuízzegot.

Inimicus improperauit domino .
Vnholder liût iteuuízzota sinemo
hêrren . Vuíeo chad er . PECCATOR
EST ISTE . NON NOVIMVS VNDE SIT .
*) NOS MOYSEN NOVIMVS . ILLI LOCV-
TVS EST DEVS . ISTE SAMARITANVS
EST (dirro ist sundig man . uuir ne
uuizzin uuannan er sár ist uuir uuiz-
zen moysen uuola ímo sprah Got zuó
dirro ist unserro gellun burg slah-
to [7]).

Et populus insipiens exacerbauit
nomen tuum . Vnuuízziger liut crám-
da [8]) dinen námen . A'nderes uuíeo
ne cháden sîe . VENITE COMPRIMAMVS
OMNES DIES FESTOS DOMINI A TERRA
(chomint ze samine . tiligoen alles
Gotes tulte fone erdo).

Ne tradíderis bestiis animas con-
fitentes tibi . Tiêren ne gébest dû
diê dir iéhenten séla . Diabolo et
angelis eius ne gébest dû siê . Nube
áblaz kib in so [9]) siê chéden . QVID
FACIEMVS ERGO VIRI FRATRES . DICITE
NOBIS (uuaz tuoien uuir̄ is nu liêbin
bruódera uuisint unsih [10]) . ketuó

---

[1]) Fehlt bei Schilter.
[2]) spiritu. Sch.
[3]) (— gloubo —). Sch.
[4]) (fernumefte). Sch.
[5]) (fernumeft). Sch.
[6]) Fehlt bei Schilter von «ane» an,
und statt «fernumiste» liest er wieder
«fernumifte».
[7]) (— har ist — userro —). Sch.
[8]) cramta. Sch.
[9]) Fehlt bei Schilter von «die dir» an.
[10] (— brudera —). Sch.

*) S. 265.

sië danne salubriter (heilsamo) gehôren. AGITE PENITENTIAM ET BAPTIZETVR VNVSQVISQVE VESTRVM IN NOMINE DOMINI NOSTRI IESV CHRISTI. ET DIMITENTVR VOBIS PECCATA VESTRA (tuônt riúuua unde uuerde iéuuer iêgelih ketoûfet in námen unsiris hêrrin des keuuiëhten haltáris. sò uuerdent iù iúuuera sunda fergeben).

Animas pauperum tuorum ne obliuiscaris in finem. Dinero dûrftigon sêla ne êigist dû in àgézze in énde. so sië sih ármelîcho dir irgében. sô irhúge iro.

Respice in testamentum tuum. Vuarte [1]) an dina beneîmeda. irhúge uuaz dù úns penêimet êigist. nals terram chana.an (daz lant). nube regnum cælorum (himel=riche). Daz erbe ne lâz uns in_gân.

Quia repleti sunt qui obscurati sunt terræ domorum iniquitatum. i. iniquarum domorum. Vuanda die irfúllet sint déro erdo. die fóne iro irbléndet sint. Vuélero erdo? Déro únrehton hiúsero. Diê ze érdo uuartent. diên féret der stoùb in diù oùgen. unde blendet sië. Daz chit diê irdische gedáncha hábent die uuérdent dannan geirret iro sinnes. Vués sint dánne diê gedancha. âne unrehtero hiúsero? daz sint únrehtiù hérzen. Sône gescéhe dinemo testamento dinemo liùte. daz sië iro hérzen irdesche [2]) gedáncha so irblénden. núbe doh die reliquie (alêiba) gehalten uuérden.

Ne auertatur. i. non repellatur. humilis confusus. Din liùt die muôter unde sinero súndon scámeger. ne uuerde fone dir ferstôzzen.

*) Egenus et inops laudabunt nomen tuum. Dûrftiger unde armer lóbont dih. Déro solt dû ruôchen.

Exurge domine iudica causam meam. Truhten [3]) stánt ûf uuis min dingman. irteile ube ih reht hábe. daz ih daz keloubo daz ih ne sieho. Vuis diên uuídere. die mir zuô chédent. VBI EST DEVS TVVS (uuar ist nú din Got). sámo sô dû fóne diù ne sist. uuanda du corporeis oculis (lichamhaften ougon) úngesihtig pist.

Memor esto in properiorum tuorum eorum quæ ab insipiente sunt tota die. Irhúge dinero iteuuizzo. déro. die fone únuuizzegemo chóment. in allen zîten. Die iudicium ne geloúbent unde resurrectionem. unde sie chédent. NOS NON COGNOSCET AMPLIVS (er ne bechnâit unsih fúrder_mêr).

Ne obliuiscaris uoces deprecantium te. Ne irgíz déro uuorto diê

---

[1]) Uuarde. Sch.
[2]) irdische. Sch.
[3]) Truhtin. Sch.

*) S. 266.

dih flêhont . uuanda sie dînen geheizzen gelòubent.

Superbia eorum qui te oderunt ascendat semper. Oûh chóme fúre dih iro úbermuoti . diê dih házzent.

---

*) PSALMUS LXXIV.

IN FINEM NE CORRVMPAS [1]).

Diser titulus chît ze CHRISTO. Ne intuuére daz dû gehiêzzist . kib iz uns in ende . gib uns uitam æternam (lib êuuigin).

CONFITEBIMVR TIBI DEVS . CONFITEBIMVR tibi . et inuocabimus nomen tuum. Vuir iéhen dir got . dir iéhen uuir . unde ánaháreen dînen námen. Vuanda ér ist confiteri (pigiêhin) . unde dára náh inuocare (ána ruòfin) . so getuò ûnseriû templa (husir) fone confessione munda (pìgihte reiniû) . daz siê fóne dir inuocato (ana gehâretemo) uuerden múgin uisitata (geuuìsot).

Narrabo mirabilia tua. Fone confessione exinanitus malis (fone bigihte itál uuordin úbilis) . fone inuocatione repletus bonis (ána ruófte sát uuórden kuótis) . peginno ih narrando eructuare [2]) ea quibus me re-

plesti (kenáda zéllindo diû róffízzin dero du mih satttost [3]).

Cum accepero tempus ego iustitias iudicabo. So is zit uuirt . unde dies iudicii (sùnno ták) chúmet . so irteîlo ih reht. Daz chît totus (aller) CHRISTVS . **) caput et corpus (houbit unde lichamo) . uuanda er einer ne irteîlet . nûbe sancti (diê heîligin) sament imo.

Defluxit terra. Nider flóz diû erda ménniscen zúgen sih níder . des níderen géreton siê . án diû missætûont siê álle . sò man siê heîzzet kéron des óberen . daz sie géront des níderen.

Et omnes habitantes in ea. Vnde álle dar ana sizzente . Daz ist expositio (réccheda) des éreren . An diên ist si nider geflózzen . diê dàr ána búent. Vuáz sint siê . áne erda?

Ego confirmaui columnas eius. Fone diû geféstenota ih iro siûle . Columnæ fidelium (dero geloùbigon sûle) sint apostoli . ioh die uuánchoton in passione (in christis mártiro) . sie uuúrden aber gestâtet in resurrectione (in christis urstende). Dára náh lérton siê ándere . non defluere (nieht nidiruilezzin [4]).

Dixi iniquis . nolite inique agere . Ih chád ze diên únrehten ne fàrent [5])

---

[1]) «Ne corrumpas» ist bei Schilter der erste vers.

[2]) eructare. Sch.

[3]) (— sattost). Sch.

[4]) (nieht nidiruliezzin). Sch.

[5]) fahrent. Sch.

*) S. CLII.   **) S. 267.

unrehto. Fermíten sie iz dar umbe? Néin ze sére. Dánnan uuúrden siê mortales. et miseri (tôdig ioh uuênig).

Et delinquentibus nolite exaltare cornu. Vnde ze missetâtigen chad ih. ne héuen iûuuer hórn. Vbe ir súndig sint per cupiditatem (durh ubila glust[1]). des ne ferságent iûh per elationem (durh hôh=muôti). Dér is ne uêhet. der ist péidiû ioh iniquus (unreht). ioh exaltans cornu (hóinde daz hórn).

Nolite ergo efferri. ne loquamini aduersus deum iniquitatem. Ne uuésent hôhfertig. ne chôsont únrehto uuider Góte. So der tuôt. der dir chit. Vuaz uuízzet mir Got. mér dánne ánderen? Souuiêo ih reht ne sì. ándere sint únrehteren danne ih sì. diên ist uuóla. mir ist uuê. So chôsondo. scúldigot er Got. unde âhtot sih rêhteren. uuanda ímo síniu iudicia (urteile) míssellchent.

Quia neque ab oriente neque ab occidente neque a desertis montibus. Pórge dir. uuanda der úber=ál ist. des urteilda ne infliêhest dû fóne óstene ze uuéstene. noh fone uuéstene ze óstene. noh fone deheinen uuuôsten bergen. únder mitte liûte. so uuâr sô dû bist. *) dâr ist ér. Suaz dû chôsost. daz kehóret er. Ziú daz?

Quoniam deus iudex est. Vuanda Got selbo ist irtèilare. nals ménnisco. Vuâre iz mánnisco. der ne horti úber=al. so Got tuôt.

Hunc humiliat et hunc exaltat. Iudaicum populum superbum (liût hôhfertigin[2]) níderet er. gentilem humilem (den diêt=liût tiêmuôtin) hôhet er.

Quia calix in manu domini. Vuanda in Gótes kenualte ist lex data (éha gegébin) iudeis. diû uetus testamentum (alt penêimida[3]) heizet. Si ist der calix (stoûf chélih). Vuéolicher?

Calix uini meri. Chélih lûtteres uuînes.

Plenus mixto. Doh fóller miscelátun[4]. fóller truôsenon. Also in_môste. diû bediû ze sámine gemiscelot sint. Vuanda dâr lág in fece corporalium sacramentorum (undir diên truôsinon lîchamháftpo uuiêdon[5]) gebórgen nouum testamentum (niuuue benêimeda). Dâr circumcisio

---

[1]) (— gelust). Sch.
[2]) (— hoh fertigen). Sch.
[3]) (alt peneumida). Sch.
[4]) miscellatun. Sch.

[5]) Das «p» in «lichamháftpo» ist vielleicht nur ein getilgtes «o». Schilter liest «lichamhaftro». Derselbe hat ausserdem das beiwort dem nennworte nachgestellt, auch im latein.

*) S. 268.

carnis (umbesnída fleiskis) . daz uns ist circumcisio cordis (umbe-snída hérzin) . Dàr templum (hûs) . daz uns sancta ecclesia (héilich chilcha) . Dàr terra promissionis (lant keheizzis) . daz uns ist regnum cælorum (himil-riche) . Dàr mánegiu sacrificia (opher) . diu ein sacrificium (opher) pezêichenent . daz in cruce CHRISTI (an christis cruce) bráht uuard .

Et inclinauit ex hoc in hunc. Vnde do scángta er úzzer énemo calice ueteris testamenti (chéliche dero altun êo¹) in disen calicem noui testamenti (chélih dero niuuun êo) . Luteren²) uuin . spiritalem intellectum (kèistlicha fernúmist³) .

Verumtamen fex eius non est exinanita. A'ber doh ne uuard diû truôsana irscássen . si uuard dàr zeleibo . uuanda carnalis intellectus (fléisklih fernúmist⁴) ist mit iudeis .

Bibent omnes peccatores terræ. Déro trinchent iudei sament allen súndigen . Vuanda carnalis intellectus (fleisklich fernúmist⁵) lichet in .

Ego autem in seculum gaudebo. A'ber ih méndo in éuua . CHRISTVS cum corpore (mit ecclesia) . Vuanda iz chît in titulo . IN FINEM NE CORRVMPAS.

Et omnia cornua peccatorum confringam . Dignitates superborum intsezzo ih .

Et exaltabuntur cornua iusti. Munera (keba) CHRISTI . daz sint cornua iusti (hórin des rehtes) . diû uuérdent in fine irhôhet .

---

*) PSALMUS LXXV.

PSALMVS ASAPH . CANTICVM AD ASSIRIOS . I. AD DIRIGENTES.

**) :ouuélee⁶) iro pedes (fuôzze) uuéllen dirigere insemitas rectas (rihtin in rehta stiga) . diê gruôzzet asaph .

NOTVS IN IVDEA DEVS. Echert in iudea ist Got chunt . Vuis in confessione (in bigihte⁷) . sô chundost dû dih ze Góte . Die ne iáhen an in . diê dir cháden . NON HABEMVS REGEM NISI CESAREM (uuir ne hábin andrin chuninch ne uuán den rômchèiser⁸) .

In israel magnum nomen eius. In israhel ist chunt sin mahtig námo. Diê an CHRISTO Got pechénnent . also gentes (diête) tuônt . diê sint isra-

---

¹) (— altin —). Sch.
²) Lutteren. Sch.
³) (— fernumift). Sch.
⁴) (fleisklich fernumift). Sch.
⁵) (— fernumift). Sch.
⁶) Ouuélee. Sch.
⁷) (in pigihte). Sch.
⁸) (— Chuning —). Sch.

*) S. CLIII.   **) S. 269.

helite . diê sint uidentes deum (Got ánasehente) . diên ist chunt sin námo . Diê in échert hominem bechénnent . also iudei . diê ne sint israhelite . Diên ne ist chunt . sîn édele námo . daz er Gót héizzet.

Et factus est in pace locus eius . et habitatio eius in syon. Vnde in fride ist sîn stát . an diên ist sî . die daz uuéllen . daz er uuîle . Vnder einmuótigen ist iêo fride . Vnde sin gebúeda ist in speculatione . In êuuighêite dàr man in ána siêhet facie ad faciem (fóne ánasiune ze ána⸗siùne) . dar búet er an in . dar ist frído .

Ibi confregit fortitudines arcuum . et scutum . et gladium . et bellum. Dàr hábet er gebróchòt stárche bógen . unde scilt . unde suert . unde selben den uuîg . uuanda dàr æterna pax ist (êuuig frído ist) . Hiêr ist uuig¹) uuider dir . der uuig ist in dir . sament dir selbemo ringest dû . uuánda uuider góte rûnge dû . Noh danne . daz du is úber⸗uuínt ketuóest . folge Paulo . Vuieo chit er? NON ERGO REGNET PECCATVM IN VESTRO MORTALI CORPORE . AD OBOEDIENDVM DESIDERIIS EIVS (sunda ne geriche nieht in iûuuermo tódigin lichamen .

ze geuuíchenne sînen gelústen) . Vbe dû imo fólgest . so chúmest du fóne disemo únfride ze êuuigemo fride .

Illuminans tu mirabiliter a montibus æternis . Dû bist uuúnderlícho irscínende²) . fóne diên êuuigen bérgen . déro hôhi niêmer ne zegát. Fone apostolis . hábest dû állero uuérlte liêht kegében .

*) Turbati sunt omnes insipientes corde . Also éine fóne in uuúrden illuminati (intliûhte³) . so uuúrden andere turbati (getruóbte) . Vuelee? A'lle únuuizzige .

Dormierunt somnum suum . et nihil inuenerunt omnes uiri diuitiarum in manibus suis . I'ro slâf sliefen diê richen . unde so siê iruuácheton . in‿handen nièht ne hábeton. Diê ferslàfent íro lîb . diên hiêr richtuóma chómente⁴) sint . unde iro lússami an diên ist . unde den ánderen lîb ne minnont . noh hinnan dára ne frúment . daz sie dâr finden . Hiêr sliéffen siê . dâr uuerdent sie iruuéchet . Hiêr hábeton sie . dar nièht .

Ab increpatione tua deus iacob dormitauuerunt . qui ascenderunt equos . Fone dinero irrásfungo Got iacobis . intsliéffen . diê ùffen ros

---

¹) Fehlt bei Schilter von obigem «uuig» an.
²) irsceinende. Sch.
³) (intliuhte). Sch.
⁴) chomende. Sch.

---

*) S. 270.

sàzzen. Dannan siê iruuáchen sólton dannan intsliêſſen siê. Vuélee? Die íro úbermuôti fuôret.

Tu terribilis es . et qui resistet tibi tunc ab ira tua. Du bist égebare. unde uuér uuider stat dir danne . sô dies iudicii (der suôno tach) chúmet? Vuér indrínnet¹) dânne fone dínero abolgi?

De cælo iaculatus es iudicium . terra timuit et quieuit. Du scúzze fone himele daz iudicium (urtêil). ITE IN IGNEM ETERNVM (fârint in éuuig fiûr) . dánnán irchâm der súndigo unde gebirmeda imo . der ér gebírmen neuuólta. Dár hábet er ende getân déro súndon.

Cum exurgeret in iudicio deus . ut saluos faceret omnes mites terræ. Do uuas iz . in iudicio (in urtêile) uuas iz . do er oúh ûf stuônt . daz er gehiêlte alle diê mámmenden fone diên²) er chad. BEATI MITES (sálig sint miteuuâre). Dár er diê êinen ferliùset . dár háltet er diê ándere.

Quoniam cogitatio hominis conſitebitur tibi . et reliquiæ cogitationis diem festum agent tibi. Vuánda ménnischen gedanch iiêhet³) dir ze êrist. V́nde diê alêiba des kedanches machont dir dúlte. Confessio (pigiht) lichet Góte ze êrist . recordatio præteritorum criminum (diù irhiúgeda ketánero sculdo) . *) tuôt imo festa (dúlte) . fone diù chad dauid. ET DELICTVM MEVM CORAM ME EST SEMPER (unde min missetât ist íeo fóre mir).

Vouete et reddite domino deo nostro. Intheízzent Gote . unde uuêrent iûuêre⁴) intheízze. Pézzera ist non uouere (nieht intbeízzin). danne uouere et non reddere (intheízzin unde nieht léistin).

Omnes qui in circuitu eius sunt offerunt munera terribili. Alle diê úmbe in sint . diê bringent kéba démo egelichen. CHRISTVS ist allen communis (gimêine) unde bediù medius (mitter) . die in mínnont . diê sint umbe in . Alde dára ze démo altare . dár sin corpus uuirt consecratum . ópheront alle diê umbe stânt.

Et ei qui aufert spiritum principum. Vnde démo ópheront siê . der superbum spiritum (hoh=muótigin sin) déro principum (fúrston) dána nimet unde humilem spiritum (diêmuôten sin) gibet.

Terribili apud reges terræ. Prútelichemo sáment diên ribtâren déro erdo. Castiga corpus tuum et in seruitutem redige (chéle dinen lichamen unde bring in inde scálch-

---

¹) intrinnet. Sch.
²) den. Sch.
³) uehet. Sch.
⁴) iuuuera. Sch.

*) S. 271.

hêit[1] . sô tuôndo bist dû rex (chúninch) unde ist er dir terribilis (prúttelich[2]).

---

*) PSALMUS LXXVI.

IN FINEM PRO IDITHVN . PSALMVS IPSI ASAPH . IDITHVN TRANSILIENS . ASAPH CONGREGATIO.

Vuaz ist daz? Ane congregatio transiliens (diû úber springinda gesámenunga) sprichet hiêr . diû ad finem (an diz ende) chómen uuîle . da furder niêht transiliendum ne si (ze uber springinne ist).

VOCE MEA AD DEVM CLAMAVI . ET VOX MEA ad deum s. peruenit . et intendit mihi . Mit mînero stimmo hárata ih ze trúhtene . unde ze Góte fólle cham si . unde uu. ára téta er min . Vuanda si in selben ze mir ládeta . nôh ze ánderiu ne rámeta bediû fernam er sîa.

In die tribulationis meæ deum exquisiui . An démo táge minero arbeite . suôhta ih Got . nals umbe ánder uuanda ih transiliens pin (uberspringente). A͞ne umbe in selben . daz ih securus (síchûre) muge imo adherere (zuô háften). Vuer ist der dies tribulationis (tagh arbeito)?

**) A͞ne áller diser lib . fone démo gescriben ist. TEMPTATIO EST VITA HOMINIS SVPER TERRAM (ursuòh ist dis ménniscin lib obe erdo). Ist er temptatio (ursuóch[3]) . so ist er tribulatio (árbeit).

Manibus meis . i. operibus meis (mit minen handin . daz chit mit minen uuérchin[4]). Mit minen hándin . daz chit mit minen uuérchin.

Nocte . Nahtis . In hoc seculo (daz chit hiêr in uuerlte).

Coram ipso . non coram hominibus (fore imo selben . nals fóre ménniscon).

Et non sum deceptus . Vnde dar ána ne bin ih petrogen . Vuanda min lon geuuisser ist . unde mir chúmet . daz mir gehêizzen ist.

Negaui consolari animam meam . Ih ne uuólta trósten mina sêla . So leid ist mir diser lib . so irdriúzzet mih sin . sólih élelende[5]) ist er . daz ih dâr inne humanæ consolationis (ménniscin tróstis) ne ruocho.

Memor fui dei et delectatus sum . Gótes irhúgeta ih . daz uuas mir lússam . daz téta mir fréuui.

Garriui . Déro fréuui . spileuuórtota ih . fore mendi ne mahta ih gedágen . Alde iz chit exercitatus sum (ih uuart mite irmúndrit[6]). Déro

---

[1] (—bringen in de scalcheit). Sch.
[2] (prutelich). Sch.
[3] (ursuoh). Sch.
[4] Das eingeschaltete hat Sch. nicht.
[5] elende. Sch.
[6] (— uuare —). Sch.

*) S. CLIV.   **) 272.

lussami niètota ih mih . ferro dar ána dénchendo .

Et defecit spiritus meus . Vnde an démo dénchenne irlág ih . Si ziehet bóhor danne mîn sin . Mán. ne mag uuizzen sîna lussami.

Anticipauerunt uigilias omnes inimici mei . Vuáccherôren¹) uuáren álle mîne fíenda . aerie potestates ad decipiendum (lúftige máhtinga ze besuíchinne) . danne ih máhti sin ad custodiendum (mih ze behuótenne) .

Turbatus sum . Truôbe muôt quán²) ih fóne déro fáro mînero garrulitatis (spile=uuórto) .

Et non sum locutus . Vnde gesuígeta . Alde iz chit . ANTICIPAVERVNT VIGILIAS OCVLI MEI . TVRBATVS SVM ET NON SVM LOCVTVS . Nahtes cruuácheta ih fruô . unde uuas suigendo leideg mînero sundon . Diê uuáchun heîzzen uuir nu nocturnas (nohturnà) . dár umbe tuôen uuir antelucanos conuentus (fore=tágige sámet=chúmfte) .

Cogitaui dies antiquos . A'n déro stilli dáhta ih an diê alten dága . die nu irgángen sint . an dien humanum genus (álman=chunne) unirdrózzeno súndota . Dannan uuard ih turbatus (truôbmuôtig) .

*) Et annos æternos in mente habui . Vnde ze tróste nam ih in muôt diû êuuigen iâr . fone diên gescríben ist . ET ANNI TVI NON DEFICIENT (unde dînîu iâr uuérent iéo mêr) . Diê gedáncha sazta ih uuider énen diê mih leidegoton .

Et meditatus sum nocte cum corde meo . Vnde so dáhta ih nahtes in mînemo herzen .

Garriui . Muôt spileta dár in demo herzen . déro uuorto . gedágendo . uuanda mir diû garrulitas unfrêisigora uuas .

Et scrutabar spiritum meum . Vnde scródota ih mîn muôt . chósota mit mir selbemo . Et dixi . Vnde dáhta ih sus .

Nunquid in æternum proiciet deus ? Feruuirfet Got ze getáte genus humanum (man=chúnne) ?

Et non apponet ut beneplacitum sit ei adhuc . Vnde ne getuôt er noh mit sînero passione (martro³) . daz iz imo sî liébsam ?

Aut in finem misericordiam abscidet⁴) a seculo . et generatione . Alde nimet er gáreuuo dana sîna gnáda fóne déro uuérlte . unde fóne ménniscon geburte .

**) Aut obliuiscetur misereri deus ? Alde irgízet⁵) er ze sceinenne diá

---

¹) Uuacheroren. Sch.
²) quam. Sch.
³) (martiro). Sch.

⁴) abscindet. Sch.
⁵) irigzet. Sch.

*) S. 273.   **) CLV.

gnâda sînero incarnationis (man-
uuérdini¹) . die er geheizzen hábet?

Aut continebit in ira sua miseri-
cordiam suam? Alde benimet imo
zorn sina gnada?

Et dixi. Vnde transiliendo (uber-
sprángondo) dâhta ih sús.

Nunc cepi. Er²) ne uuás iz . nû
ist iz . Transiliendo (muot-sprangon-
do) begonda ih fernémen diú ding.

Hæc est inmutatio dexteræ excel-
si . Ih fernimo uuola uues disiu
uuéhselunga ist . déro ih frô bin.
CHRISTVS ist dextera excelsi (zeseuua
des hôhin) . der hábet genus huma-
num (man-chúnne) geuuéhselot .
de tenebris in lucem . de seruitute
in libertatem filiorum dei (fone fin-
stri ze liéhte fone scalcheit in diè
frihalsi Gotes chindo) . der hábet
mih selben uzzer mir selbemo bráht.
Ih hábo mih nû ferrécchet an in .
frêisa uuáre mir úbe ih fóllestuónde
an mir.

Memor fui operum domini quia
memor ero ab initio mirabilium tuo-
rum . et meditabor in omnibus ope-
ribus tuis . Dâr ána scînet daz ih
kehúhtig nuas . *) Gótes uuércho.
daz ih fone érest dînero uuúndero
gehúgo . unde in allen dînen uuer-
chen gedanchhaftê bin . Dû tâte
ménniscen ad imaginem tuam (ze
dînemo bilde) . du inphiênge mu-
nera abel (abélis ópher) . dû ge-
hiélte unsih in arca . dû eiscótost
isaágin ze óphere in typo (in fóre-
zéichin) CHRISTI . daz állez tuôt mih
hógezzin .

Et in affectionibus tuis garriam.
Vnde in dînen minnesaminon man-
delchóson ih . Sîd der gárrulus ist .
der gesuigen ne mag . binnan hábo
ouh ih . daz ih kesuigen ne mag.

Deus in sancto uia tua . Got . in
CHRISTO ist dîn uuég . Er chad.
EGO SVM VIA (ih pin uuég).

Quis deus magnus sicut deus no-
ster. Vuer ist sô mahtig Got . so
unser Got?

Tu es deus qui facis mirabilia so-
lus . Dû bist Got³) . dû éino unún-
der tuôst . unde mit diú scêinest.
daz ánderer ne ist.

Notam fecisti in populis uirtutem
tuam . CHRISTVM der dîn uirtus ist .
hábest dû gentibus (diètin) chunt
ketán.

Redemisti in brachio tuo populum
tuum . An imo habest dû irlôset
dînen liût . Er ist dîn uirtus (chraft).
er ist dîn brachium (árim).

Filios israhel et ioseph . Hábest,
péide irlôset . ioh filios israhelis
(israhelis chint) . ioh populum gen-
tium (den liût dero diéto) . der démo

---

¹) (manuuerdeni). Sch.
²) El. Sch.
³) Fehlt bei Schilter von «Tu es» an.

*) S. 274.

uuâren ioseph (zésiuuun súne) háftet . dén êner bezèichenda.

Viderunt te aquæ deus . uiderunt te aquæ. Liûte gesâhen dih . dih kesahen liûte. Daz uuas fóne diû . quia notam fecisti in populis uirtutem tuam (uuanda chunt ketâte undir liûten dîna chraft¹).

Et timuerunt. Vnde forhton dih . daz uuas mutatio dextere excelsi (der uuehsil des hôen Gotes zéseuuun²).

Et turbatæ sunt abyssi. Vnde uuazzer tiéfina uuúrden getruóbot . daz sint hominum conscientie (ménniscon in-uuizzeda). Vuaz mag tiéfera sin?

Multitudo sonitus aquarum. Vuard michel doz³) déro uuazzero . in ymnis et canticis et orationibus (lóbin unde in sancléichen unde in gebétin⁴). Vuannan uuaz daz?

Vocem dederunt nubes. Diû uuolchen lùtton . apostoli brédigoton.

Et enim sagittæ tuæ pertransierunt. Diniu uuort turhkièngen déro ménniscon herzen.

*) Vox tonitrui tui in rota. In orbe terrarum (in uuerlt rinch) scullen diniu égelichen uuerch.

Illuxerunt coruscationes tuæ orbi terræ. Diniu miracula (uuúndir) irschinen allero uuerlte. Vuanda siè fuóren in circuitu . tonando et coruscando (al umbe diè uuerlt . tónerondo unde bléechesindo).

Commota est et contremuit terra. Dannan uuard iruuéget unde irbibeta diû erda. Ménnischen irchâmen sih uf⁵).

In mari uie tue. In gentibus (undir diétin) uuurden dîne uuéga . ze in châme dû dô.

Et semite tue in aquis multis. In multis populis (undir mánigen liûten) uuâren dine ferte.

Et uestigia tua non cognoscentur. Vnde fone iudeis ne uuúrden bechennet dine férte. Sie chédent iè noh. Non dvm venit christvs (noh ne cham ièo christ niéht).

Deduxisti sicut oues populum tuum . in manu moysi et aaron. Den sélben dînen liût leitost dû doh also scâf ûzzer egypto in moysenis unde in aaronis handen. Nu hâbent siè dir úbelo gedanchot . daz siè eine under allen . dih ne uuellen bechénnen.

---

¹) (— liutin —). Sch.
²) (— uuehsel —). Sch.
³) daz. Sch.
⁴) (in lobin — kebetin). Sch.
⁵) Man kann auch «us» und «ir» lesen. Sch. «uf».

*) S. 275.

PSALMUS LXXVII.

INTELLECTVS ASAPH.

Vuaz chundet uns asaph? A´ne daz uuir ein gehóren . unde ander fernémen. Gehóren . uuièo der alto liùt ingratus (undanch=fellich) uuas beneficiis dei (Gótes liébtâten) unde fernémen . daz uuir sò sámo ne suln sîn.

ATTENDITE POPVLVS MEVS LEGEM MEAM. Mîne liute fernément mîna êa.

Inclinate aurem uestram in uerba oris mei . *) Héldent iùuuer¹) ora . ze diên uuorten mînes mundes.

Aperiam in parabolis os . meum . loquar propositiones ab initio. Ih induòn mînen munt an uuidermezzungon . toùgeniu²) gechóse spricho ih . fone demo ánagenne iùuuerro ferte fone egypto. Vuir gehóren tágeliches parabolas (uuider=mezza) in sancto euangelio. Also CHRISTVS sih selben uuidermezzot grano frumenti (demo chernin des chórin uuuòcheres). **) Dar gehóren uuir oùh propositiones (irratini) . Also daz ist. QVID VOBIS VIDETVR DE CHRISTO . CVIVS FILIVS EST (uuas tûnchet iù umbe christ . uues sun uuànint ir ist er). Vuaz châden dò iudei? DAVID (er ist dauidis sun). Vnde uuas aber er? Vuieo mag CHRISTVS peidiu sin? ioh filius dauid (dauidis sun) sò ir chédent . ioh dominus dauid (dauidis herro) . so er imo selbo chad . do er sus fóne imo sprah³).

DIXIT DOMINVS . S. PATER . DOMINO MEO . S. FILIO SVO CHRISTO SEDE A DEXTERIS MEIS (sprah min herro fater mînemo hèrrin christo sînemo sune zuo sizze ze zeseuuun mîn). Tougeno lérta diù propositio (râtisca) sie fernemen . CHRISTVM in tempore filium dauid . in æternitate filium dei (zitlicho dauidis . sun sin èuuelicho Gotes sun sin⁴). Parabolæ (uuider=mezza) unde propositiones (râtisca) sint diè figuræ (uuah pilde) . fone diên Paulus chad. HÆC OMNIA IN FIGVRA CONTINGEBANT ILLIS (dísiù álliù gescâhen iudon in uuâhpilden).

Quanta audiuimus et cognouimus ea . et patres nostri narrauerunt nobis. Diz ist uox hominis (menniscin stimma) . uox asaph . daz fóre uuas iz uox dei (Gotes stimma). Vuièo máhtigiù ding uuir fernómen hában . diù er téta in ueteri testamento (in dero altun binemeda⁵) . unde nù hában uuir siu bechennet in nouo (an dero niùuuun) . unde únsere forderen . moyses et prophetæ (unde uuîs=sagin) zalton siù uns.

---

¹) iùuuera. Sch.
²) toucheniu. Sch.
³) sprach. Sch.

⁴) (zeitlicho —). Sch.
⁵) (— bineumeda). Sch.

---

*) S. CLVI.   **) S. 276.

Non sunt occultata a filiis eorum. in generatione altera. Siù sint únferborgen fóre íro chínden. in anderro gebúrte. Vuir bin diù ándera geburt. diù ándera generatio (gebúrt). déro nu chomen ist regeneratio (uuídirburt i. toúfi).

Narrantes laudes domini. et uirtutes eius. et mirabilia eius quæ fecit. Dâr stât fóre. patres NOSTRI NARRAVERVNT NOBIS. Démo in chít. NARRANTES LAVDES DOMINI. Vns ságente sin lob. unde sina chráft. unde siniu uuúnder. diu er téta.

Et suscitauit testimonium in iacob et legem posuit in israhel. Vnde er chihta urchúnde in iacob. Vuaz ist daz? A͞ne dáz dára náh stât. unde ea sazta ér in israhel. Selbiu diù ea uuas daz úrchúnde. daz man gelouben solta. uuanda Got fant sia. unde er iáh íro.

Quanta mandauit patribus nostris. Vuico mánegiu¹) præcepta (gebot) er beuálh únseren fórderen. Vuára zuo?

*) Nota facere ea filiis suis. Chunt siu ze tuónne iro chinden. Ziu dién?

Vt cognoscat generatio altera. Daz diù ánderiu sláhta²) diu bechenne. diû sie ne bechandon. Vuéliu ist diù slahta?

Filii qui nascentur. Gentes die in nouo testamento gebóren uuérdent.

Et exurgent. Vnde mit CHRISTO irstánt.

Et narrabunt filiis suis. Vnde diê zélent siù íro chinden. In uuélen uuórten?

Vt ponant in deo spem suam. Daz diù íro chint an Got sézzen iro gedingi. nals an iro selbero rehte. so éne tátin.

Et non obliuiscantur operum dei. Vnde sie Gotes uuércho ne ergezzen. uuanda er der uuurcho ist bonorum operum (kuótero uuercho). nals méunisco.

Et mandata eius exquirant. Vnde siê fórdereien³) siniu gebót ze irfóllone. mit sinero hélfo.

Ne fiant sicut patres eorum. generatio praua et amaricans. Daz sié ne uuérden auuékkiù sláhta. unde bítteren gesmágmen hábentiù. náh íro fórderon. die in deserto (in éi note) irstúrben.

Generatio quæ non direxit cor suum. Slahta sólechiù. diu daz herza ne gerihta.

Et non est creditus cum deo spiritus eius. Vnde sáment Góte sih ne geinmuôta.

Filii effrem intendentes arcum et

---

¹) manigiu. Sch.
²) flahta. Sch.
³) fordereten. Sch.

*) S. 277.

mittentes sagittas suas . conuersi sunt in die belli . Effremis súne fluôhen so der uuîg uuard . doh sie bógen spiênin unde mite¹) scúzzin . Sie fîengen ze uuîge . dara nâh irlúgen siê in . So temptatio cham . so bétoton sie uitulum (diz chalp) . danne sie fóre châden . QVECVMQVE LOCVTVS EST NOBIS DEVS NOSTER . FACIEMVS ET AVDIEMVS (so uuaz unser Got uns keságet hábet daz tuôen uuir . unde lóseen is).

Non custodierunt testamentum dei . et in lege eius noluerunt ambulare . Dàr gehòre iz . unde an effraim fernim sie alle . Siê ne huôton Gotes êo . Testamentum (pinêimeda²) ist lex . also ouh dâr fóre testimonium (sîn úrchunde) . Dâr ána ne uuolton siê gân .

*) Et obliti sunt benefactorum eius . et mirabilium eius . que ostendit eis . Vnde irgazzen sînero liêbtate unde sînero uuúndero . diù er in oùgta .

Coram patribus eorum fecit mirabilia in terra egypti in campo teneos³) Fóre moyse unde aaron tèta er uuúnder in egypto . dâr tanis ciuitas (diù burg) ist . dero genitiuus grece ist taneos (sinic=uuehsil in grammatiche . in chriêchiscun chit —).

Interrupit mare et perduxit eos statuit aquas quasi in ùtre . Er under=bráh den mére . unde lêita sie dùre . unde státta diù uuázzer . sámo so in utre (in ùdirbalge) betániù .

**) Et deduxit eos in nube diei . et tota nocte in inluminatione ignis . Vnde táges lêita er sie mit uuólchene⁴) . nahtes mit démo schîmen⁵) des fiùres .

Disrupit petram in heremo et adaquauit eos uelut in abysso multa . Den stêin zebráh er in démo êinote . unde tranchta siê . samo in tiéffemo uuàge .

Et eduxit aquam de petra . et eduxit tanquam flumina aquas . Vnde uuazzer liéz er ùzzer démo stêine . sò genúhtigiu sámo so áha .

Et apposuerunt adhuc peccare ei . i. non credere ei . Noh danne légeton siê zuô . ímo ze misseloûbenne . Noh dò . ne irdròz sie déro ungeloûbon .

In ira concitauerunt⁶) excelsum in inaquoso . i. in siccitate . Got reizton sie ze zorne dâr in dúrri . Dúrre uuas daz lánt . dúrre uuas iro muôt . daz reizta Got ze zórne .

---

¹) mitte. Sch.
²) Schilter hat es als glosse zu «lex».
³) Taneos. Sch.
⁴) uuolchenne. Sch.
⁵) schinen. Sch.
⁶) excitaverunt. Sch.

*) S. 278.   **) CLVII.

Et temptauerunt deum in cordibus suis . ut peterent escas animabus suis. Vnde dô besuôhton siê Got in iro herzon . so daz siê iro sêlon fuôro bâtin . nals diê sêla ze nérenne . núbe inne ze hábenne.

Et male locuti sunt de deo . Vnde sus úbelo sprachen sie fóne Góte.

Nunquid poterit deus parare mensam in deserto? Mag Got hiêr in unuôsti gébęn ézzen?

Quoniam percussit petram et fluxerunt aquæ et torrentes inundauerunt . nunquid et panem poterit dare . aut pararé mensam populo suo? *) Sîd er an den stêin sluòg unde sàr dànnan ûz flûzzen uuasser genúhtigiû mag er oúh pròt kében unde ríhten dische sînemo liûte?

Ideo audiuit dominus . et distulit . s. uindictam . Fone diû gehòrta iz trúhten . unde frísta sínen ánden.

Et ignis accensus est in iacob . et ira ascendit in israhel. Vnde náh iro séti . inbrán fiúr in iacob (in iacobis súne) . unde sin zorn fuòr in israhel (in israhelis chint). Sin zórn uuas fiúr.

Quia non crediderunt in deo . nec sperauerunt in salutare eius. Vuanda sie an Got ne gloúbton . noh an sinen haltare ne gedington . Vues? A´ne israhelis.

Et mandabit nubibus desuper . et ianuas cæli aperuit. Vnde do gebót er uuólchenen obenan . unde hímel túre in téta er.

Et pluit illis manna ad manducandum . et panem cæli dedit eis . Vnde régenota ín manna (crúzze = mélo) ze ezzenne . unde gáb in himel-bròt.

Panem angelorum manducauit homo . E´ngelo bròt az ménnisco . Er âz manna daz CHRISTVM bezéichenet . er ist panis angelorum . uuanda sin lébent siê.

Cibaria dedit eis in abundantia. Fuòra gáb er in in genúhte . Secundum istoriam fuôr iz sò . iz uuas áber állez pilde déro sideron dingo . diu in nouo testamento (in dero niuuuun binéimeda) geschéhen sint.

Transtulit austrum de cælo . et induxit in uirtute sua affricum . Súnt uuint fuôrta er fóne hímele . unde affricum . der ouh libs héizet . práhta ér in sinero chréfte.

Et pluit super eos sicut puluerem carnes . Vnde nuit diên uuarf er sić ána fleisg . also dicchên sámo so stôub.

Et sicut arenam maris uolatilia pennata . Vnde gefúgele sámo sò méresánt.

Et ceciderunt in medio castrorum eorum . circa tabernacula eorum. Diû fîelen in die hérebirga . unde umbe diê hérebirga.

**) Et manducauerunt et saturati

---

*) 279.   **) S. 280.

sunt nimis. Vnde uuúrden siê ze séti. unde uuúrden unmâzzo sát.

Et desiderum eorum attulit eis. Vnde so irfóllota er iro gelúste.

Non sunt fraudati a desiderio suo. Noh er ne ferzêh in des siê géreton. Vuiêo do?

Adhuc escæ eorum erant in ore ipsorum. et ira dei ascendit super eos. Vnz¹) iro ezzen noh in iro munde uuas. so cham úber sie Gotes abolgi. die er umbe daz frista. daz er in êr gescéindi. uuaz er gemag.

Et occidit plurimos eorum. Vnde ferlòs er iro mánige. Alde iz chit pingues eorum. i. qui erant superbi inter eos (iro másta daz nennit die dir hôhfertich uuárin under in²).

Et electos israhel impediuit. Vnde diê Gótes iruuéleten. sò moyses uuas unde aaron unde finees. irta diù ira dei (Gotes irbolgeni). daz sie in nehéin helfa ne mahton sin.

In omnibus his peccauerunt adhuc. et non crediderunt in mirabilibus eius. In diên dingen állên. súndoton siê iêo zuô. unde an sinen uuúnderen daz chit siniu uuúnder ána séhendo. uuáren siê ungeloúbig.

Et defecerunt in uanitate dies eorum. Vnde in úppigheite nals in uuârhéite. ze-giêngen iro tága.

*) Et anni eorum cum festinatione. Vnde íro iâr spuotigo.

Cum occideret eos tunc quærebant eum et reuertebantur. Sò er siê sluòg. so suôhton sie ín. unde iruuúnden ze ímo. nals umbe. mínna. nube úbe³) forhtun.

Ante lucem ueniebant ad eum. Dánne châmen siê frùo ze ímo.

Et rememorati sunt quia deus adiutor est eorum. et deus excelsus redemptor eorum est. Vnde fóne déro nôte behúgeton sie sih. daz der hôhesto Got iro bélfare. unde iro lòsare ist.

ET DILEXERVNT EVM IN ORE SVO. cor autem ipsorum non erat rectum cum eo. Et lingua sua mentiti sunt ei. **) nec fideles habiti sunt in testamento eius. Vnde minnoton ín án iro uuórten. áber iro herza ne uuas rehtez uuider in. unde mit iro zungon lúgen siê ímo. noh ketriúuue ne uuâren siê an sinero êo.

Ipse autem misericors. et propitius fiet peccatis eorum. et non disperdet eos. Er ist áber genâdig. unde er uuirt pesuônet iro súndon. daz chit. er inphâhet suôna umbe iro sunda. sô siê ioh filium dei (Go-

---

¹) Uns. Sch.
²) (— hohfertig —). Sch.
³) umbe. Sch.

*) S. CLVIII.   **) S. 281.

tes sún) irsláhent unde ne ferliúset sie só . núbe die reliquiæ (âleîba) gehalten uuerden.

Et abundauit ut auerteret iram suam. Vnde fóllun licheta ímo . daz er dána uuanti sin zórn.

Et non accendit omnem iram suam. Noh er ne zúnta al sîn zorn. Er ne liéz ímo só zorn sîn . so siê gefréhtot hábeton . noh dô . noh sîd . in sinero passione (martero).

Et recordatus est quia caro sunt spiritus uadens et non rediens. Vnde daz téta ér irhúgendo iro bródi . daz siê fleîsg sint . Vnde uuaz oûh mêr? Hina fárenter geist . unde ne iruúindeter. Iruuindet er in iudicio (an suóno táge) . daz ne tuót er áber hiêr ze uuónenne.

Quotiens exacerbauerunt eum in deserto . in ira concitauerunt eum in inaquoso. Aû . uuiéo diccho sie in grámdôn ín déro uuuósti uuiéo diccho siê in ze zórne ne ge-gruózton dar in dúrri.

Et conuersi sunt et temptauerunt deum. Vnde unúrden bechéret ze Góte . unde sár dár bî . chóreton siê áber sîn.

Et sanctum israhel exacerbauerunt. Vnde den israhelis héiligen grámdon siê.

Non sunt recordati manus eius qua die liberauit eos de manu tribulantis. Siê ne irhiúgeton¹) sines keuualtes . dén er scéinda . do er siê lòsta fore pharaonis keuualtet der siê arbéita.

*) Sicut posuit in egypto signa sua et prodigia sua in campo taneos. Vuieo er zéichen téta in egypto . unde séltsáni in tâne felden. Taneos chit humile mandatum (tiêmuóte gebót²) . bediú uuéllen genuóge . daz taneos sî . nomen ciuitatis indeclinabile (selb = namo dero burch úncherlich in gramatiche³) . so uuiéo andere chéden also dâr fóre stât . tanis nominatiuum (selb= námin sin) . taneos genitiuum (dannen búrtigin sin⁴).

Et conuertit in sanguinem flumina eorum . et manationes aquarum . i. aquas ab imo ebullientes ne biberent. A'ha unde brúnádara máchota er ze bluote . daz sie ne trúnchîn. Egyptii gruóben . unde suóhton⁵) scaturigines aquarum (crúntlaccha uuazzero) . sie fúnden áber sanguinem pro aquis (pluot fure uuazzir).

Misit in eos kenomiam . i. muscam caninam . et comedit eos et ranam . et disperdidit eos. Húnt=fliégun

---

¹) irhugeton. Sch.
²) Schilter hat die schlussklammer erst nach «indeclinabile».
³) (— burg — grammatiche). Sch.
⁴) (dannen burgti [leg . burtigin sin] in sin). Sch.
⁵) suohten. Sch.

*) S. 282.

santa er sie ána . diù áz sié . unde den frósg . unde der dòsta sié.

Et dedit erugini . i. rubigini fructus eorum . et labores eorum locustæ. Vnde fersézze (i. frásezze) gab er iro uuuóchera . unde iro arbéite héstafele.

Et occidit in grandine uineas eorum . et moros eorum in pruina. Vnde íro uuínegarten ferlòs er mit hágele . iro múrbouma mit rîfen.

Et tradidit grandini iumenta eorum . et possessionem eorum igni . Vnde iro fého gab er hágale unde ander daz sie besázzen démo blichfiûre. Erugo (frásez) unde pruina (rifo) unde ignis (fiûr) ne stânt niéht in exodo (an ûzfart puòche) . nube ánderiu driû . scinifes ulcera tenebræ (hunt=fliéga rúda finstrina).

Misit in eos iram indignationis suæ . indignationem et iram et tribulationem in missiones per angelos malos. Er sánta sie ána diá ábolgi sines zornes . zorn . unde bólgenscaft . unde arbéite . unde scáden . santa er in . be_diên tiéfelen. Sie uuáren ministri (frúmara) árges uuillen ut odirent populum dei (daz sie Gotes liùt házzetin) . unde súhte . daz sie schébedig¹) uuurden unde tòdes . daz sie iro primogenita (érist porna) ferlúren. *) Inmissiones dia ánauuerfunga héizzent . kescèhent pêidiu . ioh fone bonis (kuòten) . ioh malis (úbelen) angelis. Boni angeli uuurfen uuir an sodomam . mali uuurfen ignem de cælo (fiûr fóne hímele) ze brénnenne substantiam iob (ιοβις habid²) unde daz man hier liset³) . suht unde stérben an ægyptios. Vuéder sié doh máchotin ranas (frósca) unde scinifes (húnt=fliéga) unde sanguinem (bluòt) daz ist in questione (in fórsco).

Viam fecit semitæ iræ suæ . non pepercit a morte animabus eorum . et iumenta eorum in morte conclusit. Er rúmda démo uuége sinero irbólgeni . uuanda er in_schérm ne uuás . íro libe ne líbta er fóne démo tóde . iro stálfého betéta er in demo tóde.

**) Et percussit omnem primogenitum in egypto . primitias laboris eorum in tabernaculis cham. Vnde sluòg in ieo daz áltesta in állen stéten . diè fruòsten arbeite sluòg er in chámis kesázzen. Diù zuei ságent ein . uuanda chámis áfterchomen besázzen ægyptum.

Et abstulit sicut oues populum suum . et perduxit eos tanquam gregem in deserto. Vnde démo getánemo . nam er dána sinen liût samo so scáf . unde nuista sie áfter démo einote sámo so sine hérta.

---

¹) Schilter hat das wort in klammern.
²) (— habit). Sch.
³) lieset. Sch.

*) S. 283.   **) S. CLIX.

Et eduxit eos in spe. Vnde lêita sie ûz in déro gedingi terræ promissionis (des kehêizlandis). also ouh er unsih. nu irlôste de tenebris infidelitatis per pascua spiritalia (fone ungeloûbon finstri after geistlichero nueido) leitet¹) in hoc sæculo. (hiêr in_uuerlte). sámo so in deserto (in êinote) mit dero gedingi regni cælestis (himil‑riches).

Et non timuerunt. Vnde sie ne forhton in. Noh uuir ne súln. Si DEVS PRO NOBIS QVIS CONTRA NOS (ube Got unser halb ist uuer ist danne uuider uns)?

Et inimicos eorum operuit mare. Vnde iro fienda beuuarf der mére. So hábet diê unsere getán baptismum (diû toûfi).

Et induxit eos in montem sacrificationis suæ. Vnde ûffen syon (hôun‑uuárta) sínen heilgen berg práhta er siê. aber unsih in sanctam ecclesiam (in_sina brût‑sámenunga).

*) Montem quem acquisiuit dextera eius. Den berg sin zéseuua geuuán. also CHRISTVS ecclesiam.

Et eiecit a facie eorum gentes. Vnde stiêz er gentes (diéte) ûz fone iro gesihte. So tuôt er noh malignos spiritus. die gentilium errorum auctores sint (diê leiden tiefela. diê déro heidenon irridin máchara sint). Er ist sie eiciens a fidelium cordibus (ûz stôzzinde ûzzir diên herzon sínero hóldon).

Et sorte diuisit eis terram in funiculo distributionis. Vnde náh keuuórfenemo lózze teilta er daz lánt. mit máz‑seile. also man nû tuôt mit ruôto. So ist nu. unus atque idem spiritus diuidens singulis prout uult (der ieo selb selbo geist in annilichemo sine genáda teilende in‑gâgen des er uuile²).

Et habitare facit in tabernaculis eorum tribus israel. Vnde téta er israhel búen an iro stéten. In cælesti sede (ûffen hímelo gezàzzé) dannan mali angeli (ubele éngela) fiêlen. dár séldôt er sínen liût. Vuaz taten aber dára náh iro chint. unde iro áfterchomen?

Et temptauerunt et exacerbauerunt deum excelsum. et testimonia eius non custodierunt. Daz selba táten siê. unde besuôhton den hímeleschen Gotíteniuuues unde gramdon in. noh siniu úrchúnde. ne behuôton siê.

Et auerterunt se et non seruauerunt pactum quem‑admodum patres eorum. Vnde uuanton sih fone imo.

---

¹) Schilter hat die klammer nach «leitet».

²) «in annilichemo» steht sehr deutlich und an zwei linien vertheilt. Schilter liest dafür «mannilichemo».

*) S. 284.

unde ne uuéreton iro gedíngun . die sie sáment Góte getán hábeton . also sié oùh iro fórderen ne uuéreton . Vbele táten dié fórderen áfter uuége fárendo . baz ne táten dié áfterchomen . dár héime¹) sízzendo.

Conuersi sunt in arcum prauum . Sie uuúrden bechéret unde geuuéhselot in árgen bógen . nuanda sié ze úbele rámeton nals ze guòte .

Et in ira²) concitauerunt eum in collibus suis . Vnde geruòzton³) in ze zorne . úfen iro buólen . dár sié idolatriam (ábkot=diénist) uóbton .

Et in sculptilibus suis ad emulationem eum prouocauerunt . Vnde in iro abGot=pilden reízton sié in ze fientscéfte .

*) Audiuit deus . i. aduertit deus . Do téta des Got alles uuára . Vnde uuiéo do?

Spreuit ualde israhel . et ad nihilum redegit . Do ferchós er sie harto . unde bráhta sié ze niehte .

Et repulit tabernaculum silo . tabernaculum suum . ubi habitauit in hominibus . Vnde stiéz fone imo daz tabernaculum (kezélt) daz in silo uuas . dár er an ménniscon nals in gezelte gesázze hábeta . noh imo ne uuas daz kádem máre . do er déro ne ruòhta . umbe die iz kemáchot uuas . Daz kescah sub heli sacerdote (pi démo èuuarten heli) .

Et tradidit in captiuitate uirtutem eorum . et pulcritudinem eorum in manus inimici . Vnde fersanta er in éllende unde in fiéndo hant . iro chraft . unde iro scòni . Daz uuas arca domini (Gotes archa) . dia in allophili námen .

**) Et conclusit in gladio populum suum . et hereditatem suam spreuit . Vnde behálbota mit suerte sinen liút . unde ferchós sin erbe .

Iuuenes eorum comedit ignis . i. ira bellantium . et uirgines eorum non sunt lamentate . Iúnge man fertíligota der uuíg . iúngiû uuib kenómeniû ne nuèinota nièman náh site . mánnelih uuas ímo selbo mèr.

Sacerdotes eorum in gladio ceciderunt et uidnæ eorum non plorabuntur . Ofni unde finces⁴) filii heli (des èuuarten súne) lágen in uuige . noh sár iro uuíteuua déro èiniu án demo chint=pette irstarb . ne uuúrden geuueinot . Daz kemeina leid ne liéz siè .

Et excitatus est tanquam dormiens dominus tanquam potens crapulatus a uino . Do uuard truhten sámo so sláfender eruuècchet samo so mahtig man . uuines trúnchener . Vuér

---

¹) heimo. Sch.
²) iram. Sch.
³) gruozton. Sch.
⁴) Sinees. Sch.

*) S. 285.   **) S. CLX.

getórsti[1]) fone Góte so sprechen ane spiritus eius (sin Geist[2])? Er geduóhta allophilis dormire (sláffin). dô er in sólih gehángta. unde sie chaden VBI EST DEVS EORVM (uuar ist nu iro Got). Er iruuácheta áber. unde sceinda in daz sàr.

*) Et percussit inimicos suos in posteriora. Vnde stuónt ûf. unde sluôg sie in posteriora (an den áfterin[3]). Ziu? Vuanda sie minnoton posteriora (diû áfterin) diû in dunchen solton uelut stercora (also des áfterin mist). So uuélee testamentum dei (Gotes peneimeda) inphâhent unde doh nóbent uanitatem (pósheit). die sezzent arcam dei (Gotes archa) zuo diên idolis (ábkotin). dero uanitas (bósheit) uuirt irféllet also dagón[4]) téta. aber arca dei (Gotes archa). secretum scilicet testamentum[5]). quod est regnum cælorum. manet in æternum (ih meino die toûgeni dero binéimedo daz daz himel-riche ist diû uuéret iêmer[6]).

Opprobrium sempiternum dedit illis. E uuigen iteuuiz cáb er in. uuanda so scántlicho[7]) ánderen ne gescáh.

Et repulit tabernaculum ioseph. et tribum effrem non elegit. sed elegit tribum iuda. montem syon quem dilexit. Vnde Got ne uuolta ioseph noh effrem. er ne uuolta uetustum populum terrena premia requirentem (den alten liût erdina lôna suôchintin). nube iudam (beichintin[8]). uuolta er nouum populum (niúuuen liût) uuolta er. cælestia desiderantem (himilisca lona fórderontin) unde montem syon (uuart-perch[9]). æcclesiam futura præmia speculantem (ih meino christenheit an diê chúnftigin lôna uuartenda). Ioseph uuas præclari meriti (màrero uuirdo). effrem uuard prælatus (fúre gezúchit) fone iacob sinemo bruôder manasse. uuaz uuirt dánne an in so námeháften fernómen. ane áller iudaicus populus (iúdono liût)? Vuanda uns Got in parabolis (uuidir-mazzon) zuô sprichet. pediû sin fernumstig[10]) sinero uuôrto. diû éin chédent. ánder bezeichenent.

Et edificauit sicut unicornium sacrificium suum. i. sacrificationem suam. in terra quam fundauit in sæcula. Vnde zimberota sina heiligunga. gelicha demo einhúrnen in démo lande. daz er ze éuuon gefe-

---

[1]) getorſti. Sch.
[2]) (sin geist). Sch.
[3]) aftarin. Sch.
[4]) dagou. Sch.
[5]) testamenti. Sch.
[6]) (— bineimeda —). Sch.
[7]) scandlicho. Sch.
[8]) (betehintin [bejihtiu]). Sch.
[9]) (uuart perg). Sch.
[10]) fernumftig. Sch.

*) S. 286.

stenota. Sancta æcclesia ist supra petram fundata (christenheit — úffîn steine kegrúntsellot). in déro ist sin sacrificium populus dei (uuiêch‑ uuerch Gotes liût). fone unica spe similis unicornuo (kelîh einhurnin fone einiclichero gedingi).

Et elegit dauid seruum suum. Vnde eruuéleta dauid sînen scálg. fúre ioseph unde fúre effrem. CHRISTVM eruuéleta er. den er seruum (scalch) heizet[1]. *) umbe formam serui (daz pilde des scalchis).

Et sustulit eum de gregibus ouium. de post (i. pars. i. retro) fœtantes accepit eum. pascere iacob seruum suum et israhel hereditatem suam. Vnde nám er in fone diên scáfchutten[2]. náh diên oúuuen gántin inphiêng er in. Vuara zuo inphiêng er in? Pascere iacob seruum suum. et israel hereditatem suam. Den liût fúre diû scaf ze uuêidonne. Vuanda oúh CHRISTVS nu fone iudeis kenómen[3] ist. unde er gentium greges (dero diêto herta) haltet.

Et pauit eos in innocentia cordis sui. Vnde diê háltet er in dero únsundigi sines herzen. Vuer ist so innocens (únsúndich) so CHRISTVS?

Et in intellectibus manuum suarum deduxit eos. **) Vnde leita sie in diên fernúmesten sinero hando. daz chit sinero táto. Iro intellectus (fernúmeste[4]) sint sine tâte. fône diû chédênt sie imo zuô. DA MIHI INTELLECTVM ET SCRVTABOR LEGEM TVAM (gib mir fernúmist. so scródon ih din éa[5]).

PSALMUS LXXVIII.

PSALMVS ASAPH.

Congregatio dei (Gotes sámenunga) chlágot hiêr die desolationem ciuitatis (stórida dero burch) ierusalem et templi dei (ioh des Gotes húsis). diû be antiocho gescáh. also dar fore in septuagesimo tertio psalmo (an demo sibinzegosten drittin salmin[6]) diû bechlágot uuirt. diû be tito uuard. unde be uespasiano. Die librum primum (daz érra buôch) machabeorum gelésen hábent. dien ist sî chûnt.

DEVS VENERVNT GENTES IN HEREDITATEM tuam. Got réchare sih iz. gentes sint chómen in din[7] erbe. Daz ist kespróchen in tempore præterito (in irgánginimo zite) in dero

---

[1]) heizzet. Sch.
[2]) scafchurten. Sch.
[3]) kenommen. Sch.
[4]) (fernumeste). Sch.
[5]) (— fernumiste —). Sch.
[6]) (— sibinzegostin —). Sch.
[7]) din [diu]. Sch.

*) S. 287. **) CLXI.

stal . diê iz noh do liden solton . also ouh anderes uuâr¹) fone futuris (chúnftigen dingin) kescriben²) ist . DEDERVNT IN ESCAM MEAM FEL (sie gâbin mir gallun ze ézzenne³) .

Polluerunt templum sanctum tuum. Sie hábent peuuóllen dîn heilig hus. Sie hábent dàr=in bràht abominationem idolorum (diê leitsami ábkoto) unde nôtent unsih immolare carnes suillas (opheron suinin fleisc) . *) Ouh mag iz férnomen uuérden fóne diên . die in sancta ecclesia tempore persecutionis (in christis samenungo an démo zîte dero âhtungo) mit chéli genôtet uuúrden Gotes ferloúgenen . diê sîd sume⁴) in pænitentia (mit riúuuo) mit Gote sih besuóndon .

Posuerunt ierusalem ut pomorum custodiam . Siê mâchoton ierusalem also uuuósta . also diê hùttun déro óbazo diê man in demo boúmgarten tuôt . diù danne óde stat . so daz óbaz in gélesen uuirt .

Posuerunt morticina seruorum tuorum escas uolatilibus cæli . carnes sanctorum tuorum bestiis terræ. Siê gàben dinero scâlcho bótecha . unde dinero heiligon fleisg ze zánonne fógalen unde diéren .

Effuderunt sanguinem ipsorum tanquam aquam in circuitu ierusalem et non erat qui sepeliret . Siê liêzzen uz iro bluôt . samo undúrlicho so uuázzer umbe ierusalem . unde der ne uuas . der sie begruóbe . I'nne unde ùzze sluóg man sie in dero búrg . unde umbe diê búrg . unde dar lâgen siê umbe-grábene.

Facti sumus obprobrium uicinis nostris subsannatio et irrisio his qui in circuitu nostro sunt . Vuir bin uuorden iteuuiz unseren gebúren . násesnùda unde huôh diên . diê umbe únsih sint .

Vsque quo domine irasceris in finem? i. noli domine irasci in finem. Vuieo lango trúhten irbilgest dû dih sò in ende?

Accendetur uelut ignis zelus tuus? Vuieo lango uuirt inzundet dîn ándo? Niêo trúhten nescêinest du dîna ábolgi . unde dînen anden an énde. Ira (zorn) siéhet ad uindictam (ze gericche) . zelus (ando) siéhet ad exactionem castitatis (ze dero eîsco rein=lichamin ioh sêl=reini) . Vuéliù ist diù castitas? Ne anima legem domini sui contemnat . et a deo suo fornicando dispereat (niê diù sêla iro hêrren êa ferchiêse . noh sie fóne iro Góte huóruuerch tuondo sih selbun ferliêse) .

Effunde iram tuam in gentes quæ te non nouerunt . et in regna quæ nomen tuum non inuocauerunt. Kiúz

---

¹) uuar [meer]. Sch.
²) kescribin. Sch.
³) (— ezzene). Sch.
⁴) sidsume. Sch.

*) S. 288.

ûz din zórn an diê diéte. die dih ne bechénnent. unde an diû riche diû dînen námen ána ne hárent. *) Die neheina bechénneda Gótes ne uuéllen hában ze dien laz dir zorn sîn.

Quoniam comederunt iacob et locum eius desolauerunt. Vuanda siê fràzzen iacob. nah in súmeliche chêrendo minis et terroribus (mit trôon ioh mit prúttinon). unde légeton uuuòste sîna stat. also ez fóre chit. UT POMORUM CUSTODIAM (samo óbez hútta).

Ne memineris iniquitatum nostarum antiquarum. V́nserro alton unrehto. diû uns fóne parentibus chomen sint ne irhugest dû. uuanda uns ioh déro niûuuon ze fílo ist.

Cito anticipent nos misericordiæ tuæ. Sliêmo fúre fángoen únsih dîna gnada mit abláze. er uuir ad iudicium (ze úber=téiledo) brâht uuerden.

Quia pauperes facti sumus nimis. s. iusticiæ. **) Vuanda uuir harto guòtelòse bîn.

Adiuua nos deus salutaris noster. Hilf uns Got únser haltare. uuanda uuir pauperes unde infirmi (arm ioh unchreftig) bîrin. Doh uuir eigin liberum arbitrium (selb=uualt) uuir ne múgen doh nièht inbéren dînero helfo.

Propter gloriam nominis tui domine libera nos. Lòse únsih umbe dia guóllichi dînes námen. vt¹) qui gloriatur non in se ipso. sed in domino glorietur (daz der der sih ruòme an Gote nals an imo selbemo sih ruòme).

Et propitius esto peccatis nostris propter nomen tuum. Vuis knâdig²) únseren sundon. umbe dînen námen nals umbe únsih. uuánda uuir ne háben gefrêhtot ánder³) an supplicia (in gáltnisse).

Ne quando dicant in gentibus ubi est deus eorum? Niêo diête ne chédên. uuár ist iro Got? unde sie uuánen daz Got ne si. alde úbe er si. daz er diên sînen ne hélfe.

Et innotescat. s. uindicta in nationibus coram oculis nostris. Vnde in diêtin uuerde geêiscot der gerih. so. daz uuir in gesèhen éin-uuéder in ultione (in gericche) alde in pænitentia in riúuuo). Noh das ne ist maledictio (fluoch⁴) nube prophetatio (fore=sága).

Intret in conspectu tuo gemitus compeditorum. ***) Fúre dih chóme der súftòd déro gedrúhoton⁵). Dih irbármee uuiêo nòt ín sî in uin-

---

¹) Das erste kleine «v» im texte.
²) gnadig. Sch.
³) andere. Sch.
⁴) Das «c» scheint durch einen punkt getilgt.
⁵) getruhoton. Sch.

*) S. 289.   **) S. CLXII.   ***) S. 290.

culis. Sélbiu diû corruptibilitas corporis ist suâre druôh. in déro álle guôte sûftont. Den sûftod pechénne dû.

Secundum magnitudinem brachii tui. posside filios mortificatorum. Nah déro micheli dînes keuuáltes pesízze déro irslágenou chint. Iro áfterchómen uuerden gemánigfaltot nah dînero chréfte. daz persecutio (diû ahtunga) getuôe christianos pullulare (uuáhsin) nals perire (ze irgân).

Redde uicinis nostris septuplum in sinum eorum. Kib sibenfalt in iro buôsem unseren gebûron [1]. kib in toûgeno in iro herzon [2]. fóllechlichen lôn. uuirf sie in reprobum sensum (in âuuersigen sin).

Improperium ipsorum quod exprobrauerunt tibi domine. Kilt in dén iteuuiz den sie dir tâten. Nah dién uuorten állen gescah antiocho.

Nos autem populus tuus. et oues gregis tui confitebimur tibi in sæculum. A'ber uuir dîn liût den sie tîlegon uuolton. unde scáf dînero herto iêhen dir iêmer. unz in énde déro uuerlte.

In generatione et generatione [3] adnuntiabimus laudem tuam. Vuir chúnden dîn lob in gebúrte unde in gebúrte. uuanda in énero uuerlte dár man Got siéhet sicuti est. dar ne chúndet nieman Got ándermo.

---

*) PSALMUS LXXIX.

IN FINEM PRO HIS QVI INMVTABVNTVR TESTIMONIVM IPSI ASAPH PRO ASSIRIIS.

A'n CHRISTVM rámet díser psalmus. umbe die gesúngener. diè in daz pezzera geuuéhselot [4] uuerdent. úrchunde dero uuarheite selbero synagogæ des dinges. daz CHRISTVS chómen sol. unde sin uinea æcclesia sancta (uuin-garto. daz ist christenheit) sol uuerden plantata (kefánzot [5]). Ouh kesúngener umbe dirigentes (diè sih kerihtente). daz uuir ne sîn. uuir sin generatio quæ non direxit cor suum (daz chúnne daz sîn herza ne rihta).

**) QVI REGIS ISRAHEL INTENDE. Du israhel rihtest. sih únsih ána. sceîna uns dîná gnada. irrin uns niúuiû sunna. So chît der sîn bîtet den sîn lánget. der dirigens ist (sih rihtinde ist).

Qui deducis uelut ouem ioseph. qui sedes super cherubim appare. Dû ioseph leitost also scáf. unde an

---

[1] gebuoron. Sch.
[2] herzen. Sch.
[3] generationem. Sch.
[4] geuuehselot. Sch.
[5] (kepflanzot). Sch.

*) S. CLXIII.   **) S. 291.

cherubim sizzest . oùge dih incarnatum . Du der leitest fidelem populum (den geloùbigen liùt) . unde an plenitudine scientiæ (folli geuuizzedo) sizzest . du chum hara ze úns.

Coram effraim beniamin et manasse . Ouge dih fóre iudeis . fore israhel . dàr effraim beniamin . unde manasses sint.

Excita potentiam tuam et ueni . ut saluos facias nos . Vuécche dìna maht . sceina sìa . unde chum . daz du unsih háltest.

Deus uirtutum conuerte nos . Got déro tùgedo bechére únsih zuo dir . uuanda uuir dána bechéret uuáren fone dir.

Et ostende faciem tuam et salui erimus . Vnde ouge dîn ánasiune . unde so gnésen¹) uuir . Ze êrist faciem hominis (ánasiùne ménniscin) . dára nah sô is zît uuerde . faciem deitatis²) (ansiùne Góteheíte³). So uuérden uuir gehalten.

Domine deus uirtutum quo usque irasceris super orationem serui tui . Trùhten Got déro tùgedo . so dù dánne chúmest . uuieo férro⁴) bilgest du dih dánne . sámo so fáter nals iudex (úbirtàilare) . ze dînes scálches kebéte? Vuir uuáren ini-

mici (dîna figinda) . so uuir áber besuònet uuerden uuieo inchist du uns dánne déro uuorto . diù du unsih lèrest . NE INDVCAS NOS IN TEMPTATIONEM (nie ne lèitest du unsih in ursuòch).

Cibabis nos pane lacrimarum . et potum dabis nobis in lacrimis in mensura . So inchist dù uns daz du unsih ázzest unde trénchest mit tránen bemézze . So lázzest du únsih uuêinonte uuerden temptatos . *) ut erudias non opprimas (pesuóhte . daz du unsih fruótest nals pitteppest⁵) . nah dién uuorten Pauli . FIDELIS DEVS . QVI NON VOS PERMITTIT TEMPTARI . SVPRA QVAM POTESTIS FERRE (ketriùuue Got der iùch ne lázzet ferror pesuóchet uuerdin danne ir iz irliden mùgint.

Posuisti nos in contradictionem uicinis nostris . Hábest unsih kesézzet chit asàph únseren gebûren in⌣uuider⌣sprácha . Ze gentibus (diètin) santost dù únsih . quasi agnos inter lupos (also lamp under uuolfa) . Diên ságeton uuir CHRISTVM . sie chàden áber . QVIS EST ISTE NOVORVM DEMONVM NVNTIATOR (uuer ist dirro niùuuero tiéfelo chúndire)?

Et inimici nostri subsannauerunt

---

¹) genesen. Sch.
²) Fehlt bei Schilter von der klammer an.
³) (— Gotheite). Sch.
⁴) sero. Sch.
⁵) (— pittepest). Sch.

*) S. 292.

nos . Vnde únsere fiénda huôton¹) unser . daz uuir châden mortuum resurrexisse (únsirin Got tôtin irstándin sin²). Vnde daz uuard ze sólchero contradictione (uuidersprácho) . daz uuir cibati (geázzit) uuúrden pane lacrimarum (mit prôte dero tráheno) unde potati in lacrimis (ketrénchet mit tráhenin) . aber doh in mensura (pi mézze).

Domine deus uirtutum conuerte nos . et ostende faciem tuam et salui erimus . Das stat fóre.

Vineam ex egypto transtulisti . eiccisti gentes et plantasti eam . Vuinegarten úzzer egypto ferfuórtost dû . umbe den stiézze dû ûz tiéte . unde flánzotost in . Etheos gergeseos eueos amorreos iebuseos stiézze duûz . unde rûmdost imo .

Viam fecisti in conspectu eius . et plantasti radices eius et impleuit terram . Vuég in sinero gesihte táte³) dû . unde flánzotost sine uuúrzella . unde irfúltost sin diê érda . Gens iudea . saz fóne iordane unz an mare magnum (michelin séh . ih meino den mitte=mére) . so uuîeo ételiche énont iordane sázzin aber der sidero uuinegarto . der fone énemo iruuóbs irfúlta diê erda .

Initium uineæ (ánigenne des uuin= garten) giêng ad mare et ad flumen (ze séuue anderhalp ze dero áho) . A'nagenne des uuínegarten . ze séuue . ánderhalb ze dero áho . Finis kieng a mari usque ad mare (daz ende des iúngeren . fone mére ze mere) . et a flumine usque ad terminos orbis terrarum (unde fone índiæ áho unz an uuerlt=richis ende⁴) . unde fone diû uuard diu erda sin irfúllet .

*) Operuit montes umbra eius . et arbusta eius cædros dei . Sin scáto id est prioris uinee (ih meíno des altrin uuíngartin⁵) bedáhta diê berga . ih meíno patriarchas et prophetas (hôbfatera unde diê fóresá- gin) unde siniu smále holz . mediocriter fideles (ih meíno mázziche geloûbige⁶) . diê Got máchota sine cædros (hôhpoùma) . altissimi meriti homines (daz chit hôero uuirdo ménniscin) .

**) Extendisti palmites eius usque ad mare . et usque ad flumen propagines eius . Des uuinegarten zougen ráhtost dû unz án mare magnum (michel mére) . daz dár bi ist . unde sine flánza an flumen iordanem (iordanis áha) . So man álte réba

---

¹) huouon. Sch.
²) (— todin irstantin —). Sch.
³) tade. Sch.

⁴) (undo fone Indiæ —). Sch.
⁵) (— uuingarten). Sch.
⁶) (— mazzige —). Sch.

---

*) S. 293.   **) S. CLXIV.

iúnget . unde man sie biéngendo in dia érda begrébet [1] . so heizzent siê propagines a porro pangendo (férrebiéga . l. pagando [2]) . daz chit fone hína récchenne . Síd dù in flânzotost . uuíêo fuòr iz do so?

Vtquid destruxisti maceriam eius . et uindemiant eam omnes transeuntes uiam? Zíu zâre dù dô dána sîna fésti . mit déro er begángen uuas? unde ziu uuíndemont in nù be diên sculden . álle hína iro uuég fárente? id est [3]) temporaliter dominantes (ih méino zitlicho hérisonte).

Deuastauit eam aper de silua . et singularis ferus depastus est eam . Zíu hábet in nú iruuuóstet der éber ùzzer uualde . titus ùzzer gentibus (diètin)? Vnde der eînluzzo uuilde bêr . der mit démo suáneringe ne gât . hábet in sús frézzen? Romanus princeps (Rômo súnderfúrsto) unde omnis superbus (iégelih úbermuòto) . der ándermo sînero genózscefte ne íiêhet der ist singularis (súndir ébir).

Deus uirtutum conuertere . Got dero túgedo uuirt pechéret ze genádon doh iz so gefáren sî.

Respice de cælo et uide et uisita uineam istam . et perfice eam quam plantauit dextera tua. Vuarte [4]) fone himele . unde sih an disin uuînegarten fòne énemo chómenen . unde uuîso sin . unde fólletuó in . den din zescuua CHRISTVS flânzota . Síd dù synagogam (genótzogitún [5]) ferzórn eigist . stâte sanctam ecclesiam (diê heiligun sámenunga).

Et super filium hominis quem confirmasti tibi. Vnde gefóllechlicho in ùffen des ménnischen súne . *) den du dir habest keféstenot . unde ze fundamento geléget . fone demo gescriben ist . FVNDAMENTVM ALIVD NEMO POTEST PONERE . PRÆTER ID QVOD POSITVM EST . QVOD EST CHRISTVS IESVS (ander fúndement ne mach niêman lékkin âne daz dir noh iéo geléget uuas . daz ist der háltendo christ).

Incensa igni et suffosa ab increpatione uultus tui peribunt . Fóne déro irráfsungo dînes ánaliùtes . uuérdent ferlóren diù zuei . fone diên alle sunda chóment . cupiditas unde timor (kelúst unde forhta). Inzúntiù ding fone fiûre sint cupiditates (kelúste) . úndergrábeniù sint timores (forhtun). Amor (minna lúst) zundot ioh bonos (kuóte) ioh malos (úbele). Dù bist amans (mínnehaft) . umbe daz . daz dir uuola sí . daz ne gíbet dir niêht amor malus

---

[1]) bechrebet. Sch.
[2]) (ferre piega —). Sch.
[3]) idem. Sch.
[4]) Uuarta. Sch.
[5]) (genotzogitum). Sch.

*) S. 294.

(ubil minna) . nube amor bonus (kuôt minna). So bist du oûh timens (fórhtig) umbe daz . daz dir uuê ne sî . daz kíbet bonus timor (kuot forhta) . nals malus (ubeliû). Fliêh diê zuêne diê úbel sîn . kehalt zuêne diê guot sîn . unde habe Got hólden .

Fiat manus tua super uirum dexteræ tuæ . et super filium hominis quem confirmasti tibi . V'ber dên man dînero zéseuuun¹) uuérde irbóten dîn hant . ad perfectionem uineæ (ze folle=uuórcha des uuîn²) . unde uber MARÍVN sún . dén du dir geféstenotost uuésen únice dilectum (einichlicho liêbin). Vnde dára nah ne scêiden uuir fóne dir.

Viuificabis nos et nomen tuum inuocabimus. A'n imo irchicchest dû únsih . unde bediû ána háreen uuir dînen námen. Vuir uuâren do tôt . dô uuir terram (erda) mínnoton . nals deum (Got). An imo irniùuuost dû únsih . unde gibest uns uitam interioris hominis (den lîb des ínnirin minniscen).

Domine deus uirtutum conuerte nos . et ostende faciem tuam et salui erimus.

PSALMUS LXXX.

IN FINEM PRO TORCVLARIBVS QVINTA SABBATI . PSALMVS ASAPH.

Babtismum daz chît quinta sabbati ist sang . daz chît psalmus kesúngener selbemo asaph . *) selbero dominicæ congregationi (fróno sámenungo) an CHRISTVM séhender. Vuâr úmbe gesúngener? Vmbe die torcularia (torzilhus) . mit dien daz oleum geséuuenot³) uuirt tougeno in gemellarium (in óle=chéllire) . unde amurca (óle=truôsin) gechêret uuirt in plateam (ze strázzo) . Vuéliu sint diu torcularia? Daz sint pressuræ (fréssa) sanctæ æcclesiæ . mit diên alle die . diê dir⁴) getoûfet sint . boni et mali . besuôchet uuerdent . unde gescêiden uuerdent . ut reseruentur boni uelut oleum et proiciantur mali uelut amurca (daz die guôtin gehalten uuerden also díz óle . unde úbile feruuórfin also óle=trûosin⁵). Quinta sabbati (tôniristac) zeigot uns fóne diu baptizatos (getoûfte) . daz des tages animalia ex aquis creata (libháftiû ûzzer uuázzere gescáffen) uuúrden⁶).

EXVLTATE DEO ADIVTORI NOSTRO. Fréuuent iûh Gote ze êron iúuuer-

---

¹) zesuuun. Sch.

²) zefolleuuorchti des uuingarten. Sch.

³) geseuuenot (geseuuerot). Sch.

⁴) dar. Sch.

⁵) (— feruuorffin —). Sch.

⁶) Schilter hat die klammer nach «uuurden».

*) S. 295.

mo helfáre . alle die sin asaph ke-
héizzene . uuanda iû díser psalmus
kesúngen uuirt.

Jubilate deo iacob. Niûmont imo.
dár iû dero¹) uuorto ne gerínne .
daz ir doh so scéinent iúuuera men-
di . V'be ándere diènoien uentri
(bùche) . ándere uanitati (bósheite) .
sint áber ir gedáhtig unde frómuòtig
deo adiutori (Gote hélfáre).

Accipite psalmum et date tympa-
num. Inpháhent spiritale (keístlich
dinch) . gebent carnale (uuerltlich
dinc²). Psalmus est spiritalis . tym-
panum daz uzzer corio (hiùte) uuirt .
daz ist carnale. Vuésent milte dero
carnalium (uuérltlichon) . daz iû
Got kebe spiritalia (keístlichiù).
Vuanda ouh Paulus chit. SI NOS
VOBIS SPRITALIA SEMINAVIMVS . MAG-
NVM EST SI NOS CARNALIA VESTRA ME-
TAMVS *) (ube uuir an iû keístlichiù
dinch sáhen dunchit iû danne mi-
chil daz uuir uuerlt⸗kuòt árneien).

Psalterium iocundum cum cytha-
ra. Daz eîna ist uuúnnelîh sáment
demo andermo . psalterium sáment
cythara. Psalterium (sáltáre) há-
bet óbenan buh³) . dánnan gánt ni-
der diè seîten . quasi cælestis præ-
dicatio (samo himilísce brédiga).
áber cythara hábet nidenan bùh .

**) uuanda corporalia opera (des
lichamen uuerch) in‿chéden suln .
prædicationi uerbi dei (dero Gotis
kebotis predio) . Diz unde daz
érera sint ein . dar ist psalmus unde
tympanum (saltir⸗sanch unde tim-
pana) . hiér ist psalterium (salter-
sanch) unde cythara . Daz saltir-
sanch heizet nû in dùtiscun rótta .
a sono uocis . quod grammatici fac-
ticium uocant . ut titinnabulum . et
clócca .

Canite initio mensis tuba. Plá-
sent mit hórne so niúuuer máno si .
daz chit nouam uitam fidentius et
clarius prædicate (den niúuuun lib
den brediont paldòr . unde zorftôr).
also ander propheta chit. EXCLAMA .
ET EXALTA QVASI TVBA VOCEM TVAM
(irscrî unde irhóe dína stimma also
hórin).

In insigni die solemnitatis uestræ.
An iûuuermo máren dúldetágė⁴)
plasent. Daz uôbent noh carnaliter
(uuerlt⸗licho) iudei. Sie fáhent
ána an primo die septembris mensis
(an dero éristun luna herbist⸗máno-
dis) . der insignis dies solemnitatis
(zeichenhaft túltitago⁵) ist . sáment
in . unde blasent siben tága . daz ne
uuizzende . daz iz in fóne diù uuard
kebóten . quoniam septiformis gra-

---

¹) dar iuuero. Sch.
²) Es steht eigentlich «uuerltlhl».
Schilter hat «uuerl dinc».
³) buch. Sch.
⁴) dultetage. Sch.
⁵) (— tulttago). Sch.

*) S. CLXV.   **) S. 296.

tia spiritus sancti baptizandis ¹) erat toto orbe prædicanda (daz diû sibinfáltiga genáda des hêiligin geistis after állero uuerlte solta gebrediot uuerden dien die man tousin solta).

Quia præceptum in israhel est. et iudicium deo iacob. Fone diû singent in ²) initio mensis tuba (an ánafange mánodis mit horne). uuanda lex ist fone moyse gegében in israhel. unde iudicium (urteilde) ist kegében deo christianorum. noui populi (des niúuuen liútis). der mit iacob kezéichenet ist. Er chad. PATER NON IVDICAT QVEMQVAM. SED IVDICIVM OMNE DEDIT FILIO (der fáter ne uber-teilit niémannin er gab daz úrtéil al démo sûne). Vnde áber. EGO IN IVDICIVM VENI IN HVNC MVNDVM. VT QVI NON VIDENT VIDEANT. ET QVI VIDENT CÆCI FIANT (ih cham umbe urteil héra in uuerlt daz die dir nieht ne sêhint. keséhen. unde diê dir gesêhent plint uuérden). So tuôt cæcos (plinde). ioh uidentes (keséhente). daz mysterium torcularis (toúgina dinch des tórclis).

Testimonium in ioseph posuit illud cum exiret de terra egypti. An ioseph der oûh gentes (tiête) bezeichenda keúrchundota er daz. *) dó er fóne egypto fuór unde er in toùsta in mari rubro (in demo róten mére).

in sò lòsende ab ægyptiis. also der sîdero liút nu irlôset nuirt a uiciis in baptismo (fone áchustin in dero toûsi). Dâr ne uuard nehein dero ægyptiorum ze lêibo. noh in únserro toûsi dero delictorum (missetâto). Joseph chit augmentatio (mêrunga). diû ist christianorum quia multi filii desertæ magis quam eius quæ habet uirum (uuanda dero ferlazzinun chindo ist michil mêr. danne déro diû den man hábet ³).

Linguam quam non nouerat audiuit. Er gehôrta diê sprácha. sò er ûzzer egypto chám. die er ne chonda. Vuaz ist daz? Sò der man án dero toûsi ûzzer diên uiciis (áchustin) chúmet. so gehôret er mysteria (diê tougenin dinch). diû ér èr ne uuíssa. so gehôret er. uuár er sín herza hában súle.

Auertit ab oneribus dorsum eius. Got chêrta dána sinen rukke fóne déro burdi. Er intluód in.

Manus eius in cophino seruierunt. Is uuas imo durft. uuanda sine hende diênoton an chóphenno. Chophinus ist ein chorb. den man brûchet ad seruilia opera (ze scalch-uuerchen). so man sól mundare (fúrbin). stercarare (miston). terram portare (erda úztrágen). So diênont sie alle fore déro tuôsi samo so mit chophi-

---

¹) baptizantis. Sch.
²) ab. Sch.
³) (— ferlazziuun —). Sch.

*) S. 297.

no . quia qui facit peccatum seruus est peccati (uuanda der diê sunda tuót . der ist sundono scálch) . dár uuerdent sie fri . Sáligo der die friheit after dés peháltet.

In tribulatione inuocasti me et erui te . In nôte háretost dû mih ana dô dû lateres máchotost . unde cophinum (chorp) truôge . dô gehòrta ih dih . Fóre dinero tuófi . unz dih dín conscientia (in-uuízze) druhta . nam ih din uuára.

Et exaudiui te in abscondito tempestatis . Vnde gehòrta dih in toûgeni déro dúniste . Vuelero? Nals maris (méris) . nube cordis (herzin). Dár dû angestost . dár gehòrta ih dih.

Probaui te ad aquas contradictionis . Ih chóreta din ze diên uuazzeren déro uuiderchédungo . Vuazzer sint liûte . *) also in apocalipsi demo . der mánigiû nuazzer sah frâgentemo uuaz siû uuárin . geantuuúrtet uuard . populi sunt (daz sint liûte) . Contradicentium populorum (dero uuider=chédenton liûte) ne bristet tágeliches nîeht diên getuôften 1) . an diên iro Got chórot . Martyres inphundun 2) dero uuázzero . Selbemo CHRISTO uuard keheizzen daz er solti unêsen in signum cui contra díceretur (in daz zeichin demo uuider=cheden uuúrde) . Noh niêman guôtero ne ist . imo ne begágenen 3) disiû uuázzer . Aber secundum historiam (nah ketát=scrifte) uuâren aquæ contradictionis (uuázzer uuider=sprácho) . dar filii israhel stritten mit moyse et aaron . V́nzint hára uuas diû fernúmest 4) de oleo torcularis (fone demo ólee torclis) . nah únder=sáztemo 5) diapsalmate (sinnis undir-sceite) . 6) chúmet si de amurca (fone óle=truôsono 7).

Audi populus meus et loquar et testificabor tibi . Hóre min liût ih spricho dir zuô . unde úrchundon dir.

Israhel si audieris me . non erit in te . i . in corde tuo . deus recens . Lósest du mir israhel . só ne ist sáment dir nehêin Got niúuuer . so bechénnest du den uuâren . den êuuigen . nals den mittundes irdâhten . in fantasmate cordis (in⏜trúgeheite dis herzin) . Also pagani (heideno) unde heretici (irrare) tuônt . Der iêo nuas ante tempora (fóre ziten) . der ne mag nîeht kelîh sin dero deheinemo diû in tempore (in zite) uuúrden . noh iro nehêin mag

---

1) getouften. Sch.
2) inphunden. Sch.
3) begagenon. Sch.
4) fernumeft. Sch.

5) untersaztemo. Sch.
6) Schilter hat noch «[Sela]».
7) (—trousomo). Sch.

*) S. 298.

Got sîn, . uuanda sîu Gótes uuerch sint.

Nec adorabis deum alienum. Noh ne-heinen frémeden Got ne bétost dû . ube dû in . in dîn herza . ne nimest . Vuanda so uuélicha gescaft . dû nimest in dîn herza . dîa dû nuànest Gótes sîn . dîu triûget dih.

*) Ego enim sum. Ih pin. Daz aber ne ist uuiê maht du daz péton?

Ego sum dominus deus tuus. Ih hêrro dîn . ih Got dîn . ih pin . Zîu? Quia ego sum qui sum. Vuanda ih pin . ih dir eino uuarhafto bin.

**) Qui eduxi te de terra egypti. Ih dir daz scêinda . unde dih leita ùzer egypto . uzer tenebris (finstri) . Hare hôren alle zuô . únsih unde sie gruôzet Got . er hábet unsih alle geleitet ùzzer ægypto (finstir-lande¹). Vuir hában alle durhkangen den rôten mére . in sanguine CHRISTI consecrato baptismate (mit christis pluóte geuuiêhtero tôufi) bin uuir getúnchot . unde dâr sint ze_leibo. uuorden unsere fienda . die unsih iágeton.

Dilata os tuum . et implebo illud. Intuô dînen múnt ih fúllo dir ín. Ze mir induô in . bétondo unde iéhendo . quia apud me est fons uitæ . (uuanda mit mir ist libis prunno). nals apud recentem deum (mit démo niûuuen Gote).

Et non audiuit populus meus uocem meam. Vnde náh allen dièn liëbtàten . ne gehôrta mîn liût mîna stimma.

Et israhel non intendit mihi. Vnde ze mir ne dàhta israhel.

Et dimisi eos secundum desideria cordis eorum . hoc est donaui eos sibi . ibunt in uoluntatibus suis. Vnde dô lièz ih siê tuôn nah îro gelûsten . Daz tuônt sie oùh . sie lébent nàh iro gelusten . Aber uuîrs ne máhta in niêo gescêhen . danne sie der làzet írron . der siê rihten solta . fone diû oûgent siê amurcam (ole-truôsin) fûre oleum (ole).

Si populus meus audisset me israhel si in uiis meis ambulasset . pro nihilo forsitan inimicos eorum humiliassem . et super tribulantes eos misissem manum meam. Vbe áber mîn liût israhel mir horti . unde iz dâr ána scêindi daz er in mînen uuégen giènge . so mahti gescêhen geniderti ih íro fiênda . unde légeti mîna hant . an diê . die siê arbeitent . Nu sint sie áber íro selbero fienda . uues múgin sê danne gechlagon?

Inimici domini mentiti sunt ei. Truhtenes fienda lúgen imo . Vuiêo? Renuntiando malis . et ad ea redeundo (fersachindo ubeltâtin unde aber iruuindendo) unde chédendo .

---

¹) (finstri lante). Sch.

*) S. CLXVI.   **) S. 299.

Eo ad vineam . et non evndo (sih kàn ze uuingartin unde dara ne chomendo).

*) Et erit tempus eorum in æternum . s. ignem . Vnde iro zît uuéret[1]) in éuua . Éuuig sûr ist in gáro . Disa uuârheit lésent kenuôge . diê dir chédent . Daz ne ist nîeht fone mir gespróchen . nube de impiis (fóne diên árgesten). So uuiéo ih peccator si . adulter . fraudator . raptor . periurus . habeo tamen in fundamento christvm (súndare si unde úberhuôrare si pisuichâre roûbare meinsuero si ih hábo doh christ ze fundemente). Deus misericors est . christianus sum . baptizatus sum . ego per ignem purgor . et propter fundamentum non pereo (Got ist kenâdig ih pin christâne pin getoûfit ih uuirdo mit uuizze geliûtrit unde durh daz fundiment so ne uuirdo ih ferlorin). Du bist christianus . daz ist uuóla . Vuaz pist dù ouh? Raptor . adulter (roubâre úbirhuôrare) unde ánder sámolih . Vuaz chad fóne diên Paulus? Qvi talia agvnt . regnvm dei . non possidebvnt (die sélichiû dinch tuônt diê ne besizzent hímil-ríche). Fóne liéhten sculden chád er áber . Qvi edificant svper fvndamentvm . ligna . fenvm . stipvlam . non perevnt . sed salvi fivnt . sic tamen qvasi per ignem (die dir zímberont uber fundiment holzir hóuue stroh die ne uuerdint ferlórin sundir siê genésint iéo doh also mit uuîzze). Vuîle dù durnohte sin . so zimberost du super fundamentum . aurum . argentum . lapides præciosos (úffen fundimente kolt silbir tiûre Golt-stèina). unde uuúrdest kehalten sine igne (àna uuîzze). Dára zuô gehábe dih . unde ze lukken dingen ne tròste dih . Aber uuélee fienda sint daz? Pagani (heidene) alde christiani? Christiani (sie sint christ).

Et cibauit illos ex adipe frumenti . Vnde daz sint diê . die er fuôrota . mit démo spinde déro chórneuuiste . Adipem (spint) spríchet man de pinguedine carnium (fóne fleisc-pratis kedrúngini) . dannan ist iz bára translatum (ferbilidot) . ad sacramenta corporis domini ze dien uuiéden Gotes lichamen) . mit diên er genuôge fuôrot . diê imo uuidere sint also iudas uuas . démo er buccellam (diê snítun) gab in cena (ze sinemo mérede) fóne démo man báldo chéden mag . Inimicvs domini mentitvs est ei . et erit tempvs eivs in æternvm (der Gotes fiant loûg imo unde uuirt sin zit in éuuon uuîzze).

Et de petra melle saturauit eos . Vnde mit hónange gesáteta er siê . fone christo chómenemo . christvs ist der stein . **) er gáb in intellectum suauitatis in parabolis et misteriis

---

[1]) uuerat. Sch.

*) 300.   **) S. 301.

ad sacietatem (férnúmist suózzi an uuídir mázzon unde in toúgeni ze séti¹) sáment demo adipe frumenti (spinde chórn-uuiste). Vnde manigero profundatis solutionem (tiúffi réccheda) tuóndo chédent sié. NIHIL MELIVS. NIHIL DVLCIVS INTELLEGI VEL DICI POTEST. ET TAMEN INIMICI DOMINI MENTITI SVNT EI (niêht nist pézzera niêht ne mach suózzira fernómen noh keságet uuerden unde lugin doh gote sine fienda²).

---

*) PSALMUS LXXXI.

PSALMVS IPSI ASAPH.

Sélbemo asaph. selbero sinagogæ ist kesúngener díser psalmus. unde íro geheizzet er ADVENTVM DOMINI (Gotes chúmft³).

DEVS STETIT IN SINAGOGA DEORVM. CHRISTVS cham hára. unde stuont hiér ána sihtiger in mittero gesámenungo dero Góto. daz chit déro israhelitarum. fóne diên er hina baz chít. EGO DIXI DII ESTIS. ET FILII EXCELSI OMNES (ih chído ir birint kóta unde alle des hóin súne).

In medio autem deos discernit. Dár in mittemen stándo sceídet er sié. ex eadem conspaxsione faciens alia uasa in honorem. alia in contumeliam (úzzir einemo chénete meleuue uuúrchente éiniu faz ze éron ándriú ze úneron).

Vsque quo iudicatis iniquitatem? et facies peccatorum sumitis? Vuiêo lango uuellent ir israhelite daz triben. daz ir unreht irteilent fúre reht? unde ir an iúh nément déro súndigon ánaliúte? Dié legi (dero có) uuíderhórig uuáren. prophetas (uuis-ságen) sluógen. unde nu CHRISTVM sláhen uuéllen. uuiéo lango uuellent ir dien folgen? unde iro ánasiune gelíh sín. Ir bint plebs dei (Gotes folch). unde bint tantæ multitudinis (so michelero manigi). daz iúh nóte furhtent dié principes (fúrstin). uuiéo múgent ir unsculdig sín. ube ir sié lázzent so úbelo getuón? CHRISTVS ist umbe iúh uuorden egenus et pupillus (arm unde uuéiso⁴).

Iudicate egeno et pupillo. Pediu findent imo reht also daz ist. daz imo fore sint. niêman negetár in sláhen unz ir ne uuellen⁵).

**) Humilem et pauperem iustificate. Principes (dié fursten) superbos (úbermuóte) unde diuites (riche) uuordene umbe sih selben.

---

¹) (fernumift —). Sch.
²) (— mag —). Sch.
³) (— chunft). Sch.
⁴) (— uueis). Sch.
⁵) uuellent. Sch. Das «l» kann durch den fleck getilgt sein. s. einl. s. 19.

*) S. CLXVII.   **) 302.

ne uuânent uuesen rehte . nube CHRI-
STVM uuórdenen umbe iúh niderren
unde écchero den áhtont réhten.

Eripite pauperem. Nément in ar-
men dâna.

Et egenum de manu peccatoris
liberate. Vnde lôsent in uuènegen.
fone des súndigen hánden . nièo oûh
ir súndig ne sint héngendo . unde
ne fólgent in nieht des . daz ir èis-
coent barabban¹) ze libe . CHRISTVM
ze tóde.

Nescierunt neque intellexerunt in
tenebris ambulant. Sié ne uuísson
déro dingo nieht . noh ne fernâmen.
Si enim cognouissent nunquam maie-
statis dominum crucifixissent (ube
sie áber uuíssin sô ne chriúzegotin
sié nieht den mahthéite hérrin). Sie
gánt in finstri uuanda sié irblendet
sint . nieht éin sié . nube ouh ir sa-
ment ín.

Mouebuntur omnia fundamenta
terrae²). Dannan uuerdent iruuéget
álliû phúndement³) déro érdo.
Vuanda do uuúrden erdpiba . do
dise blinde CHRISTVM chriúzegoton.
Alde iz chít . fundate in terrena feli-
citate (diè irgrúotin in uuerlt⸗sáli-
don) uuúrden iruuéget ad ammira-

tione⁴) signorum et penitentiam pec-
catorum (ze demo uuúdire dero zéi-
chene unde ze riúuuo iro sundon).
do dise uuúrden cæcati (irbléndet).
Also PAVLVS chad . CECITAS EX PARTE
CONTIGIT IN ISRAHEL . DONEC PLENI-
TVDO GENTIVM INTRARET (plindi be-
scah uber súm undir iúdon unz in
diù folli dièto inchâme⁵).

Ego dixi dii estis . et filii excelsi
omnes. Vos autem sicut homines
moriemini . et sicut unus de princi-
pibus cadetis. Vuieo so iudei? Ih
chad dii estis . filii altissimi omnes
estis (Gote bind⸗ir des hóhesten súne
bint ir álle). Solche uuolta ih iúh
solche diè ne irsterbent . aber ir ir-
sterbent . also ex diis homines (úz-
zer menniscen Gote⁶) uuórdene tuón
súln . unde ne uuerdent irhohet ir .
so filii altissimi (des hôisten sune
solton⁷) . nube ir fallent fone ela-
tione animi (irhabini muòtis) . sicut
unus ex principibus . i. diabolus
(sámo èiner dero fúrston daz ist der
tiéfel). Daz ist increpatio (irráf-
sunga) unde exprobratio (íteuuiz).

*) Surge deus iudica terram . Stant
ûf Got fone tóde . unde dingo uber
die terrenos (érd⸗púuuen) die uber

---

¹) barraban. Sch.
²) terræ. Sch.
³) fundement. Sch.
⁴) ammirationem. Sch.

⁵) (— suni —). Sch.
⁶) (uzzer Gote menniscen). Sch.
⁷) (— hohisten —). Sch.

*) S. 303.

dih dingoton . dingo úber siè in nouissimo die (an dèmo iúngesten táge).

Quoniam tu hereditabis in omnibus gentibus. Vuanda du besizzest omnes gentes per fidem et dilectionem (alle liúte durh iro gelouba unde minna).

PSALMUS LXXXII.

CANTICVM PSALMI ASAPH.

Daz lútrèista sang ist asaph iz ságet congregationi populi dei . secundum aduentum domini (Gotis liutis samenungo diè ándrun Gotes chunft).

DEVS QVIS SIMILIS ERIT TIBI? So dù chúmest christe ad iudicandum (ze úberteilenne) . uuer ist dir danne gelih? In primo aduentu (an dero èrun chúnfte) uuáre du ménniscon gelih . ioh latronibus (scáchárin) uuáre du gelih . uuanda du in forma serui (in scálchis pilde) scine . so . du áber chúmest in gloria (mit kuóllichi) . uuer mag danne funden uuerden dir . gelih?

Ne taceas neque conpescaris deus. Sîd dú suigetost do dú occultus (toùgener[1]) cháme. So du manifestus (óffen-bárer) chómêst . so ne suige noh ne uuis stille dines iudicii (urtèilis).

*) Quoniam ecce inimici tui sonauerunt? Et qui oderunt te extulerunt caput. Vuanda dine fienda fore lùtreiste uuàren . unde iro hòubet anti-christum irhuòben . quem dominus iesus interficiet spiritu oris sui (den truhten der haltendo irsláhit mit sines mundes átime).

Super populum tuum malignauerunt consilium . et cogitauerunt aduersus sanctos tuos. Sie fúnden árgen rát . uber dinen liùt . unde dáhton uuíder dinen heiligon.

Dixerunt. Sus cháden siè.

Venite et disperdamus eos de gentibus. Chóment . sámenòen unsih fertilegoen sie fóne dièten . daz siè furder ne sin . under diéten.

Et non memoretur nomen israhel ultra. Vnde furder ne si geuuáht[2] israhelis námen.

Quoniam cogitauerunt unanimiter simul. Vuanda sie sáment einmuótigo dáhton.

Aduersum te testamentum disposuerunt. Vuider dir èinunga táten. Testamentum (peneimeda) hêizzet pèidiu . ioh daz quod non ualet . nisi testatoribus mortuis (daz dir ne toùg áne tòten penèimedarin) . ioh omne pactum et placitum (ièqelih kezumft ioh èinunga) heizzet testamentum.

**) Also iacob unde laban testamen-

---

[1]) (tougenor). Sch.   [2]) geuualt. Sch.

---

*) S. CLXVIII.   **) 304.

tum (des êinunga) tâten . daz siê ioh
uiui (lébinde) uuéren solton.

Tabernacula idumeorum et isma-
helite. Moab et agareni . gebal et
ammon et amalech alienigenæ cum
habitantibus tyrum. Díse tâten diê
êinunga. Déro námen oûgent daz
sie Gotes fîenda sint. Idumei ter-
reni l. sanguinei (daz chit erdîne
alde blůottine). Hismaelitæ¹) obœ-
dientes sibi (in selben lósinte) . uti-
que non deo . sed sibi (so égih kuòt.
ni Gote . nube in sélben). Moab.
ex patre (uzzer fátire) . uuanda sin
muôter geuuân in be íro fáter un-
muôzhafto. Agareni . proseliti . i.
aduenæ . non ciuili animo sed alieno .
qui nocendi occasione inuenta . se
ostendunt (frámrécchen ih meino
nals mit heimlichemo muóte sunder
mit frémidemo . diê sih oûgent scâ-
donnis falgo fundenero). Gebal ual-
lis uana . i. fallaciter humilis (úppig
tál daz chit lugelicho tiêmuotigh).
Amon²) . populus turbidus³) . l. po-
pulus meroris (zórnlich liût alde tru-
recheite liût⁴). Amalech populus
linguens (lecchonde liût) . also iz
chit. INIMICI EIVS TERRAM LINGENT.
(sîne fîenda lécchont fore imo die
erda). Alienigenæ . aliunde geniti .
et propter hoc inimici (andir uuán-
nen búrtige unde bediû sîne figin-

da⁵). Tyrus angustia siue tribula-
tio (daz chit ángist alde arbêit).

Et enim assur uenit cum illis. Sel-
ber diabolus (der tiêfal) cham sá-
ment in.

Facti sunt in adiutorium filiis loth .
i. declinantis (das chit des ába chê-
renten). Diabolus ist declinans a
deo . angeli eius sint filii declinantis
(der tiêfal ist aba chêrinde sóne
Gote sîn éngela sint des aba chêrin-
tin chint). diên châmen siê ze hélfo.
So uuáz sie tuôn uuellen . unde iro
fater diabolus (der tiêfal) . des hel-
fent in filii diffidentiæ (diu chint dero
firchúnste).

Fac illis sicut madian et sisaræ ·
et sicut iabin in torrente cison. Fár
in also mite . also dû mite fuôre ma-
dian . der latine heîzzet declinans iu-
dicium (dinch-reht . fermidente).
unde sisaræ der exclusio gaudii (uz-
tribo mendi) heîzzet . unde iabin .
der sapiens (der uuîso) heîzzet nals
ze guote . nube ze ubele diê sígelôs
uuúrden in torrente (an demo chlin-
gen) cison . daz latinæ chit duricia
eorum (iro hérti).

Disperierunt in endor. Sie uuúr-
den ferlóren in fonte generationis
(an demo brunnen dero gebúrte).
nuanda sie ne fórderoton fontem re-
generationis (den brunnen ábirburte.

---

¹) His Mahelitæ. Sch.
²) Ammon. Sch.
³) turpidus. Sch.
⁴) (— tiurecheite —). Sch.
⁵) (— burdige —). Sch.

i. toufi) . in démo sie mahtin gehál- tin uuerden.

Facti sunt ut stercus terre. Sié uuúrden gelîh démo érdemiste die niêht ne chondon . flanzon âne ír- desca geburt.

*) Pone principes eorum sicut oreb et zeb et zebee et salmana. Sezze iro fursten. Vuieo? Also du iû oreb saztost . der siccitas (dúrri) heizzet. et zeb . der lupus (uuolf) hêizzet . et zebee der uictima (frúscinch) heîz- zet . Vues? ane lupi (des uuólfes). et salmona . der umbra commotionis (scáto dero uuégi) hêizzet.

Omnes principes eorum qui dixe- runt hereditate possideamus sanc- tuarium dei. Ze sô getanero uuis uuerdent fertiligot alle íro fúrsten . die zein anderen cháden . pesizzen daz Gotes uuiêhûs. Vuelee sint daz uuiêhus âne populus dei (Gotes liût)? Den uuellen sié iêo gerno beuuénden nah iro uuillen . Daz ist inanis sonus (ítal lûta) dannan iz fôre chit. INIMICI TVI SONAVERVNT (dîne fienda lûton).

Deus meus pone illos ut rotam. Got mîner macho sié unstâte iro râ- tes . also râd¹). Alde sus. Râd púret sih after . fornân fallet iz. Hiêr an diên áfterósten bonis (kuó-

ten) . stigen inimici domini (Gótes fienda) . hina fúre an diên bézzesten fällen sié . dâr gebreste in.

Et sicut stipulam ante faciem uenti. Vnde also den halm fóre demo uuín- de. Leuia corda (liêhtiu herza) gib in . daz sie fore temptatione (bi-cho- rungo) gestân ne múgin.

Sicut ignis qui conburit siluam . et sicut flamma comburens montes . ita persequeris illos in tempestate tua . et in ira tua turbabis eos. Noh uuánne in iudicio in nouissimo die (an úrtêile an demo iúngestin dáge) áhtest dû iro an dînemo úngeuui- tere . unde an dinero ábolgi truó- best dû sié . also égebaro fárendo . so daz fiûr . daz den uuald prénnit . unde der loúg . der die berga brén- nit. An dísemo uersu ist ein per- sequéris et turbabis (áhtest unde truóbest²) . unde ouh ein in tem- pestate et in ira (in úngeuuittere unde in ábolgi) . unde in igne et in flamma (in fiûre unde in_loûge). áber siluam (den uualt) fernémen steriles (úmbirige) . montes super- bos (diê úbermuòtin perga).

Imple facies eorum ignominia . et querent nomen tuum domine. Fulle iro ánasiûne mit hônedon . unde so suôchent sie dînen namen tróhten .

---

¹) Verbessert aus «râd».   ²) (— troubest). Sch.

---

*) S. 305.

*) Irſiht sie mit aduersis . dannan gestânt sie fliehent ze dir . Die daz ne tuôen . uuaz keschéhe diên .

**) Erubescant et conturbentur in seculum seculi . et confundantur et pereant . Diê sin scámeg unde truôbe¹) . unde gehònet . unde ferlóren . in uuerlte uuerlte .

Et cognoscant quia nomen tibi dominus . Vnde so bechénnen éne ioh dise . daz dú hèizzest dominus (der trohten²) . unde andere domini (hèrrin) sint seruiliter domini (scálclicho hérrin) . unde bediu noh domini (sar hèrrin) ze dir gebótene . Daz keêiscoien siê . Vnde uuaz mer?

Tu solus altissimus super omnem terram . Daz du eino heîzzest altissimus (hôisto) uber alle erda . Ziú hêuent sih danne uuider dir . diê in erdo sint . unde ioh selben sint erda .

PSALMUS LXXXIII.

IN FINEM PRO TORCVLARIBVS FILIIS CHORÆ.

An CHRISTVM siêhet diser psalmus . kesúngener umbe diê torcularia filiis calui (torcul des chálauuin súnin) . Ecclesiæ dei sint torcularia . Sie sint torcul-hûser . Dar sint ínne christiani . diê in pressuris (diên fresson) mánigero persecutionum (âhtungon) getrótot uuerđent . unde dannan uuerdent liquati in apothecas dei (kelâzzin in Gotes chéllir-faz) . Die sint filii calui (des cháliuuin súne³) . filii crucis (chrucis chint) . filii crucifixi . qui in loco caluitii SVSPENSVS EST (des kechriuzegotin chint . der an demo cháffe dero cháliuui irhángen uuart) .

QVAM AMABILIA SVNT TABERNACVLA TVA DOMINE VIRTVTVM. Vuiêo uuúnnesam dine herebirga sint truhten déro chréfte . Vuiêo arbêitsam hier ze lébenne ist . in torculhûsen . uuieo guot⁴) sament dir ze uuésenne ist . dâr nehein pressura (fréssa) ne ist .

Concupiscit et deficit anima mea . Hína gérot . hina muôhet sih mîn sêla . Vuara ?

In atria domini (in Gotes frithóua) . kebréssotez pére . siget fone torculari in uinum et in lacum et in apothecas domini (in den uuîn unde in den gesik unde in Gotes chéller-faz) .

***) Cor meum et caro mea exultauerunt in deum uiuum . Sêla unde lîchamo min fróuton sih hinnan hina an den lébenden Got . Spes (kedíngi) hábet mir irrécchet die exultationem (fróuuida) .

---

¹) troube. Sch.
²) (der truhten). Sch.
³) (— cháliuuen —). Sch.
⁴) Got. Sch.

---

*) CLXIX.   **) S. 306.   ***) 307.

Et enim passer inuenit sibi domum. Vuanda der sparo findet imo hûs. Min sêla findet noh in himele daz hus . dar si¹) fúrder inne si . also iêo spáro hêime ist.

Et turtur nidum sibi . ubi ponat pullos suos. Vnde der túrtur findet imo nest . dâr er lége sine iúngen. Min lichamo findet dia stat . dara er siniu uuerch zûo fuôre. Vuéliu stat ist daz?

Altaria tua domine uirtutum . rex meus et deus meus. Daz sint dîniu altaria hêrro déro chrefte . chúning min unde Got min. Dára sehent míniu²) uuerch . ieiunia sacrificia elemosinæ et cetera (fásta missopher sel lôsunga unde ál samelichiû).

Beati qui habitant in domo tua. Sâlige diê in dînemo hus púent. Beatitudinem (sâlida) habent sie . uuaz tuônt sie aber?

In sæcula sæculorum laudabunt te. Iêmer lóbont sie dih . Sie sêhent dih . sie lóbont dih. Des ne mag sie irdrièzzen uuanda an diû iro sâlighéit ist . daz sie daz tuon muózzen³).

Beatus uir cuius est auxilium abs te. Sâligo der dina helfa hábet dára ze chómmenne.

Ascensus in corde eius disposuit.

Diû⁴) helfa machot imo stégâ . in sinemo herzen. In uuélero regione?

In conualle lacrimarum. Hiêr in chorctale⁵) in torcularia. Vuara leitent siê?

In locum quem disposuit. In dia stat . die er gágen in hábet keréchenot in regnum cælorum (in himilriclie).

*) Et enim benedictionem dabit . qui legem dedit. Daz ist fone diû . uuanda derselbo gibet noh sálda . der ér gab keduuinch. Vuaz keschet dannan?

Ibunt a uirtute in uirtutem. Sie fárent fone éllenen . ze mêren éllenen. Sie hábeton hiêr uirtutes ad refrenationem carnis (ellin ze dero doúbungo des lichamin) . **) téret chúmet noua uirtus (niúuuer éllin). Vuéliu ist daz?

Videbitur deus deorum in syon. Daz ist chraft ánscouuúngo. Virtus contemplationis (daz ist . chraft an scóuuungo). Deus christianorum ouget sih in . sicuti est (also ir getán ist). Vuar? In syon . in cælesti ierusalem (in dero himiliscun ánasihte fridis).

Domine deus uirtutum exaudi orationem meam . auribus percipe deus iacob. Truhten Got állero chrefto .

---

¹) sie. Sch.
²) meiniu. Sch.
³) Fehlt bei Sch. von «uuanda» an.
⁴) Din. Sch.
⁵) choretate. Sch.

*) S. CLXX.   **) 308.

gehóre min gebét fernim iz Got iacobis . unde tûo mih ûzzer iacob (híndir scránchâre) israhelen (Got ánauuártâre). Vuanne? Cum apparuerit deus deorum in syon (so ûffen uuarto Got allero Goto irscîne).

Protector noster aspice deus . Vnser scérmare Got sih ze úns. Vuâr ist der scérm? Sub umbra alarum tuarum (undir demo scátuuue dînero féttacho).

Et respice in faciem CHRISTI tui. Vnde sih an dînes keuuiéhten ánasiûne. Daz chît. Duô unsih kesêhen CHRISTVM incarnatum (lîchamhaftin) . ut possimus ire a uirtutibus in uirtutem (daz uuir múgin fone einero guóttâte ze ándírro fârin).

Quia melior est dies una in atriis tuis super milia. Vuanda éin dag pezzer ist in dînen hóuen danne dûsent hiêr. Hiêr bértont tag unde naht . an diên áltent die menniscen . sament dir ist ein tag . an demo niêman ne altet. Ne ist dánne dâr der dîno bezzero . danne hier manege?

Elegi abiectus esse in domo dei mei . magis quam habitare in tabernaculis peccatorum. Ih uuíle gernor uuésen feruuórfener in demo Gótes hús . in dero æcclesia . in torculari . so daz ih dâr iêo doh ínne sî .

danne guóllih uuésen ûzzenan . in dînero sundigon hérebergon. Ziu?

Quia misericordiam et ueritatem diligit deus. Vuanda Got minnot knáda unde uuárheit . ze êrist kébendo uoluntariam indulgentiam pœnitenti (kerim uuílligin ablaz demo riûuuontin¹) . dara nâh promissam coronam uincenti (fore=geheízzena corona demo sígenemin) . also er Paulo téta.

Gratiam et gloriam dabit dominus. Knáda unde guóllichi gibet Got . knáda also Paulus chad. GRATIA DEI SVM ID QVOD SVM (Gotis kenâdon pin ih daz ih pin²) . kuóllichi also er aber chad. SVPEREST MIHI CORONA IVSTITIÆ (mir ist chúnftig — rehtis).

*) Non priuabit bonis ambulantes in³) innocentia. Cuôtes ne beteilet er únsundige. Vuaz ist daz er ín gibet? Requies . æternitas . inmortalitas . inpassibilitas (râuua êuuicheit úntôdigi únlidigi) .

**) Domine deus uirtutem . beatus homo qui sperat in te. Sâligo der sih ze dír fersiéhet . Got déro tûgedo .

---

¹) kerniuuilligin [f. kerniu]. Sch.
²) (Gotisi etc.). Sch.
³) Fehlt bei Schilter.

*) S. 309.   **) S. CLXXI.

PSALMUS LXXXIV.

IN FINEM IPSI CHORE.

An dáz͞ende leîtet únsih díser psalmus . dàr uuír nîeht ferírron ne múgen . uuanda an ímo ueritas (uuàrheit) ist . kesúngener filiis chore . filiis calui (des cháliuuin chíndin) . des uuír huòn ne súln . fóre demo uuír áber uuèinon suln . Er sínget uns in preterito (irgangenlicho) daz noh dò¹) futurum (chumſtic) uuas . uuanda álliú futura (chúmſtigiù dînc) Gote sint preterita (ferfáriniù).

BENEDIXISTI DOMINE TERRAM TVAM. Ze guòte gecháttost du dîna erda CHRISTE . dîa dù nascendo an dîh nâme . Also dâr ána schînet .

Auertisti captiuitatem iacob . Hábest dána geuuéndet dînes liûtes éllendunga . Fóne dero Paulus chít . VIDEO LEGEM CARNIS MEÆ REPVGNANTEM LEGI MENTIS MEÆ . ET CAPTIVVM ME DVCENTEM IN LEGE PECCATI QVÆ EST IN MEMBRIS MEIS (ih kesièho mínis lichamin êa uuider-bréchinta mínis muotis êo unde sièho sîa míh fuôrin ellenden an dero êo dero súndo diù an mînen lîden ist) . Vuannan cham diù lex peccati in membra (êa sundo an die lîde)? Fóne déro érestum transgressione (adâmis úberstephido) . Der exterior homo (ùzzero ménnisco) ne uurde niêmer uuíderhôrig sînemo hêrren interiori homini (demo ínnirin ménniscin) . úbe er ne uuâre uuorden éreron uuiderhôrig sînemo hêrren unde sînemo skepfen . So lex membrorum (dero lide ea) gerichet . unde si ménniscen gezièhet in peccatum (ze sundon) . so ist er captiuus (ellende) . fóne dero captiuitate (ellendi) lôset in CHRISTVS . mit sînero remissione (ántlàzido) . Also iz sâr nàh chît .

Remisisti iniquitatem plebis tuæ . Hábest fergében daz únreht dînes fólches .

*) Operuisti omnia peccata eorum . Pedáhtost álle iro sunda . ne uuoltost . sîe fóre ougon hâben .

Mitigasti omnem iram tuam . Hábest dîn zorn al ze mámmendi beuuéndet .

Auertisti ab ira indignationis tuæ . hoc est auersus es ab ira indignationis tuæ . Hábest dih keloùbet déro ábolgi dînes zôrnes .

Conuerte nos deus salutaris noster . So tuò dù Got unser háltare . bechère unsih .

Et auerte iram²) tuam a nobis . Vnde uuénde dîna abolgi fone uns .

Non in æternum irasceris nobis . neque extendes iram tuam . a generatione in generatione³) . Dù ne bil-

---

¹) du. Sch.
²) viam. Sch.
³) generationem. Sch.

*) S. 310.

gest dih nieht in êuua ze uns . noh
dù ne récchest dîn zórn . fóne ge-
búrte ze geburte . Diû êrera genera-
tio (chúnhafti) uuart ferlorn diù fóre
CHRISTO uuas . diù dâra nâh chúmet.
diù uuirt kehálten per baptismum
(mit dero toûfi).

Deus tu conuertens uiuificabis
nos . Dû trúhten únsih pechérende¹)
mit dînero ládungo . irchicchest un-
sih . Fóne dir fliêhente uuendest
dû unsih ze dir . unde gehaltest ún-
sih.

Et plebs tua lætabitur in te . Vnde
an dir fréuuet sih dîn fólg . nals an
imo selbemo.

Ostende nobis domine misericor-
diam tuam . et salutare tuum da no-
bis . Oûge uns trúhten dîna gnâda .
unde gib uns CHRISTVM dînen hál-
târe . Nieht êin in carne ze gesé-
henne nube in diuinitate (an déro
Góteheîte) . nâh diên gehéizzen .
quoniam uidebimus eum sicuti est
(daz uuir in geséhen sulin also er
getân ist).

Audiam quid loquatur in me do-
minus deus . Ih kehòre mir . uuaz
in mir spréche truhten Got . Stre-
pitus mundi (chláffot dirro uuerlte)
ne tuó mir únstilli . nube ih muozze
fernemen . uuaz spiritus sanctus (der
heiligo geist) mir ságe.

Quoniam loquetur pacem in ple-
bem suam . et super sanctos suos .
et in eos qui conuertuntur ad ipsum.
Vuanda er gehéizzet frído an sîne-
mo liûte . unde an sînen heiligon .
unde an diên die sih chêrent ze imo.
*) Vuanne chumet der ? Quando
corporale hoc induet incorruptio-
nem . et mortale hoc inmortalita-
tem (danne diz lichamhaftiga an sih
légit unlichamhafti unde diz tódiga
an sih légit úntòdigi²) . Ne laz dih
is pelángen christiane . hiêr hábest
du uuîg . hiêr sólst dû fehten . dóret
sólt du ràuuen.

Verumtamen prope timentes eum
salutare ipsius . ut inhabitet gloria
in terra nostra . Aber doh schînet
sîn³) háltare in carne (in fleisce) .
sáment diên in fúrhtenten . apud iu-
deos (under iúdon) uuírdet er ge-
bórn . daz in únsermo lande diù
guóllichi bûe . sáment uns . uuir iêo
sîne uuâren.

**) Misericordia et ueritas occur-
rerunt sibi . Vuâr unde gnâda be-
châmen ein-ánderen . Gentes (tiéte)
unde iudei châmen ze êinero gelou-
bo . Gentibus (tiétin) ist iz miseri-
cordia (kenáda) . iudeis (iúdon) ist
iz ueritas (uuâr) . Alde ueritas úe-
teris testamenti (daz uuâr dero al-
tun éo) gehillet misericordiæ noui

---

¹) becherende. Sch.
²) (Uuanne — todigu —). Sch.
³) siu. Sch.

*) S. 311.   **) S. CLXXII.

testamenti (dero genado dero niuuuin èo).

Justitia et pax osculatæ sunt. Reht unde frido chúston sih. Siê uuáren ièo friûnden. Dàr iustitia (reht) ist. dar ist pax (frido). Daz zièhet ze fríde. ut non facias alii quod tibi non uis (daz du andirmo ne tûoiest daz du dir selbemo ne uuellest). Iutuuèrest dù daz. so hábest dù pacem (den frido) gesciêhet.

Veritas de terra orta est. et iusticia de cælo prospexit. CHRISTVS uuárd keborn fone MARIA. unde bediû irsáh únsih reht fóne himele. Fone cælesti gratia (himilisciro genàdo) uuúrden uuir iustificati (gerèhtháftigot). do CHRISTVS hára cham. Oùh chúmet uuár fóne erdo. so ménnisco ueram confessionem (uuàrra pigiht¹) tuòt. unde démo fólget daz himelsca reht. uuanda dannan uuirt er iustificatus (rehthaft). So gescah démo publicano (démo offen-súndàre). der sih namda peccatorem (sunt‑haftin).

Etenim dominus dabit suauitatem. et terra nostra dabit fructum suum. Ze uuare Got kibet suozzi des rehtes. er getuot unsih kelústige des pézzeren.

Et terra nostra dabit fructum suum. Vnde dannan bérent iro uuuôchar únseriù gelénde. Er geuuísot únserro herzon. dannan beginnen uuir uuóla tuòn.

*) Justitia ante eum ambulabit. et ponet in uia gressus suos. Réht kàt fóre. Vuélez? pœnitentia (riúuua) unde confessio (bigiht). dannan chèret er sine géuge án den uueg. der ze únseren herzon leitet. Sô sól man parare uiam domino (gáriuuin uuék Góte²).

PSALMVS LXXXV.

ORATIO DAVID.

CHRISTVS ist dauid. er ist caput æcclesiæ (hoùbit christenheite) pediù ist diz kebét íro. sáment imo.

INCLINA DOMINE AVREM TVAM ET EXAVDI ME. QVONIAM EGENVS ET INOPS SVM EGO. Helde truhten ze mir dín òra. uuanda ih túrftig unde arm bín. Ih bechénno³) uuièo dúrftig ih dín bín. fóne diù uuíle ih trúuuen daz dù mih kehòrest. Der sih ze imo sélbemo fersièhet. den ne gehòrest du.

Custodi animam meam. quoniam sanctus sum. Pehuóte⁴) mína séla fore scandalis (uuérron) fóre temptationibus (bichórungon). uuanda ih heilig pin. Vuer mag daz ché-

---

¹) (uuara pigith). Sch.
²) (gari uuin —). Sch.
³) pechenno. Sch.
⁴) Pehuota. Sch.

*) S. 312.

den âne CHRISTVS? Sîne lide chédent iz oúh . uuanda siê gehêiligot sint fóne imo.

Saluum fac seruum tuum deus meus sperantem in te. Kehált dînen scálgh¹) Got an dîh kedingenten²). Hetligen fóne diû . uuanda er diemuóte ist . unde an dîh . kedinget.

Miserere mihi domine quoniam ad te clamaui tota die. Cnâda mir hérro . uuanda ih ze dír hareta den tâg állen. In allen zíten háreta ih ze dír . uuanda in allen zíten lígent mir pressuræ (fréssa) ána . noh íro ne gebrístet mir . unz in ende dirro uuerlte. Vnus homo unum corpus CHRISTI (ein mennisco allis einer . ein-licchamo christis³) uuéret usque in finem sæculi (unz an ende uuerlte). Des líde sint súmeliche úzer déro nóte . dîê ér háreton . súmeliche sint nu⁴) dâr inne . diê nu hárent. So chóment noh dâr ín diê dánne hárent . so uuéret clamor tota die . id est toto tempore (diz háren allín dag daz chit alle zíte). In finem⁵) temporis (an ende dis zitís) zegant clamor (daz háren) . unde pressuræ (diê fressa).

Jocunda animam serui tui . quoniam ad te domine animam meam leuaui. Keuuúnnesamo dînes scalches séla . uuanda ih huób siá ûf ze dir . *) Hiêr nidere ist amaritudo (un⸗suozzi) . dâr in hóhí ist iocunditas (uuúnnesam) . fóne diû huób ih siá dára. Dú bist der hóhesto . der dih minnot . der hóhet rehto sîn séla . unde findet uuúnna.

Quoniam tu domine suauis ac mitis. Vuanda du truhten bêidíu bist . ioh suôzze ad tollendam amaritudinem (hina ze némenne pitteri) . ioh mámmende ad sustinendos peccatores (ze bitínne dero sundigon). Suôzze démo . der an dîh pétot ex corde (fone herzen) . mammende démo . der bêton beginnet . unde in sîne gedancha des irrent . unde dú doh pîtest uuánne er sîn herza gestâte . lútter gebét ze tuônne. Vuélih mennisco náme des uuára . der mit imo begondi chóson . úbe der diâ uuila sih fúrder chérti . unde er mit 'ándermo chósoti? Vuieo unsémfte doh daz si . daz iémannes kedanch in gebéte stâte sî . daz oúgta dauid do er chad. QVONIAM INVENI COR MEVM . VT ORAREM AD TE (uuanda ih fant mîn herza daz ih pétôn muôsi ze dir). Er chád sih finden sîn herza . sámo so iz sitîg uuâre flíéhen⁶) fone imo.

---

¹) scalg. Sch.
²) gedingenten. Sch.
³) (— lichamo —). Sch.
⁴) nun. Sch.
⁵) fine. Sch.
⁶) flichen. Sch.

*) S. 313.

Et multæ misericordiæ. Vnde filo genâdig. Nieht ein genâdig. nube filo ¹) genâdig. Vuémo?

Omnibus inuocantibus te. A'llen dih ze inládonten. Vuanda diê dih umbe ieht anderes ána hárent. die ne harent dir noh diê ne eiscont dih. nube daz siê minnont. Der ioh pitet uitam filio suo (libis hiêr sînemo súne). unde in Got ne gehôret. unde er danne chit. iâ bát ih Got cuôtero dingo. ziu ne gehôrta er mih? uuaz uuêiz er? Vuaz ube imo ne tohta ze lébenne. niê er árgero ne uuúrde? Ne uuas danne consilium dei (Gotes rat) bezzera. danne hominis (mánnis). Pediû bite des. des er dir únne. bite sîn selbes. daz kehôret er gérnôst.

Auribus infige domine orationem meam. et intende uoci deprecationis meæ. Lás in fâsto truhten mîn gebét in dînen óron. unde hôre ze dero stimmo mînero flêho. *) Déro ze uuêio ²) uuéret den Got kerno. der sîna legem fasto háltet in sînemo herzen.

In die tribulationis meæ clamaui ad te. quia exaudisti me. A'n démo táge mînero nóte háreta ih ze dir. uuanda dû gehôrtost mih. **) Daz chit. dû gehôrtost mih. uuanda ih hareta ze dír. Alle unsere dies (taga). sint uns dies tribulationis (taga arbêite). quia quamdiu sumus in corpore peregrinamur a domino (uuanda al diê uuîla so uuir in demo lîchamin pîn. so uuellen uuir geellindot fone Gote ³). Vbe oûh hiêr ieman æterna bona (éuuígiû guót) bâben mahti. unde er faciem domini (Gotis ánasiûne) gesêhen ne solti. uuaz uuâre danne daz er geuuúnnen hábeti. uuider démo daz er ferlórn habeti? Vuer máhti sih des fertrôsten? V'be oûh solcher ieman ist. der ne ist nieht amator dei (Gotes minnâre). der ne uuêiz nieht sînero peregrinationis (éllendi). Húge dára homo (mennisco). húge dára. unde nieht ne si dir liêpsam âne sîna ánasiht.

Non est similis tui in diis domine. Dîn ne ist kelîcher trúhten under ánderen Góten. die gentium (dero diéto) Góta hêizent ⁴) diê dir hábent oculos et non uident. aures et non audiunt (ougen unde ne séhent óren unde ne hôrent).

Et non est secundum opera tua. Vnde nâh dînen uuerchen ne ist íro ne-hêin. Dir gelîcho ne uuérchot íro ne-hein. Dû táte hímel unde erda. uuaz taten sie?

---

¹) filio. Sch.
²) zeuueio (zweio bis duobus). Sch.
³) so uuellen. Sch. — Die vier letzten buchstaben sind aber in der handschrift durch einen darunter gesetzten strich als fehlerhaft bezeichnet.
⁴) heizzent. Sch.

*) S. 314. **) S. CLXXIII.

Omnes gentes quascumque fecisti uenient . et adorabunt coram te domine . Alle diête so uuiêo mánige dû tâte . diê chóment unde bétont fóre dír . Daz sëhen uuir nû irgángen.

Et glorificabunt nomen tuum . quoniam magnus es tu . et faciens mirabilia tu es deus solus. Vnde guóllichont siê dih . uuanda dû Got eino michel bist¹) . unde eino uuúnder tuóst . Also du éino Got pist . so bist dû oûh éino michel . unde uuúnder tuônde . Magorum signa (dero gouclero zéichin) sint lúkkiû unde únnuziû . dâr ueritas (uuarheit) ána ist unde utilitas (nuzzeheit) . diû sint solius dei (Gotes éinis).

*) Deduc me domine in uia tua . et ambulabo in ueritate tua . Leite mih an CHRISTO der uia (uuég) ist . so gân ih an dînero uuarhéite diû aber CHRISTVS ist . Diê aber catholici (reht=folgic) sint . diê gânt in uia (in uuege). Vbe diê Got lêitet . unde siê geléret²) keuuáro gân . so gânt sie in ueritate (in uuarheite) unde gant an imo ze imo.

Jocundetur cor meum ut timeat nomen tuum . Min herza uuérde so geuuúnnesamot fone spe (gedingi) . daz iz iéo doh furhte dînen namen .

unde ih under dînen ze=uuísken kehalten uuerde .

Confitebor tibi domine deus meus in toto corde meo . et glorificabo nomen tuum in æternum . quoniam misericordia tua magna est super me . et eruisti animam meam ex inferno inferiori . Ih iiého dir truhten Got míner in allemo mínemo herzen . unde guóllichon dînen námen in êuua . uuanda dîn gnada michel ist an mir . an diû . daz dû mîn sêla irlôstost . fóne dero niderun hello . Vbe diû obera infernus (hella) ist . dâr animæ iustorum (dero rehton sela) râuueton fóre aduentu CHRISTI (christis chúnfte) so ist inferior (diu óbira³) . dâr tormenta impiorum (diu unîzze dero uuirsiston) unâren . unde noh sint fone démo chit corpus CHRISTI (christis lichamo) . hábest du mih irlóset . Des ne mag imo nìeman fóllun gedánchon .

Deus iniqui insurrexerunt super me . U'nrehte iudei nanton mih ana⁴) Got .

Et sinagoga potentium i . superborum . quæsierunt animam meam . Vnde úbermuótero mánigi suóhton mîna sêla . ze ubele nals ze guôte .

Et non proposuerunt te in conspectu suo . Vnde dîn ne tâten siê

---

1) pist. Sch.
2) keleret. Sch.
3) (diu nidera). Sch.
4) an. Sch.

*) S. 315.

uuára an mir dinemo súne. Non proposuerunt. Daz chit. non intellexerunt deum (si ne bichnaton Gotes nieht). ut homini parcerent (daz sie menniscin libin).

Et tu domine deus miserator et misericors paciens et multum misericors et uerax. respice in me. et miserere mei. Vnde du herro Got fater scêinare gnádon unde armeherzen gedúltiger unde ioh filo ármeherzer. unde dinero geheîzzo geuuàrer. tuó min uuára. unde genáda mir.

*) Da imperium puero tuo. Vuére dînen gehêiz unde gib mir dinemo chinde geuualt so tempus iudicii (daz zit úrteildo) chome. Dú gehiêzze mit mînemo munde. PATER NON IVDICAT QVEMQVAM SED IVDICIVM OMNE DEDIT FILIO (der fater ne uberteîlit nièmannin er gab daz urtêil al demo súne).

Et saluum fac filium ancillæ tuæ. Vnde gehalt dinero diúuue sún. diù ze dinemo bóten chad. ECCE ANCILLA DOMINI. FIAT MIHI SECVNDVM VERBVM TVVM (sih noh ih pin Gotes diù nah dinemo árinde so bescehe mir). kehalt dinen sún. unde íro sún. Dînen in forma dei (in Gotes pilde). unde iro in forma serui. Chid oùh dù christiane. DA IMPERIVM PVERO TVO (kib dinemo chinde geuualt).

uuanda seruis (scalchin) sús kehêizzen ist. SEDEBITIS ET VOS SVPER SEDES DVODECIM. IVDICANTES DVODECIM TRIBVS ISRAHEL (ir sizzent oùh úffen zeuuelf stuólin. zeuuelf chúmberrun israhelis ze irtêilenne). Chid oùh noh. SALVVM FAC FILIVM ANCILLÆ TVÆ (kehalt dinero diùuue sun). Vuanda dù bist filius .ecclesiæ (christinheite sun).

Fac mecum signum in bono. Duó an mir zeichen ze guóte. Resurrectio (min úrstende) si signum deitatis meæ (uuort=zeichen minero Gotcheite [1]) daz siè dannan geloûbig uuerden. unde oùh siè in bono fidei suæ (an demo guote iro geloubo) irstánden.

Vt uideant qui me oderunt. et confundantur. quoniam tu domine adiuuasti me et consolatus es me. Daz diè geséhen diè mih hazzent daz du mir húlfe. unde dù mih tróstost. unde sie sih scámeen nals in iudicio.

**) PSALMUS LXXXVI.

IN FINEM FILIIS CHORE INTELLECTVS DAVID.

Christianis ist diser psalmus kesungener. daz sie in dísen tabernaculis (kezeltin) die óberun burg pechen-

---

[1]) (— Gotheite). Sch.

---

*) S. 316.   **) S. CLXXIV.

nen unde mínnoien . unde sie ¹) dára langee ²) . dára sie geladot sint .

FVNDAMENTA EIVS IN MONTIBVS SANCTIS . Iro fundamenta sint keléget an heiligen bergen . *) prophetis et apostolis . CHRISTVS ist selbo fundamentum supernæ ciuitatis (uuértigun burg) . Also iz chît . FVNDAMENTVM ALIVD NEMO POTEST PONERE PRÆTER ID QVOD POSITVM EST . QVOD EST CHRISTVS IESVS (ander fundiment ne mag' nièman lekkin âna daz ieo gelégit uuas daz ist christ der haltinto ³) . Er ist fundamentum . sie sint fundamenta . Pediu ist er fundamentum fundamentorum (fundiment allero fundemendo) . also er ist sanctus sanctorum (heiligo allero héiligon) .

Diligit dominus portas syon super omnia tabernacula iacob . Déro ciuitatis portas minnot CHRISTVS mer . danne alle héreberga dero irdiscun ieruśalem . diù imaganária ⁴) (pildàrra) uuas dero himelescun ⁵). Vuéle sint die portæ . âne diê ouh fundamenta sint? apostoli sint iz unde prophetæ . Iro auctoritas tréget únsera infirmitatem (uuêichi) . pediu sint sie fundamenta . per eos (durh siè) chômen uuir ad deum (ze Góte) . bediù sint siè portæ .

Gloriosa dicta sunt de te ciuitas dei . Kuôllichiù ⁶) ding sint keságet fóne dir Gótes purg . Vuéliu sint daz?

Memor ero raab et babilonis scientibus te . Daz sint diù . daz ih Got irhúgo raab . unde babilonis . in mih pechénnentèn . Ih tuòn daz sie mih pechénnent . Raab unde babilon unde alle gentiles (héidene) keságmenon ih dár in . des uuirt siù guóllih .

Ecce alienigenæ et tyrus et populus æthiopum hi fuerunt illic . Sih iro guóllichi . Frémede . só tyrus ist dár bi iudeis . unde æthiopes ferro fóne iudeis . diè uuâren dár . Vuàren . uuanda iz Gote preteritum (irgangen) ist . noh chôment . uuanda iz uns futurum (chunftig) ist .

Mater syon dicet homo . Sîn muôter synagoga (diù gezógena) chît imo ménnisco si ne bechénnet ⁷) in Gót .

Et homo natus est in ea . Vnde des ne ist loùgen . er uuard dár inne ménnisco gebórn .

Ipse fundauit eam altissimus . Er selbo der hóhesto stifta siâ . Er stifta sina muôter synagogam ante mundi constitutionem (fore uuerlt stiftido) . Vuer uueiz daz?

---

¹) si. Sch.
²) langoe. Sch.
³) (andir etc.). Sch.
⁴) imaginaria. Sch.

⁵) himeliscun. Sch.
⁶) kuolichiu. Sch.
⁷) bechennent. Sch.

*) S. 317.

*) Dominus narrauit in scripturis populorum . et principum horum qui fuerunt in ea. Christvs selbo sageta iz so uuésen gescriben . an dién shriften dero iudeiscon liùto . unde in dién scriften déro héreston . die in déro synagoga uuâren . so moyses uuas unde prophetæ. Also iz chit [1]). Et incipiens a moyse et omnibvs prophetis interpretabatvr illis scriptvras de omnibvs . qvæ de ipso erant (unde ir ána fáhende ze moise unde ze allen uuissâgon rahta er in scrifte fone allen diû fone imo uuâren [2]).

Sicut lætantium omnium habitatio in te . Also dero diê frô sint . sò ist iro allero uuésen dâr . in dero cælesti (himilscun) ierusalem . Dâr ist diû fréuui . déro niêmer ne geuolget únfreuui .

PSALMUS LXXXVII.

CANTICVM PSALMI FILIIS CHORE . IN FINEM PRO AMALEG [3]) . I. PRO CHORO AD RESPONDENDVM . INTELLECTVS EMAN . I. FRATRIS EIVS ISRAHELITÆ.

Filiis crucis (chrucis chindin) uuirt nu gesúngen umbe diê chórmanigi . daz si si gágenuuerte ze ántuuúrtenne [4]) . Daz ist diû fernúmest [5]) sînes israhelitesken bruôder. Passio domini (Gotes martra) uuirt hiêr gesúngen mit démo sänge uuirt kemánot chorus martyrum ad respondendum (ze antuuurtenne). Vuiêo? Also iohannes [6]) chit . Sicvt christvs pro nobis animam svam posvit . ita et nos debemvs animas pro fratribvs ponere (also umbe unsih diu lib liêz also sulin uuir den lib lazzin umbe unsere bruôdera). Daz hêizzet respondere (ántuuurten). Sie sint emân . sie geuuérdeta er hêizzen fratres eius (sine bruodera). Sie sint israhelitæ in quibus dolus non est (Gotes ánascouuin an dien lastir ne ist).

Domine devs salvtis meæ in die clamavi et nocte coram te . Truhten Got minero heili in prosperis et in aduersis (in uuólon unde in uuê uuon) háreta ih ze dir . Daz sint uerba (uuort) christi secundum formam serui (nah scalchis pilde).

Intret in conspectu tua oratio mea . Mîn gebét chome fûre dih .

**) Inclina aurem tuam ad precem meam . Helde dîn ôra ze minero digi . Diû ze-uuêi sint êin .

***) Quia est repleta malis anima mea . Vuanda mîn sêla irfullet ist .

---

[1]) chid. Sch.
[2]) (— fahene —). Sch.
[3]) Amalech. Sch.
[4]) antuurtenne. Sch.
[5]) die fernumeft. Sch.
[6]) Johannis. Sch.

*) S. 318.   **) S. 319.   ***) S. CLXXV.

malis (mit lêidin). Vuelen? nals peccatis (mit sundon) . nube dolore (mit sêre) . unde tristitia (mit únfrouui).

Et uita mea inferno appropinquauit. Vnde min lib ist kenâhet déro hello. Daz ist also er chad. TRISTIS EST ANIMA MEA YSQVE AD MORTEM (min sela ist únfro unzin an dîn tòd).

Estimatus sum cum descendentibus in lacum. Fone iudeis pin ih pe-zélet sáment ánderen súndígen in dia hellegruòba fárenten.

Factus sum i. estimatus sum . sicut homo sine adiutorio. Ih uuard keáhtot also hélfelos ménnisco. So uuiêo min fâter sáment mir uuâre. der mir duodecim legiones (zuelf scára [1]) angelorum gâbe ze hélfo. úbe ih uuolti.

Inter mortuos liber. Sélbuuáltiger éino under tóten. Vuanda nehéin ánderer ne uuas potestatem habens ponendi animam suam . et iterum sumendi eam (keuuált habinde sinin lib ze lazzenne . unde aber uuider ze némenne).

Tanquam uulnerati dormientes in sepulchro. Vnde uuard ih keáhtot also ándere irslagene diê in demo grábe slâfent.

Quorum non meministi adhuc.
Déro dû noh [2]) ne irhúgest . uuanda noh iro zit ne ist ze irstânne. Min zit ist aber sâr tertia die (an demo dritten tâge). Pediu ne bin ih ánderen gelîh irslágenen unde begrábenen. Ziu hêizzent áber mortui dormiertes (tote slâfinde)? Ane daz sie iruuáchen suln . in resurrectione (an úrstende).

Et ipsi de manu tua expulsi sunt. Vnde [3]) sie sint daz . des sie mih zigen. Sie sint tána gestòzzen fone demo adiutorio manus tuæ (helfo dinero hende). Sie sint helfelòse. nals ih . quia foderunt foueam et inciderunt in eam (uuanda siê gruóbin gruoba unde fiélin dar in).

Posuerunt me in lacu infimo. Sie sazton mih in dero níderoston gruóbo. Daz ist miseria (uuênicheit). Sie uuandon mih uuésen éinen dero uuênegóston.

*) In tenebrosis et in umbra mortis. Vnder fínstrên . unde diên . diê in tòdes scátue sint . also diê sint . an diên impietas (daz árgesta úbil) richesot. Diên gelichen áhtoton sie mih.

In me confirmata est ira tua. Din âbolgi uuas keféstenot an mir. Du hâbetost dih keéinot dines zornes uuíder mir uuándon siê . unde ih fone diû solti liden mortem (tod).

---

[1]) (zuelf scaræ). Sch.
[2]) no. Sch.
[3]) Und. Sch.

*) S. 320.

unde ioh mortem crucis (chrucis scánt-tôd).

Et omnes suspensiones . i. cominationes tuas induxisti super me. Vnde alle dîe drónuun dero passionis (martro [1]) . nah dién uuorten dero prophetarum . légetost du ûfen mih. Pediû uuàndon siè dih mir irbólgenen.

Longe fecisti notos meos a me. Ioh mine chunden mine discipulos [2]) tâte dù fliéhen in minéro passione (martro [3]).

Posuerunt me abominationem sibi. Sie léidsamoton mih . nals siè . nube iudei . insultando (huondo) unde genu flectendo (chniûuuendo) . unde chedendo. VVAH QVI DESTRVIT TEMPLVM DEI . ET IN TRIDVO ILLVD REEDIFICAT (uuar irhanget der daz Gotes hus stòrit unde iz in drîn tágin also gezimberot).

Traditus sum et non egrediebar. Ih uuard fone inda hina gegében. umbe daz ne ougta ih iéo doh [4]) uuer ih uuàre. Mina diuinitatem (Goteheit) ne irbáreta ih.

Oculi mei infirmati sunt præ inopia. Fóne démo zàdele uuurden siéh miniu ougen . mine discipuli . miniu claríora membra . et eminentiora (zorfterin lide unde búrliche-

rin) . Sie uuàren des unbald . daz ih mina diuinitatem (Goteheit [5]) ne sceinda.

Clamaui ad te domine . In cruce hangendo háreta ih ze dir sus. NE STATVAS ILLIS HOC PECCATVM (ne uuiz in diz ze sundon).

Tota die expandi ad te manus meas. Alle zîte ferráhta ih mine hende ze dir in guòten uuerchen. Diù uuerch sàhen iudei . diu solton siè bezzeron. Daz tatin siù ube sie mortui (tod) ne uuàrin . fone diu chît iz hara nàh.

*) Numquid mortuis facies mirabilia? Tuôst dù tòten fore uuunder? Vuaz hilfet siè iz? Ne sint diè tôt . diè noh fone miraculis obstinato corde (zeichinin mit ferhartemo herzin) ne uuellen creduli (keloubic) uuerden.

Aut medici suscitabunt . et confitebuntur tibi? Alde sint doh éine medici (árzáte) so guòte doh sie lében den helfén . daz siè tôte erchicchen? unde die dir dáncboen?

Nunquid narrabit aliquis in sepulchro . s. iacentibus misericordiam tuam et veritatem tuam in perditionem [6])? Saget ieman in grabe unde in ferlornissido ligendén dina genada . unde dina uuàrhéit? Die præ-

---

[1]) (martiro). Sch.
[2]) discipulos (iungerin). Sch.
[3]) (martiro). Sch.

[4]) do. Sch.
[5]) Ueber dem ersten « e » ein punkt.
[6]) perditione. Sch.

*) S. 321.

destinati ne sint ad uitam æternam (fore benêimet ne sint ze euuigemo libe). noh die des uuerd ne sint. daz sie pater si trahens ad filium (dir fater ziehende ze sinimo sune¹). uuanda die in sepulchro (in grabo) ligent unde in perditione (in firlornissido). uuaz mág man dien gesagen? Vngeloubig sêla ist in perditione. unde iro lichamo ist iro grab. Vuer mag iro iêht kuôtes kesagen?

Numquid cognoscentur in tenebris mirabilia tua. et iustitia tua in terra obliuionis? Múgen diniu uuúnder bechennet uuerden in tenebris (in finstrinon) so peccatores (die súndigen) sint. alde din reht in ungebúhtigemo lande. so diê sint. diê Gotes irgezzen hábent?

*) Et ego ad te domine clamaui. Vnde bediû háreta ih ouh ze dir. chit CHRISTVS ex uoce corporis sui (fone dero stimmo sinis lichamin). Ziu chit iz et ego (unde ih). Ane fone diu quia fuimus et nos aliquando natura filii iræ (uuanda uuir uuarin ouh iú in alter irbolgeni sune fone ánaburte). unde unsih gratia fone incredulis (sidor Gotes kenáda fone dien ungeloubigen) keskêiden habet.

Et mane oratio mea præueniet te. Vnde in mórgen daz chit hina uuórdenen tenebris infidelitatis (dien finstrinon ungeloubigí). so uuiêo noh der heitero tag chomen ne sî. an demo uuir dih kesêhen facie ad faciem (ze ánasihte) fúreuangot dih doh mîn gebét. uuanda nu ist tempus orationis (zit kebétis). danne ist tempus laudationis (zit lobis).

**) Vt quid domine repellis orationem meam? Ziu truhten uuiderslâhest du mîn gebét? Ziu ûfslágost du diâ sáligheit dero uuir biten?

Auertis faciem tuam a me? Ziu uuendest dû dîn anasiûne fone mir. daz du mih ne uuêreiest minero beto? Tuost dû iz fone diu. daz du ouh mit diû unsih pezzeroiest?

Inops ego sum. Ih pin arm. ih din æcclesia (christenbeit) uuanda ih peregrina (nu in ellende) des lîdo esuriem unde sitim (hunger unde durst). des ih in patria (heim chómeniû) noh kcuuúnno saturitatem (séti).

Et in laboribus a iuuentute mea. Vnde in arbêiten ál ênnan fóne minero iugende. Ih leid persecutionem sid ih uuáhsen begonda.

Exaltatus autem humiliatus sum et conturbatus. Rebus prosperis (mit frámspuôtin dingen) irhôhter ih dîn liút. uuard ih sâr fone aduersis (uuider-uuártigi) kenideret unde getruôbet.

In me transierunt iræ tuæ. An

---

¹) (— sinemo —). Sch.

*) S. CLXXVI.   **) S. 322.

mir ferſuôren dîniu zorn. Doh¹) siu châmin. sie ne uuéreton. A´ber fone infideli (demo ungeloubigin) ist kescriben. IRA DEI MANET SVPER EVM (Gotes âbolgi uuánet úffen imo).

Et terrores tui conturbauerunt me. Vnde dîne brútina getruóbton²) mih. so daz ih ieo in fórhton uuas.

Circumdederunt me sicut aqua. Sie úmbefiéngen mih also uuazzer. so filo uuas iro.

Tota die circumdederunt me simul. In allen zîten umbefiéngen mih sáment. terrores iudicii tui (dînero urtéildo brútti). Ne-héin mîn lid ne uuas iro úzzenan.

Elongasti a me amicum et proximum. et notos meos a miseria. Friunt unde chúnneling unde chunden tate du ferro fone mir. Sie fluóhen fone minero uuéneghéite³). daz sié sia sáment mir ne litin. Fóne diên chit paulus. OMNES ME DERELIQVE-RVNT. NON ILLIS INPVTETVR (sie hábent mih al ferlazzen daz ne uuérde in geuuizzen).

PSALMVS LXXXVIII.

INTELLECTVS ETHAN ISRAHELITÆ.

Ethan chit robustus (chréftiger). So uuélih israhelita (Gotes uuáranémo) uuile robustus (chereftic) uuésen in domino (Góte). des intellectus (fernúmist⁴) ist díser psalmus. Nú sprichet ethan.

*) MISERICORDIAS TVAS DOMINE IN ÆTERNVM CANTABO. In generationem et generationem adnuntiabo ueritatem tuam in ore meo. Dîne genáda singo ih truhten iémer. dâr mite ságo ih dîna uuârhéit uuérenta⁵) in minemo munde. dia du skéinest in béiden geburten. iudeorum et gentium.

Quoniam dixisti in æternum misericordia ædificabitur. Vuanda du cháde mîn genáda uuirt kezimberot in éuua. Sólchero misericordiæ (genado) bin ih fró. fone déro singo ih. diû éuuig ist.

In cælis præparabitur ueritas tua. In sanctis prædicatoribus (heiligen brediârin) uuirt kegáreuuet dîn uuarhéit. Daz tuot mih ouh singenten.

Disposui testamentum electis meis. Du chade oúh. Ih⁶) peneimda minen iruuéliten érbescrift. Vuéliu ist daz? A´ne nouum testamentum

---

¹) Do. Sch.
²) getruobten. Sch.
³) uuenigheite. Sch.
⁴) (fernumift). Sch.
⁵) uuerenda. Sch.
⁶) in. Sch.

*) S. 323.

(diu niuuua benêimeda) . mit demo uuir uuerden renouati a domino in hereditatem quæ est in cælo (irniúuuot fone Gote ze démo erbe daz in himele ist¹).

Juraui dauid seruo meo. Du cháde oúh. Ih suuòr minemo scálche dauid. Vuièo ist der eid ketân? sus suuòr ih imo.

Vsque in æternum præparabo semen tuum. Vnz in êuua gâreuuo ih dinen sâmen . daz ist CHRISTVS et credentes in eo (unde diè an in geloúbint).

Et ædificabo in generatione et generationem sedem tuam. Vnde ih zimberon din gesâzze in alle geburte. Hiêr ist irdisciù geburt . an dero sízzet Got. Vuanda er rihtet sîa. Hára nah chumet himilskiù. an déro sízzet er áber uuanda er an iro richesot. So uuérdent siê cæli deum portando (himila Got úffin trágendo). Fone diù folget sâr.

Confitebuntur cæli mirabilia tua domine. Diniu uuunder truhten sâgent diê himela. I'ro selbero frehte ne sagent sie . dih lobont siê.

Et ueritatem tuam in æcclesia sanctorum. Vnde dina uuârhêit sâgent siê . in dero hêiligon gesémine²). *) So tóuuont himela . so nezzent siê diù lant . diù guôten uuuôcher bêrent.

Quoniam quis in nubibus æquabitur domino. Vuanda die uuarheit sagent siê æcclesiæ sanctorum (dero samenungo dero heiligon). daz siê chêdent. Vuer uuirt Gote geéhenmâzzot in uuólchenen? **) Siê sint cæli propter fulgorem ueritatis (himela durh diè scinbari uuârheite³). sie sint nubes propter occulta carnis (uuólchen durh toúgeni dis lichamin⁴). Vuer durh siéhet nubes (diu uuólchen). Vuer uueiz ouh uuaz⁵) in carne (in líchamin) loskee? Ne uuas ouh CHRISTVS nubes? Ne uuas er carne tectus (in lichamin bidécchit). Vuélih dero nubium (uuolcheno) uuas imo gelih?

Et quis similis erit deo in filiis dei? Vnde uuer ist in Gotes súnen Góte gelih? Daz siê sint per gratiam (durch kenâda⁶) . daz ist er per naturam (durh ánauuist).

Deus qui glorificatur in consilio sanctorum. Er ist der Got . der geguòllichot uuirt in dero heiligon râte. Iro rât ist credere in eum . cui non possunt similes esse (an den geloúben demo sie gelih ne mugen sîn). Mit diù guollichont sie in.

Magnus et terribilis in omnes qui

---

¹) (— himile —). Sch.
²) gesemini. Sch.
³) (— sccinbari —). Sch.
⁴) (— des lichamin). Sch.
⁵) uuas. Sch.
⁶) (durh kenada). Sch.

*) S. 324.   **) S. CLXXVII.

in circuitu eius sunt. Micheler unde
égelicher uber alle filios dei (Gotes
chint). diê umbe in sint. uuanda
sie imo náhe sint. Alde fone diú
umbe in. daz er ze ierusalem ist
natus (kebórin) unde mortuus (ir-
storbin). unde sepultus (begráben).
unde resurgens (irstanden). unde
gentes (diéte) umbe gesezzen sint.'
Vnde er dár uuas de nube propria
intonans (uzzer sin selbis uuólchene
toneronde) unde er áber alias nubes
(ándriû uuolchen) uz santa ad irri-
gandas in circuitu gentes (ze genéz-
zenne die diete al umbe diê uuerlt).
Also er gehiéz in passione (an dero
mártro). AMODO VIDEBITIS FILIVM
HOMINIS VENIENTEM IN NVBIBVS CÆLI
(hinnanfûre só séhent ir ménniscin
sun chomenten in himil-uuólche-
nen).

Domine deus uirtutum quis simi-
lis tibi? Truhten Got dero tugedo.
uuer ist dir gelih? Doh andere tu-
gedig sin nals fone in selben ne sint
sie daz.

Potens es domine et ueritas tua in
circuitu tuo. Dû truhten bist máhtig
unde din uuárhêit ist umbe dih. An
dir selbemo bist dû máhtig fone dir
ist din uuarhêit an dién anderen.

*) Tu dominaris potestatis[1] ma-
ris. So mahtig pist du. daz du ioh
uualtest déro mahte des méres.
Vbe[2] mare (mére) uuíder iro uuár-
heite[3] sih púreta. daz ne dorfta in
uuégen. fone uuiu?

Motum autem fluctuum eius tu mi-
tigas. Vuanda áber du sine uuella
stillest. Persecutiones impiorum
(ahtunga dero árgiston) mezzost dû.

Tu humiliasti sicut uulneratum su-
perbum. Selben diabolum genider-
tost dû. sámoso uulnere prostratum
(fone uuundún nider strahtin). Dero
er sih guóllichota. die náme dû
imo.

Et in brachio uirtutis tuæ disper-
sisti inimicos tuos. Vnde an dinero
chrefte ze tribe dû dine fienda. iu-
deos unde persecutores (áhtera).

Tui sunt cæli et tua est terra.
Din sint die himela. fóne dién diû
uuárhêit régenot. din ist diû erda
diu dannan genézzet uuirdet. Alde
sus. Tui sunt cæli (din sint himela[4])
in dien diabolus richeson uuolta.
din ist terra an dero iudei seuire
(sarf uuésen) uuolton uuider dir.

Orbem terræ et plenitudinem eius
tu fundasti. Den erdering. unde al
daz dár ínne ist. kefundamentotost
dû. fone diû uualtest dû iro unde
nieht ne gemugen sie uuider dir.

Aquilonem et mare tu creasti.
Daz nord. unde den mére gescûofe

---

[1]) potestates. Sch.
[2]) Umbe. Sch.
[3]) uuerheite. Sch.
[4]) (dien etc.). Sch.

*) S. 325.

dù. So uuiêo diabolus si in aquilone (nort-halb) also er chad. PONAM SEDEM MEAM IN AQVILONE (ih sezzo mînin stuol nort-halb¹). unde so uuieo tempestas (túnist) si in mari. siú ne gemugen doh nieht über dînen uuillen.

Thabor. i. ueniens lumen (daz chit lieht chómende). et hermon. i. anathema eius (daz chit sîu feruuázzini). subauditur (daz méinit) diaboli²). in nomine tuo exultabunt. Montes syrie (sir-landes pérga) sint³) thabor et hermon. Montes (perga) sint ouh diê. dero lumen. i. fides (lieht daz chit kloûba) fone CHRISTO chómende sie getuot renuntiare (fersáchin) diabolo. Die freuuent sih Got mit rehte in dînen námen.

Tuum brachium cum potentia. Dîn arm ist mahtig. ioh ad pugnandum (ze féhtenne) ioh ad defendendum (ze scirmenne).

*) Firmetur manus tua. et exaltetur⁴) dextera tua. Dîn hant fermúge sih ad deprimendum superbos (ze ferdrucchenne die übermuôtin). unde dîn zeseuua uuerde irhôhet ad clarificandum humiles (ze ir-márinne diê diêmuotin⁵).

Justitia et iudicium preparatio sedis tuæ. Reht unde gerihte sint cáreuui dînes stuôles. in nouissimo die (an demo suôno tâge). Fone diû sezzest du éine ad dexteram (ze zesuuuun). andere ad sinistram (ze uuinstrun). Vuieo áber nu?

Misericordia et ueritas præcedent faciem tuam. Nu in-indes fûre farent dîna ánasiht knada unde uuarhéit. Misericordia quia deles peccata. ueritas. quia sic promisisti (kenáda uuanda du diê sunda tiligost. uuarheit. uuanda du so gihiêzze).

Beatus populus qui scit iubilationem. Sálig ist der liût der dia uuúnna uuêiz. der daz irchénnen chan. uuieo ir sih dero zueio fréuuen sol.

Domine in lumine uultus tui ambulabunt⁶). Diê daz uuizzen. diê gant truhten in dînemo liêhte. Du óffenost in iz.

Et in nomine tuo exultabunt tota die. Vnde in dînen namen fréuuent sie sih in alle zîte. Diê sih so ne fréuuent diê ne fólle stânt in iro fréuui.

Et in iustitia tua exaltabuntur. Vnde in dînemo rehte uuerdent sie irhôhet. nals in iro rehte⁷). Iudei uuolton suam iustitiam constituere

---

¹) (— minnin —). Sch.
²) diaboli (tiefela). Sch.
³) di sint. Sch.
⁴) exultetur. Sch.
⁵) (ze irmanninne etc.). Sch.
⁶) ambulant. Sch.
⁷) rehten. Sch.

*) S. 326.

(iro selbero reht pistâten) . bediû ne uuaren siê iustitiæ dei subjecti (Gotes rehte úndirtân) . daz iruálta siê .

*) Quia gloria uirtutis eorum tu es . et in beneplacito tuo exaltabitur cornu nostrum . Vuanda du bist kuóllichi iro tûgede . unde an dînemo fileliêben [1] CHRISTO uuirt irbohet unser horn . Fone imo haben uuir potestatem filii dei fieri (geuualt Gotis sune uuerdin) .

Quia domini est assumptio nostra . et sancti israhel regis nostri . Vuanda truhtenes ist unser ánanemunga . unde unseres chúninges israhelis héiligen . Er nám an sih unsera naturam (ánaburt) . do er incarnatus (gelichamot) uuard . TVNC LOCVTVS ES IN ASPECTV FILIIS TVIS . Do sprache du in ánasihte ze dînen súnen . **) Du táte dine prophetas ána sèhen in ueteri testamento (in dero altun beneímedo) . daz sie fone CHRISTO fóreságeton . Fóne diû heizzen siê uidentes (gesèhente) . Et dixisti . Vnde sus chade du fóne ímo .

Posui adiutorium super potentem . A'n den máhtigen sazta ih mîna helfa . Ih ketéta in mahtigen mit mînero helfo . Secundum formam serui (nah demo scalchis pilde) bedorfta er helfo .

Et exaltaui electum de plebe mea . Vnde hóben getéta ih . den iruuéleten uzzer allemo minemo liûte .

Inueni dauid seruum meum . Ih fant an imo dauid mînen scálch .

Oleo sancto meo unxi eum . I'n sálbota ih mit mînemo heiligen salbe . Ih salbota in oleo exultationis . præ participibus suis (mit olee fróuuelungo ferror danne andre sine geteilen) .

Manus enim mea auxiliabitur ei . et brachium meum confortabit eum . Mîn hant hilfet imo . min arm sterchet in .

Nihil proficiet inimicus in eo . Nièht ne gemag ímo der fient . noh iudeus noh diabolus . Lîdet er persecutionem (áhtunga) . daz tuot er gerno .

Et filius iniquitatis non nocebit eum . Noh iudas traditor (sin ferséláre) ne tárot imo . noh falsus testis (lúkker úrchundo) ne findet sculde an ímo .

Et concidam a facie eius inimicos eius . Vnde sine fienda gesnêiten ih fóne sinero anasihte . Ih ketuôn sie einzen geloûbige .

Et odientes eum in fugam conuertam . Vnde in flúht pechero ih . diê in házzent . Ih ketuôn siê fliêhen . unz siê ze imo gefliêhent .

---

[1] filelieben [iehen]. Sch.

---

*) S. CLXXVIII.   **) 327.

Et ueritas mea et misericordia mea cum ipso. Vnde mîn genâda unde mîn uuârheit ist in imo. Skeinen ouh uuir genada . ut misereamur miserorum (daz uuir irbarmida eigin déro uuênegon) . minnoen uuarheit . ut non inique iudicemus (daz uuir uuârheit irtêilen). So tuôndo bildoen uuir in .

Et in nomine meo exaltabitur cornu eius. Vnde in mînen namen uuirt irhôhet sîn potentia (geuualt). Also er selbo chît. DATA EST MIHI OMNIS POTESTAS IN CÆLO ET IN TERRA (mir ist kegében al mahtigi in himile unde in erdo).

*) Et ponam in mari manum eius . Vnde tuôn in geuualtig în_demo mere . hoc est dominabitur gentibus (daz chît er hêresot in diétin [1]).

Et in fluminibus dexteram eius. Vnde tuôn geuuáltig sîna zéseuuun in diên áhon. Aha rinnent [2] in den mére . cupidi homines (kirige liûte) îlent ze déro bitteri dirro uuerlte. Alle uuerdent sie iêo doh imo úndertân.

Ipse inuocabit me . pater meus es tu . deus meus . et susceptor salutis meæ . et ego primogenitum ponam illum. Er chît mir . fater mîn . Got mîn . uuáranémâre mînero heili .

unde uuánda ih so bin . bediû éren ih in . unde sezzo in ze_êrestpornen .

Excelsum præ regibus terræ. Púrlichen fore allen chúningen uuanda in bétont omnes reges terræ (alle chuninga dero erdo).

In æternum seruabo illi misericordiam meam . et testamentum meum fidele ipsi . Ih tuôn imo iêmer genâda . unde mîn benêimeda ist imo getriúuuelih . uuanda er ist der reht scúldigosto erbo mines riches . imo habo ih iz mit triúuuon gehálten.

Et ponam in sæculum sæculi semen eius. Vnde stâto ih sinen sámen in euua. Semen eius (sîn samo) sint sine coheredes (ében=erben).

Et tronum eius sicut dies cæli. Vnde sinen stuôl stâto ih . also diê tâge des himeles . Dies terræ (dero erde tága) sint unstate . uuanda éine fárent hina ándere chóment . aber dies cæli (himilis taga) stant ze stéte .

Si autem dereliquerint filii eius legem meam et in iudiciis meis non ambulauerint. Si iustitias meas profanauerint . et mandata mea non custodierint. Vbe aber sîniu chint diû filii sponsi (priúte chint [3]) heizzent . mîna éa ferlâzent . unde in mînen

---

[1] (— ir —). Sch.
[2] rinnet. Sch.
[3] (pruite chint). Sch.

---

*) S. 328.

gerihten ne gant . unde míniu reht intuuéret . unde miniu gebót . ne behuôtent.

*) Visitabo in uirga iniquitates eorum et in uerberibus peccata eorum. So andon ih iro unreht . mit kérto . unde iro súnda mit fillon.

**) Misericordiam autem meam non dispergam ab eo . neque nocebo in ueritate mea. Aber mina genâda ne irfirro ih fone imo . noh ne taron imo in mînero uuarheite . Diû uuarheit mines keheizzes ne tarot imo . uuanda ih imo an sinen chínden genâda geheizzen.

Neque profanabo testamentum meum . et quæ procedunt de labiis meis non faciam irrita. Noh mina benêimeda ne fermêino ih . unde diû ih kespricho . diû ne intuuéren ih.

Semel iuraui in sancto meo. Êinest suuór ih . daz ih keuuéreta in minemo hêiligen súne . do ih in hína gab ad mortem pro peccatis omnium (ze tôde umbe allero manno sunda).

Si dauid mentiar . semen eius in æternum manebit. Lûgenâre ne uuirdo¹) ih dauidi . sin sâmo uuéret iêmer. Sîn samo sint die guôten . fone dien der messis (arnot) iruuahset²) . des angeli messores (árnéra) sint.

Et tronus eius sicut sol in conspectu meo. Vnde sîn stuôl uuirdet in mînero gesihte also sunna. Justi (diê rehtin) sint sîn stuôl . an in sizzet er . diê skînent³) in futuro regno sicut sol (in demo chúnftigen riche also sunna).

Et sicut luna perfecta in æternum. Vnde also iêmer foller mâno. In animo (in muôte) uuerdent sie perfecti sicut sol . in carne sicut luna (folle also sunna in lichamin also mâno). Nals so disiû suînenta⁴) luna (mânin) . nube so diû iêmer fólla.

Et testis in cælo fidelis. Vnde sólih luna . diû des iêmer getriûuue úrchunda sî . uuider állen dien . die resurrectionem carnis (urstende des lichamen) loúgenent.

Tu uero repulisti et spreuisti . et distulisti christum tuum. Vuára ist nû daz alles chómen . daz dû imo gehiêzze. Vuider dinen geheizzen habest dû dâna gestôzzen . unde geúnuuirdet . unde gefristet dinen geuuiêhten. Vbe dû iz dauidi gehiêzze fóne démo unser CHRISTVS cham . den hábest dû is intuuéret. Er ist fone sinemo sûne âba démo riche gestozzen . ***) unde in fluht prâht . unde in déro flúhte geúnuuirdet . fóne filio (sune) gemini. Aber un-

---

¹) uuurdo, Sch.
²) iruuashet, Sch.
³) siunent, Sch.
⁴) siunenta, Sch.

*) CLXXIX. **) S. 329. ***) 330.

seren CHRISTVM hábest dù gefristet.
Distulisti eum non abstulisti (du gefristost in ne benámin uns nièht[1]).
Vuièo umbe énen?

Euertisti testamentum serui tui.
Hábest ál intsézzet . unde ferzórn dines scálches testamentum . (peneimeda). Vuar ist uetus testamentum (diû alta beneimeda) iudeorum . an démo dauid lébeta? Vuar hábent siè nû terram promissionis (lant keheizzis[2])? Vuar ist íro reguum (riche)? uuàr sacrificium (ophir) . uuàr sacerdotium (èuuárttuóm[3])?

Profanasti in terra sanctuarium eius. Hábest in erdo sin uuièhus inthèiligot . unde geúnmuózháftot . uuanda nû ánauuert nièman ne sol sabbatizare et inmolare peccora (in sámiztag fîrron unde fièo opheron).

Destruxisti omnes macerias eius.
Zàre dána álliu siniu umbe uuurche[4] an dièn er solta fésti hában.

Posuisti munitiones eius in formidinem. Selben[5] diè féstina dánnàn geturste[6] chómen solton . getáte dù in nuerden ze úngetursten[7]).

Diripuerunt eum omnes transeuntes uiam. Hábent ín ze=zócchot álle áfter uuége fárente . Fone romanis ist primus (der èrro) dauid zefuóret in álle gentes (diéte).

Factus est obprobrium uicinis suis . Er ist uuórden íteuuiz sinen gebúren . diè umbe in sàzzen.

Exaltasti dexteram inimicorum eius . lætificasti omnes inimicos eius. Sînero fiendo zéseuuun . huobe dù bóho . sine fienda fréutost dû an imo.

Auertisti adiutorium gladii eius . et non es auxiliatus ei in bello. Du chèrtost dána die helfa sines suertes . unde ne hulfe imo in uuige . so dû èr táte . quando pauci dimicantes solebant multos prosternere (do únmanege féhtente uuániton manigo nider sláhin).

Dissoluisti eum ab emundatione.
Skiede in fóne dero reinedo . daz imo allero uuírsesta ist . An uuíu[8]) ist diu? In fide (an dero geloubo). Fone iro ist kescriben . FIDE MVNDANS CORDA EORVM (mit kelóubo reinende iro herzen). *) Diè ne habet er . perfidus (zurtriúune) ist er. Vuaz folget demo. Sid er emundandus[9]) ne ist (gerèinet uuerdin ne

---

[1]) (du gefristot etc.). Sch.
[2]) Fehlt bei Schilter von «Vuar» an.
[3]) (euuarituom). Sch.
[4]) uerche. Sch.
[5]) Selbon. Sch.
[6]) geturfte. Sch.
[7]) ungeturften. Sch.
[8]) uuiu. Sch.
[9]) emundatus. Sch.

*) S. 331.

sal¹) . daz er ist proiciendus (hina ze uuerfinne).

Et sedem eius in terra collisisti. Vnde sínen stuól in erdo zebráche dú. Dú táte sliz des ríches . ioh des stuóles.

Minorasti dies temporum eius. Minnorotost diê tága²) sínero zíto. Er uuéreta únlangor . danne er uuándi.

Perfudisti eum confusione. Hábest in irfúllet scándon uuanda er allen liúten ze húheist.

Quo usque domine auertis? in finem? exardescet sicut ignis ira tua? Sid daz allez sô ist . uuiêo lango truhten uuirdest du dana bechêret fóne in . *) Ioh únzin an énde? unde uuiêo lango zúndèt din zorn also fiúr? Ne suln sie doh in fine sæculi (an ende uuerlte) becheret uuerden? Danne mag kescéhen bechêrest dú siê . in in diú brinnet din zorn.

Memorare quæ mea substantia. Irhúge uuélih min uuist sí . diu noh in christo chómen sol . daz imo dîne promissa (geheizza) geleistet uuerden . sid ih an iudeis dána gestôzzen si.

Non enim uane constituisti omnes filios hominum. Du ne habest niêo ingemeîtun gesezzet alle mennisoou súne . doh³) sie alle fuôrin in úppecheit die du nieht ne scuôffe in uppun . noh danne uuoltost dú étenuen dannan chómen . an démo uanitas (uppeheit) ne uuâre . unde er andere lòsti a uanitate (uppeheite). Des irhúge.

Quis est homo qui uiuit et non uidebit mortem? eruet animam suam de manu inferi? Vuélih ander mennisco ist an ín . der so lébe unde⁴) er fúrder ne irstérbe . daz er⁵) selbo lóse sina sêla fóne hello? A´nderen gab er ouh . daz sie lebent . unde furder ne irsterbent . dero nchein ne lòsta selbo sina sela fone hello. Der eino daz kemahta . des sint die promissa (geheizza) . den uuére.

**) Vbi sunt misericordiæ tuæ antiquæ domine sicut iurasti dauid in ueritate tua? Aber nu sprechent martires . Vuár sint dîne altun genâda truhten? Vuár sint siê . nah diû so du suuôre dauid in dînero uuârheite . daz du ímo an diên sînen liêb⁶) tátist? Ne hában uuir leid fúre liêb?

Memor esto domine obprobrii seruorum tuorum . quod continui in

---

¹) (— sol). Sch.
²) tage. Sch.
³) do. Sch.

⁴) under. Sch.
⁵) dizer. Sch.
⁶) lib. Sch.

*) S. CLXXX.   **) S. 332.

sinu meo multarum gentium. Irhúge truhten des iteuuizzes dinero scálcho. Vns ist iteuuiz. daz uuir christiani heizzen. Irhúge mánigero diéto iteuuizzes. So uuiéo mánigen ih prædicationes (prediga) téta. diê feruuizzen mir dînen námen. Den iteuuiz kehiélt ih in minemo buóseme. daz chit in minemo herzen. Dang Góte. daz christianum nomen (christâne namo) nû iteuuiz ne ist.

Quod exprobrauerunt inimici tui domine. Den iteuuiz truôg ih. den dine fienda mir tâten iudei unde pagani (heidene). Vuaz ist der iteuuiz?

Quod exprobrauerunt conmutationem christi tui. Daz siê úns feruuizzen den uuéhsel dînes keuuiéhten. den siê ne bechandon nuésen a terra ad cælum. a temporali uita ad æternam. a iudeis ad gentes (fóne erdo ze himele fone zit-libe ze euuigemo libe fone iúdon ze diétin). nube sie¹) uuándon in uuésen peremptionem (irslagini) daz irta siê. Aber CHRISTVS resurgens a mortuis iam non moritur. mors illi non dominabitur (irstande fone tôde ne irstirbit furdir niêmer der tod ne hêrisot mer uber in). Dia mutationem (uuandalunga) gâbe er ouh in.

ube siê uuoltin. Fóne ín ist kescríben. NEQVE ENIM EST ILLIS CONMVTATIO. ET NON TIMVERVNT DEVM (in ne ist sar ne-hein uuándil. unde sie ne forhton Got niêht).

Benedictus dominus in æternum. Truhten si iêmer gelóbot.

Fiat. fiat. Daz fare sô.

EXPLICIT SERMO SECVNDVS HABITVS PER VIGILIAS SANCTI CYPRIANI. Hiêr ist ende dises psalmi. der ze zeuuêin máttinon sancti cypriani gebrédigot uuard.

PSALMUS LXXXIX.

ORATIO MOVSI SERVI DEI.

So uuiéo moyses disen psalmum ne scribe.*) doh ist der títulus (diu óbescrift) dar umbe sîn. daz er uns tésto námero si.

DOMINE²) REFVGIVM FACTVS ES nobis a generatione et generatione. Truhten dû bist uns zuofluht uuorden. in-geburte unde in-geburte. in dero altun. unde in déro niûuuun.

Priusquam montes fierent aut formaretur terra et orbis a sæculo et in sæculum. i. ab æterno et in æternum. tu es deus. Èr die berga uuúrdin. daz sint angeli. unde êr

---

¹) si. Sch. | ²) Deus. Sch.

*) S. 333.

erda uuúrde . daz sint homines (menniscin) . unde selbiu¹) diû uuerlt . dar siê béide inne sint . er bist dû . Fóne êuuon ze êuuon bist dû .

Ne auertas hominem in humilitatem . Dána in diâ nideri ne chèrest dû den ménniscen . ne lâz in dés nideren gér sin . fure daz óbera .

Et dixisti conuertimini filii hominum . Vnde so gebute dû . du châde . bechérent iûh ménniscon súne . Hilf uns dara zuô . daz dû gebute .

Quoniam mille anni ante oculos tuos . tanquam dies hesterna quæ præteriit . Déro bechèredo fóne diû durft ist . uuanda fóre dinen ougon decies centum anni (zènstunt zènzech iaro) diû alte liúte ante diluuium (sinfluôte) nâh kelébeton . samo chúrz sint . samo so der gésterigo dag . der feruáren ist .

Et sicut uigilia in nocte . Vnde also churz se ein uuáhta . dero nièht mêr ne ist secundum romanos (nah rôm=liúten) ane tres horæ . i . quarta pars noctis (drie stunda . daz ist daz fierda teil dero naht) . Vuéllêst dû mille²) diúten áfter site dúsent . so bechenne daz daz selba uuort ánderest corruptum (feruuérit) ist . Romani chédent uulgariter (in_uuálescun) fure decies centum . dèscent (zènstunt zènzech . i . dúsint) . dàr fúre chéden uuir dúsent . So chédent sie ouh . einhunt únzént . dúcént . tèrcent . Dàr fúre³) chéden uuir . einhunt . zuêihunt . triûhunt (s. ita corruptæ) .

Quæ pro nihilo habentur eorum anni erunt . Diû dû fúre nièht ähtost . *) diû sint iro iâr . danne siû mánigôston⁴) sint .

Mane . i . prius . sicut herba transeat . mane floreat . I'ro lib feruâre ze êrist also chrût . iro lib pluôe ioh ze êrist .

**) Et pereat uespere . Vnde dára nâh uuerde er ferlorn .

Decidat . Sturze in den dôt⁵) .

Induret . Irhárteic án_demo bóteche .

Et arescat . Vnde irdórree án_dero áscun .

Quia defecimus in ira tua . et in furore tuo turbati sumus . Vuánda uuir irlégen bin in dinemo zorne . fóre siéhheite . unde in dinero heizmuôti leidege bin . fone tôdes forhtun . Id est iacemus in infirmitate . et tamen trepidamvs eam finire⁶) (daz chit uuir ligen in unchrefte unde fúrhtent doh daz iro ende uuerde) . Also Petro zuô gespróchen uuard . ALIVS TE CINGET . ET

---

¹) selbin. Sch.
²) Uuelest du mile. Sch.
³) Fehlt bei Sch. von «chedent» an.
⁴) manigosten. Sch.
⁵) tod. Sch.
⁶) finiri. Sch.

*) S. 334.   **) S. CLXXXI.

DVCET QVO TV NON VIS (in ander man
bindet dih unde dinsit dih dara du
ne uuile¹). Vnde selber CHRISTVS
chad in persona (in den stal) mar-
tyrum. TRISTIS EST ANIMA MEA VS-
QVE AD MORTEM (mir ist der lib unfro
únzin an den dòt²).

Posuisti iniquitates nostras in con-
spectu tuo . sæculum nostrum in in-
luminatione uultus tui. V́nseriú
únreht saztost du in dinero anasihte .
unde unsera uuerlt . diù nú irgángen
ist . in dines analiutes liéhte. Du
tate uuára in allen ziten . uuiéo uuir
táten.

Quoniam omnes dies nostri defe-
cerunt³). Also dàr ána skìnet .
uuanda alle unsere tága . diè uuir
lében máhtin nah únserro fórderon
áltere . sint fersuinen . unde sint
chómen ze únmánigen.

Et in ira tua defecimus. Vnde in
dinero ábolgi zegiéngen uuir únserro
lánglíbi. Diè fóre uns úbelo táten
præsumptione longioris uitæ (mit
dero zuofirsihte léngerin libis⁴) . die
fersćulton sia.

Anni nostri sicut aranea medita-
buntur. V́nseriu iár húgent ad cor-
ruptibilia opera (ze iruuárdichen

uuerchen⁵) . also diù spinna húget
ze iro únnúzzen uuuppen. I'ro ist
únmánig . diù selben uuerdent fer-
bósot.

Dies annorum nostrorum in ipsis
septuaginta annis. Diè únsere iár
tága . *) diè aranee (spinnun) gelîh
sint . diè sint in sibinzig iáren . uuan-
da sié sehent ad uetus testamentum
(ze dero altun éo) . dàr ecchert⁶)
temporalia bona (zîtlichiu guòt) ge-
heizzen sint.

Si autem in potentatibus . octo-
ginta anni. V́be sie áber in_mahten
sint . so sint íro áhzeg . uuanda sié
séhent ad nouum testamentum (ze
dero niúuun èo) . an démo æterna
bona (èuuigiu guòt) geheizzen⁷)
uuérdent . an diên neheinero mahte⁸)
ne bristet.

Et amplius eorum labor et dolor.
Vnde diè fúrder fáhent . unde ander
geloûbent . so heretici (die irren iro
geloubo) táten . déro⁹) ist arbeit
unde sér. Alde iz chit. I'ro ist
arbeit unde sér . ioh sô filo mêr . daz
siè in potestatibus noui testamenti
sint constituti (in dien mahticheitin
dero niúuun èo geséźzit sint¹⁰) .
uuanda sie dánnan sint ingemiscen-

---

¹) (ein — dinset —). Sch.
²) tod. Sch.
³) defecerant. Sch.
⁴) (mit demo etc.). Sch.
⁵) (— uuerchen). Sch.

⁶) echert. Sch.
⁷) geheizzent. Sch.
⁸) maht. Sch.
⁹) dera. Sch.
¹⁰) (— mahticheiten —). Sch.

*) 335.

tes adoptionem expectantes redemptionem corporis sui (sûftonde hina dána sie uuunscint ze chomenne iro lichamin irlosungo bettonte).

Quoniam superuenit mansuetudo et corripiemur. Also ouh dàr ana skînet . uuanda zuo diên potestatibus (máhtigebêitin) chumet trúhtenes mammendi . unde fóne iro uuerden uuir irréfset. Sin correptio (irrafsunga) siêhet ad mansuetudinem . quia quem diligit deus corripit . flagellat autem omnem filium quem recipit (ze mammendi uuanda den Got minnot den irrefsit ir . er fillit aber eiglich sin chint des er uuára nimit [1]). Ioh magnis quibusdam (sumen michel mahtigen) gibet er stimulum carnis . a quo colaphizentur . ne extollantur in magnitudine reuelationum suarum (den gart des lichamin mit démo sie also salcha gehalslagot uuerden daz siê sih ne úber hében aba dero micheli dero genádon die er in iróffenot habit [2]).

Quis nouit potestatem iræ tuæ. Vuer mag unîzzen dia maht dinero abolgi? Vuiêo ferro dû siâ skeinen múgist . uuer uueiz daz?

Et præ timore tuo iram tuam dinumerare? Vnde uuer mag siâ gezálón . uuider dînero fórhtun? Vuider dero dînero forhtlichi diu dàr ána ist . ne mág sia nièman gesâgen. Fone diu ist prosperitas stultorum perditio illorum (der lingiso dero tumbon iro selbero ferlórni). Diê niêman ne bechénnet . ane dér dir sliûfet in sanctuarium (in diê heiligun scrift) . unde er dàr chúnnet au iro nouissimis (iúngesten dingin [3]) . uuieo ferro si triffet ad perditionem (ze ferlornisse). Lex dei (Gotes éa) daz ist sanctuarium dei (Gotes héiligtuóm) . diû gelêret in iz.

*) Dexteram tuam notam fac nobis . et eruditos corde in sapientia. Ketûo dina zéseuuûn chúnda . unde inniglicho gelérte in uuistuóme. Oûge uns CHRISTVM der diu dextra (zésiuua) ist . unde sine electos (iruuelton) . diè des sin uuise . uuieo úmhéuig kuót . in ueteri testamento (in dero altun éo) geheizzen si . dar umbra futurorum (scáto dero chúnftigon) ist . unde sie [4] bediû sih sólees liêhto fertrósten . Vnde úbe in moyses terrena (irdisciû) námdi . daz sie fóne CHRISTO gelirneen cælestia (himilskiu) fernémen. Sól iz ouh chéden. Dextram tuam sic notam fac . et compeditos corde in sapientia . so hábet iz diè selbun fernûmest [5]). So bitet

---

[1] (— eigiloh —). Sch.
[2] vielleicht «heuen».
[3] (— dingen). Sch.
[4] si. Sch.
[5] fernumeft. Sch.

*) 336.

áber moyses . daz uns CHRISTVS so chund uuerde . unde sine doctores (lêrara) . die in iro herzon beduuúngen sint . daz sie unsih ziêhen ad spiritalem intellectum (ze geistlichero fernúmiste [1]).

Conuertere domine aliquantulum . et deprecabilis esto super seruos tuos. Vuird éteuuaz trúhten hára ze uns pechèret . énnan sone dinemo ánden . an demo du auersus [2]) (dána bechêrit) pist . unde uuird kenádon irbeten umbe dine scálcha. Ne ist diz oratio (kebét) moysi in exodo (an ûzfart-puóche). ESTO PLACABILIS SVPER NEQVITIAM POPVLI TVI (uuis húldigaro úber diê úbeli dinis liûtes). Vnde ube iz chit [3]). Conuertere domine quo usque . alde usque quo . daz tiûtet áber éteuuiêo filo . *) alde éteuuaz . infinite (ungemarchot) nals interrogatiue (fragelicho). Sús ketán ist daz kebét. Libe truhten éteuuaz (i. aliquantulum) martyribus . die fone diû sint multa mala tolleraturi in nouo testamento (mánige arbeite lidin súlinde au dero niûuuun êo) uuanda sie ne ruóchent déro gehèizzenon in ueteri testamento (an dero altun êo). Libe in éteuuaz niê siê úberuuúndene dih fliêhen ne beginnen. A‾ne alla nôt ne sîn siê doh . daz in iro corona ne ingánge .

Repleti sumvs mane (i. aperte) misericordia tua . et exultauimus et delectati sumus . in omnibus diebus nostris . Offeno bin uuir irfúllet mit dinero genádo . **) unde des pin uuir gefrèute . unde in allen unseren tágen gelustsamote . Daz uuir CHRISTVM offeno in carne (an demo lichamin) gesêhen suln . daz ist unser mendi . alle tága .

Lætati sumus pro diebus quibus nos humiliasti . annis quibus uidimus mala . Pin uuir ouh frô uuórdene umbe diê tága , an diên du unsih diêmuóte gemáchotost unde umbe diû iár . an dien uuir leidiu ding sáhen . Do lêidiû nu liêbiû . uuanda uuir dannan gebézzerote bin .

Respice in seruos tuos . i. iudeos . et in opera tua . Sih an dine scálcha . unde an diniu uuerch . Die dine scálcha sint . diê sint ouh diniu uuerch .

Et dirige filios eorum . Vnde gerihte iro súne . ube die fórderen uuerden dispersi (ze fuórit) . daz sie doh in fine mundi conuersi (an ende dero uuerlte uuerden bichêrit).

Et sit splendor domini dei nostri super nos. Vnde únseres Gotes ski-

---

[1]) (fernumifte). Sch.
[2]) adversus. Sch.
[3]) chid. Sch.

*) S. CLXXXII.   **) 337.

mo¹) si uber unsih. Sîn ánaliûte
uuerde uns keouget.

Et opera manuum nostrarum di-
rige super nos. Vnde únseriû hant-
uuerch kerihte uber únsih daz uuir
siu ne tuóen umbe uuerltlichen
dáng . uuanda sô sint siû chrumb.

Et opus manuum nostrarum di-
rige. Vnde uuanda álliû opera
(uuerch) sêhent ad unum opus cari-
tatis (ze einimo uuerche minnon).
daz unum opus (eina uuerch) ke-
rihte. Des iúngesten uersus . ne
hábent súmelichiû buôch nieht.
Vues kemánot unsih hier nomen
(der námo) moysi? A´ne daz sin
lex (éa) unde al uetus testamentum
(altiû bineimida²) gescriben ist sub
uelamento (undir bedécchedo).
unde uuir fone diu biten CHRISTVM
daz er dána neme uelatum (die be-
deccheda). Diz kebét lêret únsih
sus dauid. REVELA OCVLOS MEOS. In-
duó chád er miniu³) ougen. ET
CONSIDERABO MIRABILIA DE LEGE TVA.
Vnde so gechiûso ih uuúnder fone
dinero éo. Vuéliu uuúnder? Toû-
géniû mysteria (bizeichenida) déro
spiritus sanctus zeigare ist.

*) PSALMUS XC.

LAVS CANTICI DAVID.

Hier fernémen selben dauid pro-
phetam . singen Gote laudem cantici
(lob-sanc lêichis).

QVI HABITAT IN ADIVTORIO ALTIS-
SIMI . in protectione dei cæli com-
morabitur. Der fasto sizzet in des
hôhesten helfo . der sih fásto ze iro
fersiéhet . der uuónet oûh in des
himel Gótes scerme. Der Gote ge-
trûunet . den scirmet oûh Got. Der
aber úbermuôte ist . unde sih ze imo
selbemo fersiéhet . der fállet. Also
diè . diè in dièn uuorten ázzen . daz
sie uuúrdin quasi dii (also Gota).
unde siè inmortalitatem (untodigi)
ferlúren . unde sie daz fúnden . dára
zuô in Got tréuta . nals daz in dia-
bolus kehièz.

Dicet domino susceptor meus es
tu et refugium meum deus meus.
Ze Góte chît er . min inphángare
bist dû . min zuôfluht pist dû. Vuer
chît daz? Qui habitat in adiutorio
altissimi.

Sperabo in eum quoniam ipse li-
berabit⁴) me de laqueo uenantium
et a uerbo aspero. Chît er oûh.
An in gedingo ih . nals an mih sel-
ben. Vuanda er lòset mih fone dé-

---

¹) skino. Sch.
²) (— bencimeda). Sch.
³) minen. Sch.
⁴) liberavit. Sch.

*) S. 338.

mo stricche . déro uuéidâro¹) . unde
fone sârfemo uuorte. Diabolus et
angeli eius sint uenatores (uueide-
nâra) . diê rihtent laqueos (striccha)
an mánigen illecebris . daz chit²)
an mánigen lúcchedon. Aber sárf-
uuort³) chúmet fone ménniscon .
danne einer uuóla lében uuile under
anderen ubelo lébenden . unde sie
in des ilent irren mit sûs-lîchemo
huóhe. Tu magnus . tu iustus . tu
es helias . de cælo tu uenisti (du
bist der michelo . du bist der rehto .
du bist — fone himile châme du⁴).
Dannan lôset Got den . demo daz ne
uuiget noh sih is ne-scámet.

Scapulis suis obumbrabit tibi . et
sub pennis eius sperabis. Mit sînen
skerten scáteuuet er dir . unde un-
der sînen féttachen gedingest . du
skérmes. *) Sò fógeles iúngiú under
dien féttachen sint . so sint siú ouh
under diên skérten . uuanda fone
diên skérten gant diê féttacha. Ze
déro similitudine (gelichenisso) ist
diz kespróchen.

Scuto circumdabit te ueritas eius.
Sîn uuarheit úmbehébet dih mit
skilte . Si skirmet . dih in állen
sint⁵). Sîn uuarheit ist . daz er dih
skéidet sperantem a non sperantibus
(kedíngenten fone ferchunninten).

Non timebis a timore nocturno . a
sagitta uolante per diem. Fóne diû
ne furhtest dû fore náht forhton .
daz sint úngeuuízzene sunda. Noh
fore skiezzentero strálo in-táge . daz
sint keuuízzene sunda⁶).

A negotio perambulante in tene-
bris. Fone ûnmuózzigi uuállontero
in-uinstri. Also daz ist . ube dih
iêman toúgeno ferleiten uuile.

A ruina et demonio meridiano.
Fore ualle unde fore demo mittetá-
gigen diêuale. Daz ist acerrima
persecutio (diû hándegosta ahtun-
ga). So du uuas diú sus kebôt.
Qvi se confitetvr christianvm . pv-
niatvr . donec se neget esse chri-
stianvm (der sih iêhe — der uuerde
mit uuizze ana-bráht . daz er sîn fer-
lóugene —). Vuanda ouh démo de-
monio meridiano (mitte-tâgigin tie-
fele) genuóge indrinnen ne mahton .
bediû folget sâr.

**) Cadent a latere tuo mille.
Fone diû sturzent dero fone dînero
sîttun mille (mánige) . diê iro guot
allez kâben pauperibus (túrftigon) .
unde bediû uuándon ioh iudices
(uberteilare) uuésen⁷) sáment apo-
stolis.

Et decem milia a dexteris tuis.
Vnde aber déro zênualt⁸) . die sih

---

¹) uueidenaro. Sch.
²) chid. Sch.
³) sarfu uuort. Sch.
⁴) (— himele —). Sch.
⁵) sit. Sch.
⁶) Fehlt bei Schilter von «Noh» an.
⁷) uuesent. Sch.
⁸) zenuualt. Sch.

*) S. 339.   **) S. CLXXXIII.

dinero zéseuuun beuuândon unde daz sie dàr gehóren soltin. VENITE BENEDICTI PATRIS MEI (chomint ir geuuiéhten mines fáter). Vuannan gesciéhet daz? A´ne fone toùgenero superbia (ubermuôti) diè Gót eino uuizzen mag . diû siè lêrta de se presumere . non de CHRISTO (fóne in selben fermézzin . nals fone —).

Ad te autem non appropinquabit[1]. A´ber ze dir ne nâhet ruina . et demonium meridianum (der fal ioh mitte-tágigin tiéfel). Nehéine dinero lído ne uuirt iruellet.

*) Verumtamen oculis tuis considerabis . et retributionem peccatorum uidebis. Aber doh daz so sí . doh persecutio (ahtunga) éinen si ruina (fal) . ánderen corona . dû gesiêhest mit dìnen oûgon[2]. Vuaz kesiêhest dû dir mite? Den lón dero sundigon . uuiélih[3] er uuesen sol . Vuanda ube siè nû sint torquentes (uuîzzenonte) . sie sint in æternum torquendi.

Quoniam tu es domine spes mea. Bediû ne fállo ih . uuanda du herro bist min gedingi. Alde sus. Quoniam tu es domine spes mea .

altissimum posuisti refugium tuum . Fone diû habest dû hóha gesezzet dina zuôfluht . uuanda du min gedingi bist. Fone erdo fuôre dù ze himele . daz ih din corpus (lichamo) dìn ͜ecclesia (brutsámana) gedingi hábiti nàh zefárenne .

Non accedent ad te mala . Dàr ne irreichent[4] dih ne-héiniu ubel .

Et flagellum non appropinquabit tabernaculo tuo. Noh nehéin uilla ne habet sih dar dinemo gezelte . sô iz hier téta . unz du uuare in tabernaculo passibilis carnis (in diên inheimon inphíntliches fleíscis) .

Quoniam angelis suis mandauit de te . ut custodiant te in omnibus uiis tuis. Vuanda din fáter gebôt sinen angelis umbe dih . daz sie dín huôton in allen dinen uuégen. Fóne diû ist kescriben. APPARVIT EI ANGELVS DOMINI CONFORTANS EVM (imo irscéin Gotes engel der in halta) . uuanda daz suohta infirmitas humana (menniscin uuéichi) .

In manibus portabunt te . In íro banden trágent sie dih . ze himele fuôrent siè dih . nals umbe helfa . nube umbe diênost.

Ne umquam offendas ad lapidem pedem[5] tuum . Niè du dinen[6] fuôz ne ferstôzzest an den stein . Caput (houbet) pist du . pedes tui (dine

---

[1] appropinquavit [apropinquabit]. Sch.
[2] ougen. Sch.
[3] Uuiehli. Sch.
[4] ireichent. Sch.
[5] Fehlt in der handschrift.
[6] dienen. Sch.

*) S. 340.

fuôzze) sint euangeliste . an diên du iruuállost ¹) alle dise uuerlt . die ne uuile du sib ferstôzzen an den stëin . Dû ne uuile siê sculdig uuerden iteniuuues an dero lege . du in tabulis lapideis (an steinen tabilon) kescriben uuard . *) Ze hímele geuárner uuile du senden spiritum sanctum . der sie reos (sculdig) ne lâzze sîn in lege (dir êo) . unde sie inbinde timoris (forhtun) . unde aber irfúlle amoris (minno) . Hinnan ist uuára ze tuónne in sancto euangelio uuiêo der temptator (besuochare) disen sin uuéhselota .

Super aspidem et basiliscum ambulabis . et conculcabis leonem et draconem . Du gâst uber aspidem . dû uberuuindest quodlibet demonium (iêgelichen tiêfel) . unde basiliscum . selben diabolum regem demoniorum (de urtiêfel chúninch andirro tiêfelo) . unde tréttost leonem manifeste seuientem (óffino rânintin) unde draconem occulte insidiantem (toûgeno lâgontin) . Diabolus ist leo in persecutoribus (in âhterin) . draco in hereticis (an gloubo uuérrârin) .

Quoniam in me sperauit liberabo eum protegam eum quoniam cognouit nomen meum . Disiu uuort . séhent ze démo qui habitat in adiutorio altissimi (der fasto sizzet an dis hóhistin helfo) . unde ze iêgelichemo dero fidelium (christanon). Sîd er mir getrúeta . ih lôso in . ih skirmo in . uuanda er minen námen erchanda . dei cæli . dei altissimi (dis himil Gótis . dis hohistin Gotis ²) .

Inuocauit me et ego exaudiam eum . Er háreta mih ána . ih kehôro in oûh .

Cum ipso sum in tribulatione . Ih pin sament imo in nôte .

Eripiam eum . Lôso ín dâr ùz .

Et glorificabo eum . Vnde guôllichon in in himele ³) .

Longitudine dierum adimplebo eum . Lángero tágo geniêton ih in dar êuuiga tága sint . unde alle tága êin dag ⁴) sint .

Et ostendam illi salutare meum . Vnde geoûgo imo CHRISTVM . An imo siehet er mih .

**) PSALMUS XCI.

PSALMVS CANTICI IN DIE SABBATI.

Vuaz tiùtet daz? Ane diz ist sámbaz táges sang . Sús sól man singen in sabbato . Vnser sabbatum (firro-tak) ist in corde (in herzin) . uuanda sabbatum ist tranquillitas

---

¹) iruáltost. Sch.
²) (des — des hohisten —). Sch.
³) himile. Sch.
⁴) tag. Sch.

*) S. 341.   **) S. CLXXXIV.

cordis (stíllimuôti des herzin). Dia tranquillitatem (stilli) machot bona conscientia (kuôtis keuuízzeda). Der âne diê ist. der ne hábet tranquillitatem (stilli) noh sabbatum (fírra). Bediu ne mag er sús SINGEN. *) BONVM EST CONFITERI DOMINO. Góte sól man iéhen. daz ist kuôt. Imo iih dínero súndòn unde uuíz siê dir sélbemo. I'ih imo ouh dínero guóttato. so. daz du iro imo dánchoest.

Et psallere nomini tuo altissime. Vnde hôhsangon sól⌣man dinemo námen. dû bôhesto. Daz ist ouh kuôt. Psalterium (rotta) ist genus organi (ein slahta órginsangis. so also seit⸗spil ist). daz ruóret man mit hánden. Ruóre dine hende. unde brúche siê ze guóte. daz héizzet psallere deo (gote rotton).

Ad adnuntiandum mane misericordiam tuam. et ueritatem tuam per noctem. Vnde ist kuôt zesâgenne dína genâda in prosperis (in⌣uuólon). unde dína uuarhèit in aduersis (in nuêuuon) uuanda in prosperis skínet dín genâda. in aduersis skínet diû uuârheit dînes rehtes. So tuôndo uuirt Got iêo gelóbot.

In decachordo psalterio. A´n demo zênsettigen psalterio ist imo guôt zesingenne. daz chit decem præcepta legis obseruare (zèhin uuort êo ze uuérinne).

Cum cantico in cythara. Mit cantico (niûmon) án dero cythara gesungenemo. daz chit mit uuórten sáment dièn uuerchen.

Quia iocundasti me domine in factura tua. et in operibus manuum tuarum exultabo. Daz mir al fóne diû guot ist. uuanda du mih habest keuuunnesamot an dínero tâte. unde ih mih fréuuo in dinemo hantuuerche. Mîne guòttate sint din. nals mîn. Tâte ih ubelo. daz uuare mîn. hábo ih uuóla getân. daz ist dîn. Diâ fréuui gabe dû mir. Vbe daz uuâr ist. QVI LOQVITVR MENDATIVM DE SVO LOQVITVR (der lûgin sprichit fone ímo selbemo sprichit). so ist daz samo uuâr. QVI LOQVITVR VERITATEM DE DEI DONO LOQVITVR (der uuar sprichit fone Gotis kelàzze sprichit). Omne peccatum (al sunda) heizzet mendatium (lûgin). unde omnis iustitia ueritas (al reht heizzit uuârhèit).

**) Quam magnificata sunt opera tua domine. nimis profundæ factæ sunt cogitationes tuæ. Vuièo diniu uuerch kemichellichot sint trúhten. harto diêf sint uuorden dîne gedâncha. Nehein mére ne ist so tièf, so der Gotes kedanch ist. ut mali floreant. boni laborent (daz úbelen uuola bescèhe kuóten ubilo hiêr). In déro tièfi uuerdent manige scéfsoúfig. die daz ne chunnen bechénnen. Vnde sie Got ahtont uuesen iniustum (unrehtin).

*) S. 342.   **) S. 343.

Vir insipiens non cognoscit et stultus non intellegit hæc. Der unúuizzigo ne uuèiz iz. unde der tumbo ne fernimet¹) iz.

Cum exoriuntur peccatores sicut fænum et apparuerint omnes qui operantur iniquitatem. Daz zît ne fernimet er nû uuésen. daz súndige uuahsent also héuue. unde an der zît noh chomen in iudicio (in suôno-tâge). so sih alle diè oùgent. diè unreht nu²) uuurchent. Vuara zuo?

Vt intereant in sæculum sæculi. Daz sie fon éuuon³) ze éuuon ferlóren uuerden.

Tu autem altissimus in æternum es domine. Aber dû hôhesto truhten uuérest iêmer. unde du obe siêhest ex æternitate (ùzzer dinero éuuicheite). uuanne déro árgon zît feruáre⁴). unde dero rehton zît chóme.

Quoniam ecce inimici tui peribunt. et dispergentur omnes qui operantur iniquitatem. Also dàr ána-skînet. sih nû daz in iudicio (in suôno-tâge) dine fienda ferlóren uuerdent unde alle diè ze-uuorfen uuerdent. diè. unreht uuúrchent. Sie ne uuerdent nièht kesáminot zuô diên sáligen.

Et exaltabitur sicut unicornis cornu meum. Vnde uuirt aber irhôhet min horn. also des éinhúrnen. Vnitas æcclesiæ meæ (diu einsámina minero briùte⁵) chit CHRISTVS uuirt danne irháuen. hereses (irridin) uuerdent nider geliget.

Et senectus mea in misericordia uberi. Vnde mîn alti. infóllechlichero genádo. Daz chit. Nouissima æcclesiæ meæ (diu iúngistin miniro brutsamenungo⁶) uuerdent irfúllet állero genádon. *) Iro dignitas (hérscaft) peginnet dàr uirescere (gruónen). dar fœnum (hóuue) beginnet arescere (tórren).

Et respexit oculus meus inimicos meos. Vnde dàr irsáh min ouga mine fienda. nièht éin persecutores iustorum (áhtara dero réhton). nube ouh amatores mundi (minnáre dirro uuerlte). diè sih ér burgen.

Et insurgentes in me malignantes audiuit auris mea. Vnde arguuillige an mih néndente gehorta min óra. Ih kehôrta siè dàr condemnare sua facta (lèidizzin iro uuerch).

Justus ut palma florebit. et sicut cedrvs lybani multiplicabitur. Aber der réhto bluôt also palma. unde uuirt kemanigfaltot also cedrus der ûfen lybano monte (suoz-stanch-perge) uuahset. Vbe fœnum (hó-

---

¹) fernimit. Sch.
²) ne. Sch.
³) fone euuon. Sch.
⁴) feruure. Sch.
⁵) (— hrutte). Sch.
⁶) (— minero —). Sch.

*) S. 344.

uue) dorret so hizza chúmet . palma unde cedrus ne dorrent durh daz. Scône boum ist palma . hôh poum ist cedrus . scône unde búrlîch uuerdent danne iusti (diê rehtin).

Plantati in domo domini . in atriis domus dei nostri florebunt. Hiêr in sancta æcclesia geflánzote . pluônt dâr án dero inuérte . des húses unseres Gótes. *) Resurrectio (urstende) ist inuart cælestis regni (himil-riches) . an déro uuerdent siê scône.

Adhuc multiplicabuntur in senecta uberi. Ieô mêr unde mêr uuerdent sie gemanigfaltot . inbérehaftero alti. Sancta æcclesia uuuôcherot an iro chinden . ioh sô si ált ist. Iro chint manigfaltont sih . unz si lángôst uuéret.

Et benepacientes erunt . ut adnuntient. Vnde uuóla gedúltig sint sie . daz siê in déro gedulte chúnden. Vuaz?

Quoniam rectvs dominus deus noster . et non est iniquitas in eo. Daz Got unser réhter ist . unde unreht an imo bediû ne ist . daz er eine fertréget unde andere uéllet.

PSALMUS XCII.

LAVS CANTICI IPSIVS [1]) DAVID IN DIE ANTE SABBATVM QVANDO FVNDATA EST TERRA.

**) Lob disses sanges siêhet ze CHRISTO in sextum diem (an den sehsten dag [2]) fore sabbato (sámiztage) . do diû erda uuard keuestinot. Vuanne uuard si [3]) fundata (gefestinot). Do ménniscen in fide (in gloubo) uuurden fundati (gefestinot). Sex dies sint ante sabbatum (sehs tága sint fore sámiztage) gezélet in genesi (an chunno-buôche) . mit diên uuurden foregezeichénet sex sæcula (sehse . uuerlte). Also do mennisco uuard formatus in sexto die (kebíldot an demo sehstin tage) . so uuard er sid fóne CHRISTO reformatus in sexto sæculo (uuider-bildot an dero sehstun uuerlte). Náh démo chumet futurum sæculum (diu chumftiga uuerlt) . daz ist sabbatum (firro-tág) . daz ist requies (ráuua) dien . die hier táten omnia opera bona (álliû uuerch kuôtiu). Also iz dâr chit. ET VIDIT DEVS OMNIA QVÆ FECERAT . ET ERANT VALDE BONA . ET REQVIEVIT DEVS DIE SEPTIMA [4]) AB OMNI OPERE QVOD PATRARAT (do scóuuota Got al daz er geuuurchta hábita . do uuaz iz harto guôt do rauuet ir an demo sibin-

---

[1]) ipsi. Sch.
[2]) (— dem —). Sch.
[3]) sie. Sch.
[4]) septimo. Sch.

*) S. CLXXXV.   **) 345.

din táge ab allemo uuerche daz er uuorhta).

DOMINVS REGNAVIT. Truhten cham hára in uuérlt unde ríchesota hiér.

Decorem induit. Ziérda légeta er ána . an dién . dien er licheta . unde die fone imo cháden. QVIA BONVS EST (er ist kuót).

Induit dominus fortitudinem. Er légeta sih ána starchi . uuider dié . dién er misselîcheta. Dié dir cháden. NON . SED SEDVCIT TVRBAS (néinir . er ferlêitit dié liút mánigi). Vuaz ist diú starchi? A'ne humilitas (sin diêmuoti) . mit déro er sié fertruóg. Dára ingágene ist superbia infirmitas (iro ubir=muóti . iro uueichi).

Et præcinctus est. Vnde uuard er fúregurtet. Er hábeta fore imo . dó er in cruce hángeta insultantes (sin huonte) . die imo zuo cháden. AVE REX IVDEORVM (hêil hêrro du iúdon chúninc). Dár oúgta er sih kegúrten . dár ougta er sih fortem et paratum ad tollerandos malos (stárchin unde garéuuin die úbilin ze fertrágenne).

Et enim firmauit orbem terræ qui non commouebitur. So tuóndo geféstenota er sanctam æcclesiam . diú fúrder ze stéte stát . unde iruuéget ne uuirt. Si stát furder¹) in fide (an iro gloúb-triúuuo). Concussa (kestózzot) mag si uuerden. Conuulsa (irfellit) ne uuirt si.

Parata sedes tua ex tunc. Dannan hara ist caro din sez. In sexta ætate mundi (an demo sehstin áltire dero uuerlte) cháme dú . sid sazze dú in cordibus fidelium (in dien herzon díniro getriúuuon).

*) A sæculo tu es. Dár fóre unde fóre allemo zîte bist dú. Iéo unde iéo bist dú.

Eleuauerunt flumina domine . eleuauerunt flumina uocem suam. A'ha trúhten . áha huóben úf íro stimma. So spiritus sanctus cham . so uuurden lútreisti apostoli in iro prædicationibus (prédigon).

Eleuauerunt flumina fluctus suos . a uocibus aquarum multarum. Náh in cháme anderiu uuazzer . diu huóben úf iro uuélla . iro baldi . dia sie hábeton . fóne mánigero uuázzero dózze. So iro iéo mér uuas so bálderen uuáren.

Mirabiles elationes maris. Dannan uuurden uuurdenlicho²) . die indignationes sæcularium (zornunga dero uuerlt-liúto). Vuannan? A uocibus aquarum multarum. Vuiéo uuunderliche? Daz nîeman diú hére martyrum gerúobon³) ne mag . diú fone dannan démo zorne lágen. Vnde uuaz do?

---

¹) Fehlt bei Sch. von «ze stete» an.
²) uuunderlicho. Sch.
³) getruoben. Sch.

*) S. 346.

Mirabilis in altis dominus. Truhten uuas ouh uuúnderlîch an diên sô hòhen unde ¹) so geuuáltigen regibus (chúningin). diê daz tâten. Vuár ána skínet daz?

Testimonia tua credibilia facta sunt nimis. Díniu úrchunde uuurden harto geloúblich. Selbén diên regibus uuúrden siû geloúblich sámo sô diên ánderen. Also iz chit. IN ME PACEM HABETE. IN MVNDO PRESSVRAM HABEBITIS. SED CONFIDITE. EGO VICI MVNDVM (an mir hèigint frido an dero uuerlte muózzint ir fressun hábin uuesent aber balt ih habin diê uuerlt uber-uuúndin). Vuaz uuirt dannan ûz?

Domum tuam decet sanctitudo domine in longitudine dierum. Dinero ecclesiæ gezimet hêiligheit in êuuighêite. In ándirro uuerlte skínet iro hêiligheit. dar zimet si iro. uuanda dâ ne uuirt si fuscata (hóro-faro).

---

*) PSALMUS XCIII.

PSALMVS IPSI DAVID QVARTA SABBATI.

Psalmus CHRISTO in mittauuechun. do uuurden luminaria cæli (lìêht-faz himilis) diû sît skinen super bonos et malos (uber ubele unde guote). Siû stánt fixa in firmamento cæli (kestéccbit in himilis festi). **) sô stant oûh die. quorum conuersatio in cælis est (dero lib-uuandil in himilin ist). Vnde also siû ne ruóchent quid agatur in terra (uuaz man an dero erdo tuòt). noh dâr umbe ne lâzzent iro itinera (ferte). so ne lâzzent ouh die. diê cælestes (himilsce) sint. umbe terrenos homines (érdine menniscin). siê ne fól hábeien iro conuersationem (lib-uuandil). So uuaz man in tuòt aldo ánderen das habent sie tollerantiam (fertrageni). Der dia ferliûset. der fallet fone hímele. Daz oûget diser psalmus.

DEVS VLTIONVM DOMINVS. DEVS VLTIONVM LIBERE EGIT. Got ist hérro des keriches ²). uuanda er nieht ungeróchenes ne lâzzet. Got des keriches téta baldo. do er cham inter homines (hára undir menniscin ³)). Also iz chit. ERAT DOCENS EOS TANQVAM POTESTATEM HABENS. NON QVASI SCRIBÆ EORVM ET PHARISEI (er uuas sie lérinde samo geuualt habinde nals nieht sô un-baldo so die iro uuerch priêuin tâtin. unde sundir lêbin ⁴)). Die er sah ubelo tuon. die rafsta er baldo. uuanda er deus ultionum ist (Got kericchis). unde er uuolta daz sie ultionis (kricchis) ûbere uuúrdin.

---

¹) undo. Sch.
²) geriches. Sch.
³) (— unidir —). Sch.
⁴) (— pieuin —). Sch.

*) S. CLXXXVI.   **) S. 347.

Exaltare qui iudicas terram. Vuird irhóhet in resurrectione (in úrstende) dû terrenos homines (irdisce menniscen) ze urteildo bringest. Far baldo ze himele. dù in érdo bald uuâre.

Redde retributionem superbis. Kilt dien ubermuôten. fergib dien diemuôten. Die dih sluôgen superbi (uber=muótige). die irchâmen sih. fone dien miraculis (zéichinin) dero apostolorum unde humiles (diêmuôtige) uuordene. châden sie ze in. Qvid facimvs viri fratres (uuaz múgin uuir is nu tuon bruodera)? Do gehôrten sie fone petro. Agite poenitentiam. et baptizetvr vnvsqvisqve vestrvm. in nomine domini nostri iesv christi (tuont riúuua unde uuerde iúuuer iegelich ketoûfet in námen — —). Dien fergib. fergib in sculdo meistun. Vuaz ist diú sculd? Fvdervnt precivm svvm (sie guzzen uz daz iro hêiliga uuérigelt). Vuaz kelâzzest dû in dára ingágene per indulgentiam (durh ablaz). Bibant precivm svvm (sie trinchen iro uuérigelt). So ist in chómen din gebét. daz dû in cruce tâte. *) Pater ignosce illis. non enim scivnt qvid facivnt (fater blaz in iz si ne uuizzin uuaz sie tuônt).

Vsque quo peccatores domine. usque quo peccatores gloriabuntur. Selber spiritus sanctus sprichet sament menniscon. unde frâget des sie ze frâgenne hâbent. Vuiéo lango truhten guóllichont¹) sih súndige? Vuiéo lango?

Effabuntur et loquentur iniquitatem loquentur omnes qui operantur iniustitiam. Vnreht sâgent unde spréchent súndige. Alle die iz tuont die sprechent iz. Sie chédent. Got ne uueiz unser unreht. Vuannan chédent sie daz. âne daz sie Got fertréget. unde sie lében lâzzet? Sie bergent sih fore stationario (demo dinch=stéllere). daz er sie ne sáhe. fore Góte nebérgent sie sih. uuánda sie in ne uuânent uuésen fore iro únrehte. Sie chedént sid únseriu unreht misselichent iudicibus. legibus. imperatoribus. commentariensibus (dinch=liúten lant=rehtin cheisirin scult=héizzon). die uuir fliéhen. ne mâhtin uuir in danne uuirs keslièhen. úbe iz imo misselicheti. alde er iz missié?

Populum tuum domine humiliauerunt. et hereditatem tuam uexauerunt. So chósondo gedïemuóton sie dînen liút. der daz ána sêr gehôren ne mahta. unde muôhton mite dîne erbe. dîne fideles (getriúuuin).

Viduam et aduenam interfecerunt. et pupillos occiderunt. Vuiteuuun

---

¹) guollichunt. Sch.

*) S. 348.

unde éllenden . unde uueisen sluôgen sié . Fone dien gescriben ist . PEREGRINVM ET ADVENAM NON NOCEBIS (éllendin unde chómelinch ne scádesto).

Et dixerunt non uidebit dominus . Vnde cháden sié . Got ne siéhet des niêht .

Neque intellegit deus iacob . Noh Got iacob ne uuêiz iz .

Intellegite insipientes in populo . et stulti aliquando sapite . Fernément únuuizzige under liûten . unde ir goucha ferstánt iûh éteuuenne .

Qui plantauit aurem non audiet? Der dáz ora gescuóf . ne gehuôret der?

*) Aut qui finxit oculum non considerat . Alde der ouga getéta ne gesiêhet der? Ne hábet er selbo . daz er ánderen gab?

Qui corripit gentes non arguet? Der prophetas fòre ûz santa ad correptionem gentium (ze irrafsungo diéto) . so er selbo chúmet ne sol er danne redarguere (uuídir refsin)? Daz sié tâten . ne sol er daz tuón?

Qui docet hominem scientiam? Der andere tuot uuizzen . ne uuêiz der selbo?

Dominus scit cogitationes hominum quoniam uanæ sunt . Got uuêiz déro menniscon gedáncha . er uuêiz daz sie uppig sint . Sie ne uuízzen .

daz die sîne rehte sint . er uuêiz áber daz dié iro uppig sint . Sint aber doh éine dié sîne gedáncha uuizzen . die heizzent amici dei (Gotes liêbin).

Beatus homo quem tu erudieris domine . et de lege tua docueris eum . Sàlig ist dèr mán . den dú trúhten lêrest . unde imo die lêra gibest fóne dinero éo . Vuélicha?

Vt mitiges eum a diebus malis . Daz dû in gemánmendest[1] . unde gesuéigest ubelero tâgo . **) so die sint . in quibus prosperantur mali (an diên diên ubilen framspuot ist[2]).

Donec fodiatur peccatori fouea . Daz er sih intháhe . unde imo iz ne uuége . unz démo súndigen gruôba gegráben uuerde . dâr er in stúrze . unde furder ûf ne stánde. Vuélichiû ist diû gruôba . Daz ist sin prosperitas (fram=spuót) diû gibet imo superbiam (uber=muâni) . an dero iruállet er sih . Daz chúmet fóne occulta dei dispositione (tougenoro — pinéimedo). Den er dié lêret der ne chit niêht ze Góte . QVARE REGNANT MALI . ET PREMVNTVR BONI (ziu richesont ubele . unde ziu uuerdent ferdrucchet kuote)?

Quia non repellet dominus plebem suam . Vuanda durh daz ne stózzet fone imo Got sinen liût . Vuieo tuot er danne? Exercet non repellit (er

---

[1] gemammendest. Sch.   [2] (— ubelen —). Sch.

*) S. 349.   **) S. CLXXXVII.

uóberot in . noh ne fertribit in [1].
Er [2] bézzerot in mit diên ubelen .
hértet in . máchot in gedúltigen .
unde féstmuóten.

Et hereditatem suam non derelin-
quet . Vnde umbe énero ubeli . ne
lázzet er sin erbe . Diên er daz erbe
uuile . diê fillet er . êne lázzet er
tuôn . daz sie uuéllin.

*) Quo adusque iustitia conuerta-
tur in iudicium . Vuis diê uuila reht .
unde ne láz dir misselichen Gotes
dispositionem (ordenunga) unz dîn
reht uuerde bechêret in irtêilida unz
du sáment imo sizzest ad iudicandum
(ze irteillenne [3]) . also oúh apostoli
ze êrest uuâren iusti (rehte) . unde
dara [4] náh uuerdent iudices (úber-
teilare).

Et qui tenent eam omnes recto
sunt corde . Die daz tuônt . diê ius-
titiam (reht) fasto hábent . diê sint
mit créhtemo hérzen nals mit chrúm-
bemo.

Quis exurget mihi aduersus malig-
nantes? aut quis stabit mecum ad-
uersus operantes iniquitatem? Vuer
chúmet mir ze helfo uuider àrguuil-
lige? Alde uuer stât mir bî . uuider
únrehto fárenten? Diê [5] sâr mina

conuersationem lêidezzent . úbe siê
mih kesêhent christiano more uiue-
re . mit súslichero increpatione (ir-
ráfsungo). Quare non facis quod
alii faciunt . Tu solus christianus
es . Te extasis cum paulo rapuit in
tertium cælum (ziu ne uuerchost du
so ouh andere liúte tuônt pist du
eino allis christane hôi herre . Hina
inbrottini zúchta dih crehto mit paulo
ze himele [6]).

Nisi quia dominus adiuuit me .
paulominus . i. prope habitauit in in-
ferno anima mea . Vbe mir Got ne-
hulfe . sólchero uuorto mahti ih liëh-
to besúichen unerden . unde ze hello
fáren mîn sela . Vnder diên solchen
ne genàse ih . ube iz Got ne tâte.

Si dicebam motus est pes meus .
misericordia tua domine adiuuabat
me . Vbe ih mit humilitate (diê-
muoti) iah minero sundon . unde ih
chad . mîn fuôz ist pesliphet . sô half
mir iêo Got dîn genâda.

Secundum multitudinem dolorum
meorum in corde meo . consolatio-
nes tuæ lætificauerunt animam me-
am . Also mánegiu [7] sêr mir ána
uuâren . sámo mánige [8] trôsta fréu-
ton mina sêla.

---

[1] (— fertrib in). Sch.
[2] Ir. Sch.
[3] (ze irteilenne). Sch.
[4] dar. Sch.
[5] Diа. Sch.

[6] (— hinairbrottini — erehto —). Sch.
[7] manigiu. Sch.
[8] manege. Sch.

---

*) S. 350.

Numquid adheret tibi sedes iniquitatis . qui fingis dolorem in præcepto . Haftet dir ieht der stuól des unrehtes? Mág sament dir sizzen doh einer unrehter[1] . du daz sêr uuúrchest an dinemo gebote? Daz chit . du uns uuile gebóten uuesen daz sêr. Luctus ist sêr . daz sêr uuile dû uns uuésen gebóten . *) uuanda dû chist. Beati qvi lvgent (sâlig sint die sih uuuof charont[2]) . kebiêten do uuúrchest dû iz. Sih dir selbo lector (léso) uuieo Augustinus chéde. Formas inqvid[3] dolorem in precepto . i. de dolore præceptvm nobis facis . vt ipse dolor præceptvm sit nobis (daz chit . ûzzir sêre machost du uns kebót also mêinich daz selba iz daz ser an uns kebót si[4]). Daz sint siniu uuort. Der sin ist. Vuieo mag der úbelo sáment dir sizzen . sid dû noh kuótemo ne libest . dû ne uuéllest daz imo sêr præceptum si (kebot)?

Captabunt in animâm iusti . et sanguinem innocentem condemnabunt. An des réhten lib fâhent siê . unde únsúndig pluót ferdámnont[5] sie . Also christi sanguis (pluót) uuas innocens (unsundig) . unde doh fone impiis (ubelen) úber teilet uuard. Vuieo suln sie anderen liben . sid siê[6] imo ne libton? Nu tróstet unsih aber der salmo sus .

Et factus est mihi dominus in refugium . Vnde des ist truhten mir uuorden zuófluht.

Et deus meus in auxilium spei meæ . Vnde Got miner ze helfo minero gedingi . Er gibet mir êuuigen lib . nah minero gedingi . fúre disen murgfâren.

Et reddet illis iniquitatem ipsorum . Er giltet oûh in iro unreht .

Et in malitia eorum disperdet illos dominus deus noster . Vnde in iro argen uuillen fertribet er siê . fone sinemo riche .

**) PSALMUS XCIV.

LAVS CANTICI IPSI DAVID.

Demo uuâren dauid christo . ist diser psalmus pêidiu . ioh laus (lob) . ioh canticum (sanch) . Laus skeinet denotionem (Gote-dêhte) . canticum hilaritatem (fromuóti).

INVITATORIVM.

Venite exvltemvs domino. Chóment liúte chóment ferro gesezzeno . lâzzen unrehta fréuui sin . diû ze uuerlte triffet uóbet dia . diû ze Góte triffet.

---

[1] uurehter. Sch.
[2] (— uuuofharont).
[3] inquit. Sch.
[4] (— selbu —). Sch.
[5] ferdamont. Sch.
[6] si. Sch.

*) S. 351.   **) S. CLXXXVIII.

Iubilemus deo salutari nostro. Niûméien Gote únsermo háltàre. Ougen fréuui mit niûmon . dàr uuir mit uuorten ne múgín.

*) Praeoccupemus faciem eius in confessione. Fúreuangeíen sîn ánasiune in geíìhte. Vuanda ér noh chómen sol ad iudicandum (ze úberteilinne) . so irgében unsih ér imo déro súndon iéhendo . daz er¹) sie danne ne fórderoe dinglicho.

Et in psalmis iubilemus ei. Vnde niúmoen imo an diên salmon . oùgen únsera geistlichun méndi an in.

Quoniam deus magnus dominus . et rex magnus super omnes deos. Vuanda Got ist máhtig hêrro . unde máhtig chúning uber alle Góta. V'ber alle diê Góta . fone diên iz chît.
Dedit eis potestatem filios dei fieri (er gab in geuualt . Gotes sune uuerden). Diê sint Góta . uuanda siê Gotes súne sint. Daz ne uuârin siê . úbe gratiam²) (genâda) ne uuàre. Er ist úber siê máhtig . uuanda er getéta siê máhtige. Bediû suln uuir imo iubilare (húgesangon).

Quoniam non repellet dominus plebem suam . Vuanda Got ne stôzzet dána . sinen uólg. Vuélen? Plebem iudeam (iudon folg). So uuiêo sie in fer uuúrfin . also iz chît. In propria venit et svi evm non recepervnt (er cham an daz sîn unde die sîne ne nàmin sîn uuàra) . er ne feruuarf doh siè uuanda apostoli . unde andere fideles (gloûbige) dannan chàmen. Fone diû suln uuir imo iubilare . mit allerslahto stimmo uuúnnesàngon . ménischin³) . orginon . séiton fifon⁴) . cy´mbon clóccon . hórno . et rel . in quibus hoc quod continet omnia scientiam habet uocis . daz heizzit⁵) iubilare . daz chit ána uuórt liûdon.

Quia in manu eius fines terrae. Oûh fóne diû . uuanda in sinero hénde sint álliû ende déro érdo. Gentes diê unz in ende uuerlte geséhen sint . die praeputium (kánzlidi) heizzent . die sint oúh chómen sáment circumcisione (scárt lidi). unde hábent sih⁶) kefuôget ad lapidem angularem qui facit utroque unum (ze demo ort steine der zuo mura in ein bringet).

Et altitudines montium ipsius sunt. Vnde sin sint diê hóhina déro bérgo. Terreni principes (die irdiscin fúrsten) diê iû ér promulgatis legibus (mit zesazten lántrehten) christianum nomen (namen) uuolton tiligon . **) diê sint nu selben christiani.

---

¹) er er. Sch.
²) gratia. Sch.
³) mennischin. Sch.
⁴) fison. Sch.
⁵) heizzet. Sch.
⁶) sie. Sch.

---

*) S. 352.   **) S. 353.

Quoniam ipsius est mare et ipse fecit illud. Vuanda sin ist daz mâre. er téta iz. Daz er téta daz ist nóte sin. Gentes (tiête) téta er. diê lósênt imo. sie bezêichenet daz mare.

Et aridam fundauerunt manus eius. Vnde ouh diê dúrrun erda festenoton sîne hende. Vuanda sie durre ist. pediû nézzet er sia. Er uuêiz uuóla. uuiêo durftig sterilia corda (únbirigiû hérzin) sint des regenes sînero lêro mit démo er siû féstenot.

Venite adoremus. et procidamus ante deum. ploremus ante dominum qui fecit nos. Chóment pétoen. Vnde uuiêo bétoen? Fallen nider fóre imo. uuêinoen fóre demo. der unsih téta. Daz ist fóne diû reht.

Quia ipse est dominus deus. Vuanda er ist unser Got. Vuaz aber uuir?

Nos autem populus eius. et oues pascuæ eius. Vuir bin áber sin liût. unde scáf sînero nueîdo.

Hodie si uocem eius audieritis. nolite obdurare corda uestra. V'be ir hiûto gebôrent sîna stimma. so¹) ne ferhértent iûuueriû herzen.

Sicut in exacerbatione secundum diem temptationis in deserto. Also iudei táten. in demo einode mih crémendo. do sie mîn chóreton.

Vbi temptauerunt me patres uestri. Dâr mîn chóreton iûuuere patres diê doh danne iûuuere patres ne sint úbe er²) siê ne bildont. Der ist mánneliches pater. den er bildot.

Probauerunt et uiderunt opera mea. Sie besuohton uuaz ih ketuôn mahti. unde do gesâhen siê miniu uuerch. diû mahton sie³) iz lêren.

Quadraginta annis proximus fui generationi huic. Fîerzeg iâro uuas ih nâhe dirro gebúrte. An uuiu? An zeîchenen unde uuúnderen diu ih fore in téta. fone dien sie mih erchénnen mahton.

Et dixi. Vnde⁴) dô chad ih.

Semper isti errant corde. Diê sint iêmer irre in iro herzen. *) Soltín sie sih iêmer berihten. daz unáre in fîerzeg iâren uuorden. Durh daz folle giêng ih in sô lángo. daz ih an in geoûgti sólcha slahta unésen liûto. diê niêmer ne irdruzzet îro úbeli.

**) Et ipsi non cognouerunt uias meas. s. utique. spiritales. Vnde mîne uuéga die geîstlíche sint. ne irchándon siê. quia carnalis homo non percipit ea quæ sunt spiritus dei (uuanda fleîscin ménnisco ne nîmit nieht in sich des Got keîstlichin dingis).

---

¹) Fehlt bei Schilter.
²) ir. Sch.
³) si. Sch.
⁴) Undo. Sch.

*) S. 354.   **) S. CLXXXIX.

Quibus iuraui in ira mea . si intrabunt in requiem meam . Dîen ih zórneger sus suuor unde sus tréuta . in mîna rûuua ne chóment sié . daz chît . beati (sâlich) ne uuerdent sié . Dâr ist in állerguótelîh fersâget . Diser salmo fâhet ána ze fréuui . unde gât ûz ze âmere.

PSALMUS XCV.

CANTICVM DAVID QVANDO DOMVS ÆDIFICABATVR [1]) POST CAPTIVITATEM.

Sus sang dauid do daz hûs kezimberot uuard . nâh éllende . Vuélih ist daz [2]) hus? Iû uuárd hus kezímberot nâh éllende . dô zorobabel filius salathiel fone captiuitate (dero éllendi) babyloniæ iruuundener . salomonis hus daz fone chaldeis ze=stóret uuas . ânderest zimberóta . Ságet diser salmo fóne démo? Nein . Er sâget fone sancta æcclesia diû domus dei ist (Gotes hus ist) . uuiêo si mit cantico nouo fidei spei et caritatis (niúuuemo sange keloubo kedîngi — minno) kezimberot uuard . nah dero captiuitate infidelitatis (ellendi déro ungeloubo).

CANTATE DOMINO CANTICVM NOVVM . cantate domino omnis terra . Síngent trúhtene niúuuez sang . daz singe imo álliû diû erda . Dilectio (minnasami) ist canticum nouum (niúuue sáng) . uuanda sie mandatum nouum (niúuue gebot) ist . Omnis terra ist sancta æcclesia . Si ist domus dei (Gotes hûs) . unde uuirt mit caritate (mit minno) gezimberot . An dero structura (gezimbere) uuerdint alle lapides (steina) unus lapis (ein stein) . Vuiêo uuirt daz? In unitate spiritus . in ninculo pacis (an déro einigcheite geistis . an fridis pánde).

*) Cantate domino . Singent trúhtene . Singent niúuuez sang . so zimberont ir niúuuez hus.

Benedicite nomen eius . Lóbont sinen námen . Vuiêo?

Bene nuntiate de die in diem salutare eius . Vuolo tuónt chúnt sinen háltâre CHRISTVM . fone tâge ze tâge . daz er iêo chúndero unde chúndero si.

Adnuntiate inter gentes gloriam eius . in omnibus populis mirabilia eius . Chundent under diêten sîna guóllichi . unde siniu uuunder under allen liûten . So uuóla getuónt in chunt . unde so uuit hûs zimberont imo.

Quoniam magnus dominus et laudabilis nimis terribilis super omnes deos . Vuanda er mahtîg hêrro ist . unde lóbelîh bârto . unde brúttelîh

---

[1]) ædificabitur. Sch. [2]) das. Sch.

*) S. 355.

uber alle Gota. Vuaz suln uuir dane fone in geloûben?

Quoniam omnes dii gentium dæmonia. Daz alle Góta héidenero [1] dièto. tièuela sint. Diê error (irricheit) sant. die sint dæmones (tièfela).

Dominus autem cælos fecit. A'ber truhten téta diê himela. ába diên er sie falta. so mahtig ist er.

Confessio et pulchritudo in conspectu eius. Keiibt unde scòni sint fore imo. Là fore gàn confessionem peccatorum (piùht sundon [2]). sò uolget sàr pulcritudo (scòni). So du dih irspuólest so bist dù scóne fore imo.

Sanctitas et magnificentia in sanctificatione ēius. Heili ze èrist unde micheluuerchunga dára nàh sint in sinero heilig-machungo. Den ordinem (antreht) hábe sin sanctificatio (heilich-macha) daz si dih pringe fone sanctitate (heiligi) ze magnificentia (michil-uuurchte). Vuile dù er magnificus (michil uuurchig) sin in signis et miraculis (mit zéichenin unde mit —[3]). er dù sanctus uuerdèst. des ne mag nièht keskéhen.

Afferte domino patriæ gentium. afferte domino gloriam et honorem. Ir diètpurge. bringent trúhtene guóllichi unde èra. brîngent sia imo. also iù selben noh anderén menniscon.

Afferte domino gloriam nomini eius. Pringent imo ze lóbe guóllichi sinemo námen. chedent. *) NON NOBIS DOMINE NON NOBIS. SED NOMINI TVO DA GLORIAM (sus nals uns hérro nals uns nube dinimo námin gib kuóllichi an uns).

Tollite hostias et introite in atria eius. Nèment ópher diù imo gerisen. unde gànt mit diên in sina hóua. Chóment mit lacrimis (tráhinin). unde mit corde contrito (firmúlitimo herzin) in sine hóua. die ze sinemo hús leitent. I'nnont iùh ze apostolis (biscóusin). ze prædicatoribus (andren prédiaren). daz sie iùh pringen in sanctam ecclesiam diu sin hús ist.

Adorate dominum in atrio sancto eius. Sò ir dára chóment dar bétont trúhtenen in heiligemo hóue sinemo. Vuer ist der hóf? Daz ist aber si. sancta ecclesia. Hús diên. diê in íro bùent. hóf diên. die durh sia ze hímele fárent.

Commoueatur a facie eius uniuersa terra. A'lliù diù erda uuerde iruuéget ad pœnitentiam (ze riúuuo). fone sinemo ánasiùne. Sò

---

[1] heidnero. Sch.
[2] (piuht —). Sch.
[3] (— unde mit uuunder). Sch.

*) S. 356.

ér in carne (in fléisce) sih keoûge. unde er in chúnt uucrde. dannan bézzeroen sih álle.

Dicite in nationibus dominus regnauit a ligno. In allen diéten chédent danne. trúhten ríchesota fone ligno (holze). Fone ligno crucis (chrucis holze) pegonda er richeson. also fóre diabolus richesota. a ligno uetito paradysi (fóne beuuéritemo holze zart=kartin).

*) Et enim correxit orbem terræ qui non commouebitur. Dánnan hábet er gerihtet orbem terræ (rinch dero erdo). der furder intríhtet ne uuirdet. Sid daz hus kezímberot ist. furder stât iz.

Iudicabit populos in æquitate. So des zit uuirdet. so irteilet er liûten in⌣rehte. Vuánne ist daz? In secundo aduentu (an dero andrun chúnſte).

Lætentur cæli et exultet terra. Sines riches fréuuen sih die regenonten himela. unde diu fone in béregenota¹) erda.

Commoueatur mare et plenitudo eius. Aber dára uuidere bélge sih is sæculum (diu uuerlt). unde sin uniuersitas (állichéit). unde dannan chome persecutio (áhtunga).

Gaudebunt campi et omnia quæ in eis sunt. Lenes. mites (lint=muo-tige. mammende). die campi dei sint (die Gotis kefildir —). unde iro fólgara méndén is.

**) Tunc exultabunt omnia ligna siluarum a facie domini. quia uenit. Danne fréuuent sih sinero érerun chumſte alle uuáltpóuma. uuanda sie gebrúchet uuerdent²) ze ædificio domus dei (zimbere Gotes húsis). Daz sint pagani. præcisi de oleastro. et inserti in oliuam (die heidenin. aba snitine aba uuiltstocche. unde geimpitote úffen óle=boûme³).

Quoniam uenit iudicare terram. Sie mendent oûh daz. er anderest chumet. ze úberteilenne die ménniscen. die érda sint. uuanda sie dár gehórent. VENITE BENEDICTI PATRIS MEI (chóment hara minis fáter geuuiéhten).

Iudicabit orbem terræ in æquitate. et populus in ueritate sua. Er úbertéilet den érdering in⌣réhte. dár uuirt fernómen uniuersitas bonorum et malorum (állelíchi kuótero unde úbilro). unde liûte in sinero uuarheite dar uuerdent fernómen. die gesceidenen ad dexteram et ad sinistram (ze zesuuuun unde ze uuinstrun).

---

¹) beregnota. Sch.
²) uuerden. Sch.

³) (— abasnidine —). Sch.

---

*) S. CXC.   **) S. 357.

PSALMUS XCVI.

PSALMVS IPSI DAVID CVM TERRA EIVS RESTITVTA EST.

Sang selbemo CHRISTO . dô sin lichamo irstuont . unde infideles ad fidem (úngeloúbige ze gloûbo) geládot uuurden .

DOMINVS REGNAVIT . EXVLTET TERRA . Náh tóde irstándener CHRISTVS richesota . des fréuue sih continens terra (diu zesámine hábiga erda¹) .

Lætentur insulæ multæ . Fréuuen sih is ouh terræ aquis interruptæ (erda mit uuázzeren undir nomine²) . Zesáminehábig lánt ùzzerun hálb méres . heizzet continens . Dána gescéidenez in mari . alde in stagnis (séuuin) heizzet insula (isila) . Dièn beiden si fréuui . regnum CHRISTI (daz Gotes riche) .

Nubes et caligo in circuitu eius . iustitia et iudicium correctio sedis eius . Umbe in . ist er éinên uuólchan . unde timberi . anderên ist er reht unde urteilda . diù sines stuóles kerihteda sint uuanda er an diên gerno sizzet . an diên er diù zuêi findet .

Ignis ante ipsum præcedet . et inflammabit in circuitu inimicos eius . Fiûr féret fore imo . êr dies iudicii (suóno-tak) chóme . unde inzundet sine fienda . umbe in gesezzene .

Vuanda so prædicatores paganis (prediara hêidenen) iro idola (abkot) uuéren beginnent . so uuerdent sie inflammati (irgrémit) dannan irrinnet persecutio (áhtunga) .

*) Alluxerunt fulgura eius orbi terræ . Sine³) bliccha irscinen allero uuerlte . daz sint miracula (zeichin dero) prædicatorum . Sie sint nubes (uuólchen) . fone nubibus choment fulgura (pliccha) .

Vidit et commota est terra . Diu miracula (zeichin) gesah alliù diù uuerlt . unde ircham sih is .

Montes sicut cera fluxerunt a facie domini . a facie domini omnis terræ⁴) . Fóne diu smulzen potentes et superbi (keuuáltige und ubermuote) also uuahs . fone Gótes anasiûne . uuanda sie sina præsentiam in miraculis (gagenuuerti an dien zeichin) irchandon . Sô téta álliù diù erda . daz chit alle ménniscen . Alle geloûbton sié sih iro duritiæ (herti) . unde uuurden christiani . Vuiéo cham daz dára zuô?

Adnuntiauerunt cæli iustitiam eius . Vuanda prædicatores in Gotes reht chúnton .

Et uiderunt omnes populi gloriam eius . Vnde uuanda alle liùte an dien miraculis gloriam dei (zéichinin Gotis kuollichi) gesáhen .

---

¹) (diu gesamine —). Sch.
²) (— nomene). Sch.
³) Sina. Sch.
⁴) terra. Sch.

*) S. 358.

Confundantur omnes qui adorant sculptilia. Sîd daz sô sî . ze hônedon uuerden alle . die gráftpilide bétoien . daz chit idola (abkot).

Qui gloriantur in simulacris suis. Die sih kuóllichont in iro gelibnissen. Sámoso uuir ne uuizzîn uuaz uuir betoien . uuir den ungesihtigen[1]) Got pétoien . unde aber sie gesêhen iro Góta.

Adorate eum omnes angeli eius. Petont in alle sine angeli . unde úbe iuh[2]) uuellen homines (menniscin) péton . so zêigont in ze imo . uuanda er gemêine Got ist . den ir unde sie béton súlent.

Audiuit et lætata est syon. Primitiua (diu érist uuordena) ecclesia diû in iudea geiscota[3]). QVIA ET GENTES RECEPERVNT VERBVM DEI (daz ouh diête Gotes uuort inphiengin). diû mánta des mâris.

*) Et exultauerunt filiæ iudæ propter iudicia tua domine. Vnde animæ credentium (die séla dero geloubigon) iudeorum fréuton sih. QVIA NON EST PERSONARVM ACCEPTOR DEVS. SED IN OMNI GENTE QVI TIMET EVM. ACCEPTVS EST ILLI (daz Got in êinhalb hàldâre nièht neist . nube in állen diètin ist imo der liéb der in fúrchtit).

**) Quoniam tu dominus altissimus super omnem terram . nimis exaltatus es super omnes deos. Fréuton sih . daz du der file hôho Got pist . uber alle terrenos (irdisce) . file[4]) hòh uber alle sanctos (héiligen).

Qui diligitis dominum odite malum. Házzent ubel alle Got minnonte[5]) . unde ne fúrhtent nièmannen. Zíu ne sulent?

Custodit dominus animas sanctorum suorum. Vuanda er behuôtet sínero héiligon séla.

De manu peccatorum liberabit eos. Er lóset siê fóne dero sundigon bandon[6]) . qui corpus possunt occidere non animam (diê den lichamin mágin irslan nals die sela).

Lux orta est iusto . et rectis corde lætitia. Liêht ist irrúnnen démo rehten . nals demo unrehten. Lux fidei (liêht dero geloùbo) daz in corde (in demo herzin) ist . daz ne ist in gemeîne . aber déro sunnun liêht ist in gemeîne . unde fone diû ist fréuui diên gréhthérzen[7]). Diâ ferságeta esaias diên úbelén . dô er chad. NON EST GAVDERE IMPIIS DICIT DOMINVS

---

[1]) unsihtigen. Sch.
[2]) iuh ube. Sch.
[3]) geeiscota. Sch.
[4]) Fehlt bei Schilter von «hôho» an.
[5]) minnonta. Sch.
[6]) handen. Sch.
[7]) gerehtherzen. Sch.

---

*) S. CXCI.   **) S. 359.

(dien argisten ne ist nieht ze mendenne . chit Got selbo).

Lætamini iusti in domino et confitemini memoriæ sanctificationis eius. An Góte ist si . animo fréuuent iúh rehte . unde geiéhent sinero gehúhte . diù héilige machot. Hábent in‿gehúhte siniu uuort . unde geiéhen déro gehúhte . daz chit ketrúent iro . daz machot iùh héilige . uuanda er chad. IN MVNDO PRESSVRAM HABEBITIS (in uuerlte habint ir arbeite) . so ne uuânent ir bezzeren dingis danne so er gehiez . unde sint doh fró an imo.

PSALMUS XCVII.

[IPSI DAVID]¹).

CANTATE DOMINO CANTICVM NOVVM. In baptismo regenerati et renouati (in tóufi abir borne unde uuider niúuuote) . singent canticum nouum (niuu: sanc²). Daz ne múgen singen . die noh sint in uetustate preuaricationis adæ (in dero alti adamis ubir=fangis).

Quia mirabilia fecit. Singent uuanda er uuúnder hábet ketân . uuanda er mundum (uuerlt) habet irlóset a morte perpetua (fone euuigemo tode).

*) Saluauit eum dextera eius . et brachium sanctum eius. I'n gehiélt sin zeseuua . unde sin heiligo arm. Sin selbes operatio (keuuurche) unde sin selbes fortitudo (chraft) táten iz . uuanda er hábeta potestatem ponendi animam suam . et iterum sumendi eam (keuualt sinin lib ze lâzzenne unde aber uuider zenemenne).

Notum fecit dominus salutare suum. Pater getéta chunden sinen háltâre CHRISTVM dò er in carne (in fleisce) irskéin.

In conspectu gentium reuelauit iustitiam suam. Fore diêten iróffenota er sin reht. Vuelez? A'ne aber CHRISTVM . der oúh sin dextera (zésiuua) unde sin brachium (arm) ist.

Recordatus est misericordiæ suæ . et ueritatis suæ domui israhel. Er irhúgeta sinero genádo . die er skéinda geheizzendo . unde sinero uuârheite . die er skéinda léistendo daz er gehiéz. Vuemo? Israhelis húske . daz sint alle fideles (gloubige) . die in gesehen suln facie ad faciem (zuo sehendo) . nàh des námen interpretatione (antfristo³) israhel . uuanda

---

¹) Schilter.
²) (niuu sanc). Sch. — S. s. 19 und wörterverzeichniss.

³) Es steht «antfristot», wie Schilter hat, aber das «t» ist durch einen darunter gesetzten strich getilgt.

---

*) S. 360.

iz chit VIR VIDENS DEVM (man Got ana sehinde).

Viderunt omnes fines terræ salutare dei nostri. Alliu ende déro erdo gesáhen sinen haltâre. V'ber ál hábet man kéiscot sinen aduentum (chunſt).

Jubilate deo omnis terra. Sîd daz sô sî. nu uuúnnesangont. unde fréuuent iûh des alle ménnisken.

Cantate et exultate et psallite. Singent sprúngezent. niúmont.

Psallite domino in cythara. Síngent imo an guóten uuerchen.

In cythara et uoce psalmi. Síngent imo an uuerchen unde an hóhero stimmo. daz uuérgh unde stimma sáment sin.

In tubis ductilibus. An érinen blâson. mit hámere geráhten. Pézzeront iûh fóne Gótes hámerslégen. so récchent ir iûh. also iob uuard percussus et productus ¹) (kebámirslagot unde gerécchit).

In uoce tubæ corneæ. Singent imo mit hornen blâsendo. horn iruuahset ex carne (uzzer demo fleisce). unde fúreskiùzzet carne (daz fléisc). so fúreskiézzent ouh ir carnem mente (daz fleisc mit muóte). Fúre sezzent spiritalia carnalibus. (kéistlichiu fléisclichen ²). dirigite mentem ad deum (rihtint muót ze Gote).

*) Jubilate in conspectu regis domino. Singent Gote in des chuninges kesíhte. sines súnes CHRISTI.

Commoueatur mare et plenitudo eius. In aduentu domini (in Gotes chunfte) uuerde sæculum (uuerlt) iruuéget. unde sin folli. Vuaz ist diù folli? Ane conscientia ingentium delictorum (diù geuuizzeda héuigero sundon). Diù irchóme sih is danne.

Orbis terrarum et uniuersi qui habitant in eo. So tuóie der uuérltring. unde alle dar ána sízzente. Sáment irchómen sih alle súndige.

Flumina plaudent manibus in id ipsum. Sancti uiri (heilige man) die in bonis operibus (in guóten uuerchen) fluzzen. die hántslágoen danne an selbemo Góte. demo sié diènoton.

**) Montes exultabunt a facie domini. quoniam ³) uenit iudicare terram. Perga fréuuent sih danne sinero gágenuuerti. Apostoli unde prophetæ sint fró. daz er chumet ze irtéilenne dié irdisken.

Iudicabit orbem terræ in iustitia. et populos in æquitate. Er findet reht úber orbem terræ (erd-ring). daz sint peccatores (súndige). unde uber populos (liùte). daz sint sine fideles (getriúuen).

---

¹) perductus. Sch.
²) (keistlichin etc.).

³) qui. Sch.

*) S. 361.   **) S. CXCII.

PSALMUS XCVIII.

Dominvs regnavit. Náh sínero resurrectione (urstende) richesot christvs uuanda do uuurden uz-keséndet. die sîn riche chunt tâtin dièn liuten.

Irascantur populi. Des pélgen sih liûte. uuanda iro idola (abkot) suln zestóret uuérden. Alde ze in selben belgen siê sih iro sundon. unde tuôen pænitentiam (riúuua).

Qui sedes super cherubim moueatur terra. Dû alla plenitudinem scientiæ (folli uuizzinnis) uber reichest. ze dir spricho ih. Moveatvr terra (uuerde iruuéget erda). Einuueder. so ad persecutionem ut coronentur martyres. alde ad pœnitentiam ut ipsi saluentur (ze áhtungo daz martirera corona inpháhen alde ze riúuuo daz sie selbin uuerdin irneret[1]). Vuaz ist plenitudo scientiæ (folli uuizzinis). Caritas (minna). Hábe caritatem. so triffest dû ad cherubim.

Dominus in syon magnus et excelsus. super omnes populos. Syon ist ǽcclesia. uuis in ǽcclesia. so ist Got in dir magnus et excelsus (michil unde hôh). Vuis oùh selbo syon. *) uuis contemplator diuinæ lucis (scóuuare Gotis liêhtis). so uuirdest dû illuminatus (intliúhtit) unde fone deru illuminatione (liûhtnisse). uuirt Got an dir magnus et excelsus (michil unde hoh). állero túgede uber alle diê liûte. diê sih ze imo umbe iro idola (abkot) búlgen.

Confiteantur nomini tuo magno. Dinemo michelen námen iêhen siê. Diê imo ze êrist iéhen ne uuolton lúzzelemo uuanda er únferro chómen uuas. die iêhen imo áber michelemo. so er uber ál chunt uuerde. Ziu?

Quoniam terribile et sanctum est. Vuanda er égebâre unde hêilig ist. Terribile. uuanda er iudicis ist (úber-teilaris ist). sanctum. uuanda er dei (Gotis) ist.

Et honor regis iudicium diligit. Vnde uuanda chúninges êra gerihte minnot. Fóne diû sì mánnolih iustus (reht). uuanda er iudicium (urteil) minnot.

Tu parasti æquitatem. Du garetost reht. Vuar? Daz fernim.

Iudicium et iustitiam in iacob tu fecisti. In sancta ǽcclesia tâte dû gerihte. unde reht. Fóne iro selbero ne cham iz. diû lêrtost sia bêidiû. Mánnolih lirnee tuôn iudicium (urteil). Vuiêo? Discernendo inter bonum et malum (undir scéidento undir ubele unde guôte). Aber iustitiam (reht) uuiêo? Vt declinet

---

[1]) (— martiera etc.). Sch.

*) S. 362.

a malo (daz er úbel fermide) . et faciat bonum.

Exaltate dominum deum nostrum. Irhóhent trúhtenen Got únseren míchellichont in fóne démo uuir iustitiam (reht) inphiêngen . daz uuir iustificati (rehthaft) uuerden.

Et adorate scabellum pedum eius quoniam sanctum est. Vnde bétont sinen fuózscámel uuanda er héilig ist. Terra (erda) ist scabellum pedum eius (sin fuóz-scamil) . terram (érda) inphiêng er de terra (fone erdo) . carnem de carne MARIÆ (fléisc fone MARIVN fleisce). In ipsa (mit demo selben) carne giêng er hiêr . ipsam (daz-selba) gab er uns ze ézzenne . daz súln uuir béton . so uuir iz ézzen . uuanda iz sacramentum (toúgenheit) ist . unde iéo in sacramento (toúginhêite) spiritalis intellectus ist (kéistlich fernúmist¹). Ouh mag héizzen scabellum pedum eius (sínin fuóz-scámil) . stabilitas diuinitatis eius (festi sínero Gotehéite²).

Moyses et aaron in sacerdotibus eius . et samuel inter eos qui inuocant nomen eius . inuocabant dominum et ipse exaudiebat eos. *) Cnóta unde gerno bétoen scabellum pedum eius (sinin fuoz-scámil) . daz er unsih kehóre . uuanda moyses unde aaron zuéne sinero sacerdotum (éuuarton) . unde samuel éiner sínero bétaro . bétoton in . unde er gehórta sié. Ne uuas iro mêr diê er gehórti? I'ro uuas infinita multitudo (unéntlich manigi) . fúre diê . dise dri genémmet³) sint. Vuas moyses sacerdos (euuarto)? Er uuégeta sinen liúten . also sacerdotes (piscofa) tuónt . pediú ist er hiêr ze in gezélet.

In columna nubis loquebatur ad eos. Er sprah in zuó . uzzer dero uuólchen súle. Daz uuas figura (fóre-zéichin) . uuanda nubes (uuolcchen⁴) pezéichenet spiritum sanctum . columna (diu súl) bezéichenet robur et decorem ædificii (starchi unde zîéri zimberis). In spiritu sancto uuolta er fabricam æcclesiæ roborare (christanheite zimber féstin) . daz pildota er ín fóre.

Custodiebant testimonia eius . et præcepta quæ dedit illis. Fone diu gehórta er sié . daz sié behuóton siniu urchúnde unde siniu gebót . diú er in beuólehen hábeta. Vueliu uuaren diu urchunde? Á˜ne sélbiu diu præcepta (gebot) . mit diên er in chunta sinen uuillen. Alde præsignationes (fore-zeiga) dero futurorum (chúnftigon) . diu uns nu chómen sint.

---

¹) (— fernumift). Sch.
²) (— gotheite). Sch.
³) geneminet. Sch.
⁴) (uuolchen). Sch.

*) S. 363.

Domine deus noster tu exaudiebas eos . deus tu propicius fuisti eis . Du truhten gehôrtost siê . du uuâre in suônlih . so uuâr iz íro dúrfte nuâren.

Et uindicans in omnia studia eorum. Vnde uuâre rechâre an allen iro uuillon . an diên iro dúrfte ne uuâren . Also an PAVLO skéin . der dríe stunt pât . des in Gót ne-gehorta. Ziu ne gehórta? uuanda iz sine dúrfte ne uuâren. Vuaz uuas er uindicans (récchinde)? *) Diê extollentiam (irhábini) diù dâr uuerden mahti. Vuiêo aber an MOYSE aaron et samuele? Vuaz habeta er an in zerechenne? Daz sie ane sundâ ne uuâren. Vuiélih uuas der gerih? Daz siê tagelicha muohi hábeton . fone déro úbelon conuersatione (uuándele) . under dien sie uuúrben. **) So der man iêo bézzero ist . so imo iêo hartor uuíget ánderro úbeltât.

Exaltate dominum deum nostrum. Irhôhent trúhtenen Got únseren . ioh uerberantem (fillinten) . ioh cedentem (ferhengenten).

Et adorate in monte sancto eius . quoniam sanctus dominus deus noster. Vnde bétont in uuanda er hêilig ist . úffen sinemo hêiligen berge . daz ist sancta ecclesia. So uuer ínnerunhalb íro ne bétot der ferliûset sin gebét. Aber uuiêo ist sî mons (perg)? Daz liset man an danihele. Dâr stât. LAPIS PRECISVS DE MONTE SINE MANIBVS . CONFREGIT OMNIA REGNA TERRÆ . ET EXCREVIT IN MONTEM MAGNVM . ITA . VT IMPLERET VNIVERSVM ORBEM (ein stein irhóuuener aba berge âna hende der geuuêichta al erderîche unde iruuuôhs ze êinimo michilin berge . sô michelmo . daz ir allen uuerlt-rinch irfulti¹). Quis est ille mons de quo præcisus est lapis (uuer ist der berch aba demo der stein irhouuen uuart)? Regnum iudeorum (iudon riche). fone demo CHRISTVS cham. LAPIS QVEM EXPROBRAVERVNT (der stein den sie ferchúren). Vuiêo præcisus sine manibus (irhóuuen âne hende)? Daz er natus (keborn) uuard sine opere hominum (mannis uuerch). sine maritali coniugio (ana charilis miteslâf) . natus de uirgine (kebóren fone mágede) . natus sine manibus (keborin âna hende). Quomodo confregit omnia regna terræ (uuieo geuuêihta er al erd-riche)? Quia confracta sunt regna idolorum . regna demoniorum (uuanda abkot-riche geuuêichet sint . riche dero tîefelo). Quid est excreuit (uuas mêinit . perch iruuuôhs²)? Quia corpus

---

¹) (— erdriche — michelin berge —). Sch.

²) (— perg —). Sch.

*) S. CXCIII.   **) S. 364.

sanctæ æcclesiæ cuivs caput ipse est . crescendo dilatatum¹) est usque ad fines terræ (uuanda der lichamo christanheite . dero houbet er ist . der uuart uuahsindo gebreitit unz an uuerlte ende).

PSALMUS XCIX.

PSALMVS IN CONFESSIONE.

Vuéliù ist dísiu confessio (geiiht)? Si ist peidiu ioh laudis (lóbis) ioh pœnitentiæ (riúuuo).

IVBILATE DOMINO OMNIS TERRA. Vuúnnesángont Gote . alle in erdo sizzente . uuanda ze iù állen sîn benedictio (ségin) chómen ist .

Seruite domino in lætitia. Diènont imo in frôuui. Vuilligen unde frolichen diênest suòchet er.

Intrate in conspectu eius in exultatione . Kànt in iúuuera conscientiam (geuuízzeda) mit fréuui . diù in sinero gesihte ist nals in ménniscon. V͂z-uuert ne fréuuent iùh nube in uuert.

*) Scitote quoniam dominus ipse deus? Vuízzint daz trubten Got ist . Vuer ne uueiz daz? Iudei ne uuisson iz . pediu sluógen siè ín . SI ENIM COGNOVISSENT NVMQVAM DOMINVM GLORIÆ CRVCIFIXISSENT (ube sie lês in uuissin . niêmer ne chriùzegotin sie den herren dero guóllichi).

Ipse fecit nos et non ipsi nos . Er téta unsih . nals uuir selbe . Fone imo hában uuir esse (unsir sin) . fóne͞ diù ne suln uuir in contemnere (fermánen).

Nos autem populus eius . et oues pascuæ eius . Vuir bin ²) aber sin liùt . unde³) siniu uueidescáf . uuanda er unser pastor (birte) ist. Vuéliche sint diè pascuæ (uueida)? A͞ne diuinæ scripturæ . quibus saginatur anima (Goteliche scrifte dero diu sela féizt uuirt).

Intrate portas eivs in confessione. Kánt in ze sînen porton mit keiihte . Humilitas (tiêmuòti) pœnitentia (riúuua) . baptismum (toufi) . caritas (minna) . elemosinæ . sint sine portæ . diè ze imo leitent . mit déro geiihte dero súndon.

Atria eius in ymnis confessionum . Kánt oùh in sine ⁴) bóna diè in himele sint . mit lóben ánderro geiihte danne pœnitentiæ (ouh riúuuo). Confitendo (Got iehinto) fárent dára . confitendo (Got lóbonto) uuésent dár . uuanda dar ist échert confessio lætitiæ (lob dero fróuui).

Laudate nomen eius quoniam suauis est dominus . Lóbont sínen námen . uuanda er suózze herro ist.

---

¹) dilatum. Sch.
²) pin. Sch.
³) Fehlt bei Sch.
⁴) sina. Sch.

*) S. 365.

In æternum misericordia eivs. Sîn genâda ist êuuig . uuanda er dia sêlda gibet . die er fúrder ne nimet.

Et usque in generationem et generationem ueritas eius. Vnde sîn uuarheit ist in állen gebúrten . ioh in dero diu mortales (diû die todigen) piret . ioh in déro diû æternos (die êuuigen) piret.

PSALMUS C.

PSALMVS IPSI DAVID.

De selbemo[1]) CHRISTO siêhet diz sáng . sîn ist disiu uox (lûta) . unde sament imo sinero æcclesiæ.

MISERICORDIAM ET IVDICIVM cantabo tibi domine. Knâda unde urteilda singo ih dir hérro. An diên zuêin[2]) sint dîniu uuergh pediu sint siû mîn sang . Nû ist tempus misericordiæ (zit kenâdo) *) hára nâh chúmet tempus iudicii (zit úberteiledo). Disiû zuêi heizzent ándersuâr iustitia et pax (reht unde frido) . alde misericordia et ueritas (kenâda unde uuarhéit) . alde iustitia et iudicium (reht unde urtéilda[3]). Diû oûgent uns uuîeo ungeschéideno er ist pius et iustus (kenadich unde reht-frumich).

Psallam et intellegam in uia inmaculata quando uenies ad me . Ih singo in únfléchotemo uuége . unde dannan fernímo ih uuanne du ze mir chúmest. Mit freuui diênon ih dir . daz kibet mir fernúmest[4]) dînero chumfte.

Perambulabam in innocentia cordis mei. Ih fóllegiêng in únscadeli mînes hêrzen . so tuôndo sang ih in úngefléchotemo uuége . an démo Got mánne begágenet. Innocens (unscadil) ne ist der . der ándermo tárôt . noh ouh der . der ándermo ne hilfet . noh áber der . der îmo selbemo ze uuóla tuôt.

**) In medio domus meæ. Vuâr uuas der gang? In mittemo mînemo hus . in mînemo hérzen.

Non proponebam ante oculos meos rem iniustam. Vnreht ne hábeta ih fóre oûgon. Vuanda iz mir léidsam uuas . pediû skiêhton iz mîniu oûgen.

Facientes præuaricationes odiui. Vnrehto fárente házeta ih. I'ro uuerg daz chît rem iniustam (iro únreht) háreta ih . nals siê[5]) sélben. Zuêne námen sint homo et præuericator (mennisco unde úbir-stépphâre) . hominem teta Got . præuaricatorem téta ménnisco. Gotes tât

---

[1]) selbo. Sch.
[2]) zueien. Sch.
[3]) (rehte etc.). Sch.
[4]) fernumeft. Sch.
[5]) sieo. Sch.

*) S. 366. **) S. CXCIV.

minnota ih . mennischen tât házeta ih.

Non adhesit mihi cor prauum. Ze mir ne báfteta auuékkez . daz chit ungeréhtez herza . also des mannes ist . der sih intrértet fóne Gotes uuillen . unde mit imo bâget. DEVS QVID TIBI FECI . QVID COMMISI . QVID COMMERVI (ía Got uuaz habo ih dir getan? uuaz missetéta ih uuaz kesculta ih)? Des kesello ne uuillo ih sin . uuanda er prauo corde (âuuekkemo herzen) sih áhtot iustum (rehtin) Got iniustum (unrehtin).

Declinante a me maligno non cognoscebam i. non approbabam. Heretico ad perfidiam (keloubirrare ze úbiliro geloûbo¹) sih chérentemo. ne folgeta ih.

*) Detrahentem secreto proximo suo . hunc persequebar. Hinderchôsonten man ándermo iágeta ih . unde áhta sin . uuanda diû persecutio (áhtunga) guôt ist . mit déro man ilet den man bézzeron.

Superbo oculo et insaciabili corde . cum hoc non edebam. Sáment ubermuôtemo . unde der fóre nide ánderro uuéuuon sat uuérden ne mag . ne áz ih. Alle superbi (ubermuote) sint inuidi (nídik) . unde diê uuerdent pasti malis aliorum . non saciati (keázzit mit ándirro ungefuôre noh kesátot). Déro gemeînsami ist ze fliêhenne.

Oculi mei ad fideles terræ . ut sedeant mecum. Míniu oûgen sint indân . ze getriúuuen ánasidelingen déro erdo. Iro consortii (mite=uuiste) lústet mih. Vuára zuo? Daz sie sáment mir sízzen ad iudicandum (ze uberteilenne²). Also iro êiner sprâh. NESCITIS QVONIAM ANGELOS IVDICABIMVS (ne uuizzint ir daz uuir ioh éngela ubertêilen)?

Ambulans in uia inmaculata hic mihi ministrabat. In úngeflécchotemo uuége gânder³) . ambahta mir. Vuéler ist daz? A‾ne der euangelii fidelis prædicator ist (ketriúuue brediare) . non quærens qnæ sua sunt . sed quæ iesu CHRISTI (nieht fasonde uuaz sîn si sunder uuaz Gotis haltandis si).

Non habitabit in medio domus meæ qui facit superbiam. In mínemo herzen nebúet . der úbermuôte ist. Vnum cor (ein herza) hábo ih sáment humili (tiemuotemo) . resiliens cor (uuidir bruhtich herza) habo ih a superbo (fone hôhfértigemo).

Qui loquitur iniqua . non direxit in conspectu oculorum meorum.

---

¹) (— ubil iro —). Sch.
²) (ze ubirteilenne). Sch.
³) gaud er. Sch.

*) S. 367.

Vnreht sprechenter geirrota fóre mir. So uuâr er mih kesáh dâr skiêhta¹) er. dannan flôh er.

In matutino . i. in initio . interficiebam omnes peccatores terræ . ut disperderem de ciuitate domini omnes operantes iniquitatem. In ánegenne irsluôg ih . alle súndige déro erdo. An démo ánagenne temptationis (ursuôchis) sluôg ih alle temptantes dæmones (irsuôchente tiêfela). daz ih siê fertribe fone minero sélo . diu truhtenes purg ist . unde sîn ánasidele. Demones (tiêfela) heizzent mit rehte peccatores terræ (sundêrra dero erdo) . unde operarii iniquitatis (uuurchin unrehtis) . *) uuanda siê getuônt terrenos peccare . et operari²) inique (die erdinin sundon unde ûnreht uuúrchin³). Sie uuerdent áber irslágen in iro operibus (uuerchin) fóne diên . die in sâr ze ánagêntero temptatione (irsuochungo) uuiderstànt . unde sie execrando (leidizzindo) fertribent. In matutinis maz ouh dies iudicii (suôno dach) fernómen uuerden⁴). also iz chit. NOLITE ANTE TEMPVS IVDICARE . QVOADVSQVE VENIAT DOMINVS . QVI ET ILLVMINABIT ABSCONDITA TENEBRARVM ET MANIFESTABIT CONSILIA COR-

DIVM (nieht ne irtéilent ér zíte pítent unz Got selbo chóme der bêdiu tuôt ioh intliuhtit toûgeni dero finstrinon ioh er iroffenot die râta dero hérzon⁵). Nu ist nox (naht) nu ne uuêiz nîeman den ánderen. Danne skînet uuer iêgelícher ist . so ist mane (morgen) . so uuerdent fertriben de ciuitate domini⁶) omnes operantes iniquitatem (fone Gotes purg alle unreht uuurchente).

PSALMUS CI.

ORATIO pauperis cum anxivs fuerit . et coram domino effuderit precem suam.

Diz⁷) ist armis kebét . so ér in ángesten ist . unde er danne dâr umbe Got flêhot. Fóne diû gefállet iz án sumelichen stéten CHRISTO qui pro nobis pauper factvs est (der umbe unsich uuard arm) . unde sinero sponsæ (briûte) sanctæ ecclesiæ . diû sáment imo ist in una carne . et in una uoce (in einemo lîchamin unde in einero stimmo) unde iêgelichemo sinero fidelium (getriúuuon) der nòthaft ist.

---

1) skieta. Sch.
2) operare. Sch.
3) (die irdinin etc.). Sch.
4) uuerdent. Sch.

5) (— selbemo — finstri non —). Sch.
6) Fehlt bei Schilter.
7) Daz. Sch.

*) S. 368.

DOMINE EXAVDI ORATIONEM MEAM. ET CLAMOR MEVS AD TE VENIAT. Truhten fater gehôre min gebét . undo¹) min ruóft chóme ze dir . *) So lûtreiste uuerde min gebét . daz ih ze dir chóme.

Ne auertas faciem tuam a me. Fóne mir ne uuendest dû din ánasiûne . Diê pauperes (arm) sint . unde miniu membra (lide) sint . fóne diên ne uuende iz.

In quacumque die tribulor . inclina ad me aurem tuam . So uuánne ih in nót chóme . so helde ze mir din óra . Ih hábo nót nidenan du bist aber óbenan . Déro halb is durft si . dero halb hilf mir.

**) In quacumque die inuocauero te . uelociter exaudi me . In dirro generatione (chúnnezálo) . in ánderro . unde án dero drittun . unde an souuélero ih dih ána háre . gehore mih spuótigo . uuanda ih pito des . daz dû gerno gibest . Vuaz ist daz? ane regnum cælorum (himilríche) . Duô also du gehiêzzist . dô dû cháde . ADHVC TE LOQVENTE DICAM. ECCE ADSVM (er du fol sprechest so chido ih sih no uuar ih pin²).

Quia defecerunt sicut fumus dies mei. Fone³) diû gehòre mih skièro.

uuanda mine tága zegangen siut . also roùgh . Sólche tága gefrèhtota adam . Diû egestas (ármhéit) . diu paupertas (dúrfthéit) liget mir ána.

Et ossa mea sicut in frixorio confrixa sunt . Vnde miniu bein sint keróstet . sámo so in phannun . Siû suílizont fore diên forhton des êuuigen fiûres . Diu uuort sint pœnitentis (des riúuuontin) . Aber CHRISTI mugen siu⁴) sin . daz er sine fortes ossa (starche pêin) hèizze . so apostoli sint . uuanda an diên uuirt er gebrénnet . nah diên uuórten . QVIS SCANDALIZATVR ET EGO NON VROR (uuer uuirt kerotigot — ih ne brunne⁵)? Diâ frixuram (brinnûn) máchot caritas (minna).

Percussum est sicut fœnum . et aruit cor meum . Keslágen ist min herza . unde dannan dórreta iz also héuue . fóne sláge dorret héuue . fone sláhenten súndon bin ih héuue⁵) gelih uuorden . Ziu ist daz?

Quia oblitus sum manducare panem meum . Vuanda ih ne irhúgeta ze ézzene min bròt . Preceptum dei (Gótes kebot) ist panis animæ (dero selo bròt) . uuider démo áz ih uetitum (daz ferbótena óbiz) pediû ist mir rehto irscozzen.

***) A uoce gemitus mei adhese-

---

¹) unde. Sch.
²) (er du sol etc.). Sch.
³) Fene. Sch.
⁴) sie. Sch.
⁵) Fehlt bei Schilter von «fóne sláge» an.

*) S. 369.   **) S. CXCV.   ***) S. 370.

runt ossa mea carni meæ. Fone déro stimmo mines sûftodes. keháfteton miniu bèin ze minemo fleische. Ih hábo daz irsiûftot umbe Got. daz uuir firmi (festin) ze infirmis (únfesten). unde uuir fortes (chréftigen) ze inualidis (unchreftigen) háfteien. Sie ne uuolton sûfton iro infirmitatem (unchraft). do sûftota ih fúre siè. Also iz chit. DEBEMVS ENIM NOS FIRMI. INFIRMITATEM INFIRMORVM PORTARE (uuir máhtigin sulin dero unmahtigon uucichi an uns trágin).

Similis factus sum pellicano solitudinis. Fone sûftode unde fóne cháro bin ih so máger. samoso pellicanus der in egypto fliùget. in desertis fluminis nili (in dero uunòsti dero aho —). den phisiologi (natûroságin) ziéhent. daz er nièht des ne ferdéuue des er ferslindet. nièht mêr danne hiér in disen séuuen diû scárba.

Factus sum sicut niticorax in parietinis. i. in domicilio. Pin ih ouh uuorden also der náhtram in dièn húskeféllen dàr imo gesuàs ist. uuanda ménnisco dàr ne ist. fúre niticoracem (naht-ram) fernément súmeliche bubonem uel noctuam uel ónocrotalon. daz chit den húuuen alde diè hiùuuelun alde den¹) hórotumbel.

Vigilaui et factus sum sicut passer singularis in tecto. Ih téta uuácha. unde bin uuorden also der spáro der éin-lúzzer in hûs ist. uuanda ándere fógela rùment. spáro ist heime. Mit disen drin fógelen sint pezeichenet driè liba déro heiligon. Mit pellicano heremitæ (einsidelin). mit nicticorace. diè in consortio hominum (under anderen liûten) tougeno nahtes íro gebet. unde iro elemosinas tuont. iro sèlon ze fùoro. Mit passere. diè in æcclesia ih mèino in oratorio (in chilchun) gerno sint. unde anderen ûz kánten dar ze leibo uuerdent. Nu sehen ouh uniéo iz CHRISTO gefalle. Er ist pellicanus in einote. uuanda er eino ist natus de uirgine (keborin fone magede). *) Er ist nicticorax. uuanda er passus (gemartirot) uuard in tenebris iudeorum tanquam in nocte (in iudon finstri samo in dero naht). Die uuáren parietinæ (uuant-storiden). uuáren ruinæ. quia stare non poterant in ædificio (féllina uuanda sie ni-mahton an zimbere bestán). Die minnota er. bediû uuègeta er in sus²). PATER IGNOSCE ILLIS. NON ENIM SCIVNT QVID FACIVNT (fater fergib inen iz. uuanda sie ne uuizzin lès uuaz sie tûont³). Passer uigilans (sparo uuachentir) uuas er. daz

---

¹) dien. Sch.
²) sus in. Sch.

³) (— uuizzen —). Sch.

*) S. 371.

chit resurgens et post mortem uigilans . et uolans in cælum (irstânde unde nah tóde uuâchiute unde ze himele fliégente). Dàr ist er singularis in tecto . interpellans pro nobis (ein lúzzir in hûs kenâda fur uusih éisconte).

Tota die exprobrabant mihi inimici mei . et qui laudabant me . aduersum me iurabant. A'llendâg iteuuizzoton mir mîne fiénda . unde diê mih lóboton . die suuóren unde éinoton sih uuider mir. Laudando (lobondo) châden sie. MAGISTER SCIMVS QVIA VERAX ES . ET VIAM DEI IN VERITATE DOCES . ET PERSONAM HOMINIS NON ACCIPIS (mêister uuir uuizzen uuola daz du uuâre hêrro bist unde Gotes uuek uuarhafto lêrest unde niêmannis ne borgest). Sâmint démo lóbe uuaren sie geînot¹) subplantationis (hindir-scranchis). sus. LICET DARE CENSVM CESARI (muoz-man demo chêisere zins kéltin)? Aber ziu tâten sie mir íteuuiz?

Quia cinerem tanquam panem manducabam . et poculum meum cum fletu miscebam. Vuanda ih áscun âz also bròt . unde min trinchen mit uuéinode miscelóta. Vuiéo? Communicando pœnitentibus . et suscipiendo publicanos . et peccatores quasi innocentes (kemeinsamonto diên riúuuonten unde innónto diê úbilis irmârto unde die sundigin also die unsundigen). Daz léidizton siê. Alde der pænitens (riúuuonto) chit . Ih âz daz pròt kedúnchotez²) in diêa áscun . mit tranen.

A facie iræ et indignationis tuæ. Fóne dero ánasihte dinero âbolgi . unde dinero zúrnedo . diu mir fóne adam geskéhen ist.

Quia eleuans elisisti me . Vuanda du mih ûf béuendo per rationem et liberum arbitrium (mit redeafti unde mit selb-uualte) . sar irfâltost . unde ferchnistost iudicio mortis (mit uber-têiledo des todis). Pediû irfâltost du mih . uuanda ih minero bóhi ubermuóte uuas.

Dies mei sicut umbra declinauerunt. *) Dára nâh uuânchton mîne tâga. **) also scâto uuénchet. Scâto ne gestât . noh mîne tâga netuônt. Vbe ih fóne dir ne uuángti . so mahtin sie unuuanchonte sîn.

Et ego sicut fœnum arui. Vnde dàr mite dórreta ih also héuue. Demo zegánten héuue bin ih kelih. Vuiéo áber du?

Tu autem domine in æternum permanes. Aber du herro uuérest iêmer. Gehalt mih stâter . unstâten.

Et memoriale tuum in generatione et generationem. Vnde uuéret daz din geuuáltlicha in allen gebúrten.

---

¹) geeinot. Sch.   ²) kedunchodez. Sch.

*) S. CXCVI.   **) S. 372.

íemer sol in-gehúhte¹) sin promissio aduentus tui (der geheiz dinero chunfte).

Tu exurgens misereberis syon. Dú stâst ieo noh uf . unde gnâdest syon id est æcclesiæ (daz chit christenheite). Náh lángero tuâlo chúmest dú . daz uuirt memoriale (keuuahtelich).

Quia tempus miserendi eius . quia uenit tempus . Vuanda is zit ist . uuanda zit chómen ist . daz dú iro genâdeest.

Quoniam beneplacitos habuerunt serui tui lapides eius . Vuanda dîne scalcha apostoli et prophetæ . ze liében hábeton iro steina . iro chint diu sie mit iro prædicationibus irzúgen . unde geféstenoton²).

Et pulueris eius miserebuntur. Ioh iro stuppes hábent . sie genâda. Selbero déro súndigon³) diê christvm sluôgen . bechêrent siê ad fidem (ze gloubo) . ze êrist tria milia (driú dusent) . dara náh quinque milia (funf tiúsent) . daz ouh siê uuerdent solidati in lapides (kehértit ze steinin).

Et timebunt gentes nomen tuum domine . et omnes reges terræ gloriam tuam . Vnde dára náh fúrhtent ioh alle diéte dînen námen . unde alle chúninga dîna guóllichi . unde breitet sih diú æcclesia úber al. Ziu ist daz?

Quoniam ædificabit dominus syon. Vuanda selber truhten zimberot sia.

Et uidebitur in gloria sua . Vnde so ouh des zit uuirt . so uuirdet der gesêhen in gloria (mit kuóllichi) . der ér uuard kesêhen in infirmitate (in uueichi).

Respexit in orationem humilium. et non spreuit precem eorum . *) Ze déro dièmuótigon béto sáh ér . unde iro digi ne ferchòs er . Sid daz sô ist . so uuésen álle humiles (diemuôte) . in dirro structura (zimbirrún) . unde bétoen alle.

Scribantur hæc in generatione altera . Disiu uuort . dise prophetiæ . uuérdèn gescriben in ánderro generatione (chunnezalo) . so nouum testamentum (daz niúuua urchunde) chome . daz sie déro geburte núzzeren sin . danne dero êrerun . unde iz memoriale (námilich) si . a generatione in generationem (fone chunne ze chunne).

Et populus qui creabitur laudabit dominum . Vnde danne lobot Got der liút . der in baptismo nouo creaturæ (in toûfi niúuue gescepheda) uuirdet.

Quia prospexit de cælo sancto suo . dominus de cælo in terram

---

¹) sol ungehuhte. Sch.
²) gefestonoton. Sch.
³) sundigen. Sch.

*) S. 373.

prospexit. Daz uuirt er. uuanda truhten bára nider fersáh. fone himele fersah er in erda. ex alto (fóne hóhi) cham er ad humiles (ze diêmuoten). Ziu?

Vt audiret gemitus compeditorum. Daz er gehórti siústod déro gedrúoton¹). Timor et disciplina dei (Gotis forhta unde sin geduuanch). sint déro drúe. die er gehóret.

Et solueret filios interemptorum. Vnde cham er oúh. daz er inbunde déro irslágenon súne. Diê diabolica fraude (mit des tiéfeles scránche) irslágen uuáren. dero súne bin uuir. V'nsih inbindet er uuanda er uns kibet remissionem peccatorum (ántlâz sundon).

Vt adnuntietur in syon nomen domini. et laus eius in ierusalem. Daz fone apostolis chunt ketan uuerde Gótes námo in dero æcclesia. unde sin lób in ierusalem. daz ist áber diú æcclesia²).

In conueniendo populos in unum. et regna ut seruiant domino. Daz liúte unde ríche zesámene chómente Góte diènoen. unde diè sin catholica æcclesia (allich sámenunga).

Respondit ei in uia uirtutis suæ. Do antuuúrta imo. ierusalem. an démo uuége iro chréfte diú CHRISTVS ist. Sinero uocationi (ládungo) in-

chad sî. an guóten uuérchen. mit sinero hélfo. Aber prior (diú érra) ierusalem. inchád imo in ubelen uuérchen. fone diú gehórta sî. ECCE RELINQVETVR VOBIS DOMVS VESTRA DESERTA (sih nô iúuuer hus uuirt ze leibe uuuôste).

*) Paucitatem dierum meorum nuntia mihi. Chunde mir chit æcclesia diê unmánigi mínero tágo. Lâ mih kehóren. ECCE EGO VOBISCVM SVM OMNIBVS DIEBVS VSQVE AD CONSVMATIONEM SÆCVLI (sehent nô. ih pin mit iú alle tága unzint an ende dero uuerlte³). Doh déro friste lúzzel sî unider déro æternitate (euuichéite). mih fréuuet doh daz ih ér ne zegáu. unde heretici (irráre) liúgent. die mir anderes uuiêo gehiézzen.

Ne reuoces me in dimidio dierum meorum. Ne uuende mih uuidere in den halben teil mínero tágo. **) so siê uuánent. Ne lâz iro mínero uuerden. dánne dú gesprochen éigist.

In sæculum sæculi anni tui. Iémer unde iémer sint díniu iár. Vuider diên dinen ist paucitas (únmánigi) déro mínero.

Initio tu domine terram fundasti. et opera manuum tuarum sunt cæli. Ipsi peribunt. tu autem permanes.

---

¹) getruodon. Sch.
²) Fehlt bei Schilter von «unde» an.
³) (— iuh —). Sch.

*) S. 374.   **) S. CXCVII.

Fóne érist stóllotost du die erda . unde himela sint diniu hántuuerg[1]) . Doh sie so sin . sie zegánt . du stást ze stéte . unde bist daz du bist.

Et omnes sicut uestimentum ueterescent . et sicut opertorium mutabis eos . et mutabuntur . tu autem idem ipse es . et anni tui non deficient. Vnde alle irfirnent siè also uuát . unde dù uuéhselóst siè . unde den uuehsel dólent sie . aber du bist ièo der selbo unde diniu iar ne zegánt. In diluuio (in sintfluóte) uurden ferlóren cæli proximi terris (diè náistin himila dero erdo) . an dien uolatilia (niogila[2]) sint . So sint ouh superiores cæli (óbirin himila) . die cæli cælorum (himila himilo) heizzent. Vbe diè fone fiûre sûlìn ferlórin uuerden . sáment énén . alde échert éne âne dise . alde uuélib uuehsel iro uuerden sule . des ist únsemftiû disceptatio (uuórtherta) inter doctos (undir glerten[3]) . Alde daz hiêr fone cælis (himilin) kescriben ist daz mag fóne sanctis et iustis (héiligon unde rehten) fernómen uuerden . an dien Got ist intonans præceptis coruscans miraculis . umbrificans terram sapientia ueritatis (tónronde mit kebotin plécchizinte mit uuúndrin die erda beregenonte mit uuîstuóme uuarheite). *) fone dién iz chit . Cæli enarrant gloriam dei (himela zélent dina guollichi). Fone in uuírt uuola fernómen . Et omnes sicvt vestimentvm veterascent . et sicvt opertorivm mvtabis eos et mvtabvntvr (unde alle irfirnent sie also uuát unde du uuándilost sie also tecchi unde den uuehsil lidint siè). Vuaz sint iro corpora (lichamin) . âne uestimenta animæ et opertoria (uuát unde decchi dero sèlo)? An dièn uuerdent siè mutati (firuuéhselot) . also der apostolus chit . Et mortvi resvrgent incorrvpti et nos immvtabimvr (unde tóte irstant unirferuuarte unde uuerden uuir feruuandilot) . Quo modo immutabimur (aber uniêo)? Seminatur corpus animale . resurget corpus spiritale . Seminatur mortale . resurget inmortale . Seminatur corruptibile . resurget incorruptibile (dar uuirt kesáit febe gelich lichamo unde irstát keistlich lichamo uuirt kesáit tódelich lichamo unde irstat untódiger uuirt kesáit iruuartlich lichamo stát uf uniruuártlicher[4]). Ioh iro corpora (lichamen) sint cæli (himela) . uuanda siù Got tragent . nâh dièn uuórten Pauli. Glorificate et portate devm in corpore vestro (kuóllichont Got unde trágent in an iûuuermo lichamin). Soliche himela

---

[1]) hantuuergh. Sch.
[2]) (uiogila). Sch.
[3]) (under gelerten). Sch.
[4]) (daz — febe —). Sch.

*) S. 375.

irfirnent umbe daz . daz sie geniú‑
uuot uuérden.

Filii seruorum tuorum habitabunt .
s. in annis tuis. An dièn éuuigen
iáren búent apostolorum filii (poton
chint).

Et semen eorum in sæculum diri‑
getur. Vnde iro geburt uuirt in
éuua gerihtet . dár alliu ding ordi‑
nate (ordinhafto) fárent. Disses
psalmi principia (anagenne) sint
uerba gemituum (nuort chlágidis) .
postrema sint consolationum (diu
iúngistin sint uuort tróstis).

PSALMUS CII.

PSALMVS IPSI DAVID.

BENEDIC ANIMA MEA DOMINO. Séla
miniu dáncho Góte.

Et omnia quæ intra me sunt no‑
mini sancto eius. Vnde sínemo hei‑
ligen námen danchoen alliu diu in
mir sínt. Ratio diu in íro ist . unde
alle iro gedancha lóboen ín.

Benedic anima mea domino . et
noli obliuisci omnes retributiones
eius. Dancho imo . unde habe uner‑
gezzen alles sines lónes. Du ge‑
frehtotost mala . er gab dir bona .
unde gibet nob. Also hára nah
stat.

Qui propitius fit omnibus iniqui‑
tatibus tuis . qui sanat omnes lan‑
guores tuos. Der allen dínen un‑
rehten genádet .*) der alle dine siéc‑
héite héilet.

Qui redimit de interitu uitam tu‑
am. Der dínen lib lóset fone ferlór‑
nissido.

Qui coronat te in miseratione et
misericordia. Der dih corónot[1])
in irbármedo unde in ármherzi.
Corona chit capitis ornatus . daz ist
diu[2]) hoúbet‑ziérda . also uuir an
chúningen séhen.

Qui saciat[3]) in bonis desiderium
tuum. Der dínen uuillen in guòte
fóllot daz chit . der dih kuotes ke‑
niétot.

Renouabitur ut aquilæ iuuentus
tua. Geniúuuot uuirt[4]) din iúgent .
sámo so áren. Imo geschièt[5]) fore
alti chit man . daz sin óbero snabel
den niderén so uber uuahset . daz
er in úf‑intuón ne mag sib zegeáz‑
zenne[6]). Dára náh knitet er ín an
demo stéine . unz er ín so ferniúzzet
daz er aber ézzen mag. Vnde so ge‑

---

[1]) coronet. Sch.

[2]) din. Sch.

[3]) satiabit. Sch.

[4]) uuird. Sch.

[5]) gesciehet. Sch. Es mag das die ur‑
sprüngliche lesart sein. in unserer
handschrift steht bloss «geschie» und
zwar am ende einer zeile. das «t» ist
von späterer hand zugefügt.

[6]) zegeazzene. Sch.

*) S. 376.

uuúnnet er samo sô fóne erist iungliche chréfte. So geschiehet oûh démo. der an CHRISTO der petra (stein) ist. sina sunda îlet ferslizen [1]. uuanda er bringet in uuidere ad innocentiam (ze unscadeli [2]). Fone déro chúmet er ad resurrectionem (ze urstende). dar uuirt er geiúnget. Dara zuô siehet disiu réda.

Faciens misericordias dominus. et iudicium omnibus iniuriam patientibus. Truhten ist der genáda scheinet. unde allen richtet. die únreht tôlent. diê imo uindictam (kerich) spárent. Also er chit. MIHI VINDICTAM. EGO RETRIBVAM (spare mir den gerich ih irrieche dich [3]).

Notas fecit uias suas moysi. Chúnde téta er sine uuéga moysi. daz man legem spiritaliter (diê êa keistlicho) fernémen sol. unde daz er ex data lege (fone gegebenero êo) uuolta diê liûte bechénnen sih selben. die sih ne iâhin peccatores (súndig) uuésen. noh indigere gratia (noh kenâdon bedurfin). ube iz in præuaricatio legis (der úber-grif der êo) ne geoûgti. Daz obscurum consilium (toûgen râte) getéta er chunt moysi.

*) Filiís israhel uoluntates suas. Nieht ein moysi. nube allen uuáren israhelitis in quibus dolus non est (Got ána sehinten an diên achust ne ist) geteta er chunt sînen uuillen.
**) Daz er uuolta uuésen quinque libros moysi (funf puoch). sámoso quinque porticus. in quibus ægri iacerent. ut proderentur. non ut ibi sanarentur (funf forzicha in dien die siehen lâgen. daz sie dâr schîn. nals kenêrit uuurdin). In porticibus (in diên fórzichin) ne uuurden sie sanati (genêrit). in aqua mota (in dero nuazzer uuégi). daz chit in tumultu iudaico (in iúdon gestúrme). dannan CHRISTI passio (martira) gescah uuard unus sanatus. i. unitas christiani populi (einer generit daz chit einer der christano liût [4]).

Misericors et miserator dominus longanimis et multum misericors. Truhten ist kenâdig. unde schêinare genâdon. lángmuôtig unde filo genâdig.

Non in finem irascitur. neque in æternum indignabitur. Er ne bilget sih in énde. noh er ne zurnet in êuua.

Non secundum peccata nostra fecit nobis neque secundum iniquitates nostras retribuit nobis. Er ne habet uns nieht mite genáren náh únseren sundon. noh er ne lônota uns náh unseren únrehten.

---

[1] ferslizzen. Sch.
[2] (ze unscadelih). Sch.
[3] (— — irrichedih). Sch.
[4] (— — Christiano —). Sch.

*) S. CXCVIII.   **) S. 377.

Quoniam secundum altitudinem cæli a terra confirmauit misericordiam suam super timentes eum. Also dár ána schînet. uuanda nah dero hôhi himeles fóne erdo. habet er gefêstenot sîna genâda¹) úber diê. die in furhtent. Des himeles hôhi decchet die únder imo sint. unde er gibet liêht. régen. uuint. umbe diê fructus terræ (erd⸗uuuóchera). also únerdrózzeno spéndot Got knâda diên. die in sînero forhtun sint.

Quantum distat ortus ab occidente. elongauit a nobis iniquitates nostras. So ferro daz óstenast²) fone demo uuéstene. so ferro hábet er fone uns ketân únseriu unreht. Occasus (sunne⸗sedil) fliehêt den ortum (úf⸗runs). so ouh uns sîn gratia (genada) irrínnet. so uállent³) unsere sunda.

Quomodo miseretur pater filiis. ita misertus est dominus timentibus se. Also fáter chinden. so genâdet Got diên in fúrhtenten. Vbe er siê fillet. die filla suln sie minnon. uuanda sie fóne iro fater genâdon chóment. Diê er fillet. die ne tuôt er érbelôse.

*) Quoniam ipse cognouit figmentum nostrum. Diê fáterlíchun genada scheinet er. uuanda er bechénnet únsera gescáft. Er uueiz⁴) daz sie uzzer hóreuue uuorden ist.

Recordatus est quoniam puluis sumus. Er ne hábet irgézzen daz uuir stuppe bin⁵). So smâhe sint uuorden durh sunda. die edele mahtin uuêsen.

Homo sicut fœnum dies eius. Mennischo⁶) ist also héuue. Also heune sint sîne tága.

Tanquam flos agri sic efflorebit. Also der bluómo dár in in⸗félde. also ferbluot er. also mûrg fàre ist er.

Quoniam spiritus pertransibit in illo et non subsistet. et non cognoscet amplius locum suum. Vuanda sîn gêist der in imo ist ferféret. unde hiêr nebestât er. noh furder hára ne iruuíndeter. Sóler hina geuarner sálig sîn. so tuôt iz des kenada. der an sih nam fœnum (héuue). ut ex eo faceret aurum (daz er dár ûz kolt machoti).

Misericordia autem domini a seculo et usque in æternum super timentes eum. A'ber Gotes kenâda ist an dien in fúrhtenten. fóne ánagântero dirro uuerlte. unde dannan unz ze énero uuerlte. Hiêr dar iz chit. A SECVLO (fóne ánagântero uuerlte). unandon genuóge so cas-

---

¹) gnada. Sch.
²) osten ist. Sch.
³) uuallent. Sch.
⁴) uueis. Sch.
⁵) pin. Sch.
⁶) Mennisco. Sch.

*) S. 378.

siodorus ságet . adam genada geheizzen uuésen . uuanda andere uuurden in sæculo (in uuerlte) . er uuard a seculo (fone ánagantiro . uuerlte) .

Et iustitia illius in filios filiorum . his qui seruant testamentum eius . et memores sunt mandatorum eius ut faciant ea . Vnde sin reht ist daz chit schinet an únserro súno súnen . daz sint opera et mercedes operum (uuerch unde lon dero uuercho) . unde schinet an dien . die sin testamentum (scrift=kebot) haltent . unde sinero geboto ¹) ze diu gehuhtig sint . daz sie siù leisten . Sin testamentum (scrift=kebot) daz sint siniu mandata (flihte) . diu bestánt alliu in caritate (minno) . dero sól man gehúgen .

Dominus in cælo parauit sedem suam . et regnum eius omnium dominabitur . Truhten gareta in hímele sinen stuól . ad dexteram patris (ze zezeuuun sinis fater²) unde sin riche uualtet iro állero .

*) Benedicite dominum omnes angeli eius potentes uirtute . qui facitis uerbum eius ad audiendam uocem sermonum eius . Lóbont Got alle sine angeli mahtige in chrefte . ir sin uuort tuont ze gehórenne daz chit ze irfollone ³) die stimma sinero uuorto .

Benedicite domino omnes uirtutes eius ministri eius qui facitis uoluntatem eius . Lób tuont truhtene alle sine uirtutes (zéichin uuúrchin) . sine ámbahtara . ir sinen uuillen fóllont .

Benedicite domino omnia opera eius . Lóbont in álliu siniu uuerch .

In omni loco dominationis eius benedic anima mea domino . In állen dién stéten dàr sin geuualt sí . dar lóbo Góte min séla . Vber al ist sin geuualt . uber al lóbo ín . non solum intra septa æcclesiæ . sed et extra septa eius (nièht éin in chilchun sunder ioh uzzan chilchun) .

**) PSALMUS CIII.

IPSI DAVID ⁴).

BENEDIC ANIMA MEA DOMINVM . Séla miniu lóbo trúhtenen . dero scónon dingo . diu diser psalmus oùget .

Domine deus meus magnificatus uehementer . Trúhten Got miner . du bist harto gemichellichot . Dù hábest dih keoùget michelin . dièn . die dina micheli fore ne uuisson .

---

¹) keboto. Sch.
²) (ze zeuuun etc.). Sch.
³) irfolleno. Sch.

⁴) Also Schilter. In der handschrift fehlt diese aufschrift.

*) S. 379.   **) S. CXCIX.

Confessionem et decorem induisti. Du légetost dih ána geiiht unde ziérda . uuanda din æcclesia diu zuei ána légeta. Si uuas ze érist fusca (suarz) . er si begondi peccata sua confiteri (iro sundon bigiéhin) . áber confitendo (pigíht tuónto [1]) uuard si dealbata (keuuízzit). I'ro analégi . ist din ánalegi.

Amictus lumine sicut uestimento. Behéleter mit liéhte . sámo so mit uuáte. Iro uuát . ist din uuát. daz ist lumen fidei (daz lieht dero geloubo).

Extendens cælum sicut pellem. Den himel dénnende . also hût kedenet uuirt. Náh tode dero animalium (fiého) . uuérdent iro hiúte gedénet. Scripturæ (dié scrifte) prophetarum uuúrden ouh nah iro libe ferdenet . unde ferrécchet . ad omnes gentes (ze allen diétin). *) Sie uuáren únfernomen . unz sie selben IN VETERI testamento (an déro altun éo) uuáren. So nouum (niúuua éa) cham . unde sie ne uuaren . do zóman fure iro scripta (scrifte) do begónda [2]) man sie bechénnen. Vnde diú sint cælum (himel) uuanda Got an in fúnden uuirt.

Qui tegis aquis superiora eius. Du mit uuazzeren decchest siniu oberóren. Vuázzer sint óbe himele . also diú dâr sint . so sézzest du óbe állen præceptis legis præcepta caritatis (eo gebotin diu gebot minno). Vuanda ouh si ist diffusa in cordibus nostris (kegózzin ist in unzeren herzen) . pediu hábet si [3]) uuázzeres námen.

Qui ponis nubem ascensum tuum. Dú daz uuolchan sezzest dir ze stégún . unde ze anphange. Also iz chît. ET NVBES SVSCEPIT EVM AB OCVLIS EORVM (unde daz uuolchan inphieng in ab iro oúgen). Aber mystice (bezeichinlicho). Nubes (uuolchin) sint prædicatores (prediare) . per prædicatores (mit prediarin) príngest du infirmos ad intellectum scripturarum (die unéichen ze dero fernúmeste dero scrífto [4]).

Qui ambulas super pennas uentorum. Dú der fúre ilest dié snélli déro uuindo . uuanda du sendest din uerbum (uuort) spuótigor danne uuint fáre so uuiéo niéht snélleren ne si. Alde . uenti (uuinda) sint sanctæ animæ (héilige séla) . unde iro pennæ (féttacha) . amor dei et proximi (sint Gotis unde friundis minna) . den amorem (dié minna) úber stéphest dú . uuanda diner méroro ist ze in . danne iro ze dir. So sié hóhost kefliégent dînen amorem (minna) ze gechiésenne . so séhent

---

[1]) (pigiht tuondo). Sch.
[2]) bechonda. Sch.
[3]) siu. Sch.
[4]) (— fernumefte —). Sch.

*) S. 380.

sie in ìeo óberôren. Fone diû. so Paulus chad. UT POSSITIS COMPREHENDERE QVÆ SIT LATITVDO ALTITVDO LONGITVDO ET[1]) PROFVNDVM (daz ir mugint irrâtin uuaz dir si prêiti hôhi longi chrucis unde tiéfi). so chad er oûh. SCIRE ETIAM SVPER EMINENTEM SCIENTIAM CARITATIS CHRISTI (under dar mite mugint uuizzin diè hôho rechenten óbescrift christis minnon). Vuanda álsoman uuízzen sol. daz latitudo (diu brêiti) ist omne opus bonum (al guot uuerch). altitudo sursum cor. longitudo perseuerantia boni operis. profundum sacramentum baptismi et eucharistiæ (unde hôhi herza hina ûf unde lengi sol léisteda kuótis uuerchis unde diû. tiûffi heilictuom tousi unde uuízzodis). an dièn begrában ist uuaz iz mêine. uuanda man iz ne siehet. *) so ist fóre állen dingen daz ze bedénchenne. uuièo ferro unsih prâht hábet diu Gotes minna. unde uuièo hôho si rêichet.

Qui facis angelos tuos spiritus. Dû dîne geista máchost póten. so du sie ûz sendest ad tobiam. ad zachariam. ad MARIAM. Aber mystice (bezêichinlicho). dû in dînero æcclesia spiritalis[2]) uiros tuôst (gesamenunga tuôst keîstliche man) uuésen nuntios uerbi tui (pótin dinis árin-

dis). unde sie ad carnales (ze fletseinen) séndest. quasi de cælo ad terram (samo aba himele ze erdo).

Et ministros tuos ignem urentem. Vnde dîne ambáhtara getuôst uuésen prénnentez fiûr. Vuanda spiritu feruentes (die ernisthaftin iro sinnis[3]) sint iro auditores incendentes (uber-lósarra prénninte).

Qui fundasti terram super stabilitatem suam. Du diè erda gefestenotost. an iro stâtigi. Dîna æcclesiam hábest du gestátet an CHRISTO. Er ist iro stabilitas (statigi).

Non inclinabitur in sæculum sæculi. Furder ne uuanchot si. Vuile iêman secundum literam (nah páriro scrifte) uuizzen stabilitatem terræ (stâtigi dero erdo). daz ist unsemfte. Vuanda iz ouh chit. CÆLVM ET TERRA TRANSIRVNT (himil unde erda fergánt). pediu ne geuallet[4]) iro. non inclinabitur (si ne uuanchot).

Abyssus sicut pallium amictus eius. Vuazzer micheli ist iro héli sámoso láchen. Daz uuazzer úmbefáhet diè erda. Sô tuôt ouh sanctam æcclesiam multitudo paganorum (manigi dero hêidenon).

Super montes stabunt aquæ. Vnde uuázzer óbestânt diè berga. also iz fuôr in diluuio. Ioh selben diè búrlichosten. selben diè aposto-

---

[1]) Fehlt bei Schilter.
[2]) spiritales. Sch.
[3]) (— erinsthaftin —). Sch.
[4]) geuuallet. Sch.

*) S. 381.

los . pesuárot inmensitas superstitionis et persecutionis (heidinisci unde áhtungo).

Ab increpatione tua fugient. Dára náh uuirt daz diê selben abyssi (uuazzer michelina) fliêhent fóne dínero irráfsungo.

Et a uoce tonitrui tui formidabunt. Vnde sie in furhtent fone déro stimmo dînes tóneris¹). dínero dróuuun . also diu ist. NISI POENITENTIAM EGERITIS . OMNES SIMVL PERIBITIS (ir ne riûuueient sámiht uuerdent ir ferlorin).

Ascendunt montes et descendunt campi in locum quem fundasti eis. Vnde so burrent sih prædicatores (prediâre) . *) unde lâzent sih nider populi (liûte) . unz an diê stat dínero æcclesiæ . diê du in fêste tâte . quia non inclinabitur in sæculum sæculi (uuanda si ne geuuanchot nièmer²).

**) Terminum posuisti eis quem non transgredientur neque reuertentur operire terram. Marcha saztost dû in fidem catholicam (in állicha geloûba) . diê siê ne úber stéphent . noh furder ne iruuindent ze decchenne die erda . daz chit iro sunda ze niûuuonne . unde aber ungeloubig ze uuérdenne.

Qui emittis fontes in conuallibus.

Dû diê brúnnen ûz lâzzist in getúbelen . dû diên diemuóten gibest scientiam doctrinæ (chunst kelirnis).

Inter medium montium pertransibunt aquæ. In mitti déro bergo rínnent hína diû uuázzer . Déro apostolorum léra ist kemeine . Daz medium ist (so uuaz in mittimin ist³) . daz ist commune (daz ist kemeine).

Potabunt omnes bestiæ siluæ. Fóne diû trinchent sîa alle gentes (diête).

Expectabunt onagri in siti sua. Iudei bîtent in íro durste uns helias chome unde enoch.

Super ea volucres cæli habitabunt . de medio petrarum dabunt uocem. O'be diên sizzent spiritales (die geistlichen) sanctæ episcoporum animæ (piscófo sêla) inphlégent iro . ûzzer steinen spréchent siê . daz siê hábent fóne prophetis et apostolis nals fóne platone . daz lêrent siê.

Rigans montes de superioribus suis. Aber du bist nezzente apostolos fóne himele. Also éne iz hábent fóne apostolis . so hábent iz áber apostoli fóne dir . uuanda dû siê fúllest spiritu sancto.

De fructu operum tuorum satiabitur terra. Fóne dínero uuercho

---

¹) tonneris. Sch.
²) (— sie —). Sch.

³) (— mittinin —). Sch.

*) S. 382.   **) S. CC.

diêhsemen . uuirt sat diû érda . Daz ist diu erda diu sih satot dero lêro . die du régenost fóne himele .

Producens foenum iumentis. Héuue bérentiû dien rinderen. Also iz chit. NON OBDVRABIS OS BOVI TRITVRANTI (nièht ne ferbint den munt demo indrásccàntin rinde).

Et herbam seruituti hominum. Vnde chrût dero ménniscon diêneste. Phruónda gébende diên . die ministri (diênestman) sint uerbi dei (kotes uuorto) . *) die er nû hiêz iumenta (zúge-rinder [1]).

Vt educas panem de terra. Daz dû Got fáter so CHRISTVM geoûgest fóne erdo . de uasis fictilibus (fone taînen fazzin) . in diên apostoli habeton thesaurum doctrinæ (triso déro lêro).

Et uinum lætificat [2]) cor hominis. Vnde uuin gefréuuet danne ménniscen herza. Ebrietas spiritalis (keistlic truncheni) kîbet imo amorem cælestium (kelust himilo). Alde diû [3]) séti corporis et sanguinis (uuízzodis) domini getuòt in frò.

Vt exhilaret faciem in oleo . i. in nitore. Daz imo diû séti . sin ánasiûne gehúgelichôe in glízemen. Daz an imo óffeno skîne ételih gratia dei (Gotis kenada) . éinuuéder curationum (suhtnéri) . alde linguarum (manigero spràchon) . alde prophetiæ (uuizzigonnis) . alde ételiches carismatis (kelàzzis). Vuanda iz chit. UNICVIQVE DATVR MANIFESTATIO SPIRITVS AD VTILITATEM (éinimo iègelichen uuirt kelàzzen dis kéistis óffenunga ze núzzedo).

Et panis cor hominis confirmet. Vnde brót daz chit dero sélo lába . sîn herza sterche .

Saturabuntur ligna campi. Déro gratiæ (gébo) id est [4]) panis uini (protis uuínis) et olei (oleis) . uuerdent sat plebes populorum [5]) (folch liûto) . daz sint mézige.

Et cædri lybani. So uuerdent ouh potentes (die geuúaltigin) . die uuider ánderen sint . also die cedri diê ûfen lybano uuahsent uuider ánderen boûmen sint. Sint diê iz alle? Néin.

Quas plantauit. Is sint échert diê er flánzota. Also der saluator (haltâre) chit. OMNIS PLANTATIO QVAM NON PLANTAVIT PATER MEVS ERADICABITVR (so uuaz min fater ne flanzot daz uuirt uz iruuúrzillot [6]).

Illic passeres nidificabunt. Vnder diên nístent smáliû gefúgele. Sie

---

[1]) (juge rinder). Sch.
[2]) lætificet. Sch.
[3]) sin. Sch.
[4]) idem. Sch.
[5]) Fehlt bei Schilter von «protis» an.
[6]) iruurzillot. Sch.

*) S. 383.

stiftent monasteria an iro éigenen.
daz dâr inne si . sanctorum fratrum
communio (kemeine lib).

Fulice domus dux est eorum. Fu-
lica ist marina auis (mére fógil).
alde stagnensis (sèfogil). unde nistet
in petra (in stéine). ièo ferro sóne
stáde. Dâr ána uuerdent fluctus
collisi (uuella uuídir slágin). also
ouh an CHRISTO der petra (stéin) ist.
indei fracti (uuídir slágen) uuurden.
Der ist iro hérezogo. sie sint sine
milites (légena). Irbelgent sih cæ-
dri. unde tuont siè [1]) in molestias
(uuíder-muòte) alde scandala (léid)
unde stoùbet sie daz dannan. *) daz
ist naufragium cædrorum (crúnt-
soufi hóh-poùmo) nals déro passe-
rum (smál-fógelo). uuanda domus
fulicæ (hus mére-fogil) ist iro dux
(léito). Anderiu editio (ántfrista)
chit.

Herodii domus dux est eorum.
Herodius (hêr-fógil [2]) ist major om-
nium uolatilium (mêra allen fógilin).
der úberuuíndet den áren. unde ízet
in. unde bezèichenet potentes for-
tissimos (máchtigostin hèrren). die
ouh uuílon duònt renuntiationem
sæculi (áuuerf uuerlte). unde hû-
sont in himele. Daz pilde lucchet
ouh dara ándere die uuèicheren

sint. uuanda in iro zímberon li-
chet.

Montes excelsi ceruis. Hôhe
berga. sîn stat diên hírzen. Spiri-
tales (keistliche) sîn behéftet in sub-
limioribus præceptis (an tièferen lé-
ron). Vuièo aber humiles (tiemuòte)
unde pœnitentes (riúuuige)? Vuaz
sol iro tróst sin?

Petra refugium erinaciis. CHRI-
STVS ist petra (stéin). er sî flubt eri-
natiis (múrmunton). id est [3]) pecca-
toribus (ih méino súndigen). Eri-
natius (múrmenti) ist animal magni-
tudine ericii (ein tier also michel so
der ígil). daz chit des ígelis. simi-
litudine ursi et muris (in gelichenisse
périn unde muse). daz hèizen uuir
murem montis (mus pergis) uuanda
iz in foraminibus alpium (in diên lo-
chen dero alpon) sîna festi hábet.

Fecit lunam in tempore. Er téta
ecclesiam in tempore huius mortali-
tatis (sîna brût in zîte dirro tódigi).
in déro si súinet unde uuahset also
luna. si [4]) úber uuindet áber diè
unstátigi. so tempus (zít) ze-gât.

Sol cognouit occasum suum. CHRI-
STVS sol iustitiæ (sunna rehtis). ir-
chánda sinen tôd. **) Vuaz ist daz?
Er uuolta in. er licheta imo. er léid
in gerno.

---

[1]) si. Sch.
[2]) (herfogilin). Sch.
[3]) idem. Sch.
[4]) sie. Sch.

*) S. 384.   **) S. CCI.

Posuisti tenebras. Sáment demo tode saztost du Got¹) finstri. daz teta er sinen discipulis (iúngeron). nuanda sie dô iro spem ferlúren. diê sie an imo habeton.

Et facta est nox. Vnde diu naht nuard do. fone déro CHRISTVS ze Petro chad. HAC NOCTE EXPETIVIT TE SATANAS VT CRIBARET TE SICVT TRITICVM (hinaht kereta din der uuideruuarto daz er dih riteroti also uuêizze). Ne skêin daz. do er sîn ze drin málen ferlóugenda.

In ipsa pertransibunt omnes bestiæ siluæ. In dero náht fárent uz in iro uueida álliû uuáldtiêr álliû dæmonia (tiúfel-slahta). *) daz siu petro unde ánderen fidelibus (christánen) fáreen.

Catuli leonum rugientes ut rapiant. Vuélfer léuuon ziëhent sih úz mit rúode. Ziu? A˘ne daz siu iëht irzucchen.

Et querant a deo escam sibi. Vnde siù fóne Gote²) geuuúnnen fúora. áne des keláz in niêht uuerden ne mág.

Ortus est sol et congregati sunt. et in cubilibus suis collocabuntur. Dára nah irrán diú sunna. irstuónt CHRISTVS. dô sámenoton sih diu selben uuáldtiêr. unde zúgen sih in iro lúcher. in corda infidelium (in unchristanon herzin). Vuanda³) do CHRISTVS irstuónt. dô uuúrden siê flúhtig. unde do rûmdon sie fidelibus (christánen).

Exibit homo ad opus suum. et ad operationem suam. usque ad uesperam. Dannan ána uuert fóne demo mórgene. gat mánnolih ze sinemo uuerche des in æcclesia (christanheite) durft ist. unz ze ábende. daz ist finis sæculi (ende uuerlte). dár gát uuerches énde.

Quam magnificata sunt opera tua domine. Hèrro fáter uuiêo michellih⁴) diniu uuerch sint. ánderiu ne sint in gelih.

Omnia in sapientia fecisti. An CHRISTO scuófe dú álliû ding.

Impleta est terra possessione tua. Diú erda ist fól dinis pi-sézzis. Si ist fól christianorum. die sint din possessio (bisez). HOC MARE MAGNVM et spaciosum manibus. Diz mére ist michel. unde uuíthende.

Illic reptilia quorum non est numerus. Also dár ána skînet. dár sint inne chríechentiû déro nehein zála ne ist.

Animalia pusilla cum magnis. Dár sint inne lúzzeliû tiêr unde micheliû.

Illic naues pertransibunt. Vnder dien mitten farent ieo doh skéf.

---

¹) Gote. Sch.
²) Got. Sch.
³) Uuando. Sch.
⁴) michelita. Sch.

*) S. 385.

Vuaz ist diû réda? Ane daz in dirro uuitun uuerlte mánige freisige sint. altioris loci unde inferioris (hérorin ioh hinderorin). ioh pagani (héidene) ioh mali (úbele) christiani. fone dien scandala (uuidermuote) unde persecutiones (áhtunga) irrinnent. unde doh ecclesiis dei (gotis holdon) gelázzen uuirt. daz sie under in mitten genésent. *) unde ad portum salutis (ze stade geniste) folle choment. uuanda CHRISTVS iro gubernator (stiúro) ist.

Draco iste quem formasti ad illudendum ei. Dár ist inne diser záligo draco (traccho). serpens antiquus (der alto uuúrim) den du ze huóhe habest kemachot. Vuemo ze huóhe? Animabus sanctis. et angelis sanctis (heiligen sélon ioh kuóten engelin). Vuíeo animabus sanctis (heiligen sélon)? Vuanda sie tréttont sin houbet. daz chit. ánagenne sinero temptationum (ursuócho) ferchiésent. Vuíeo angelis sanctis (kuóten éngelen)? A´ne mit démo iteuuizze daz er undurstes¹) fone gloria (kuóllichi) chomen ist ad miseriam (ze ámere). unde fóne angelo diabolus (engele nider=fal) uuórden ist. Fóne diu ist sæculum (uuerlt) zálig. uuanda der dár inne ist.

Omnia a te expectant. ut des illis escam in tempore oportuno. A´lliu bitent siu dín. daz dû siû²) ázest. só is zít sí. Ioh reptilia (chriechentiu). ioh animalia pusilla et magna (tiér lúzzeliu ioh micheliu). ioh selber der draco (traccho). ioh possessio tua quia replesti terram (dín bisez uuanda du diê erda irfúltost). Vuaz ist esca draconis (fuóra des traccben)? Terra (erda). Amator terræ (minnâre erdo) ist sin esca (fuóra). Fóne diu chit iz. QVÆ SVRSVM SVNT SAPITE. NON QVÆ SVPER TERRAM (denchint hina úf nals hara níder). Der sursum (úf) denchet der ist aurum (kolt). den ne³) gibet imo Gót ze ézzenne. fúre erda.

Dante te illis. colligent. So dû in gibest. so nément siê. I´ro potestas (maht) ne gibet in escam (fuóra). nube dín.

Aperiente te manum tuam. omnia implebuntur bonitate. So du CHRISTVM der din manus (hant) ist keóffenost. so uuirdet din possessio (bisez) irfullet alles kuótes.

Auertente autem te faciem turbabuntur. A´ber dir fóne in schentemo uuerdent siê getruóbet in íro temptationibus (ursuóchin). diê sie danne lident. Ziu? Daz siê gelír-

---

¹) undurftes. Sch.
²) sin. Sch.

³) denne. Sch.

*) S. 386.

neen [1] . daz du in fóre uuâre . do sie ungetruóbet uuâren .

Auferes spiritum eorum et deficient . et in puluerem suum reuertentur. Ze déro uuis nímest du in iro spiritum (âtim) . daz ist iro superbia (hôhmuôt) . unde geloûbent sie sih iro . unde iruuíndent ze demo gedánche daz sie puluis (stuppe) sint .

*) Emitte spiritum tuum et creabuntur . et renouabis faciem terræ . Sende ûz dinen gêist unde uuiso iro . sid siê sih des iro geûzot êigin . unde dánnan uuerdent sie gescáfen . uuerdent noua creatura (niûuuiû gáscaft) . daz sie nuízzen uuer sie sint . unde so gemûzzost du mennisken bilde .

Sit gloria domini in sæculum . Trúhtenes kuóllichi si iêmer nals ménnisken .

Lætabitur dominus in operibus suis . Truhten fréuuet sih an sinen uuérchen . nals an des ménnisken . uuanda diû úbel sint .

Qui respicit terram et facit eam tremere . Der den ménnisken . gesiêhet unde in͜ tuôt piben [2] . Den er so gesiêhet . an démo râuuet er . Also er selbo chad . SVPER QVEM REQVIESCIT SPIRITVS MEVS? SVPER HVMILEM ET QVIETVM ET TREMENTEM VERBA MEA (uber uuen râuuet min Gêist? uber diemuoten unde râuuogernin unde miniu uuort fúrchtinten [3] .

Qui tangit montes et fumigabunt Der die úbermuôten mennisken triffet . unde gestúnget [4] ad pœnitentiam (ze riúuuo) . unde so getróffeno riéchent siê . uuanda sie danne uuuófent iro sunda .

Cantabo domino in uita mea . psallam deo meo quamdiu sum . Trúhtene singo ih . unz ih lébo . uuanda ih hier spem (dingi) hábo . ih singo imo ouh só lángo ih pin in æternitate (in iêmerhefte) . dâr ánder uuérch ne ist . ane dei laudatio (Gotes lob) .

Iocundum sit ei eloquium meum ego uero delectabor in domino . Vuúnnesam si imo min gechôse min lússami ist an imo . Mih ketuôn ih imo chunt scienti (uuízzintimo) mir getuôe er sih chunt nescienti (ne uuízzintimo) [5] . Suauis sit ei confessio mea . suauis est mihi gratia ipsius (suozze si imo min bigiht . suôzze ist mir sin genâda) . Daz ist mutua iocundatio (hértontiu uuúnna) .

Deficiant peccatores a terra . Súndige geslifen [6] aba terrena cupiditate (erd-luste) .

---

[1] gelirnen. Sch.
[2] Ueber dem «b» ein punkt.
[3] (— furchtenten). Sch.
[4] gestrunget. Sch.
[5] Fehlt bei Schilter von «mir» an.
[6] gesliefen. Sch.

*) S. 387.

Et iniqui . ita ut non sint . Vnde unrehte zegangen . so daz siê ne sin . unrehte ne sîn . so sendet er uz spiritum . ze iro recreatione (uuiderscaffungo).

*) Benedic anima mea dominum . Lóbo truhtenen min sela . daz uuas initium psalmi (anafanc dissis salmin¹) daz sî úz láz.

PSALMUS CIV.

Alleluia ist hebreum . latine chit iz . Laudate dominum (lobont got)²).

Confitemini domino . Daz ist daz selba . lóbont Got chit iz . uuanda hier confessio triffet ad laudem (ze lóbe).

Et inuocate nomen eius . Vnde so ist zît . so chóment unde hárent in ána.

Annuntiate inter gentes opera eius . Chúndent under dièten sîniu uuerch . Daz ist ad apostolos kespróchen et ad euangelistas.

Cantate ei . Singent imo daz ist in uuórden.

Et psallite ei . Vnde seiten ruôrent imo . daz ist in uuérchen . An dien béiden lóbont in.

Narrate omnia mirabilia eius . Zél-lent álliû sîniu uuúnder . Doh ir ne múgent des uuuillen³) ne bréste iû.

Laudamini in nomine sancto eius . In sînen námen uuérdent kelóbot . sîn uirtus (chraft) ketuôt iûh lóbeuuirdige . nals iúuueriû.

Lætetur cor querentium dominum . Frô sî déro herza diè Got suôchent . sine amaro zelo (eifirin anden) sîn sie.

Querite dominum et confirmamini . Suochent⁴) Got . unde uuerdent kestérchet . Náhent iûh imo sô . daz ir ze êrist uuerdent illuminati (intliúhte) . ze gesèhenne uuaz zetuonne sî . dara náh roborati (kestarchte) . daz ir dàr ána ne irligênt.

Querite faciem eius semper . Sina præsentiam (gágenuuerte) suochent ièo . Ir hábent in fúnden fide (in geloúbo) . suòchent in specie (anasihte) . Sô ir in facie ad faciem (fone gesihte ze gesihte) gesèhent . so suôchent er in doh sine fine (ane ende) . uuanda ir in minnont sine fine (ane ende).

Mementote mirabilium eius quæ fecit . Irhúgent sînero uuúndero diû er téta . in diuisione maris rubri (an demo spalte des ròten meres) . unde in conuersione iordanis retrorsum (unde iordanis uuidir-chêre).

---

¹) (anafane —). Sch.
²) Schilter hat diese worte noch zum vorangehenden schallsange gezogen.
³) uuillen. Sch.
⁴) Suochont. Sch.

*) S. 388.

Prodigia eius. Irhúgent sínero niúskihto diê er ougta in plagis egypti (in diên ána-slégin). Vuanda niúskihte sint . diê êr ne-gescâhen.

*) Et iudicia oris eius. Vnde dero irteildon sines mundes . diê êr moysen lêrta.

Semen abraham serui eius . filii iacob electi eius. I'r abrahamis slahta sines scálches . ir iacôbis súne . sines iruuéleten. irhúgent iro . ze diên der apostolus chad. SI AVTEM VOS CHRISTI . ERGO SEMEN ABRAHÆ ESTIS . SECVNDVM PROMISSIONEM HEREDES (ube aber ir christis pirint . so birint ir abrahamis slahto eribin nah kehêizze).

Ipse dominus deus noster in uniuersa terra iudicia eius. Er ist truhten Got únser . in állero erdo sint siniu gerihte . In allero uuerlte ist sin æcclesia (christanheite) . dar sint ouh siniu gerihte . unde sine urteilda.

Memor fuit in sæculum . hoc est in æternum . testamenti sui. Er irhúgeta sínero benêimedo in êuua. Niêht ueteris testamenti (dero altun êo) . daz mit nouo (niúuuero) uuas abolendum (solta fertiligot uuerden) . nube fidei (nube dero geloùbo) . diù ioh ante (diù ioh fore) legem abrahæ uuard reputata ad iustitiam (pizelit ze rehte).

Verbi quod mandauit in mille generationes. Des uerbi (uuorti) irhúgeta er . daz er hiêz uuéren in állen gebúrten. Uuaz ist daz? Verbum fidei . ut iustus ex fide uiuat (uuort keloubo . daz reht man fone geloubo lébe).

Quod disposuit ad abraham. Daz er abrahæ beneimda. **) der ex fide (fone geloùbo) uuard iustificatus (rehthaft).

Et iuramenti sui ad isaac. Vnde irhúgeta er sines eides . dén er téta isaac . umbe sina generationem (after-chunft).

Et statuit illud . s. uerbum iacob in præceptum et israhel in testamentum æternum. Vnde daz uerbum fidei (uuort keloubo) sazta er iacob ze festemo gebóte . unde israheli ze êuuigero benelmedo. An diên patriarchis (hoh-fátirin) suln uuir christianos fernémen . sie sint iacob . sie sint israhel . unde semen abrahæ (abrahamis chunne).

Dicens. Sus dar umbe gehéizzendo.

Tibi dabo terram chanaan. Dir gibo ih terram promissionis (daz lant keheizzis) . dir populo fideli (geloubigemo liûte).

Funiculum hereditatis uestræ. Ze mâz-sêile iúuueres erbes. Daz ir iz têilent mit seile . umbe daz pehaltena testamentum fidei (urchunde geloùbo). ***) Vuanda fides (geloùba) mit dero gechórot uuirt quam suauis est dominus (uuiêo suózze

---

*) S. 389.   **) S. CCII.   ***) 390.

Got ist) . diu gibet regnum cælorum (himel-riche) daz ist terra promissionis (lant kehèizzis) .

Cum essent numero breui . paucissimi et incolæ in ea . et pertransierunt de gente in gentem . et de regno ad populum alterum . non reliquit hominem nocere eis. Do iro lúzzel uuas . unde iro ioh unmánige uuáren . unde diè selben dara in terram (in lant) chanaan recchen uuáren . unde sie uuálloton fone dìète ze dìète . fone ríche ze ríche . ne liéz er in doh niêmannen dáron .

Et corripuit pro eis reges . Vnde irráfsta¹) er chúninga umbe siè? Also er teta abimeleg regem gerara . et faraonem regem egypti . Vuieo chad er?

Nolite tangere christos meos . Ne ruôrent mine geuuiêhten . Vuer uuiêhta sie? Ane spiritus sanctus . Vuar ist danne . daz iudei chédent . daz er CHRISTVS ne si . der regali unguento unctvs (mit chunio salbe gesalbot) ne si . unde bediû dominus IESVS den námen háben ne solti?

Et in prophetis meis nolite malignari . Vnde an minen uuizegon²) ne skêinent arguuilligi .

Et uocauit famem super terram . Do ládeta er húnger in daz lánt . Er hiéz uuerden sibeniárigen húnger .

Et omne firmamentum panis contriuit . id est consumpsit . Vnde alla starchunga brótis . tilegota er . Vuanda brót mánne stárchi tuót pediú chit iz . dar fóre . ET PANIS COR HOMINIS CONFIRMAT (unde brót festit mannes daz herza) .

Misit autem eos uirum . Cómen santa er fóre in . Vuen?

Ioseph . Fóre sínen bruôderen frúmeta in Gót . Vuiéo santa er in?

In seruum uénundatus est . Ze scálche uuard er ferchóufet . Got uuolta in aber ze hêrren máchon . doh sie in fúre scálch kábin .

Humiliauerunt in compedibus pedes eius . Sine fuôze sluôgen sie in drúhe . Daz hiéz tuon phutifar . umbe déro chénun lúgi .

Ferrum pertransiit animam eius . I'san durhkiéng sina sêla . *) Nót lêid er michela . Sólih ist daz in euuangelio . ET TVAM IPSIVS ANIMAM PERTRANSIBIT GLADIVS (unde dìn selbun sêla durhkat uuáffin) .

Donec ueniret uerbum eius . In déro nóte uuas er . unz sin uuort cham de interpretatione somniorum (fone demo trôum sceide) . an déro sin uuarheit skein .

**) Eloquium domini inflammauit eum . Gótes kechóse zunta in . spiritus dei spráh imo imo ûz³) . Vuan-

---

¹) irrafta. Sch.
²) uuizzegon. Sch.
³) uzz. Sch.

*) S. 931.   **) S. CCIII.

da er fiûr ist . unde linguas prophe-
tantium (zunga uuizzigon) zundet .
pediû skêin er in linguis igneis (in
fiûrinen zungon) super apostolos .

Misit rex et soluit eum princeps
populorum . et dimisit eum . Pha-
rao der ín hábeta geeiscot uirum in-
terpretem somniorum . (troùm-scei-
dere) rex (chúninch) unde princeps
(fursto) ægyptiorum . der santa mi-
nistros ad carcerem (dienist-man ze
chárchâle¹) . unde lôsta in .

Et constituit eum dominum domus
suæ . et principem omnis possessio-
nis suæ . Vnde sazta in ze hêrren si-
nes hûses . unde ze áleuualten si-
nero sáchon .

Vt erudiret principes eius sicut
semetipsum . Daz er sîne fúrsten
lêrti sámoso sih sélben . Vuaz?
A˜ne interpretationem somniorum
(troûm-scêith) .

Et seniores eius prudentiam do-
ceret . Vnde er sîne hêrosten fruòt-
hêit lêrti . daz chit prouidentiam fu-
turorum (peuuárunga chunfto) . Er
uuolta er uuáre geuuáltes nah ímo .
mêisteronnes fóre imo . ET INTRA-
VIT ISRAHEL IN ÆGYPTVM . ET IACOB
accola fuit terra cham . Do fuòr sin
fater dára . unde uuard dàr lántsí-
deling . Die alten lántsidelinga die
êigenes landes²) sint . die heizent in-

dígene . die énderske sint . daz chit án-
deres uuánnon chómene . die hêizzent
alienigenæ aduenæ accolæ incolæ .

Et auxit populum suum uehemen-
ter . et firmauit cum super inimicos
eius . Do mêrota Got sînen liût .
uuanda er mánigfaltota in . unde
starchta in úber sine fienda . getéta
in óberoren sinen fiénden . also in
mari rubro (in demo rôten mére)
skêin . dô dise chamen ûz . unde êne
lâgen ínne .

*) Conuerte cor eorum ut odirent
populum eius et dolum facerent in
seruos eius . Fóre des pechêrta³)
er iro herzen dâra zuô . **) daz sie
házzeton sînen liût . unde sine scál-
cha ilton besûichen . Uuiê bechêrta
er sie dara zuô . Ane dar er gab
daz sîne scalcha diêhen begóndon .
sô férro . daz ín is êne ne óndon .
Gótes únste . irráhton iro únunste .
unde haz unde áhtunga .

Misit moysen seruum suum . aaron
quem elegit ipsum . Durh daz santa
er dára sînen scálch moyen unde
aaron . den er dára zuo iruuéleta .

Posuit in eis uerba signorum suo-
rum et prodigiorum in terra cham .
In-zuêin beuálh⁴) er diù uuort .
unde diù árende sinero zeîcheno
unde sinero uuúndero diu er tuòn
uuolta in ægypto sinemo liúte ze ge-

---

¹) (— charchare). Sch.
²) lantes. Sch.
³) pechereta. Sch.
⁴) beuah. Sch.

*) S. 392.   **) S. CCIV.

frídonne. Zéichen sint. diu úns éteuuaz zéigont. **præteritorum** (irganginis) alde futurorum (chunftigis). Prodigia sint diù uuír er ne gesáhen. unde sie fóne diu irchómenlih sint.

Misit tenebras et obscurauit eos. Aber ægyptios uuarf er ána finstri unde betúnchelta sié. So túncheliù [1]) hérzen gáb er ín. daz sie uuara ne tátin sines inbótes.

Quia exacerbauerunt sermones eius. i. acerbe acceperunt. Also dar ana skéin. daz sie éiuero inphiéngen siniu uuort. unde siu léidezton.

Conuertit aquas eorum in sanguinem et occidit pisces eorum. I'ro áha beuuánta ér in bluót. unde irstárbta íro fisca. uuanda sie lében ne mahton ána uuázzer.

Edidit terra eorum ranas in penetrabilibus regum ipsorum. I'ro erda uuarf uz die frósca. ioh in dero chúningo bétte-chámeron.

Dixit et uenit cynomia et scinifes in omnibus finibus eorum. Do gebot er oúh. unde chámen sár. die búntfliègun unde mucca chámen in állero énde gelih.

*) Posuit pluuias eorum. grandinem. I'ro régena máchota er ze hágele.

Ignem conburentem in terra ipsorum. Prénnentez plichfiùr máchota er in íro lánde.

Et percussit uineas eorum [2]) et ficulneas eorum. et contriuit lignum finium eorum. Vnde daz uuéter [3]) sluóg uùinegarten unde fighpoùma. unde fermúleta boùmelich dár in lánde.

Dixit et uenit locusta et bruchus. cuius non erat numerus. Sô gebòt er áber. unde dò chám mátoscregh. chám sín sún chéuer. des ende ne uuas.

Et comedit omne fœnum terræ eorum. et comedit omne fructum terræ eorum. Vnde fráz héuue. unde állen erde-uuuocher. Vuer fráz? Ioh locusta (hoistaffel [4]). ioh brucus (chéuir).

Et percussit omne primogenitum in terra eorum. primicias omnis laboris eorum. Do sluógh er daz éristporna dár in lande. sluóg diè frúmegiste daz chit die fruósten gifte. allero iro arbéito. I'ro áltesten chint. unde diù érestuuórdenen iúngiu des fèhes. mit árbeite gezógeniu lágen sáment tòt.

Et eduxit eos in argento et auro. Er leita sie ùz keládene mit colde unde mit silbere. Daz hièz ér siè intlíhen. nals daz er únreht kebièté.

---

[1]) tuncheli. Sch.
[2]) ipsorum. Sch.
[3]) uuetter. Sch.
[4]) (hoistalfel). Sch.

*) S. 393.

nube daz sîn gebót únreht uuésen ne mág.

Et non erat in tribubus eorum infirmus. Siécher ne uuas under in. Got uuolta sie úngéirret uuárin. ze iro ferte.

Laetata est egyptus in profectione eorum. quia incubuit timor eorum super eos. Egyptus fréuta sih iro férte. náh diû siê faraonis tôd kéiscoton. uuanda in iro forhta ána lágh. Siê forhton daz siê iruuúndin. unde die reliquias tílegotin.

Expandit nubem in protectionem eorum. So siê faren begóndon. sô déneta ér daz uuólchen uber siê táges. fóre déro hízzo.

Et ignem ut luceret eis per noctem. Vnde nahtes fiûr. daz iz in liêhti.

*) Petierunt et uenit coturnix. Sie báten fleiskes. dô cham in coturnix. daz ist fleisk.

Et pane caeli. i. manna saturauit eos. Vnde mit himel bróte gesátota[1] er siê. Daz pezeichenda CHRISTVM fóne himele chomenen.

Disrupit petram et fluxerunt aquae. Den stéin spiélt ér. dannan ûz rúnnen uuázzer.

Abierunt in sicco flumina. Siê dúrhfuóren iordanem in trúccheni.

Quoniam memor fuit uerbi sancti sui. quod habuit ad abraham puerum suum. Daz téta er állez. uuanda er irhugeta sînes keheízzes den er abrahae téta. sînemo trúte.

Et eduxit populum suum in exultatione. et electos suos in laetitia. Vnde léita er ûz sînen liût in sprúngezinne. So ist áber daz selba. unde sîne iruuéleten in fréuui.

Et dedit illis regiones gentium. et labores populorum possiderunt. Do gab ér in lántskefte diéto. Sô ist áber daz sélba. A'nderro liúto árbeite besázzen siê.

Ut custodiant iustificationes eius. et legem eius requirant. Daz sie rehtes huóten. unde sîna éa begángen. uuanda mit diû summum bonum (daz meista guót) geuuúnnen uuirt. nals mit possessione regionum (pisézze lantscefto).

**) PSALMUS CV.

ALLELVIA ist óuh hiêr. uuanda also Gótes kenáda skéin in electis suis (an sînen iruuéliten). fóne dien der érero psalmus ságeta. so ne gebrást iro óuh in amaricantibus (an dien éiuer tuónten) fóne diên nu gesungen sol uuerden.

CONFITEMINI DOMINO QVONIAM BONVS. Iéhent truhtene iúuuerro sún-

---

[1]) gesutota. Sch.

*) S. 394.   **) S. CCV.

don . unde ne ferchunnent in genâdon . uuanda er guôt ist .

Quoniam in sæculum misericordia eius . Vuanda in uuerlte ist sin genâda . in uuérlte ist locus pœnitentiæ . nâh dero uuerlte ende chúmet iudicium .

Quis loquetur potentias domini? auditas faciat omnes laudes eius . Vuer ist der Gotes mahte gesâge . die unságeliche sint . *) Vnde uuér ist[1]) so hêilig daz er siu álliû tuôe . so er siu gehôret? Vueliu sint diu lob? Ane opera (uuerch) mandatorum eius . diu mit rehte heizzent laudes eius (sîniu lob) . uuanda er Got an in laudandus (ze lobonne) ist . qui operatur ea in nobis (der diu an uns uuúrchit) .

Beati qui custodiunt iudicium et faciunt iustitiam in omni tempore . Sâlige die gerihtes huôtent . unde reht tuônt in allen ziten . Dâz sint die ánderen rihtent . unde selbe rehto lébent .

Memento nostri domine in beneplacito populi tui . Irhúge unser truhten an déro liébsami dines liútes . Sáment diên lâz unsih uuésen . ze diên dir liébo sî . quia non in omnibvs beneplacitum tibi est (uuanda dir nieht mannolich ne lichet) .

Visita nos in salutari tuo . Vuîso unser an CHRISTO dinemo háltâre .

Sô er chôme . unde nouus populus (niúuuer liút) uuerde . sô zéle únsih ueterem populum (alten liút) zuo nóuo (demo niúuuin) .

Ad uidendum in bonitate electorum tuorum . Zesêhenne an dero guôti dînero iruuéleton . Daz uuir in ében guôte uuórdene . iro mendi sáment in séhen .

Ad lætandum in lætitia gentis tuæ . Vnsih ze fréuuenne in dero fréuui dînes tiêtes[2]) . des niúuuen . Daz dû uns áltên iro fréuui gemêina tuôest .

Peccauimus cum patribus nostris . Vuir eigen gesúndot sáment únseren fórderon . uuanda uuir in íro lumbis uuâren . Alde iz chît . So siê tâten . so tâten uuir .

Iniuste egimus . iniquitatem fecimus . Vnrehto fuôren uuir . daz únreht tâten uuir . so tâten oúh siê .

Patres nostri in ægypto non intellexerunt mirabilia tua . V'nsere fátera ne fernâmen diû uuúnder . diu du tâte in ægypto . Sie ne uuisson daz du mit in uuoltost lêiten ad æternam uitam (ze êuuigemo libe) . Sie dâhton ad temporalia (zitlichiû) . nals an æterna (êuuigiû) .

Non fuerunt memores multitudinis misericordiæ tuæ . Siê ne gehúgeton manigero genadon dînero . do siê dir after des missetrueton . unde

---

[1]) Fehlt bei Schilter von «Gotes» an.   [2]) tietes. Sch.

*) S. 395.

sié cháden. *) NVNQVID POTERIT DEVS PARARE MENSAM IN DESERTO? Sine intellectu præsentium . sine memoria præteritorum (ane fernúmist kágenuuarti . âne gehúht ferfárni¹) uuâren sié.

Et irritauerunt ascendentes in mare . mare²) rubrum . Vnde grámdon sié ín . do sié fuóren in dén róten mére . uuanda sie ægyptios so hárto forhton . daz sie in desperationem (ferchunst) chámen . Do iú ne gehúgeton sie . uuaz er genóto fore téta . A'ber ascendentes chit iz hiêr . uuanda diú lánt ze dién sie do fuóren . hóheren sint danne egyptus³).

Et saluauit eos propter nomen suum . ut notam faceret potentiam suam . Er hiélt sié iédoh umbe sinen námen . nals umbe íro fréhte . daz er an ín chúnt ketâte sina maht.

Et increpauit mare rubrum . Vnde irráfsta er den róten mére . fóne diú intéta er sih.

Et exsiccatum est . Vnde getrúcchenet uuard er . án dero stéte dar er sih intéta . Vuíeo uuas diu irráfsunga getan? A˜ne daz sines uuillen mâre toúgeno inphânt nah diú . daz álliú ding Gote lébent . unde sines uuillen fólgent.

Et deduxit eos in aquis multis sicut in deserto . Vnde léita er sié álso trúccheno únder zeuuisken dien héuigen uuázzeren . sámoso in-éinote . dar uuázzer ne ist.

Et saluauit eos de manu odientium . Vnde so genéreta er sie . fore íro fiendo hánden.

Et redemit eos de manu inimicorum . Daz ist daz sélbe . So uuard kebildot unser toufi . uuanda rubrum mare daz ist sanguis (pluót) CHRISTI.

Et opernit aqua tribulantes eos . Vnde uuázzer bedâhta íro áhtara.

Vnus ex illis non remansit . Iro . ne uuard einer ze léibo . Alle sunda uuerdent fertiligot in baptismate (toúfi) . nehéin uuirt ze léibo . Do gesceáh daz dár fore stát . LÆTATA EST ÆGYPTVS . IN PROFECTIONE EORVM . ET CREDIDERVNT VERBIS EIVS ET CANTAVERVNT LAVDES EIVS . **) Vnde do hitemon geloúbton sié sínen uuórten . unde súngen síniu lób. CANTEMVS DOMINO . GLORIOSE ENIM MAGNIFICATVS EST (singen Gote er ist kuóllicho michel).

Cito fecerunt . obliti sunt operum eius . Daz táten sie únlango . sié irgâzzen sâr sinero uuércho . Also mánige in ecclesia irgézzent déro toufi.

---

¹) (ane fernumift kagenuuerti —). Sch.

²) Schiller hat das zweite «mare» in klammern gesetzt.

³) Egyptiis. Sch.

---

*) S. 396.   **) S. 397.

*) Non sustinuerunt consilium eius. Siê ne bitten uuaz er uuólti. I'ro beatitudinem (sâligcheit) uuolta er æternam (êuuiga). diû mit patientia (kedultîn) geuuunnen uuirt. sie gâoton áber ad temporalem felicitatem (ze uuérilt sâldon).

Et concupierunt concupiscentiam in deserto. et temptauerunt deum in inaquoso. Vnde bediû gìrezton siê. dàr in eìnote. unde chóreton Gotes in⌣uuázzerlòsi.

Et dedit eis petitionem ipsorum. et misit saturitatem in animas eorum. Dò gâb er in daz. des siê bâten. unde sánta in séti. Fúre sie selben sint animæ hiêr genémmet.

Et irritauerunt moysen in castris. aaron sanctum domini. Dára náh crámdon siê moysen in diên hérebergon. unde den Gótes hêiligen aaron. Siê lúzton diê. fóne dero ducatu (lêito) siê gehálten uuáren.

Aperta est terra. et degluttiuit dathan. et operuit super congregationem abiron. Fone diû indéta sih diû érda. unde ferslánt dathán. unde beuuárf daz kesémine abiron. Diê zuêne uuáren des strîtes hòubet.

Et exarsit ignis in synagoga eorum. flamma combussit peccatores. Fiûr gieng iro mánigi ána. loùg pranda die sùndigen. die in zuêin folgeton. ducentos quinquaginta (zuei húnt funfizch).

Et fecerunt uitulum in oreb. et adorauerunt sculptile. Vnde táten sie ouh uuirs. daz sie uitulum (chalp) bildoton in oreb. unde daz crábeuuergh pétoton. Oreb chit caluaria (perichkibilla). In déro caluaria bétoton sie idolum (abkot). in ánderro sluôgen sie CHRISTVM.

Et mutauerunt gloriam suam. in similitudinem uituli comedentis fœnum. Vnde iro guóllichi diu an Góte uuas. uuéhsaloton siê. án des fèhes pilde. daz héuues lébet.

**) Obliti sunt deum qui saluauit eos. qui fecit magnalia in egypto. mirabilia in terra cham. terribilia in mari rubro. Er⸗gázen Gotes der sie hiélt. der in egypto mágenhêite téta. uuúnder in chámis lande. prútelichiu in mari rubro [1]).

Et dixit ut disperderet eos. si non moyses electus eius stetisset in confractione in conspectu eius. Vnde dò gesprach er. daz er siê ferlúre. ube moyses sin iruuéleto ne stuônde fóre imo. an démo brúche. an dero plaga (demo geríche).

Vt auerteret iram eius ne disperderet eos. Also fasto. daz er sin zorn uuánti. unde ne hanchti. daz er siê náh iro sculden ferlúre. Ieronimus chit iz chéde in confractione

---

[1]) Bei Schilter fehlt die ganze teutsche übersetzung.

*) S. CCVI.   **) S. 398.

iræ eius . daz uuir chéden an démo brúche sines zornes . Also diû intercessio ist . Si DIMITTIS PECCATVM ILLIS . DIMITTE . SIN AVTEM . DELE ME DE LIBRO TVO (nuéllest du in blazzin . daz tuô . ne sî daz tîligo mih aba dinemo lib-puóche). Sichiûre uuésenter daz in iustitia dei (Gotes reht) tîlegon ne uuolti . stuônt er . unde bôt sih sélben fúre die scúldigen . So uuard ze leibo iro ferlornissida .

Et pro nihilo habuerunt terram desiderabilem . Vnde lústlih lant . terram promissionis . i. regnum cælorum (kehêiz-lant daz ist himelrîche) . ahtoton siê fúre nieht .

Non crediderunt uerbo eius . Noh sie ne-getrúeton sînemo geheizze .

Et murmurauerunt in tabernaculis suis . Vnde bediû rûnezton sie in iro hérebergon . úberlaga tuônde Góte unde moysi .

Non exaudierunt uocem domini . Vnde Gotes stimma der in ferbôt murmurationem (daz rûnezon) ne uuéreton siê .

Et eleuauit manum suam super eos . ut prosterneret eos in deserto . et ut deiceret semen eorum in nationibus et dispergeret eos in regionibus . Do huôb er sina hánt úber siê . daz er siê dar in démo êinote iruálti . unde daz iro ze leibo uuurde under diêtin geniderti . unde sie ze uuńorfe after lántsceften .

*) Et initiati sunt beelphegor . I´nindes uuurden sie priapo gehêiligot . Also der apostolus chit . Daz siê in reprobum sensum (in âuuerf sin) chómene . so ferro ir uuuôtin . daz óffen Gótes reht an in geskîne .

Et comederunt sacrificia mortuorum . Vnde tótero ménniscon ópher âzzen siê . also priapus (i. ueretratus) uuas . Sámoso Got sie in dien uuórten spáreti . daz sie dés doh uuirs tâtin .

Et irritauerunt eum in adiuuentionibus suis . Vnde in iro irdênchedon cramdon sie in . Sie irdâhten misseliche Góta .

Et multiplicata est in eis ruina . Vnde dannan uuard iro fál mánigfalte . lágen ál tôt in démo êinote .

Et stetit finees . et placauit . et cessauit quassatio . Vnde finees stuônt uuíder démo unrehte . mit diû gehulta er Got . dánnan gestilleta[1]) ze démo mâle diu muôhi . Hiêr ist quassatio . daz dâ fore ist confractio . daz chit iro perditio (ferlornissa) .

Et reputatum est ei in iustitiam in generationem et generationem usque in sempiternum . Vnde daz uuard imo geáhtot ze réhte . in allen chúnnezálon . so uuirt iz iêmer .

---

[1]) gestillota. Sch.

*) S. 399.

Et irritauerunt eum ad aquam contradictionis. et uexatus est moyses propter eos. qui exacerbauerunt spiritum eius. Dô grámdon siê ín áber ze déro stéte. diu uuázzer déro uuidersprácho heîzzet. uuanda siê dâr uuider Góte sprâchen. unde dâr nuard moyses kemuôhet úmbe diê. die sîn mùot eiuer gemáchoton.

*) Et distinxit in labiis suis. Vnde er bédiu Gótes uuùnder daz sie dô eiscoton. in sînen uuorten skîed fone diên êreren uuúnderen. Er trúuueta¹) déro éreron. dísses ne trúuueta¹) ér. Bediu chad er zeuuíuelondo. ê ér uirgam sluôge an den stêin. NVNQVIT²) DE PETRA HAC POSSVMVS PRODVCERE AQVAM (Iâ be Gote. uuir bríngen iû nû sâr ûzzir dísimo stêine uuazzir)? Fone demo zeuuiuele uuard ouh er scúldig. **) unde die sculde ne liézzen in chòmen in terram promissionis (in gehéizzis lant). Diê aber dára chàmen. uuaz tâten die?

Non disperdiderunt gentes quas dixit dominus illis. Ne fertíligoton diê diéte. diê Got hiêz tíligon. Chananeos amorreos iebuscos unde andere.

Et conmixti sunt inter gentes. et didicerunt opera eorum. et seruierunt sculptilibus eorum. et factum est illis in scandalum. Siê mischton sih̄ze in. gehîton³) ze iro tóhteron. unde uuórhton nah in. unde diênoton iro idolis. daz irgièng in ze árge. Scandalum ist grecum. unde bezeichenet offensionem (spúrnida) alde sinistrum (uuidir-mùot) also siê diù conmixtio (gemíscida) lêita in leuam partem (ze uuinstir-halb).

Et immolauerunt filios suos et filias suas demoniis. et effuderunt sanguinem innocentem. sanguinem filiorum suorum et filiarum suarum. quas sacrificauerunt sculptilibus chanaan. Vnde dannan fertâten sie'sih so ferro. daz sie iro súne unde íro tóhtera demoniis (tiefelîn) ópheroton. daz uuas sacrilegium (mêindât). unde sie uz liezzen únsundig plúot⁴) déro selbon chindo diu sie idolis ópheroton. daz uuas sámint ioh homicidium (man-slaht) ioh parricidium (maglaht⁵). Daz lirneton sie be gentibus (diêtin).

Et interfecta est terra in sanguinibus. et contaminata est in operibus eorum. et fornicati sunt in aduentionibus suis. An sò unsúndigen blúoten uuard diu erda irslágen. nals si. núbe an íro sízzente. uuúrden an íro sêlon irslágen⁶). unde be-

---

¹) trúuueta. Sch.
²) Numquid. Sch.
³) gehihton. Sch.
⁴) bluot. Sch.
⁵) (magslaht). Sch.
⁶) Fehlt bei Schilter von «nals» an.

*) S. CCVII.   **) S. 400.

uuémmet uuard si an íro uuerchen . unde so húoroton siê . daz chit so gesúichen siê Góte . in íro irdenchidon. Vuaren siê danne iro? Neín. Sie uuáren gentium (diéto) . fone diu cháden ándere interpretes (ántfrístin) . in studiis suis (in iro flizzin) . alde in affectionibus (liêbsáminon) . alde in affectationibus (zuólich=machon) . alde uoluptatibus (lústsaminon) . alde obseruationibus (in iro selbero porgon fore diên diêtin) .

Et iratus est furore dominus populo suo . et abhominatus est hereditatem suam. Do balg sih Got des alles . uuíder sinen liût . unde lêidizta sîn erbe . daz sie uuésen solton .

*) Et tradidit eos in manus gentium . et dominati sunt eorum qui oderunt eos . Vnde bediû gab er siê in ánderro liûto hénde . unde iro fienda uuiélten iro . Daz uuâren moabitæ ammanite philistei syri .

Et tribulauerunt eos inimici eorum . et humiliati sunt sub manibus eorum . Vnde diê iro fienda arbeitton siê . unde únder iro handen uuúrden sie genideret . V̈be sie hóldemo Góte ne uuólton lôsen . sie muôson áber diênon unhólden hèrron[1]) .

Sepe liberauit eos . So uuiêo daz állez uuâre . er lôsta sie iêo doh dic- cho . also in libro iudicum gescríben ist .

Ipsi autem exacerbauerunt eum in consilio suo . et humiliati sunt in iniquitatibus suis . Siê fiêngen áber zuô . unde brâston in in iro râte . unde dannan uuúrden sie iêo genideret in iro unrehte . I'n ne irdrôz réhtes . uuanda sie ne irdrôz únrehtes .

Et uidit cum tribularentur . et audiuit orationem eorum . Dóh sáh er siê in arbêiten . unde gehôrta íro gebét . umbe íro nôte .

Et memor fuit testamenti sui . Vnde irhúgeta er sinero niúuuun benêimedo diê er abrahæ gehiêz .

Et pœnituit eum secundum multitudinem misericordiæ suæ . Vnde roû in sîn ándo . mit démo ér sih an in ráh . nah déro mánigi sinero genádon .

Et dedit eos in misericordias . in conspectu omnium qui cæperant eos . Vnde skeinda er in genâda fóre állen diên . fóre diên sih uuíclicho geuuúnnen uuáren . uuanda er uuólta daz CHRISTVS fóne ín châme .

Saluos fac nos domine deus noster . et congrega nos de nationibus . Duô unsih kehâltene truhten Got únser . ioh ueterem ioh nouum populum (alten liût ioh niúuuin[2]) . unde

---

[1]) herren. Sch.   [2]) '(— niuuuun). Sch.

*) S. 401.

sámeno unsih fone allen diéten . ze
eiuemo christiano populo (liúte).

Vt confiteamur nomini tuo sancto .
et gloriemur in laude tua . Daz uuir
iéhen muózzin dinemo héiligen ná-
men . *) unde an dinemo lóbe ge-
guóllichot uuérden . nals in únser-
mo.

Benedictus dominus deus israhel
a sæculo et usque in sæculum et di-
cet omnis populus fiat fiat. Kelób-
bot si truhten Got israhelis fóne
uuérlte ze uuerlte . unde des lobes
antuuurtet aller der liút . kesameno-
ter fone circumcisione et preputio
(iudon unde diétin) sús . daz si .
daz si.

**) PSALMUS CVI.

ALLELVIA.

Vuaz populo dei (Gotis liúte [1]) ge-
scábe . uuilon delinquenti (sundon-
timo) . uuilon pœnitenti (riúuuóntimo) . unde iudei uuúrden repulsi
(feruuórfin) . unde gentes uocatæ
(diéte geládot) . unde uuiéo manig-
falte sin miserationes dei (Gotes ir-
bármida) . daz ságet diser psalmus.

Confitemini domino quoniam bo-
nus . quoniam in sæculum miseri-
cordia eius . Iéhent Gote uuanda er
guót ist . Er ne cháde iú niéht zuó .
iéhent ube er guót ne uuáre . Ié-
hent imo . uuanda in uuérlte ist sin
genáda . dara náh iudicium (sin úber-
teilida). Oúh mag iz chéden . sin
genáda ist iémer . uuanda daz gre-
cum (chriéchisca) iséona bezeíche-
net peidiu . íoh in sæculum íoh in
æternum . Nú ist misericordia tem-
poraliter super homines . ut uiuant
cum angelis in æternum (kenáda zit-
licho uber menniscen . daz sie dára
náh iémer lében mit éngilin [2]).

Dicant . s. alleluia . qui redempti
sunt a domino . quos redemit de ma-
nu inimici . et de regionibus congre-
gauit eos . Dié singen alleluia sin
lob . die er lósta mit sinemo bluóte .
de manu diaboli (fone des tiéfeles
keuualt) . unde sámenota fóne allen
gebiúrdon . Prouincia (s. sicut ale-
mannia) ist diu lántscaft . regio (s.
sicut tiúregóuue) ist diú gebiúrda .
mánige regiones mugen sin in éinero
prouincia. Mit auro corruptibili . alde
mit argento ne lósta er sié . nube
mit sinemo præcioso sanguine (tíu-
rin bluóte).

A solis ortu et occasu . ab aqui-
lone et mari . Dié ér sámenota fone
allen halbon déro uuerlte.

Errauerunt in solitudine in ina-
quoso . uiam ciuitatis habitaculi non

---

[1] Fehlt bei Schilter. | [2] engelin. Sch.

*) S. 402.   **) S. CCVIII.

inuenerunt . Siê irroton . êr er siê irlôsti in dirro uuerlte êinote¹) . sie irroton in uuázzerlôsi . *) uueg dero burgseldo . déro himiliscun búrg . der uueg CHRISTVS ist . ne funden siê . Plato gehiêz in . socrates kehiêz in . aristoteles kehiêz in . daz sie in uuég zêigotin . iro nehêin ne zeigota den rehten.

Esurientes et sitientes . anima eorum in ipsis defecit . Siê irroton húngerge unde dúrstige . iro sêla suánt in in . In únmáhta fóre zádele . uuanda sie ne hábeton des sie langeta. Viam ueritatis uuólton sie uuízzen . des kelángeta siê . des ne máhton in philosophi gehélfen . Vuiêo do?

Exclamauerunt ad dominum cum tribularentur . et de necessitatibus eorum . eripuit eos . Ze Góte háreton sie . dô in sô nôt uuas . unde er nám sie ûzzer déro nôte . Diu conpunctio (gestúngeda) cham in fone imo .

Et deduxit eos in uiam rectam . ut irent in ciuitatem habitationis . Vnde léita ér siê an den rehten uuég . an CHRISTVM . daz sie an imo giêngin ze déro burg déro êuuigun seldo.

Confiteantur domino . misericordiæ eius . et mirabilia eius filiis hominum . quia satiauit animam inanem . et animam esurientem satiauit bonis . Fóne diû iêhent trúhtene . ir sîna genáda . unde ír síniu uûnder . iêhent menniscon chinden . daz er lâra sêla unde húngerga . knótes kesáteta . Vuiêo ist daz kespróchen? iêhent kenada unde uuúnder? A͞ne daz er die heizet iêhen . die iro inphúnden hábent.

Sedentes in tenebris et umbra mortis . et uinctos in mendicitate et ferro . Vuanda er sáteta gentes . iû sizzente in finstri . unde in dôdes scátue . unde mit sundon gebúndene . in bételôde . uuanda sie arm uuâren . in îsene . daz chit . in duritia malorum (herti arbêito) . Daz uuas ein temptatio (besuóch).

Quia exacuerunt eloquia dei . et consilium altissimi irritauerunt . et humiliatum est in laboribus cor eorum . infirmati sunt nec fuit qui adiuuaret . **) Vuanda sie ouh chómene ad agnitionem ueritatis (ze bechnádo uuarhêite) . uuidersprâchen Gótes uuort unde ²) sînen uuillen . non subiecti iustitiæ dei (Gotis rehtis uuâra ne tuônte) . et suam uolentes statuere (unde daz iro statin nuéllinte) . unde iro herza bediu genideret uuárd in ringon . diê siê aduersvs concupiscentias (uuider iro lústin) ingemeitun hábeton . do ge-

---

¹) einnote. Sch.   ²) Schilter hat beistrich dafür.

---

*) S. 403.   **) S. 404.

uuíchen sie nôte . uuanda der ne uuás . der in hulfe . sîd in Got ne half. Vuîeo aber do?

Exclamauerunt ad dominum cum tribularentur . et de necessitatibus eorum liberauit eos . Et eduxit eos de tenebris et umbra mortis et uincula eorum disrupit. Do nâm er sie ánderest úzer[1] fínstri . unde úzer[1] tôde . unde úzer[1] háften .

Confiteantur domino miserationes eius . et mirabilia eius filiis hominum . Quia contriuit portas æreas . et uectes ferreos confregit. Nu si áber des confessio (lob Gote) daz er érina porta bráh . unde ísenina geríndela .

Suscepit eos de uia iniquitatis eorum . propter iniustitias enim suas humiliati sunt. Vnde er sie nam âba des únrehtes uuége . daz sié áne in uuolton guòt sîn . sie uuúrden áber êr genîderet úmbe diu sélben únreht . Daz uuas ánderiu temptatio (chórunga) . éniu uuas ignorantiæ (únuuízzo) . disiu uuas præsumptionis (fráfali) .

Omnem escam abominata est anima eorum . et adpropinquauerunt usque ad portas mortis . Alla fuôra léidizton sie . uuanda sie fastidium (maz-lêidi) ána chám spiritaliun bonorum (kèistlichis kuotis) . daz prâhta

sié oúh zuo dién hélleborton . Vuíêo áber dô?

Exclamauerunt ad dominum cum tribularentur et de necessitatibus eorum liberauit eos . Misit uerbum suum et sanauit eos . Vuanda ouh daz uuas malum uulnus (ubel uuúnda) . unde sié déro súbte siêh uuáren . bediù santa er sin selbes sún CHRISTVM . unde hêilta sié unde lôsta sie fone iro irflórenuissido .

*) Confiteantur domino misericordiæ eius . et mirabilia eius filiis hominum . Et sacrificent sacrificium laudis . et adnuntient opera eius in exultatione . Dero genádon sîn ouh imo confessiones (lob) . also déro érreron . unde dannan gehêiligeien sie imo dia hêiligunga lóbes . unde máren sié síniu uuérgh in-fréuui . nals in-drághêite. Daz ist diu dritta temptatio (pesuôch) .

Qui descendunt mare in nauibus facientes operationem in aquis multis . ipsi uiderunt opera domini et mirabilia eius in profundo . Diê den mére férrent in skéffen . daz chît sacerdotes (énuarten) die disa uuerlt in misselichen æcclesiis (chilichon) ríhtent sih pehéftente[2] in mánigen uuázzeren . daz dir sint mánige liûte . Die gesáhen Gótes uuergh . unde síniu uuúnder in dero tiéfi.

---

[1] uzzer. Sch. [2] pcheftende. Sch.

*) S. 405 und S. CCIX.

Vuaz ist tiéfera danne ménniscon herzen? fóne dién diecho irrínnent tempestates seditionum (diû ungeuuittere strito) unde dissentionum (ungezunsto) . die Gót uuúnderlicho stillet.

DIXIT ET STETIT SPIRITVS PROCELLÆ. Ze érist kebôt Gót . pediû gestuônt unde uuéreta der dúnstigo uuint, der daz scéf muôhet.

Et exaltati sunt fluctus eius . Vnde des uuindes uuella búreton sih.

Ascendunt usque ad cælos . et descendunt usque ad abyssos . Siê héuent sih hoho néndendo . unde fállent sámo tiéfo ríuuondo.

Anima eorum in malis tabescebat . I'ro séla sléuuet in demo léide . Vuaz kescáh dánnan dién gubernatoribus (stiuron)?

Turbati sunt . et moti sunt . s. ad iram euomendam sicut ebrius . et omnis sapientia eorum deuorata est . Vuurden leidege . uuûrden muôtsúhtige . sámo so trúnchen man . unde ingîeng in iro uuîstuom . Vuieô do?

Exclamauerunt ad dominum cum tribularentur et de necessitatibus eorum eduxit eos . Et statuit procellam eius in auram . et siluerunt fluctus eius . Ze góte háreton siê . *) er gemáchota daz úngeuuitere ze uuétere . unde an díu stilleton sîne uuélla.

Et lætati sunt quia siluerunt . Vnde fréuton sie sih dero stilli .

Et deduxit eos in portum uoluntatis eorum . Vnde ér brâhta siê in dia stilli . déro siê lusta . Sid diâ genáda alla Gót skêindi.

Confiteantur domino misericordiæ eius . et mirabilia eius filiis hominum . Et exaltent eum in ecclesia plebis . et in cathedra seniorum laudent eum . Siê iéhen imo . unde hôhen in in mánigi liûtes . unde die sizzenten an demo hêrstuôle lóboen in . Er gestilta diê¹) fiêrdun temptationem (bechórunga) samoso die êrerun drî. Er ist qui resistit superbis . et humilibus dat gratíam (der hôhmuôten uuidir stât unde diêmuôten genâdet) . also uuir nu gehóren súln.

Posuit flumina in desertum . et exitus aquarum in sitim . terram fructiferam in salsuginem . i. in salsum humorem a malitia inhabitantium in ea . Iudeorum flumina (aha) uuanta er in uuûosti . daz chît in drúccheni . iro uuazzer férte uuanta er ze dúrste . iro uuuôcherhaftun erda . hiêz er uuerden salzmůorra. Ziu? ána dúrh dero úbeli . die dâr ána sâzzen. Vuâr sint iro prophetæ (uuizzegin) unde iro sacerdotes (biscofa) . fóne dién sie doctrinam (lera) inphiêngen? Vuar templum (hus) .

---

¹) dia. Sch.

*) S. 406.

uuár sacrificia (ophir)? Vuár ist doh éin iro guot? Mala (ubil) sint in chomen fúre bona (guót).

Posuit desertum in stagna aquarum. et terram sine aqua in exitus aquarum. Dára uuidere máchota ér éinote ze scuuenten uuázzeren. unde uuazzerlosa erda ze rinnenten uuazzeren.

Et collocauit illic esurientes. Vnde dár bi dién uuázzeren stalta¹) er húngerge.

Et constituerunt ciuitatem habitationis. Vnde die burgoton dar.

Et seminauerunt agros. et plantauerunt uineas et fecerunt fructum natiuitatis. Vnde arbeiton chorn unde uuîn. unde chindoton.

*) Et benedixit eis. et multiplicati sunt nimis. Vnde hiéz er sié urám diéhen. unde bediu uuard iro filo fone unmánigen.

Et iumenta eorum non sunt diminuta. Vnde iro fého uuéreton. Vuer, ne uuéiz daz al uuésen gespróchen fone gentibus? Sie uuaren ferhéiét. pediû uuáren sie steriles et infœcundi bonorum operum (unberehaft kuótero uuérche). unde hungerge. ioh túrstege sanctæ fidei (héiligero gelóubo). Daz kebuózta er in uuanda in copiosa doctrina (léra genuô-

giû) fóne imo cham. Déro lébeton ioh iro iumenta (féo). daz sint simpliciter uiuentes in æcclesia (mit éinfalti lébinte in christanbéite²). uuanda er sie alle hiéz léren capaces et tardos (sinhafte ioh lázze).

Et pauci facti sunt et uexati sunt a tribulatione malorum et dolore. **) Dié selben uuúrden unmanige. an dién. die sib fone in scéiden. sie uuáren die selben specie (mit kelichenisse) nals ueritate (mit uuárheite). unde die uuurden gemúohet fone dero bino uuéuuon unde léides. Daz kescáh mit rehte hereticis (irrárin) unde scismaticis (scéid=mácharin). die discissio (die dir scéit) paucos machota. uuanda sie sáment ne uuáren.

Effusa est contemptio super principes. An die principes religionis (fúrsten iro éhalti) so in duóbta. uuárd keuuórfen fersmáheda³). daz iro sancta æcclesia ne ruóhta.

Et errare fecit eos in inuio. et non in uia. Vnde Got téta sie írron in áuuekke. nals in nuége. Er getéta sié gan in concupiscentiis⁴) cordis sui (in iro muôt=uuillin). uuanda sie sih sélbe ferléitton. ESTIMANTES SE ALIQVID ESSE. DVM NIHIL SVNT (uuáninte uuaz sin denne sié nîeht sint⁵).

---

¹) stolta. Sch.
²) (— lebente —). Sch.
³) fersinaheda. Sch.
⁴) concupiscentias. Sch.
⁵) (— danne). Sch.

*) S. 407. **) S. CCX.

Et adiuuauit pauperem de inopia. Dára ingágene half er démo ármen. ùzzer dero ármheite. Vuanda der humilis (tiêmuôte) ist unde sih irchênnet pauperem (armin). demo hilfet er.

Et posuit sicut oues familias. Vnde dero solichon chunne sázta er álso scáf. uuanda er sie áne hirte ne liêz.

Videbunt recti et lætabuntur. Rehte gesèhent daz. unde fréuuent sih is. fréuuent sih iro miteuuiste.

*) Et omnis iniquitas oppilauit os suum. Vnde állez únreht peuuárf sínen munt. uuanda iz ne‑heina obiectionem (uuidir‑stóz) ne fant.

Quis sapiens? et custodiet hæc. et intellegit misericordias domini. Vuer ist nû sô uuizzigh sô hára zuô durft ist? so uuér uuizzigh ist. der behuóte disiu in sínemo sinne. unde der bechennet Gotes kenáda.

PSALMUS CVII.

CANTICVM PSALMI IPSI DAVID.

Paratvm cor mevm devs. paratvm cor mevm. Filius (sun) chit ad patrem (ze fatere). mín herza ist káro. káro ist mín hérza. Vuara zuô? Ad passionem sustinendam (uuizze ze lidenne).

Cantabo et psallam in gloria mea. Dir singo ih. dir húgesángon ih in minero guóllichi.

Exurge gloria mea exurge psalterium et cythara. Stant úf mín guóllichi. oùge dih resurgendo (irstándo). unde ascendendo (úf fárendo). Stant úf psalterium unde cythara. daz sint miracula (uuúnder) unde passiones (uùizze). also dàr fóre stat in quinquagesimo VI psalmo (an deus repulisti).

Exurgam diluculo. In uóhtun irstán ih.

Confitebor tibi in populis domine. et psallam tibi in nationibus. Náh déro resurrectione (urstende) lóbon ih dih in allen liûten. unde singo dir psalmos in állen dièten.

Quoniam magnificata est usque ad cælos misericordia tua et usque ad nubes ueritas tua. Vuanda dín genáda ist uuorden michel unz an angelos in cælo (in himele). unde dín uuárhéit unz an euangelistas in terra.

Exaltare super cælos deus. et super omnem terram gloria tua. Homo (der mennisco) sprichet nú. Fàr úf Got uber himela. unde dín guóllichi brêite sih úber alla érda.

Vt liberentur dilecti tui. Daz dine trúta dine fideles irlóset uuerden.

Saluum me fac dextera tua et exaudi me. Duo mih an dién[1]) mínen

---

[1]) dinen. Sch.

*) S. 408.

geháltenen mit dínero zeseuuun. Ih pin din dextra (zeseuua¹). mit mir gehált sié.

*) Deus locutus est in sancto suo. Lætabor et partibor siciman. et conuallem tabernaculorum dimetiar. Nu sprichet sancta æcclesia. Got kebiéz daz an sinemo súne. des ih fró bin. unde bediû téilo ih mine humeros (absela) in misselichen donis (gebon) spiritus sancti ad portanda onera eius (ze trágenne sine burdi).

Et conuallem tabernaculorum metibor. Ih mizzo mir intéil tal dero herebirgon. dâr iacob stîga sinen scáfen máchota.

Meus est galaad. et meus est manasses. Min sint gentes (tiéte). mîn sint iudei.

Et effraim susceptio capitis mei. Vnde ántfang mines hóubetes²). daz chit resurrectio (urstendi) CHRISTI. ist min fructificatio (uuuóchir).

Iuda rex meus. CHRISTVS de tribu iuda (chúmberrun) ist min chúning.

**) Moab lebes spei meæ. Der fáterlóso daz chit diabolus qui non habet deum patrem sed iudicem (der Got ze fatere ne hebet sunder irtéilare). der ist chézzel minero gedingi. Ih fersiho mih ze diên. dié er irsiûdet. In lebete (chézzile) uuerdent carnes (fleisc) kesóten³)

ad bonum saporem (ze guotimo smácche). so uuerdent kenúoge humiles et deuoti (tiêmuóte ioh Gótedahte). fóne persecutionibus (dién áhtungon) diaboli. bediu ist dannan spes æcclesiæ (zuo=fersiht).

In idumeam. i. terrenam extendam calciamentum meum. Ioh ze irdisken ménniscon ferréccho ih mîn euangelium (prediga).

Mihi alophili subditi sunt. Alienigenæ uuerdent mir úndertân.

Quis deducet me in ciuitatem munitam? Quis deducet me in idumeam. Vuer léitet mih hina ze festero burg? Vueliu ist daz? Forte infernus (ih uuáno hella). cuius portas ipse confregit (dero borta er brach⁴). Vuer in terrenam (in erdpruch).

Nonne tu deus? Ne tuóst du daz Got fáter?

Qui repulisti nos. hoc est distulisti nos. Du unsih kefristet hábest únserro sáldon unz ze resurrectione (urstende). also du ioh selben CHRISTVM fristost ad glorificationem (ze guolligchéite).

Et non exibis deus in uirtutibus nostris. Vnde ne oûgest dih in unseren chreften. so man unsih ze martyrio fuôret also ouh du in passione (in dínero martiro) dina deitatem (Goteheit) ne oûgtost.

---

¹) (zesuua). Sch.
²) houbtes. Sch.
³) kesotton. Sch.
⁴) Ueber dem «c» ein punkt.

*) S. 409. **) S. CCXI.

*) Da nobis auxilium de tribulatione. Gib uns aber in uuert toûgena hélfa déro arbêite.

Quia uana salus hominis. Vnde bediu tûo daz. uuanda diû ûzzera mennisken hêili úppig ist.

In deo faciemus uirtutem. In Góte skeinen uirtutem patientiæ (die túgint kedúlte).

Et ipse ad nihilum deducet inimicos nostros. Vnde er bringet ze níchte únsere fienda. Quinquagesimus nonus psalmus (deus repulisti) ságet iz folleghlichor.

PSALMUS CVIII.

IN FINEM PSALMVS DAVID.

Also Petrus tréget persona (stal) æcclesiæ. unde diû ze imo gesprochen sint also daz ist. TIBI DABO CLAVES REGNI CÆLORVM (dir gibo ih himilo slúzzela). Danne habent illustrem intellectum (offena fernúmest[1]). danne siu uuerdent relata ad (keuuendit an) æcclesiam. so tréget iudas personam iudaici populi (den stal iudano). unde fone imo gesprócheniu. uuerdent an den liût fólleglicho[2]) fernómen.

DEVS LAVDEM MEAM NE TACVERIS. quia os peccatoris et dolosi super me apertum est. CHRISTVS SPRICHET. AD PATREM. Got ne fersuíge min lób. daz chit ne laz iz fersuiget uuerden fóne guóton. uuanda súndigis munt unde únchústigis indân ist úber mih. kesuéige sina lúgi mit dínero uuarhêite.

Locuti sunt aduersum me lingua dolosa. Sie chôsoton uuíder mir in úntruuuon. hiêzen[3]) mih magistrum bonum (meister guótin). des in níêht ze muote ne uuas.

Et sermonibus odii circumdederunt me. Vnde úmbe gâben mih ze ándermo mâle. mit fiéntlichen uuorten. so diû sint CRVCIFIGE CRVCIFIGE (chriûzege in henche in) skeinendo uuaz in ze muôte uuas.

Et expugnauerunt me gratis. Vnde iro dánches irfúhten sie mih. Vngesculdet sluôgen sie mih.

Pro eo ut me diligerent detrahebant mihi. Fúre diê minna diê sie mir bieten sólton. **) argchosoton[4]) sie mir. Sie lônoton mir guotes mit úbele.

Ego autem orabam. Aber ih pêteta umbe sie. PATER IGNOSCE ILLIS QVIA NESCIVNT QVID FACIVNT (fater fergib iz in. uuanda sie ne uuizzin uuaz sie tuont[5]).

---

[1]) (— fernumeft). Sch.
[2]) follechlicho. Sch.
[3]) hiezzen. Sch.
[4]) argehosoton. Sch.
[5]) (— si tuont). Sch.

---

*) S. 410.   **) S. 411.

Et posuerunt aduersum me mala pro bonis . et odium pro dilectione mea . Sie búten mir ubel umbe guót . unde daz umbe mína minna . Ih uuolta sie colligere sicut gallina pullos suos sub alas suas (saminon also henna iro huónichlíu undir féttacha) . dára ingágene ílton sie mih morti tradere (irtódin) . Vuieo sie des sulin ingelten . des chumet nu prophetia (fóre-sága) . nals optatio (uuunsc) .

Constitue super eum peccatorem . Sezze úber ín den sundigen . uber iudam der mih sólichen sélita .

Et diabolus stet a dextris eius . Vnde der tíeuel stande ze sinero zéseuuun . Der ist peccator (der sundáre) . der lérta in iz . Der ist mit rehte obe ímo . so daz er imo subditus (under-tán) si . Der ist imo a dexteris (ze zéseuue) . uuanda er opera eius preposuit operibus dei (síniu uuerch Gotes uuérchin fore sazta¹) . Daz ist iêgelichemo daz zeseuua . daz er gechiúset . unde iruuélet . Iudas iruuéleta auaritiam (frecchi) nals sapientiam (uuistúom) . peccuniam (scaz) nals salutem suam (sína genist) .

Cum iudicatur exeat condemnatus . So er in iudicium (ze súonotage) chome . dannan fáre er beuuífenér in tenebras exteriores (in die tiêferun finstri) .

Et oratio eius fiat in peccatum . Ze sundon uuerde imo sin gebét . sid er per CHRISTVM béton ne uuolta . unde er in ne uuolta sequi sed persequi (folgen sundir áhtin) .

Fiant dies eius pauci . Vnlango lébe ér . ze laqueo (hals stricche) gáoe er .

*) Et episcopatum eius accipiat alter . Mathias inpháe sin apostolatum (potin-héra) .

Fiant filii eius orfani . et uxor eius uidua . Síniu chint uuerden uuéisen . sin chena uuíteuua .

Nutantes . i. incerti quo eant transferantur filii eius et mendicent . Síniu chint uuerden in ungeuuishéite ferfuoret . unde uuerden bételára .

Eiciantur de habitationibus suis . **) V̄zer iro séldon uuerden sie ferstúozen . Transferantur unde eiciantur ist al éin . Vuíeo sol daz uuerden?

Scrutetur fenerator omnem substantiam eius . et diripiant alieni labores eius . Der imo ieht ferlíuuen hábe . daz chit demo er scúldig si . der irsuóche alla sina uuíst . unde alle sine arbéite ze zuccheen frémede . Extranei a regno dei sint spiritus inmundi (úztrippen fone Gótes ríche sint die tíefela) . fóne dien habeta er mutuum (an-len) die betéilen in álles kuótes.

¹) (— uuerchen —). Sch.

*) S. CCXII.   **) S. 412.

Non sit illi adiutor . nec sit qui misereatur pupillis eius . I'mo unde sinen uuêison . ne tuôe nieman hélfa noh kenáda.

Fiant nati eius in interitum . in generatione una deleatur nomen eius. Siniu chint uuerden ferlóren . sin selbes námo zegánge in einero gebúrte secundam generationem (die ánderun geburt) ne geuuúnne er.

In memoriam redeat iniquitas patrum eius in conspectu domini . et peccatum matris eius non deleatur. Sinero fórderon únrebt si[1]) in gehúhte fore Gote . unde sinero muoter sunda ne uuérde fertiligot. V'bel chómener fone ubelen . uuérde ferlóren sament in . Also gescriben ist . REDDAM PECCATA PATRVM IN FILIOS QVI ODERVNT ME (ih kilto déro fatero súnda dien chinden dero mih házzenton) . Vuolti er guót sin danne ne táretin imo iro sunda.

Fiant contra dominum semper . ut dispereat de terra memoria eorum . Vuider Gote sin diê forderen . fore imo sin iro sunda . uuanda andere interpretes cháden coram (fore) deo . daz iro gehuht zegánge de terra uiuentium (fone paradyse).

Pro eo quod non est recordatus facere misericordiam . et persecutus est hominem inopem et mendicum et conpunctum corde mortificauit.

Vuanda er genada ne scêinda CHRISTO . unde er in slûog . armen . bételonten . riúuuegen . Daz ander unde daz tritta séhent mér ad membra eius (ze sînen líden). Sol iz náh ánderen chéden mortificare . sô ist daz ut mortificaret (daz er in irtôti).

*) Et dilexit maledictionem et ueniet ei . noluit benedictionem et elongabitur ab eo . Fluôh mínnota er . ioh er ioh der liút . der chumet imo . Iudas furando uendendo tradendo (stélinto choúffonto fellinto) der populus (liút) chedendo . SANGVIS EIVS SVPER NOS ET SVPER FILIOS NOSTROS (sin bluôt si úber únsich . ioh uber únseriú chint[2]). Ségen ne uuolta er . der ferrêt imo . Iudas ne uuolta CHRISTVM der benedictio (ségin) ist . Populus (der liút) ne uuolta benedictionem (ségin) . do der in zuo chad qui erat illuminatus a domino (der dâr gesehende uuart). NVNQVID ET VOS VVLTIS DISCIPVLI EIVS FIERI (íno uuellint ouh ir sîne iungerin uuerden)? unde sie pro maledicto (fluôhhonto) cháden . TV DISCIPVLVS ILLIVS SIS (sist sin iungero) . unde bediú benedictio (der ségin) fone in fúor ad gentes (ze diêtin).

Et induit maledictionem sicut uestimentum . et intrauit sicut aqua in interiora eius . Vnde also uuát lé-

---

[1]) sie. Sch.   [2]) (— unsih —). Sch.

*) S. 413.

geta er ána flûoh . siue (alde) iudas siue populus (alde der liût) . unde also uuazzer chám er ín ín. Corpus et anima (lichamo ioh sela) gefréhtoton gehennam (hella) . foris corpus . intus anima (lichamo uzzan sela innan).

Et sicut oleum in ossibus eius. Vnde also oleum cham er in síniu bein . uuanda imo lussam uuas ubelo ze tuonne . also manne ist oleum ze slindenne.

Fiat ei sicut uestimentum quo operietur . et sicut zona qua semper præcingitur. Sid in is lúste . so uuerde er imo also diû uuât . diû in décchet. Diû skínet an ímo . sò skine imo ana der flûoh. Vnde also ín der gúrtel mit demo er sih ieo gúrtet máchot paratum ad opus (káriuuin ze uuerche¹) . so gáreuue in der flûoh ad malefaciendum (ubilo ze tûonne). Nah disen uuorten . séhen uuir ieo iudeos ad malum pro nos (ze ubele halden).

Hoc opus eorum qui detrahunt mihi apud dominum . et qui locuntur mala aduersus animam meam. Diz uuerch ist hæreticorum (irráro) samoso iudeorum . die mih lúzzent uuider Got . unde mir æqualitatem patris (ébemaht minis fáter) ferságent . unde die ubel chósont uuider mir.

*) Et tu domine domine fac mecum propter nomen tuum. Vnde du hêrro fáter min uuúrche sáment mir. hilf mines uuérches umbe dinen námen . nals umbe ménniscen frêhte.

Quia suauis est misericordia tua. Vuanda din genáda suòzze ist . diê du fergébeno skèinest.

Libera me quia egenus et pauper ego sum . Lòse mih . uuanda ih túrftig unde arm bin . carnis (líchamin) hálb pin ih arm . unde helfo dúrftig.

Et cor meum conturbatum est intra me. Vnde min herza ist truòbe in mir. TRISTIS EST ANIMA MEA VSQVE AD MORTEM (unfrò ist min séla unz an den tod).

Sicut umbra cum declinat ablatus sum. **) Ih pin ába genómen . álso scáto sô ér siget. Hórsco uuénchet der scáto . hórsco genimet mih der tôd.

Excussus sum sicut locusta. Bin irscrécchet in mátoscrecches uuís. Fóne nazareth in capharneum . dánnan in bethsaidam . dannan in ierusalem . et de ciuitate in ciuitatem (unde fone burch ze burch). Ziu? ane frístendo iro mêin.

Genua mea infirmata sunt a ieiunio. Membra mea fortia (mine líde starche) uuúrden siêh fòne dárbûn. Sò min diê fermisson in morte (an tóde) . dien ih nuas panis sustentationis (pròt iro fuoro) . so uuíchen

---

¹) (karuûun —). Sch.

---

*) S. 414. **) S. CCXIII.

sié dannan gescáh Petro CHRISTVM negare (ze ferloúgenne).

Et caro mea inmutata est propter oleum. A'ber sar uuard keuuéhsalot min fléisg . fóne unbaldi . ze baldi . umbe gratiam spiritus sancti (kenáda des keistis) . diú in ne châme . ube ih ábuuertig ne uuurde.

Et ego factus sum opprobrium illis. A'ber iudeis uuard ih ze iteuuizze hángéndo in cruce.

Viderunt me et mouerunt capita sua. Sié sáhen mih ána . unde uuégeton iro hóubet. Pendentem (hangenten) sáhen sie mih . non resurgentem (nals irstántin). Sié gesáhen genua infirmata (miniu lide uuéichiu[1]) . nals carnem inmutatam (nals fleisc keuuéchselot[2]).

Adiuua me domine deus meus saluum me fac propter misericordiam tuam. Nú hilf áber dú mir truhten Got min . umbe dina genáda . dié dú danches skéinest. Hilf mir . hilf dién minen.

*) Et sciant quia manus tua hæc . et tu domine fecisti eam. Vnde sié gecíscoen . daz din hant nals iro hant mih súslih tuót[3] liden . daz sie[4] conpuncti (gestungit) uuerden ad pœnitentiam (ze riúuuo). Vnde dú tate die hant . Ih pin din hant din brachium (arm) din potentia (ge-

uualt) . mih tate du ex semine dauid secundum carnem (fone dauidis slahto lichamin halp). Ih uuas áber sáment dir in principio secundum diuinitatem (noh ieo Goteheite halb).

Maledicent illi et tu benedices. Sié chédent mir ubelo . du chist mir nuola . Ist úppig . daz sié chédent . aber dú tûost daz du chist.

Qui insurgunt in me confundantur. Dié min áhtent . die scámeen sih dánne . so ih exaltatus (irhóit) uuerde super cælos (ubir himila) . unde min gloria (guollichi) skíne super terram (ubir erda).

Seruus autem tuus lætabitur. Aber din scálch fréuuet sih ze dinero zéseuuun . fréuuet sih oúh an sinen fróuuen liden . hiér inter temptationes in spe . post temptationes in æternum (under chorungon in gedingi dara nah iêmer).

Induantur pudore qui detrahunt mihi . et operiantur sicut diploide confusione sua. Scáma úmbefáhe . dié mir argchôsoien . bedéchet uuerden sie mite . sámoso mit duplici pallio (zeuuiualtin láchene) . daz sie intus et foris (innuert ioh úzuuert) sin confusi (scámig) . daz chit coram deo et coram hominibus (fore Gote ioh fore liútin[5]).

Confitebor domino nimis in ore

---

[1]) (— uueichin). Sch.
[2]) geuuechselot. Sch.
[3]) tuod. Sch.
[4]) si. Sch.
[5]) (— liuten). Sch.

*) S. 415.

meo . et in medio multorum laudabo eum . Góte iiho ih . Got lóbon ih filo in minemo munde . in ore ecclesiæ meæ . in cordibus multorum (in munde dero christanheite . in dero herzon manigi) lóbon ih in .

Qui astitit a dexteris pauperis ut saluam faceret a persequentibus animam meam . Der ze zéseuuun¹) min armes stuônt . daz er mina sêla genériti fore ahtaren . Diabolus stuont a dexteris iudæ (iude ze zeseuuun) . der diuitias (rihtuôm) uuolta geuuúnnen mit uendito (ferchouftemo) CHRISTO . hiêr ist aber dominus ad dexteram pauperis (Got ze zeseuuun des armin) . daz selber dominus (Got) sîne diuitiæ (richtuoma) sin . unde sin sêla . gehalten si a persequentibus (fone ahtinten²) . Daz keliêz er ouh martyribus . die persequentibus (ahtinten) ne uuolton consentire (gefolgen) ad malum (ze úbele) . uuanda in Gót uuás a dextris (zeseuuunhalb) .

---

*) PSALMUS CIX.

PSALMVS DAVID.

Dixit dominvs domino meo . sede a dexteris meis . David propheta spri-chet hiêr . Minemo hêrren CHRISTO . chad min hêrro sin fâter zuô . sizze ze minero zéseuuun . Vuar gehôrta daz dauid? In spiritu . Vues spiritus? Dei . In sinero inuuertigun lêro geêiscota er iz . Spiritus nuêiz alliu archana dei . sin sint uoces omnium prophetarum . Christvs ist dominus dauid secundum diuinitatem . er ist ouh filius dauid secundum carnem . Noh zuêne domini ne sint in patre et filio . so uuieo iz chéde dominvs domino . nube ein deus³) . In humanis rebus mag ouh priuatus filium regem habere dominum . unde filius factus episcopus mag heizen⁴) pater patris . Sid aber pater unde filius êin sint . uuiêo gebôt danne pater filio sus . Sede a dexteris meis? âne umbe die assumptam humanitatem . an déro filius minor ist⁵) patre . Vuaz chad er?

Sede a dexteris meis . donec ponam inimicos tuos scabellum pedum tuorum . i . sub pedibus tuis . Sizze nében mir . unz ih dîne fiénda under tuôie dînen fuôzen⁶) . Ne sint imo alle gentes nu úndertân . die êr uuâren inimici? Also iz ánderesuuar chit . Dabo tibi gentes hereditatem tvam et possessionem tvam terminos terræ . So gerno so úngerno .

---

¹) zesuuun. Sch.
²) (— ahinten). Sch.
³) Dominus. Sch.
⁴) heizzen. Sch.
⁵) est. Sch.
⁶) fuozzen. Sch.

*) S. 416.

alle sint sie under sinen fûozen . Sâlige die gérno . nuênege die ungerno .

Virgam uirtutis tuæ emittet dominus ex syon . V̄zer ¹) syon lâzet Got diè gerta dînero chrefte . *) Also iz chît . DE SYON EXIBIT LEX ET VERBVM DOMINI DE IERVSALEM . Ze ierusalem fâhet ána regnum potentiæ tuæ . dannan gât iz ad fines terræ.

) **Dominare in medio inimicorum tuorum . Vuis kenuáltig under mitten dînen fienden . in medio paganorum . iudeorum . hereticorum . fratrum falsorum .

Tecum principium in die uirtutis tuæ . Vuer sprichet nû? Pater ad filium . Vuaz chît? Ih pin sáment dir . Bin daz dû bíst . Principium bin ih . daz pist ouh dû . ungesceiden bin uuir . bediu ne sint duo principia . nube èin principium . IN PRINCIPIO ERAT VERBVM . Iêo uuas daz noh ist . Vuaz? In patre principio uerbum principium .

In die uirtutis tuæ . Daz skînet an démo tâge dínero chréfte . Vuemo? Omnibus sanctis . quia iam similes tibi facti uidebunt te sicuti ²) es . Diè uirtutem gibest dû . dâr hábest du siâ . Diu inphallet impiis . uuanda siê gloriam dei ne gesêhent .

In splendoribus sanctorum . Sô splendor sanctorum chûmet . der an diû ist . daz sie conformes uuerden imagini dei . danne skînit tecum principium .

Ex utero ante luciferum genui te . Ante sydera . ante tempora . ex secreto substantiæ meæ . genui te . Vuiêo aber in tempore? Ne uuas ouh daz ante luciferum? Noctu enim natus est dominus ex utero uirginis MARIE . Vuer uueiz daz? PASTORES OBSERVANTES VIGILIAS NOCTIS SVPER GREGE SVO . MISSI AB ANGELO VIDERE HOC VERBVM .

Iurauit dominus et non penitebit eum . Dir gesuuôr Got . unde daz ne geriûuuet ín . Vuaz uuas der éid?

Tu es sacerdos in æternum . Dâra zuo bist du gebórn in tempore . daz dû sacerdos sist in êuua . unde dih uictimam patri bringest umbe genus humanum .

Secundum ordinem melchisedec . Nals náh aaron sacerdote des uictime zegangen sint . nube náh démo sacerdote . der panem et uinum opherota . dar corporis et sanguinis tui sacramenta bezeichenet sint . ***) Sólih sacerdotium ist dir gesuóren . unde bediû ist dir iz êuuig . Vuiêo suéret Got? áne testando se ipsum . Vuiêo aber mennisco? áne testando deum . id est deum testem adhibendo . Got ne mag suéren daz in súle riûuuen . nuanda iz iêo nuâr ist . aber mennisco mag suéren daz

---

¹) Uzzer. Sch.   ²) sicut. Sch.

*) S. CCXIV.   **) S. 417.   ***) S. 418.

in sól riúuuen . uuanda iz uuílon falsum ist . bediû ne uuile Got den ménniscen suéren . den er uueîz sih múgen fersuéren. Nû sprichet aber dauid ad patrem.

Dominus a dexteris tuis confringet in die iræ suæ reges. Truhten ze dínero zéseuuun . ze démo du châde. Tv[1]) es sacerdos in æternvm . der gebróchot chúninga iu demo dû châde zornes. Diê sih êinoton delere christianum nomen de terra . die superbe châden. Qvis est christvs? nescio quis iudeus . nescio quis galileus . sic occisus . sic mortuus . diên uuirt er lapis offensionis . uuanda sie sih an imo so mortuo so humiliter iacente . ferspurnent unde ferstózzent . unde an imo genûen uuérdent . unde sines zórnes so inphindent. Daz kescîehet in hiêr in occulto álso nonus psalmus ist inscriptus pro occultis filii . Vuaz in futuro? Daz hénigora ist . Vuaz? Svper qvem vero ceciderit conteret evm. Den er óbenan ána fállet . den ferchenistet er . den fermúlet ér. Éner mag kenésen . diser ist ferlóren . éner ferchòs in humilem in terra . diser sublimem in cælis.

Iudicabit in nationibus. Er irtêilet in diêten . nû occulte . in fine sæculi manifeste.

Implebit ruinas. Kefelle rihtet er ûf. Vuóla fallent diê . diê sih so fóre imo diêmuôtent . daz er sie[2]) ûf rihtet . unde iro gruóba[3]) irfúllet . also gescriben ist. Omnis vallis implebitvr . unde ubelo fállent die . fone diên iz chit. Destrve illos et non ædificabis eos .

*) Conquassabit capita in terra multorum. Hiêr in præsenti uita . géunotôt er mánigero houbet . uuande er sie tûot de superbis humiles.

De torrente in uia bibit. Dero chlingun getranch er an démo uuége. Dirro ferlòufentun mortalitatis gechóreta er . uuanda er uuolta uns kelicho nasci et mori .

Propterea exaltauit caput. Fóne diu uuard er exaltatus a morte . Daz kescáh imo an démo uuége . an demo er stân ne tuálta . also iz chit. In via peccatorvm non stetit. Nube uuieo? Exvltavit vt gygas ad cvrrendam viam.

PSALMUS CX.

ALLELVIA.

Diser psalmus ouget lætitiam populi dei . umbe diê gaudia . die er imo uuêiz futura in alio sæculo. Fone diû stât hiêr alleluia . die uuir ze

---

[1]) Du. Sch.
[2]) sih. Sch.
[3]) grouba. Sch.

*) S. 419.

ôstron singên per quinquaginta dies. uuanda sie bezeichenent futura gaudia. also ouh quadragesima bezeichenet erumnosos dies huius sæculi.

CONFITEBOR TIBI DOMINE IN TOTO CORDE MEO. Dir trúhten danchon ih in allemo minemo hêrzen.

In consilio iustorum et congregatione. An dêmo râte dêro rêhton. unde in íro gesémine. Consilium iustorum ist iudicare cum deo. Vuanne uuirt daz? So alle rehte sih kesáminont ad dexteram CHRISTI. Dàr tuôen uuir dir laudem in toto corde.

Magna opera domini. exquisita in omnes uoluntates eius. Máhtig sint Gotes uuerch. iruuélitiù sint siniù uuérch in allen sînen uuillon. uuanda ne-hêiniù dièn gelih ne sint. diù er uuile.

Confessio et magnificentia opus eius. Keiiht unde tuômheit ist sin uuérch. Er tuôt peccatorem in pœnitentia confiteri et iustificari. also publicano gescah. den phariseus fersáh.

*) Iustitia eius manet in sæculum sæculi. Sin reht uuéret iêmer. ioh án-gehàltenên. ioh an ungehaltenên.

Memoriam fecit mirabilium suorum. miserator et misericors dominus. **) Kehúht¹) sinero uuúndero

téta der genádigo unde der ármherzo trúhtin. An uuiu?

Escam dedit timentibus se. Kab fùora dièn sih furhtenten. Er gab escam quæ non corrumpitur. panem qui de cælo descendit.

Memor erit in sæculum testamenti sui. Fúrder gehúget er sines erbes. uuanda er imo pignus kegében habet. panem de cælo. uerbum caro factum.

Virtutem operum suorum adnunciabit²) populo suo. Er skéinet sinemo liúte uuaz er getuon mag. uuîco diù sint deo facilia. din hominibus sint difficilia. An uuiù skéinet er iz?

Vt det illis hereditatem gentium. Daz er in gebe erbe déro diéto. Vuélichen? Dièn. die ze imo cháden. ECCE NOS RELIQVIMVS OMNIA ET SECVTI SVMVS TE. QVID ERGO ERIT NOBIS? Siè séndet er úz. unde tuot sie lucrari omnes gentes.

Opera manuum eius ueritas et iudicium. Vuàrhêit unde irtéileda sint sin hânt-uuerch. Veritas kibet lôn fidelibus. iudicium pœnas impiis. Martyres unde alle fideles standen in ueritate. er bringet sie ad iudicandum. nièht êin diè. a quibus iudicati sunt. núbe ioh angelos.

Fidelia omnia mandata eius. confirmata in sæculum sæculi. facta in

---

¹) kehiiht. Sch. ²) adnunciavit. Sch.

*) S. 420. **) S. CCXV.

ueritate et æquitate. Siniu gebót ne triegent. siu sint iêmer feste. siu sint in uuarhêite getân. unde in rehte. ze déro uuis úbe man hiêr ne fliéhet laborem. daz man dóret findet requiem.

Redemptionem misit populo suo. An CHRISTO santa er lôsunga sînemo liúte. a captiuitate peregrinationis huius.

*) Mandauit in æternum testamentum suum. Niúuua beneimeda befál er uns daz¹) uuir carnaliter ne denchen terram lacte et melle manantem. nube regnum cælorum unde uuir hiêr séti ne suóchen. nube dára spáreen.

Sanctum et terribile nomen eius. Sîn námo ist hêilig in humanitate. prútelîh in deitate.

Initium sapientiæ timor domini. Ze Gótes forhtun fáhet uuîsheit ána. uuanda er ist timere gehennam. danne sperare cælum. êr sint donanda delicta. danne præmia sin flagitanda.

Intellectus bonus omnibus facientibus eum. Kuot ist intellectus diên. diê in skéinent. intellegere et non facere ist periculosum.

Laudatio eius manet in sæculum sæculi. Iêmer uuéret sîn lob. uues? ane des skînhaften intellectus.

PSALMUS CXI.
ALLELVIA CONVERSIONIS AGGEI ET ZACHARIÆ.

Dise zuêne prohetæ chérton iro muót ad spiritalem intellectum. do sie iruuúndene fóne babylonia renouationem templi gesahen. uuanda sie bezêichenet reparationem noui populi. diú an CHRISTO ist. Fone diú ist diser psalmus alleluia dero sanctæ conuersionis. dîa dauid in sînen zîten sang. ante quatuordecim generationes.

BEATVS VIR QVI TIMET DOMINVM. Sâlig man ist. der Got fúrhtet.

In mandatis eius uolet nimis. Vnde in sinen gebóten hárto uuillig ist. so. daz er sie gerno uuéret.

Potens in terra erit semen eius. Sîn sámo id est bonum opus. kemág filo in terra beatorum. Diú erda uuard kelázzen zacheo. umbe dimidium substantiæ. unde niduæ. umbe duo minuta. unde pauperi. umbe calicem aquæ frigidæ. So mahtig ist semen bonorum operum.

Generatio rectorum benedicetur. Déro rehton gebúrt uuirt ze guóte genâmot. Daz iro semen ist. daz ist iro generatio. **) déro folget sálda. daz ist benedictio. Sálda gáben alte liúte iro chinden. daz hiêz benedicere.

Gloria et diuitiæ in domo eius.

---

¹) dah. Sch.

*) S. 421. **) S. 422.

Kuôllichi unde rihtuom . sint in des herzen qui timet dominum . Dàr ist spes uitæ æternæ . dàr hábet er genuòge . uuanda sin spes uuirt beuuéndet in rem.

Et iustitia eius manet in sæculum sæculi. Fóne diù ist er ríche . uuanda sin reht uuéret iêmer. Temporaliter téta er iz . æternaliter hábet er iz. Vuannan ist daz chomen?

Exortum est in tenebris lumen rectis corde . misericors et miserator et iustvs dominus. Vuanda lîeht irrúnnen ist in_finstri . réht-hérzên. Vuélez ist daz? Truhten der reht ist úbelen . genàdig kuôten. Zíu écchert rehtherzen? Vuanda gescriben ist. IN PROPRIA VENIT . ET SVI EVM NON RECEPERVNT . QVOTQVOT AVTEM RECEPERVNT EVM . DEDIT EIS POTESTATEM FILIOS DEI FIERI (Er cham an daz sin diè sine ne ínnoton in die in aber inphiéngen dien gab er geuualt siniu chint uuésin).

Iocundus homo qui miseretur et commodat. Vuúnnesam mennisco der andermo genàdet . unde intliéhet. *) Alde iz chit . der andermo ignoscendo fergibet . unde gibet. Nah diù so gescriben ist. DIMITTITE ET DIMITTETVR VOBIS . DATE ET DABITVR VOBIS (fergebent so uuirt iû fergébin kebent so gibit_man ouch iû¹).

Vuanda genadig ist dero iégelih . der andermo gibet . alde fergibet . alde intliéhet. Der sih réchen uuile . der fórderot gloriam (lob). Vuanda aber gescríben ist. MELIOR EST QVI VINCIT IRAM . QVAM QVI EXPVGNAT CIVITATEM (pézzer ist der sin zorn fertrêit danne der er éina burgh irsíhtit) . bediu ne ist der inglorius (unlobesam) . der ignoscendo (pelazzendo) bezzero triumphator (sigenunftare) uuirt. So fórderot ouh diuitias . qui non uult dare pauperibus (rihtuôm der dien armen kuôte ist²). Aber ne ist er arm gébendo . uuanda himilisker tríso ist quissisto³).

Disponet sermones suos in iudicio. Síniu uuort ordinot er in die iudicii (an demo suôno tage) . dàr áller der éidstab ist umbe opera misericordiæ (elimuosina) . **) Er findet íro sus⁴) kuôten ordinem. DOMINE QVINQVE TALENTA TRADIDISTI MIHI . ECCE ALIA QVINQVE SVPERLVCRATVS SVM (hêrro funf phunt gabe du mir funfiù geuuan ih ingesuoch). Mit dién uuirt er defensus (geanséidot) . also dàr ána skinet.

Quia in æternum non commouebitur. Vuanda er fúrder fone Gotes zéseuuun keskéiden ne uuirt.

In memoria æterna erit iustus. In_éuuigero gehúhte uuiset der réh-

---

¹) (— gibet —). Sch.
²) (— armen nit kuote —). Sch.
³) quissisto (richisto). Sch.
⁴) sub. Sch.

*) S. CCXVI.   **) S. 423.

to . diû uuirt impiis ferságet an dien uuorten . Nox novi vos (ih ne uuêiz uuer ir birint).

Ab auditione mala non timebit. Er ne fúrhtet daz diê úbelen gehôren súln . ITE IN IGNEM ÆTERNVM QVI PARATVS EST DIABOLO ET ANGELIS EIVS. (farint in êuuig fiûr daz demo tiefele caro ist unde sìnen bóton).

Paratum cor eius sperare in domino . Daz ist fóne diù . daz sin herza gáro ist ze gedingenne [1]) an Gót . unde an imo alle temptationes ze uberuuîndenne [2]).

Confirmatum est cor eius. Sin herza ist keféstenot unider diên . diê imo dár umbe sint insultantes . quia sperat quod non uidet.

Non commouebitur donec uideat super inimicos eius . So ist er geféstenot daz er àba déro spe ne chumet . êr er daz kesêhe sursum . daz sîne fiênda uuéllen gesêhen deorsum . Siê in terra . unde er in cælo.

Dispersit dedit pauperibus. Fone diû spendota er sin guòt . kab iz armen .

Iustitia eius manet in sæculum sæculi . Daz sin reht uuéret ièmer . uuanda imo iz der hábet kehalten in cælo . der pauperibus uuolta esurire et sitire in terra.

Cornu eius exaltabitur in gloria.

Sin horn uuirt kuollicho irhôhet . uuanda er máhtig uuirt fóre Góte.

Peccator uidebit et irascetur . Daz kesièhet der súndigo . unde bilget sih ze imo selbemo sera pœnitentia.

Dentibus suis fremet et tabescet. Mit zánen griscramot er unde suìndet . uuánda er dára geuuórfen ist . dar fletus ist et stridor dentium. *) I'mo ne gescièhet nièht frendere et reuirescere . sò iz fùore . ube er oportuno tempore penitentiam táte . Ziu so?

Desiderium peccatorum peribit. Er hábet iz dára gespáret . dar déro sundigon gireda ze-gàt.

PSALMUS CXII.

ALLELVIA.

LAVDATE PVERI DOMINVM . LAVDATE NOMEN DOMINI. Lóbont chint trúhtenen . lóbont trúhtenes námen . Mánnolih si puer . si [3]) diêmuòte . unde lóboe Got . nals sih selben . Vuíle er puer sin . sò mag er fárin durh diê éngi . sò mag er chomen ze himele . uuanda enge ist diù porta . diù dara lêitet.

Sit nomen domini benedictum ex hoc nunc et usque in sæculum . Kelóbot sî trúhtenes námo . fóne nú

---

[1]) gedingene. Sch.
[2]) uberuuindene. Sch.

[3]) sie. Sch.

*) S. 424.

unz in éuua . daz chit . ioh nu . ioh iêmer.

A solis ortu usque ad occasum . laudabile nomen domini. A'llên fizzentem[1]) fone ortu ze occasu . dára sancta æcclesia férrost kereíchet . si lóbelih sin námo.

Excelsus super omnes gentes dominus. Trúhten ist hóher uber álle díete. Díete sint menniskem . uuer ne uueiz daz er hóhera ist dánne sie?

Super cælos gloria eius. Sin guóllichi ist ouh uber himela. Humiles sint sine himela . an dièn er ist . die unízzen in óbe in.

Quis sicut dominus deus noster . qui in altis habitat . et humilia respicit? Vuer ist so unser Got? der hoho sízzet . unde níderin siêhet. Der úffen hóhen himelen sizzet . ziu ne sol der níderin sêhen in erdo? Iz chit aber . et humilia respicit . in cælo et in terra. An sinen sanctis die in carne constituti in cælo conuersantur . hábet er cælum et terram. Sid sie beídiu sint . ioh himil ioh erda . unde humiles sint . pediu siêhet er humilia in cælo et in terra. Siê sint cælum . quoniam quæ sursum sunt sapiunt . sie sint terra . quoniam nondum sunt soluti carnis uinculo. *) Vuanda ouh sanctorum súmeliche hína sint . sumeliche hiêr sint . bediû siêhet er humilia in cælo et in terra.

Qui erigit a terra inopem et de stercore exaltat pauperem. Der fóne érdo úf rihtet den hélfelôsen . unde fone miste héuuet dén armen. Der in terrenis cogitationibus . unde in carnis uoluptatibus lébeta . den chícchet er . unde zúcchet in úf ad uirtutes . ioh sô hóho.

**) Vt collocet eum cum principibus. Daz ér in gesézze sáment diên fúrsten. Vuelen fursten?

Cum principibus populi sui. Sáment diên fursten sines liûtes . apostolis et prophetis. So er Paulum teta . den er ex persecutore apostolum uuerden hièz.

Qui habitare facit sterilem in domo matrem filiorum lætantem. Der die úmbirigun also diû æcclesia uuas ér iro sponsus cháme . nu tuôt sizzen in sînemo hûs fróuua muoter mánigero chíndo.

PSALMUS CXIII.

ALLELVIA.

IN EXITV ISRAHEL DE EGYPTO . DOMVS IACOB de populo barbaro . facta est iudea sanctificatio eius . israhel potestas eius. Dô israhel fuór ùzer[2]) egypto . unde iácobis sláhta fone fré-

---

[1]) sizzentem. Sch. [2]) uzzer. Sch.

*) S. 425. **) S. CCXVII.

medemo liúte . dô uuard ketân héilig iudea unde israhel uuard sîn geuualt. Vués? âne Gótes . der is alles uuáltet? Tenebras fliéndo . diabolum fliehendo . chômen oúh uuir in sîna geuuált . uuanda iz uns ze exemplo gescriben ist . unde danne gibet er uns keuualt filios dei fieri.

Mare uidit et fugit. Iordanus conuersus est retrorsum. Daz mére flôh . dô iz dié fart kesáh . Sæculares unde alle inimici CHRISTI hábent nu gerúmet christianis . daz sie uuîten uueg ze imo éigin . Iordanis uuiderchérta sih . Alle sundige unde in dirro mortalitate ferrínnente geséhent unsera exitum ex ægypto . unde irchôment sih is . unde gelírnent sih uuídere chéren ze CHRISTO . *) fóne démo sie geuuéndet uuaren.

Montes exultauerunt ut arietes . et colles sicut agni onium. Apostoli fréuton sih unserro férte . uuanda sie ductores uuâren also arietes . unde iro posteriores fone diên gescríben ist. AFFERTE DOMINO FILIOS ARIETVM . die fréuton¹) sih also lémber.

Quid est tibi mare quod fugisti? et tu iordanis quia conuersus es retrorsum? Vuaz ist dir sæculum . daz du flúohe unde dir auersæ . daz du dih pechéret habest? âne daz ir nóte uuíchent . unde iúh imo nóte irgébent.

Montes exultastis sicut arietes . et colles sicut agni ouium? Vuaz²) fréuuent ir iúh montes also arietes? unde ir colles also agni? Ane daz er gehôren súlnt . EVGE BONE SERVE . QVIA SVPER PAVCA FVISTI FIDELIS . SVPER MVLTA TE CONSTITVAM . Alde fréuuent ir iúh daz iz sus keuâren ist . sô hára náh stât.

A facie domini mota est terra . a facie dei iacob. Fóne truhtenis kágenuuerti . der daz chad . ECCE EGO VOBISCVM SVM VSQVE AD CONSVMMATIONEM SÆCVLI . ist diû erda iruuéget . Si uuas male pigra . nu ist si excitata . a facie domini . daz si baz uuerde in ipso fundata.

Qui conuertit petram in stagna aquarum . et rupem in fontes aquarum. Der den stéin bechérta ze séuuázzerin . unde dié fluôh³) ze springenten uuázzeren . Er ist petra . er duohta diên durus . diên er uuas ignotus . Also sie cháden . DVRVS EST HIC SERMO . QVIS POTEST EVM AVDIRE . Aber nah sînero resurrectione do er uuas interpres scripturarum . incipiens a moyse per omnes prophetas . unde in spiritum sanctum gab . **) dô intliéz ér sih unde uuard in fons aquæ salientis in

---

¹) freuten. Sch.
²) Uuas. Sch.
³) fluch. Sch.

*) S. 426.   **) S. 427.

uitam æternam. Alde iudei uuaren petræ. unde er uueihta sie. nah dien uuorten. POTENS EST DEVS DE LAPIDIBVS ISTIS SVSCITARE FILIOS ABRAHE.

Non nobis domine non nobis. sed nomini tuo da gloriam. Nals uns truhten. nals uns. nube dinemo namen gib dia guóllichi. daz uns aqua de petra cham. uuanda uuir ne giêngen dára nâh mit kuóten uuerchen. daz uuir iz doh einen dang háben súlin.

Super misericordia tua et ueritate tua. An dinero genada stât iz. an dero dû iz kehièzze. unde an dinero uuárheite an déro du iz uuéretost.

Ne quando dicant gentes ubi est deus eorum. Gib dir selbemo die guóllichi daz gentes húhondo ne chédén. uuar ist íro Got? Lâz sie geèiscon daz dû unzer Got pist.

Deus autem noster in cælo sursum. Vbe sie bétont solem et lunam die¹) siè gesêhen mugen. aber unser Got ist hina ûfen hímele. dâr in oculi carnis kesêhen ne múgen. Er ist hôhor danne doh éiniu corpora cælestia alde terrestria gereichen. Aber so ne ist er dâr. daz in siniu uuerch hímil alde erda inthabeen. nube sîn æternitas inthábet in.

In cælo et in terra omnia quecumque uoluit fecit. Al daz er uuolta. teta er in hímele unde in érdo. In superioribus et inferioribus populi sui skêinda er sîna genâda. ne quis de operum meritis glorietur. Dannan quizzen uuir in. dannan bechennen uuir in. nals sône gesihte.

Simulacra gentium argentum et aurum opera manuum hominum. os habent et non loquentur. oculos habent. et non uidebunt. aures habent et non audient. nares habent. et non odorabunt. manus habent et non palpabunt. pedes habent et non ambulabunt. *) Aber gentium gelihnisse. silberniu²). gúldiniu. menniscon hántuuerch. Habent munt. unde ne spréchent hábent ougen. unde ne gesêhent. ôren unde ne gehôrent. nása unde ne stinchent. hende unde ne greiffont. fuôze³) unde ne gânt.

Non clamabunt in gutture suo. In iro chélun ne liûtent siû. daz ioh tier múgen. Túmb mennisco. der siû bétot. umbe die gelîchi déro menniscon lîdo. so lang diê mûse⁴) unde diê spâren dar umbe ne lâzent. sie ne nisten in in. **) Stoubent sie menniscen uz. so stoubent sie diê forderoren. ûzer⁵) démo hín-

---

¹) der. Sch.
²) silberniu. Sch.
³) fuozze. Sch.
⁴) musce. Sch.
⁵) uzzer. Sch.

*) S. 428.   **) S. CCXVIII.

deroren . unde sîd siê diê forderoren ne bétont . uuiêo die hinderôren?

Similes illis fiant qui faciunt ea . et omnes qui confidunt in eis . Kelih uuerden in diê siû tûont . unde alle die sih ze in ferséhent . Iro muôt unde iro sinna sin also betân . unde also tôt . so dero simulacrorum .

Domus israhel sperauit in domino adiutor eorum et protector eorum est . Aber israhelis húske multitudo fidelium kedinget an Got . unde dar umbe daz sie des ne irdriêzze . ist Got iro helfâre . unde iro scérmâre .

Domus aaron sperauit in domino adiutor eorum et protector eorum est . Ioh der teil dero spiritalium . diê andere lêrent . ist ouh des in spe daz er noh ne hábet in re . bediû ist er ouh iro adiutor et protector .

Qui timent dominum sperauerunt in domino . adiutor eorum et protector eorum est . Diê Gót furhtent . die dingent an in . bediu ist er iro adiutor et protector .

Dominus memor fuit nostri et benedixit nobis . Sines tanches âne únsere fréhte irhúgeta unser Got . unde gab uns ségen .

Benedixit domui israhel benedixit domui aaron benedixit omnibus qui timent dominum pusillis cum majoribus . *) Ioh kedingenten ioh fúrhtenten mêren unde minneren . gáb er sinen ségen .

Adiciat dominus super uos super uos et super filios nostros . Trúhten lége noh ze iû ze iû . unde ze iûuueren chinden¹) . Trúhten tuoe iûh uuáhsen . iûh doctores domus aaron . unde iûh auditores domus israhel . unz sancta æcclesia per totum orbem uuerde diffusa .

Benedicti uos domino qui fecit cœlum et terram . i . qui fecit uos . Ze guôte genámde sînt ir trúhtene . der iûnuer súmeliche téta cœlum fone demo pluuia chumet . unde ándere terram diû conpluta (beregenot) uuirdet .

Cœlum cœli domino terram autem dedit filiis hominum . Doctores doctorum liêz er imo selbemo ze lêrenne . nuanda sie andermo docibiles (lêrig) ne uuâren . carnales diê terra hêizent²) cab er ze lêrenne filiis hominum . iû cœlum uuordenen . daz diê nideren fone diên óberen uuurdin irrigati (genezzit) .

Non mortui laudabunt te domine . neque omnes qui descendunt in infernum . Cœlum unde terra lóboen dih . tóte ne lóbont dih . noh die ze héllo fárent . Vueliche sint daz?

---

¹) Bei Schilter fehlt das teutsche bis hierher.

²) heizzent. Sch.

*) S. 429.

Áne diê fone in selben lében uuellen?

Sed nos qui uiuimus benedicimus domino ex hoc nunc et usque in sæculum. Aber uuir Gótes tanches lébente. danchoen imo iêmer.

PSALMUS CXIV.

ALLELVIA.

DILEXI QVONIAM. EXAVDIET DOMINVS VOCEM orationis meæ. Got minnota ih. uuanda er gehôrta diê stimma mines kebétes.

Quia inclinauit aurem suam mihi. Vuanda er mir gehalta sîn ôra. Vuannan uuêiz daz mennisco âne fône spe?

Et in diebus meis inuocabo eum. Vnde in minen tágen ána háro ib ín. Daz sint dies miseriæ meæ. dies mortalitatis meæ. die mir fone ungerhorsami geskehen sint.

Circumdederunt me dolores mortis. pericula inferni inuenerunt me. *) An diên tágen umbe fiêngen mih diû sêr des tôdes. hello urêisun irfuôren mih. Vuár irfuóren siê mih. uuár fúnden sie mih. Aberrantem a te. Sie fúnden mih. ih ne chonda sie fínden. ih ne chónda sie irchénnen. In prosperis sæculi an dien meist sint pericula inferni. an diên hafteta ih. diu ne liêzen mih sie uuizen¹) bediu chlágeta²) ih siê dir.

Tribulationem et dolorem inueni. et nomen domini inuocabo. Ih cham aber ze mir. unde behúgeta mih. unde fant an mir arbêite unde sêr. diû mir únuuizzentemo ana nuâren. unde anahareta Gotes námen nuanda ih do nuissa uuer ih uuas.

O domine libera animam meam. Vuola truhten chad ih. lôse mina sêla. Des ist mânnolíchemo³) durft. daz er íle finden dia miseriam diû imo únuuizzentemo ána ist. unde er chéde. TRIBVLATIONEM ET DOLOREM INVENI. DOMINE LIBERA ANIMAM MEAM. unde er chlágoe daz er nu dúrftig ist. irdiskero labo. écchert ze disses⁴) libes lezzi. demo er irboten uuard himelskiu séti ze éuuiges libes státigi. Der daz uuile nuśinon. den getúot sáligen. der unsih iêo uuolta ne uuesen uuênege.

Misericors dominus et iustus. et deus noster miseretur. Kenâdig hêrro. unde réhter. unde Got unser genâdet. Kenâdig quia inclinauit aurem suam mihi. rehter. quia flagellat. áber genâdig. quia recipit.

Custodiens paruulos dominus. Lúzzele behuotenter hêrro. uuanda er sie tuon uuile grandes heredes.

---

¹) uuizzen. Sch.
²) chlageda. Sch.
³) mannelichemo. Sch.
⁴) dises. Sch.

*) S. 430.

Humiliatus sum et saluauit me. Diemuóte uuard ih. pediû hèilta er mih. Sectionem uulneris lèid ih. daz diemuota mih. daz ne ist pœnale. nube salubre.

Conuertere ergo anima mea in requiem tuam. quia dominus benefecit mihi. quoniam exemit animam meam de morte. *) Sêla miniu uuirt pechêret in dina ràuua. habe gedingi ze êuuigen ràuuon. **) uuanda Got habet mir uuola getân. dàr ána. daz er mína sêla nam ûzer [1]) tóde. daz chit ûzer [1]) incredulitate.

Oculos meos a lacrimis. pedes meos a lapsu. Nam míniu oùgen fóne tránen. míne fuòzze fóne slipfe. Dâr daz êina ist. daz ist daz ánder. hiêr ist iz in spe. dóret [2]) ist iz [3]) in re.

Placebo domino in regione uiuorum. Hína fúre ist iz. dar lichen ih Góte. in dero lèbendon lánde. Dâr ne sint lacrimæ. dar ne ist lapsus.

PSALMUS CXV.

ALLELVIA.

Credidi propter qvod locvtvs svm. Kenuòge sprechent ueritatem in lingua. falsitatem in pectore. dien ist uuíderuuartig. der hier chit. Ih keloùbta ueritatem in corde fóne diû sprah ih sia in lingua.

Ego autem humiliatus sum nimis. Aber ih uuard dannan harto gediemuótet. uuard harto gearbêitet. quia multi contradicunt ueritati. Daz chédent martyres mit rehte. dero dísiu uox ist.

Ego dixi in excessu meo. omnis homo mendax. Ih chad in mines muotes irchómeni. alle ménnisken sint lukke. Sint doh êine non mendaces. daz sint sie quantum non sunt homines. nube dii. et filii altissimi. Der ist homo. qui in se confidit non in deo. Der gescêinet [4]) daz er mendax ist. also Petrus teta in se confidendo. et christum negando.

Quid retribuam domino pro omnibus quæ retribuit mihi. Vuaz mag ih Góte tuôn. umbe al daz er mir getan habet? Er lónota mir ubeles mit kuôte uuanda ih meo peccato mendax. suo dono bin uerax. uuaz kibo ih imo dára uuidere?

Calicem salutaris accipiam. et nomen domini inuocabo. ***) Tríncho den calicem. den er tranch. Lido gerno umbe in. daz er umbe mih lèid. unde ánaharo síuen námen.

---

[1]) uzzer. Sch.
[2]) spedoret. Sch.
[3]) si. Sch.
[4]) geskeinet. Sch.

---

*) S. 431.   **) S. CCXIX.   ***) S. 432.

daz er mir dia baldi gêbe . uuanda iz ánderes sin ne mág¹).

Preciosa in conspectu domini mors sanctorum eius . Fone diu ist tiûre in Gótes kesihte²) . sinero heiligon tôd . Mit sinemo tode choufta er sia . den lêid er umbe sie . daz oúh sie sih sin ne irchamen umbe in.

O domine quia ego seruus tuus . ego seruus tuus et filius ancillæ tuæ . Ïah hèrro . hèrro fóne diû . uuanda ih din scálh pin . din scalh pin ih . den du choûftost . unde dinero diûuue sún sanctæ ecclesiæ . Diê áber ùzzerunhalb iro martyres heizen³) uuellen . alde serui tui . so manige heretici tuônt . diê ne sint filii ancillæ tuæ.

Disrupisti uincula mea . tibi sacrificabo hostiam laudis . Mîniu bant zebráche dû . áne mine frèhte . des ópheron ih dir lóbofriscing . Ih uuas in hafte . dannan ûz náme du mih daz ih uuúrde seruus tuus . et filius ancillæ tuæ.

Vota mea domino reddam in atriis domus domini in conspectu omnis populi eius . in medio tui ierusalem . Mîna antheizza antuuurto ih . in des Gótes huses hóuen . in sancta æcclesia . fóre állemo sinemo liûte . der sin hûs ist . in míttero ierusalem.

diu pacem uuile non bellum . An dien exemplaribus augustini et cassiodori uuirt écchert einest fúnden . uota mea domino reddam . unde einest . et nomen domini inuocabo.

PSALMUS CXVI.

ALLELVIA.

LAVDATE DEVM omnes gentes . laudate eum omnes populi . Lóbont trúhtenen alle diéte . lóbont in alle liûte.

Quoniam confirmata est super nos misericordia eius . et ueritas domini manet in æternum . Vuanda an uns ist keféstenot sin genáda . er ist hára chómen also er gehiez . unde sin uuárheit uuéret iémer . ioh an diû . daz er piis kibet premia . ioh impiis pœnam . *)

**) PSALMUS CXVII.

ALLELVIA.

CONFITEMINI DOMINO QVONIAM BONVS . quoniam in seculum misericordia eius . Iéhent des truhtene daz er gûot ist . daz sin genáda iémer ist . Solih confessio ist laudis . nals pœnitentiæ . Ímo ist proprium daz er

---

¹) [14. Vota mea Domino reddam coram omni populo ejus]. Sch. Es fehlt also dieser vers bei unserm übersetzer.

²) gesihte. Sch.
³) heizzen. Sch.

*) S. 433.   **) S. CCXX.

bonus si . dannan chúmet daz er nieht ein mala pro malis nube ouh bona pro malis retribuendo . iêmer genâdig ist .

Dicat nunc israhel quoniam bonus . quoniam in sæculum misericordia eius . Dicat nunc domvs aaron . quoniam in sæculum misericordia eius [1]) . Dicant nunc qui timent dominum . quoniam in sæculum misericordia eius . Nù chéden israhelitæ daz sint minores . chéde domus aaron daz sint majores . chéden alle timentes deum [2]) . minores cum maioribus . sin genada ist iêmer .

In tribulatione [3]) inuocani dominum . et exaudiuit me in latitudine . In nôte unde in éngi hâreta ih ín ána . in_uuiti dar sîn riche ist . dar terminus ne ist . dar gehôrta er mih . In déro engi bin uuir . in déro suln uuir umbe daz hâren . daz uuir gehôrte . dâr uz múgin fâren .

Dominus mihi adiutor . non timebo quid faciat mihi homo . Dominus mihi adiutor et ego despiciam inimicos meos . Truhten ist min helfâre . bediû ne ruôcho ih uuaz mir úbel ménnisco tûoe . Er ist min helfâre bediû fersiého ih mîne fienda spiritales nequitias .

Bonum est confidere in domino . quam confidere in homine . Pézzera ist an Got ze trûenne . danne an ménnisken .

Bonum est sperare in domino . quam sperare in principibus . Pezzera ist an Got ze gedingenne danne an diè fursten . Der namo mag ioh angelorum sin . uuanda man liset an danihele . MICHAHEL PRINCEPS VESTER . So uuederer mir hilfet homo alde angelus in caritate . mit des hénde hilfet mir Gót . *) Sîn ist diù helfa . an ín gedingo ih .

Omnes gentes circuierunt me . et in nomine domini ultus sum in eos . i . in populos gentium . Mih dînen liût chit æcclesia umbehalboton alle diête . unde in dînen námen úber uuant ih siê .

Circumdantes circumdederunt me et in nomine domini ultus sum eos . Mih selben chit CHRISTVS . umbehalboton iudei . unde ih keóberota . sie in dînen námen .

Circumdederunt me sicut apes fauum . Also bine die uuábun umbehabeton sie mih . uuanda mit déro passione getâten sie mih suôzzeren . allen daz mysterium minnonten .

Et exarserunt sicut ignis in spinis . Vnde in meo corpore inbrúnnen sie also fiúr in dórnen . uuanda carnis

---

[1]) Schilter hat die worte «Dicat nunc domus aaron» eingeschlossen und die folgenden gar nicht.

[2]) Dominum. Sch.

[3]) In retributione [de tribulatione]. Sch.

*) S. 434.

conpunctiones prándon sie incendio persecutionis. Daz táten gentes.

Et in nomine domini uindicaui in eis. Vnde in Gótes námen rah ih iz an in. éinuueder. so mit conuersione pœnitentiæ. alde mit futura ultione.

Inpulsus uersatus sum ut caderem. Aná gestòzzener uuard ih keuuérbet. daz ih fiéle. Daz man dána uuile. ube iz fasto stát. daz uueget man. daz uuerbet man. so táten mir persecutores. so uuolton siê mih irféllen. Alde ana gestôzener[1]) uuard ih keuuendet also man brôt uuendet in hérde. daz chit. uuard ih áber ána gechèret. daz ih ofto gestôzener[1]) fiéle.

Sed dominus suscepit me. Aber Got under fiêng mih. daz ih ne fiéle. A'nderiu editio chit. TANQVAM CVMVLVS HARENE INPVLSVS SVM VT CADEREM. Also der sánthúffo uuard ih kestózen[2]) daz ih fiéle. Vuaz fállet liéhtor? Aber Got ne liêz mih fállen.

Fortitudo mea et laudatio mea dominus. et factus est mihi in salutem. Mîn stárchi unde mîn lób ist trúhten. unde ist mir ze héili uuorden. *) Der fállet fóne stózze der sin selbes starchi. unde sin selbes lob uuile

sin. Vuanda áber Got ne fallet. pediû ne fállet der. der sih ze imo hábet.

Vox lætitiæ et salutis in tabernaculis iustorum. Dâr ist stimma fréuui unde héili. dar dero rehton selda sint. nals memoris. so íro fienda uuándon.

Dextera domini fecit uirtutem. dextera domini exaltauit me. Gótes zeseuua máchota chraft an mir. Gótes zeseuua irhohta mih. Sîn uirtus ist exaltare humilem. deificare mortalem. de subiectione præstare gloriam. de passione uictoriam.

Non moriar sed uiuam. et narrabo opera domini. Fone diu ne irstirbo ih sina æcclesia. nube ih lébo. unde zélo siniu uuerch. Ziu uuolta er mih sólich liden.

Emendans emendauit me dominus. et morti non tradidit me. Pézzeronde[3]) pezzerota er mih. insterben ne liêz er mih. Vuára zuò bezzerota er mih. Ane daz erbe ze besizzenne[4]). also der fáter den sun fillet[5]). den er ze demo erbe uuile. Vuar ist daz erbe?

Aperite mihi portas iustitiæ. ingressus in eas confitebor domino. Indùont mir. Vueliche? Vos apostoli qui claues regni cælorum accepistis. Induont mir die portas

---

[1]) gestozzenner. Sch.
[2]) kestozzen. Sch.
[3]) Pezzeronte. Sch.
[4]) besizzene. Sch.
[5]) stillet. Sch.

*) S. 435.

regni dei . ze diên iustitia léitet . dar sindo ih iz. Dâra in gegángener . iiho ih Góte in laudibus . also iz chit. BEATI QVI HABITANT IN DOMO TVA IN SÆCVLA SÆCVLORVM LAVDABVNT TE .

*) Hæ portæ domini . Truhtenes sint diê portæ . Vuémo in-dane? uueliche gânt dara ín ?

Iusti intrabunt in eam . Rehte gânt dára in .

Confitebor tibi domine . quoniam exaudisti me . et factus es mihi in salutem . Dâr iiho ih dir truhten . dar danchon ih dir daz du mih kehòrtost . unde mir uuorden bist in hêili .

Lapidem quem reprobauerunt ædificantes . hic factus est in caput anguli. Der stéin den iudei zimberonde [1]) ferchúren . der uuard ze houbete des uuincheles . **) daz chit ze houbetstéine . Der hóubetstein . daz ist der uuínchelestéin [2]) . der béide uuende ze-sámene fuóget. CHRISTVS fuogta zesámene præputium et circumcisionem daz sie an imo êin liut uuârin . êin æcclesia.

A domino factum est istud . Fóne Góte uuard daz. Fóne iudeis uuard er ædificatus secundum carnem . fone Gote uuard er lapis angularis . nals fone ædificantibus iudeis . uuanda sie ferchúren in propter carnem .

Et est mirabile in oculis nostris . Vnde in unseren ougon ist iz uuunderlih . In oculis interioris hominis in oculis credentium . sperantium diligentium .

Hic est dies quem fecit dominus . Der tag ist den Got téta . tag unserro hêili . an démo in Gót téta in caput anguli .

Exultemus et iocundemur in ea . An démo fréuuen unsih . an démo tåge sîn frô . unde uuúnnesam .

O domine saluum me fac . o domine bene prosperare . Ia [3]) du truhten tuô mih kehaltenen truhten uuola gespuóte mina fart ze dir uuanda ih fone férremo éllende iruuindendo . fone dien scéido . qui oderunt pacem mit dien ih chósota [4]) pacifice . unde aber sie mih gratis debellabant .

Benedictus qui uenit in nomine domini . Ze guote genamdo der in truhtenes namen chumet ze ubele genamdo der in sin selbes namen chumet . Also iz chit in euangelio. EGO VENI IN NOMINE PATRIS MEI . ET NON ACCEPISTIS ME . SI ALIVS VENERIT IN NOMINE SVO . ILLVM ACCIPIETIS .

Benediximus uos [5]) de domo domini . Vuir ségenoton iúh uzer demo

---

[1]) zimberonte. Sch.
[2]) uuinchelstein. Sch.
[3]) Iah. Sch.
[4]) chosoda. Sch.
[5]) nos. Sch.

*) S. CCXXI.   **) S. 436.

Gótes hûs. Vuéliche chédent daz? Sacerdotes ad populum . magni ad pusillos . só magni . daz sié in íro muôte geréichent ad uerbum . deum apud deum . so iz in hac uita uuésen mag . unde sie doh sint temperantes sermonem suum propter paruulos . daz sie chédin múgin cum apostolo . *) SIVE ENIM MENTE EXCESSIMVS DEO . SIVE TEMPERANTES SVMVS VOBIS. Vuár nément sie daz? uuannan chúmet in íz? áne fone himele . dár interior domus dei ist. Vuaz chundent sie?

Deus dominus . et illuxit nobis. Der dominus . der in nomine domini chomen ist . den iudei ædificantes ferchúren . der ist deus . æqualis patri. Et illuxit nobis. Daz irskéinda er uns . daz ouh uuir iz íu skínhafte tuôen¹) . unde er daz sáment uns fernémênt . daz ir sament uns keloûbênt.

Constituite diem festum in frequentationibus usque ad cornu altaris. Sézzent íu uóbhaften dag. unde dultóten in‿gedránge . sámenont dára zuó mánigi . sezzent ín íu hiér in‿gedránge²) . dár agnus occisus uuard . unz ir hina uf chóment ad interiorem domum dei . dannan uuir íu gaben benedictionem . dar cornua altaris sint excelsa . Dár ist uox exultationis . soni festiuitatem celebrantes . ambulantium in loco tabernaculi . usque ad domum dei. Dar ist sacerdos in æternum . dár ist sacrificium . et altare sempiternum . et pacata mens iustorum. Vnde uuaz anderes tuôen uuir dár . áne in lóboen? Vuaz anderes cheden uuir . ane daz hára nah stât.

Deus meus es tu . et confitebor tibi . deus meus es tu et exaltabo te. Confitebor tibi quoniam exaudisti me . et factus es mihi in salutem. Daz cheden uuir dár . non strepitu uocis . nube dilectione . Selbiu dilectio³) ist unser uox dár.

Confitemini domino quoniam bonus . quoniam in sæculum misericordia eius . Dár fiêng der psalmus ána. dár gât er ûz.

PSALMUS CXVIII.

VERBA SANCTI AVGVSTINI.

ALLE diê ánderen salmen . die an demo sáltere⁴) stánt . irráhta ih éinuuéder . dictando⁵) . alde fore diên liûten sermocinando. Disen salmen centesimum octauum decimum frista ih niê so férro umbe sîna léngi diê

---

¹) tuon. Sch.
²) Fehlt bei Sch. von «samenont» an.
³) dilectione selbiu, dilectio. Sch.

⁴) saltare. Sch.
⁵) distando. Sch.

*) S. 437.

mánnolih uueiz . so umbe sina tiéfi .
*) diè unmanige uuizzen . So dò
mîne brûodera mih pàten unde mir
gebúten¹) daz ih min uuerch fólle-
tâte . unde ih in fólleréhtoti an di-
semo salmen . dò tuálta ih tar_lángo
ána . uuanda so ofto²) ih dàr ana
stuónt tènchen . so úber uuag er mi-
nen sin . Ih ne mag sàr geságen
sina tiéfi . uuanda er sô filo unsemf-
tero ist . so filo er sémftero mánne
dúnchet . An dièn ánderen die un-
semfte sint . skînet toh³) daz . aber
diser bírget iz . sô ferro . daz sin lec-
tor unde sîn auditor . ne uuânet an
imo durft sin expositionis . Vnde nu
ne mag ih uuizzen zuo gándo . unde
sin beginnendo . uuaz ih dar ána ge-
tuòe . Ih trûen aber Gótes helfo
hiêr also ánderesuuàr . dàr mih ouh
éteuuaz tuòhta inpossibile ze gérec-
chenne . unde ih iz doh keráhta . Ih
habo áber uuillen sermones fore liû-
ten dàr uz ze máchonne . diè greci
homelias hêizent . Dàr sie sih ke-
sáminont . dàr dunchet mir reht .
sîna intellegentiam ze óffenónne .
Dara zuô faho⁴) ih nû.

BEATI INMACVLATI IN VIA QVI AMBV-
LANT in lege domini . Diè úngefléh-
chote gânt án_demo uuége . Vue-
lemo? in lege domini . die sint sálig .

**) Sie uuellen álle beatitudinem .
sus suln sie dára náh chómen . án-
deres uuiéo ne múgen siè . Vuunder
neist daz boni dàr umbe sint boni .
daz sie sin beati . daz ist uuunder .
daz ouh mali dàr umbe sint mali .
daz siè sin beati . Sie suochent sia
in libidine . in lúxuria . in stupro . in
diuitiis . in dominationibus . in ul-
tione inimicorum . Fone diên sie
uuerdent⁵) miseri . an diên uuellen
siè sin beati . Diè solichen ládota
uuidere⁶) dîsiu réda . daz sie mit
malis bona ne suòchen .

***) Beati qui scrutantur testimonia
eius . in toto corde exquirunt eum . Á-
nderest fernémen daz selba . Sá-
lige diè sîniû urchúnde scródont .
unde in suòchent in allemo hérzen .
Sumeliche scródont sîniû testimonia
daz chit sine scripturas . die gernor
sint docti . danne iusti . Diè ne sint
durh daz beati . noh diè ne suòchent
Got . nube gloriam alde diuitias . pe-
diû ne sint sie inmaculati . Vbe in
oùh iniusti et impii suòchent in toto
corde . múgen diè sin beati? Daz
múgen sie sin spe . nals re .

Non enim qui operantur iniquita-
tem . in uiis eius ambulauerunt . Diè
unreht uuúrchent . die ne giêngen
an sînen uuégen . Ne giêng danne

---

¹) mih gebitten. Sch.
²) offto. Sch.
³) doh. Sch.
⁴) fahe. Sch.
⁵) uuerden. Sch.
⁶) uuider. Sch.

*) S. 438.   **) S. CCXXII.   ***) S. 439.

Paulus an sînen uuégen . der peccati íîhet . daz iniquitas ist? Vuíéo chît er. NON ENIM QVOD VOLO FACIO BONVM SED QVOD NOLO MALVM HOC AGO. Vuíeo gehellent diû? kehóren furder sîniu nuort. SI QVOD NOLO HOC FACIO . IAM NON EGO OPEROR ILLVD , SED QVOD HABITAT IN ME PECCATVM. Opera peccati ne uuârin sîniu opera . uuanda sînen únuuillen nuorhta daz imo ánauuesenda peccatum. Mannolichemo ist ána desiderium . folget er démo so ne mag er chéden cum Paulo. IAM NON EGO OPEROR. Ne fólget er imo áber . so tuòt er unde ne tuôt nah sînen uuórten . uuanda er chád. AGO ET NON AGO. Sin languor tuot unde ringet . sin uuillo ne tuòt uuanda er uuíderringet. Fone diû uuízzin diè consentientes sint malo . die ne gánt in uiis domini. Den consensum stilta der selbo apostolus sús chédendo. NON ERGO REGNET PECCATVM IN VESTRO MORTALI CORPORE . AD OBOEDIENDVM DESIDERIIS EIVS.

Tu præcepisti mandata tua custodire nimis. Dù hiezze diniu gebót kenóto behùoten . kenóto uuérên. Nimis stát hier pro ualde . iz pezeichenet zuéne sinna . einer ist apud grecos agán . *) daz chît ze filo . ánderer ist spôdra [1]) daz chît filo unde harto unde genòto.

Vtinam dirigantur uiæ meæ . ad custodiendas iustificationes tuas. Sid du siù hiézzist [2]) kenóto uuérên . so uuúnsco ih daz mina uuéga rehto gechèret uuerden iro ze hùotenne. Vuaz sint iustificationes . âne aber mandata quæ iustos faciunt? Vaz [3]) sint siè chît sanctus Augustinus âne facta iustitiæ . opera iustorum quæ imperat deus? Zíu heizent [4]) sie aber sîne . ane daz er sie récchet? Pediû mugen uuir sie diùten frúmereht . alde uuérchreht.

Tunc non confundar cum inspicio in omnibus mandatis tuis. Sô ne uuírdo ih scámeg . so ih in alliu diniu gebót sièho . unde ih siu alliu fore oùgon hábo . dâr umbe daz ih siu geuuérec. Sièho ih diù ih ne uuéreta . diu tuont mir scanda [5]).

Confitebor tibi in directione cordis . in eo quod didicerim iudicia iustitiæ tuæ. So lóbo ih dih des in minero [6]) herzerihti . daz ih kelírneta dine rehten urteílda . úbe fóne dir mine uuega gerihtet uuérdent. Daz lob ist danne din . nals mîn . si corde directo . uiis directis lætabor in eis . non accusabor in eis.

---

1) sphodra. Sch.
2) heizzist. Sch.
3) Uuaz. Sch.
4) heizzent. Sch.
5) scandal. Sch.
6) mine. Sch.

*) S. 440.

Iustificationes tuas custodiam. subaudi iterum. si dirigantur uiæ meæ. So behuóto ih diniu frúmereht. anderes uuieo ne mag ih.

Non me derelinquas usque quaque. Niêner ferlâzest du mih. Alde iz chit usque ualde. mit disemo sinne. So uuiêo du mih ferliêzist. do du min ne huóttost. so hárto ne ferláz mih. daz ih ferlóren uuerde. Si dereliquisti me ne cum gloriarer in me. noli usque ualde. et iustificatus abs te. gloriabor in te.

PSALMUS CXVIII, b [1]).

IN QVO CORRIGIT IVVENIO [2]) VIAM SVAM? Vuar ána gerihtet der iungo sínen uueg? Dero frâgun uuirt sus keantuuúrtet.

*) In custodiendo sermones tuos. Díniu uuort pehuottendo [3]). daz chit uuérendo. Ziu mêr der iungo. danne der alto? ape daz er is iúnger sol beginnen. unde alter fólleziêhen. Sêhen ouh uuer ueterem hominem bildoe. uuer nouum. éner ne uuéret sermones dei. diser uuéret siê. fóne diu ist diser der iungo. fone démo iz kesprochen ist.

In toto corde meo exquisiui te. In állemo mînemo herzen. suohta ih diz [4]). Daz cham mir fóne dir. uuanda du mih perditum uuoltost requirere. et reuocare.

Ne repellas me a mandatis tuis. Ne stuoz mih dána fóne dinen gebóten. Vuer ist dana gestózzen. âne démo Got ne hilfet? Siniu præcepta ardua. ne mag anderer geuuérên. ane démo er is hilfet?

In corde meo abscondi eloquia tua. ut non peccem tibi. In mînemo herzèn barg ih diniu gechóse. umbe daz. daz ih dir ne súndoe. ne láz siû áne fructum dar gebórgen sîn.

Benedictus es domine. doce me iustificationes tuas. Kelóbot pist du truhten. lêre mih diniu uuérchreht. Lêre mih so tuôn in uuérchen. so ih kelírnet habo in uuórten.

In labiis meis pronuntiaui. omnia iudicia oris tui. Mit lefsen ságeta ih alle die urteilda dines mundes. Die ih kelírneta fóne dinemo munde. die lerta ih. Alle ne mahta ih.

---

[1]) Dieser schallsang, der nach seinen einleitenden worten sehr lang ist, ist in unserer handschrift sehr äusserlich nach acht und acht versen zerlegt. die weise, die wir einschlugen, mag ein vermittelnder versuch sein.

[2]) juvenis. Sch.
[3]) pehuottondo. Sch.
[4]) dih. Sch.

*) S. 441.

uuanda gescriben ist. IVDICIA TVA ABYSSVS MVLTA.

In uia testimoniorum tuorum iocundatus sum . sicut in omnibus diuitiis. CHRISTVS ist uia testimoniorum dei . uuanda er úrchúndot mit sínero natiuitate et passione uuiélih Gotes dilectio si erga nos . an demo bin ih keuuúnnesámot sámo so in allen rihtuômen. Er irfollot noh an ándermo libe . des hiêr brístet . dar ist er uns êuuig uuúnnesami.

In mandatis tuis garriam . i. secundum alios exercebor. V́ngesuíget pin ih an dînen gebóten . alde nâh exercebor . bin dar ána geuuénet [1]) sprechennes . *) uuider allen fienden catholicæ fidei.

**) Et considerabo uias tuas. Vnde so gechiúso [2]) ih dîne uuéga. Frequentes et copiosc disputationes lêitent mih ad intellectum uiarum tuarum . die sint misericordia et ueritas . déro plenitudo an CHRISTO ist.

In iustificationibus tuis meditabor . non obliuiscar sermones tuos. An dînen uuerchrehten hógezo ih fóne diu ne irgizo ih dînero uuórto . ih ne skêine síu an dien uuérchen.

PSALMVS CXVIII, C.

RETRIBVE SERVO TVO . uiuam et custodiam sermones tuos. Kilt dînemo scálche . Du gibest dar du uuíle per indebitam gratiam bona pro malis . ube du daz ne tâtist . so ne fúndist dù die . diên du gábist bona pro bonis . kilt ouh mir nah diên genádon . so lébo ih . unde behuóto dîniu uuort . unde dannan chúmo ih ad aliam retributionem . an déro du giltest bona pro bonis . dàr aber gratia fólliu ist . uuanda disiu fóne énero chúmet.

Reuela oculos meos . et considerabo mirabilia de lege tua. Induó míniu oúgen . gib mir geistlicha fernumest [3]) . so gelírnen ih fóne dînero gescríbenun êo uuúnderlíchiù mysteria . unde gelírnen mîne fienda minnôn . nieht ne ist uuúnderlichera.

Incola ego sum in terra . ne abscondas a me mandata tua. Ih pin ellende hiêr in erdo . ne bírg fore mir dîniu gebot . mit diêu ih dar ùz irlôset uuerde. Du birgest síu mit rehte fóre dien . diê hiêr incolæ ne sint . noh peregrini . noh alienigenæ . nube terrigenæ . uuanda sie hiêr sint dar sie geborn [4]) uuurden . unde ánderesuuàr [5]) burg ne habent dára

---

[1]) geuueret. Sch.
[2]) gechiuoso. Sch.
[3]) fernumeft. Sch.

[4]) geboren. Sch.
[5]) andersuuar. Sch.

*) S. 442.   **) S. CCXXIII.

sie laugee. Andere codices chédent. Inquilinus ego sum in terra. Daz ist der eigen hus ne habet. unde er anders_mannes_seldâre ist. *) Sancti ne habent hiêr eigen hus. iro patria ist in cœlis. In greco stat paræcos. daz antfristoton sumeliche inquilinum. sumeliche incolam alde aduenam. alde peregrinum. Vuer sint diê ane aduenticii? Aber aduenticius ne mag uuerden gesprochen de corpore. daz hinnan fone erdo[1]) burtig ist. nube de anima diu niêht de terra burtig ne ist. alde de toto homine. der fone paradyso hâra feruuórfen ist. alde fóne iegelichemo déro. diêu patria in cœlis[2]) keheizzen ist. Sid der solicho fidelis ist. unde alle fideles uuizzen mandata dei. unde siû[3]) offen sint. also daz ist. DILIGES DOMINVM DEVM TVVM EX TOTO CORDE TVO. ET PROXIMVM TVVM SICVT TE IPSVM. uuiéo bítet er danne. daz er siû ne berge fóre imo? Ne skînet dar uuanda ze êrist unsémfte ist. daz man Got erchenne. daz fone diû unsemfte ist. daz man in minnoe? Ne cham iz dannan dara zuo. daz mennisco ander minnôta fúre in? Daz ne tâte er. ube er in irchándi. Selbiu sin erchénneda. zûge in ze imo. Proximi cognitio mag semf-

tera dunchen. uuanda iz êin natura ist. Aber genuoge ne irchennent sih selben. Vuieo mugen sie danne andere irchennen? Vnde diê minnôn. diê sie ne irchennent? Nu ist óffen daz er siû unetz unde er iro ne bâte. ube er siu ne uuissi. nu bitet er íro. daz er siû baz uuízzen mûoze[4]).

Concupiuit anima mea desiderare iustificationes tuas in omni tempore. Min sela géreta in geluste haben diniu uuérchreht in allen zîten. Siê lusta gelúste. Si[5]) gesâhe gerno. daz si[5]) lusti rehtero uuercho. Rehtes kíredo uuas si gírig. unde gelustig. ube gelust unde gireda ein sint. Démo mazleid ist. uuanda der ungelustig ist. unde er lêidezet sine úngeluste. bediu gelustet in geluste. Des lichamen geluste. lústet diê sêla. **) Aber rehtes kelust. unde ouh iro gelust. sint peide in dero sêlo. unde bediu gerot daz muot rehtes. danne iz rehtes keluste gérot. kûot sint diê geluste beide. souuiêo concupiscentia durh sie fernomeniu gûot ne si. só an déro stéte skínet. dár[6]) paulus chit. CONCVPISCENTIAM NESCIEBAM. NISI LEX DICERET. NON CONCVPISCES. Só aber daz uuirt additum uues concupiscentia

---

[1]) erden. Sch.
[2]) Ecclesiis. Sch.
[3]) sin. Sch.
[4]) muozze. Sch.
[5]) Sie. Sch.
[6]) dara. Sch.

*) S. 443.   **) S. 444.

si sî . so mag si in bono fernomen uuerden also dâr. CONCVPISCENTIA SAPIENTLE . DEDVCIT AD REGNVM. Vuunder ist chit augustinus . daz man gelúste gérot . sò si ne ist. Vuieo mahti in Goldes lusten . ube Gold ne uuâre? Sîd kelust déro er gerot uuesen ne mag âne in îmo . unde si dâr ne ist . uuieo mag er danne sîn gér des . dáz ter ne ist. Nù séhe mannelîh uuîeo guot daz si des er gérot . unde lâze sih lángên déro gíredo.

Increpasti superbos. Vbermuote zuêne unsere fórderen irráfstost dù . Vuâr ána skêin iro ubermùoti? A ne daz siê gérno gehórton. ERITIS SICVT DII. Mahta Got zeuuiuelon uuâr adam uuâre . do er fràgeta. ADAM VBI ES? Vuâr bist du chad er . sid dû an démo statu ne bist . an demo ih dih kescuóf. Dar ne uuoltost dû sîn . uuâr bist du danne nù . âne in miseria? Neist daz increpando gesprochen? unde neist uns diû increpatio hereditaria uuórdeniû in únseren manigfalten erumnis? Diê fóne diû so stárch sint . unde só mánigfalte [1] . uuanda sie ubelo ne tâten per infirmitatem aut ignorantiam . nube per superbiam .

Maledicti qui declinant a mandatis tuis. Ze ubele genámde diê daz ne brútet . unde iêo noh dára ubere . sih tána cherent fóne dînen gebóten .

Aufer a me obprobrium et contemptum . quia testimonia tua id est martyria tua exquisiui. *) Nim mir aba chit sancta æcclesia iteuuiz unde únuuirdeda . uuanda ih dîniu urchunde fórderota. Nu ist daz uuorden. Nu ne ist niêmanne obprobrium noh contemptus . daz er an CHRISTVM iihet . unde an sînemo urchunde stât . uuanda persecutio zegángen ist. Só uuóla ist ferfángen . daz si [2] iro fienda minnota . unde umbe siê béteta . nals obprobrium unde contemptum furhtendo . nube saluti eorum consulendo .

Et enim sederunt principes et aduersum me loquebantur. Selben die bêrosten sâzen . unde chôsoton uuider mir . dingoton úber mih. Fone diû uuas diû persecutio starch . uuanda reges funden daz . ut nusquam essent christiani .

Seruus autem tuus exercebatur in iustificationibus tuis. Aber ih dîn scalch uuard keùoberot an dinen uuérchrêhten. Vuieo uuas diu ûoberunga getân?

Nam et testimonia tua meditatio mea est. So uuas si getân . daz dîniu martyria sint mîne hógezunga. Ih húgo so ferro ze in . daz ih an ín

---

[1] undo so manigfaldo, Sch.   [2] sie. Sch.

*) S. 445.

uuîle stâte sîn . unde mir sîu persecutio genémen ne mag.

*) Et consilium meum iustificationes tuæ. Vnde diniu uuerchreht sint ze diên ih hábo gerâten . ze dien ih mih hábo geinot . uuanda ih mine fienda uuîle minnon . unde umbe sie béton. Dâr ána ûoberon ih mih . an dien zuêin ilo ih un⸗irlégen sîn . daz ih dâr ana uuerde gebêizet . unde gehertet umbe dînen NAMEN.

PSALMUS CXVIII, d.

ADHÆSIT PAVIMENTO ANIMA MEA. Démo ásterîche hâfteta zuo mîn séla . carni gefolgeta sî . terrenis chlebeta sî zûo. Vuanda daz tôd ist.

Viuifica me. Fone diû chicche mih . unde tûo mih adherere tibi nals carni. **) Der mittunt chad. SERVVS AVTEM TVVS EXERCEBATVR IN IVSTIFICATIONIBVS TVIS . der chit nû. ADHÆSIT PAVIMENTO ANIMA MEA. Ziu? âne daz îmo genuôge ne dunchet sinero exercitationis . unde er fúrder chomen uuîle . dannan er chómen sî.

Secundum uerbum tuum. Chicche mih nah dînemo geheizze . der dir chit. IN ISAAC VOCABITVR TIBI SEMEN. Duô mih filium promissionis . quia non qui filii carnis hi filii dei . sed filii promissionis.

Vias meas . s. malas . enuntiaui. Mine uuéga daz chit mine sunda ságeta ih dir . déro iah ih dir.

Et exaudisti me. Vnde du gehórtost mih . sò daz du mir sie [1]) fergábe.

Doce me iustificationes tuas. Lére mih diniu uuérghreht . lére mih kân dîne uuéga. Lére mih niêht[2]) éin uuizzen . nube tuôn daz ih sule . uuanda der uuéiz kuôt . der iz skéinet.

Viam iustificationum tuarum instrue me . et exercebor in mirabilibus tuis . hoc est in tuis iustificationibus. Vueg dînero frúmeuuercho lére mih . unde so niêton ih mih dinero uuúndero diû an în sint . unde ûoberon mih an in. Pring mih ze diên . ze diên ih noh ne si chómen . diu so uuúnderlih[3]) sint . daz is diê ne trúent . diê iro ne chóreton.

Dormitauit anima mea præ tedio. Mih slâphota fore úrdrúzed . uuanda ze diên so hôhên dingin dingendo irlág ih . noh mir ne gespuota siê ze irreichenne . so férro ih is kedingta.

Confirma me in uerbis tuis. Státe mih dóh an diên dînen uuorten . ze diên ih follechómen bín . daz ih fóne in múge chomen ze ánderen.

---

[1]) sie mir. Sch.
[2]) uicht. Sch.
[3]) uuunderlich. Sch.

*) S. CCXXIV.   **) S. 446.

Viam iniquitatis amoue a me. Penim mir den uueg des únrehtes. uuanda is sô bezzest spuón mag.

Et lege tua miserere mei. Vnde genade mir mit dînero lege. mit lege fidei. diu úns per gratiam gelâzet diû ze tuônne. *) diû uuir sóne uns selben getuón ne máhtin. noh fone lege factorum diu umbe daz cham. ut abundaret delictum.

Viam ueritatis elegi. iudicia tua non sum oblitus. Adhæsi testimoniis tuis domine. noli me confundere. Vueg uuârheite iruuéleta íh dâr ána ze gânne. Dînero urteildon ne irgáz ih. ze gehábenne den gáng. Dînen martyriis hafteta ih zuô. unz ih in giêng. hërro mîn ne skende mih an diû ih ne muoze sólle chómen dára ih rámen uuanda iz uolentis ne ist. noh currentis. nube dei miserentis.

Viam mandatorum tuorum cucurri. cum dilatasti cor meum. Vueg dînero geboto liûf ih. do dû gebrêitost mîn herza. kelústig herza ist prêit. Daz ketuôt unsih chéden. CARITAS DEI DIFFVSA EST IN CORDIBVS NOSTRIS. PER SPIRITVM SANCTVM QVI DATVS EST NOBIS. Fone diu mahta ih currere. uuanda dû geuuérdotost COR DILATARE.

PSALMUS CXVIII, e.

LEGEM PONE MIHI DOMINE. Sezze mir êa trúhten. Du saztost mir sîa littera. sezze mir sîa spiritu. QVIA LITTERA OCCIDIT. SPIRITVS AVTEM VIVIFICAT. Dû scribe sîa in tabulis lapideis. scrib sîa in tabulis cordis.

Viam iustificationum tuarum. Vueg dînero frumerehto sezze mir ze êo. frúme-reht an minemo herzen per legem fidei. diû den man uuilligen tuôt. uuanda der unuuilligo¹) ne ist amicus legis. doh er tuôe opus legis. Daz er ioh kerno uuíssi úngebóten an demo ne uuirt er mundatus opere. uuanda er inmundus ist uoluntate.

Et exquiram illam semper. Vnde den uueg sùocho ih iéo. Vuieo ist daz? Ne chad er VIAM MANDATORVM TVORVM CVCVRRI. Ist daz ánder. danne uia iustificationum dei? **) Nèin. Vuiéo suochet er danne den uuég. an démo er ist. Ane daz er dâr ána uuile proficere. unde sîn so gereh uuerden. daz er an imo sólle chome ad palmam supernæ uocationis dei.

Da mihi intellectum et scrutabor legem tuam. Gib mir fernúmist²). unde danne scrodon ih dîna êa. unde gelírnen dar ana dilectionem dei et proximi.

---

¹) uuilligo. Sch. | ²) fernumiſt. Sch.

*) S. 447.   **) S. 448.

Et custodiam illam in toto corde meo. Vnde behuóto sia an dien zuéin. in allemo minemo herzen. So uuiéo oùh daz dâr ána si zelirnenne ziu dù sia uuoltist dien sezzen. diè si ¹) ne uuâren seruaturi. unde uuiéo filo utilitatis an diù si. QVIA LEX SVBINTRAVIT VT ABVNDARET DELICTVM.

Deduc me in semita mandatorum tuorum. quia ipsam uolui. Leite mih an déro stigo dinero gebóto uuanda ih sia uuolta. Mines nuillen ne genuóget dâra zuô daz ih kange per angustam uiam quæ ducit ad uitam. dù ne leitest mih.

Inclina cor meum in testimonia tua et non in auaritiam. Helde min herza ze dinen urchunden. nals ze fréchi. Ze diên haldet daz herza. diù iz uuile. Vuaz sol iz uuéllen. âne Gotes urchunde? Gotes urchunde. sint Gotes keiihte ²). an diên ueritas ist. Fone sinen geiihten uuizzen uuir siniu mandata. Diu uuolta. der fore chad. DEDVC ME IN SEMITA MANDATORVM TVORVM. QVIA IPSAM VOLVI. Diù uuile er nu iéo ána chédendo. *) INCLINA COR MEVM IN TESTIMONIA TVA ET NON IN AVARITIAM. Er uuolta unde uuile. unde bitet des uuillen daz er imo noh uuáhse. unz er in sô hôhen geuuinne. daz in auaritia nider geziehen ne múge. unde er muôze deum diligere propter deum. nals umbe emolumentum. so diabolus sanctum iob zêh. do er chad. NVMQVID GRATIS IOB COLIT DEVM?

**) Auerte oculos meos ne uideant uanitatem. Chêre dana ³) miniu oùgen. daz siù úppegheit ne séhen. Vuer mag des úbere uuerden. er ne séhe uanitatem. sid diù alliù sint uanitas. diù hiér sub sole sint. diù sol úberskinet. nah salamonis uuorten? Veritas unde uanitas sint éinanderen uuideruuartig. In ueritate ne stuônden uuir. In uanitatem fielen uuir. uanitas pin uuir. Ziu? Vuanda uuir corruptioni unde mortalitati bin undertân. diù uanitas sint. Vués kérot danne der nù chit. AVERTE OCVLOS MEOS NE VIDEANT VANITATEM? A'ne daz er is úberuuint ketuôe. unde er aber chóme in libertatem filiorum dei. dar er uanitatem ne gesêhe. Noh danne ist daz dar ána ze férnémenne. daz er bitet niè er an sinen gùoten uuerchen humanam laudem ne fórderoe. noh pecuniam. noh nezhéinen irdisken dangh. daz al uanitas ist. uuanda die daz tuônt. fone dien chad der saluator. AMEN DICO VOBIS. RECEPERVNT MERCEDEM SVAM.

---

¹) sie. Sch.
²) geiihte. Sch.
³) danne. Sch.

---

*) S. CCXXV.   **) S. 449.

In uia tua uiuifica me. An dinemo uuége chicche mih. Huius mundi cupiditas ist uanitas. aber CHRISTVS ist ueritas unde uia. an imo tûo mih lében.

Statue seruo tuo eloquium tuum in timore tuo. Státe dinemo scalche din gechóse. an dinero fórhtun. Daz chit. hilf mir daz ze tûonne. daz du gespricbest. Dién du gibest spiritum timoris tui. die sint dár ána státe. ándere ne sint. Aber uuelichen spiritum? Nals seruitutis. nube adoptionis.

Amputa obprobrium meum quod suspicatus sum. Nim mir ába minen iteuuiz. des ih ándere ánauuánota. daz ih sie mines lóteres ne ziéhe. Vuanda tuón ih. uuóla umbe fauorem. daz ist min obprobrium unde min peccatum. ziéhe ih oúh des ándere. daz ist aber peccatum. Dannan chit sanctum euangelium. *) NOLITE IVDICARE NE IVDICEMINI. Mánnolihchen léidot alde intságet sin conscientia. Vuíle iéman dar úbere tuón iudicia. diu sint temeraria. Fone diu chit hára nah.

Iudicia tua suauia. Diniu iudicia sint suauia. uuanda siu¹) uera sint. aber suauia ne sint diú temeraria sint. daz chit. diú framscrecche sint.

Ecce concupiui mandata tua. in tua iustitia uiuifica me. Sih nú. diniu gebot uuolta ih. iro géreta ih. an dinemo nals an minemo rehte chicche mih. An mir ist daz mih tóden mag dannan ih lébe. daz ne findo ih. ána an_dir. CHRISTVS ist din iusticia. an imo LÓSE MÍH.

PSALMUS CXVIII, f.

ET VENIAT SVPER ME MISERICORDIA TVA DOMINE²). Vnde din genáda hérro chome úber mih. daz ih diniu mandata geuuéren múge. Vuélichiu ist diu genáda?

Salutare tuum. CHRISTVS din háltare. der din misericordia. unde iustitia. unde ueritas ist. der uuerde incarnatus. So ist din misericordia chómen uber mih.

Secundum eloquium tuum. daz chit secundum promissionem tuam also du abrahæ gehiézze.

Et respondebo exprobrantibus mihi uerbum. Vnde so antuuurto ih. Vuémo? Verbum mir feruuizzenten. CHRISTVM mir feruuizzenten. dién daz scandalum ist alde stulticia. daz er uuard crucifixus. Alde iz chit. Ih antuuúrto uerbum fidei mir iteuuizzonten. Vuélichez ist daz? Áne daz mih lérta spiritus sanctus. nah démo gehéizze. NON ENIM VOS ESTIS QVI LOQVIMINI. SED

---

¹) sie. Sch.   ²) Fehlt bei Schilter.

*) S. 450.

SPIRITVS PATRIS VESTRI QVI LOQVITVR
IN VOBIS. Also iz héra náh chit.

Quia speraui in sermonibus tuis.
hoc est in promissis tuis. Fóne diù
antuuúrta ih. fone diù gemahta ih
iz. *) uuanda dù iz kehiêzze. Dísiù
uox ist corporis CHRISTI.

Et ne auferas. hoc est ne auferri
sinas de ore meo uerbum ueritatis
usque quaque. id est¹) omnimodo.
Vnde uuórtuuárhêite ne irferrest
(uuarheit ne firfirrest) du fúrnomes
fone minemo munde. Vuanda ouf
die treffent ad corpus CHRISTI. die
persecutionem irlîden ne máhton.
unde siê CHRISTI ferlougendon. unde
after des tóh durh²) iro pœniten-
tiam fóne dero æcclesia inphángen
uuúrden. alde sie ioh anderest ad
martyrium³) bráhte palmam ge-
uuúnnen. bediù uuirt hiêr fernó-
men daz iro uox si. diù sus pétot.
Ne lâ mih zegetâte. noh fúrenomes
din geloûgenen. Vuanda so uuiêo
Petrus sin ad horam lougendi. er
uuard doh fletu reparatus. unde
after des kuollicho coronatus. Dan-
nan chad imo zuo der saluator.
ROGAVI PRO TE. VT NON DEFICIAT FIDES
TVA. Hoc est ne auferatur ex ore
tuo uerbum ueritatis usque qua-
que.

Quia in iudiciis tuis super spe-
raui. Vuanda ih an dînen urtêildon
so filo mêrun gedingi geuuán. so
filo mêrun increpationem ih an in
leid. Dine iudicia fálton mih de me
præsumentem. unde rihton mih
aber uf pœnitentem. flentem. et de
te præsumentem. An diu geuuán
ih fastôr tuam gratiam. daz ih fer-
lôs⁴) mîna superbiam.

Et custodiam legem tuam semper
in sæculum et in sæculum sæculi.
Vnde ube du minemo munde ne ni-
mest uerbum ueritatis. sô behuó-
tih dina êa leo. Vuélicha? Dilec-
tionem diu plenitudo legis ist be-
huóto ih din corpus. din æcclesia.
in‿uuerlt uuerlte. uuanda in án-
derro uuerlte dar uuir dih kesehen.
ist fóllera minna. dei et proximi.

Et ambulabam in latitudine. Der
dâr fóre béteta. der ságet nu uuaz
sin bétôn gemâhta. Sámo so er
chéde. Ih péteta du gehôrtost mih.
unde bediù giêng ih in‿uuîti. giêng
in caritate. Vuannen ist daz.

---

¹) Idem. Sch.

²) durch. Sch.

³) Dazu die randglosse: «Sicut felix
nolanvs episcopus. cuius felix presbyter
de pincis pertesum illum apprehendens
in fuga. acreque correptum dorso ipso
rogante inpositum cruciatibus retulit et
sibimet coronam ovis in pastore dupli-
cavit.» Dazu Schilter: «[S. Augustinus
Epist. ad Cler. et pleb. Hypon. p. 152].»

⁴) ferloz. Sch.

*) S. 451.

*) Qui mandata tua exquisiui. Vuanda ih diniu gebót suóhta. also dû lêrest in euangelio. QVÆRITE ET INVENIETIS. Vnde áber. PATER VESTER DE COELO DABIT SPIRITVM BONVM PETENTIBVS SE.

Et loquebar in testimoniis tuis in conspectu regum. et non confundebar. Vnde mit dero baldi sprah ih an dinen martyribus fóre chúningen. unde ne scámeta mih. Also du gehiêze in evangelio. ANTE REGES NOS TE ESSE CONFESSVROS.

Et meditabar in mandatis tuis quæ dilexi. Vnde ih táhta[1]) an diniu gebót. Vuélichiu? Dilectionem dei et proximi.

Et leuaui manus meas ad mandata tua quæ dilexi. Vnde mine hende huob ih ûf. ze dinen gebóten. diû ih minnota. A'n dero operatione skêinda ih. daz ih siu minnota. unde hûob ûf manus. uuanda iz supernum ist. dára ih sie huób. Nah diû iz chit. SVPEREMINENTEM VOBIS VIAM DEMONSTRO. Vnde áber. COGNOSCERE ETIAM SVPEREMINENTEM SCIENTIÆ CARITATEM CHRISTI. Suóchet ieman mercedem terrenæ felicitatis umbe opus dei. der lâzet die hende nider.

Et exercebar in iustificationibus tuis. Vnde dannan uuard ih keuóberot in dinen uuérch-rêhten. A'ndere interpretes chédent. Lætabor alde garriui. fûre exercebar. uuanda der ûobet mit læticia Gótesreht. der iz minnot.

PSALMUS CXVIII, g.

MEMOR ESTO VERBI TVI SERVO TVO. in quo mihi spem dedisti. Irhúge dines uuortes dinemo scalche. daz chit dines keheizes. an démo du mir gábe gedingi. Du hábest keheizen humilibus gratiam. déro ist turft[2]) so temptatio alde tribulatio chumet. fone diû irhúge íro.

**) Hæc me consolata est in humilitate mea. Diu gedingi trósta mih an minero nideri. diû mir chomen ist fone adam. alde an déro diu mir fone persecutoribus chómen ist.

Quia eloquium tuum uiuificauit[3]) me. Vuanda daz du gespráche. daz téta mih lében. daz trósta mih ze libe. Vuaz ist daz? Ane der din[4]) gehêiz. daz ih proiectus in mortem. doh súle ad uitam resurgere.

Superbi inique agebant usque ualde. V'bermuóte táten férro únrehto. an diû. daz sie uuáren impii. unde unsih pios nóton sáment in

---

[1]) tata. Sch.
[2]) durft. Sch.
[3]) viuificabit. Sch.
[4]) dein. Sch.

*) S. 452 und S. CCXXVI.   **) S. 453.

uuésen impios. Táten ferro unrehto . quando quidem superbiam eorum . nec humilitas mortalitatis edomuit.

A lege autem tua non declinaui. Aber ne uuáncta [1]) ih . fone dînero êo . so siê nuolton.

Memor fui iudiciorum tuorum a sæculo domine . et consolatus sum. Ih irhugeta [2]) dînero urtêildon . die du tâte fóne ánagenne super uasa iræ . diu ad perditionem treffent . unde daz trósta mih . uuanda ioh mit diên skéindost du diuitias gloriæ tuæ in uasa misericordiæ . Vuiêo? Daz du siú bezzerotost mit in .

Tedium detinuit me a peccatoribus relinquentibus legem tuam. Vrdrúzeda cham mih ana fone súndigen dînâ êa ferlâzenten. Mih irdróz dero miteuuiste . mit diên hiêr ze lebenne ist in dísemo lîbe . donec area uentiletur.

Cantabiles mihi erant iustificationes tuæ . in loco peregrinationis meæ. Aber dine rehtunga uuaren mir ze sólichero suôzi . daz ih sie singen mahta . so trôstlih [3]) uuaren siê mir hiêr in éllende.

Memor fui in nocte nominis tui domine . et custodiui legem tuam. Ih irhúgeta in náht dînes namen truhten . unde behuôta dîna êa.

Naht sint mortalitatis erumnæ . naht sint superbi inique agentes usque ualde . naht ist tedium a peccatoribus relinquentibus legem dei . *) naht ist locus peregrinationis huius . donec ueniat dominus . et illuminet abscondita tenebrarum. Hiêr in dirro naht sol mánnolîh irhúgen nominis dei . uuanda er sîna legem behuôten ne mag . âne in sînen námen . also iz chit. ADIVTORIVM NOSTRVM IN NOMINE DOMINI.

Hæc facta est mihi . quia iustificationes tuas exquisiui. Disiû naht ist mir uuorden bézzerunga. Vuelichiu? Humilitas mortalitatis huius. Vuiêo? Daz ih an iro lirnee non superbire . uuanda fone superbia cham si [4]). Aber fóne diû bézzerot si mih . uuanda ih dîne rehtunga genôto suôhta. Demo gelîh ist daz. BONVM MIHI QVIA HVMILIASTI ME . VT DISCAM IVSTIFICATIONES TVAS.

PSALMUS CXVIII, h.

PORTIO MEA DOMINE . dixi custodire legem tuam. Min têil truhten . ih kesprah dîna êa ze behuôtenne . uuanda anderer an dir têil ne habet . âne der´iro huôtet.

---

[1]) Aber uuaneta. Sch.
[2]) erhugeta. Sch.
[3]) trostlich. Sch.
[4]) sie. Sch.

*) S. 454.

Deprecatus sum faciem tuam in toto corde meo. Dâr umbe dígeta ih din ánasiûne in allemo minemo herzen. daz mir is hélfe spiritus uiuificans. ne litera occidat. Vnde uuiêo chad ih?

Miserere mei secundum eloquium tuum. Cnâde mir nah dinemo gehêizze. daz ih si filius promissionis in semine abrabæ.

Cogitaui uias meas et conuerti pedes meos in testimonia tua. Ih tâhta an mîne uuéga. die mir misselicheton. unde chérta sie an dîniu urchunde. daz sie dar rébteren sîn. AVERTE OCVLOS MEOS NE VIDEANT VANITATEM. Chére dana mîniu oûgen daz siû uppeghêit ne séhen. also diê¹) fuôze. daz siê ne irroen. Demo ist kelîh. OCVLI MEI SEMPER AD DEVM. QVONIAM IPSE EVELLET DE LAQVEO PEDES MEOS.

Paratus sum et non sum turbatus. ut custodiam mandata tua. Ih pin garo ze huôtenne dînes kebotes. *) unde bin ungetruôbet. uuanda mir iz nehêin forhta ne nímet.

**) Funes peccatorum circumplexi sunt me. et legem tuam non sum oblitus. Also dâr ána skínet. déro sundigon sêil umbe fiêng mih. unde umbe daz ne irgaz ih dínero éo. Peccatores sint ioh carnales. ioh spiritales inimici. Diê léngent iro unreht álso sêil. uuanda sie iêo êin ze andermo héftent. unde umbe fáhent mite iustos. minando mala. et promittendo temporalia bona. Demo sêile indrán²). der hiêr sprichet.

Media nocte surgebam ad confitendum tibi. super iudicia iusticiæ tuæ. A'n déro hándegostun persecutione stuônt ih ûf dir ze iéhenne. daz chit dih zelóbonne an dien urteildon dines rehtes. uuanda iz rehte urteilda sint. daz du uuile iustos circumplecti fune peccatorum. Ziu? A'ne daz sie dannan suln gebézzerot nuerden.

Particeps ego sum omnium timentium te et custodientium mandata tua. Nu sprichet CHRISTVS ad patrem sáment sinemo corpore. ketêilo bin ih allero die dih fúrhtent. unde behûotent diniu gebot. Daz chit CHRISTVS. uuanda ne uuurde er particeps nostræ mortalitatis. so ne uuurdin uuir participes sinero diuinitatis.

Misericordia domini plena est terra. Fone diu ist diu erda fol truhtenes kenádon. Granum sinapis irstarb. dannan cham multus fructus in tota terra.

Iustificationes tuas doce me. Dine

---

¹) diu. Sch.   ²) intdran. Sch.

---

*) S. 455.   **) S. CCXXVII.

rehtunga lére mih . uuanda fóne diên genadon uuirdo ih iustificatus.

PSALMUS CXVIII, i.

Bonitatem fecisti cvm servo tvo domine . secundum uerbum tuum. Du táte uuésen guoti herro mit dinemo scalche. Du táte mih kelústigen spiritalium bonorum . nah dinemo geheizze. Daz ist magnum dei donum . *) uuanda der úngelustiger uuola tuót . der tuot iz seruiliter nals liberaliter . daz chit kelicho démo scalche . nals demo frien.

Bonitatem et disciplinam . id est emendatoriam tribulationem . et scientiam doce me. Lére mih kuoti . souuiéo ih sia habe fone dînero gébo . mero mir sia . unde gib sáment iro lirnunga . unde lére mih dero gedúltig sin . uuanda si nieo âne uuidermuóte ne ist. Also der apostolus chit. Omnis disciplina ad presens . non gavdii videtvr esse sed tristitiæ. Sumeliche interpretes cháden sure disciplinam eruditionem. Daz ist iéo diu selba . sament déro ieo flagella sint. Fone diû bitet er patientiæ . diu flagella eben=muóto ze trágenne. Vnde lére scientiam mih quæ ædificet . uuanda scientia sine caritate non ædificat sed inflat. Quia mandatis tuis credidi. Ziú ne chad er obœdiui?

Mandatis sol_man obœdire promissis credere. Vuaz chit er uuanda ih keloubta dînen gebóten? ane ih keloubta daz siu fone homine ne uuurdin ministrata. Chamin siû ouh fone homine . der mih siû lêrti extrinsecus . mahti der siû danne léren . intrinsecus so du tuôst?

Priusquam humiliarer ego deliqui. Ih misseteta in adam . êr ih kenideret uuurde. An imo uuard diu creatura subiecta uanitati . uuanda si ne uuolta sin subiecta ueritati.

Propterea eloquium tuum custodiui. Fone diu behuota ih sid din gechôse . sid ih dero uanitatis an mir inphant . nieo ih anderest kenideret ne uuerde. Ih huóta des uuanda ih mortem carnis habo geuuunnen . daz ih ouh ne geuuúnne mortem animæ nube so du geboten habest. Vuieo? Ut deiecta superbia . diligatur obœdientia unde so fertiligot uuerde non reditura miseria.

Bonvs es tu . in bonitate tua doce me iustificationes tuas. **) Guót pist dú an dînero guoti lére mih dine rehtunga. Imo ist ernest ze tuónne sine iustificationes . sid er siê uuíle lirnen in sua bonitate. Fernim ouh noh mêr . uuiéo ernest imo is si.

Multiplicata est super me iniquitas superborum. Vber mih ist kemanigfaltot déro ubermuóton un-

---

*) S. 456.   **) S. 457.

reht . die daz nieht ne bézzerota .
daz humana natura genideret uuard .
sid si misseteta .

Ego autem in toto corde scrutabor mandata tua . Aber ih suocho genoto diniu gebot . So uuieo michil unreht in uuerlte richesoe . in mir ne irlisket caritas .

Coagulatum est sicut lac cor eorum . Iro herza ist kerunnen also milch . ist ferhertet . unde ne intlázet sih zeguòte .

Ego uero legem tuam meditatus sum . Vuaz téta ih dára gágene . Ih ahtota dina éa . an déro humiles effugiunt pœnales humilitates .

Bonum mihi quia humiliasti me . ut discam iustificationes tuas . Fone diu ist mir guòt . daz du mih kenidertost . daz ih so filo genòtor lirnee dine rehtunga . unde daz fructus si minero humiliationis . uuanda der daz kuót¹) ne ahtot . daz du in nidertost . noh dár bi sih ne bézzerot . démo geschiéhet uuirs .

Bonum mihi lex oris tui . super milia auri et argenti . Kuot ist mir fone dinemo munde chómeniû éa . unde mit dinemo munde gebóteniû . bezera . danne unzalahafti goldes unde silberis . uuanda min caritas sol ferror minnon legem dei . danne cupiditas milia auri et argenti .

PSALMUS CXVIII, k.

MANVS TVÆ DOMINE FECERVNT ME et psalmauerunt me . da mihi intellectum ut discam mandata tua . Dine hende taten mih . unde bildoton mih . fone diu gib mir fernúmest²) . daz ih kelirnee diniu gebot . Formam gabe du mir . reformationem gib mir . *) Sid min natura peccando uuard deformata . sid ne mahta si intellectu sin integra . bediu ne bin ih ad capienda dei mandata idoneus . ih ne uuerde spiritu mentis renovatus . Manus sint hiêr genemmet fure potentiam . also ouh an dero stéte dar iz chit . ET ARIDAM FVNDAVERVNT MANVS EIVS³) . Vnde aber . OPERA MANVVM TVARVM SVNT COELI . Vnde selber CHRISTVS pitet hier sinen fáter des . des er sin corpus turftig uuèiz . Die durfte . **) unde dia indigentiam lidet er an imo . unde inphindet sin . Quia uita eius cum ipso abscondita est in deo .

Qui timent te uidebunt me et lætabuntur quia in uerbo tuo super=speraui . Die dih nu fúrhtent . die gesehent mih noh uuanne hina fúre . quando iusti fulgebunt sicut sol . unde danne sint sie frò . Vuéliche sint daz? Ane selber der liut sanctæ ecclesiæ . der imo nu furhtet . der fréuuet sih danne sinero forhtun . Daz ist fone

---

¹) uuanda daz der guot. Sch.
²) fernumeft. Sch.
³) Fehlt bei Schilter von «Manus sint» an.

*) S. 458.   **) S. CCXXVIII.

diû uuanda ih an dînen geheiz ferror gedingta . danne ih piten geturre . Nah diu iz chit . POTENS EST DEVS FACERE SVPRA QVAM PETIMVS . AVT INTELLEGIMVS .

Cognoui domine quia æquitas iudicia tua . et in ueritate tua humiliasti me . Ih irchenno truhten daz dîne urteilda rehte sint dannan uuir in mortem geuuorfen bin . unde du in dînero uuârheite unsih kenideret habest .

Fiat misericordia tua ut consoletur me . Dára nah chome dîn genada . daz si¹) mih trôste . unde ih áber uuérde instauratus ad uitam . Regeneratio chome mir . fides . spes . caritas chomen mir . diu hiér sint consolatio miserorum . nals gaudia beatorum .

Secundum eloquium tuum seruo tuo . Nah dînemo gehéize²) chóme siu mir dînemo scalche .

Veniant mihi miserationes tuæ et uiuam . Mir chomen dîne genada . unde so lébo ih . *) unde lebo uuarhafto . so ih ne furhto . daz ih furder irsterbe .

Quia lex tua meditatio mea est . Vuanda dîn éa ist daz . des ih tencho . Mîn gedang³) ist in fide quæ per dilectionem operatur . an dero ne bristet mir . an dero lebo ih .

Confundantur superbi quia iniuste iniquitatem fecerunt in me . ego autem exercebor in mandatis tuis . Vbermuôte uuerden des scámeg . daz sie unrehto fuôren uuider mih . aber ih uuirdo geémezot an dînen gebóten . sie tûen souuiéo sié tûen .

Conuertantur mihi timentes te . hoc est ad me . et qui nouerunt testimonia tua . Disiu uuort ne múgen sîn anderes âne CHRISTI . Ze mir chit CHRISTVS . uuerden bechéret . die dih fater furhtent . unde diê dîne prophetias uuizzen . fone mir gescribene . Des persona uuas ouh fóre . PARTICEPS EGO SVM OMNIVM TIMENTIVM TE .

Fiat cor meum inmaculatum in iustificationibus tuis ut non confundar . Mîn herza chit aber corpus CHRISTI uuerde ungeflécchot in dînen réhtungon . daz ih kescendet ne uuerde . Solih ist dâr fore . Vtinam dirigantur uiæ meæ . ad custodiendas iustificationes tuas . tunc non confundar . cum inspicio in omnia mandata tua .

---

¹) sie. Sch.
²) geheizze. Sch.
³) gedanch. Sch.

*) S. 459.

PSALMUS CXVIII, 1.

Defecit in salvtari tvo anima mea. Mín sela ist ferchólen an dînen haltâre.

Et in uerbum tuum super-speraui. Vnde an dînen gehéiz hábo ih úber-dinget . uuanda mer guôtes chómen sol danne man uuizzen múge sáment christo . den du uns kehéizzen hábest.

Defecerunt oculi mei in eloquium tuum . dicentes quando consolaberis me? Míniu ôugen sint ferchólen an dînen gehéiz . ze dir chédentíû . uuanne trôstest dû mih? Diu in-uuértigen oùgen langet sîn . bediù cháffent siu gagen imo unde fore gi-redo sûftont siù . unde éiscont dînen trôst.

*) Quia factus sum sicut uter in pruina . iustificationes tuas non sum oblitus. Vuanda carnis desideria an mir irfróren sint . also in rifen uter gefriùset . fone diù ne uuas ih unge-huhtig dinero réhtungon. Vueliche sint die? Ane caritas . diu cham . so feruor cupiditatis kerûmda.

Quot sunt dies serui tui? quando facies de persequentibus me iudi-cium? Vuieo manige tága sint dînes scalches? Vuaz chit daz? A͞ne unz? uuára uuéret dîn corpus sancta æc-clesia? V'ber uuieo lang rihtest du mir fone miuen áhtâren? Vuanda si uuéren sol . unz ze iudicio . uuanne chumet daz? Diu frâga ist marty-rum in apocalipsi . unde dâr uuirt keantuuurtet . donec fratrum eorum numerus impleatur. Dia frâgun fore saget disiu prophetia.

Narrauerunt mihi iniqui fabulatio-nes . sed non ut lex tua. Unrehte sageton mir adoléschias . id est[2]) exercitationes delectabiles uerbi . nieht sô dîn éa . an dero mir ueritas lichet nals uerba. Soliche hábent misseliche professiones. Judeorum literæ so gescribene héizzent deute-rosis an dién milia fabularum sint . ane den canonem diuinarum scrip-turarum. Sameliche habent heretici an iro uana loquacitate. Habent ouh soliche sæculares literæ. Vuaz ist ioh anderes daz man marcholfum saget sih éllenon uuider prouerbiis salomonis? An dién allen sint uuort scóniù . âne uuârheit.

Omnia mandata tua ueritas . ini-qui persecuti sunt me adiuua me. Aber alliu diniu gebót sint uuâriu[3]). Vuanda ih diù bot contra uanos ser-mones iniquorum fone diu áhton sie min . hilf aber du mir.

Paulominus consummauerunt me in terra. Sie habeton mih nah fer-

---

1) uns. Sch.
2) idem. Sch. In der folge noch öfters.

3) uuarin. Sch.

*) S. 460.

tiligot in erdo . multa strâge martyrum facta.

Ego autem non dereliqui mandata tua . Dar umbe ne geloubta ih mih dinero geboto uuanda iz chit . *) QVI PERSEVERAVERIT VSQVE IN FINEM . HIC SALVVS ERIT.

Secundum misericordiam tuam uiuifica me . et custodiam testimonia oris tui . Chicche mih nah dinero genâdo . unde [1]) so behuoto ih dines mundes martyria . id est mandata . diu ih anderes pehuoten ne mag . Ne lâz mih amando uitam . negare uitam . noh negando uitam . amittere uitam .

PSALMUS CXVIII, m.

IN ÆTERNVM DOMINE VERBVM TVVM permanet in cælo . **) In himele uueret iêmer truhten dîn uuort. Angeli sancti sint dâr stâte an iro diêniste . mih mag hiêr irdriêzzen dirro mutabilitatis unde dero irdiscun conuersationis . diu folliu temptationum ist.

In generatione et generationem ueritas eius . Aber in erdo uuéret din uuarheit an generationibus diê in cælo ne sint . pediu ist hiêr uuehsel nals dâr.

Fundasti terram et permanet . Du bist fundamentum . du habest kestâtet dîna æcclesiam . unde dannan uueret si [2]) ane zegéngeda.

Ordinatione tua perseuerat dies . Fone dinero ordenungo uuéret der tag . fidelibvs ist an dir euuig tag . an démo suln sie honeste ambulare et lætari in ea.

Quoniam omnia seruiunt tibi . Vuanda dir dienont álliu diu ze demo tâge treffent . nals diu ze dero naht .

Nisi quod lex tua meditatio mea est . tunc forte perissem in humilitate mea . Vbe ih dina êa ne ahtoti . diu mih sterchot in tribulatione temporali so mahti ih ferloren uuerden in humilitate mortali . Din êa ist caritas . diu nimet mir interitum .

In æternum non obliuiscar iustificationes tuas . quia in ipsis uiuificasti me . Dinero rehtungon ne irgizzo ih niêmer . uuanda an in chictost du mih . fone diu ne uuirdo ih ferloren in humilitate mea . Vuaz ist mennisco úbe du in ne chicchest. Vuaz kemag er? Occidere potest se non uiuificare .

***) Tuus sum ego saluum me fac . quoniam iustificationes tuas exquisiui . Din bin ih . Ze lêide ist mir uuorden daz ih min uuolta sin daz ist inobœdientiæ primum et maximum . malum . Nu bin ih aber dîn . tuô mih kehâltenen . uuanda ih dine

---

[1]) undo. Sch.   [2]) sie. Sch.

*) S. 461.   **) S. CCXXIX.   ***) S. 462.

rehtunga nals mînen uuillen dar umbe forderota . daz ih dîn sî.

Me expectauerunt peccatores ut perderent me . testimonia tua intellexi. Min biten sundige daz sie mih ferlúrin . sie uuolton daz ih in uuare consentiens . unde ih dîn ferloúgendi . danne uuâre ih ferlóren . ih uuissa dîne geiihte sóliche . daz der gehálten uuirt¹) . der an in fólle stât.

Omni consummationi uidi finem . latum mandatum tuum nimis. A'llero perfectioni gesah ih CHRISTVM finem . an imo uuerdent álle uirtutes consummatæ . under dien ist caritas filo brêit kebôt . uuanda an iro irfullet uuerdent lex et prophetæ.

PSALMUS CXVIII, N.

QVOMODO DILEXI LEGEM TVAM? Vuiêo minnota ih dîna êa? Vuiôolicha minna habeta ih ze iro?

Tota die meditatio mea est . Daz si²) alle zîte min gedanch ist . Si ne chumet uzer minemo muote . uuanda caro ist concupiscens aduersus spiritum . fone diû gágen sezzo ih imo meditationem legis tota die . Vuaz ist lex dei ane iussa dei? Iussa cius leitent mih ad bona opera . fone diû sint siû mir lièb.

Super inimicos meos prudentem me fecisti mandato tuo . quia in æternum mihi est . Dû tâte mih fruóteren mit dinemo gebóte danne mîne fienda sîn . uuanda iz mir euuig ist . Du habest mih kelêret daz ih sol gratis uuerden iustificatus per gratiam dei . daz ne uueiz israhel secundum carnem . der min inimicus ist . uuanda er ist inimicus legis fidei . unde er sih kuóllichot in lege factorum . *) unde er suam iustitiam quærendo statuere . subiectus ne ist iustitiæ dei . unde er sih uuânet suis uiribus legem facere . fone diu uuirt er uz ferstôzzen . also gescriben ist. SERVVS NON MANET IN DOMO IN ÆTERNVM . FILIVS MANET ³) . Dâr hábo aber ih iêmer mandatum dei . id est caritatem dei.

Super omnes docentes me intellexi . quia testimonia tua meditatio mea est . Ih fernám mêr danne mîne mêistra⁴) . uuanda diniu urchunde sint min hogezunga . Vuer chit daz? Vuer mag iz chéden ane CHRISTVS? Er saz in templo inter doctores . audiens eos et interrogans . et ipsi stupebant super prudentia et responsis cius . So ferro uuissa er iz paz danne sie . daz iz in stuporem ma-

---

¹) uuird. Sch.
²) sie. Sch.
³) [non] manet. Sch.
⁴) meistra meine. Sch.

*) S. 463.

chota. Des tinges¹) ist hiêr prophetia . diû uuîlon sprichet a capite quod est saluator . uuîlon a corpore quod est ecclesia . unde mît diû machot quasi unum loquentem . also iz chit. ERVNT DVO IN CARNE VNA. Daz uuas fone diû . uuanda sînes fâter testimonia uuâren sin meditatio . also er chad. VOS MISISTIS AD IOHANNEM . ET ILLE TESTIMONIVM PROHIBVIT DE ME. EGO AVTEM NON AB HOMINE TESTIMONIVM ACCIPIO . SED HABEO TESTIMONIVM MAIVS IOHANNE. Fóne diu chit hára náh . daz áber daz selba ist.

Super senes intellexi . quia mandata tua quæsiui. Fúre diê alten fernam ih uuanda ih dîniu gebót suôhta . nals dero senum. Die hêizzet er senes . die er hiêz docentes. Dien senibus uuolta er ioh turbas doctiores ketuón. Bediû chad er in zûo. AVDITE ET INTELLEGETE. NON QVOD INTRAT IN OS COINQVINAT HOMINEM . SED QVOD PROCEDIT EX ORE . HOC COINQVINAT HOMINEM. Daz ne uuisson seniores . die lotas manus so genôto forderoton.

*) Ab omni uia mala prohibui pedes meos . ut custodiam uerba tua. Ih zóh tána mine fuozze fone allemo ubelmo uuége²). Diu nuort ne sint capitis nube corporis . demo praua' desideria sint frenanda . so harto . daz er so getúrre chéden.

A iudiciis tuis non declinaui . quia tu legem posuisti mihi. A'ba dînen úrtêildon ne uuancta ih . ih tâhta iêo dára ána . nah diû iz andersuuâr chit. A IVDICIIS ENIM TVIS TIMVI. Ziu? Vuanda du mir éa sáztost. Mînemo herzen inuuert . habest dû sia in getân . casto timore . non seruili.

Quam dulcia faucibus meis eloquia tua super mel ori meo. Vuiéo suôzze minemo slúnde dîniu gechòse sint . demo munde mînes herzen sint siu suôzzeren danne hónang . formido carnalis mali ne leitet mih ze in . nube delectatio spiritalis boni.

**) A mandatis tuis intellexi. Fóne dînen gebóten uuard ih fernúmestig³). Din gebót uuérendo cham mir des ih ker uuas. Also gescriben ist. CONCVPISTI SAPIENTIAM SERVA MANDATA . ET DEVS PREBET ILLAM TIBI. Humilitas obœdientiæ leitet ad intellectum . unde so intellectus chumet . só ne ist ûf ze séhenne obœdientia.

Propterea odiui omnem uiam iniquitatis. Fone diu házzeta ih alle unrehte uuéga . uuanda ih intellectum uuolta.

---

¹) tingis. Sch.
²) uuega. Sch.
³) fernumeftig.

*) S. 464.   **) S. CCXXX.

PSALMUS CXVIII, O.

Lvcerna pedibvs meis meis verbvm tvvm . et lumen semitis meis . Verbum ist christvs . uerbum ist christi . daz apostolis unde prophetis zuo gespróchen uuard . fone démo chit iz nû . Din uuort ist liéhtfaz minen fuôzzen . Vnde aber daz selba . Iz ist liéht minen pháden . Ih ne uuissi uuára ih solti . ube mih daz ne lêitet.

*) Iuravi et statui custodire iudicia iustitiæ tuæ . Ih suuôr . unde geêinota mih ze behuôtenne die urtéilda dines rehtes . diê an diû sint . daz man ubelo ne tuôt ingeniûz . noh uuola in gemêitun.

Humiliatus sum usque quaque domine . id est usque ualde . Fóne diu bin ih harto gediemuôtet in michelero persecutione.

Viuifica me secundum uerbum tuum . Chicche mih nah dinemo geheîzze . uuanda ouh uerbum promissionis tuæ lucerna ist pedibus unde lumen semitis.

Voluntaria oris mei beneplacita fac domine . hoc est placeant tibi . Vuilligiû opher mines mundes sin dir liêb . diû caritas récebet . nals timor.

Et iudicia tua doce me . Vnde dine urteilda lêre mih . Der fóre chad . A ivdiciis tvis non declinavi . uuîeo chit der¹) nû . lére mih iudicia tua? Ane daz er siû baz kelirnen uuile?

Anima mea in manibus meis semper . Min sela ist iéo in minen hánden . In minen handen ist si . uuanda ih ieo dir sie bringo ze chicchenne . Also iz ándersuuár chit . Ad te levavi animam meam.

Posuerunt peccatores laqueos mihi . et de mandatis tuis non erraui . Súndige rihton mir striccha . unde durh daz ne irrota ih daz ih uuancti fone dinen gebóten . uuanda ih dir braht hábeta mina séla . sia ze chicchenne.

Hereditate acquisiui testimonia tua in æternum . Ze erbe suôhta ih dine geiihte in êuua . Daz ih iêmer din iéhe . unde din ne ferloùgenne . daz uuile ih haben ze érbe . Daz kela²) mir . Fone dinemo gelâzze . múgen siú mir erbe sin in êuua.

Quoniam exultatio cordis mei sunt . Vuanda sie mines herzen fréuui sint . doh siê mines lichamen afflictio sin.

Inclinaui cor meum ad faciendas iustificationes tuas in æternum . propter retributionem . Ih kehalta min herza dine réhtunga ze tuônne in êuua . umbe lòn . Iustificationes sint opera caritatis . uuer mag diu tuôn in êuua? **) Sò necessitates

---

¹) er. Sch.   ²) kelah. Sch.

*) S. 465.   **) S. 466.

proximorum zegânt . so zegânt ouh opera . aber retributiones ne zegânt . pediu iſhet er sih iustificationes tuôn in êuua . Dâr fóre chad er bíttendo . INCLINA COR MEVM IN TESTIMONIA TVA . ze geoûgenne daz iz diuinum munus ist . aber hiêr chit er INCLINAVI . ouh sinen uuillen ze skeinenne .

PSALMUS CXVIII, p.

INIQVOS ODIO HABVI . ET LEGEM TVAM DILEXI . Vnrehte házzeta ih . unde dina êa minnota ih . Also ih dina legem minnota . also hazzeta ih iro unreht . dero halb sie iniqui sint házzeta ih siê . nals déro halb siê ménnisken sint . Naturam hominis ne házzeta ih . nube uitium .

Adiutor meus . et susceptor meus es tu . Mîn helfâre bist dû uuola ze tuônne . min inphángare ubeles ze în fárenne [1] .

In uerbum tuum super=speraui . An dînen gehêiz uber dingta ih . samo sô filius promissionis .

Declina=te a me maligni . et scrutabor mandata dei mei . Rûment mir arguuillige . unde so scrodon ih mines Gotes kebot . Lâzent mih tenchen . uuaz Gote lîeb si . daz ih pehestet si an demo fórderosten .

nals so ir uuéllent . an demo áfterosten . Disiu réda ist uuíder dien . die inportune unsera helfa fórderont ad sæcularia negotia .

Suscipe me secundum eloquium tuum et uiuam . et non confundas me ab expectatione mea . Inpháh mih nah dinemo geheizze . unde sô lébo ih . Vuâr? Ane in futuro . dar lib âne tôd ist . Vnde ne skende mih an mîuero bítûn . Ne lâ mir ingân des ih pito .

Adiuua me et saluus ero . et meditabor in iustificationibvs tuis semper . Hilf mir . uuanda ih sieh pin . unde so nuírdo ih kehalten . unde fone dero helfo . dencho ih [2] îeo an dîne rehtunga .

Spreuisti omnes discedentes a iustitiis tuis . quia iniusta cogitatio eorum . *) Alle sih skéidente fone dinen rehten ferchúre du . unde mit rehte . uuanda iro gedang unreht ist . Vues mag der uuesen rehter . der in gedanche ist unrehter?

Preuaricantes . id est præceptum diuaricantes reputaui omnes peccatores terræ . Alle sundige in uuerlte . áhtota ih úberfángara . Vues? Ane Gótes êo . êinuueder in paradyso datæ . alde naturalis . alde litteris ˙promulgatæ . Vuico gehillet danne demo . daz der [3] apostolus chit . VBI NON EST LEX . NEC PREVA-

---

[1] intfarenne. Sch.
[2] Fehlt bei Sch.
[3] er. Sch.

*) S. 467.

RICATIO. Ane daz er iz ecchert chit fone einero déro . diû iudeis uuard literis tradita.

*) Ideo dilexi testimonia tua. Fone diu minnota ih dine geiihte . die mih séndent ad gratiam tuam . daz ih ke‑uuúnne¹) per gratiam . daz ih ke‑uuúnnen ne mag per legem.

Confige timore tuo carnes meas. Durh‑stöz miniu fléisk mit dinero forhtun . tuô daz ih si CHRISTO confixus cruci . unde carnis desideria an mir gedoúbot²) uuerden fone gratia dei . uuanda mih lex ne mag iustificare . nube preuaricatorem facere. Mit casto timore durhstôz miniu flêisg . mit imo uuerde caro crucifixa . uuanda pœnalis timor ne getûot carnem crucifixam. Ziu? Quoniam per eum uetantur potius peccata quam uitantur.

A iudiciis enim tuis timui. Fone énen dinen urteildon diê in lege sint forhta ih . die uuâren mir quasi pedagogi . dannan leite mih hára ze démo timore an demo delectatio iusticiæ si nals timor pœnæ.

PSALMUS CXVIII, q.

FECI IVDICIVM ET IVSTITIAM . NE TRADAS ME calumniantibus me. Ih téta gerihte unde reht . ne séle mih minen ánafristâren. Vuéliche sint daz? Ane diê ioh kuôt in árg uuendent. **) Diên ne henge daz sie mit iro âhtungo mih ze ubele bechéren . id est ne metuentem mala perpeti . mala facere cogant. Iustitia recchet iudicium . uuanda iz iudicium ne ist . iz ne si rectum. Iustitia ist uirtus animi . iudicium ist operatio uirtutis.

Suscipe seruum tuum in bonum. Inpháh mih in guôt . uuanda sie uuellen mih scrécchen in úbel.

Non calumniantur me superbi . id est ne me capiant calumniando. Vbermuôte ne bescrénchen mih . hintert trahtondo . daz ih CHRISTVM béton uuanda sie chedent christianos mortuum colere.

Oculi mei defecerunt in salutare tuum. An dinen háltare sint ferbrùchet miniu oûgen. Sin langet mih . sin lustet mih.

Et in eloquium iustitiæ tuæ. Vnde an daz kechôse dines rehtes . daz in euangelio gelirnet uuirt . so er chumet.

Fac cum seruo tuo secundum misericordiam tuam. Duô sament mir dinemo scálche . nah dinero genádo . nals náh minemo rehte.

Et iustificationes tuas doce me. Vnde lére mih dine réhtunga . mit diên dû die mennisken getuost rehte . nals siê sih.

---

¹) geuuunne. Sch. ²) geduobet. Sch.

*) S. CCXXXI.   **) S. 468.

Seruus tuus sum ego. Ih pin din scalch. Mir gelang úbelo an diù. daz ih min frîo uuolta sîn. nals dîn scalch.

Da mihi intellectum. ut sciam testimonia tua. id est mandata. Kib mir fernúmest¹) daz ih uuizze dîniù gebót. Gib mir ieo zetrinchenne de fonte lucis æternæ. daz ih siu uuizze. unde tuondo íeo baz unde baz siu uuizze.

Tempus faciendi domine. Zît ist des tuónnes daz du tuón solt. chum unde uuíso unser. unde ne tuéle des.

Dissipauerunt legem tuam. Zefuóret hábent sîê dîna êa. bediù ist is zît. Vuéliche táten daz? Superbi. qui suam iustitiam uolentes statuere. iusticiæ dei non sunt subjecti. Lex subintrauit ut abundaret delictum delictum dissipauit legem.

Ideo dilexi mandata tua. super aurum et topazion. *) Fone diù minnota ih dîniu gebot. mêr danne golt. unde topazium. uuanda dilectio diu irfóllon mag. diù timor ne mahta. Gratia dei gibet dilectionem. diê gratiam ne chondon die irchîesen. die faciem moysi uelatam gesehen ne mahton. Sie uuolton tuón mandata tua pro terrena mercede. diu sie doh ne táten. uuanda sie ánder minnoton. Noh timor seruilis. noh amor terrenæ" mercedis. ne mahta sie geleiten dara zuô. A'ber ih minnota mandata tua super aurum et topazion. uuanda nchéiniù guót diên gelih ne sint. diu den mennisken guót tuónt. Topazius hábet zuô fáreuua. eina goldes. andera lúste. unde also scône ouga. so skinet er in golde.

Propterea ad omnia mandata tua dirigebar. Fóne diu uuard ih rihtig ze dînen gebóten. uuanda ih siu minnota.

Omnem uiam iniquam odio habui. Alle únrehte uuéga házeta ih. Zîu ne solti. sid ih rehte minnota? Ih skiéhta die uuéga. an diên man tiúrera ferliêsen mag. danne aurum sî et topazion.

PSALMUS CXVIII, r.

MIRABILIA TESTIMONIA TVA ideo scrutata est ea anima mea. Vuúnderlih' sint diniu præcepta. id est præcepta legis. fone diù scródeta siù mîn séla. Daz siù bona sint fone bono chómeniù. des ne sint siu uuúnderlih. Daz siu áber diên sint kegeben. die siù ne múgen uiuificare noh iustificare. daz ist mirandum. daz ist stupendum. Vuannan

---

¹) fernumeft. Seb.

*) S. 469.

uuîzzen uuir . daz sie lex ne muge iustificare? Vuanda paulus chit . SI ENIM DATA ESSET LEX QVÆ POSSET VIVIFICARE . VERE EX LEGE ESSET IVSTICIA. Daz scródota min sela . ze uuiû si gegében uuúrde . sid si ne mahta uiuificare . Daz ne teta si in úppun [1]) . Vuîeo?

*) Declaratio sermonum tuorum illuminat . et intellectum dat paruulis . Vuanda óffenunga dînero uuorto irliĥtet luzzele . unde gibet in fernumest [2]) . Vuaz ist declaratio sermonum tuorum âne lex? Ziu si diên gegében si diê si ne mag iustificare . daz fernément paruuli . daz fernement humiles . déro bin ih éiner . fone diú uuolta ih sia scródon . Si ist dára zuo gegében . daz sie dih superbum iudeum humilem tuôe . unde si dir geoûge . daz dinero chrésto ne gerinnet sia ze irfollonne [3]) . unde du solt confugere ad gratiam . unde châlelicho chéden . MISERERE MEI DOMINE QVONIAM INFIRMVS SVM. Daz uuirt dir ze tuônne . quia per legem cognitio est peccati . non iustificatio.

Os meum aperui et attraxi spiritum . quia mandata tua desiderabam . Vuanda ih díniu gebót uuolta . bediu indéta ih úf minen munt unde iáh . daz ih infirmus ne mahta tuôn fortia . **) paruulus magna . unde durftiger souf [4]) ih spiritum bonum . der mir half ze getuônne [5]) . daz ih ketuôn ne mahta . per mandatum sanctum . et iustum . et bonum . Non enim qui spiritu suo aguntur . sed qui spiritu dei . hi filii dei sunt . Non quia ipsi nihil agunt . sed ne nihil boni agant . a bono aguntur ut agant.

Respice in me et miserere mei . secundum iudicium diligentium nomen tuum . Sih mih ána . unde genáde [6]) mir nah déro urteildo . dinen namen mínnontero . Daz chit nah dero urteildo . dia du an diên tâte . die dinen námen mínnont . Vuannan minnont? Ãne daz du sie er minnotost . Also iohannes chit . NOS DILIGAMVS DEVM . QVONIAM IPSE PRIOR DILEXIT NOS . Disiu uuort sint des . der suoze getrúnchen hábet . unde gechóretro [7]) suôzi . mêr trinchen uuíle.

Gressus meos dirige secundum eloquium tuum . et non dominetur mei omnis iniustitia . Kerihte mine genge náh dinemo gebóte . unde nehêin unreht ne uualte min . Du ge-

---

[1]) uppum. Sch.
[2]) fernumeft. Sch.
[3]) irfollenne. Sch.
[4]) suof. Sch.
[5]) geduonne. Sch.
[6]) genada. Sch.
[7]) gechoreto. Sch.

---

*) S. 470. **) S. CCXXXII.

búte¹) minna . gib mir minna . daz dû uuoltost kebiéten . dara zuô geuuerdo mir helfen.

Redime me a calumniis hominum . et custodiam mandata tua. Lôse mih fone menniscon únliúmenden . unde so behuóto ih dîn gebót. Calumniæ sint falsæ criminationes . diê tuô daz ih ne furhte . so uuirdo ih under în mitten per patientiam gehálten. Der sie furhtet . der uuirdet liéhto náh in bechéret . daz ne la²) mir geskêhen.

Faciem tuam illumina super seruum tuum. Dîn anasiúne irskeine úber dînen scalch. Ouge mir helfendo dîna præsentiam.

Et doce me iustificationes tuas. Vnde lére mih dîne rehtunga. Lére mih siê sô . daz ih sie tuôe. So chit iz ouh anderesuuár. DOCE ME FACERE VOLVNTATEM TVAM. uuanda der habet sie ungelirnet . der sie ne tuôt. So sprichet ueritas. OMNIS QVI AVDIT A PATRE ET DIDICIT , VENIT AD ME. Fone diu ist uuâr . qui non facit . ideo non uenit . quia non didicit.

Exitus aquarum deduxerunt oculi mei quia non custodierunt legem tuam. V́zferte uuázzero léiton ze tâle míniu ougen . uuanda siu ne behuótton diniu gebót. Vngeuuaro sehendo missetaten míniu ougen .

daz rûzen siu. Nider solta iro runsa sin ad humilitatem pœnitentiæ . durh diê sculde daz siu chapheton an die illecebras curiositatis illicitæ. Also dauidi gescah umbe uxorem uriæ. An anderen buôchen ist TRANSIERVNT OCVLI MEI . sámoso ougen mêr rinnen mugin danne urspringa uuazzero. Daz gechôse heizet yperbole . daz chit úber-stépheda.

PSALMUS CXVIII, S.

IVSTVS ES DOMINE . ET RECTVM IVDICIVM TVVM. *) Reht pist du truhten . unde reht ist din urteilda . fone diu uuéinota ih filo . uuanda din reht ze fúrhtenne³) ist omni peccanti mit demo du den damnas so uuér damnatus uuirt . unde niêman ne ist der sinero damnationis sih mit rehte gechlagon muge.

Mandasti iustitiam testimonia tua. Dû gebúte reht. Vuélichez? Testimonia tua. Siu sint din reht . unde du bist rehter . reht kebiétendo.

Et ueritatem tuam nimis. Vnde dîna uuarheit kebúte du genóto⁴)? Vuelicha? Aber diu selben testimonia . mit diên du dih chunden tuôen uuile . diu man so filo genôtor hál-

---

¹) gebitte. Sch.
²) laz. Sch.
³) fuorhtenne. Sch.
⁴) genodo. Sch.

*) S. 472.

ten sol . so filo siû genôtor gebóten sint .

Tabescere me fecit zelus meus . quia obliti sunt uerba tua inimici mei . Séreuuen téta mih mîn ándo . uuanda mine fienda dinero uuorto irgázzen . Vuanda ih sie mínnota . bediû léidezta ih daz sie sáment mir ne uuâren feruentes in amore dei . Daz leid uuas mir so harto ána daz iz mih in súhte uuîs slêuuen téta . Dannan ist ánderesuuár gescriben . ZELVS DOMVS TVÆ COMEDIT ME.

Ignitum eloquium tuum uehementer . et seruus tuus dilexit illud . Dîn uuort cluôit unde zundit harto . unde din scalhe¹) minnota iz . Fone diû uuolta ih ouh daz mine fienda iz mínnotin . unde iz sie zunti . Des inphant cleopas . do er chad . NONNE COR NOSTRVM ARDENS ERAT IN NOBIS . CVM APERIRET NOBIS SCRIPTVRAS IN VIA ?

Adolescentior sum ego et contemptus . iustificationes tuas non sum oblitus . Ih pin iungero danne sie unde ferchóren . doh ne irgaz ih dinero rehtungon . so sie táten . Daz mag cheden populus noui testamenti . der in contemptu uuas populo ueteris testamenti . *) Daz mag ouh súnderîgo chéden ioseph . unde dauid . dié iro bruoderen in contemptu uuâren . unde doh pehiélten iustificationes dei .

Iustitia tua iustitia in æternum . Dîn reht ist êuuig reht . nals iudeorum . uuanda iro iustitia euacuata uuirt . dia sie uuolton præferre iustitiæ dei .

Et lex tua ueritas . Vnde din lex ist uuarhêit . also dâr ána skînet . daz si²) testimonium saget iustitiæ dei . Nah diu iz chit . IVSTICIA DEI MANIFESTA EST . TESTIFICATA PER LEGEM ET PROPHETAS .

Tribulatio et angustia inuenerunt me . mandata tua meditatio mea est . Vuaz ist mir danne geskehen ? A´rbeite unde ángeste³) begágendon mir . iêo doh uuâren diniu gebót . min gedanc . Sie tuôen ána . hélfen iro . áhten min . écchert ih pehalte diniu gebot unde ih ioh sie minnoe umbe din gebot .

Aequitas testimonia tua in æternum . Diniu testimonia umbe diû martyres irsturben . diu sint euuig reht . uuanda sie des rehtes iêmer lébent .

Et intellectum da mihi et uiuam . Vnde gib mir fernumest⁴) . unde so lébo ih . Duô mih fernemen uuiêo daz nieht ne ist . daz persequentes inimici mir genemen mugen . unde uuiêo ih danne uuârhafto lébo . ube

---

¹) scalche. Sch.
²) sie. Sch.
³) angesta. Sch.
⁴) fernumeft. Sch.

*) S. 473.

ih temporalem uitam . umbe dîna geiiht ferliuso .

PSALMUS CXVIII, t.

CLAMAVI IN TOTO CORDE exaudi me domine . iustificationes tuas requiram . Ih ruofta an allemo herzen . *) So tuot der . der anadâhte ist ze sinemo gebete . unde in sîn ernest ne lâzet¹) anderes tenchen . Sólih kebét ist ételichen émezîg nals manigen . Vbe iz doh einen ieo so durnohte si . daz ist unchunt . Der hier sprichet . der iihet sóliches . kchore mih truhten . uuanda mines ruóftes mir ernest ist . Dîne rehtunga suocho ih . triúuua ze tuónne . nals ecchert ze unîzzenne²) .

**) Clamaui ad te saluum me fac et custodiam mandata tua . Ih hareta ze dir gehalt mih . unde danne behuôto ih diniu gebót . Salutem animæ gib mir . dannan tuón ih daz ih uueiz ze tuónne .

Preueni inmaturitate id est aória grece . et clamaui . Ih kahota in unzite . unde hareta ze dir . In mitta naht . er matutinum tempus châme . stuônt ih uf ze gebéte . Daz tempus héizet inmaturitas . unde ist ein uuort nals zuéi . Einer ételicher déro interpretum chad in inmaturitate . id est en aoria grece . mit zuein præpositionibus daz ist derselbo sin . uuanda inmaturitas ist significatio inmaturi id est non oportuni temporis daz ouh uulgo heizet hora inportuna . so media nox ist et intempesta . quando non est tempus operandi . sed quiescendi . Disiu reda mag fernomen uuerden ad unumquemque fidelium . der daz diccho tuôt . daz er ûf stat so fruô . Ouh mag kehéizen³) uuerden inmaturum tempus er CHRISTVS châme . do prophetæ háreton . unde in bâten chómen . so er gehéizen habeta . Fone diu chit hára nah .

In uerbo tuo super-speraui . Ze dinemo gehéize fersah ih mih . fone diu hareta ih . ube mih dinero chumfte ne belángeti noh ih so genôto ne háreti .

Preuenerunt oculi mei ad te matutinum . Miniu ougen fúre fuôren dia uôhtun . unde fure uuacheton sia ze dir . Vuélichiu ist diû uóhta? A῀ne do diên begonda tágen . die in umbra mortis sázen . unde sie dih pegondon séhen in carne . Ze uuiu teta ih daz? Vt meditarer eloquia tua . Daz ih dîne gehéiza in muóte hábeti . sament allen diên . die sie chúnton in lege et prophetis .

---

¹) lazest. Sch.
²) zeuuizzenne. Sch.
³) keheizzen. Sch.

---

*) S. CCXXXIII.   **) S. 474.

Vocem meam audi secundum misericordiam tuam domine . secundum iudicium tuum uiuifica me . Mîna stimma truhten gehôre nah dînen genâdon . *) daz du mir ablâz kebêst in tempore misericordiæ . Nah dînero urteildo . ih meino secundum iudicium diligentium nomen tuum . irdiccho¹) mih ad uitam .

Appropinquauerunt persequentes me iniquitati . a lege autem tua longe facti sunt . Demo unrehte nâhton sih mîne persecutores . An uuíu? A´ne carnem meam cruciando . uuanda animæ diu cruciatum tréget . nieht nâhor ne ist . Aber fone dinero êo férreton sie . Iniustitiæ uuâren sie bî . iusticiæ ferro .

Prope esto domine . Du truhten uuis uns pî . Interior si . uns din propinquatio . diu únsih niêmer ne ferlâze .

Et omnes uiæ tuæ ueritas . Vnde alle dîne uuéga sint uuarheit . In déro uuarbéite dînes rehtes . uuile du unsih lâzzen²) liden die nôte . uuanda uuir sie âne sculde ne lîden .

Initio cognoui de testimoniis tuis . quia in æternum fundasti ea . Ze êrist dirro uuerlte geêiscota ih . daz fone dinen geîihten . daz du siu stâttost in êuua . unde in fundamentum gabe in CHRISTO . Daz skêin an abel . ze demo ciuitas dei sancta æcclesia âna-fîeng . daz skêin an patriarchis et prophetis . unde an ̇anderen an diên do sancta æcclesia bestuônt . die testimonia dei habeton in CHRISTO fundata . Initio ist aduerbium . also ouh catharchas apud grecos! . Andere chaden ab initio daz; iz so uuâre fernumistigora³) .

PSALMUS CXVIII, u.

V<small>IDE HVMILITATEM MEAM</small> et eripe me quia legem tuam non sum oblitus . Sih mina diemuôti unde lose mih . uuanda ih dinero êo ne irgaz . diu uns zuo chit . O<small>MNIS QVI SE EXALTAT HVMILIABITVR . ET QVI SE HVMILIAT EXALTABITVR</small> .

Iudica iudicium meum et redime me . Chiùs mina urtêilda . daz ist ânderest . **) sih mina diêmuôti . sih daz . quomodo me ipsum diiudicaui . Et redime me . Daz ist ânderest et eripe me .

Propter eloquium tuum uiuifica me . Vmbe dînen gehêiz chicche mih . Vuelichen? A´ne dén . Q<small>VI CREDIT IN ME NON MORIETVR IN ÆTERNVM . SED HABEBIT VITAM ÆTERNAM</small> .

Longe a peccatoribus salus . quia iustificationes tuas non exquisierunt .

---

¹) irchiccho. Sch.
²) lazen. Sch.
³) fernumiftigora. Sch.

*) S. 475.   **) S. 476.

Ferro ist heili fone súndigôn. Ziu ist daz? Vuanda sie dine rehtunga ne forderoton diên ne si ih kelih. uuanda ih si fórderota.

Misericordiæ tuæ multæ domine secundum iudicium tuum uiuifica me. Mánige sint dine genáda¹) truhten nah dinero urteildo an dero genádon ne gebreste irchicche mih.

Multi qui persequuntur me et tribulant me . a testimoniis tuis non declinaui. Manige áhtent min . unde arbêitent mih chit sancta æcclesia ex persona martyrum . umbe daz ne uuaneta ih fóne dinen geiihten. Fone diu ist purpurata terra sanguine martyrum . cœlum florescit coronis martyrum . æcclesiæ ornatæ memoriis martyrum . insignita tempora natalitiis martyrum . crebrescunt sanitates meritis martyrum.

Vidi preuaricantes et tabescebam quia eloquia tua non custodierunt. Ih kesah andere dannan uuénchente . diê dîn ferlougendon in persecutione . unde fone démo leide suánt ih . daz sie ne behuotton²) diniu eloquia. Iz uuag mir sámoso abscisio menbrorum meorum . *) Andere interpretes chédent. VIDI NON SERVANTES PACTVM. Pactum ist . qui uicerit coronabitur. Der daz nehaltet . der ist præuaricator.

Vide quoniam mandata tua dilexi.

Sih daz aber ih mínnota diniu gebot. Caritatem gebute du . die minnota ih . diû státta mih an dinero confessione.

Domine in misericordia tua uiuifica me. **) Hérro tuô mih leben an dinero genado. Persecutores tòdent mih . dû chicche mih. Din genada gébe . daz ih kefrêhton ne múge. Sih mih amantem . halt mih periclitantem.

Principium uerborum tuorum ueritas . in æternum omnia iudicia iustitiæ tuæ. Vuarheit ist ánagenne dinero uuórto . siû chóment fone uuárhéite . unde sint uuáriu . ne triêgent niémannen . noh iustum démo siu uitam . noh impium démo siû pœnam gehéizzent. Diû zeuuêi sint iêmer urteilda dines rehtes.

PSALMUS CXVIII, V.

PRINCIPOS PERSECVTI SVNT ME GRATIS. Corpus CHRISTI sancta æcclesia spríchet hiêr. Vuaz chit? Die uuérltherren áhton min ungesculdet. An uuîu scádeton uuir christiani terrenis regnis. Ne chad selber CHRISTVS kefrágeter . úbe man cæsari zins keben solti. REDDITE CÆSARI QVÆ CÆSARIS SVNT . ET DEO QVÆ DEI SVNT. Ne gáb ér imo selbo zins . úzer fiskes

---

¹) genaden. Sch. | ²) behuoton. Sch.

*) S. CCXXXIV.   **) S. 477.

munde genomenen? Vuíeo sîn præcursor? ze demo milites châmen. unde frageton. QVID FACIEMVS? Er ne chad. cingulum soluite. arma proicite. regem uestrum deserite. ut deo possitis militare. Nuhe uuieo chad. NEMINEM CONCVSSERITIS. NVLLI CALVMNIAM FECERITIS. SVFFICIAT VOBIS STIPENDIVM VESTRVM. Vnde comes CHRISTI Paulus. uuíeo rîet er CHRISTI prouincialibus sin selbes commilitonibus? Ne chád er? OMNIS ANIMA POTESTATIBVS SVBLIMIORIBVS SVBDITA SIT? Vnde áber. REDDITE OMNIBVS DEBITA. CVI TRIBVTVM TRIBVTVM. CVI VECTIGAL VECTIGAL. CVI TIMOREM TIMOREM. CVI HONOREM HONOREM. Ne gebôt er. daz sancta æcclesia béteti pro regibus? Vuáz missetâten christiani uuíder siê. daz siê íro âhten [1]) soltin? Fone diu chit mit rehte sancta æcclesia. danches âhton sie min.

*) Et a uerbis tuis formidauit cor meum. Vnde fone dînen nals fone iro uuorten. irchâm sih min herza. Siê dreuton. Proscribo (íro guot fróno ih). occido. ungulis torqueo (chrazzon so mit cráphon). igni comburo. bestiis subrogo (uuirfo so fúre tiêr). membra dilanio (zesleizzo iro lide). Daz allez[2]) ne forhta ih. uuanda du châde. NOLITE TIMERE EOS QVI CORPVS OCCIDVNT. ANIMAM AVTEM NON POSSVNT OCCIDERE. SED TIMETE EVM QVI HABET POTESTATEM CORPVS ET ANIMAM PERDERE IN GEHENNAM.

Lætabor ego super eloquia tua. sicut qui inuenit spolia multa. An dînen gechôsen freuuo ih mih. also der mánigiu geroube findet. uuanda mín sígo habet mir gegeben mánigiu geroûbe. an dîên die sih dînero militum patientiæ uuúnderondo ze dir becheret hábent. unde geloûbig sint.

Iniquitatem odio habui et abhominatus sum. legem autem tuam dilexi. Vnreht házeta ih. unde léidezta iz. aber dina êa minnota ih. So uuieo ih mir furhte a uerbis tuis diu dîn êa sint. iêdoh minnon ih siu. noh die minna ne irret castus timor. So suln chint parentes furhten unde minnon. so sol chéna iro cháral fúrhten. unde minnon.

Septies in die laudem dixi tibi[3]). super iudicia iustitiæ tuæ. Síben stunt in dáge lobeta ih dih. umbe diê urteilda dînes rehtes. Septies uuirt fernomen semper. uuanda septenis diebus álliu tempora gezálot uuerdent. Also iz chit. SEPTIES (uel emizigo) CADET IVSTVS ET RESVRGET. id est. omni genere tribulationis humiliatur et proficit.

---

[1]) ahton. Sch.
[2]) alles. Sch.

[3]) tibi dixi. Sch.

*) S. 478.

Pax multa diligentibus legem tuam . et non est illis scandalum . id est mentis offensio . Feste frido ist dien . die dina ea minnont unde nehein ferspúrneda . Vbe sia oúh der ne fernimet der siá minnot . er áhtot sia iedoh hában toúgena unde heiliga bezeicheneda . unde so eret er sia . unde uuizet imo selbemo dia únfernúmest¹) . *) Aber iudeis uuas scandalum . daz man sie hiez legem spiritaliter intellegere . uuanda sie ne minnoton spiritalia . Ouh ist iz so ze fernemenne . Die Gótes ea minnont . dien ne táront prospera noh aduersa .

Expectabam salutare tuum domine . et mandata tua dilexi . Dines haltares CHRISTI beit ih trúhten . unde minnota diniu gebot . dilectionem dei et proximi . uuanda der sin in gemeitun bitet der diú ne minnot . Nu bitent sin . die siú minnont . ut cum CHRISTVS apparuerit uita eorum tunc et ipsi appareant cum illo in gloria .

Custodiuit anima mea testimonia tua . et dilexit ea uehementer . Dine geiihte behuóta min sela . unde minnota siu hirlicho . Daz chedent martyres . uuanda ube sie dei mandata ne behuótin . ane caritatem ne tohti in martyrium .

Seruaui mandata tua et testimonia tua . quia omnes uiæ meæ in conspectu tuo . Diniu gebót kehielt ih . unde dine geiihte . uuanda alle mine uuéga sint in dinero gesihte . Vuanda du iro uuara tuóst . unde mit kenádigen oúgon sie siehest . dannan behábo ih mina rihti an in .

PSALMVS CXVIII, X.

APPROPINQVET DEPRECATIO MEA IN CONSPECTV TVO DOMINE . iuxta eloquium tuum da mihi intellectum . Min gebet daz fore dir ist . nahe ze dir trúhten . náh diu iz chit . PROPE EST DOMINVS . HIS QVI TRIBVLATO SVNT CORDE . Náh dinemo geheizze gib mir fernúmest²) . Vuelicher ist daz? INTELLECTVM TIBI DABO ET INSTRVAM TE.

Intret postulatio mea in conspectu tuo secundum eloquium tuum eripe me . Min gebet chóme fure dih . náh dinemo geheizze lóse mih . Daz ist anderest daz selba . Vuola bitet . der so bitet . Intellectum inphahendo uuirt sin rát . uuanda durh sih fernémendo uuirt sin únrát .

**) Eructabunt³) labia mea ymnum . cum docueris me iustificationes tuas . Mine lefsa sprechent lóbesang . so du mih lérest dine réh-

---

¹) unfernumeft. Sch.
²) fernumeft. Sch.
³) Eructabant. Sch.

*) S. 479.   **) S. 480.

tunga. Got lèret diê. die dir sint docibiles dei. daz sie nieht ein gehúgendo nube tuendo behuoten Gotes rehtunga¹).

*) Pronunciabit lingua mea eloquium tuum. quia omnia mandata tua æquitas. Min zunga ságet dîn gechóse. lèret diniu gebót. uuanda siu alliû sint reht. fone diu uuile ih uuerden minister uerbi. uuanda dâr ána æquitas ist. Ih uuêiz aber uuóla. daz mir freisa begágenen suln a contradicentibus et persequentibus. Vuaz uuirt min²) danne?

Fiat manus tua ut saluet me. So chome din helfa daz si mih halte. unde ih in anima ferlorn ne uuerde.

Quoniam mandata tua elegi. Vuanda ih diniu gebót iruuéleta. so daz ih mit iro amore úberuuúnde timorem.

Concupiui salutare tuum domine. et lex tua meditatio mea est. CHRISTVM dînen haltâre uuolta ih. sîn géreta ih. unde dîn êa ist min hogezunga. quia lex testimonium. perhibet CHRISTO.

Viuet anima mea et laudabit te. et iudicia tua adiuuabunt me. An imo lèbet mîn sêla unde lóbet dih. unde dîne³) urtêilda helfent mir sament dien diê gehóren suln. VENITE BENEDICTI PATRIS MEI.

Erraui sicut ouis quæ periit. Ih kiêng irre also ferlórn scâf.

Quære seruum tuum. quia mandata tua non sum oblitus. Suôche mih. suôche dînen scalch. uuanda ih dînero geboto ne irgáz. Die du suôhtost. die funde dû. noh suôche diê du findêst. unde geháltest.

De Psalmis Graduum⁴).

Einen iudeum in sîna uuîs uuizzigen frâgeta man. uuannan cantica graduum so genámot uuârin. Der antuuúrta alsus. Do dauid uuillen hábeta templum domino ædificare. **) dô ébenôt er⁵) montem templi. unde scuóff in al nâh diû so er daz templum pildon uuolta. Vnde begruób in also. daz úffen demo monte ein monticulus uuart. dar úffe uuolta er daz templum zimberon. Vffen den monticulum uuorchta er ter quinque gradus. triustunt umbe unde umbe undirtâne daz diê uuêrchliûte unde alle liûte clementer ûf unde nider gân mahtin. Vnde uuanda er sih penuânda daz er daz uuerch folle frúmmen selbo solti. so liêb sângot er sâr demo selben uuerche. ih

---

¹) rehtunda. Sch.
²) mir. Sch.
³) din. Sch.

⁴) Diese überschrift hat Schilter. in unserer handschrift fehlt sie.
⁵) ebenoten.

*) S. CCXXXV.   **) S. 481.

mêino diên quindecim gradibus mit
also mánigemo psalmo. Vnde skêi-
net sàr an demo primo cantico. daz
er inuidos¹) et contradictores umbe
daz selba uuerch hábeta. Dannan
chuád²) er. DOMINE LIBERA ANIMAM
MEAM A LABIIS INIQVIS . ET A LINGVA
DOLOSA . ET CÆTERA. Vsque huc iu-
deus . quantum ad corticem non
credo SPERNENDVS.

V́be aber uuir fóne diên fidelibus
diè diè medullam expresserant iê-
uuiht³) suôzzeren dinges kesméc-
chet êigen . unde so filo des an uns
uuesen mag . in medium bringen
uuellen. Den uuillen ne nemme⁴)
niêman superbiam . uuanda er ne
skeinet inuidiam superbiæ pedisse-
quam.

CANTICA QVINDECIM GRADVVM.

Ne firrônt noh an selbero zálo . ut
patribus uidetur. Diù selba zála diù
ist ûzzer ze-uuélfen unde drin . alde
ûzzer zênen unde fúnfen . alde ûzzer
niúnen unde sêhsen . alde ûzzer áh-
touuen unde síbinen . alde ûzzer bis
septem et uno . alde quatuor et un-
decim . alde septem et octo . multis
noto mysterio compacta. Vnde ist
si an disen septem modis des hêili-
gen gêistes ziêredon⁵) fól. *) Vuieo
aber álliù æcclesia diù after déro
léitero uirtutum . daz chûit⁶) guôt-
táto . an iro líden ze himele stiget .
in iêgelichemo cantico liûte . daz ist
uuúnnesam ze gechiêsenne. Si chuit⁷)
allero êrest . sih hiêr nídanan búuuen
mit habitantibus cædar (i. finstri) .
die sia uuendent daz si ne stíge.
Dára nâh chuit sì . daz si⁸) iro oûgen
ad apostolos ûfhéue . unde siè an
iro ze-uuélfo gradum steffen uuelle .
die déro burg fundamentum sint . in
dia si ze iúngest fole stigen uuelle .
unde dánne dar in chómeniu exul-
tans cantare. ECCE NVNC BENEDIC´⁹).
Dára nah stéphet si¹⁰) an den drit-
ten¹¹) gradum. In uoce suspirantis
ad supernam ierusalem . dara nâh
prophetæ et apostoli trôston ze fólle
chómenne. Vnde chuit iocunda exul-
tatione . daz si geleistet eigin also si
iro gehiêzzen . i. in his quæ dicta
sunt mihi. IN DOMVM DOMINI IBIMVS.
An démo fiêrden gradu . der nume-
rus perfectorum ist . so héuet æccle-
sia iro oûgen ad deum ipsum . flebi-
liter tróuuente . daz si¹²) diu oûgen

---

¹) in vitos. Sch.
²) chad. Sch.
³) ieuuith. Sch.
⁴) nemine. Sch.
⁵) zierodon. Sch.
⁶) chiut. Sch.

⁷) Fehlt bei Sch. von «guôttáto» an.
⁸) sie. Sch.
⁹) benedic? Sch.
¹⁰) sie. Sch.
¹¹) tritten. Sch.
¹²) sie. Sch.

*) S. 482.

ab imo fillintin er ne . néme . êr er
iro genáda sénde . A'n démo fûnften
sprózzen so nîmet si mártyres
in hánt . unde stephet also fasto .
daz si ioh andero ordines fidelium .
mit démo robore hóhor unde hohor
sézzet . ûnzin an den zênden . der
iro selbero sunder sprozzo uuirdit .
Der séhsto gradus der ist confessorum .
Der sibendo dero . die in zit
riûuuoton . Daz ne téta iudas . Iam
enim ivdicatvs erat. Der áhtodo ist
sanctæ mariæ cum uirginibus et uiduis .
Der niûndo ist coniugatorum .
Der zéndo ist æcclesiæ ut diximus .
i. simul omnium ante cedentum [1]).
an disemo gradu sámenôt si sih iro
fiando undanches in horreum . in
manipulis suis . zizaniis tanquam
fœno tectorum abiectis . *) So daz
die profundi peccatores danne gesêhent .
diè filo náh tempus acceptabile
ferloren hábeton . so beginnent
si iro selbero furhten . niè si fasciculi
ne uuerden ad comburendum .
unde stéphent danne spáto . i. in undecima
hora . an den éinlúften sprózzen .
De profvndis . unde uuerdent
danne mit super=abundanti gratia irlôset .
Der ze-uuélfto gradus der
ist infantum et innocentum . diè ne
darf æcclesia sámenôn . Mater gratia
souget sie an iro arme . An demo
drittezénden sprózzen . so gariuuint
sih dié fóllechómenen hirta unde
hérta mit stola prima . mit dero siè
cum sponso prûten súlen . also iz
chuit . Omnes qvi in christo baptizati
estis . christvm indvistis (uel uidi ierusalem
ornatam tanquam sponsam
uiro suo). An demo fiêrzênden . so
héuent siè pruoderlicho [2]) sámint .
ymnum et canticum lætitiæ . Ecce
qvam bonvm . unde stephent in regnum
cælorum . quoniam illic mandauit
dominus benedictus . Des funfzéndin
gradus canticum singent sie ûffen
des prûtestóles hôhi gesézzene .
alsus . Ecce nvnc benedicti qvi statis
in domo . d in . a. d. et ut in apocalypsi
est . Allelvia . amen . Benedictio
et claritas et sapientia . Mit
demo trôste spríchet nu zelézzest
æcclesia ze diên noh habitantibus
cedar (i. finstri) . Sid iû an diên
iûuuéren extremis sus kenâdechlicho
bescéhen múge . Confidenter
in noctibus omnes extollite manus
uestras in sancta [3]) et benedicite domino .
Daz noctibus dissis [4]) iûngistin
cantici gehillet demo cedâr des
éristin : Allelvia . Laudate nomen
domini . qui statis . sicut et supra .

---

[1]) antecedentium. Sch.
[2]) pruderlicho. Sch.
[3]) Es steht «sc̄a». Schilter liest «sæcula», welches aber in «sc̄la» abgekürzt wird.
[4]) disis. Sch.

*) S. 483.

Sed et quid in quindecim musici monochordi distributionibus . i. quatuor tetrachordis . hæc ipsa uis ualeat . si quis non ¹) ignarus perspexerit spiritus sancti . qui continens omnia scientiam habet uocis mirabilia inueniet ORNAMENTA.

---

*) PSALMUS CXIX.

CANTICVM ANABAHTMON ²) . ID EST . GRADVVM .

AD TE CVM TRIBVLARER CLAMAVI . et exaudisti me . Ih háreta ze dir trúhten . dó ih in arbéiten uuas . unde gehórtost dú mih .

**) Domine erue animam meam a labiis iniustis et a lingua subdola . Trúhten lóse mih fone únrehten . unde unchustigen uuórten . Also dero uuort sint . die mih flent pesuichen samo so min bórgendo . unde mih flent uuenden . daz ih úf ne stige de uitiis ad uirtutem . Vuára nuíle du chédent sie . du uuíle ze férro . ferrór danne dú mugíst .

Quid dabitur tibi et quid apponetur tibi ad linguam dolosam? Do chad ih ze mir selbemo . Vuaz uuirt dir gelázen . unde uuaz uuirt dir gágen stéllet . daz chit . uuaz uuirt dir ze stéllenne gagen so bisuichlíchen uuórten?

Sagittæ potentis acutæ . cum carbonibus desolatoriis . i. uastantibus . Daz tuónt uuásse strála des máhtigen . daz sint uerba dei . diú ³) sézze dara gágene . mit stórenten zánderon . daz chit mit dero exemplis . die er chuóle ⁴) uuáren . unde sie áber sih selben zunton ⁵) . iro irriden ze stórenne . So tuóndo . stigest du per gradus also ouh sie táten .

Heu me . quid incolatus meus longinquus factus est ⁶)? Ah mih chit dú danne . ziú ist min éllende so lángez uuórden? Vuanda dih ⁷) sár beginnet hina lángèn . so dú ze túgede gestiget . unde dir dero ánderro unreht kestát uuégen . bediú dunchet dir sár diser lib éllende . unde ⁸) chárlih .

Inhabitaui cum tabernaculis i. cum habitatoribus cædar . Ih sizzo mit dién búuuentén in cædar . dár ismahelis kesázze ist . ***) der úzzer Gotes riche sol ferstózzen uuerden . Also iz chit . ECCE ANCILLAM ET FILIVM EIVS . NON ENIM ERIT HERES FI

---

¹) enim. Sch.
²) Anabathmon.
³) Diu. Sch.
⁴) chuote. Sch.
⁵) zundon. Sch.
⁶) est factus. Sch.
⁷) sih. Sch.
⁸) Fehlt bei Schilter von «kestát» an.

*) S. 484.   **) S. CCXXXVI.   ***) S. 485.

LIVS ANCILLÆ CVM FILIO LIBERE . Sìne hérebirga sint cedar . daz chit tenebræ . in dièn sízzent peccatores . sáment dien ih hièr bùo .

Multum peregrinata est anima mea . Min sèla ist hièr filo éllende Sia bedrúzet dero ismahelis hérebírgon .

Cum his qui oderunt pacem eram pacificus . Frído hièlt ih mit dièn . diè in házzent . Daz sint diè . sáment dièn ih in cædar sizzo . dien ih iro úbeli fertrágo . daz under uns doh frído sì .

Cum loquerer eis debellabant me gratis . Vndurftes ruugen sie uuider mir . so ih siè gruózta . uuanda ih mina fróma ne forderota do ¹) ih sie gruozta núbe iro sálda die in CHRISTO sint . Vnde uuanda sie frido házzent . pediù ne mahton sie ne-hêinen geuuaht kehòren CHRISTI qui est PAX NOSTRA .

PSALMUS CXX.

CANTICVM GRADVVM.

LEVAVI OCVLOS MEOS AD MONTES . unde ueniet auxilium mihi . Ih sah ùf an diè berga . daz sint apostoli . dannan chumet mir helfa . Siè hábent uns euangelium prædicando gezéigot . uuannan diù helfa chomen sol .

Auxilium meum a domino qui fecit cœlum et terram . Fóne Gote chúmet mir helfa . der dir himel unde erda teta . Daz uuirt fone in gelirnèt .

Ne des ad mouendum pedem tuum . Ne là trubten mìnen fuòz sliphen fone úbermuòti .

Neque dormitet qui custodit israhel . Noh der ne náphze . der din huótet ²) israhel .

Ecce non dormitat neque dormiet . qui custodit israhel . Noh 'er ne tuot . Er ne náphezit . noh ne sláffet . der israhelem behuòtet . Israhel chit uir uidens deum . Der incarnationem domini geloubet . *) der ist israhel . uuanda der folle chúmet ad inspectionem uultus dei .

Dominus custodiet te . dominus tegimentum tuum super manum dexteræ tuæ . Got pehuòtet dih . Got ist dìn décchi . unde dìn skérm . an demo geuualte dinero zéseuuun . daz chit an démo geuualte dinero sáligheite . uuanda du geuuáltig pist filius dei fieri . et ad dexteram esse . So skirmet er dih . ne plus tempteris quam potes ferre .

Per diem sol non uret te . neque luna per noctem . Tages ne tárót dir diu sunna . noh der máno náhtes . Prospera unde aduersa ne táront dir .

---

¹) doh. Sch.   ²) huohtet. Sch.

*) S. 486.

Dominus custodit te ab omni malo . custodiat animam tuam dominus . Got huótet din fóre allemo ubele . Got pehuóte dina séla . Ýbe oúh der lichamo irslágen uuérde . daz diû séla gehalten si .

Dominus custodiat introitum tuum et exitum tuum . ex hoc nunc et usque in sæculum . Got pehuote dina înfart so dih ána beginne gán temptatio . daz er din ne lâzze hárto gechórot uuerden . unde dina uzfart . daz du dâr ûz chómest kebézzeróte also iob . Ex hoc nunc et usque in sæculum . Nu huóte er din . unde iêmer .

PSALMUS CXXI.

VOX SVSPIRANTIS AD SVPERNAM IERVSALEM.

Iocundatus sum . in his quæ dixerunt mihi . in domum domini ibimus . Ih pin gefróuuit an diên . diu mir prophetæ unde apostoli gehiêzzen . Vuir fáren chaden siê . in daz Gotes hus . Daz hus ist in himele .

*) Stantes erant pedes nostri . in atriis ierusalem . Sid diên geheizzen stuónden unsere fuózze in diên hófen ierusalem . uuanda sid tíngton[1] uuir dára .

Ierusalem quæ ædificatur ut cíuitas . Daz ist diu hímilsca icrusalem . diu in bûrge uuis kezímberót uuírt . uzer chéchên . unde géislichen[2] stéinen .

**) Cuius participatio eius in id ipsum . Dero téilhábunga . iro neimo ih . iro teîlhábunga ist an demo id ipsû[3]) . Siê[4]) hábet téil an Góte . daz chit . iro ciues habent téil an imo . Er ist iêo âne uuéhsel . unde ieo ein . Pediû heizet[5]) er id ipsum . unde bediû hèizet[5]) er est .

Illuc enim ascenderunt tribus . tribus domini . Mines trúhtenis chumberra ih méino diê an in geloúpton . nals die in chríuzegoton die stígen dara ûf in diê burg .

Testimonium israhel . Israhélis erchénneda . daz chit an diên israhel irchénnet uuirt . die dir sint sine dolo . diê stigent dára ûf .

Ad confitendum nomini tuo domine . Siê stígent[6]) dára . dînemo námen ze iéhenne . unde ze lóbenne trúhten .

Quoniam ibi sederunt sedes in iudicium . Vuanda dâr sázen ze urteildo stuóla . Daz sint iusti . die sint Gotes stuóla . an diên ráuuet er .

---

[1]) sie dington. Sch.
[2]) Ueber dem «s» ein punkt.
[3]) ipsum. Sch.

[4]) Si. Sch.
[5]) heizzet. Sch.
[6]) stigen. Sch.

---

*) S. CCXXXVII.   **) S. 487.

Sedes super domum dauid. Sie sint stuola. daz chit irtêilâra. uber CHRISTI familiam fone déro sie inphângen. unde gefuôrot uuúrden. do siê ze iro chàmen. mit déro boteskefte des euangelii.

Interrogate quæ ad pacem sunt ierusalem. Frâgent ir stuôla. ir bêidiu bint ioh stuôla ioh stuôlsâzen. des daz dir treffe ze démo fride. dero burg ierusalem. Dic iro guôt kâben. unde pauperibus CHRISTI misericordiam skeindon. diê tréffent ad pacem ierusalem. diên uuirt irtêilet. daz siê dâra fâren.

Et abundantia his qui diligunt eam. Vnde genúht ist dâr diên. diê sie mínnont. In ne bristet dar niêhtes.

Fiat pax in uirtute tua. Frido geskêhe dir ierusalem in dinero tugede. die du skeindost. daz ist minna unde milti.

Et abundantia in turribus tuis. Vnde genuht si in dînen turrin. daz sint. diê dâr irtêilent. diên an Gôte genuoge ist. alles des siê lústet.

Propter fratres meos et propinquos meos loquebar pacem de te. Vmbe mine brûodera unde umbe mine chunnelinga. *) sageta ih frido fone dir. Ih forderota iro núzzeda nals mina.

Propter nomen domini dei nostri quesiui bona tibi. Vmbe Gotes namen fòrderota ih din guôt. nals minez. Ih sageta in dannan. id est. fone dînen atriis frido. daz ih sie dara genuisti.

PSALMUS CXXII.

CANTICVM GRADVVM.

AD TE LEVAVI OCVLOS MEOS. qui habitas in cælis. Miniu ougen huôb ih ûf stigindo ze dir du in himele búest. Pûet er danne in himele¹)? Vuâr bûta ér aber. er bimel uuurte? unde sîne heiligen in diên er búet? An imo selbemo buta er. unde sâment imo sélbemo. also er oûh noh an imo selbemo íst.

Ecce sicut oculi seruorum in manibus dominorum suorum. et sicut oculi ancillæ in manibus dominæ. suæ. sic oculi nostri ad dominum deum nostrum quoadusque misereatur nostri. Also diû oûgen dero scâlcho diê man fillet. uuârtènt ze trohèrron²) hánden. unde diu diû. ze iro fróuuun banden. uuiêo balto siê hôrren uuéllèn. so uuârtent únseriu oûgen ze Gôte únsermo hèrren. unz er uns kenáde. So genâ-

---

¹) himile. Sch.   ²) ze iro herron. Sch.

*) S. 488.

det er uns . so er uns ába genîmet diê sîllâ . unde diê miseriam . die uuir in adam gefrêhtoton . do uuir corruptionem inphiêngen . uñde mortalitatem. So uuélîche daz irchennent . unde dar umbe betont . diên genâdet er.

Miserere nostri domine miserere nostri. Sus suln uuir chéden . uuanda uuir diê sîllâ lîden kenâde uns herro . genâde uns.

Quoniam multum repleti sumus despectione. Vuanda uuir harto erfúllet pirn fersihte . fone dien . diê des húont . daz uuir déro sâldon gedingen . dîa uuir noh ne sehên.

In plurimum repleta est anima nostra. Vnser sêla ist des keniêtot . sì ist ze únmezze ¹) fol . dero fersihte.

Obprobrium eis qui abundant et despectio superbis. Mit diên ist iteuuiz . die follun hâbent . *) unde mit ubermuoten ist fersiht. Diú genúht máchot sie úbermuôte . dannan chúmet . daz sie dero guôton húont.

PSALMUS CXXIII.

VOX MARTYRVM ²).

NISI QVIA DOMINVS ERAT IN NOBIS . DICAT NVNC ISRAHEL . nisi quia dominus erat in nobis . dum insurgerent homines super nos . forsitan uiuos absorbuissent. Nu chéde israhel . ube Got in úns ne uuâre . dô únsih diê ménniscen ánanontòn . ôdeuuâno ferslúndin siê unsih lébende. Die daz uuisson daz idolum niêht ne ist . unde sie doh kenôtet uuurden in persecutione daz siê îmo ópheroton . die uuurden lebente ferslunden. Vuândin sie daz ydolum iêht uuâre . so uuúrden sie tote ferslunden. A'ber die martyres ne mâhta des niêman genoten . uuanda Got uuas in in. Diên diser lib liêbera uuas danne der euuigo . unde sie bediû uuizzendo ziù giêngen ópheron niê sie disen lib ne ferlúrin . **) in diên ne uuas Got niêht.

Dum irasceretur furor ipsorum super nos . forsitan aqua demersisset nos. Do iro heizmuôti gagen uns inzúndet uuard . ôdeuuâno besoûfti unsih daz uuazzer . daz chit torrens persecutionis . ube Got in úns ne uuâre . also iz diê besoûfta . in diên Got ne uuas.

Torrentem pertransiit anima nostra. Vnser sêla durh uuuôt diê chlingun . dîa éne dúrhuuáten ne mâhton.

Forsitan . i . putas pertransiit anima nostra aquam sine substantia?

---

¹) immezze. Sch.

²) Schilter hat noch eine zweite überschrift: «Canticum Graduum».

*) S. 489.   **) S. CCXXXVIII.

Trúuuest du daz unser sêla durh uuáten hábe únéhtig uuazzer? Daz sint sunda . die substantiam ne hábent nube inopiam fóne demo sie riche nuolton ṷuerden . unde aber arm uuorden sint.

Benedictus dominus qui non dedit nos in uenationem dentibus eorum. Got kelóbot . der unsih iro zánen ze unêido ne gab . *) Der únserên persecutoribus ne hángta . daz sie unsih uuêidondo gefiêngin . unde in dia sunda bráhtin.

Anima nostra sicut passer erepta est de muscipula uenantium . Vnser sêla ist irloset úzzer dero folgeláro chlóben . also der sparo der dar úz indrinnet.

Muscipula contrita est et nos eruti sumus . Der chlóbo ist fermúlet unde bin uuir inpháren.

Adiutorium nostrum in nomine domini qui fecit coelum et terram . Daz ist fone diû . uuanda unser helfa uuas in des namen . der himel unde erda teta.

PSALMUS CXXIV.

CANTICVM GRADVVM.

Qvi confidvnt in domino . sicvt mons syon non commouebuntur in æternum . Die sih ze Góte fersêhent . die sint iêmer únuuégig . also mons syon.

Qui inhabitant ierusalem . Daz sint diê . diê in dero himeliscun ierusalem búent . Die ne stúret fúrder niêman . Sie sízzent iêo fasto dár inne . also syon fásto sizzet in dero irdiscun [1]) ierusalem.

Montes in circuitu eius . et dominus in circuitu plebis suæ . Apostoli umbe hábent sia . unde trúhten . ist umbe halbunga sines liûtes . uuanda er gibet in unitatem pacis . an déro apostolorum bótescefte.

Ex hoc et usque in sæculum . Hinnân ánauuertes . unde unz in êuua . festenot er dia burg.

Quoniam non derelinquet uirgam peccatorum super sortem iustorum . Vuanda er ne lâzet den geuualt dero sundigon . uber den teil dero réhton . Doh er siê iro lâze uualten ze einero friste . Lango ne dólet er iz nieht.

Vt non extendant iusti in iniquitatem manus suas . Vuanda er ne uuile daz die rehten durh dia nôt . récchên iro hende ze démo únrehte . unge úngelih [2]) uuérden diên úbelen.

Benefac domine bonis et rectis corde . Vuola tuô dû truhten . guot

---

[1]) irdiskun. Sch.   [2]) uungelih [unde gelih]. Sch.

*) S. 490.

unde reht herza hábentên . *) die nâh diên úbelen ne fâhent.

Declinantes autem intransugellationes . adducet dominus cùm operantibus iniustitiam . Diê sih an dia gelîchi chêrent dero iruuurgton . unde fone ubelen úbel lírnênt . diê fuôret Got mit diên unrehto fárenten . Siê fárent nah diên . diên sie gelîh sint.

Et pax super israhel. Vnde ûffen israhelen chúmet frído . daz chit ráuùa begágenent ¹) imo.

PSALMUS CXXV.

CANTICVM GRADVVM.

CVM CONVERTIT DOMINVS CAPTIVITATEM SYON . facti sumvs sicut consolati . Dô Got peuuánta daz éllende syon . do uuúrden uuir samo so getrôstet . Vuir uuurden geéllendot fone unseren súndon . unde irlôset mit christes pluôte . unde birn uuir samo so getrôstet . uuanda uuir noh hiêr uuêinonde dára gedingên . ze stiginne . dár uuir folle trôstet uuérdên . Daz ist in resurrectione iustorum.

Tunc repletum est gaudio os nostrum . et lingua nostra exultatione. Do uuard fol mendi unde fréuui únsêr munt . unde únsêr zúnga . Daz herza hábet sînen munt unde sîna zungun . fóne diên ist iz kesprôchen.

Tunc dicent inter gentes . magnificauit dominus facere nobiscum . facti sumus iocundati . Danne chedent sie under diêtin . trúhten gechréftigóta sîn tuôn mit uns . uuir bin geuuúnnesamot . Vuanda er nu chit in futuro dicent . fone diu sint ouh præterita . conuertit . unde repletum est . diu er fore spráh . in futuro ze firnémenne . In prophetiis ist so getân gechôse émizîg . Nù ist daz zît . daz uuir cheden suln. MAGNIFICAVIT DOMINVS FACERE NOBISCVM . uuanda uuir hábeton getân ubelo uns selben . do cham aber Gotes sun unde teta uns daz chréftigosta . daz er sih selben gab umbe unsih.

) Conuerte domine captiuitatem nostram . sicut torrentes in austro . *) Dô diz keuuîzegot uuard in uerbis præteriti temporis . noh dô uuas iz chúmftîg . pediu betôt er daz iz uuerde . alsus . Peuuénde truhten únsera geéllendôti . also die chlinga . beuuendet uuerdent in démo súnt=uuinde . Diê chlinga sint uuínteres pefróren . so der uuármo uuint chúmet . so smilzet daz îs . unde loûfent danne diê chlinga. Also nuáren uuir erfróren in diên sundon . unz der uuint chám spiritus

---

¹) begagenet. Sch.

*) S. 491.   **) S. 492.   ***) S. CCXXXIX.

sancti . unde únsere sunda zeliéz .
unde unsih téta loûfen ad patriam.
Vuanda daz mit lacrimis uuerden
sol . déro geheizzet er uns ouh trost
sus chedendo.

Qui seminant in lacrimis . in gau-
dio metent. Die mit tránen sáhent .
die árnont mit mendi . Diè hiér sà-
hent elemosinam . unde bona opera
die arnont so sie uitam æternam ze
lóne inpháhent.

Euntes ibant et flebant mittentes
semina sua . Venientes autem ue-
nient cum exultatione portantes ma-
nipulos suos . Siè fárent uueinonde
unz siè sáhent sie choment aber fró-
uue mit tró¹) garbôn . so siè ar-
nont. V'be siè hiér uuéinont . sie
uuerdent is aber ergézzet . so sie in-
pháhent coronam uitæ.

PSALMUS CXXVI.

CANTICVM GRADVVM.

NISI DOMINVS ÆDIFICAVERIT DOMVM .
in uanum laborauerunt ædificantes
eam. Vnser truhten ne zimberôe
daz hûs . ferlorne arbeite sint déro
diè íz ílton zimberon. Alle prædica-
tores ne gebézzeront den ménniscen.
Got ne tuôie iz. Er ist der uuíso
salomon er zimberot daz hus . imo
spuot is.

Nisi dominus custodierit ciuitatem
frustra uigilat qui custodit eam.
CHRISTVS ne huôte dia ecclesiam.

In uánum est uobis ante lucem
surgere . Iú ist únnúzze fóre táge
úf ze stánne . *) daz chit sure CHRI-
STVM ze fáhenne. Also die tuònt .
die dàr uuellen sin excelsi . dar er
uuas humilis.

Surgite postquam sedistis. Stánt
úf . so ir gesizzènt. Vuésent hiér
diemuóte . so múgent ir in gloria
resurgere.

Qui manducatis panem doloris.
Iú chido ih . ir mit sére bròt ézent ²).
unde hiér trurent in conualle lacri-
marum.

Cum dederit somnum dilectis eius.
ecce hereditas domini. Sò er daz
ende gibet sinen hóldôn . so chumet
daz erbe. Nah disemo libe chumet
der lòn. Der sin érgeròt . der uuile
úf stán . èr er sizze . unde er báben
guóllichi . er er sih kediemuote.

Filii merces. So chumet der lòn .
des sunes.

Fructus uentris. So chumet der
lòn des uuuòcheres dero heiligun
uuúmbo. Des ist ér . er gibet in .
filii MARIE ist er . er gibet ze lóne
resurrectionem uitæ.

Tamquam sagittæ in manu poten-
tis . sic filii excussorum. Also die
stràla in des mahtigen hende . so

---

¹) iro. Sch. | ²) ezzent. Sch.

*) S. 493.

sint dero erscútton súne . Der mah-
tigo scúzet ferro . ferro sint ouh chó-
men uerba apostolorum . Also iz
chit . IN OMNEM TERRAM EXIIT SONVS
EORVM . ET IN FINES ORBIS TERRÆ VER-
BA EORVM . Siè sint dero propheta-
rum chint . dero toúgenen scrifte nu
erscútet¹) sint .

Beatus homo qui repleuit deside-
rium suum ex ipsis . Kesah in Got .
der sih kérot iro ze gesátonne . Sa-
ligo den iro lero lustet .

Non confundentur cum loquentur
inimicis suis in porta . Siè ne uuer-
dent scámeg . so sie úfen búrgetóre
sprechent ze iro fienden . CHRISTVS
ist daz purgetor . uuanda ér chad .
EGO SVM OSTIVM . An imo stant siè
unz siè diè úberuuindent . diè iro
àrende loúgenent .

PSALMUS CXXVII.

CANTICVM GRADVVM.

BEATI OMNES QVI TIMENT DOMINVM .
Sálig sint alle . die Got fúrhtent .

*) Qui ambulant in uiis eius . Sá-
lig sint die in sinen uuegen gànt . die
siniu gebot uuérênt .

Labores fructuum tuorum mandu-
cabis beatus es . et bene tibi erit .

Vuanda alle sálige ein sint in CHRI-
STO . pediù sprichet der propheta
nù singulariter . ze dièn er genóto
fore sprach pluraliter . Arbeite di-
nero uuuòchero izzest du . Arbeite
habest du hiér . die lábònt dih in
gedingi . uuòchera hábest²) dú in
énero uuerlte . die fuoront dih dàr
in séti . fone diu bist dù nù sálig in
spe . unde uuola uuirt dir dànne
in re .

Vxor tua sicut uinea fertilis . Din
ecclesia CHRISTE ist also der birigo
uuinegarto .

In lateribus domus tuæ . An uué-
mo ist si³) birig? An diên siton di-
nes húses . Daz sint diè . die dír
háftent . Die haftent mannelichemo
die ze sinero situn sint .

Filii tui sicut nouella oliuarum .
in circuitu mensæ tuæ . Diniu chint
umberingent din diske . also niu-
flanzôt ólegarto . Sie sint kelih demo
ólegarten . uuanda sie pacifici sint .
BEATI PACIFICI . QVONIAM FILII DEI
VOCABVNTVR . Die úmberingent din
diske . uuanda sie besizzent din
riche⁴) .

Ecce sic benedicetur homo qui
timet dominum . Solchen segen in-
pháhet der ménnisco . der Got furh-
tet .

Benedicat te dominus ex syon .

---

¹) irscutet. Sch.
²) Fehlt bei Sch. von «du hiér» an.
³) sie. Sch.
⁴) ricche. Sch.

*) S. 494.

Got kébe dir ségen fone syon . daz chit fone specula. Diu specula ist in himele . *) dar uuír Got séhen. Soliches segenes luste dih . du dir Got furhtest . daz du in gesehen muôzist.

Et uideas quæ bona sunt ierusalem. Vnde gesehest du diu guôt . diu dero úfuuértigun burg sint. Vueliu sint daz? Ane inspectio dei? Daz ist der ségen ex syon.

Omnes dies uitæ tuæ. Alle taga dines libes. Daz ist der éuuigo tag.

Et uideas filios filiorum tuorum . i. fructus operum tuorum. Vnde gesehest du uuuôcher dinero uuércho.

**) Pacem super israhel. Vnde frido uber iêgelichen guôten man.

PSALMUS CXXVIII.

CANTICVM GRADVVM.

SEPE EXPVGNAVERVNT ME A IVVENTVTE MEA. Ecclesia dei chlagot sih . uuaz si fone ubelen irliten habe. Ofto chit si . áhtôn siê min . fone des ih uuáhsen begonda.

Et enim non potuerunt mihi. Sie ne mahton mir iêo nehêin árgerunga sin . uuanda sie ne mahton mih kechêren nah in.

Supra dorsum meum fabricauerunt peccatores. V̈fen mìnemo rukke zimberoton sie . daz chit . arbeito gelùodon siê mih . Vuanda ih ín gelih ne uuolta sin . pediû áhton sie min . unde uuaren mir búrdi.

Longe fecerunt iniustitiam suam. Ferro fone mir . táten siê iro unreht . uuanda ih iro gehelfo ne uuas.

Dominus iustus concidet ceruices peccatorum. Der rehto truhten . hóuuet den iro hals.

Confundantur et auertantur retrorsum omnes qui oderunt syon. Ze scandon uuerden . unde hindertkangên . die CHRISTI ecclesiam házzeen.

Fiant sicut fœnum tectorum . quod priusquam euellatur exaruit. Siê missediên also daz cras . daz úfen demo táche uuirt daz êr irdórret . êr man iz dáne¹) néme. Êr diê sundigen ersterben . êr sint sie Góte irdórret.

De quo non repleuit manum suam messor . et sinum suum qui manipulos collegit. Des der mandâre sina hant ne gefulta . noh sin scôzza . der die garbâ sámenota. Angeli messores ne samenont siê niêht in horreum domini . uuanda siê zizania sint . unde sie fasciculis kebunden uuerdent ad comburendum.

Et non dixerunt transeuntes uiam . benedictio domini super uos. Vnde

---

¹) danne. Sch.

*) S. CCXL.   **) S. 495.

die fúre fárentem apostoli unde prophetæ . ne cháden in nieht zuó . só iz in iudea sito uuas . Gótes segen si úber iúh .

Benedicimus uos in nomine domini . Noh sie ne cháten . in Gótes namen ségenoen uuir iúh . *) Cuóten unde rehtén liézzen sié . iro ségen . nals úbelen .

PSALMUS CXXIX.

CANTICVM GRADVVM ET VOX PECCATORIS¹).

DE PROFVNDIS CLAMAVI AD TE DOMINE . domine exaudi uocem meam . V͞zzer dero tiéfi déro sundon ruófta ih ze dir truhten . s. non sicut impius . qui cum uenerit in profundum peccatorum contemnit . truhten gehóre mina stimma .

Fiant aures tuæ intendentes . in uocem deprecationis meæ . Ze minero digi . lóseen diniu óren .

Si iniquitates obseruaueris domine . domine quis sustinebit? Vuíle du manlichemo²) sín únreht kehalten truhten? truhten uuer mag iz danne liden?

Quoniam apud te propitiatio est . Ze dir ruófta ih . uuanda an dír diu suóna ist . Du suóndost unsih mit dinemo bluóte .

Propter legem tuam sustinui te domine . Vmbe dina³) éa béit ih din trúhten . Vuelicha? Ane diú dir chit . ALTER ALTERIVS ONERA PORTATE . ET SIC ADIMPLEBITIS LEGEM⁴) CHRISTI . Vuanda ih dié ilta uuérên . bediú beit ih kenádon .

Sustinuit anima mea͞ in uerbo eius⁵) . Ze dinen gehéizzen fersah ih mih .

Sperauit anima mea in domino . A uigilia matutina usque ad noctem . Fone dero úohtún unz ze náht . kedingta ih an mínen trúhtenen . Fore táge irstuónt CHRISTVS . custoditus a militibus . fone dero frúoi unz an mín ende gedingo ih an ín . Vuanda er irstúont non moriturus amplius . daz er oúh mih só héize irstán .

Quoniam apud dominum misericordia . et multa apud illum redemptio . Fone diu gedingo ih an in uuanda mit imo irbárme hérzeda ist . unde fólleglih irlóseda .

Et ipse redimet israhel ex omnibus iniquitatibus eius (i. ad se respi-

---

¹) Schilter hat dahinter in klammern eingeschlossen «absunt». in unserer handschrift fehlt die aufschrift nicht.

²) mannelichemo. Sch.

³) dine. Sch.

⁴) adimplebitur lex. Sch.

⁵) Diese worte fehlen in der handschrift, aber Schilter hat sie.

---

*) S. 496.

cientem turbato oculo ab ira . vt supra in sexto psalmo). Vnde er irlóset israhelem . ûzer allen sînen unréhtin .

*) PSALMVS CXXX.

CANTICVM GRADVVM.

**) Domine non est exaltatvm cor mevm. Truhten mîn herza ne íst erháuen. Daz ópher bringo ih dir uuanda iz chit. Sacrificivm deo spiritvs contribvlatvs.

Neque in altum elati sunt oculi mei . Noh mîniu óugen . ne sint hô irháuen. Ih ne beuuâno mih nîeht mêr danne ih kemuge¹).

Neque ingressus sum in magnis . neque in mirabilibus super me . Noh ih ne giêng in michelen dîngen . unde uuúnderlîchen . diu fóne mir uuàrin ze ságenne. Daz chit . ih ne géreta ne-hêines liûmendes²). So symon magus téta . der spiritum sanctum inpháhen uuolta . sih ze tuómmenne³) in signis et prodigiis.

Si non humiliter sentiebam . sed exaltaui animam meam . quem ad modum qui ablactatus est a lacte super matrem suam . sic retributio in animam meam. V'be ih mih kuóllichota . unde also diemuote ne uuas . so daz intuuénita chint . daz noh án dero muôter ármen ist . sô si sólih mîn lòn.

Speret israhel in domino . ex hoc nunc et usque in sæculum. Der Got keséhen uuelle . der gedînge an in hinnân unz hina ze dero êuuigĥéite. Sô er dára chumet . so hábet er daz er uuolta an sélbemo dinge . nals in gedingi. Daz chit in re . nals in spe.

PSALMUS CXXXI.

CANTICVM GRADVVM.

Memento domine david et omnis mansvetvdinis eivs. Erhúge truhten dauidis . unde allero sînero mámmendi. Dauid skéinda sina mammendi . an saule sînemo fiende . do er in sláhen mahta . unde in doh ne sluôg. Christvs ist dauid . unde an christo populus dei. Christvs skéinda sina mammendi do er in cruce sus péteta. Pater ignosce illis . non enim scivnt qvid facivnt. ***) Sô lêrta er ouh tuôn populum dei . do er chad. Orate pro inimicis vestris . benefacite his qvi odervnt vos.

---

¹) gemuge. Sch.
²) liumentes. Sch.
³) tuomenne. Sch.

*) S. CCXLI.   **) S. 497.   ***) S. 498.

III. Band.

Sicut iurauit domino uotum uouit deo iacob. Erhúge sin unde hilf imo ze geuuérenne¹). also er Góte gesuuór. unde geántheizota. Vues kesuuór. unde uuaz keántheizota populus dei? Daz er si templum dei.

Si introiero in tabernaculum domus meæ. si ascendero super lectum strati mei. si dedero somnum oculis meis. et palpebris dormitationem. et requiem temporibus meis. donec inueniam locum domino tabernaculum deo iacob. In diè hérebirga mines húses ne gàn ih. in min bétte ne stigo ih. sláf minen oúgon ne lázo ih. noh ráuua minen tóuuuingen²) ér ih stát irfáro. unde herebirga démo Gote iacobis. Daz chit. nieht des mines ne rúocho ih àne in. Ih ne uuile ne-héinero minero sáchon ménden. ih ne muóze in séldòn in minemo herzen.

Ecce audiuimus eam. s. æcclesiam in eufrata inuenimus eam in campis saltus. Domus dei daz ist æcclesia. eufrata chit speculum. Imago skinet in speculo. Vuaz ist prophetia. àne imago futurorum? Vuir gehòrton sia in speculo lu. uuir éigen sia funden in uuáldfelden. Gentes diè fone ungeloubon ér iruuáldét uuâren. diè sint uuorden æcclesia dei.

Intrauimus in tabernacula eius. s. domini dei iacob. Nu birn uuir in sin gezélt kegángen³). uuanda uuir in sinero æcclesia birin.

Adorauimus in loco ubi steterunt pedes eius. Péteton uuir. dar sine fuòze stuònden. An sinero æcclesia ist er státe uuorden. Dar gehòret er unsih.

Exurge domine in requiem tuam. tu et arca sanctificationis tuæ. Nù irstánt truhten fone tòde ze ráuuon. unde sáment dir din æcclesia. diá dù gehéiligotost⁴).

*) Propter dauid seruum tuum. ne auertas faciem christi tui. Duo iz umbe dauid dinen scálch. ne uuénde fone uns dines keuuiéhten anasiùne. Diu uox kát ad patrem CHRISTI.

Iurauit dominus dauid ueritatem et non pœnitebit eum. ex fructu uentris tui ponam super sedem tuam. Vuanda dauidi suuór ér daz in ne riñuuet. sus chédendo. fone dir gebórnen. sezzo ih an dinen stuól.

Si custodierunt filii tui testamentum meum. et testimonia mea hæc quæ docebo eos. et filii eorum.

---

¹) geuuerrene. Sch.
²) touuuugen. Sch.
³) kekangen. Sch.
⁴) Der vers 9 fehlt, auch bei Schilter.

*) S. 499.

s. custodierint . sedebunt in æternum super sedem tuam . Vbe dîne súne unde dero súne behaltent . mîna benéimeda unde mîne geíihte díe ih sie léro . so sízzent sie iêmer an dînemo stuóle . Die daz ne uuérênt die ne sint per fidem dauidis chint . Noh umbe díê . ne uuirt doh ze leibo der éid .

Quoniam elegit dominus syon . præelegit eam in habitationem sibi . Vuanda truhten eruuéleta sîna æcclesiam . er fóreuuéleta sia . ze ánasidele imo selbemo .

Hæc requies mea in sæculum sæculi . hic habitabo quoniam præelegi eam . Sús kehiéz ér . Diz ist iêmer mîn ráuua . hiér bûo ih . uuanda ih mir sîa fore chôs .

*) Viduam eius . s. æcclesiæ benedicens benedicam . et pauperes eius saturabo panibus . I'ro uuiteuuûn ségenon ih . iro dúrftigen gesátôn ih prótes . Er ist selbo daz pròt . daz er uuitenuon unde uuáren dúrftigon gibet . Vuelîche sint die? HVMILES CORDE .

Sacerdotes eius induam salutari . et sancti eius exultabunt . Nû sprichit pater . Sîne sacerdotes uuáto ih mit dêmo haltâre . also iz chit . QVOTQVOT IN CHRISTO BAPTIZATI ESTIS . CHRISTVM INDVISTIS . Vnde sîne hêiligen die fréuuent sih déro uuâte .

Ibi suscitabo cornu dauid . Dâr chíccho ih dia hôi dauidis . dâr geskeîno ih altitudinem CHRISTI .

**) Paraui lucernam christo meo . Minemo geuuiêhten habo ih álegáro liêhtfaz ingágene . Daz liêhtfaz zeigota CHRISTVS an IOHANNE baptista . do er chad . ILLE ERAT LVCERNA ARDENS ET LVCENS .

Super ipsum autem florebit sanctificatio mea . An îmo skînet mîn heilegunga . Die ih kehêiligon . diê geheilegon ¹) ih an îmo .

PSALMVS CXXXII.

CANTICVM GRADVVM.

ECCE QVAM BONVM et quam iocundum habitare fratres in unum . Sih dir uuiêo guòt unde uuiêo uuunnesam ist . sáment púên díe ²) bruôdera . Daz ist déro ze chédenne . diê dir hábent unum cor . et unam animam .

Sicut unguentum in capite . quod descendit in barbam barbam aaron . Siê sint also daz salb an demo aaronis houbete . daz aba démo houbete nider rán an sînen bárt . CHRISTVS

---

¹) keheiligon. Sch.   ²) dir. Sch.

*) S. CCXLII.   **) S. 500.

ist sacerdos . also aaron uuas unde houbet sinero æcclesiæ. Ab imo ran spiritus sanctus in apostolos . die sin bárt sint . uuanda sie gómelicho an imo uuáren . unde nehein lêid ne forhton umbe in ze lidenne.

Quod descendit in oram uestimenti eius. Daz ouh ran an sina uuát. Daz ist sin æcclesia . diû ist sin uuât . uuanda er in iro ist.

Sicut ros hermon . qui descendit in montem syon . Ermon chit lumen exaltatum. Daz ist CHRISTVS. Fone imo chúmet ros . i. gratia. Also gratia dei . diû an die filios æcclesiæ chúmet . also sint die geminnen bruódera.

Quoniam ibi mandauit dominus benedictionem. Vuanda dar diê sint . dâr gebôt er uuésen benedictionem.

Et uitam usque in sæculum . Vnde êuuigen lib [1]).

PSALMUS CXXXIII.

CANTICVM GRADVVM.

ECCE NVNC BENEDICETE DEVM OMNES SERVI DOMINI. Qui statis in domo domini . in atriis domus dei nostri. Nû lóbont trúbtenen alle sine scálcha. Ir in sinemo hûs stânt . *) in diên hóuen sines hûses. Ecclesia ist daz hûs . latitudo caritatis ist der hóf. Nû lóbônt in in dirro arbêitsámún [2]) uuerlte . daz ir in âne árbeite lobôn muôzint in énero uuerlte.

In noctibus extollite manus uestras in sancta . et benedicite domino. Náhtes . daz chit in aduersis . heuent iúuuere hénde ze hêiligi . unde lóbont in . also iob táte.

Benedicat te dominus ex syon . qui fecit cœlum et terram. Got der himel unde erda téta . der ségenoe dih sinen liût. EXPLICIT DE . XV. PSALMIS GRADVVM.

PSALMUS CXXXIV.

ALLELVIA [2]).

LAVDATE NOMEN DOMINI. Lóbont des hêrren námen.

Laudate serui dominum. Lóbônt ir scálcha iúuueren hêrren. Ir bint imo is scúldig.

Qui statis in domo domini in atriis domus dei nostri. I'r stânten in sinemo hûs unde in sinen frithóuen [3]).

---

[1]) Schilter schliesst das letzte teutsch an das vorangegangene an und lässt das latein nachfolgen.

[2]) arbeitsamin. Sch.

[2]) rg. «Hoc canticum commune est omnibus sanctis in regno cælorum post XV. gradus transcendos».

[3]) fridhouen. Sch.

*) S. 501.

ir súlent in lóbón . uuanda ir êr uuârent ligende . unde nû bint ûf-irrihte .

Laudate dominum quoniam bonus dominus . Lóbont in uuanda er guòt ist . unde imo nehein guòt kelih ne ist .

Psallite nomini eius quoniam suauis est . Sálmosángont imo . uuanda er suôze ist . Er ist panis angelorum . sô ist er ouh hominum . also iz chit . PANEM ANGELORVM MANDVCAVIT HOMO . Panis angelorum uuas uerbum in principio . panis hominum uuard . uerbum caro factum [1]) . Vuanda [2]) siê bêide sîn lébent . pediû ist er bêidero brôt . unde beiden suôze [3]) . kesah sie Got . die rehto gechóront . uuiêo suôze ér ist .

Quoniam iacob elegits ibi dominus israhel in possessionem sibi . Vuanda truhten cruuéleta iacob . unde ierusalem imo selbemo zebesizzenne . Andere gentes pefálch er angelis . israhelem nam er in sîn selbes inphliht .

*) Quoniam ego cognoui quia magnus est dominus . et deus noster præ omnibus diis . Vuanda ih hábo bechennet . daz er máhtig hêrro ist .

unde Got fóre allen Góten . Andere Gota ne sint . âne diê er sô námot per gratiam . die ne múgen nieht inében imo sîn .

Omnia quæcumque uoluit dominus fecit in cælo et in terra . in mari et in omnibus abyssis . Vnser truhten téta alliu diû er uuolta in himele unde in erdo . unde in allên uuázeren [4]) . âne nôt .

**) Suscitans nubes ab extremis terræ . Diû uuolchen recchende fóne ende dero érdo . So iz heiter ist . unde man iro minnest uuânet . so stîgent siû alles káhes ûf .

Fulgura in pluuiam fecit . Den blig pecheret er in régen . Also ofto gesciehet . daz plig fóre gât . unde régen náh kât .

Qui educit uentos de thesauris suis . Der den uuint ûz fuôret fone sinemo triscuue . uuir ne uuizen nuélichemo . noh uuánnân .

Qui percussit primogenita egypti . ab homine usque ad pecus . Der in egypto sluôg diû êrist pórnen . ánafâhendo ze démo ménniscen . unde so gândo únz ze démo féhe .

Inmisit signa et prodigia in medio tui egypte [5]) . in pharaonem et in omnibus seruis eius . Er frúme-

---

[1]) factum est. Sch.
[2]) Uuan. Sch.
[3]) suozze. Sch.
[4]) uuazzeren. Sch.
[5]) Epypti. Sch.

*) S. 502.   **) S. CCXLIII.

ta dára in dina mítti zeíchen unde uuúnder egypte . án den chúning . unde an álle síne mán.

Qui percussit gentes mùltas . et occidit reges fortes. Seon regem amorreorum . et og regem basan . et omnia regna chanaan. Der oùh after des tána sárentèn sinèn liûten mánige diète sluóg. Vnde iro chuninga sluóg . also ér téta ánderhalb iordanis . alliú diù ríche chanaan.

Et dedit terram eorum hereditatem israhel seruo suo. Vnde er gab iro lant so er iz irrúmda . sinemo scalche israhel.

Domine nomen tuum in sæculo. *) Truhten . din námo uuérêt iêmer.

Domine memoriale tuum in generatione et generatione. Din gehúgeda uuérêt in‿chúnne unde in‿chúnne. Vuanda nù gehúgest du fideles ze geuuúnnenne unde noh uuanne gehúgest dû coronam ze gebenne.

Quia iudicabit dominus plebem suam. Vuanda truhten erteilet uber sinen liùt . uuéliche er súle illuminare . alde cæcare. Also er chad. IN IVDICIVM VENI IN HVNC MVNDVM . VT QVI NON VIDENT VIDEANT . ET QVI VIDENT CECI FIANT.

Et in seruis suis aduocabitur. Vnde in sinen scalchin uuirt er geládót. Vuanda genuóge compuncti iro danches chóment . unde bítent déro toûfi . unde bétònt in.

Idola gentium . argentum et aurum . opera manuum hominum. Os habent et non loquentur . oculos habent et non uidebunt. Aures habent et non audient . neque enim est spiritus in ore ipsorum. Got ist der diz allez iû téta . unde noh tuót. Vuaz sint aber idola gentium? Vuaz sint iro Gota? Gold unde silber menniscon hántuuerch. Siè habent munt . unde ne sprèchent . hábent oûgen unde ne gesèhent . habent òren unde ne gehòrent . noh átem ne ist in iro múnde.

Similes illis fiant qui faciunt ea . et omnis qui confidunt in eis. Kelih uuerden‿in . die siù uuurchent . unde alle diè sih ze ín fersèhent. Daz sint diè . diè nicht ne hábent oculos fidei [1] . noh aures audiendi.

Domus israhel benedic [2] domino. Ir unáren israhelite lóbont in.

Domus aaron benedic [2] domino. Ir præpositi lobont in.

Domvs leui benedic [2] domino. Ir ministri lobònt in. QVI TIMETIS . DOMINVM BENEDICITE DOMINO. Ir dir Got furhtent . chédent állesament sús.

Benedictvs dominus ex syon . qui habitat in ierusalem. Kelóbót si

---

[1] videndi. Sch. [2] benedicite. Sch.

*) S. 503.

fóne syon der dir buet in ierusalem.
Diê sinero chúmfte bitent. *) unde
dára ingágene uuártênt. diê lóbônt
in ex syon. daz chit fone uuárto.

PSALMUS CXXXV.

ALLELVIA. POST CANTICA GRADVVM [1]).

CONFITEMINI DOMINO QVONIAM BONVS.
Id est confitendo laudate · dominum
quoniam bonus. Iéhendo lobônt
Gót des. daz er guôt ist.

Quoniam in æternum misericordia eius. Vuanda sîn genáda ist âne énde.

Confitemini deo deorum. Iéhent is Gote déro Góto. Also die sint. fone dien gescriben ist. EGO DIXI DII ESTIS.

Confitemini domino dominorum. Iéhent is demo hêrren déro hêrron. Der alle hêrren habet ketân.

Qui facit mirabilia magna solus. Der micheliû uuúnder eino tuôt.

Qui fecit cœlos in intellectu i. in sapientia. Der diê himela téta in sinero uuisbêite.

Qui firmauit terram super aquas. Der dia erda gefestenôta óbe uuázzere. Dâ si bár ist. dâr ist si óberôra demo uuázzere.

Qui fecit luminaria magna. Der diû míchelen liêhtfaz téta.

Solem in potestatem diei. Diê sunnun des tages ze uuáltenne.

Lunam et stellas in potestatem noctis. Den mânen unde diê stérnen. dero naht ze uualtenne. **) Daz sint diû er durh sih téta. Diu [2]) hára nâh chóment. diu téta er per angelos et per homines.

Qui percussit egyptum cum primogenitis eorum. Der egyptum sluôg. mit sînen éristpornên.

Qui eduxit israhel de medio eorum. Der israhelem fuôrta ûzer in mittên. Also er tágeliches lôset die guoten fone diên úbelen.

In manu potenti et brachio excelso. Mit uuáltentero hende. unde mit hô erhâuenemo arme.

Qui diuisit mare rubrum in diuisiones. Der den roten mére under skîed. Also er ouh diê toufi skeidet. êinên ze libe. anderên ze tôde.

Et eduxit israhel per medium eius. ***) Vnde isrâhélen dár dûre lêitta. Sô ér ouh nû lêitet sînen liût. per lauacrum regenerationis.

Et percussit pharaonem et uirtutem eius in mare rubrum. Vnde irstarbta dâ pharaonem unde sîna chraft. daz chit sîn hére. Also nu diu toufi aba nimet die sunda.

---

[1]) Schilter hat die drei worte eingeschaltet.

[2]) Din (diu). Sch.

---

*) S. 504.   **) S. CCXLIV.   ***) S. 505.

Qui traduxit populum suum in deserto. Der sínen liut léita durh daz éinote. Also er unsih nu leitet in dirro únbirigún uuerlte . unde uns hilfet ze‿genisle.

Qui percussit reges magnos . et occidit reges fortes. Seon regem amorreorum . et og regem basan. Der die geuuáltigen unde die máhtigen chúninga sluóg . sò seón uuas unde og . mit diên unsere áchúste bezéichenit sint . die Got slàt.

Et dedit terram eorum hereditatem israhel seruo suo. Vnde gab er íro lant abrahamis slahto . Vuanda die diabolus pesáz die gab er CHRISTO . der ist semen abrahæ.

Quia in humilitate nostra memor fuit deus . et redemit nos ab inimicis nostris. Daz téta er . uuanda er erhúgeta¹) únsèr in unserro diémuoti . unde erlòsta únsih . mit sines sunes pluóte.

Qui dat escam omni carni . id est omni hominum generi. Der allen ménniscon ézen gíbet. Vuélez ist daz? Fone démo CHRISTVS chad. CARO MEA VERA EST ESCA.

Confitemini deo²) cæli. Lobònt Got des himeles.

Confitemini domino dominorum . quoniam in æternum misericordia eius. Lóbònt herren dero herron . uuanda sin genáda ist êuuig.

PSALMUS CXXXVI.

PSALMVS DAVID ET IEREMIÆ.

SVPER FLVMINA babylonis illic sedimus et fleuimus . cum recordaremur syon. Obe babylonis áhòn sázen uuir unde uueinoton . so uuir syon irhugeton. Vuir uueinoton in ellende . so uuir des heimuodis irhúgeton. *) Syon ist daz héimote . gesah in Gót den dára lángèt . unde er in dirro babylonia bediû uuéinòt. Vuaz sint flumina babylonis? A͠ne diè ferrínnenten mendi dirro uuerlte. in diè sih diè ne uuéllen soúfen . diè in syon gedingent státa mendi ze geuuínnenne. Siè uuéllen óbe in sìn . niêo³) sie dára in uuáttendo . ze tále gefuoret ne uuérdèn.

In salicibus in medio eius suspendimus organa nostra. V̈ffen diè féleuua die in iro mittero stánt . hángtòn uuir únsere organa. Dàr hángènt siè . unde suígent . uuanda iro unbirige hábet sie gesueiget. Kitege⁴) menniscen unde frèche diè únbirige boùma sint . unde in úbel

---

¹) erhugeda. Sch.
²) Domino. Sch.
³) sinnieo. Sch.
⁴) Kitige. Sch.

*) S. 506.

chêrent daz man in guòtes ságet . an
diên súln uuir ûfsezzen die organa
dero scripturarum.

Quoniam ibi interrogauerunt nos .
qui captiuos duxerunt nos uerba
canticorum. Et qui abduxerunt nos
ymnum cantate nobis de canticis
syon. Vuanda dâr frâgeton [1]) un-
sih . diê únsih keéllendot hábeton .
uuíéo diu uuort chéden dero cánti-
con. Singent uns chédent siê . íû-
uueriû liêd hêimenân singent uns
in iûuuera uuis. Demones die unsih
ferspuônen [2]) ze dien sundon . unde
unsih dâr ána geéllendoton . die
sprechent uns daz zuo . uzer úbelen
ménniscon iro liden. Diên antuuúr-
ten uuir.

Quomodo cantabimus canticum
domini in terra aliena? Vuíéo mú-
gen uuir singen in frémedo lande
unseres truhtenes sang? diu fone
imo châmen? Vns ist freisa ze sin-
genne . unde iùh ad blasphemiam
ze gegruozzenne. Vuíder diên suln
uuir únsih einôn . daz uuir in gelîh
ne sîn [3]) mit dísen uuorten.

Si oblitus fuero tui ierusalem .
obliuiscatur me dextera mea . *) Vbe
ih din ergéze ierusalem . so ergéze
min . min zéseuua. Vbe ih umbe
solche ergézen uuelle ierusalem . so
gesuiché mir min dextera . daz ist
æterna uita . also ouh sinistra ist
præsens uita. V'be ih sólchên uuelle
lichen so diê sint . so muôze ih há-
ben sinistram fúre dexteram. Vuan-
da sô geskiéhet in allên . die sih [4])
fertrôstent ierusalem . unde die tem-
poralia minnont fure æterna. Pediu
sint diz fóre-ságà . nals fluòcha [5]).

Adhereat lingua mea faucibus
meis nisi tui meminero. Stum
uuerde ih . ube ih din ne gehúge
ierusalem [6]).

Si non proposuero ierusalem . in
principio iocunditatis meæ. Vnde
ube ih ne sézze ierusalem ze fórde-
rost minero uuúnno. Dâr ist diû
fórderosta uuúnna . dar man Gótes
selbes kebrúchen muòz. Fone diû
sprichet er ze Góte uuider allen
fienden dero burg [7]).

Memento domine filiorum edom .
id est esau in die ierusalem. Irhúge
Got in iudicio des áhtàris chindo.
Irrih dih an diên in die iudicii . die
christianis fient sint . also esau sine-

---

[1]) fragedon. Sch.
[2]) ferspuœn. Sch.
[3]) sint. Sch.
[4]) sie. Sch.
[5]) fure æterna. Pediu sint tiz — — —
B. b. 1. Mit diesen worten beginnt das
erste basler blatt.

[6]) Stúm uuerde ih. úbe ih tin ne gehúge
hierusalem. B. b. 1.

[7]) Unde úbe ih ne sézze hierusalem. ze-
fórderost minero uuúnno. Târ ist tin fór-
derosta uuúnna. dâr man gótes sélbes ke-
brúchen muòz. Fone diû sprichet er ze góte
uuider állen fienden dero búrg. B. b. 1.

*) S. 507.

mo bruóder uuas. Daz ist ouh prophetia . nals maledictio¹).

*) Qui dicunt exinanite exinanite usque s. perueniamus ad fundamentum in ea. Die fone déro æcclesia chédent. daz man sone dero cisterna chit. ersképhent sia. unz án den bódem. Iro bodem. unde iro fundamentum ist CHRISTVS . den iro nièman genémen ne mag. Daz uuolton sie tuón. do sie martyres irsluógen²).

Filia babylonis misera . id est caro . uel carnales . beatus qui requiret³) tibi retributionem tuam quam retribuisti nobis. Vuénega tóhter babylonis . kesáh in Got . der dir lónot náh démo lóne . so du uns lónotóst. Vbe únsih caro alde carnales scundent ze áchusten . diè uuir uuolton chéren ad uirtutes . **) unde uuider uns sint . uuider dièn suln uuir uuesen . uuachendo unde fastendo . unz uuir sie úber uuindèn . also sie únsih úber uuinden uuólton⁴).

Beatus qui tenebit et allidet paruulos tuos ad petram. Sáligo der diniu chint nimet unde siú chenistet an den stéin. Babylonis chint sint keluste . unz sié niúuue sint . die suln uuir in CHRISTO ferchenisten er sie álteren uuerden⁵).

PSALMUS CXXXVII.

PSALMVS IPSI DAVID.

CONFITEBOR TIBI DOMINE IN TOTO CORDE MEO. Ih iího dir trúhten chit æcclesia in allemo mínemo herzen. Lob tuón ih dir manu forti⁶).

Quoniam audisti uerba oris mei. Vuanda du gehórtost diú uuort mines mundes. Du gehórtost in dé-

---

¹) Erhúge gót in iudicio. des áhtaris chíndo. Irríh tih an dìen in die iudicii. die christianis fìent sint. álso esau sínemo brùoder uuás. Táz ist óuh prophetia. náls maledictio. B. b. 1. Hinter „Irríh" scheint noch ein oder der andere buchstabe erloschen zu sein.

²) Tiè fone dero æcclesia chédent. táz man fóne dero cisterna chit. ersképhent sia. únz án den bódem. I'ro bódem. únde iro fundamentum ist christus. ten iro nióman ge=némen ne mág. Taz uuólton sìe tùon. dò siè martyres irslùogen.

³) retribuet. B. b. 1.

⁴) Uuénega tóhter babilonis. ke sah in gót ter dir lónot nah temo lône. sô dù úns lônotôst. U'be únsih caro álde carnales scúndent ze áchusten. tìe uuir uuólton chéren ad uirtutes. únde uuider uns sint. uuider dìen súln uuir uuésen uuáchendo únde fástendo. únz uuir siê úber uuínden. álso siê únsih úber uuínden uuólton. B. b. 1.

⁵) Sáligo der dìniu chint nímet únde siu chnístet an den stéin. Babilonis chínt sínt kelúste únz siê nìuue sint. tie súln uuir in christo fer-chnisten. èr sie álteren uerden. B. b. 1.

⁶) Ih iího dir trúhten chit æcclesia inállemo mínemo hérzen. Lób tùon ih tir manu forti. B. b. 1.

*) CCXLV. **) S. 508.

mo gebéte prophetarum . unde iustorum . die dinero incarnationis pâten¹).

In conspectu angellorum psallam tibi . Fore angelis singo ih dir . in lichet min sang²).

Adorabo ad templum sanctum tuum . Ih péton ze dinemo heiligun hûs . in démo ih dih ueîz in incarnatione tua uueiz ih dih . Alde in angelis tuis . fóre dién ih singo³).

Super misericordia tua et ueritate tua . Fone dinero genado an déro du únsih lòstost . unde dinero uuarhéite . an déro du geléistost daz du gehiéze⁴).

Quoniam magnificasti super omne nomen sanctum tuum . Vuanda du gemîchellîchot hábest dinen námen . über al daz dir geuuáltliches ist in angelis et hominibus⁵).

In quacumque die inuocauero te . uelociter exaudi me . So uuéles táges ih dih ána hárce an démo gehôre mih spuótigo . uuanda ih temporalia ne bito . nube æterna⁶).

Multiplicabis in anima mea uirtutem . Manega tugend kehúfost du in minero sélo . Sò ih nóteg uuirdo . so sterchest du mih⁷).

*) Confiteantur tibi domine omnes reges terræ . quia audierunt omnia uerba oris tui . Alle uuérlt chúninga iéhen dir trúhten . unde dánchoen dir . uuanda diè sié geêiscót hábent alliu diù uuort dines mundes . diu fóre échert iudei geêiscotôn⁸).

Et cantent in uiis domini . quoniam magna est gloria domini . Vnde daz sîngên sie in mînes trúhtenis uuégen . daz sín guòllichi michel ist . Vbe sie diemuòte sint . sò singent sie an sinen uuégen⁹).

Quoniam excelsus dominus et humilia respicit . et alta cognoscit . a

---

¹) Uuanda dù gehòrtost tíu uuórt mînes múndes. Tû gehòrtôst mih in démo gebéte prophetarum. unde iustorum. dîe dinero incar — — — — . B. b. 1.

²) Fehlt auf dem basler blatte. Die gedankenstriche, deren wir uns bedienen, deuten immer auf lücken.

³) — — in demo ih tih uueiz. inincarna— — tih. Alde in angelis tuis fore dien ih singo. B. b. 1.

⁴) Fóne dinero gnádo an dero dù únsih lòstost. unde dinero uuárheite. an dero dù geléistòst taz tu gehîeze. B. b. 1.

⁵) Uuánda dù ge=michellichòt hábest tinen námen. uber ál daz tir geuuáhtliches ist in angelis et hominibus. B. b. 1.

⁶) Sounéles tages ih tih ánahárêe. andemo gehóre mih spùotigo. uuanda ih temporalia ne bíto. núbe æterna. B. b. 1.

⁷) Mániga túged kehùfost tû in minero sélo. Sò ih nòteg uuírdo. sò stérchest tu mih. B. b. 1.

⁸) A'lle uuérlt chúninga iéhen dir trúhten. unde dánchoen dir. uuánda sie ge=éiscòt hábent álliu díu uuórt tines múndes. tíu fóre échert iudæi ge=éiscoton. B. b. 1.

⁹) Vnde dáz síngen sie in mînes trúhtenes uuégen. daz sín guòllichi míchel ist. U'be sié diemuòte sínt. sò síngent sie an sinen uuégen. B. b. 1.

*) S. 509.

longe¹) . Vuanda Got ist selbo hòh .
unde ze nideren sièhet er . hohiû
bechennet er férrenân . Dero die-
muôti tuôt er uuára die ûbermuôti
fersièhet ér²) .

Si ambulauero in medio tribula-
tionis uiuificabis me . id est letifica-
bis me . Vbe ih cân in mîttên ar-
beîten . daz chit ube ih pechénno .
daz ih hiér bin in conualle lacrima-
rum . unde in peregrinatione so ge-
fréuuist dû mih . nah dísemo libe³) .

Et super iram inimicorum meo-
rum extendisti manum tuam . et sa-
luum me fecit dextera tua . V'ber
daz zorn minero fiendo ráhtost du
dina hánt . du scéindòst . in daz dîn
ántsâzigòra zórn . unde gehielt mih
dîn zéseuua . daz ist æterna uita⁴) .

Domine retribues propter me . do-
mine misericordia tua in sæculum .
et opera manuum tuarum ne despi-
cias . Du truhten lònost fúre mih .
minen fienden . alde du giltest tri-
butum fure mih . du gibest den stá-
terem . Truhten din genâda ist
éuuig . unde din uuérg ne ferséhèst

du . Sih an din uuerg . nals an daz
min⁵) .

PSALMUS CXXXVIII.

SECVNDVM AVGVSTINVM . CHRISTVS AD
PATREM DE SE IPSO LOQVITVR.

DOMINE PROBASTI ME et cognouisti
me . Hèrro mîn . dû besuòhtost
mih in passione . *) unde bechan-
dòst mih . **) Daz chit . tâte daz
mih andere bechénnent .

Tu cognouisti sessionem meam
et resurrectionem meam . Du be-
chándost min nídersizzen in tòde .
unde mîn ûf-stân . nah tòde . AVT
EX PERSONA SVI CORPORIS LOQVITVR.
Dû bechándòst mîna nîderi in pœni-
tentiam . dò ih in éllende uuas . unde
mîna ûf-irrihteda do ih chám . unde
áblaz keuuàn .

Intellexisti cogitationes meas de
longinquo . Dû bechándost mine
gedáncha férrenân . do ih idolorum
culturam begonda leidezin .

Semitam meam et limitem meum

---

¹) alonge cognoscit. B. b. 1.

²) Unanda gót ist sélbo hôh . únde zeni-
deren sihet er. hôhiu beehénnet ér férrenân.
Tero dìemuôti tuot er uuára. dìa úber-
mùoti fersihet er. B. b. 1.

³) U'be ih eân in mítten árbeîten. daz
chit úbe ih pechénno daz ih hier bín. inconu-
alle lacramarum. unde in peregrinatione.
sô gefréuuist tu mih uâh tìsemo libe. B. b. 1.

⁴) U'ber dáz zórn mínero fíendo ráhtost,
tu dìna hánt. tu skéindost in daz tîn ántsa-
zigora zórn. unde gehielt míh tîn zéseuua.
daz ist æterna uita. B. b. 1.

⁵) Tu trúhten lònost fúre mih mînen fíen-
den. álde dû giltest tributum fúre mih. du
gíbest ten staterem. trúhten dîn gnâda ist
euuig. unde dîn uuérgh ne ferséhêst tu.
Sih — —. B. b. 1.

*) CCXLV. S. 510.   **) S. CCXLVI.

inuestigasti. Mina lêidûn stîga an déro ih kièng fone dir. unde daz ende daz mortalitas ist. ze déro ih folle cham. daz irspêhotost dù. iz ne uuas ferborgen fóre dir.

Et omnes uias meas præuidisti. Vnde alle mîna uuéga in dien ih irróta fore uuíssost dù. Du hangtost mir sié ze gànne. ube ih hina ne mahti. daz ih iruuúnde. ze dir.

Quoniam non est dolvs. in lingua mea. Vuanda nu ne ist trúgeheit in minen uuorten.

Ecce domine tu cognouisti omnia nouissima et antiqua. Du uuêist miniu iúngesten ding. dò ih tódig uuard. unde diu alten díng. do ih sundon gestuônt.

Tu finxisti me et posuisti super me manum tuam. Dù scáffotost mih do ih sundota ze arbêiten. in diên ih fore ne uuas. unde legetost mih ána dîna hant. uuanda dò drúhtost du mih.

Mirificata est scientia tua ex me. Fone minen sculden ist mir uuúnderlih [1]) unde únsémfte uuorden dîn bechénneda.

Inualuit. non potero ad illam. Si ist mir ze stárch. ih ne mag iro zûo. aber du maht mih iro genâhen [2]).

Quo ibo a spiritu tuo. Vuára mag ih fore dînemo geiste. des diu uuerlt fol ist? Also iz chit. SPIRITVS DOMINI REPLEVIT ORBEM TERRARVM.

*) Et quo a facie tua fugiam. Vnde uuára fliého ih fóre dir? Vuara mag ih indrinnen dînero abolgi?

Si ascendero in cœlum tu illic es. Héue ih mih bóho. dàr drúcchest du mih uuîdere.

Si in infernum descendero ades? Pirgo ih mih. daz ih mînero sundon iêhen ne uuile. du geiihtest mih iro.

Si recipiam pennas meas in directum. et habitabo in extrema maris. id est sæculi. Vbe ih mine fêttacha daz chit amorem dei et proximi. ze mir nímo in gerihti. unde ih púuuo. daz chit râmen mit kedingi ze-ende dirro uuérlte. si dies iudicii ist. uuanda dar ist ende disses uuerltméres. ze déro uuis indrinno ih dînero abolgi.

Et enim illuc manus tua deducet me et tenebit me dextera tua. Dára ze demo ende bringet mih dîn hant. unde dîn zeseuua hábet mih. daz ih in den mére ne sturze. êr ih in uber fliége.

ET DIXI. FORTASSE TENEBRÆ CONCVLCABVNT ME. Vnde chad ih fórhtendo. ódeuuâno finsterîna tréttônt mih. unde írrent mih. Vuaz sint die finstri. ane diser lib?

---

[1]) uuunderlich. Sch.

[2]) Ueber dem «n» ein punkt. Schilter liest «gehaben».

*) S. 511.

Et nox illuminatio in deliciis meis. Vnde bediû ist mîn naht. daz chit. mîn lib lîeht uuorden. an mînero lússami¹) daz ist CHRISTVS. Er chám in disa naht. daz er sie irlîehti.

Quia tenebræ non tenebrabuntur a te. Vuanda sóne dir CHRISTO ne finstrent die finstri. nube fone démo. der sîna sunda birget. unde iro ne uehet²). Der zuifaltòt die finstri.

Et nox tanquam dies illuminabitur. Vnde rehtemo man uuirt diu naht sámo liêhte so der tag. daz chit aduersitas ne tárót imo nieht mêr. danne prosperitas.

Sicut tenebræ eius ita et lumen eius. Imo gant prospera unde aduersa gelicho.

Quia tu possedisti renes meos domine. *) Vuanda dú habest pesézzen mine láncha. du ne hengest mir únchiúsce gelúste.

Suscepisti me ex utero matris meæ. Dú habest mih kenómen uzer minero muoter uuombo. Daz ih diû záliga babylonia. dero chint ierusalem cælestem ne minnont.

Confitebor tibi domine quoniam terribiliter mirificatus es. Ih iieho dir tróhten daz du egebáro uns uuunderlih uuorden bist.

Mira opera tua deus. et anima mea cognoscet nimis. Daz ist fone diú uuanda diniu uuerch uuunderlih sint Gót. unde siu nu min sêla harto uuóla bechénnet. so uuico ih in fore nieht ziu ne mahti.

Non est absconditum os meum. s.³) a te. quod fecisti in abscondito. Dir ist únferbórgen min stárchi. die du mir táte tougeno. fóne dero chad PAVLVS. NON SOLVM AVTEM. SED ET GLORIAMVR IN TRIBVLATIONIBVS.

Et substantia mea in inferioribus terræ. id est in carne. Vnde ist min sela in dero toufi des lichamen. doh iro diu starchi gegében si.

ITEM EX PERSONA CAPITIS. inperfectum meum uiderunt oculi tui. Mînen úndúrnohten PETRVM gesáhen diniu oûgen. **) Er gehiez daz er geleîsten ne mahta. doh kesáh in Gót. also iz chit. ET RESPEXIT DOMINVS PETRVM.

Et in libro tuo omnes scribentur. Vnde an dinemo buôche uuerdent sie alle gescriben. perfecti unde inperfecti.

Per diem errabunt. An CHRISTO missenément siê. uuanda sie in écchert hominem uuánent uuésen. unde ferlázent iu in passione.

Et nemo in eis. Vnde iro ne hein

---

¹) lusami. Sch.
²) Das «u» ist deutlich, nicht bloss zweifelhaft, wie in andern fällen. Schilter liest «jichet».

³) Fehlt bei Schilter.

*) S. 512.   **) S. CCXLVII.

ne folle hábet sih ze imo. Noh der dar ¹) chad. TVVM VSQVE AD MORTEM.

Mihi autem ualde honorificati sunt amici tui deus. Aber dine friûnt uuórdene náh mínero passione sint sie mir filo èrháfte.

*) Valde confortati sunt principatus eorum. Iro apostolatus ist harto gefestenôt.

Et numerabo eos. et super harenam multiplicabuntur. Vnde zello ih siê unde ist íro mêr. danne mé-regriêzes. So mánig uuirdet dero nah mínero passione. dero fore ne= hein ne uuas.

Exurrexi et adhuc tecum sum. Ih pin irstanden náh tóde. unde noh pin ¹) ih fáter. sament dir. Noh ne bin ih in chunt. nube écchert dir.

Si occideris (i. obcæcaueris) deus peccatores. uiri sanguinum (i. qui odistis fratres) declinate a me. CONSTRVCTIO. Si occideris deus peccatores. accipient in uanitate ciuitates suas. Quia dices in cogitatione. Vuiri sanguinum declinate a me.

quia dices in cogitatione (s. iustorum). accipient (i. decipient) in uanitate ciuitates suas (i. sequaces suos). Vbe du Got sláhest daz chit plendest die súndigen. so besui-chent sie íro folgeârra in úppigheite. uuanda du chist stíllo in dero guôton gedánche skeident iúh mánslekken fone mir. Got lêret. daz sih kuôte sceiden ³) fone úbelen in iro uuerchen. unde sie doh kemínne sin. Fone diu ist dero irslágenon. ih méino dero irblanton lêra uanitas. Vueliu ist diu lera? Ane daz siê íro gelichen lêrent. die iro burge sint. házen die rêhten. Ziu tuônt siê daz? Vuanda in íro guôti. ubeli gedúnchet. Vuéle sint uiri sanguinum? ane die. qui oderunt fratres suos.

Nonne eos qui oderant te domine odio habui? et super inimicos tuos tabescebam? Ziu sceident siê sih fone mir. samo sih ubel si? Ne hazeta ih die dih hazent trohten? unde ne séreuuêta ih umbe dine fienda. uuanda mir iro unreht ando uuas fúre dih ⁴)?

Perfecto odio oderam illos. In durnohtemo háze házeta ih siê. **) Daz chit ih házeta siê rehto. uuanda ih íro úbeli házeta nals siê selben.

Inimici facti sunt mihi. Sie sint mir fiént. uuanda ih iro unreht házeta.

Proba me deus. et scito cor me-

---

¹) Fehlt bei Schilter.
²) bin. Sch.
³) skeiden. Sch.

⁴) rg. Nota. Odienda peccata non homines.

*) S. 513.   **) S. 514.

um. Pesuoche du mih Got. ube ih daz kesculdet hábe. daz sie sih sceidên fóne mir. unde uuizist¹) du min hérza. uuanda sie iz uuaízen ne uuéllen.

Scrutare me et cognosce semitas meas et uide si uia iniquitatis in me est. Scródo mih. unde bechénne mine stiga. unde sih ube in mir unreht fád si.

Et deduc me in uia æterna. Vnde rihte mih ze démo euuigen uuége CHRISTO. an démo ne=hêin únreht ne ist.

PSALMUS CXXXIX.

IN FINEM IPSI DAVID.

ERIPE ME DOMINE AB HOMINE MALO. id est diabolo. Lóse mih truhten chit diû æcclesia. fone ubelmo ménniscen. Daz ist der. fone démo sanctum euangelium chit. INIMICVS HOMO HOC FECIT.

A uiro iniusto erue me. Fóne únrehtemo man lóse mih. daz ih fone imo geargerót ne uuerde.

Qui cogitauerunt iniustitias in corde. tota die constituebant bella. Also diê unrehte sint. die únrehtes denchent in iro hérzôn. unde allen den dag uuellen féhten. unde ételih scisma alde heresim bringen. alde seditionem machôn.

Acuerunt linguas suas sicut serpentes. Siê hábent iro zunga geuuézzet also uuúrme. I'ro unort sint samo fréisig samo so uuúrme.

Venenum aspidum sub labiis eorum. Vnder iro lefsen ist ferborgen daz záligosta éitter.

Custodi me domine de manu peccatoris. id est diaboli. ab hominibus iniquis eripe me. *) Huóte min trúhten fore des ²) tiefeles hánden. lôse mih fone unrehten ménniscon.

Qui cogitauerunt subplantare gressus meos. Die mih uuellen bescrénchen. die mih irren uuellen rehtero férte.

Absconderunt superbi laqueos mihi. V'bermuóte rihton mir striccha. Mih ilton heretici gefáhen mit iro únchústen.

Et funes extenderunt in laqueum pedibus meis. Vnde dénitôn sie seíl minen fuôzen ze stricche. daz chit. sie stricton iro seíl. daz mine fuôze dar ána geháftetin. Vuaz sint diu sêil ane geflóhtene reda. ze irreden getâne.

Iuxta iter scandalum. id est offendiculum posuerunt mihi. **) Pî=demo uuège légeton siê daz dár ih mih ana stiêze. Vuanda ándere ne ge-

---

¹) uuizzist. Sch.   ²) Fehlt bei Schilter.

*) S. 515.   **) CCXLVIII.

fâhent sie . âne die aba rehtemo fâde uuenchent.

Dixi domino . deus meus es tu. In dien frêison chad ih ze minemo truhtene . mîn Got pist du. Daz ne múgen aber sie nieht pôre báldo chéden . uuanda iro ubermuôti scêidet sie fóne Gote [1]).

Exaudi domine uocem deprecationis meæ. Chad ih ouh . kehôre trubten mîne digi [2]).

Domine domine uirtus salutis meæ. Du truhten chad ih . pist chraft minero hêili . du gibest mir die chrefte déro heili [3]).

Obumbrasti super caput meum in die belli. In uuîge daz chit in temptatione bescátetôst du min houbet . daz ih fore hizzo ne irlâge also die irligent . dero hizza du ne chûolest [4]).

Ne tradas me domine a desiderio meo peccatori. Fore niête ne gebêst du mih truhten demo tiefele .

Der niet ist diû hizza . die Gotes scato mézôt . nîe si unsih überuuândene peccatori ne geántunúrte [5]).

Cogitauerunt aduersum me ne derelinquas me . ne forte exaltentur . id est ne de me triumphent. *) V̓bele riêten mih ána du ne ferlâzêst mih niê sie des úbermuôte ne uuerdên [6]).

Caput circuitus corum . id est caput corum circuitus est. Diabolus iro houbet . der ist úmbegáng . der neberihtet sih niêmer ze uuége [7]).

Labor labiorum ipsorum . id est mendacium operiet eos. Iro mundes arbêit scírmet siê. Du scírmest mih . sie scírmet iro lúg. Mit demo ántsêidont sie sih iro súndôn . der ist únsémftero ze findenne danne diû uuârhêit [8]).

Cadent super eos carbones ignis. Cluônte zánderen ánafallont siê . uuánda sie gesêhent die zúndên . die fore chuôle uuân . Sie gesêhent daz in ernest uuirt . ze uuola tâten [9],

---

[1]) mîn gót pist tu. Taz nemúgen áber sie n — — — — da iro úbermûoti skéidet sie fóne góte. B. b. 2, das mit diesen worten beginnt und sehr verstümmelt ist.

[2]) Chád ih óuh. kehôre trúhten mîna digi. B. b. 2.

[3]) Tu trúhten chád ih. pist chraft mínero héili. — — — diê chréfte dero héili. B. b. 2.

[4]) — — daz chit in temptatione bescátetôst tû min hóub—. — — — neirlâge. álso die irligent. dero hízza dû ne c—. B. b. 2.

[5]) Fóre niête ne — — — ten demo tiêfele. Ter niet ist tíu hízza. dia gótes — — unsih úberuuúndene peccatori ne geántuúrte. B. b. 2.

[6]) U̓bele riêten mih ána du neferlâzest mih. nîo si d — — — den. B. b. 2.

[7]) — — hôubet ter ist úmbegáng. tér ne berihtet sih nîo — —. B. b. 2.

[8]) — — skírmet siê. Tu skírmest mih. sie skírmet iro lúg. — —dont siê sih iro súndôn. der ist únsémftero ze — —uuârheit. B. b. 2.

[9]) Cluônte — —lont siê. uuánda siê geséhent tie zúndên. die fo— —. Siê geséhent táz in érnest uuirt ze uuóla tâten. B. b. 2.

*) S. 516.

Deicies eos. Dar uuirfest du sie nider. Daz sie dien irbúnnen. daz fellit sie¹).

In miseriis non subistent. Vuenegheit kescichet in sore dero ne gestânt sie. A'ber rehte gestânt. uuanda einer déro rehton chad. SED ET GLORIAMVR IN TRIBVLATIONIBVS²).

Vir linguosus non dirigetur super terram. Ze filo chósig man ne geuuúnnet niêmer grehti obe érdo. uuanda iz chit. IN MVLTILOQVIO NON EFFVGIES PECCATVM. Der gezúngelêr ist. der ist diccho lúkkêr. daz ist michel ungrêhti³).

Virum iniustum mala capient in interitum. Vnrebten man gefâhent uuéuuun ze ferlornissido dien guôten mugen sie ouh kefâhen. nals aber ze flóreni⁴).

Cognoui quia faciet dominus iudicium inopum. Ih pechénno daz Got dien unêhtigên ribtet⁵).

Et uindictam pauperum. Vnde er gerih tuot dero armon⁶).

Verumtamen iusti confitebuntur nomini tuo. Aber doh die rehten jéhent dinemo námen nals in selbên. alles des. daz sie gemúgen. Dir uuizzen sie is tang⁷).

*) Habitabunt recti cum uultu tuo. Crehte⁸) bùent sáment dinemo ánaliùte. also iz chit. CVM APPARVERIT SIMILES EI ERIMVS. QVONIAM VIDEBIMVS EVM SICVTI EST⁹).

PSALMVS CXL.

IN FINEM IPSI DAVID.

DOMINE CLAMAVI AD TE. EXAVDI ME. Truhten chit der propheta. ze dir háreta ih. kehore mih¹⁰).

Intende uoci deprecationis meæ dum clamauero ad te. Duô ouh noh uuara mînero dígi. so ih háree ze dir. So du tâte in præterito. so duô in futuro. Gehore mih ieo¹¹).

Dirigatur oratio mea sicut incensum in conspectu tuo. Min gebet

---

¹) — —fest tu siê níder. Dáz siê diên irbúnnen. daz féll— —. B. b. 2.

²) Uuènegheit keskíhet ín. fóre déro ne —. — rèhte gestànt. uuánda einer dero rèhton ch— — intribulationibus: B. b. 2.

³) — — neguuúnnet niômer grèhti óbe érdo. uuánda iz — — non effugies peccatum. Tér gezúngeler ist. ter ist tíc— —. míchel úngrehti. B. b. 2.

⁴) — — gefáhent unéuuun zeferlórnissedo. den guóten m— — náls áber zeflóreni. B. b. 2.

⁵) Fehlt auf B. b. 2.

⁶) Fehlt auf B. b. 2.

⁷) — — — :emúgen. Tír uuízen siê is táng. B. b. 2.

⁸) Rehte. Sch.

⁹) Créhte bùent sáment tinemo ánalutte. also iz — —erit etc. B. b. 2.

¹⁰) — — ter propheta. ze dir háreta ih. kehóre mih. B. b. 2.

¹¹) Tuô óuh — — dígi. sô ih hárêe ze dír, Sô du tâte in præterito. — —. Gehôre mih io. B. b. 2.

*) S. 517.

recche sih úf. also rouh fore dir. Suozen stang tuòe dir mîn gebét¹).

Eleuatio manuum mearum sacrificium uespertinum. Vfhéui mínero hando. sì²) dir àbentópher. Mînero guôton uuercho. ruochëist du ze mînemo énde³).

Pone domine custodiam ori meo. et ostium circumstantiæ labiis meis. Sézze huôta mínemo munde truhten. unde umbe mîne léfsa stélle túre. Lêre mih keuuâr uuésen mínero uuórto⁴).

Non declines cor meum in uerba malitiæ. ad excusandas excusationes in peccatis. Ne chêre mîn herza in arguuílligiù uuórt ze antsëido dero sundon. Lêre mih puram confessiónem quæ liberat a morte⁵).

Cum hominibus operantibus iniquitatem et cum electis eorum non communicabo. Sáment únrehten. unde sáment iro iruueleten ne hábo ih kemêinsami. Daz sint die sih selben sundon fersâgent⁶).

Corripiet me iustus in misericordia. et increpabit me. oleum autem peccatoris non inpinguet caput meum. Der rehto inchán⁷) mih. *) unde irréfset mih kenâdeglicho des súndigen óle. ne sâlbôe. mîn hôubet. **) Sin ólê. daz ist sîn lób. unde sîn slihten. Daz ieo guótemo man zeflíchenne ist⁸).

Quoniam adhuc oratio mea in beneplacitis eorum. s. peccatorum. Vuanda bit noh in iro gelîcheten ist mîn gebét. Noh uuirt. daz in gelichet zechedenne. DIMITTE NOBIS DEBITA NOSTRA. SICVT ET NOS DIMITTIMVS DEBITORIBVS NOSTRIS.

Absorti sunt iuncti petre iudices eorum. I'ro rihtâra sint fertíligot ze CHRISTO gebótene⁹). Platonis unde aristótelis lêra ne túgen. so man euangelium CHRISTI dâra zuô biútet.

Audient uerba mea quoniam potuerunt. Sie gehôrent mîniu uuort. uuanda diu gemâhtôn. éniù uuâren chráftelôs.

Sicut crassitudo terræ eructa est.

---

¹) Mîn gebét récche sih úf. álso rôuh fóre dir. — — dír mîn gebét. B. b. 2.

²) sie. Sch.

³) — héui mínero hándo. sî dír âbent ópfer. Mînero — —. rûochest tu ze mínemo énde. B. b. 2.

⁴) Sézze hûota míne— — —ten. unde úmbe míne léfsa stélle túre. Lêre — — mínero uuórto. B. b. 2.

⁵) Ne chêre mîn — —ligiu uuórt. ze ántseido dero súndon. Lêre — —nem etc. B. b. 2.

⁶) Sáment únrehten — — iruuéleten ne hábo ih kemêinsami. Táz sint. — —don fersâgent. B. B. 2.

⁷) incham. Sch.

⁸) — — mih unde irréfset mih enâdiglicho. des súndi— — mîn hóubet. Sîn ólê. daz ist sîn lób. unde sîn —. — guótemo man ze flíhenne ist. B. b. 2.

⁹) Uuánda bit nóh. in — — mîn gebét. Nóh uuirt. taz ín liehet ze ché— — etc. I'ro ríhtâra sint — —. B. b. 2.

---

*) S. 518.   **) S. CCXLIX.

Fone diû cham also feizti déro érdo . daz pluôt dero martyrum . Dannan iruuûohs der heiligo ezesg . daz uber ál christiani uuúrden.

Dissipata sunt ossa nostra . id est martyres secus infernum . V́nseriû bein uuúrden zebólot pi_dero hello.

Die unsih stárchton . die uuárf_ man sámo so in_hélla . sie sint aber guóllih in himele.

Quia ad te domine domine oculi mei . Vuanda ze_dir truhten sehent miniu oûgen ze dînen geheizen . nals ze iro drómuón.

In te speraui . non auferas . s. a bonis tuis animam meam . An dih kedingo ih fone demo dinemo guóte ne sceid mîna séla.

Custodi me a laqueo quem statuerunt mihi . et ab scandalis operantium iniquitatem . Pehuete mih fore demo stricche . den sie mir gerihtet habent unde fore demo irriden dero únrehton.

Cadent in retiaculo eius peccatores . Sundige gehaftent in sinemo nézze . Diaboli sint daz nezze . sin ist der strig.

*) Singulariter sum ego donec transeam . s. ad patrem . Ih pin eino chit CHRISTVS . unz ih irstírbo . dára náh manigfálton ih mine.

PSALMUS CXLI.

IPSI DAVID [1]).

VOCE MEA AD DOMINVM CLAMAVI . uoce mea ad dominum deprecatus sum . Mit minero stimmo háreta ih ze trúhtene . mit minero stimmo digeta ih ze trúhtene . Min stimma ist . diu fóne herzen chúmet . mánige ruófent mit lefsen . nals mit herzen . Daz herza gehóret Got . die lefsa gehóret mennisco.

Effundam in conspectu eius orationem meam . Fore imo lazo ih úz min gebét . dar échert [2]) er iz kesiéhet . Andere ne múgen daz herza geséhen ane sîn.

Tribulationem meam ante ipsum pronuntio . Mina arbéit ságo ih fóre imo . Vuanne tuon ih daz?

In deficiendo ex me spiritum meum . So mîn gêist chúmig uuirdet . Ziu sol ih daz tuón? Daz mih sin geîst sterche.

Et tu cognouisti semitas meas . Vnde du bechándost mîne stîga . Dú gesahe mih rehto phádón.

In uia hac qua ambulam absconderunt laqueos mihi . Sié rihton mír toúgeno strig chit CHRISTVS . án démo uuege . an démo ih kiéng in innocentia . sie rihton mír doh patibulum crucis.

Considerabam ad dexteram et ui-

---

[1]) In finem ipsi David. Sch. | [2]) ecchert. Sch.

*) S. 519.

debam . et non erat qui cognosceret me . Dar umbe sah ih mih uuer min halb uuâre . unde ne-hêiner ne uuas . der mina deitatem bechandi .

Periit fuga a me . Dar ne flôh ih . doh andere fluôhin .

Et non est qui requirat animam meam . Vnde umbe helfa ne suôhta mih nièman .

Clamaui ad te domine . Do hâreta ze dir truhten alsús . PATER IN MANVS TVAS COMMENDO SPIRITVM MEVM .

*) Dixi . tu es spes mea . Chad ih ouh du bist min gedingi .

Portio mea in terra uiuentium . Min têil des erbis in paradyso . Also latroni gehêizzen uuard . HODIE MECVM ERIS IN PARADYSO [1]) .

Intende orationem meam quia humiliatus sum nimis . Fernim min gebét uuanda ih harto gediemuotet pin . mit demo tôde .

Libera me a persequentibus . Lôse mih fone minen âhtâren . die min niêht ne borgênt . uuanda sie mih Got ne bechénnet . Also iz chit . SI ENIM COGNOVISSENT . NVMQVAM DOMINVM MAIESTATIS CRVCIFIXISSENT .

Quia confortati sunt super me . Vuanda sie mir óberôren uuórden sint . unde mih in-den tod kestôzen hábent .

Educ de custodia animam meam . Pring mih fone héllo .

Ad confitendum nomini tuo . Daz dih lóboen mine fideles .

Me expectant iusti . donec retribuas mihi . Mine apostoli bitent . unz dù mir mina gloriam in resurrectione irgébêist .

**) PSALMVS CXLII.

ORATIO DAVID QVANDO PERSECVTVS EST EVM FILIVS EIVS.

DOMINE EXAVDI ORATIONEM MEAM . auribvs percipe obsecrationem meam . Truhten gehôre min gebét . fernim mîne digi .

In ueritate tua exaudi me . in tua iustitia . Gehôre mih in dînero uuarhêite . in dinemo rehte nals in minemo gehore mih . uuanda du mir gabe so uuélih reht ih habo .

Et non intres in iudicium cum seruo tuo . quia non iustificabitur in conspectu tuo omnis uiuens . Vnde dinclicho ne fârest du mit dinemo scalche . nube genadeglicho . uuanda fore dir nehêin lébendêr únscúldig ne ist . Also .iob chit . ***) NEMO MVNDVS ANTE TE . NEC INFANS CVIVS VNIVS DIEI VITA EST SVPER

---

[1]) Fehlt bei Schilter von «Also» an.

*) S. 520.   **) S. CCL.   ***) S. 521.

TERRAM (nieman ist reine fore dir noh sar daz hiutiga chindeli ob erdo¹).

Quia persecutus est inimicus animam meam. humiliauit in terra uitam meam. Vuanda diabolus ahta min. unde ze sundon brahta er in erdo minen lib. Daz sint uerba poenitentis. Sulen iz aber dauidis uuort sin fone Absolone. alde CHRISTI fone iuda so chit iz sus. Min fient ahta min. unde geniderta mih. uuanda der ²) eino uuard regno depositus. der ander in cruce damnatus. fone diu sprichet sar nah CHRISTVS.

Collocauit me in obscuris. sicut mortuos sæculi. Er stiez mih in die finstri des crabes. also die toten dero uuerlte. die mit rehte irsterbent uuanda sie fone sculden irsterbent.

Et anxiatus est in me spiritus meus. in me turbatum est cor meum. Vnde angesta min sela in mir. unde geleidigot uuard min herza in mir. Nah dien uuorten. TRISTIS EST ANIMA MEA VSQVE AD MORTEM.

Memor fui dierum antiquorum. Nu sprichet imo zuo corpvs eius. Dero alton tago erhugo ih. do disiu uuerlt uuard.

Et in factis manuum tuarum meditabor. Vnde in din hantuuerch tahta ih. daz in himele unde in erdo skinet. Dar bi chos ih daz.

Expandi manus meas ad te. sicut terra sine aqua tibi. Mine hende rahta ih ze dir also unazzerlos erda gagen regene uuas ih gagen dir ³).

Velociter exaudi me domine. defecit spiritus meus. Kehore mih spuotigo. uuanda ih chumo geatemon. Also dien gesciehet die filo muode uuerdent. unde sie labo bedurfen. In minemo ateme bin ih irlegen. in dinemo labo mih.

Ne auertas faciem tuam a me. et similis ero descendentibus in lacum. Ne uuende fone mir din anasiune. uuanda ih danne gelih uuirdo dien farenten nider in dia hellagruoba.

*) Auditam fac mihi mane misericordiam tuam. Laz mih in morgen gehorren dina genada. So dies iudicii chome. so tuo mih kehorren. VENITE BENEDICTI PATRIS MEI PERCIPITE REGNVM.

Quia in te speraui. Vuanda ih an dih kedingo.

Notam fac mihi uiam in qua ambulem. quia ad te leuaui animam meam. Chundo mir den uueg. der

---

¹) (— — noh sah daz — — ab erdo). Sch.

²) er. Sch.

³) Fehlt bei Schilter von «also» an.

*) S. 522.

menniscon ¹) unchunt ist . an demo ih sule gàn. Den chunde mir . uuanda ih uf huob ze‿dir mina séla . nals nider ze‿dirro uuérlte.

Eripe me de inimicis meis domine ad te confugi. Lose mih fone minen fienden . ih keflóh ze dir.

Doce me facere uoluntatem tuam . quia deus meus es tu. Lére mih tuón dinen uuillen . uuanda du min Got pist . unde ih dir éinimo uuillon sol.

Spiritus tuus bonus deducet me in terram rectam. Din guote geist léite mih in rehta erda. Reht erda ist der lichamo . unz ér úndertân ist spiritui sancto. Sô ist ouh regnum futuri sæculi. Fone diu uuirt hier béidero gebéten.

Propter nomen tuum domine . uiuificabis me in æquitate tua. V̓mbe dinen namen uuanda ih iz ne habo gefréhtot . chicche mih in dinemo rehte.

Educes de tribulatione animam meam. Leite mina séla úzer árbeiten. Laz mih éndon mit ablâze.

Et in misericordia tua disperdes inimicos meos. In dinen genádon zegingèst du mina fienda.

Et perdes omnes qui tribulant animam meam . quoniam ego seruus tuus sum. Vnde ferliésest du diabolum . unde alle die mih pinont . uuanda ih din scalh ²) pin.

*) PSALMUS CXLIII.

DAVID AD GOLIAM.

**) BENEDICTVS DOMINVS DEVS MEVS . qui docet manus meas ad prœlium . et digitos meos ad bellum. Gelóbot si trúhten Got miner . der mine hende . unde mine fingera léret ze uuige . uuíder golia der diabolum bezéichenet . unde uuider demo lichamen . fone demo dir gescriben ist. CARO CONCVPISCIT ADVERSVS ANIMAM.

Misericordia mea. Mìn erbarmeherzi bist dù . uuanda du gíbest mir sia.

Et refugium meum. Vnde min zuóflúht. Ze imo flícho ih er ist min fésti.

Susceptor meus et liberator meus . protector meus. Mìn inphángàre . unde lòsáre . unde skermáre.

Et in ipso sperabo . subiciens populos sub me. Vnde an in gedingo ih . liute mir undertuónde ³) . so ih nah ⁴) saule mines riches uualten beginno.

Domine quid est homo . quia innotuisti ei? s. diuinitatis archanum.

---

¹) mennisco. Sch.
²) scalch. Sch.
³) undertuonte. Sch.
⁴) nals nah. Sch.

*) S. CCLI.   **) 523.

Vuaz ist mennisco . daz du imo dîna tougeni chuntost?

Aut filius hominis quia reputas eum . id est quia tanti estimas eum . Alde ménniscen sun . daz du sîn uuâra tuôst?

Homo uanitati similis factus est . dies eius sicut umbra prætereunt . Mennisco ist kelîh úppighéite . uuanda sîne taga also scáto fergânt . Er uuard kescáffen gelîcher ueritati . dara nah uuard er fone sundon gelîh uanitati .

Domine inclina cœlos tuos et descende . Hélde truhten dîna hímela unde fáre hára níder . ouge dib uns incarnatum .

Tange montes et fumigabunt . Ruóre die berga so riechent sie . Vbermuoten herzon gib compunctionem . so tuônt siû pœnitentiam .

Corusca coruscationes tuas . et dissipabis eos . Pléccheze sie ána so zeuuîrfest dû sie . Prúte sie mit dinen zeîchenen . so geloubent sie sih iro éinungo .

*) Emitte sagittas tuas et conturbabis eos . Sciûz sie ana dîne strâla . so leidegost du sie . Sende sie ána dine apostolos . so séregost du sie iro súndôn .

Emitte manum tuam de alto . Sende fater dinen sun fóne himile . Er ist dîn hant . mit dero du álliû scuófe .

Eripe me et libera me de aquis multis . Lôse mih fóne uuazzeren manigen . fóne zuo diézzenten genuogen .

De manu filiorum alienorum . Lose mih fone frémedero chindo hánden . die dero æcclesiæ chint ne sint .

Quorum os locutum est uanitatem . Ih meîno die . dero munt iéo úppegcheit sprichet . fone dien uuázzeren lôse mih .

Et dextera eorum dextera iniquitatis . Vnde iro zéseuua ist . des únrehtes zeseuua . Daz ist fone diu . uuanda sie habent ze zésuuun daz sie ze uninsterûn haben soltôn . ih neimo terrena bona . Sie soltôn æterna bona ze zeseuuun hâben .

Devs canticvm nouum cantabo tibi . Danne so christvs chumet . singo ih dir niuuuen cantiken daz ist der daz ih ézzen muoz sinen lichamen . unde trinchen sîn bluôt .

In psalterio decem chordarum psallam tibi . An demo zênseitigen psalterio singo ih dír . uuanda decem præcepta legis sint dîn . also ouh daz zênteilîga euangelium . Fone dir sint siu beidiu chómen .

Qui das salutem regibus . Du dién rehtén gibest heili .

Qui liberasti dauid seruum tuum . de gladio maligno . libera me . Du dauíd dînen scalch lôstóst fóne goliadis suerte demo arguuilligen . lôse mih . Mines truhtenes suert ist kuótuuillîg . uuanda iz sceidet fone

---

*) S. 524.

úbelèn . arguuillig ist aber des tiéfeles suért . uuanda iz scéidet fone guôten.

Et erue me de manu filiorum alienorum . quorum os locutum est uanitatem . et dextera eorum dextera iniquitatis . *) Der férs chit . also er fore chad.

Quorum filii sicut nouellæ plantationes constabilitæ a iuuentute sua. Déro sune sint niúuue also flanzunga . gestate fóne iugende . Sie sint èben scóne niùsaztèn rèbôn . uuanda sie gefestenot hábent niúuue írreden . fure dia altun léra prophetarum unde apostolorum.

Filiæ eorum compositæ circumornatæ ut similitudo templi . Iro tohtera gànt gefrènchet . in chilechun uuiskánt sie gezièrte . Sie habent kelichi dero zièrdo . nals die uuarheit.

Promptuaria eorum plena eructantia ex hoc in illud . Iro chèllera sint folle . mùzonde daz lid . fone einemo ze andermo.

Oues eorum fœtosæ abundantes in egressibus suis . Iro scáf sint féselig manegiù in iro ùzkéngen. Manegiu gant ùzer iro stigôu.

Boues eorum crassæ . Iro chuôe sint feizte.

Non est ruina maceriæ . **) Noh iro stèin-zùn ne fállet.

Neque transitus . Noh iro hus ne ist tùrhfertig . Sie habent kesuâshèit.

Neque clamor in plateis eorum . Noh scréiòd¹) ne ist in iro strâzon . Sie ne uuecchet nièman.

Beatum dixerunt populum cui hæc sunt . Sie hièzzen²) sâligen den liùt . der sólih bábet. Daz táten sié . uuanda sie iz ze zéseuuun hábeton . Ih uuile iz rehtor ságen.

Beatus populus cuius dominus deus eius . Der liût ist sâlig . der Gót ze hèrren hábet . V'be Got sin hèrro ist . sô ist ér sâlig.

PSALMUS CXLIV.

IPSI DAVID.

Exaltabo te devs mevs rex . et benedicam nomini tuo in sæculum . et in sæculum sæculi . Sélbemo dauid . sélbemo christo chit .ecclesia. Ih irhóho dih Got min chùning . unde lóbon dinen námen in uuerlte . unde iêmer dara näh.

***) Per singulos dies benedicam tibi . Tágeliches lobo ih dih . nièht éin in prosperis (uuólon) . nube ouh in aduersis (unêuuon).

Et laudabo nomen tuum in sæculum sæculi . Vnde bediù lóbo ih dih hièr . unde in éuuon . Der dih

---

¹) screiot. Sch.   ²) hiezen. Sch.

*) S. 525.   **) S. CCLII.   ***) S. 526.

hier uuirdigo lôbôt . demo uuirt kelâzen . daz er dih lôbôt êuuigo.

Magnvs dominvs et laudabilis nimis . et magnitudinis eius non est finis. Michel ist min truhten . unde lóbosam harto . unde ist unende¹) sinero micheli . unende²) ist ouh mines lóbes . uuanda ih nâh disemo libe dih iêmer lóbon.

Generatio et generatio laudabunt opera tua. Chunne unde chunne lóbont diniû uuercb . Hiêrin uuerlte filii dei . unde in enero uuerlte filii resurrectionis . lobônt dînen námen.

Et potentiam tuam pronuntiabunt. Vnde dîna mâhtigi ságent siê. Sie uuîzent dir . daz sie selben gemugen.

Magnificentiam gloriæ sanctitatis tuæ loquentur . et mirabilia tua narrabunt. Daz mágenuuerch dínero guóllichun hêiligi sprechent sie. Dîniu uuunder zellent siê.

Et virtutem metuendorum tuorum dicent. Vnde dia chraft dinero antsázigon dingo ságent siê . Nieht ein regnum cælorum . nube ouh ignem æternum.

Et magnitudinem tuam narrabunt. Vnde dîna mícheli zellent siê . daz iro únmez ist.

Memoriam abundantiæ suauitatis tuæ eructabunt. Kehugeda dero genuhte dinero suôzi rôphezent siê. Suôziú genúht ist . daz du únser gehúgest. Diê ézent sie . so siê iro ferstânt die róphezent siê . so sie siâ ságent unde lêrent. Also iohannes còumota uuirtscaft habendo super pectus domini . unde róphzta. In principio erat verbvm.

Et in iustitia tua exultabunt. Vnde fréuuent sie sih in dînemo rehte . nals in iro rehte. Also sie dir gébent . daz sie sint . *) so gébent sie ouh dir . daz sie rehte sint. Anderes uuiêo gâben sie dir daz mínnera . unde in selbên daz mêra.

Misericors et miserator dominus. Kenâdig truhten . danches kuot kébendo . unde genâdâre sculde fergebendo.

Patiens et multum misericors. Kédúltig fertragendo . unde filo genâdig ze riúuuon ládondo.

Suauis dominus vniuersis. Suôzze hêrro allên . die geislicho sine géba getrinchent.

Et miserationes eius super omnia opera eius. Vnde sine genâda sint uber álliú siniu uuergh . diu er an uns tougeno tuôt . unde ist aber sîn gerîh uber des tiêfeles uuergh.

Confiteantvr tibi domine omnia opera tua. Iéhên dir daz chit lóboien dih alliu diniu uuergh . trúh-

---

¹) uuende. Sch.   ²) uuende. Sch.

*) S. 527.

ten. Siu lóbont dih. uuanda du an in gelóbot pist. An ín skînet. uuer du bist.

Et sancti tui benedicant tibi. Vnde dine heiligen lóboien dih. Angeli sancti. troni. dominationes. potestates. principatus et iusti homines.

Gloriam regni tui dicent. et potentiam tuam loquentur. Kuôllichi dînes rîches sagent sie. unde dîna máhtigi spréchent siè. uuanda du allen lebenden den lib. unde unlebenden den sâmen iro uuérennis habest kegében.

Vt notam faciant filiis hominum potentiam tuam. Daz sie chunt tuôen menniscon chinden dîna máhtigi. also Petrus unde Iohannes do tâten. do sie claudum ex utero matris káng=hêile [1]) máchoton.

Et gloriam magnificentiæ regni tui. Vnde die guôllichi des mágenuuerches dînes rîches. daz nuir noh ne sêhen. Vuanda in dirro uuerltscôni mit uns púent tier unde uuúrme. unde mánig lêitsami. unde aber in énero uuerlte. mit uns ne-buent ane angeli soli.

*) Regnum tuum. regnum omnium sæculorum. Vuiêolih ist daz rîche? Vuar iruuindet iz? Din rîche ist êuuig rîche. iz ist durhkang allero uuerlto.

Et dominatio tua. in omni generatione et generatione. Vnde din hêrscaft uuéret in állero chúnnezalo diû nû ist. unde noh chúmet.

**) Fidelis dominus in omnibus uerbis suis. Ketriúuue hêrro ist er in állen sînen uuórten. uuanda er so geleista so er gehiêz. PROPRIO FILIO SVO NON PEPERCIT. Daz kehiêz er. Vitam æternam sol er noh kében. Dar umbe eigen uuir inphángen pignus spiritus sancti.

Et sanctus in omnibus operibus suis. Vnde heilig ist er in allen sînen uuérchen.

Alleuat dominus omnes qui corruunt. et erigit omnes elisos. Also dàr ána skînet. er héuet ûf alle die dir fállent. unde alle ferchniste rihtet er ûf.

Oculi omnium in te sperant. et tu das escam illorum in tempore oportuno. Sie uuartent truhten alle an díh. unde du gibist in fuôra. ze geuélligemo mále.

Aperis tu manum tuam. et imples omne animal benedictione. Dû induôst dina hant. unde irfúllest alliu libhaftiû [2]) ségenes. fóne dínero hant chúmet al daz siu hábent.

Iustus dominus in omnibus uiis suis. et sanctus in omnibus operibus suis. Vnser truhten ist rehter

---

[1]) kangheite. Sch. [2]) libhaftiu. Sch.

*) S. 528. **) S. CCLIII.

in allen sinen uuégen . daz chit in allen sinen scáffungon . unde ist héilig in allen sinen uuerchen .

Prope est dominus omnibvs inuocantibus eum in ueritate . Er ist pi allen . die in ána-barent in uuarheite . Daz ne tuont die nieht . die in unrehtes pitent . pediu ist er dien ferro .

Voluntatem timentium se faciet . et deprecationem eorum exaudiet . et saluos faciet eos. Die in fúrhtent . dero uuillen tûot er . diê gehóret er . unde geháltet sie .

*) **Custodit dominus omnes diligentes se . et omnes peccatores disperdet .** Er behuótet alle die in minnônt . alle sundige ferliûset ér .

Laudem domini loquetur os meum . et benedicat omnis caro nomen sanctum eius . in æternum . et in sæculum sæculi . Mines truhtenes lob sprichet min munt . unde mánnolih lóbot sinen héiligen námen . iêmer unde iêmer .

PSALMUS CXLV.

ALLELVIA.

Lavda anima mea dominvm. Min séla lobo Got . Mannoliches séla lóboe Got . sid der propheta daz ráte sinero sélo .

Laudabo dominum in uita mea . Ih lobo in hína fûre dar min lében ist . In euuigemo libe dar lóbo ih in .

Psallam deo meo . quam diu ero . Ih lóbo in ouh hiêr . unz ih hiêr bin .

Nolite confidere in principibus . in filiis hominum quibus non est salus . Nieht ne fersêhent iúh ze geuuáltigen . ne-heina baldi ne eigint in ménniscon chinden . an diên iúunera sálda nieht ne stánt . Siê stant ecchert in einemo filio hominis . der ouh filius dei ist .

Exibit spiritus eius . et reuertetur in terram suam . in illa die peribunt omnes cogitationes eorum . Des menniskan séla féret hina . unde danne iruuindet der lichamo uuidere ze déro erdo . dannan er cham . So sint hina alle iro gedancha . Der tôd kenimet in siê gáreuuo [1].

Beatus cuius deus iacob adiutor eius . Sâligo des helfâre truhten Got iacobis ist . der selben iacob ze israhele machota .

Spes eius in domino deo ipsius qui fecit cœlum et terram . mare et omnia quæ in eis sunt . Sâligo des kedingi an trúhtene Góte sinemo ist . nals an saturno alde neptuno . nube an demo der himel unde erda unde mére téta . unde al daz . dár inne ist .

---

[1] Ueber dem «g» steht ein punkt.

*) S. 529.

Qui custodit ueritatem in sæculum . iudicium iniuriam patientibus . *) Der iêmer der uuarheite huôtet . rihtendo diên unreht tólenten . nals sie réchenten.

Dat escam esurientibus . Kibet húngergen fuôra . Die rehtes húngerge sint . die gesatot er.

Dominus erigit elisos . Er ríhtet ûf die geuuírsoten . Die so hárto fállent . daz sie ûf irstan ne múgen . die héuet er ûf.

Dominus soluit compeditos . Er lòset die beháften mit truòhen . Suâre truòhe sint diê súnda unde disiu mortalitas . ùzer diên bêiden Got lòset.

Dominus illuminat cæcos . Er getuòt unuuizzige uuîse.

Dominus diligit iustos . Er minnot rehte.

Dominus custodit aduenam . Er behuòtet den zuochómeling . Daz ist sancta æcclesia de gentibus.

Pupillum et uiduam suscipiet . Vueisen unde uuiteuuun inphâhet er.

Et uiam peccatorum exterminabit . Vnde den breiten uuég déro súndigon ùzôt er . Er chêret in fóne imo . bediù leitet er ze héllo.

Regnabit dominus in sæcula deus tuus syon . in generatione et generatione . Din Got syon richesot iêmer.

**) PSALMUS CXLVI.

ALLELVIA.

LAVDATE DOMINVM QVONIAM BONVS PSALMVS . id est laudate dominum . quoniam bonum est laudare dominum . Lóbont trúhtenen . uuanda sin lob kuòt ist . kuòt ist daz man ín lóbot . Psalmosang ist kuòt . Vuaz ist daz? ane daz man an psalterio singet? Psalterium scillit also êin lîra . alde êin harpha . alde ein organum . Vnde uuanda daz lûto scillet . daz man dar ána singet . pediù chît psalmus hóbsang . Der hóbsangot . der den hohesten lóbot . I'n lóbot der lobosamo lêbet.

Deo nostro sit iocunda decoraque laudatio . Vuúnnesam unde ziére lòb si unsermo Góte . Ziére lob tuòt imo . des sîte ziére sint . Vn⸗ziére singet . ***) der únziero uuérchot . Aiso iz chit . NON EST SPECIOSA LAVS IN ORE PECCATORIS.

Ædificans ierusalem dominus . dispersos israhel congregabit . Die himeliscun ierusalem zimberondo gesámenot er die zeuuórfenen liùte . die uidentes dominum héizent . Angeli gesêhent in . Angelis uuerdent diè gelîh . die in gesêhen súln . Diè gesáminot er in himile . So ist diù burg kezimberot . so ér diè burgâra gesámenot.

Qui sanat contritos corde . Der die hérze⸗chnistigen heîlet . Also iz

---

*) S. 530.   **) S. CCLIV.   ***) S. 531.

chit. Prope est dominvs his qvi contrivervnt cor (nahe ist Got diên diê iro herza chniston). Vuéle sint daz . ane humiles corde? Vbe du genésen uuellest . chniste daz hérza.

Et alligat contritiones eorum. Vnde der iro ferchnisteda bindet. Demo nù uuiget . daz in mánige gelúste gruôzent . unde er chit. Qvis me liberabit de corpore mortis hvivs? Gratia domini nostri iesv christi . demo ferbindet er hiêr die únganzi . mit sacramentis ecclesiæ. A'ber in anderro uuerlte . nimet er imo aba den bendel . uuanda in dâr ne heine geluste ne stungent unde er an unrâuua dar ist.

Qui numerat multitudinem stellarum . et omnes nomine suo uocat. Der dero heiligon zála uueiz unde sie alle be namen némmet. Also er chad septuaginta discipulis. Gavdete qvod nomina vestra scripta svnt in coelo.

Magnus dominus noster . et magna uirtus eius . et sapientiæ eius non est numerus. Michel ist er . michel ist sin chraft . daz er die ferchnisten so geheilen mag . unde unzalahafte ist sin uuistuom . daz er die zala dero rehton so begrifet.

Suscipiens mansuetos dominus . humilians autem peccatores usque ad terram. Mámmende inpháhet er . die dir sint contriti corde . *) uuanda in óffenôt er cœlestia . aber sundige nideret er ze dero erdo . uuanda er sia umbe iro superbiam ecchert terrena lâzet uuizzen.

Incipite domino in confessione. Fahent ána iéhendo trúhtene. Ze êrist iéhent dero sundon. Vnde uuaz danne?

Psallite deo nostro in cythara. Dara nâh singent imo án dero cy'thara . daz chit . rértent iúh nah déro geiihte . ze guóten uuerchen.

Qui operit cælum nubibus . et parat terræ pluuiam. Singent démo der den himel decchet mit uuólchenen . unde dannan regenôt dero erdo. Daz chit . der diê scrifte decchet mit figuris unde die léret die dúrstegen . die siê lustet ze lirnenne.

Qui producit in montibus fœnum et erbam . seruituti hominum. Der ze menniscon nuzzedo . hóuue unde grás . recchet an diên bérgen. Perga sint apostoli . diê gebent uuelchiu precepta (i. herbam) unde hertiú (i. fœnum) den ménniscon. Vuelichiu so daz ist. Qvi se non continet nvbat (der sih ferbéren ne múge der chome zerê¹). Hertiú so daz ist. Volo omnes homines esse sicvt me ipsvm (ih uuile alle man uuesen also mih selben).

Qui dat iumentis escam ipsorum.

---

¹) Zer e. Sch. — Die zwei letzten worte sind jedoch von anderer hand.

*) S. 532.

Der stárchemo féhe gibet sine fuóra. Er uuéiz die starchen die daz héuue múgen.

Et pullis coruorum inuocantibus eum. Vnde die iunginen dero rammo ze imo hárenten. Pagani uuaren¹) suarz fone sundon. dero chint sint nu geloúbig unde hárent in ána. Phisiologi ságent daz pulli coruorum des tóuues lébeen. die uuíla sie uuíz sint. unde fone iro parentibus ne-heina fuora ne héigin. èr sie suárz uuerdent. Also ist iz nu gefáren filiis incredulorum. diê cœlesti refectione gezógen uuerdent. unde ungelicho lébent diên forderon.

Non in uiribus equi uoluntatem habebit. *) Imo ne ist liébo ze dero starchi des rósses. dien der hals starch ist. unde ubermuote sint. dien ist er únhold.

Neque in tabernaculis uiri beneplacitum est ei. Noh imo ne lichet uuola in diên séldon des cómenes. der sih ze imo selbemo fersiéhet. unde in niéht ána ne háret. also pullus corui.

Beneplacitum est domino super timentes eum. et in eis qui sperant super misericordia eius. I'mo ist uuola gelíchet an diên. diê in súrh-tent. unde sih ze sinen genaden ferschent.

PSALMUS CXLVII.

PSALMVS AGGEI. ET ZACHARIÆ²).

LAVDA IERVSALEM DOMINVM. Dise zeuuéne prophetæ uuízegoton³) in babylonia. do ierusalem zestòret uuas. daz si aber solti geniúuuot uuerden. Also ouh ieremias iro uuízegota. unde iro tágedinge fant post septuaginta annos. An demo tágedinge ist kezeichenet daz zit. dero úf-uuértigun burg. diû danne chúmftig ist. **) so dise gesibenzaloten zite bína uuerdent. Diêa búrg suln uuir ana séhen. uuanda sie sia ána sahen in spiritu. dô siê fóne dirro chósoton. Chédèn mit méndi. Diû himelisca ierusalem. dû guollicha burg. ze déro alle guóte dingent. lobo Got.

Lauda deum tuum syon. Lóbo dînen Got syon. Du bist diû selba. Daz ierusalem ist. daz pist du syon. Ein burg in zuein námon.

Quoniam confortauit uectes portarum tuarum. Vuanda er fasto fergrindelot hábet dîne porta. V̈z alde

---

¹) uuare. Sch.
²) Schilter hat noch „Alleluja".
³) uuizegeton. Sch.

*) 533. **) S. CCLV.

in ne mag danne nieman . sô si ze
iûngest peslôzen uuirdet. Nieman
ne beitet dar ûz . uuanda mânnelih
mendet daz er dar inne uuésen muôz.
Vuile ieman dar in . der chlócchôt
danne in gemèitun . uuanda diû
porta beslôzen stât.

*) Benedixit filiis tuis in te. Segen
gibet er dâr dinen chinden . der sié
fúrder uuérèt . unde an démo in
niêhtes ne bristet.

Qui posuit fines tuos pacem. Daz
tuôt . der den frido dir ze marcho
sezzet. Sid ierusalem ist uisio pa-
cis . so ist iro marcha mit rehte pax.
Dar nesheine sorgun ne sint . dar
ist uuârer frido.

Et adipe frumenti satiat te. Vnde
er gesátot dih dero feizti chórin
uuuôcheris daz chit . dero bézestun
uuiste. Daz ist er selbo. Er ist
panis qui de cœlo descendit. Er ist
panis angelorum. Sie fuôrot daz
sie in âna sehen muôzen . daz fuôrot
álle die ciues. Diû ánasiht ist adeps
frumenti . si ist túgedheit¹) dero
uuiste . uuanda si fátôt²) diê . diê
sia niêzzent.

Qui emittit eloquium suum terræ.
Der sin uuort êr ûz sendet dero
uuerlte: Also nu skinet . uuanda
patris uerbum iû nâh dísên geheiz-
zen chómen ist.

Velociter currit sermo eius. Sîn
euangelium loufet spuôtigo. Fone
diû ist iz chunt in állero uuerlte.
Daz leitet unsih ad adipem frumenti.

Qui dat niuem sicut lanam. Der
den snê tuôt also uuolla. Vuanda
snéuue ist kelih . der an dien sun-
don irfróren ist . er uuirt also uuolla
aber . so er manige beginnet mit si-
nemo guôte bruôten unde scirmen .
also unsih diû uuolla bruôtet . unde
uuider froste skírmet.

Nebulam sicut cinerem spargit.
Vnde den nebul stoubet er also
áscûn. So diê sunda . die sih pur-
gen samo so in nébule irbárot uuer-
dent in confessione so zestiûbent
siê.

Mittet cristallum suum . sicut fru-
sta panis. Er sendet sinen cristal-
lum . also stúcchiû brótes. Sólih
cristallum uuas saulus. Er uuas
also man cristallum ziêhet . **) ûzer
íse ze stéine irhártet . so er in aber
bechêrta . so santa er in ûz samo
stúcchiû brótes . uuanda er getéta
in oùgen manige geba spiritus sancti.

Ante faciem frigoris eius quis su-
stinebit? Vuer gestât fore sinemo
fróste? Den er lâzet irfróstên also
er pharaonem téta . uuaz uuirt des?

Mittet uerbum suum . et liquefa-
ciet ea. Pater sendet uz uerbum
suum . unde zelâzet siê. Also iz
chit. NEC EST QVI SE ABSCONDAT A

---

¹) tugetheit. Sch.   ²) satot. Sch.

*) S. 534.   **) S. 535.

CALORE EIVS. Verbum patris inphrôret sie.

Et flabit spiritus eius . et fluent aquæ. Vnde unáhet siê ana sîn Geist . unde dára náh rinnent siê ze Góte . uuanda sie zelázen sint fone sînero uuarmi.

Qui adnuntiat uerbum suum iacob . iustitias et iudicia sua israhel. Der sîn uuort daz chit sîn gebot chundet iacob . unde sîniû reht . unde sîne urteilda israheli. Diê sîne fideles sint . diê sint iacob unde israhel . diên óffenot er . uuîeo reht er ist in sînen indiciis . uuîeo nîêman negeniset ane fone gratia . nuanda sie alle den tôd kefrêhtoton.

Non fecit taliter omni nationi . et iudicia sua non manifestauit eis. So ne gesuâsta er sih nîêht ze aller-dîêtelichemo . no so ne geóffenota er in sîniû gerihte . so er israheli téta.

PSALMVS CXLVIII.

PSALMVS AGGEI ET ZACHARIÆ . ALLELVIA.

LAVDATE DOMINVM DE COELIS. Dîse zuêne prophetæ mendent . daz Gote lob chumet fone himele unde fone erdo. Pediû chédên¹) sáment in. Lóbont Got angeli fone himele²).

Laudate eum in excelsis. Lobont in in hôhi.

Laudate eum omnes angeli eius . laudate eum omnes uirtutes eius. Lóbont in sament álle . ioh angeli ioh uirtutes.

*) Laudate eum sol et luna . laudate eum stelle et lumen. Lóbont in sunna unde máno . sternên unde tages lîêht.

Laudate eum cœli cœlorum et aquæ quæ super cœlo sunt laudent nomen domini. Lobont in hímela déro himelo . daz chit himela obe himelen . Vnde uuazer diû óbe himele sint . diu daz firmamentum inthábent . lóboen sînen namen.

Quia ipse dixit et facta sunt . ipse mandauit et creata sunt. Vuanda er hîêz siu uuerden . dannan uuurden siû . er gebôt iro gescáft . dannan uuurden siu gescáffen.

Statuit ea in æternum et in sæculum sæculi. Er habet siû gestâtet iêmer unde in êuua. Vuerde oub hímel unde erda geuuêhsalot also iz chit de futuro sæculo. ERIT CÆLVM NOVVM ET TERRA NOVA . siu gestánt iêo . unde uuêrent iêo.

**) Præceptum posuit et non preteribit. Er sazta in êa . diû ne zegât . uuanda sie fone in intunêret ne uuirdet.

---

¹) chedent. Sch. | ²) Der letzte satz fehlt bei Schiller

*) S. 536.   **) S. CCLVI.

Laudate dominum de terra . dracones et omnes abyssi. Lob fone erdo tuônt imo . rinnentiû unde alliu ûnmez tiéfiû uuazzer. Vuemo sint diû rinnenten gelih . ane draconibus? unde nuéliû sint so tiéf . so der mére . der diê erda umbe fahet?

Ignis grando nix glaties . et spiritus procellarum qui faciunt uerbum eius. Fiûr unde hagel unde snê unde is . unde dûnestige uuinda . die sin gebôt tuônt.

Montes et omnes colles ligna fructifera et omnes cedri. Perga unde buôla . bérehafte[1] boûma . unde alle cedri.

Bestiæ et uniuersa pecora . serpentes et uolucres pennate. Vualdtiér . unde alliu fého . uuûrme unde fógela.

Reges terræ . et omnes populi . principes et omnes iudices terræ . iuuenes et uirgines senes cum iunioribus . laudate nomen domini . quia exaltatum est nomen eius solius . *) Diê lánt-chúninga unde alle uuerlt-liúte . unde alle rihtara . chindesce-mán unde mágede . alte unde iúnge . lóbent[2] sinen námen . uuanda sin eines namo . irbúret ist.

Confessio eius super cœlum et terram . et exaltauit cornu populi sui. Sîn lob ist uber himel unde erda uuanda imo ne geebenont sih .

die in himile alde in erdo sint . Vnde ér irhóhet daz horn sines liutes . so er in ze zeseuuun sezzet . unde imo sina ánasiht kelázet.

Ymnus omnibus sanctis eivs. Allen sinen héiligon uuirdet ymnus kelázen ze síngenne. Den ymnum singent sie in cœlesti ierusalem . also iz chit. Te decet ymnvs devs in syon. Der ymnus ist in gemeine . der ist in éuuig.

Populo appropinquanti sibi. Er uuirt demo liute gelázen . der sih imo náhet.

PSALMUS CXLIX.

ALLELVIA.

Cantate domino canticvm novvm. Singent trúhtene niúuuen cantiken . Der singet in . der ueterem hominem ílet aba némen . unde nouum ána légen. Der cœlestia minnot nals terrena . der in caritate lebet nals in discordia . unde sih fréuuet redemptionis quæ est in christo iesv domino nostro.

Laus eius in æcclesia sanctorum . Sin lob ist in dero gesámenungo dero heiligon. In himele gesámenont sie sih . dar lóbont siê in. Die sih ouh hiér samenont in æcclesiis diê lóbont in.

---

[1] berhafte. Sch.   [2] lobont. Sch.

*) S. 537.

Lætetur israhel in eo qui fecit eum. An démo fréuue sih israhel der in téta . nals an scázze . noh án éron . noh an uuérlt-sáldon.

Et filii syon exultent in rege suo. Vnde syonis súne fréuuen sih in iro chúninge . Filii syon daz ist israhel.

Laudent nomen eius in choro. Loboen sinen namen sament singendo . Chorus ist confessio cantantium . daz chit sament singentiû mánegi.

*) In tympano et psalterio psallant ei. Pellis stracchét an tympano¹) . chorde stracchent an psalterio. An diên béiden lóbont in. Diê hende sin unmuózig . sament démo munde. Daz chit. Kib elemosinam . unde tuó alliû nuerh kuótiû. Daz ist tympanum unde psalterium.

Quia beneplacitum est domino in populo suo. Vuanda imo ist uuóla gelichet an sinemo liúte. Daz ist imo danne . so er in gelih²) ketuót angelis suis.

Et exaltauit mansuetos in salutem. Vnde mammende erhóhet er ze héili. Kenuóge sint . úbermuóte . die irhóhent sih selbe in mortem áber Got erhohet sine mansuetos in salutem.

Exultabunt sancti in gloria lætabuntur in cubilibus suis. Die héiligen fréuuent sih in guóllichi. Vuár ist diû guóllichi? In iro chameron . ih méino in herzon dar fréuuent sie sih. Also Paulus chit. NAM GLORIA NOSTRA HÆC EST . TESTIMONIVM CONSCIENTIÆ NOSTRÆ.

Exultationes dei in faucibus eorum. Gotes fréuueda sint in iro giûmon. Siê iéhent Gote iro guóllichi . dero sie sih fréuuent nals in sélben.

Et gladii ancipites in manibus eorum. Vnde zúi ékkiû suért sint in iro hánden. Daz chit uerba dei . also iz chit. VERBVM DEI PENETRABILIVS EST OMNI GLADIO ANCIPITI. Vuara zuo brúchent sie diû suért.

Ad faciendam uindictam in nationibus increpationes in populis. Kerih ze tuónne an dien diétin . unde irráfsunga an dién liúten. Pagani sint fone in irslágen . unde simulacra ferbrochen Vuieo sint pagani irslagen? Ane daz sie fertiligot sint . unde christiani nuordene sint. Dar skinent diê zuó ékka iro suérto. Ze dero uuis habent sie persecutiones paganorum an in irróchen.

**) Ad alligandos reges eorum in compedibus . et nobiles eorum in uinculis ferreis. Iro chuninga in dien druhen ze beheftene . unde iro édelinga in iseninen gebenden. Timor dei daz sint die drúhe ioh diû

---

¹) Fehlt bei Schilter von «et» an.   ²) kelib. Sch.

*) S. 538.   **) S. 539.

gebénde. Die uuerdent ana gelé‑
get christianis principibus. fone
dièn. die gladios ancipites hábent
so sie sagent. iudicium durum his
qui præsunt.

Vt faciant in eis iudicium con‑
scriptum. Ouh sint dar umbe iro
gladii ancipites daz sie an in dia
iungestun urteilda tuôen. diu an
dien buochen gescriben ist. Dar
uuirt uuárhafto getán uindicta unde
increpatio.

*) Gloria hæc est omnibus sanctis
eius. Diz ist állero sînero hêiligon
guôllichi. daz sie iudices mit imo
sin.

date eum in psalterio et cythara.
Laudate eum in tympano et choro.
laudate eum in chordis et organo.
Lóbont in in álla uuis. singendo.
plásendo. chlocchendo. seîten sprén‑
gendo.

Laudate eum in cymbalis beneso‑
nantibus. laudate eum in cymbalis
bene tinnientibus. Lobont in mit
zymbon uuóla skéllenten. unde guo‑
ten chlanch hábenten. Daz sint ún‑
sere lefsa. so siê Got mit indâhtigi
lóbont.

**) Omnis spiritus laudet domi‑
num. Alliu gèistlichiù natura. lobe
unseren trúhtenen. Diu fórderosta
creatura lóbe in.

PSALMUS CL.

ALLELVIA.

LAVDATE DOMINVM IN SANCTIS EIVS.
Lóbont Got chit der propheta. an
sînen heiligon. zelezest in sinero
burg kesámenoten.

Laudate eum in firmamento uir‑
tutis eius. Lóbont in an déro fésti
sinero chrefte. An dièn heiligon
skînet danne uuiêo feste sin chraft
ist.

Laudate eum in potentatibus eius.
laudate eum secundum multitudinem
magnitudinis eius. Lobont in an
sinero mahte. unde an déro mánigi
sinero micheli.

Laudate eum in sono tubæ. lau‑

CANTICVM ESAIE PROPHETE.

CONFITEBOR TIBI DOMINE QVONIAM
IRATVS ES MIHI. conuersvs est furor
tuus et consolatus es me. Ih lóbon
dih truhten uuanda du mir irbolgen
uuâre in persecutione. unde mir
aber dára nah dîn hêizmûoti beuuén‑
det uuard ze genâdon. unde du mih
an dien tróstost. In aduersis et
prosperis lóbon ih dih chit æcclesia
sancta.

Ecce deus saluator meus. fiducia‑
liter agam et non timebo. Sih nu.
Got ist min haltare. bediu uuerchon
ih páldo. unde ne ruôcho. quid
faciat mihi hómo.

---

*) S. CCLVII.   **) S. 540.

Quia fortitudo mea et laus mea dominus . et factvs est mihi in salutem. Vuanda Got ist min stárchi . unde min lob unde ist mir uuorden ze heile . pediu stàn ih paldo in acie contra inimicos.

Haurietis aquas in gaudio de fontibus saluatoris. Sô is zít uuirt . so skephent ir uuázer mit mendi uzer diên brúnnon des haltâres . so gelirnent ir fóne imo euangelicam doctrinam. Sine brúnnen sint septiformis gratia spiritus sancti . dannan er misseliche spenda tuot diên sînen .

Et dicetis in illa die confitemini domino . et inuocate nomen eius . Vnde danne in fine sæculorum chédent ir . ieo éine ze ánderen iéhent Gote . unde ánabárent sínen námen . uuanda sîn genada ist omne quod possumus . quod niuimus . quod sumus .

Notas facite in populis adinuentiones eius . Tuont chunt únder liuten sine leges . diê er uns funden hábet .

*) Mementote quoniam excelsum est nomen eius . Irhúgent daz sin namo hôh unde geuuâhtlih ist an allen sinen uuerchen .

Cantate domino quoniam magnificæ fecit. Singent truhtene . uuanda er michellicho téta . do er in carne irscéin ze tróste allero uuerlte .

Adnuntiate hoc in uniuerso mundo . Chundent daz so uuit uuérlt sí .

Exulta et lauda habitatio syon . quia magnus in medio tui sanctus israhel. Du sin gesaze specula . du sancta æcclesia fréuue dih unde lóbo daz sament dir ist máhtiger der israhelis héiligo unde dû ín gesichest hominem inter homines .

CANTICVM EZECHIÆ REGIS.

Ego dixi in dimidio dierum meorum . uadam ad portas inferi . Ezechias saget uues er dácta . uues ér sórgeta . do er sih todes peuuânda. Ih chad in unfólletani minero tágo nu faro ih ze hello . uuanda iniqui dara farent . die in dimidio dierum irsterbent . quia non implent opera uirtutum . bediû forhta ih mir. Aber iusti irstérbent in plenitudine dierum . also abraham irstarb plenus dierum .

Quæsiui residuum annorum meorum. Ih suóhta daz noh ze leibo uuas . suohta follunga minero tágo . ze diû . daz ih abrahæ gelicho irsterben muòsi .

Dixi non uidebo dominum deum in terra uiuentium. Iâ léidor chad ih . ih ne sol Got kesêhen . ih ne gesieho in . in lébendero lande .

*) S. 541.

Non aspiciam hominem ultra et habitatorem quietis. Furder ne gesieho ih uuirdigen ménniscen . unde der geselidot si in_rauuon. Ih ne chúmo dára . dár Got unde guôte sint.

Generatio mea ablata est a me . et conuoluta est quasi tabernaculum pastorum . *) Mir ist kenómen min gebúrt dannan CHRISTVS chomen solta . unde dana ferzorn samo so hirto gezélt . diu in einero stéte lango ne stánt . uuanda siu umbe uuéida ieo furder unde furder gerúcchet uuerdent. Vuile dû lésen . quieuit generatio mea . so chit iz cessauit generatio mea.

Præcisa est uelut a texente uita mea. **) Min lib ist aba gescróten . samo so uuéppe fóne uuébenten.

Dum adhuc ordirer succidit me . Vnz¹) ih noh lebennes pedíge hiú²) mih Got nider.

De mane usque ad uesperam finies me. Chad ih dara zuo. Fone morgene unz ze naht pito ih keniste . áber du endóst mih.

Sperabam usque mane quasi leo . sic contriuit omnia ossa mea. Dannan aber unz ze mórgene beit ih iro beit ih keniste. Vuieo do? Also leo fermúlita suht álliú miniu bein.

De mane usque ad uesperam finies me . sicut pullus hyrundinis sic clamabo . meditabor (i. ingemisco) ut columba. So tuóst dû chad ih . Fone morgene unz ze ábende éndóst du mih . tribest mih ze tode . áber ih scriio . umbe genist also suáleuuun iúngi . unde súfton dar umbe also tuba.

Attenuati sunt oculi mei suspicientes in excelso. Miniu oúgen sint fersuéinet úf ze Góte chaphendo . umbe sina helfa.

Domine uim patior. Ih chad oúh . Nòt lido ih truhten . ioh uber mine sculde.

Responde pro me. Vbe ih ouh scúldig si . dero sculde antuuurte fure mih . uuánda iz an dir stát nals an mir. NON EST ENIM CVRRENTIS AVT VOLENTIS . SED MISERENTIS DEI. Vuóla ne sprah ih dò stecher . ih sol mih is páz pedenchen nú genesener.

Quid dicam? Vuaz mag ih chéden uuider minemo sképhen?

Aut quid respondebit mihi cum ipse fecerit (s. quod uoluit³)? ***) Alde uuaz antuuurtet er des . ube ih mih chlágon . so er hábet ketán so uuiéo er uuolta? Ne sol man daz kedúltigo trágen . daz er beneimet ze tuonne?

Recogitabo tibi omnes annos meos

---

¹) Uz. Sch.
²) hui. Sch.
³) (s. quod voluerit). Sch.

*) S. 542.   **) S. CCLVIII.   ***) S. 543.

in amaritudine animæ meæ . In âmere zálon ih dir alliu mîniu iâr . Annos regni mei beatos . so ih do uuânda . áhton ih nû fóre dir únnuziû . ze doh einemo troste mines âmeres . so uuiêo epicurus châde. RECORDATIONEM PRETERITORVM BONORVM PRÆSENTIA MALA MITIGARE.

Domine si sic uiuitur . et in talibus uita spiritus mei . corripies me et uiuificabis me . ecce in pace amaritudo mea amarissima. Truhten úbe daz menniscon lében sólih ist . ih mêino an demo zeuuifele libes unde tôdes . unde úbe min lib so getân ist . under diên zeuuiscen uuaz mag ih danne chéden? A´ne du irrêfsést mih mit súhte . unde chicchêst mih mit keníste . unde reht ist iêo daz . Aber sih dû Got daz in frído mîn bitteri diû meista uuas . uuanda dô begónda ih náhen ze tóde . do sie álle begondon sizzen in fride. Vuanne uuas daz? Do angelus domini sluóg de exercitu sénnacherib centum octoginta quinque milia. Dô begonda ánderên uuola sin . mir uué sin [1]).

Tu autem eruisti animam meam ut non periret . proiecisti post tergum [2]) tuum omnia peccata mea. A´ber dû lôstost mîna sêla . daz si ferloren ne uuúrde . uuurfe hinder dih alle mîna sunda . uuoltost mir fore ougon uuésen dina genáda . nals mîne sunda [3]).

Quia non infernus confitebitur tibi . neque mors laudabit te . non expectabunt qui descendunt in lacum ueritatem tuam . Vuanda hella unde tôd ne lobônt dih . *) unde diê in hellegruôba fárent . diê ne bîtent zeséhenne . diê uuárheit dines iudicii . nube dina genáda . Also diû genáda CHRISTI nu geschéen ist . daz er dára fuôr . unde scúldige lôsta [4]).

Viuens uiuens ipse confitebitur tibi . sicut et ego hodie . Nube sús féret íz . Lébender lóbot dih . also ih hiûto lébo . unde dih lóbo [5]).

Pater filiis notam faciet ueritatem tuam . Fáter chundet sínen súnen dîna uuarhéit. Vuanda so ist kescriben . INTERROGA PATRES TVOS ET ANNVNTIABVNT TIBI . SENIORES TVOS ET DICENT TIBI [6]).

---

[1]) — — sennazcrib centum octoginta quinque milia Do begonda — — uué sîn. B. b. 3.

[2]) So Schilter. In der handschrift steht „postergum".

[3]) Aber dû lôstost mîna sêla daz si ferlórn neuuúrde, — — álle mînae súnda. uuóltost mir fóre óugon uuése: — — súnda. B. b. 3.

[4]) Uuánda hélla unde tôd — — in héllegruôba fárent tie nebítent zeséhenne dia uu — — dîna gnáda. A´lso diû gnáda christi nû geskéhen ist taz er — — lôsta. B. b. 3.

[5]) Nu — — lóbot tih . álso ih híuto lébo . unde dih lóbo. B. b. 3.

[6]) — chúndet sínen súnen dîna uuárheit. Uuánda sô ist hes — etc. B. b. 3.

*) S. 544.

Domine saluum me fac . et psalmos nostros cantabimus cunctis diebus uitæ nostræ in domo domini. Kehált mih trubten . unde unsih alle au dih keloubente unde so singen uuir dir . in dinemo templo alle tága únseres libes ¹).

CANTICVM ANNÆ.

Exvltavit cor mevm in domino . et exaltatum est cornu meum in deo meo . Min herza fréuta sih an trúhtene chit sancta æcclesia . uuanda er mir lango . únbirigero die uuomba indán hábet . unde min geuuált ist hôh irbúret an imo . Daz ih regina bin . unde ih uuîto uuálto . daz ist fone imo ²).

Dilatatum os meum super inimicos meos . Min munt ist uuîto indán . úber mîne fiénda . uuanda sermo dei úngebunden ist ioh in angustiis pressurarum . ioh selbên diên præconibus alligatis . sicut paulus alligatus non tácuit ³).

Quia lætata sum in salutari tuo . Vuanda ih an christo dinemo háltâre gefróuuet pin . Ziú ne sól ⁴)?

Non est sanctus ut est dominus . et non est fortis sicut deus noster . neque enim est alius extra ⁵) te . Samo hêiliger unde sámo starcher ne ist . so trúhten Got únser . noh ánderer ne ist âne dih hêiliger unde stárcher uuanda oúh du andere gehêilegon . *) unde starche getuón maht ⁶).

Nolite multiplicare loqui . sublimia gloriantes . Ir iúh kuóllichonten iudei . lázent iúuueriú mánigen hôhchôse sîn . sámosô iúh múge lex iustificare sine gratia ⁷).

**) Recedant uetera de ore uestro . quia deus scientiarum dominus . Altiû gechôse firrên sih sóne iúuuermo munde . fermident inaniloquia daz chît . nolite gloriari in lege . uuanda

---

¹) Kehált mi: — — an-dih kelóubente. unde sô síngen uuir dír in-dînemo temp— —. B. b. 3.

²) Mîn bérza fréuta sih an trúhtene chît sancta ecclesia. — — unbirigero dia unómba indan hâbet. unde mîn genuált — —. ih regina bin. unde ih uuîto uuálto. daz ist fóne imo. B. b. 3. — Bei Schilter fehlt es von „Daz ih" an.

³) Mîn múnt ist uuîto indán. úber mîne fîen— — —bunden ist. ioh inangustiis pressurarnm. ioh sélbên præconi—. B.b.3.

— Für den letzten satz („sicut paulus" etc.) zeigt sich auf dem basler blatt kein raum.

⁴) Uuanda ih anchristo dînemo háltare ge— —. B. b. 3.

⁵) præter. B. b. 3.

⁶) — — stárcher neist. sô trúhten gót únser. noh ánderer n: — —starcher. uuánda óuh tú ándere gehéiligon und· — —. B. b. 3.

⁷) Ir iuuih cùoll— — —ueriu mánigen hôhchose sîn. sámo so fuuih múge le: — —. B. b. 3.

---

*) S. 545. **) S. CCLIX.

Got ist hērro dero uuizzentheito . er ist arbiter iůuuerro gedáncho ¹).

Et ipsi preparabuntur cogitationes . Vnde imo uuerdent siê irbarot. Er uuêiz siê báz danne ir selben . Vuésent tiêmuôtig . quoniam qui se putat aliquid esse dum nihil sit . ipse se seducit ²).

Arcus fortium superatus est . et infirmi accincti sunt robore . Déro stárchon bógo ist keuuêichet . déro . die sih peuuándon uirtutis fone in selben unde uuêiche . sint uuorden starche . die fóne herzen chedent. MISERERE MEI DOMINE QVONIAM INFIRMVS SVM ³).

Repleti prius panibus minorati sunt . Israhelitæ iů ér irfúlte diuinis eloquiis uuurden geminnerot an iro fernumiste . uuanda sie án dero lege terrena fernámen . ET ESVRIENTES TRANSIERVNT TERRAM . unde húngerge gentes úberfuoren diê erda . uuanda sie ad fidem chómene in eloquiis dei cœlestia smahton nals terrena . Vbe uuir lésen . repleti prius . pro panibus se locanerunt . et famelici saturati sunt . sò chit iz . Er sáte iudei . uuurden so brôtelos . daz sie sih fersazton dar umbe . uuanda sie sih chêrton in alienum intellectum carnalem nals spiritalem . aber hungergo gentes uuurden gesátot réhtero fernúmeste ⁴).

*) Quia sterilis peperit septem . et multa in filiis infirmata est. Vuanda gentilitas kebár sibene . an diên uuirt fernómen perfectio æcclesiæ . aber filo chindo hábentiů synagoga uuard siêh . uuanda mit iro ist infirmitas litteræ . nals uirtus spiritus ⁵).

Dominus mortificat et uiuificat. Trúhten tòdet diê chint hábentun . unde chicchet dia chindelòsun ⁶).

Deducit ad inferos et reducit . Er leitet ze hello unde fone hello . CHRISTVM lêitet er dára unde dána ⁷).

Dominus pauperem facit (s. eum

---

¹) Alti: — — —mo múnde. fermident inaniloquia. daz chit. nolite gl— — —ist hērro déro uuizentheite. er ist arbiter iůuuero g—. B. b. 3.

²) Unde imo uuérdent sie irbárot. er u— —. Vuésent tiêmuòtig. quoniam etc. B. b. 3.

³) Tero sta— — — —utis fone in selben. unde uuêiche. sint uuórten starche. — — miserere etc. B. b. 3.

⁴) — — irúlte diuinis eloquiis. uuúrten geminnerot an iro — — — ándero lege terrena fernámen. Et esurientes transierunt — — —tes uber fûoren dia érda. uuanda sie adfidem chómene. — — — náls terrena.

Ube uuír lésen. repleti prius pro panibus se — — —ti sunt. Sô chit iz. ér sáte iudei. uuŏrten sô brôtelos. taz — — uuanda sie sih chêrton inalienum intellectum. car— — — hungerge cœntes. uuûrten gesátot réhtero fer—. B. b. 3.

⁵) Uuánda — — andiên uuirt fernómen perfectio ecclesiæ. áber fi— — —árd sieh synagoga. uuánda mit iro ist infirmitas — —. B. b. 3.

⁶) Trúhten tódet tia — — chícchet tia chindelòsun. B. b. 3.

⁷) — — unde fóne héllo. christum lêitet er dára unde dána. B. b. 3.

*) S. 546.

qui pro nobis pauper factus est) et ditat (s. nos) . humiliat (s. illum) et sublimat (s. nos) . Der fáter hérro tuót sínen sún armen . unde ríchet únsih . unde nideret in . irhôhet únsih¹).

Suscitans de puluere egenum . et de stercore erigens pauperem . I'n dúrftigen fone erdo chicchender . so spuótigo daz er ne gesáhe corruptionem . sicut illud. NON DABIS SANCTVM TVVM VIDERE CORRVPTIONEM . unde in armen ûf rihtender fone miste . fóne iudeis die in sluôgen . die mit rehte mist hêizent . uuanda sie in terrenis cogitationibus et carnis uoluptatibus lébeton . Also ouh Paulus iro nuerch²) heizet stercora . dár er chít. QVÆ MIHI FVERVNT LVCRA . HÆC PROPTER CHRISTVM DAMNA ESSE DIXI . NEC SOLVM DETRIMENTA . VERVM ETIAM STERCORA EXISTIMAVI ESSE³).

Vt sedeat cum principibus . et solium gloriæ teneat. Daz er sizze mit diên hêristen . diên er zuo chad . SEDEBITIS SVPER SEDES DVODECIM . unde er den hímeliscen stuol behábe⁴).

Domini enim sunt cardines terræ . et posuit super eos orbem . Truhtenes sint diê skéderstefta déro erdo . an diên stalta er disa uuérlt . Sin sint quatuor clymata mundi . an diên er sazta orbem sanctæ æcclesiæ . daz sin lob úber ál sî⁵).

Pedes sanctorum suorum obseruabit . *) Sínero hêiligon fuôze behaltet ér . daz sie únrehten uueg ne gânt⁶).

Et impii in tenebris conticescent. Vnde iudei uuerdent kesuéiget in íro ignorantia . so euangelium beginnet skéllen⁷).

Quia non in fortitudine sua roborabitur uir . Vuanda fidelis populus ne uuirt kestérchet fone sínero chréfte . nube fone Gotes chréfte⁷).

Dominum formidabunt aduersarii eius . et super ipsos in cœlis tonabit.

---

¹) Ter fáter hérro tuót si— — áchet únsih. níderet ín, unde írhôhet unsih. B. b. 3.

²) Ueber „c" ein punkt.

³) Indúrftigen fóne — — :.ûotigo daz er negesáhe corruptionem, unde ín ármen — — —ste. fóne iudeis. tie ín fluôgen. díe mit réhte míst — — —renis cogitationibus et carnis uoluptatibus lébeton — — héizet stercora. dár er chít. quæ etc. B. b. 3. — Die worte „sicut illud — corruptionem" fehlen hier wie auch bei Schilter.

⁴) Taz er sizze mit tien — — sedebitis super sedes duodecim. unde er den hímelisken — —. B. b. 3.

⁵) Trúhtenes sint tie — — andíen stálta er dísa uuérlt. Sin sint quatuor climata — — orbem sanctæ ecclesiæ daz sîn lób uber ál sî. B. b. 3.

⁶) — — fûoze behaltet er daz sie unréhten uuég negánt. B. b. 3.

⁷) Unde iudei uuérdent kesuéiget iníro ignorantia — — —len. Uuánda — — —rchet fóne sínero chréfte. nube fóne gotes chréfte. B. b. 3.

*) S. 547.

Truhtenen furhtent in iudicio sine uuidersachen unde er donerot danne uber sie. ITE MALEDICTI IN IGNEM ÆTERNVM [1]).

Dominus iudicabit fines terræ. Terræ sint ménniscen sò iro ende chóment. so irteilet in druhten fáter [2]).

Et dabit imperium regi suo . et sublimabit cornu christi sui. Vnde gíbet er chéisertuom sínemo chúninge christo . unde irhòhet sinen geuualt [3]).

CANTICVM MOYSI.

CANTEMVS DOMINO GLORIOSE ENIM MAGNIFICATVS EST . equum et ascensorem proiecit in mare. Singen truhtene chit moyses . uuanda er guòllicho getuòmet ist . ros unde réitman uuarf er in daz máre. Diabolum cum suis pompis uicit in baptismate [4]).

Fortitudo mea et laus mea dominus et factus est mihi in salutem. Truhten ist mín starchi unde mín lob . unde er ist mir uuorden in heili. Sin starchi ne lázet in fállen . pediù ne fállent . diê sih ze imo hábent [5]).

Iste deus meus et glorificabo eum . deus patris mei et exaltabo eum . Diser ist mîn Got . iêo der éino in ueteri et nouo testamento. Nals so heretici uuolton . die ánderen sageton uuésen auctorem ueteris . ánderen noui [6]).

Dominus quasi uir pugnator omnipotens nomen eius . *) currus pharaonis et exercitum eius proiecit in mare. Truhten ist also uuigman . almahtig ist sin námo . also dâr ána skinet . daz er pharaonis rêitâ unde sin hére uuarf in den mére. **) So soûfet er oûh diabolum in abyssum gehennæ [7]).

Electi principes eius submersi sunt in mari rubro. Sine iruuéliten fúrsten uuurden besoûfet in demo rôten mére. Principalia uitia in minimis subruuntur a domino [8]).

Abyssi operuerunt eos descende-

---

[1]) Abgeschnitten in den basler blättern.

[2]) — — so irteilet in druhten fater. B. b. 4.

[3]) Unde gíbet ér geuuált sínemo chúninge chr— — —. B. b. 4.

[4]) Singen trúhtene chit moyses. uuanda e: — — ist. rós unde réitman uuárf er ín daz mare. Diabolum cum — — baptismate. B. b. 4.

[5]) — ist mîn stárchi unde mîn lób. unde er ist mir uuór— — —. nelázet in uallen. pediu neuállent tie sih zeímo h— —. B. b. 4.

[6]) Tíser ist mîn gót. ìo d— — —mento. Náls só heretici unólton. die ánderen ságeto: — — —deren novi. B. b. 4.

[7]) Trúhten ist álso uuîgman. — — skinet. taz er pharaonis réita. und: — — er óuh diabolum inabyssum gehenn:. B b. 4.

[8]) Sine iruuéliten fúrsten uuúr— — —. uitia. inminimis subruuntur — —. B. b. 4.

*) S. 548. **) S. CCLX.

runt in profundum quasi lapis. Tiefiû uuazzer pedahton siê. sie fuôren ze‿grúnde also stéin. Duritia peccati soufta sie in gehennam. uuanda sie lapides uiui ne uuâren¹).

Dextera tua domine magnificata est in fortitudine. dextera tua domine percussit inimicum. et in multitudine gloriæ tuæ deposuisti aduersarios meos. Din zeseuua herro ist ketuòmet in iro stárchi. din zéseuua sluòg den fient. unde in dero mánigi dinero gloriæ intsaztost du mîne fîenda. Christvs ist din dextera. mit imo intsaztost du²) inimicum libertatis nostræ³).

Misisti iram tuam quæ deuorauit eos sicut stipula. Dû liêzze⁴) ûz dina âbolgi. diû ferslant sie so samfto. so den halm fiúr férslindet⁵).

Et in spiritum furoris tui congregatæ sunt aquæ. Vnde in demo âtume dînes zornes liúffen diu uuazzer ze‿sámine diû befóre indân uuaren⁶).

Stetit unda fluens. congregatæ sunt abyssi in medio mari. Gágen

diên guoten stuonden siu in‿dâniu so die ubelen under zeuuisken chamen. do betâten siu sih⁷).

Dixit inimicus. persequar. et comprehendam. diuidam spolia. implebitur anima mea. euaginabo gladium meum. interficiet eos manus mea. Sus chad pharao. Ih faro in nâh. unde gefâho siê. *) mit irzógenemo suérte slâho ih siê. so teilo ih den roúb. unde gesáton mih sin⁸).

Flauit spiritus tuus et operuit eos mare. submersi sunt quasi plumbum in aquis uehementibus. Aber din âtum bliês. unde dannan bedâhta sie daz mare. sie sunchen also bli in michelen uuázzeren⁹).

Quis similis tui in fortibus domine? quis similis tui? Vuér ist dir gelih under starchen druhten? uuer ist dir gelih¹⁰)?

Magnificus in sanctitate. terribilis atque laudabilis. et faciens mirabilia. Micheltâtiger in hêiligi prúteliĉher iudicando. lóbelicher dimittendo. uuúnder túonder¹¹).

Extendisti manum tuam. et deuo-

---

¹) Tiefiu uuázer — — — peccati súsfta sia in geh— — —. B. b. 4.

²) Fehlt bei Schilter von „mîne fienda" an.

³) — — iro stárchi. din zes— — —tsaztost tû mîne — — — — libertatis nostræ. B. b. 4.

⁴) lieze. Sch.

⁵) — — diu ferslânt sie — —. B. b. 4.

⁶) Unde i: — — diu befóre indan —. B. b. 4.

⁷) Gágen dien gúo— — — chàmen. dô bet— —. B. b. 4.

⁸) Weggeschnitten in den basler blättern.

⁹) — — also bli *in* michelen uuazeren. B. b. 4.

¹⁰) — ist tir gelih under stárchen drúhten? uuér ist tir —? B. b. 4.

¹¹) Michel— — —útelicher iudicando. lóbelicher dimittendo. uuúnder —. B. b. 4.

*) S. 549.

rauit eos terra. Du rahtost dina hant. skeindost dina chraft. unde dannan beuuárf sie daz sant¹).

Dux fuisti in misericordia populo tuo quem redemisti²). An dinen genádon leitost dû dô dinen liût ad terram promissionis. Aber nû lêitest du redemptos ad cælestem ierusalém³).

Et portasti eum in fortitudine tua. ad habitaculum sanctum tuum. Vnde âne sine⁴) arbèite fuôrtost du in dara. dâ er ze êrest kesâhe tabernaculum. dára nah templum. also du nu leitest sanctos in paradysum. et in cœlum⁵).

Ascenderunt populi et irati sunt. Do fuôren gágen in liûte. under uuégen gesézzene. unde bulgen sih iro férte⁶).

Dolores optinuerunt habitatores philistim. Philistim lêidezton iz⁷).

Tunc conturbati sunt principes edom. Do uuúrden leidege die hèresten idumei⁸).

Robustos moab optinuit tremor. Diê starchesten moabitas cham ána rído⁹).

Obriguernnt omnes habitatores chanaan. Fore ofrhton irstábeton álle ánasidelinga chanaan¹⁰).

Irruat super eos formido. et pauor in magnitudine brachii tui. So fáre iz. Forhta unde hérzeslagod ána fálloe diè. die réhtèn. dero himelferte ne únnin. Daz uuerde an dero micheli dinero créfte¹¹).

*) Fiant inmobiles quasi lapis. donec transeat populus tuus domine. donec pertranseat populus tuus iste quem possedisti. V'nuuégig uuerden sie also der stéin. unz díser dîn liút fare. unde fúrfáre. den du besâze. Vnz fideles folle chómen ad requiem. die diabolus unde sine lîde ilent irren¹²).

Introduces eos et plantabis eos in monte hereditatis tuæ. firmissimo habitaculo tuo quod operatus es domine. Dû leitest sie dara in. iro fiendo undanches unde flânzost siè dàr ûfen syon monte. der din erbe

---

¹) Dù ráchtost tina hánt. — — unde dánnan beuuárf sie daz sánt. B. b. 4.

²) Schilter. In der handschrift fehlt das latein.

³) Andínen gnàdon — — adterram promissionis. A'ber nû lêitest tu redemptos adcælestem —. B. b. 4.

⁴) sina. Sch.

⁵) Unde âne sine — — dàr er zcêrest gesâhe tabernaculum. dára nâh templum. — — —sum. B. b. 4.

⁶) Dò fúoren gágen ín líute — — —Igen sih íro uérte. B. b. 4.

⁷) Ist weggeschnitten in basler blatt 4.

⁸) Do uuúrten léi— — —. B. b. 4.

⁹) Die stárehesten — —. B. b. 4

¹⁰) Fóre fórhton ir— — —. B. b. 4.

¹¹) — — :érzeflagod ána ualloe síe. die — — :ndero micheli dínero —. B. b. 4. Schilter liest „chrefte".

¹²) — — -e álso der stéin. únz — — -deles follechómen — — —. 'B. b. 4.

---

*) S. 550.

ist . daz ist diú úf-uuértiga ierusalem . Dar flanzost dû sìe an dînero filo féstun séldo . Vuélichiú ist diú¹)?

Sanctuarium domine quod firmauerunt manus tuæ. Daz uutehús truhten assumptæ carnis . daz menniscon hende ne uuúrchton²) nube Gotes . An demo flánzost dû sìe³).

Dominus regnabit⁴) in æternum et ultra . Got ríchesot in êuua . ioh hína baz . Daz ist per excessum gesprochen . i. hyperbolicæ . Kenuógez⁵) uuirt ferror gesprochen . danne sin fernúmest si . Also daz . Got der ál uuêiz . unde êin uuèiz úbere⁶).

Ingressus est enim pharao cum curribus et equitibus suis in mare . et reduxit super eos dominus aquas maris . Pharao mit allen dìen sînen fuór in daz mare . unde dar leitta uuídere truhten . diú méreuuazzer uber sìe.

Filii autem israhel ambulauerunt per siccum in medio eius . A'ber israhelis súne durhkiêngen ûz indrúccheni . Vuanda der ægyptius ist unde er pharaoni folget . daz chit diabolo . der uuirt pesoúfet fluctibus uitiorum . Der aber CHRISTO folget . démo sint aquæ muri dextra leuaque . der gât per siccum in media uia . unz er uz chumet . unde er ymnum uictoriæ singet⁷).

---

*) CANTICVM ABACVG PRO IGNORATIONIBVS.

DOMINE AVDIVI AVDITIONEM TVAM ET TIMVI. Ze CHRISTO sprichet der propheta . Ih kehórta in spiritu uuaz du beneimet hábest pro humano genere ze lídenne . unde des irchám ih mih⁸).

Domine opus tuum in medio annorum uiuifica illud . Daz selba dîn tiúra uuerch irfulle sô is zit si⁹).

In medio annorum notam facies.

---

¹) Du léitest — — — sion monte. der — — —e andînero filoue — — —. B. b. 4.

²) uuichton. Sch.

³) Daz uuíhus trúh — — — gótes. A'ndémo — —. B. b. 4.

⁴) rg. zu diesem worte: „Noricus quidam interpretatus est . lêmer únt élôr". S. noch s. 14.

⁵) kenuoget. Sch.

⁶) — — êuua. ioh hína báz. — — — gespróchen — — — uuéiz úbere. B. b. 4. So weit reicht das vierte basler blatt.

⁷) — —helis sune durhkiengen uz indruccheni. uuanda der egyptius ist. unde er pharaoni fólget. daz chit diabolo. der uuirt pesoúfet fluctibus uitiorum. Der aber christo fólget. témo sint aquæ muri dextera leuaque. ter gât persiccum inmedia uia. únz er úz chúmet. unde er ymnum uictoriæ sínget. B. b. 5.

⁸) Zechristo spricchet ter propheta. ih kehórta inspiritu uuáz tu péneimet hábest prohumano genere zelídenne. unde dés irchám ih mih. B. b. 5.

⁹) Daz sélba tin tiúra uuérch. irfúlle sô is zit si. B. b. 5.

---

*) S. 551 und S. CCLXI.

Dîna uuârheit keskeinest¹) dû . so
plenitudo temporum chumet²).

Cum iratus fueris misericordiæ re-
cordaberis. So du dih sundonten
irbilgest . so genadest dû áber riú-
uuonten³).

Deus ab austro ueniet . et sanctus
de monte pharan. Got chumet fone
sunde . chumet fone dero halbun
montis syna . der bi démo einote ist .
daz pharan heizet. Parentes christi
bringent in ze ierusalem fone beth-
leem . diù ze súnde ist . also oûh
pharân⁴).

Operuit cœlos gloria eius . et lau-
dis eius plena est terra. Himela be-
dahta sin guollichi unde erda ist fol
sines lóbes. Also iz chit. Gloria
in excelsis deo et in terra pax
hominibvs⁵).

Splendor eius ut lux erit . cornua
in manu eius. Sîn skîmo⁶) ist also
lieht . daz chit . fama eius credentes
illuminabit . Horn in sinero hende .
daz sint signa et trophea crucis⁷).

Ibi abscondita est fortitudo eius .
Dar in cruce barg er sina starchi .
uuanda er siè ne ougta dièn . die dar
cháden. Descendat nvnc de crvce
et credimvs ei⁸).

Ante faciem eius ibit mors . et
egredietur diabolus ante pedes eius.
In deserto begágenet imo temptator
baptizato dara chumet er fure sine
fuòzze⁹).

Stetit et mensus est terram . aspe-
xit et dissoluit gentes . et contriti
sunt montes seculi. Aber christvs
stuont . unde irchôs vniuersitatem
terræ . *) er ána sah die gentes . un-
de ze-légeta sie . uuanda ér indránda
iro ungelouba unde ubermuote uuur-
den gediémuotet ad pœnitentiam¹⁰).

Incuruati sunt colles mundi . ab
itineribus æternitatis eius. Fone
diên férten sinero euuigheite neigton

---

¹) kesceinest. Sch.

²) Tîna uuârheit geskéinist tu so pleni-
tudo temporum chúmet. B. b. 5.

³) So du dih súndonten irbilgest. so gnâ-
dest tu áber riúuonten. B. b. 5.

⁴) Cót chúmet fone súnde. chúmet fone
dero hálbun montis syna. der bidemo éi-
note ist. taz pharan héizet. Parentes chri-
sti bringent in zehierusalem fone bethle-
hem díu súnde ist. álso óuh pharan. B. b. 5.

⁵) Himela bedáhta sîn guòllichi. unde
érda ist fól sines lóbes. Also iz chît. glo-
ria etc. B. b. 5.

⁶) stimmo. Sch.

⁷) Sin skimo ist also lieht. taz chît.
fama eius credentes illuminabit. hórn in-
sinero hénde. taz sint signa et trophea
crucis. B. b. 5.

⁸) Dâr incruce bárg er sina stárchi uuánda
er sìa ne ougta dien daz cháden. descen-
dat etc. B. b. 5.

⁹) Indeserto begágenet imo temp—tor.
dara chúmet fure sine fòuze. B. b. 5.

¹⁰) Aber christus stúont unde irchôs uni-
uersitatem terræ. er ána sah tie gentes.
u— — ta sic. uuánda er in-dránda iro un-
gelóuba. unde úbermúote uuúrte: —muotet
adpenitentiam. B. b. 5. das „er" nach
„uuánda" scheint ein tonzeichen über sich
zu haben, und zwar eher das dach als die
spitze.

*) S. 552.

sih púrlîche . die fóre sinero aduentu inflexibiles uuaren [1]).

Pro iniquitate uidi tentoria æthyopie . turbabuntur pelles i. tabernacula terræ madian . Vnde unreht sah ih uuerden tentoria demonum . die templa dei uuesen solton . umbe unreht [2]) uuerdent in iudicio getruôbet [3]) tabernacula madian . daz sint peccatores [4]).

Numquid in fluminibus iratus es domine? aut in fluminibus furor tuus? uel in mari indignatio tua? Sol in áhôn diè ze tâle fliêzzent . unde in mari . dara sie in fliêzzent . din zorn sin? Nals in primo nube in secundo aduentu uuirt daz . Danne uuerdent úbertèilet sæculares . déro sin ad inferiora râmet [5]).

Qui ascendes super equos tuos . et quadrigæ tuæ saluatio . Dû diniu ros rîtest . uuanda dine euuangelistæ diè du rîhtest . dih fuôrent after uuerlte . unde dine reita sint diên hèili die an dih keloûbent [6]).

Suscitans suscitabis arcum tuum . Din iudicium inzúndest dû . mit demo dû úbelên skeinest din zórn [7]).

Iuramenta tribubus quæ locutus es . Vuérest daz dû zeuuélif chumberon gehièzze . daz chit allen fidelibus . uuanda du in gibest uitam æternam [8]).

Fluuios scindes terræ . Predicatores teilest du dero erdo . du sendest sie áfter lande [9])?

Viderunt te aquæ et doluerunt montes . Fone diu geêiscoton dih apostoli [10]) . die dih èr ne uuissòn . unde chlageton sih potentes daz sie lugendo (i. chárondo) uuurdin beati [11]).

Gurges aquarum transiit . *) Gentium persecutio zegièng . unde uuard pax [12]).

Dedit abyssus uocem suam . alti-

---

[1]) Fóne dien uérten sinero èuuigheite nèigton sih púrlîche . die fóre sinero aduentu inflexibiles uuáren. B. b. 5.

[2]) Fehlt bei Schilter von „uuerden" an.

[3]) getroubet. Sch.

[4]) Umbe únreht sáh ih uuérden tentoria demonum. die templa dei uuésen sólton. umbe únreht uuérdent iniudicio getrûobet tabernacula madian. daz sint peccatores. B. b. 5.

[5]) Sol ináhôn die zetále fliezent. unde inmari dara sie infliezent tin zórn sin? náls inprimo. nube ———. B. b. 5.

[6]) ——— uuerlte. unde dine reita sint tien heili die an dih geloubent. B. b. 5.

[7]) Din iudicium inzúndest tu. mit témo dû úbelên skéinist tin zórn. B. b. 5.

[8]) Uuérest táz tu zuélif chumberon gehièze. daz chit állen fidelibus uuánda dû in gíbest uitam æternam. B. b. 5.

[9]) Prædicatores téilest nidero érdo. dû séndest sie áfter lánde. B. b. 5.

[10]) populi. Sch.

[11]) Fóne diu geéiscotòn tih populi. tîe dih èr neuuissòn. unde chlagoton sih potentes. táz sie liugendo uuurtin beati. B. b. 5.

[12]) Gentium persecutio zegieng. unde uuárd pax. B. b. 5.

---

*) S. 553.

tudo manus suas leuauit [1]). Diu
tîefi dero herzon lûta confessionem.
diu selba tîefi huob iro hende ze
lóbe [2]).

Sol et luna steterunt in habitaculo
suo . in luce sagittarum tuarum.
CHRISTVS unde sîn æcclesia stuônden do in iro stête . dô CHRISTVS kesaz ad dexteram patris . unde er iro
santa spiritum sanctum . án dero
óffeni dinero uuorto diu do êrest
fernomen uuúrden [3]).

Ibunt in splendore fulgurantes
hastæ tuæ . So fârent skînbâro blecchezzende dîniu spér. Daz sint aber
iacula uerborum dei . in tenebris audita . unde in lumine prolata [4]).

In fremitu conculcabis terram . in
furore obstupefacies gentes . Irdiske
liûte tréttost du in griscramode alle
diête brútest du in heizmuôte . Vuanne? So du richest iniuriam populi
tui [5]).

Egressus es in salutem populi tui.
in salutem cum CHRISTO tuo . Du
fáter fuòre úz an CHRISTO ze hêili
dines liútes . sáment dinemo geuuiêhten châme du in ze hêili. Also iz
chit. DEVS ENIM ERAT IN CHRISTO
MVNDVM RECONCILIANS SIBI . Vuaz táte
du do du châme [6])?

Percussisti caput de domo impii.
Sluóge antichristum . náme daz hóubet dána fone des ubelen hús . fone
dero uuerlte . diu úbel ist . Also iz
chit. TOTVS MVNDVS IN MALIGNO POSITVS EST [7]).

*) Denudasti fundamentum usque
ad collum. I'n sláhendo irbarotôst
do sina gruntfesti . unz an dén hals.
Alle ubele die sîn festi uuáren [8]).
geóffenotôst du unz an die uuirsisten . an diên daz houbet stuônt [9]).

Maledixisti sceptris eius . Regnis
eius fluòchotost dú [10]).

Capiti [11]) bellatorum eius . uenien-

---

[1]) leuabit. B. b. 5.
[2]) Diu tîefi dero hérzôn lùtta confessionem. diusélba tîefi húob íro héude zelóbe. B. b. 5.
[3]) Christus unde sìn ecclesia stuôndo do iniro stéte. do christus kesáz addexteram patris. unde er iro sánta spiritum sanctum. andero óffeni dinero uuorto diu dò êrest fernómen uuúrten. B. b. 5.
[4]) So uárent skinbáro blécchezende diniu spér. Daz sint áber iacula uerborum dei. in tenebris audita. unde inlumine prolata. B. b. 5.
[5]) I'rdiske liûte tréttost tù ingriscramode. álle diete brútest tu inhéizmúôti. Uuanne? So du ríchest iniuriam populi tui. B. b. 5.

[6]) Du fáter fùore ùz ánchristo. zehéili dines liútes. sáment tinemo geuuiéhten châme du ín zehéili. A'lso iz chít. Deus enim erat inchristo. mundum reconcilians sibi. Uuaz táte du dô du châme? B. b. 5.
[7]) Slúoge antichristum nàme daz hóubet tána fóne des úbelen hús. fóne déro uuérlte diu ubel ist. álso iz chit. totus mundus inmaligno est positvs. B. b. 5.
[8]) uuarin. Sch.
[9]) I'n sláhendo irbarotôst tu sina grúnt festi únz ánden háls. Alle úbele die sin uesti nuáren. geoffenotost tu únz àn die uuírsisten. an dien daz hóubet stùont. B. b. 5.
[10]) Regnis eius fluòchotost tu. B. b. 5.
[11]) Capita. B. b. 5.

*) S. CCLXII.

tibus ut turbo ad dispergendum me. Fluôchotost demo aba irslágenen hóubete sìnero uuìgmanno . *) fluóchotost dien in‿túrbilis uuîs chómenten bellatoribus . mih dìnen liùt ze stórenne [1]).

Exultatio eorum sicut eius qui deuorat [2]) pauperem in abscondito. I'ro fréuui ist also des . der sih freuuet . daz er tougeno ferslinden muòz den armen . Danne ferslindet in der úbelo . danne er in imo gelìchen tuót [3]).

Viam fecisti in mari equis tuis . in luto aquarum [4]) multarum . Dînén prædicatoribus ketàte dù uueg in nationibus . in hóreuue manegero uuazzero . daz chit in turbatis cordibus gentium [5]).

Audiui et conturbatus est uenter meus . i. animus meus . Conminationes tuas kehòrta ih déro uuard [6]) ketruobet min muôt [7]).

A uoce contremuerunt labia mea. Fóne iro stimmo irbíbenoton mîne lefsa . so antsâzig sint sié [8]).

Ingrediatur putredo in ossibus meis . et subter me scateat . Nieht ein tremor nube ioh fûli chóme in mìniu béin unde sie uuerde ze uuurmen in mir . sò iòbe gescáh [9]).

Vt requiescam in die tribulationis. et ut ascendam ad populum accinctum nostrum . In dièn uuorten daz ih râuuee in die tribulationis . unde ih fáre [10]) ze unsermo liúte . ze guotero férte gegúrtemo [11]).

Ficus enim non florebit . et non erit germen in uineis . Vuanda der figpòum ne bluòt . noh uuîn ne uuirt in uuînegarton . So CHRISTVS chúmet [12]) so ne biret suozen uuûochar synagoga . diù ficus unde uinea domini uuas [13]).

Mentietur opus oliuæ . et arua non afferrent cibum . Imo liùget

---

[1]) Flùochotòst temo àba irslágenen hóubete sìnero uuîgmanno flùochotost tien intúrbales uuîs chómenten bellatoribus mîh tînen liut zestòrenne. B. b. 5.

[2]) deuorant. B. b. 5.

[3]) I'ro fréuui ist álso dés. ter sih fréuuet taz er tóugeno ferslinden mùoz ten ármen. Tanne ferslindet in der úbelo. tánne ér in gelìchen tûot. B. b. 5.

[4]) So weit reicht das fünfte basler blatt.

[5]) Dinen prædicatoribus ketàte du uuég in nationibus inhóreuue manegero uuázero. daz chît. inturbatis cordibus gentium. B. b. 6.

[6]) uuart. Sch.

[7]) Conminationes tuas kehòrta ih. tero uuárd ketrùobet min mùot. B. b. 6.

[8]) Fone íro stimmo irbíbenoton mîne léfsa so antsàzig sint sie. B. b. 6.

[9]) Nieht éin tremor. nube ioh fûli chóme inmíniu béin, unde sì uuérde zeuuúrmen inmir. sò iob gescáh. B. b. 6.

[10]) furc. Sch.

[11]) Indien uuórten daz ih ràuuee indie tribulationis. unde ih fáre ze únsermo liute. zegùotero uérte gegúrtemo. B. b. 6.

[12]) So chumet Christus. Sch.

[13]) Uuanda der figpoum neblùot. noh uuîn neuuirt innuìne-garton. So christus chúmet. so ne biret suózen uuûochar synagoga. díu ficus unde uinea domini uuás. B. b. 6.

*) S. 554.

danne . daz uuerch des óleboûmes . unde diu gelende ne bérent erdeuuûocher . Daz sie so gehiezzen do sie châden . OMNIA QVÆ PRÆCEPIT DOMINVS FACIEMVS . daz irliûgent siê . Dulcedinem fidei alde boni operis ne ougent siê [1]).

*) Abscidetur de ouili pecus et non erit armentum in presepibus . Smález feho uuirt kenomen fóne stigo . rint ne stât ze chrípho . Presepia cœlestium scripturarum sint mit in . aber cælestem intellectum ne hábent sie an in [2]).

Ego autem in domino gaudebo . et exultabo in deo [3]) iesu meo . Aber ih mendo in domini protectione . nals in mea iustitia . unde freuuo mih in saluatore meo . non in me ipso [4]).

Dominus deus fortitudo mea . et ponet pedes meos quasi ceruorum . Got ist min starchi . er gibet mir snélli dero herzo . ze uber scricchenne pericula delictorum [5]).

Et super excelsa mea deducet me . Vnde uber mîna hôhi leitet er mih . Mundanam sublimitatem tûot er mih uber fâren contemplatione cælestium [6]).

Victori in psalmis canentem . Imo uictori singenten . imo dánchonten [6]).

CANTICVM DEVTERONOMII.

AVDITE COELI QVÆ LOQVOR . Kehôrent himela diu ih spricho ze iudeis [7]).

Audiat terra uerba oris mei . Vuort mines mundes kehore diû erda . uuanda ioh iûh maxima elementa (i. den himel unde die erda) bechomen mag . daz ih in sagen sol [8]).

Concrescat in pluuiam doctrina mea . fluat ut ros eloquium meum . Ze régene uuerde min lêra . also tou fliêzze mîn gechòse . Régen unde tou berchaftont die erda . miniu uuort pézzereien diê iudeos [9]).

---

[1]) Imo li'uget tánne daz uuérch tes óleboumes. únde diu gelénde nebérent érduuûocher. Dáz sie dô gehîezen dô sie châden. omnia quæ præcepit dominus faciemus. daz irliugent sie. dulcedinem fidei alde boni operis neoúgent sie B. b. 6.

[2]) Smález fého uuírt kenómen fone stigo. rint ne stât zechrípfo. Præsepia cælestium scripturarum sint mit in. aber celestem intellectum ne hábent sie anín. B. b. 6.

[3]) Domino. Sch.

[4]) Aber ih méndo in domini protectione. náls in mea iustitia. unde fréuuo mih insaluatore meo. non in me ipso. B. b. 6.

[5]) Cót ist min stárchi. er gibet mir snélli dero hirzo zcúber-scricchenne pericula delictorum. B. b. 6.

[6]) Unde úber mîna hòhi léitet er mih. mundanam sublimitatem tûot er mih úber uáren contemplatione cælestium. Uictori in psalmis canentem. I'mo uictori síngenten. imo dánchonten. B. b. 6.

[7]) Kehòrent hímela diu ih sprícho zeiudeis. B. b. 6.

[8]) Uuúrt mines múndes kehôre diu érda. uuanda iôh íunih maxima elementa bechómen mág. taz ih ín ságen sól. B. b. 6.

[9]) Zerégene uuérde mîn lêra. álso tóu

*) S. 555.

Quasi ymber super herbam et quasi stillæ super gramina. Also túgin siù in iro sinne so régen tróphen an gráse ¹).

Quia nomen domini inuocabo. Vuanda ih Gotes uuort sago ²).

Date magnificentiam deo nostro. Tùoment Got ³).

Dei perfecta sunt opera. Só ír baldo mugent. uuanda siniu uuerch dúrnohte sint ⁴).

*) Et omnes uiæ eius iudicia. Vnde alle sine uuéga sint urteilda. ratio discretionis skinet an in ⁵).

Deus fidelis. et absque ulla iniquitate iustus et rectus. Got ist ketriúuue. unde ane únébeni. rehter unde grehter ⁶).

Peccauerunt ei non filii eius in sordibus. Sine uuihselinga unsûberton sih in idolatria ⁷).

Generatio praua atque peruersa. A͂uuikkiu slahta unde lézziu ⁸).

Heccine reddis domino populc stulte et insipiens? Lônost dû Góte so. tumber liút unde uuizzeloser ⁹)?

Numquid non ipse est pater tuus qui possedit te. et fecit et creauit te? **) Ne ist der din fáter der dih uuórhta. unde scuôf. unde besaz fure erbe ¹⁰).

Memento dierum antiquorum. cogita generationes singulas. Irgúge ¹¹) dero alton tago. denche an ieogeliche gebúrte abrahæ. isaac. iacob. uuieo er dih do be iro ziten. an in iruueleta ¹²).

Interroga patrem tuum. et adnuntiabit tibi. maiores tuos. et dicent tibi. quando diuidebat altissimus gentes. quando separabat filios adam. Fráge dinen fater unde dine forderen. sie ságent dir. uuanne Got gentes skied. do er íu ante diluuium sunderota filios adam. unde er ne uuolta filios dei fone sed chómene sih miscelon ze filiis hominum. die fone cain châmen. Dan-

---

flieze min gechóse. Regen unde toú bérehaftônt tie érda. miniu uuórt pezeróen die iudeos. B. b. 6.

¹) Also túgin siu in iro sinne. so régen trópfen an gráse. B. b. 6.

²) Uuánda ih gótes uuórt ságo. B. b. 6.

³) Tuoment cót. B. b. 6.

⁴) Só ir baldo múgent. uuánda siniu uuérch túrnohte sint. B. b. 6.

⁵) Unde álle sine uuéga sint úrteilda. ratio discretionis skinet án ín. B. b. 6.

⁶) Cót ist ketriuue. unde an úncbeni réhter unde geréhter. B. b. 6. — Schilter hat auch „gerehter".

⁷) Sine uuihselinga únsuberton sih in idolatria. B. b. 6.

⁸) A͂uuikkiu sláhta unde lézziu. B. b. 6.

⁹) Lònost tu góte sô túmber liut. unde uuizzéloser. B. b. 6.

¹⁰) Neist tér din fáter ter dih uuórchta. unde kescuôf. unde besáz fúre érbe? B. b. 6.

¹¹) Irhuge. Sch.

¹²) Irhúge dero álton tágo. dénche án iogeliche gebúrte. abrahæ. isaac. iacob. uuio er dih tô beíro ziten aníu iruuélita. B. b. 6.

---

*) S. 556.   **) S. CCLXIII.

nan maht du uuizzen uuelih freisa
dir ist . daz du fone abraham chó-
mener . ze gentibus dih miscést [1]).

Constituit terminos populorum
iuxta numerum filiorum israhel. Er
gesázta diê marcha dero sâligon liùto
nah dero mánigi dero angelorum .
daz electorum sô manige fone erdo
ze himele chómen . so dar ze lèibo
uuard angelorum dô demones fiélen .
Ziu ne îlest dû dara sîd du dara ge-
ládost pist? *) Gentes die idolatræ
sint . ne chóment dára [2]).

Pars aùtem domini populus eius .
iacob funiculus hereditatis eius.
Aber sîn liùt ist sîn tèil . iacob ist
seîl sines erbes. Secundum elec-
tionem ist er sîn tèil [3]).

Inuenit eum in terra deserta . in
loco horroris et uastæ solitudinis.
Er fant în in uuuôstemo lande . in
griûsigemo einote . unde únmeznuî-

temo [4]) . daz în arabia ist . umbe
montem sina [5]).

Circumduxit eum et docuit. Er
uuîsta in ùmbe dén langen uueg de-
serti . unde zôh in dár [6]).

Et custodiuit quasi pupillam oculi
sui. Vnde huótta sin . also sines
óugen [7]).

Sicut aquila pronocans ad uolan-
dum pullos suos et super eos uoli-
tans. Also der áro lúcchet uzer
neste sine iúngen . so er sie flúcchen
uuile . unde obe in flógezet , sô lêrta
er in chómen a uitiis ad uirtutem [8]).

Expandit alas suas . et assumpsit
eum . atque portauit in humeris suis.
Er spréita sine féttacha . unde nam
in ùffen sih . unde fuórta in ùffen
sinen skérten also der áro tuot irlé-
genen iuugon . So uuár imo gebrast
dár alf er imo [9]).

Dominus solus dux eius fuit . et

---

[1]) Fráge dinen uáter unde dine fórderen.
sie ságent tir uuánne gót gentes skîed . tô
er iu ante diluuium súnderota filios adam
unde er ne uuólta filios dei fóne séd chó-
mene. sih mískelon ze filiis hominum die
fóne cain châmen. Dánnan máht tu uui-
zen uuélich fréisa dír ist. taz tu fone abra-
ham chómener zegentibus tih miskèst.
B. b. G.

[2]) Er gesázta dia márcha dero sâligon
liuto. náh téro manigi dero angelorum.
daz electorum sô mánige fone érdo zehí-
mele chomen. so dár zeléibo unárd ange-
lorum. dù demones fielen. Zíu neilest tu
dára. sîd tu dára geládot pist? gentes tie
idolatræ sint. nechoment tára. B. b. G.

[3]) Aber sîn liut ist sîn téil. iacob ist seîl
sines érbes. Secundum electionem ist ér
sîn téil. B. b. G.

*) S. 557.

[4]) immezuuitemo. Sch.

[5]) Er uánt in. innuôstemo lánde. ingriu-
sigemo einote. unde únméz uuiteno. dáz
inarabia ist. umbe montem syna. B. b. G.

[6]) Er uuista în úmbe den lángen uuég de-
serti. unde zôh ín dár. B. b. G.

[7]) Unde huótta sin. also sines óugen. B.
b. G.

[8]) Also der áro lúcchet ùzer néste sine
iúngen sô er sie flúkken uuile. unde obe in
flógezet. sô lérta ér in chómen auitiis ad-
uirtutem. B. b. G.

[9]) Er spréitta sine néttacha. unde nám in
ùfen sih. unde fuórta in ùfen sinen skérten.
álso der áro tuot er légenen iúngòn. Souuár
imo gebrást tár hálf er imo. B. b. G.

non erat cum eo deus alienus. Er éino uuas sin hérezogo noh fremede Got ne uuas mit imo. er teta in geloûben. daz ánder Got ne ist¹).

Constituit eum super excelsam terram. ut comederet fructus agrorum. Er gesazta in án²) hóhez lant. daz er den erdeuuuocher³) núzze. Hóhez fone diû. uuanda man fóne ægypto dero ze berge féret.

Vt sugeret mel de petra oleumque de saxo durissimo. Daz er hónang suge ûzzer stéine. óle uzzer stéine hértesten. Daz chit affluentiam zehabenne. omnium bonorum. Aber mystice daz er fone CHRISTO der petra ist. *) lirneti euuangelium ante passionem. unde er post passionem inphiènge spiritum sanctum.

Butyrum de armento. Lèra fone apostolis et prophetis.

Et lac de ouibus. Manunga fone simplicibvs.

Cum adipe agnorum et arietum filiorum basan. Sament dièn exemplis magistrorum et subditorum.

Et hyrcos cum medulla tritici et sanguinem uue biberent meracissimum. i. purissimum. Vnde er bildoti pœnitentes. so er ázze unde trunche corpus et sanguinem domini.

Incrassatus est dilectus et recalcitrauit. Mit démo guote állemo uuard er geméstet. unde do spórnota er.

Incrassatus. inpinguatus. dilatatus. Daz teta er gemáster. gesmíreter. gebrêitter.

Dereliquit deum factorem suum. et recessit a deo salutari suo. Sinen sképhen der in hálten. solta. den ferliêz er. des keloubta er sih.

Prouocauerunt eum in diis alienis. et in abhominationibus ad iracundiam concitauerunt. An fremeden Goten bálgton siê in. unde in leidsaminon gramdon sie in.

Immolauerunt demoniis et non deo. diis quos ignorabant. Diêfelen opheroton sie nals Gote. dien. diê in chúnt ne uuaren. uuanda sie uuàrin in lêide. ube sie in chunt uuárin.

Noui recentesque uenerunt. quos non coluerunt patres eorum. Andere unde andere chámen. die iro forderen ne uóbton.

Deum qui te genuit. i. formauit dereliquisti. et oblitus es domini creatoris tui. Der dih scúof unde bildota den ferlieze dû. des irgáze dû.

Vidit dominus et ad iracundiam concitatvs est. quia prouocauerunt eum filii sui et filiæ. Daz sah Got. des palg er sih. uuanda in die balg-

---

¹) Er éino uuás sin herezogo. nóh frémede gót neuuás mit imo. er téta in gelóuben daz ánder gót neist. B. b. 6.

²) Er gesázta in án. B. b. 6. So weit reicht dieses blatt.

³) erdeuuocher. Sch.

*) S. 558.

ton diê er ze sunen unde ze tohteron iruuéleta.

Et ait. Vnde do chad er.

*) Abscondam faciem meam ab eis. et considerabo nouissima eorum. Ih pirgo min anasiùne fóre in. daz chit. lâzo sie hélfolos¹). unde gesiého mir iro ende.

Generatio enim peruersa est. et infideles filii. Sie sint úbel geburt. chústolôse súne.

Ipsi me prouocauerunt in eo qui non erat deus. et irritauerunt in uanitatibus suis. **) Siê grámdon mih in úppecheite. unde in unrehtemo Gote.

Et ego prouocabo eos in eo qui non est populus. et in gente stulta irritabo illos. Ih zéno ouh sie mit démo. der noh liút ne ist. mit tumbemo diête grémo ih sie. Fúre sie nimo ih gentes ze mir. die noh koúcha²) sint. unde also nieht fóre mir. Daz tuon ih aber in ze brésti³).

Ignis succensus est in furore meo. et ardebit usque ad inferni nouissima. Fiûr ist inzúndet in minero heizmûoti. iz prennet unz an hello bódem. Mín uindicta beginnet impiis hiêr ana uuésen. unde so fólle gât sie in in êuua. Des ist exemplum in antiocho. et herode.

Deuorabitque terram cum germine suo. et montium fundamenta conburet. Iz slindet diê erda mit iro chîmen. unde brennet die grúntfesti dero bergo. Peccatores tiligot iz mit iro nuérchen. unde úbermuòte intsezzet iz. iro gedáncho.

Congregabo super eos mala. et sagittas meas conplebo in eis. Pœnas kehúfon ih uber sie. unde uindictæ geniêton ih mih an in.

Consumentur fame. et deuora-

---

¹) helfelos. Sch. | ²) kuocha [Ruocta]. Sch.
³) rsch.   Dictamen diei scholaris cuiusdam DEBITVM.
Ignis succensvs dominique furore repensvs.
Incipit hic multis jam nunc in morte sepultis
Debitus a dignis tamen hic extinguitur ignis.
Si spes atque fides faueant quæ major et his est.
Succensum nullvs tollit. seu flumine mollit.
Flebitur et sero tandem sub vindice vero.
Missus in externum nunquam remeabit avernum.
Qui flammas lacrimis pius has non tinxerit imis.
Quum veniat vindex scelerum. severus et index.
In uanum planget tuba quando nouissima clanget.
Fletibus instemus dominoque domus uigilemvs.
TEMPVS NESCIMVS VIGILES SVPER OMNIA SIMVS.
S. einleitung, s. 4.

*) S. 559.   **) S. CCLXIV.

bunt aues morsu amarissimo . Húngeres irstérbent siê . dára nah zânont sie fógela mit êiuermo bizze . Nû irsterbent ouh liûte . fore demo hungere ¹) uerbi dei . unde zanont sie dæmones .

Dentes bestiarum inmittam in eos . cum furore trahentium super terram . atque serpentium . *) Ih frúmo sie ána zêne dero tiêro . ioh dero uuurmo ²) . uuûotigo sie obe erdo zánontero . Des tiefeles seuitiam lazo ih sie ána . diu sie muóhet in irdiscen ³) kíredon .

Foris uastabit eos gladius et intus pauor . Suert hérrota sie ûze . forhta dâr inne . Sáment ûz‑uuertigen fiénden . muohta sie iro inuuertiga conscientiam ⁴) .

Iuuenem simul ac uirginem . lactantem cum homine sene . Iungen mân unde iung uúib . sugenten sament demo alten hérrota daz suert .

Et dixi . ubinam sunt? Vnde dara nah chad ih . Daz chit . andere teta ih chéden . Vuár sint iudei . sid siê hèime ne sint ?

Cessare faciam ex hominibus memoriam eorum . Ih tíligon iro geuuaht fone menniscon . Ih ûzon siê déro communiones sanctorum .

Sed propter iram inimicorum distuli . ne forte superbirent hostes eorum . Ih frista iz aber . umbe iro fiendo grémezi . daz sie ne úber muótesotin .

Et dicerent . manus nostra excelsa . et non dominus fecit hæc omnia . Vnde sie ne châdin . unser bóho genualt têta iz al . ni Got . So fristet er noh uindictam peccatorum . unde bîtet pœnitentiæ . niéo sih dæmones an in uictoriæ ne ruômen .

Gens absque consilio est et sine prudentia . utinam saperent et intelegerent . ac nouissima prouiderent . Siê sint râtelos . unde unfruot tiêt . uuolti Got hábetin siê uuizze . unde fernúmest . unde beuuárotin siê diu iúngesten . diu hina fure chumftig sint .

Quomodo persequebatur unus mille . et duo fugarent decem milia . Vnde sie ouh daz pedâhtin . uuiéo iro fiendo êiner dùsent . unde zeuuéne ⁵) . zên dùsent iágon mahtin . Vuannan mahtin sie daz? alde ziú uuas . daz sie daz kemahton ?

Nonne ideo quia deus suus uendidit eos . et dominus conclusit illos? Ne uuas daz fone diû . daz sie iro ⁶) ferchoúfet . unde betân habeta in iro fiendo handen ?

Non enim est deus noster ut deus

---

¹) hungera. Sch.
²) uuuermo. Sch.
³) irdisken. Sch.
⁴) conscientia. Sch.
⁵) zuuene. Sch.
⁶) iro [Got]. Sch.

*) S. 560.   **) S. 561.

eorum. Vnser Got ne ist so iro Got. Vnser ist uerax et iustus. diabolus den sie ahtont Got. der ¹) ist falsus. unde inutilis.

Et inimici nostri sunt iudices. i. approbatores. Ioh selben unsere fienda. die pagani sint. iehent einen rihtare uuesen allero uuerlte.

De uinea sodomorum uinum eorum. et de suburbanis gomorrae. Iro uuin ist chomen fone demo uinegarten sodomorum. unde fone dien búrghorinon gomorrae. Vuaz sint purghórina âne diê stete. die ze burg tiênont? Sodomitae unde gomorrei eherton dona ²) dei in ahusum. daz chit in malum usum. so tâten ouh iudei. ze úbele nals ze guóte. uuanton sie beneficia dei.

Vua eorum. uua fellis. et botrus amarissimus. *) Iro bére ist also galla. iro drûbo filo bitter ³). Vinea domini domvs israhel. uuard pechéret in amaritudinem. Fone diu uuaren sie êinmuôtige ze sinemo tôde unde búten imo in cruce pendenti acetum felle mixtum.

Fel draconum uinum eorum et uenenum aspidum insanabile. Iro uuin ist cálla draconum. unde ungenistig eiter aspidum. Also fol ist iro conscientia malitiae. so dracones unde aspides sint ueneni.

Nonne haec condita sunt apud me? et signata in thesauris meis? Ne sint disiu állin gehálten sament mir. ne gehugo ih iro uuola?

Mea est ultio. et ego retribuam eis in tempore. ut labatur pes eorum. Mih kât der gerih ána. ih lònon in sô is zit uuirdet. ube sie sih uuandon stan. ih ketuón daz in sliphe der fuôz.

Iuxta est dies perditionis. et adesse festinant tempora. **) Der tag unde die zite. iro ferlorni sint pi. unde ilent chomen.

Iudicabit dominus populum suum. et in seruis suis miserebitur. Got skeidet áber sinen liut fone úbelen. unde skéinet aber genada ⁴) an sinen scálchen.

Videbit. i. uideri faciet. quod infirmata sit manus. Er geouget daz malorum opera iêo uuaren infirma.

Et clausi quoque defecerunt. Vnde uuieo chraftelos sie uuáren. dô sie in iro fiendo geuualt chámen.

Residuique consumpti sunt. Vnde ze reliquiis chomene ioh fersuéndet uuurden.

Et dicent. ubi sunt dii in quibus habebant fiduciam. Vnde alle nationes chédent. so sie iro consumptionem geséhent. uuar sint iro Gota nu dien sie getrúeton?

---

¹) Fehlt bei Schilter.
²) bona. Sch.
³) biter. Sch.
⁴) kenada. Sch.

*) S. CCLXV.   **) S. 562.

De quorum uictimis comedebant adipes . et bibebant uinum libaminum . Dero ópherfriskinga sie âzen . unde ópheruuîn trunchen .

Surgant et opitulentur uobis . et in necessitate uos protegant . Nû ist zît . nu standen ûf . unde helfen iû . unde skirmên iûh in nôte .

Videte quod ego sim solus . et non sit alius deus præter me . Chunnênt dar ana . daz ih eino Got pin . unde anderer ne ist âne mih .

Ego occidam et ego niuere faciam . percutiam et ego sanabo . et non est qui de manu mea posset eruere . Ih kibo tod unde lîb . ih slaho unde hêilo . niêóman ne ist der iêht muge zucchen fone mînero hende .

Leuabo ad cœlum manum meam et dicam uiuo ego in æternum . Ih héuo hôh mîna hant . daz chit . ih skéino mîna potentiam . unde tuon iû chunt . daz ih iêmer lébo .

Si acuero ut fulgur gladium meum . et arripuerit iudicium manus mea . reddam ultionem hostibus meis et his qui oderunt me retribuam . *) Peginno ih uuezzen min suert . daz plicche gelih ist . unde beginno ih keuualtigo dingon . sô lônon ih peccatoribus die mîne fienda sint . unde rîcho mih an in .

Inebriabo sagittas meas in sanguine et gladius meus deuorabit carnes . Dâr geniêton ih pluôtes mîne strâla . dâr slindet flêisg mîn suert . uuanda iz carnales suéndet .

De cruore occisorum et de captiuitate nudati inimicorum capitis . Dâr gibo ih in séti déro irslágenon bluôtes . unde éllendungo unde bescornes houbetis mînero fiendo . So râchen sih uictores an iro bostibus slâhendo . unde in ellende fuôrendo . unde bescorne ferchôufendo . daz hiêz sub corona uendere . A'ber spiritaliter . Sin uindicta gat uber antichristum der caput malorum ist .

Laudate gentes populum eius . quia sanguinem seruorum . i. martyrum suorum ulciscetur . Lóbont tiête¹) sine hêiligen . die umbe in irslâgen sint . uuanda er rîchet siê .

Et uindictam retribuet in hostes eorum . et propitius erit terræ populi sui . Er giltet iro fienden persecutoribus unde hereticis . aber sinero æcclesiæ uuîset er hóld .

ORATIO DOMINICA²).

PATER NOSTER QVI ES IN COELIS . Fater unser dû in himele bist . O homo . skéine an guoten uuerchen daz

---

¹) dicte. Sch.
²) Fáter vnser, du in himele bist. Din námo vuérde gehéiligot. Din riche chome .

Din vville geskéhe in erdo álso in himile . Vnser tágolicha brôt kib vns hiúto . Vnde únsere scúlde beláz úns, álso óuch vvir be-

*) S. 563.

du sin sun sist . heizest du in mit rehte fáter . Habe fraternam caritatem . diu tuot dih uuesen sinen [1]) sún .

Sanctificetur nomen tuum . Dîn namo uuerde geheiligot . Vuer sol in geheiligon? Ne ist ér heilig? Vuir biten áber daz er in únseren herzon geheiligot uuerde . so daz uuir in colendo geheiligoen .

Adueniat regnum tuum . *) Din riche chome . daz énuiga . dára alle guote zuo dingent . dar uuir dih keséhen súlen . unde angelis keliche uuordene . lib âne tôd hâben súlen .

Fiat uoluntas tua sicut in cœlo et in terra . Din uuillo gescéhe in erdo fone menniscon . also in himele fone angelis .

Panem nostrum cottidianum da nobis hodie . Vnser tägelicha brót . kib uns hiúto . kib uns dina léra . déro únser séla gelabot uuerde . úuanda dero bedarf si tageliches . also der lichamo bedárf prótes .

**) Et dimitte nobis debita nostra sicut et nos dimittimus debitoribus nostris . Vnde únsere sculde beláz uns . also ouh uuir belazen unseren sculdigen . Dísa gedingun ferneme mánnelih . unde si gáro ze fergebenne daz lúzzela also er uuelle daz imo fergeben uuerde daz michela .

Et ne nos inducas in temptationem . Vnde in chorunga ne léitest dû únsih . Daz chit . ne lázest únser gechórót uuerden . nah unseren sundon . Den du ne scirmest . den uuirfet temptatio níder . der uuirt ze huôhe sinen fienden .

Sed libera nos a malo . Nube lôse unsih fóne ubele . lôse unsih fone des tiéfeles chorungo . unde fone sinemo geuuálte . Siben béta churze sint dise . an in uuirt doh funden al daz . des uns turft ist .

SYMBOLVM APOSTOLORVM [2]).

Daz græci chedent symbolum unde latini collationem . daz cheden uuir geuuérf . uuanda iz apostoli gesámenoton . unde zesámene geuuúrfen . daz iz zeichen si christianæ fidei . also ouh in prelio symbolum héizet daz zeichen . daz an scilten alde an geinoten uuorten ist . dannan iegeliche iro socios irchénnent.

---

lázend vnsern scúldigen . Vnd in chórunga nit leitest du únsich . Nú belôse únsih fóme ubele . — B. d. i. Goldast , nach der frank. ausgabe. S. einleitung, s. 18.

[1]) Siniu. Sch.
[2]) Daz Græci Chédent symbolum, Latini collationem, daz chéden vvir gevverf, vvanda iz Apostoli gesámenoton, unde zesammine gevvúrfen, dáz iz zîichen si˘ Christianæ fidei. Also ouh in prælio symbolum heizet daz zeichen, dáz an skilten alde an gemóten Worten ist, tannan iogliche iro socios irchénnent.

*) S. 364.   **) S. CCLXVI.

*) CREDO IN VNVM DEVM PATREM OMNIPOTENTEM creatorem cœli et terræ. Ih keloubo an Got almáhtigen fáter. sképhen himeles unde érdo.

Et in IESVM CHRISTVM filium eius unicum dominum nostrum. Vnde an sínen sún. den geuuiéhten háltare. einigen unseren hérren.

Qui conceptus est de spiritu sancto. natus ex MARIA uirgine. Der fone démo héiligen gèiste inphangen uuard. fone MARIA dero mágede geborn uuard.

Passus sub pontio pilato. Kenòthaftot uuard pî pontio pilato. Ziu chit iz pontio unde pilato? ane daz er zeuuéne námen habeta náh rómiskemo site. alde iz ist nomen patriæ. daz er fone ponto heizet pontius.

Crucifixvs. mortuus et sepultus. Vnde bî imo an crucem gestáfter irstárb. unde begráben uuard.

Descendit ad inferna. tercia die resurrexit a mortuis. Ze hello fuór. an demo dritten táge fóne tóde irstuónt.

Ascendit ad cœlos sedet ad dexteram dei patris omnipotentis. Ze hímele fuór. dår sízzet ze Gotes zéseuuun des almáhtigen fáter. Vuaz ist diû zeseuua? A͡ne æterna uita. Humana fone dero ér fuór. uuas imo diu uuinstra.

Inde uenturus iudicare uiuos et mortuos. Daunan chumftiger ze irtéillenne. die er danne findet lebente alde tóte [1]).

Credo in spiritum sanctum. Geloubo an den heiligen Gèist der fone patre et filio chumet. unde sament in ein Gót ist.

Sanctam æcclesiam catholicam. i. uniuersalem congregationem christianorum. Keloubo heiliga dia állichun sámenunga diû christianitas hèizet. Diû fone diu állich heizet. uuanda si álliû sament ein geloubet. unde eines iiêhet. unde dår ana úngeskéiden ist.

**) Sanctorum communionem. Geloubo ze hábenne dero héiligon gemèinsami.

Remissionem peccatorum. Abláz sundon.

Carnis resurrectionem. Geloubo

Ih keloubo an Got almáchtigen fatere, skeffen himeles unde erdo. Vnde an si͡nen Sún den gevvichten haltáre einigen únseren hérren: der fóne démo héiligen géiste infángen vvard: fóne Maria dero mágede gebórn vvard: kenóthháfftat vvard pi Pontio Pilato: vnde bi i͡mo an crucem gestáhter i͡rstarb: vnde begraben vvard: ze héllo fuor: an demo dritten táge fóne to͡de irstuo͡nt: ze, him'ele (od. him'ele) fuo͡r, da͡r sízzet ze Gótis zesesuuun dés almáchtigen Váter: dánna͡n chimftiger ze irtéilleno die er dánne vindet lébente alde to͡te. Gelóubo an dén héiligen Geist: kelóubo héiliga diá allelichun gesámenunga: kelóubo zehábenne déro heiligen gemeinsame: ablasz déro sünden: gelóubo des fleiskes úrstendede: gelóubo e͡vvigen li͡b. Amen. Daz tuo͡n ih keuua͡ro. B.

[1]) tode. Sch.

*) S. 565. **) S. 566.

des fleiskes urstendida . Vitam æternam . Geloubo¹) eunigen lib . AMEN. Daz tuon ih keuuâro.

YMNVS ZACHARIÆ.

BENEDICTVS DOMINVS DEVS ISRAHEL . quia uisitauit et fecit redemptionem plebis suæ . Kelóbot sî truhten Got israhelis . uuanda er sines folches uuisota . unde in lòsta . Daz noh do futurum unas . daz saget propheticus spiritus in præterito.

Et erexit cornu salutis nobis in domo dauid pueri sui . Vnde gelóbot si ér daz er uns ûf rihta daz horn dero heili . in dauidis hûs sines chindes . Horn búret sih in hôhi . so tëta regnum CHRISTI.

Sicut locutus est per os sanctorum qui a sæculo sunt prophetarum eius . Also er gehiez mit demo munde sinero heiligon uuizegon die fone anagenne uuâren.

Salutem ex inimicis nostris . et de manu omnium qui oderunt nos . Heili rihta er ûf . die gehiêz er daz si unsih lôse fone fienden . unde fone állen diê únsih hazzent.

Ad faciendam misericordiam cum patribus nostris . Genada ze skeinenne únseren forderon . daz uuerendo . daz er in gehiêz.

Et memorari testamenti sui sancti . Iusiurandum quod iurauit ad abraham patrem nostrum daturum se nobis . Vnde ze irhûgenne sinero heiligun benêimedo . unde unz ze geleistenne den èid den er abrahe suuôr unsermo fáter . umbe incarnationem CHRISTI.

Vt sine timore de manu inimicorum nostrorum liberati seruiamus illi . in sanctitate et iustitia coram ipso omnibus diebus nostris . *) Daz uuir irlôste fone fiendo handen . ane forhtun imo diènoen alle tága fore imo . in rehte unde in hêiligi.

Et tu puer propheta altissimi uocaberis preibis enim ante faciem domini parare uias eius . Vnde dù chint IOHANNES du uuirdest kehêizen des hohesten uuizego . du tuôst die fúreuuart²) . imo ze rechenonne sine uuéga.

Ad dandam scientiam salutis plebi eius . in remissionem peccatorum eorum . Sinemo liûte ze gebenne heilesama uuizzentheit . diu in bringe ze ántlâze dero sundon.

Per uiscera misericordiæ dei nostri . in quibus uisitauit nos oriens ex alto . Fone innahtigen genádon únseres Gótes . an diên unser fone himele uuisota der òsten . des tàges úrruns . Vuara zuo uuisota? Illuminare his qui in tenebris et

---

¹) Fehlt bei Schilter.   ²) fureuuart. Sch.

*) S. 567 und S. CCLXVII.

in umbra mortis sedent. Diên ze tágenne die in finstri sizzent. unde in tôdes scatue. daz chit in infidelitate.

Ad dirigendos pedes nostros in uiam pacis. Ze rihtenne unsere fuòze an den nuêg frides. uuanda opera fidei leitent ze fride.

CANTICVM SANCTE MARIÆ.

Magnificat anima mea dominvm. Et exultauit spiritus meus in deo salutari meo. Min sêla lóbot Got. Vnde min muôt froùta ¹) sih an mînemo haltare. Ih ne mag uz-uuert keoùgen daz ih inuuert habo. Mina mendi begrîfent chûmo alle chrefte mînero sêlo. Officia linguæ ne genuogent ze sagenne. uuaz ih fréuui hábo inne.

Quia respexit humilitatem ancillæ suæ. Vuanda er irsah daz chit keuuerdlicheta die nideri sinero diûuue. Er ne fersah mina smáhi. nube er uuolta uuidertuón an mînero diêmuôti. die alten tâte dero ubermuótun euæ.

*) Ecce enim ex hoc beatam me dicent omnes generationes. Sino. ánauuert chédent mih sáliga. daz chit heizent mih diè sáligun. alle gebúrte. Den namen gebent mir. al diê noh chumftig sint.

Quia fecit mihi magna qui potens est. et sanctum nomen eius. Vuanda mir geliez michel ding der mahtig ist. unde des námo hêilig ist. Ane mîne uuirde. skeinda er mir sunderlicha genâda.

Et misericordia eius a progenie in progenie timentibus eum. Vnde sin genada ne ist mir êinun gelâzen nube allen. diê in fúrhtent. fone chunne ze chunne.

Fecit potentiam in brachio suo. dispersit superbos mente cordis sui. Máhtigo téta er mit sinemo arme. uuanda er ze trêib hôhfertige in iro herzon.

Deposuit potentes de sede et exaltauit humiles. Mahtige irualta ér. nidere irhôhta ér.

Esurientes repleuit bonis et diuites dimisit inanes. Cuôtes gesatota er húngerge. die rîchen liêz ér lâre.

Suscepit israhel puerum suum. recordatus misericordiæ suæ. Sin chint israhelen inphiêng er. sinero genádo irhúgende. So chad osee propheta. Qvia pver israhel. et dilexit evm. Humilitas ketuôt in uuesen Gote liêbez chint.

Sicut locutvs est ad patres nostros. abraham et semini eius in sæcula. Also er sprâh ze únseren fórderon.

---

¹) fruota. Sch.

*) S. 568.

also er gehiêz abrahæ . unde sînemo sâmen . fone demo er chad . IN SEMINE TVO BENEDICENTVR OMNES GENTES . Vuiê lango sol daz uuésen? In sæcula . In alle uuérlte . hier unde in êuuon .

*) FIDES SANCTI ATHANASII EPISCOPI.

QVICVMQVE VVLT SALVVS ESSE . ante omnia opus est . ut teneat catholicam fidem . **) So uuér gehalten uuile sin . demo ist durft fóre allen dingen . daz er habe diê gemeinun geloûba .

Quam nisi quisque integram inuiolatamque seruauerit . absque dubio in æternum peribit . Souuer sia ne habet ólanga unde úniruuárta der uuirt ze êuuon ferlorn .

Fides autem catholica hæc est . ut unum deum in trinitate . et trinitatem in unitate ueneremur . Neque confundentes personas . neque substantiam separantes . Daz ist diû állicha geloûba . daz uuir einen Gót êreen an trinitate . unde trinitatem an unitate . noh personas mískente . noh substantiam scêidente . Vngescêideniu substantia ouget uns éinen Got . Trigescêidene personæ . ougent uns trî gágennémmeda dero trinitatis . Vuaz sint gagennemmeda . âne daz latine sint relationes? Ein relatio ist patris ad filium . ánderiû ist filii ad patrem . diu dritta ist spiritus sancti ad patrem et filium [1]) . Dero iêgelich habet sina personam . Also iz hara nâh chit .

Alia est enim persona patris . alia filii . alia est spiritus sancti . Ein persona ist patris . ánderiû filii . diû drítta spiritus sancti . Personæ ne uuerdent nîeht so fernomen an Gote . so an creaturis . in creaturis sint tres personæ . tres substantiæ . aber in deo sint tres personæ . ein substantia . Michahel Gabrihel Raphahel . alde ouh abraham isaac iacob sint tres personæ unde tres substantiæ . aber pater . filius . spiritus sanctus ne sint tres substantiæ [2]) . nube drî geoûgededa dero relationum die an Gote fernomen uuerdent . Aber unsemfte ist ze diûtenne [3]) personam . uuanda der [4]) namo férrenan genómen ist . Do ueteres iû in skéna ze spîle sâzen . do uuas uuilon iro delectatio ze-fernemenne luctuosa carmina diu tragediæ hêizent . ***) An diên uuurden geántrôt fletus miserorum . nah demo únderskéite sexus et ætatis daz man fictis uocibus ketâte repre-

---

[1]) Bei Schilter fehlen die worte «ad patrem et filium», nebst dem folgenden bis zu «Persone ne uuerdent».

[2]) Fehlt bei Schilter von «aber» an.
[3]) diu tenne. Sch.
[4]) den. Sch.

*) S. CCLXVIII. **) S. 569. ***) S. 570.

sentationem priami . alde hectoris . alde eccubæ . alde andromachæ . alde ételiches fone des misseburi diû fabula ságeta . Vuanda diê ántrunga histriones táten ora contorquendo . daz chit flannendo . unde daz iro spectatoribus únzimig tuôhta dannan begondon sie iro ánasiûne ferlégen cauatis lignis . diu latini nû laruas héizent. Vzer diên scullen sâr durh diê hóli . lútreisteren stimma . unde fone diû hîez man siû a personando personas. Dár fiêng ana der námo personarum diê greci prosopas heizent fone bedécchenne daz analiûte. Dára nâh nuûrden geheizen personæ singuli homines . unde iêgeliche rationabiles creaturæ . die sih an iro proprietate fone ánderen skéident . also in skena mit misseliche dero stimmon sexus unde etas kescéiden uuard . fone diu héizent ouh in grammatica tres personæ . ego . tu . ille . uuanda mit in alle representationes unde discretiones rationabilium uuerdent. Dára rámet ouh daz uuir lésen in euangelio. NON ENIM RECIPIS PERSONAM HOMINVM . daz uuir diúten múgen dû ne nimest uuára dero mánskeite. Also ist chomen unde feruuállot propter similitudinem der namo personarum . ze [1]) démo underscéite sanctæ trinitatis .

Aber uns ist ze dénchenne uuaz er bezéichenne . nals uuannan er gespróchen si . unde zechédenne úbe iz muóza ist . tres personas . tres representationes . tri geoûgeda . Vues? dero relationum . also iz fóre geságet ist.

Sed patris et filii et spiritus sancti una est diuinitas . equalis gloria . coæterna maiestas . *) Aber éin Góteheit ist des fater . unde des sunes . unde des heiligen geistes . kelih kuóllichi . ébenéuuig mágenehraft .

Qualis pater talis filius talis spiritus sanctus. Sólih der fater ist sinero máhte sinero chréfte sinero Góteheite . solih ist der sun . sólih ist der heiligo Géist .

Increatus pater increatus filius increatus spiritus sanctus. Vngescáffen ist der fater . úngescáffen ist der sun . ungescaffen der heiligo Geist.

Inmensus pater . inmensus filius . inmensus et spiritus sanctus . Vnmázig ist der fater . unmázig der sún . unmázig der heiligo Geist. Irmézzen unde begrifen ne mág in ne héin sin . uuanda er presens unde totus ist in állen stéten .

Æternus pater . æternus filius . æternus et spiritus sanctus . E´uuig

---

[1]) Fehlt bei Schilter.

*) S. 571.

der fáter . êuuig der sun . êuuig der heiligo Gêist . daz chit sine inicio . et sine fine.

Et tamen non tres æterni . sed unus æternus. Vnde doh nieht trî êuuîge . nube einer êuuiger.

Sicut non tres increati nec tres inmensi . sed unus increatus et unus inmensus. Also ouh ne sint tri ungescáffene . noh tri unmâzige . nube einer ungescáffener . unde einer unmâziger.

Similiter omnipotens pater . omnipotens filius . omnipotens spiritus sanctus. So samo ist almahtig der fater . almahtig der sún . almahtig der heiligo Gêist. Mahti er ubelo tuôn . alde irsterben . alde geéndot uuerden alde betrógen uuerden . daz zûge ze únmáhten.

Et tamen non tres omnipotentes . sed unus omnipotens. Vnde doh nieht tri almahtige nube einer almâhtiger.

Ita deus pater . deus filius . deus et spiritus sanctus. Also ist der fater Got . ist der sun Got . ist der heiligo Gêist Got.

Et tamen non tres dii . sed unus est deus. Vnde doh ne sint siè dri Góta . nube êin Got.

*) Ita dominus pater . dominus filius . dominus et spiritus sanctus. Also ist der fáter herro . ist der sun hèrro . ist der heiligo Gêist hêrro.

Et tamen non tres domini . sed unus est dominus. Vnde doh ne sint sie dri hêrren . nube êin hêrro.

**) Quia sicut singillatim unamquamque personam deum et dominum confiteri . christiana ueritate compellimur . ita tres deos aut dominos dicere catholica religione prohibemur. Vuanda also uuir iéhen suln iêogelîcha personam sunderîga Got uuesen unde herren . so ne muózen uuir chéden dri Góta . alde dri herren . nah uuârhêite . unde nâh rehtero geloûbo.

Pater a nullo est factus . nec creatus nec genitus¹). Der fáter ne ist ketâner . noh kescáffener . noh kebórner.

Filius a patre solo est non factus nec creatus sed genitus. Der sún ist fone einemo demo fater nals ketâner . noh kescáffener . nube gebórner.

Spiritus sanctus a patre et filio non factus . nec creatus nec genitus sed procedens. Der heiligo Gêist ist fóne démo fater . unde fóne demo súne . nals ketâner . noh kescáf-

---

¹) Schilter bemerkt: «Hic quædam desunt», und es fehlen ihm die worte bis an «der sun».

---

*) S. 572.   **) S. CCLXIX.

fener . noh keborner . nube chómener.

Vnus ergo pater non tres patres . unus filius non tres filii . unus spiritus sanctus non tres spiritus sancti . Vnde ist éin fater nals dri fátera . ein sun nals dri súne . ein hëilig keist nals dri heilige Geista.

Et in hac trinitate nihil prius aut posterius . nihil maius aut minus . Vnde an dirro trinitate ne ist ne‐héin daz fórderôra . ne‐héin daz hinderôra . ne‐héin daz mêra . ne‐héin daz minnera.

Sed tote tres personæ coæternæ sibi sunt et coequales . Núbe alle dri personæ sint ében ênuig . unde ébenmâze.

Ita ut per omnia sicut iam supra dictum est . et trinitas in unitate . et unitas in trinitate ueneranda sit . *) So daz in alle uuis . so ouh fore geságet ist . ze érenne si drîsgheit in enigheite¹) . unde éinigheit in drisgheite.

Qui uult ergo saluus esse . ita de trinitate sentiat . Der gehalten uuelle sin . der ferneme iz so fone trinitate.

Sed necessarium est ad æternam salutem . ut incarnationem quoque domini nostri iesu christi fideliter credat. Sô ist áber durft ze déro êuuigun sâldo daz er ouh keloube mit triûuuon diê ménniskehéit unseres hérren . des keuuiéhten haltâris.

Est ergo fides recta ut credamus et confiteamur . quia dominus noster IESVS CHRISTVS dei filius . deus et homo est. Daz ist réhtiû triûuua . daz uuir geloûben unde iéhen daz únser hérro der geuuiéhto haltâre Gótes sun Got unde mennisco ist.

Deus est ex substantia patris ante sæcula genitus . et homo est ex substantia matris in sæcula natus. Er ist Got . ér uuerlte gebórner . fone des fater uuiste . unde ist mennisco hiêr in uuerlte gebórner . fone dero muôter uuiste.

Perfectus deus perfectus homo . ex anima rationali et humana carne subsistens. Dúrnohte Got . durnohte mennisco fone rédehaftero mannes sélo unde mannes fleiske bestânder. Diû zuêi machont ménnisken . Vuaz ist ánderes ménnisco . ane rationabilis anima in carne? Diu sint an CHRISTO . bediû ist er unâre ménnisco.

Æqualis patri secundum diuinitatem minor patre secundum humanitatem. Des fater genôz after Góteheite . sin úngenoz áfter mánheite.

---

¹) einigheite. Sch.

---

*) S. 573.

Qui licet deus sit et homo . non duo tamen sed unus est CHRISTVS. Vnde doh er Got si . unde mennisco umbe daz ne sint zeuuêne CHRISTI nube êiner.

Vnus autem non conuersione diuinitatis in carnem . sed assumptione humanitatis in deum . *) Einer ist er . nals daz diû Góteheit sih unébselôti in mánheit . nube daz diû Góteheit . an sih nam dia mánheit. Vngeuuéhselote stánt peide naturæ Gótes ioh mánnes . iro ne uuéderiu ne uuard ze ánderro.

Vnus omnino non confusione substantiæ . sed unitate personæ. Einer ist er . nals fóne miskelungo dero uuiste . nube fone uuordeni êinero personæ. An zuein naturis ungeuuehseloten . unde ungemiskeloten ist ein persona.

Nam sicut anima rationalis et caro unus est homo . ita deus et homo unus est CHRISTVS. Vuanda also redehaftiû séla unde fléisg ein mennisco ist . so ist Got unde mennisco ein CHRISTVS.

Qui passus est pro salute nostra descendit ad inferos resurrexit a mortuis . Der umbe unsera heili not leit . unde ze héllo fuôr . unde fóne tóten irstuónt.

Ascendit ad cælos . sedet ad dexteram dei patris omnipotentis. **) Ze himele fuôr . dár sizzet ze zesenuun sines fater des almahtigen Gótes.

Inde uenturus iudicare uiuos et mortuos . Dannan chúmftiger ze irteillenne lébende unde tôte.

Ad cuius aduentum omnes homines resurgere habent cum corporibus suis . Ze dés chúmfte suln álle mennisceu irstán mit iro lichamon. Allero mennisceon sela suln danne iruuinden ad corpora . unde mit in chomen ad iudicium.

Et reddituri sunt de factis propriis rationem . Vnde suln dá réda irgében iro táto.

Et qui bona egerunt ibunt in uitam æternam . qui uero mala in ignem æternum . Vnde diê uuola táten fárent ze éuuigemo libe . die úbelo táten ze éuuigemo fiûre.

HEC EST FIDES CATHOLICA . QVAM NISI QVISQVE FIDELITER AC FIRMITER CREDIDERIT . SALVVS ESSE NON POTERIT. Diz ist diû gemeina gelouba souuér diê fásto unde getriuuelicho ne hábet . der ne mag kehalten uuerden.

NOTKER . TEVTONICVS . DOMINO . FINITVR . AMICVS .
GAVDEAT . ILLE . LOCIS . IN PARADYSIACIS .

SCIENDVM EST . QVOD ANTIQVVM PSALTERIVM instrumentum dechachordum utique erat . in hac uidelicet Deltæ litteræ figura multipliciter mistica . Sed postquam illud sym-

---

*) S. 574.   **) S. CCLXX.

phoniaci quidam et ludicratores ut quidam ait ad suum opvs traxerant formam eius et figuram . commoditati suæ habilem fecerant et plures chordas annectentes . et nomine barbarico Rottam appellantes mysticam illam trinitatis formam transmutando [1]).

WALLERSTEINISCHES BLATT.

PSALM 104, v. 30 bis ende, und PSALM 105, v. 1—5.

Edidit terra eorum ranas . in penetrabilibus regum ipsorum. Iro erda uuárf ûz tie urósca . ioh indero chuningo bêttechámeron.

Dixit et uenit cynomia . et ciniphes in omnibus finibus eorum . Dó gebót er oùh . unde chámen sâr die húntfleigun unde mucca chámen in allero endegelih.

Posuit pluuias eorum grandinem . Iro régena machota er ze hágele.

Ignem conburentem in terra ipsorum . Prennentez plichfiur máchota er in iro lánde.

Et percussit uineas eorum et ficulneas eorum . et contriuit lignum finium eorum. Unde daz uuéter sclûogh uuinegarten . unde fighpouma . unde fermuleta boumeliche dâr inlánde.

Dixit et uenit locusta et brucus . cuius non erat numerus. Sò gebót er aber . unde dó cham matoscregh . chám sin sún chéuer . des ende ne uûas.

Et comedit omne fænum terræ eorum . et comedit omne fructum terræ eorum. Unde uráz hénue . unde allen erdu uuócher. Vuér uraz? ioh locusta ioh brucus.

Et percussit omne primogenitum in terra eorum . primicias omnis laboris eorum. Dó scluo er daz éristporna dár inlande . slûog tie urúmegiste . daz chit . tie frûogesten állero iro árbéito. Iro altesten chint . unde diu êrest uuortenen iungiu des uehes . mit arbéite gezogeniu lagen sament thòtt.

Et eduxit eos in argento et auro. Er leita sie uz keladene mit colde unde mit silbere. Daz hiez er sie

---

[1]) Es übersehend, dass sich diese worte am schlusse unsrer handschrift finden, haben wir sie in der einleitung, seite 15, nach der fehlerhaften abschrift des von Arx mitgetheilt.

intlîhen . nlás daz er unreht kebîete . nube daz sîn gebot . unreht uuesen ne mag.

Et non erat in tribubus eorum infirmus. Siecher ne uuas under in . Got uuolta sie úngrirret uuárin . ze iro uerte.

Lætata est ægyptus in profectione eorum . quia incubuit timor eorum super eos. Egyptus fréuta sih iro uérte . nah tíu sie pharaonis tôd keeiscoton . uuanda in iro uorhta ana lágh . Sie uorthon daz sie iruundin unde die reliquias tilegotin .

Expandit nubem in protectionem eorum. So sie uaren begondon . so deneta er daz uńolchen uber sie tages . fore dero hizzo.

Et ignem ut luceret eis per noctem . Unde nahtes fiur daz iz in liehti .

Petierunt et uenit coturnix. Sie báten uleiskis tô cham in coturnix . taz ist fléisg.

Et pane cæli id est manna saturauit eos. Vnde mit himel brôte gesáteta er sie . Daz pezeichenda christum uone himele chomenen .

Disrupit petram et fluxerunt aquæ. Den stéin spielt er dannan ûz runnen uuazer.

Abierunt in sicco flumina. Sie drûhfûoren iordanem intruccheni .

Quoniam memor fuit uerbi sancti sui . quod habuit ad abraham puerum suum Daz téta er allez . uuanda er irhugeta sines keheizes ten er abrahæ teta . sinemo trûte.

Et eduxit populum suum in exultatione . et electos suos in lætitia . Vnde leita er ûz sinen liut insprungezinne Sô ist aber daz selba . unde sine iruuéleten in ureuui.

Et dedit illis regiones gentium . et labores populorum possiderunt. Dô gab er in lantskefte dieto . Sô ist áber daz sélba . Anderro liúto arbeite besázen sie.

Vt custodiant iustificationes eius . et legem eius requirant . Daz sie rehtes huôten unde sina éa begángen . uuanda mit tiu summum bonum guunnen uuirt nals mit possessione regionum .

PSALMUS CV.

Alleluia ist ouh hiér uuanda also gotes cnáda skéin in electis suis . fóne dîen der êrero psalmus sâgeta sô ne gebrâst iro ouh inamaricantibus fone dîen nû gesungen sol uuérde ALLELVIA.

Confitemini domino quoniam bonus . Iehent trúhtene iuuerro súndon . unde ne ferchunnint in gnádon uuanda er gûot ist.

Quoniam in sæculum misericordia eius. Vuánda in uuerlte ist sín guada in uuerlte ist locus pœnitentiæ . náh iero uuerlte ende chumet iudicíum.

Quis loquetur potentias domini? auditas faciat omnes laudes eius. Uuer ist der gotes mahte gesahe .

die unságeliche sint? Vnde uuer ist sô héilig taz er siu alliu tûe . sô er siu gehóret? Uueliu sin tiu lób? A͂ne opera mandatorum eius . tiu mit rehte héizent laudes eius . uuanda er gôt án ín laudandus ist . qui operatur ea in nobis.

Beati qui custodiunt iudicium et faciunt iustitiam in omni tempore. Sálige die gerihtes huôtent . unde réht tùont in allen ziten. Daz sint tie anderen rihtent . unde selbe réhto lebent.

Memento nostri domine in beneplacito populi tui Irhuge unser truhten án dero liébsam dínes liû-tes. Sáment tien laz unsih uuesen. Ze dien dir lêibo si . quia non in omnibus beneplacitum tibi est.

Uisita nos insalutari tuo. Uuiso unser an christo dínemo háltare. Sô er chôme . unde nouus populus uuérde sô zele unsih ueterem populum zuo nouo.

Ad uidendum in bonitate electorum tuorum. Zesehenne an dero gûoti dinero iruuéletôn. Daz uuir ineben guote uuortene iro mendi sament in sehen.

Ad lætandum inlætitia gentis tue. Vnsih ze ureuuenne

NACHWORT

ZU DEN VERSCHIEDENEN BLAETTERN.

Von dem münchner blatte, welches Docen aufgefunden, haben wir bereits s. 16 gesprochen. seine lesarten haben wir s. 45 — 48 aus Massmann's denkmählern mitgetheilt. der güte Schmeller's verdanken wir noch folgende berichtigungen derselben, welche wir nach der seitenzahl unsres buches und der nummer der noten anführen: s. 45, n. 17 tûen iz; n. 19 mit tien; — s. 46, n. 2 spréchennis (also wie die s. galler handschrift); n. 14 sin; n. 27 óugen; — s. 47, n. 15 nu bestan (schluss der zeile nach «bestan», nicht nach «nu», wie Massmann hat); n. 19 zin. — Später ist uns mit gütigster erlaubniss der baierischen regirung das blatt selbst übersandt worden, um ein genaues faksimile davon anfertigen zu lassen.

Ein zweites einzeles blatt befindet sich in dem bücherschatze des fürstlichen hauses von Oettingen-Wallerstein. der herr fürst hat uns mit zuvorkommender güte das ganze blatt auf strohpapier übertragen lassen. doch langte es zu spät an, so dass wir seine lesarten an ort und stelle nicht mehr aufnehmen konnten: daher der nachträgliche abdruck auf vorangehendem blatte. Die geschichte des blattes ist uns nicht bekannt.

Zu diesen zwei blättern kommen noch sechs blätter der universitätsbibliothek von Basel, deren lesarten wir an ort und stelle mitgetheilt haben. Diese blätter gehören zwei verschiedenen handschriften an. die ersten zwei blätter, denen wir das faksimile «Confitebor» entnommen haben,

haben einen breiten steg und etwa vierunddreissig zeilen, wovon aber vier weggeschnitten sind; die andern vier, wovon das faksimile «Audite cæli», haben einen schmalen steg und zweiunddreissig zeilen, auch die hand ist in beiden verschieden.

Dagegen kommen die erwähnten vier basler blätter von zweiunddreissig zeilen mit der anzahl der zeilen des wallersteinischen blattes überein, sind aber in bezug auf länge und breite etwas kleiner, die schrift ist ebenfalls verschieden. somit gehört das wallersteinische blatt einer dritten handschrift an.

Das münchner blatt hat ebenfalls zweiunddreissig zeilen, wie das wallersteinische und die vier basler blätter; unterscheidet sich aber in seinem formate und in seiner schrift ebenfalls von beiden, so dass es also einer vierten handschrift angehört. nehmen wir dazu die sanktgaller handschrift, so wäre das dasein von fünf handschriften ausser zweifel gestellt. man vergleiche damit noch, was wir in unsrer einleitung, s. 15 bis 21, über diese sache gesagt haben.

Die ersten zwei basler blätter, wovon das faksimile «Confitebor», scheinen von der hand Notkers selbst herzurühren. die beweise werden wir in der einleitung zum dritten bande beibringen, wo wir von der handschrift Notkers, und wie wir auf die entdeckung derselben gekommen sind, sprechen werden.

Wir haben auf seite 16 unsrer einleitung die vermuthung ausgesprochen, dass alles zwischenzeilige von Notkers schüler, dem bekannten Ekkehard dem vierten, herrühren dürfte, und sind unterdessen in diesem verdachte stets bestärkt worden. die zwei basler blätter nun, welche wir der hand Notkers zuweisen möchten, bieten nichts der art, aber auch die sanktgaller handschrift hat hier nichts. nichts zwischenzeiliges gewähren auch die vier übrigen basler blätter, obgleich blatt drei, vier und sechs in dem falle waren solche bieten zu können (unsere s. 506 a, z. 2 und 3, im latein; s. 512 b, z. 18; s. 515 b, z. 15). dessgleichen das münchner und das wallersteinische blatt, obgleich jenes fünfmahl, und dieses dreizehnmahl nach der sanktgaller handschrift anlass dazu gehabt hätte. daraus darf man den schluss ziehen, dass diese abschriften einer handschrift entnommen sind, welche noch nicht von Ekkehart bereichert war.

Was die basler blätter betrifft, so hat Wackernagel die güte gehabt, uns dieselben zur einsicht zu überschicken. findet man daher bei uns lesarten, welche von den wackernagelischen abweichen, so haben diese darin ihren grund. doch sind es deren nur wenige und unbedeutende: sie beschränken sich meistens auf das tonzeichen auf doppellauten, welches Wackernagel allzuleicht auf den ersten laut gerückt hat, selbst wo die zwei selbstlaute des karakters eines doppellautes entbehren. wir haben, nach unserm brauche, nur in zweifelhaften fällen das tonzeichen auf den ersten laut gerückt, wollen aber, wegen der besondern wichtigkeit jener zwei basler blätter, die wir der hand Notkers zuweisen möchten, die zweifelhaften fälle hier verzeichnen: fiènden; — diè christianis fiènt sint; — brúòder; — túòn; — irslúògen; — tiè uuír uuólten etc.; — dièmúòte; — hièr; gehièlt; — múòti; — siè; — nièt; — niò; — búènt; — iò; — rúòchest; húòta. wir haben hier, weil uns doppellaute mit tonzeichen gebrachen, das dach (´) in seine zwei theile zerlegt (¨).

Wenn Wackernagel in der einleitung zum abdruck besagter blätter, s. 10, in seiner festschrift «die altdeutschen handschriften der basler universitätsbibliothek», einen theil der blätter in das zehnte, den andern in das elfte jahrhundert versetzt, scheint er zu kühn gewesen zu sein, obgleich wir gerne zugestehen und zugestehen müssen, dass die eine hand jünger ist als die andere. nach einem briefe unsres Notker, den wir im dritten bande mittheilen werden, dürfte seine übersetzung der schallsänge David's schwerlich noch in das zehnte jahrhundert fallen. Ebenso scheint Wackernagel etwas zu viel zu sagen, wenn er behauptet, dass die sanktgaller handschrift den notkerischen gebrauch der harten und weichen anlaute gar nicht festhalte: fehlerhaftes findet sich allerdings genug, doch kann die waltende regel noch erkannt werden.

HANDSCHRIFT 1286. JAHRHUNDERT XVII.

Wir haben auf seite 21 unsrer einleitung gesagt, dass wir von der papiernen handschrift, von welcher Arx melde, keine auskunft geben könnten. unterdessen haben wir die handschrift gefunden, unter nummer 1286. sie ist in folio, aus dem siebzehnten jahrhundert, zählt 487 seiten, reicht aber nicht weiter als bis zum achten verse des 117ten psalmes. auch in einer andern weise ist die handschrift noch unvollendet, indem die anfangsbuchstaben der einzelnen psalmen noch nicht nachgetragen sind. die abweichenden lesarten sind theils bedeutender, theils unbedeutender art. zu der letztern rechnen wir die abweichungen in den tonzeichen, wie aus psalm 1 «dĕmo, tĕta, uuérden, gibet, rinnenta, déro», wo handschrift 21 keine tonzeichen gewährt, oder umgekehrt «an, uuolta, in, tero rehton», wo handschrift 21 die spitze braucht; — ferner die setzung von «v» statt «u», z. b. «vuanda, vuillo, vnde», wo handschrift 21 «uuanda, uuillo, unde» bietet; — ferner die verwechslung von «h» und «ch», z. b. «uuerh (ps. 1), ioh (ps. 2), forchtun, irrihtent (ps. 3), sprehent (ps. 4), lieht, kesechen, kesechent (ps. 5), recht» u. s. w., wofür die handschrift 21 «uuerch, ioch, forhtun» u. s. w. schreibt. unwichtig sind auch abweichungen, wie «uuòcher st. uuuòcher, dise st. tise, vnd st. unde, das st. daz, fas st. faz, lessen st. lefsen, dez st. des (ps. 5)» u. s. w. wichtiger scheinen die lesarten «Nube der st. Nube sie (ps. 1, 4), uuerda st. uuerde (ps. 2, 6), ainer st. êiner (ps. 3, 1), sámmunga st. sáminunga (ps. 3, 7), ferméident st. fermident (ps. 4, 5), frèuui st. frèuui (ps. 4, 7), vuîrchent st. nûrchent (ps. 5, 7), pisuuicht st. pisuuich (ps. 5, 11)», aber trotz derselben überzeugt man sich leicht, dass diese handschrift nur eine abschrift von nummer 21 ist. wir fügen einige beweise bei, die schlagend sind. so liest unsre handschrift «Nals st. als (ps. 2, 2), wie auch handschrift 21 ursprünglich gelesen hat; «iuh ih st. iûuih (ps. 4, 5)», welche lesart handschrift 21 aus «iuhih» verbessert hat. das «z», wovon wir s. 31, note 2 gesprochen, hat der abschreiber getreulich nachgemahlt. was s. 301 durch den flecken getilgt ist (s. einleitung, s. 19), dafür hat derselbe raum gelassen. was die verbindung und trennung der wörter betrifft, so ist dieselbe bald besser, bald schlechter als in handschrift 21. übrigens hat der abschreiber die sprache seiner urschrift nicht verstanden, was schon das einzige «meht st. nieht», welches sich in ps. 2 und 4 findet, zu genüge beweiset. ferner hat derselbe nicht selten das zwischenzeilige übersehen, wie z. b. ps. 2, letzten vers.

VERBESSERUNGEN.

S. 13, z. 27. (s. b. I, s. 255).
S. 15, z. 8. «Sciendum est» etc. *zu verbessern nach dem abdrucke auf s.* 531 в.
S. 31, z. 1a. sprechent.
S. 31, z. 23a. *ist zuzufügen:* Vuer oûget uns daz kuôt?
S. 32, ps. v. «Pro ea — acceperat» *sollte als überschrift gesetzt sein.*

Die übrigen meist unbedeutenden textfehler werden in dem wörterbuche, welches wir unserm werke beizugeben gedenken, verzeichnet werden.

INHALT.

	seite
Einleitung (Notkers leben und werke. Im dritten bande wird eine ergänzung folgen)	3
Einleitung (zu den schallsängen u. s. w.)	9
Die schallsänge David's	25
Canticum Iesaiæ prophetæ	500
Canticum Ezechiæ regis	501
Canticum Annæ	504
Canticum Moysi	507
Canticum Habacuc	510
Canticum Deuteronomii	515
Oratio dominica	522
Symbolum Apostolorum	523
Ymnus Zachariæ	525
Canticum sanctæ Mariæ	526
Fides s. Athanasii	527
Wallersteinisches blatt	532
Nachwort	535
Handschrift 1286	538
Verbesserungen	540

ÜBERSICHT
DER ABKÜRZUNGEN UND ZEICHEN.

wie im ersten bande. dazu gekommen ist noch im laufe des zweiten bandes das zeichen:

⁃ um ungebürliche verbindungen von wörtern zu trennen. ferner

A. lesarten des münchener blattes.
B. lesarten bei Goldast.
B. b. lesarten der basler blätter.
Sch. lesarten bei Schilter.
W. Wallersteinisches blatt.

Reprint Publishing

Für Menschen, Die Auf Originale Stehen.

Bei diesem Buch handelt es sich um einen Faksimile-Nachdruck der Originalausgabe. Unter einem Faksimile versteht man die mit einem Original in Größe und Ausführung genau übereinstimmende Nachbildung als fotografische oder gescannte Reproduktion.

Faksimile-Ausgaben eröffnen uns die Möglichkeit, in die Bibliothek der geschichtlichen, kulturellen und wissenschaftlichen Vergangenheit der Menschheit einzutreten und neu zu entdecken.

Die Bücher der Faksimile-Edition können Gebrauchsspuren, Anmerkungen, Marginalien und andere Randbemerkungen aufweisen sowie fehlerhafte Seiten, die im Originalband enthalten sind. Diese Spuren der Vergangenheit verweisen auf die historische Reise, die das Buch zurückgelegt hat.

ISBN 978-3-95940-032-9

Faksimile-Nachdruck der Originalausgabe
Copyright © 2015 Reprint Publishing
Alle Rechte vorbehalten.

www.reprintpublishing.com

www.ingramcontent.com/pod-product-compliance
Lightning Source LLC
Chambersburg PA
CBHW081212170426
43198CB00017B/2597